भारत की संतान

स्वतंत्रता संग्राम में स्वयंसेवक

मेरे अनुभव, मेरे विचार

मेरी आपको (राष्ट्रीय स्वयंसेवक संघ) पूरी मदद मिलेगी। मैं आपका यानी संघ का 'असभ्य सभ्य' हूं। यानी नियमित बैठक में नहीं जाने वाला, अनियमित। कारण क्या? एक तो आप राजनीति से अलग रहना चाहते हैं और दूसरी बात, आप मुस्लिमों का विरोध नहीं करते हैं, बल्कि उनको मेनस्ट्रीम (मुख्य प्रवाह) में लाना चाहते हैं।

● **विनायक नरहरि भावे (विनोबा)**

11 मार्च, 1974, पवनार

नए भारत के निर्माण की चुनौती को स्वीकार किए हुए क्रांतिकारी संगठन राष्ट्रीय स्वयंसेवक संघ से मुझे बहुत आशा है। आपमें ऊर्जा है, निष्ठा है और आप राष्ट्र के प्रति समर्पित हैं। आप व्रती हैं, संयमी हैं, अनेक गुणों से संपन्न हैं। आपसे यह हमारी अपेक्षा है और एक वृद्ध के नाते मेरा आशीर्वाद है कि भगवान आपको यह शक्ति दे कि आप भारत को नया रूप दे दें। नया भारत बना दें, जिसमें मनुष्य-मनुष्य भाई-भाई हो, ऊंच-नीच का भेद नहीं हो।

● **जयप्रकाश नारायण**

3 नवंबर, 1977, पटना

भारत माता के महान सपूत केशव बलिराम हेडगेवार को सम्मान और श्रद्धांजलि।

● **प्रणब मुखर्जी**

7 जून, 2018, नागपुर

भारत की संतान

स्वतंत्रता संग्राम में स्वयंसेवक

गोपाल शर्मा

वाणी प्रकाशन

प्रकाशन के उत्कृष्टतम 62 वर्ष

सजिल्द पहला संस्करण : 2025

vaniprakashan.com

वाणी प्रकाशन

4695, 21-ए, दरियागंज, नयी दिल्ली-110 002

फ़ोन : + 91 11 23273167, 23275710

शाखाएँ

अशोक राजपथ, पटना-800 004, बिहार

कॉफ़ी हाउस कैम्पस, महात्मा गांधी मार्ग, प्रयागराज-211 001, उत्तर प्रदेश

महात्मा गांधी अन्तरराष्ट्रीय हिन्दी विश्वविद्यालय, वर्धा-442 001, महाराष्ट्र

sales@vaniprakashan.in

vaniprakashan@gmail.com

Bharat Ki Santaan
Swatantrata Sangram Mein Swayamsevak

by Gopal Sharma

ISBN : 978-93-7348-580-5
History

मूल्य : ₹ 1375

मुद्रक थॉमसन प्रेस (इंडिया) प्रा. लि., नई दिल्ली

वाणी प्रकाशन का लोगो मक़बूल फ़िदा हुसैन की कूची से

लेखक के बारे में

राजस्थान विधानसभा के सदस्य और वरिष्ठ पत्रकार श्री गोपाल शर्मा अपनी धारदार लेखनी और ओजस्वी वक्तव्यों के लिए जाने जाते हैं। वे रामजन्मभूमि आंदोलन, रामरथ यात्रा, एकता यात्रा और जनादेश यात्रा को कवर करने वाले एकमात्र पत्रकार हैं।

अयोध्या में गोलीबारी, पंजाब में उग्रवाद, कश्मीर में आतंकी हमले, पश्चिम बंगाल में घुसपैठ और पूर्वोत्तर में हिंसा का सामना करते हुए उन्होंने चिरस्मरणीय रिपोर्टिंग की। विवादित ढांचा ध्वंस के प्रत्यक्षदर्शी के रूप में *'कारसेवा से कारसेवा तक'* और लाल चौक पर तिरंगा फहराने के अनुभव पर आधारित *'चलो कश्मीर'* जैसी पुस्तकें अंतरराष्ट्रीय स्तर पर चर्चित हुईं।

'महानगर टाइम्स' मीडिया ग्रुप के संस्थापक संपादक और पूर्व में राजस्थान पत्रिका के मुख्य संवाददाता के रूप में खोजपूर्ण पत्रकारिता में नए मानदंड स्थापित किए। भ्रष्टाचार के खुलासों से गृह राज्य मंत्री का इस्तीफा और राजस्थान में आईएएस की पहली गिरफ्तारी हुई। नवजात बच्चियों की हत्या से संबंधित सूपा कांड, बीलवाड़ी फर्जी एनकाउंटर, बीसलपुर बांध के विस्थापितों को मिली अरबों की जमीनें हड़पने के षड्यंत्र, खनन घोटालों, रोहिंग्या घुसपैठ, सिमी की गतिविधियों और बलपूर्वक धर्मांतरण का खुलासा किया। दिवराला सती प्रकरण की कवरेज सामाजिक सौहार्द के साथ नवजागरण की प्रेरणा बनी। संसद पर हमले की आशंका, गोधरा की घटना के संभावित परिणाम, सोनिया गांधी के प्रधानमंत्री बनने में बाधा, मनमोहन सिंह के प्रधानमंत्री बनने, नए नरेंद्र के उदय, डोनाल्ड ट्रंप की जीत के आकलन सदैव खरे साबित हुए।

वे छात्र आंदोलनों के दौरान दर्जनों बार जेल गए। वाराणसी में उच्च शिक्षा के दौरान विद्यार्थी परिषद और भाजपा का युवा संगठन खड़ा करने में अग्रणी भूमिका निभाई। पाली-जालोर में प्रचारक और नवलगढ़ में विस्तारक का दायित्व भी संभाला। 'स्वातंत्र्य समर स्मृति संस्थान' के संयोजक के रूप में देश भर के स्वतंत्रता सेनानियों और क्रांतिकारियों के परिवारों को जोड़ा। राजस्थान के सभी 71 कारगिल शहीद परिवारों को शहीद समर्पण निधि, गुजरात भूकंप के दौरान 18 ट्रक राहत सामग्री भेजने और भूकंप के दौरान आडेसर जाकर राहत केंद्र चलाने जैसे सेवा निधि के अभियान चलाए।

2023 के विधानसभा चुनाव में भाजपा ने श्री गोपाल शर्मा को राजस्थान की हॉट सीट सिविल लाइंस से प्रत्याशी बनाया; उन्होंने कांग्रेस सरकार के कद्दावर मंत्री को तब तक के रिकॉर्ड मतों से हराया।

डेढ़ दर्जन देशों सहित भारत के लगभग 300 जिलों और सभी राज्यों में रिपोर्टिंग कर चुके श्री शर्मा को डी.लिट. (मानद उपाधि), राष्ट्रीय संचेतना सम्मान, माणक अलंकरण, पिंकसिटी प्रेस क्लब लाइफ टाइम अचीवमेंट सहित लगभग 150 संस्थाओं ने सम्मानित किया है।

पुस्तकें : कारसेवा से कारसेवा तक, चलो कश्मीर, आजादी के बाद, गांधी: जयपुर सत्याग्रह, वडनगर से बनारस, महाव्रती, विकट विप्लवी, महारथी, मेरी मुलाकातें।

अनुक्रम

भाग चार : हिंदू राष्ट्र का शंखनाद

भाग पांच : क्रांति में कूदे स्वयंसेवक

भाग छह : संघ का सर्वस्व समर्पण

तुभ्यमेव समर्पये

भारत माता की महान संतान... संगठित हिंदू-समर्थ भारत के स्वप्नद्रष्टा
प.पू. डॉ. केशवराव बलिराम हेडगेवार! जन्मजात देशभक्त, क्रांतिकारी,
ध्येयनिष्ठ और निष्काम कर्मयोगी, जिन्होंने राष्ट्रनिर्माण के लिए संपूर्ण
जीवन की तिल-तिल करके आहुति दे दी। जिनके भगीरथ नेतृत्व में
अनगिनत स्वयंसेवकों ने राष्ट्ररक्षा के लिए सर्वस्व समर्पित कर दिया,
अमानुषिक यंत्रणाएं सहीं और समय आने पर जीवन का बलिदान दे दिया।
युग निर्माता-महानायक के श्रीचरणों में सादर समर्पित!!

▲ स्वामी विवेकानंद का वैश्विक संदेश स्वयंसेवकों के लिए प्रेरणा का स्रोत बना।

▲ लोकमान्य तिलक के प्रखर विचारों ने डॉ. हेडगेवार के बाल मन को उत्प्रेरित किया।

▲ महर्षि अरविंद राष्ट्रीय नेता के रूप में डॉ. हेडगेवार की पसंद बने रहे।

▲ सुभाषचंद्र बोस के साथ ही डॉ. हेडगेवार भी कांग्रेस से पूरी तरह अलग हो गए।

▲ कंदकुर्ती स्थित हेडगेवार वंश के निवास (स्मृति मंदिर) में स्थापित भारत माता, भगवान केशवराज और डॉ. केशव बलिराम हेडगेवार की प्रतिमाएं।

▲ कंदकुर्ती (तेलंगाना) में हेडगेवार वंश का पैतृक निवास।

▲ नागपुर की जोग गली में स्थित डॉ. हेडगेवार स्मृति स्थल।

▲ डॉ. हेडगेवार जन्म कक्ष।

▲ राष्ट्रीय स्वयंसेवक संघ स्थापना कक्ष।

▲ चिमूर में शहीद बालाजी रायपुरकर का स्मारक।

▲ संत तुकड़ोजी महाराज के *'झाड़-झखूड़े शस्त्र बनेंगे, भक्त बनेगी सेना'* गीत से क्रांति की शुरुआत।

▲ लोखंडी पुल पर स्वयंसेवक बालाजी रायपुरकर ब्रिटिश सिपाहियों की गोली से शहीद हुए।

▲ बालाजी रायपुरकर का निवास।

▲ चिमूर के सहसंघचालक क्रांतिकारी लक्ष्मण राजेश्वर नाईक (दादाजी), जिन्हें फांसी की सजा हुई और जेल यातना के बाद रिहा हुए।

▲ दादाजी रामजी किरीमकर, फांसी की सजा के बाद 1 वर्ष जेल।

▲ विनायक माधवराव भोपे, दोहरी फांसी की सजा के बाद 2 वर्ष जेल।

▲ 1942 की क्रांति के सेनानी संघ कार्यकर्ता दत्तात्रेय गणेश पिंपळापुरे और उनकी पत्नी सुमन पिंपळापुरे, जो आपातकाल में ढाई वर्ष की बच्ची के साथ 19 महीने जेल में रहीं।

▲ जगतपति स्मारक, खरांटी (बिहार)

▲ जगतपति कुमार अंबष्ट

▲ स्वतंत्रता संग्राम का साक्षी

▲ बदहाल हो रहा शहीद जगतपति कुमार अंबष्ट का खरांटी स्थित पैतृक निवास स्थान।

▲ क्रांतिकारी परिवार संगठन (अनियमित) के संयोजक के रूप में तात्या टोपे, मंगल पांडे, शचींद्रनाथ सान्याल, विनायक दामोदर सावरकर, अशफाकउल्ला खान, चंद्रशेखर आजाद, भगत सिंह, सुखदेव, राजगुरु, महावीर सिंह, शचींद्रनाथ बख्शी, अवंती बाई और दीनदयाल उपाध्याय के परिजनों को संबोधित करते गोपाल शर्मा। संगठन के अध्यक्ष भगत सिंह के भांजे प्रो. जगमोहन सिंह और उपाध्यक्ष नारायण सावरकर की पुत्रवधू हिमानी सावरकर थीं।

▲ 23 मार्च, 2013... हुसैनीवाला में पंजाब के तत्कालीन मुख्यमंत्री प्रकाशसिंह बादल को क्रांतिकारी परिवारों की मांगों के विषय में ज्ञापन सौंपते हुए गोपाल शर्मा; (बाएं से) राजगुरु के पौत्र सत्यशील राजगुरु, भगत सिंह के भतीजे जोरावर सिंह और सुखदेव के पौत्र अनुज थापर।

ऐतिहासिक स्रोतों पर आवश्यक टिप्पणी

भारत के स्वतंत्रता संग्राम का इतिहास लंबा कालखंड लिए हुए है। ब्रिटिश इतिहासकारों, भारतीय नेताओं के हस्तलिखित विवरण और सामूहिक घटनाओं के दस्तावेजों में काफी अंतर्विरोध है। इसके बावजूद निष्कर्ष तक पहुंचना कठिन इसलिए नहीं है क्योंकि विश्वसनीय संदर्भ कभी उपेक्षित नहीं किए जा सकते। स्वतंत्रता संग्राम का इतिहास खंगालने के लिए मूल तथ्यों तक पहुंचने की पूरी कोशिश की गई है। ब्रिटिश राज और भारतीय नेताओं से संबंधित विवरण अविश्सनीय लगने की हद तक चौंकाने वाले हैं, लेकिन ये सभी प्रामाणिक दस्तावेजों पर आधारित हैं। न किसी के प्रति पूर्वाग्रह रखा गया है और न किसी बात को स्थापित करने के लिए विषय को तोड़ा-मरोड़ा गया है। कांग्रेस के आंदोलनों और उसकी राष्ट्रीय गतिविधियों को लगभग एक सदी से स्वतंत्रता संग्राम का पर्याय मान लिया गया; दुर्भाग्य से सरकार प्रायोजित इस जाने-अनजाने षड्यंत्र के चलते देश अनेक सच्चाइयों से वंचित रह गया। ये विवरण लिखते समय उन महान व्यक्तियों के संदर्भ और सूचनाओं को काम में लिया गया, जो आम भारतीय के लिए विवाद से परे हैं। महत्वपूर्ण बात यह है कि यह सच्चाई सामने लाते समय स्वामी विवेकानंद, लोकमान्य तिलक, महर्षि अरविंद, महात्मा गांधी, वीर सावरकर, मदनमोहन मालवीय, लाला लाजपत राय, शचींद्रनाथ सान्याल या भगत सिंह जैसे महापुरुषों के विवरणों में कहीं मतभेद नहीं हैं। यह वह सच है, जिसको जाने बिना हमारे स्वतंत्रता संग्राम का इतिहास अधूरा है; बल्कि जिसके कारण हमारा हिंदुस्थान विखंडित हुआ। अमृत महोत्सव पर स्वतंत्रता-विभाजन के समुद्र मंथन से निकली अमृत की यश गाथा विष की पीड़ादायक याद लिए हुए है, जिसे भारत माता ने धारण कर रखा है। पाठकगण कृपा बनाए रखते हुए इसी संदर्भ में पुस्तक का अवलोकन करने का कष्ट करेंगे।

नाचिकेत अग्नि के साधक

डॉ. मुरलीमनोहर जोशी

भारत का पुराना इतिहास ही नहीं, नया इतिहास भी शाश्वत युवक के पराक्रम की गौरवमयी कहानी कहता है। संक्षेप में कहना है न, इसीलिए बहुत कुछ लिखना चाहते हुए भी लिखा नहीं जा सकेगा। बाल गंगाधर तिलक ने बी.ए. पास किया था 1876 में।

उनके साथ थे गोपाल गणेश आगरकर और महादेव बल्लाल नामजोशी। तीनों ही मेधावी छात्र थे और स्नातक परीक्षाओं में अच्छा स्थान प्राप्त कर चुके थे। उन दिनों बी.ए. पास होते ही और जरा सी शासन भक्ति दिखाते ही मानो चांदी की चाभी हाथ आ जाती थी। डिप्टी कलेक्टर तो ऐसा आदमी चुटकी बजाते ही बन जाता था। लेकिन इन तीनों ने तो व्रत ले लिया था देश की आजादी प्राप्त करने का। तिलक ने 23 वर्ष की अवस्था में ही यह कंटक पंथ अपना लिया था। सच तो यह है कि इन तीनों मित्रों ने अपने स्वर्णिम भविष्य के, सुख और समृद्धि के, सुरक्षा और संपन्नता के समस्त लोभ और मोह ठुकरा दिए थे। अंग्रेजी राज ने इन तीनों से कहा था: अरे युवको! ले लो अफसरी, करो मौज और चलाओ हुकूमत अपने देशवासियों पर, लेकिन मत उठाओ आजादी का सवाल। लेकिन न ही नचिकेता ललचाया जा सकता था और न ही फुसलाए जा सके थे तिलक, आगरकर और नामजोशी।

उसी समय आगरकर ने अपनी मां को लिखा था, 'मां! संभवतः तुमने सपना संजोया होगा कि स्नातक बनने के बाद मैं ऊंची तनख्वाह पर नौकरी कर लूंगा और सुख-चैन का जीवन बिताऊंगा। लेकिन मैं आज तुम्हें लिख रहा हूं कि वह सब मैं करने नहीं जा रहा। मुझे धन की कोई तृष्णा नहीं। मैं तो बस उतना ही स्वीकार करूंगा, जितना शरीर धारण के लिए जरूरी है। मैंने दक्षिण कॉलेज की एक छोटी-सी छात्रवृत्ति स्वीकार कर ली है।' क्या देशवासियों को पता है कि तिलक, आगरकर और नामजोशी ने उच्च शिक्षा के बावजूद मात्र 75 रुपए की स्वदेशी वृत्ति स्वीकार की थी और पराई सरकार के सैकड़ों रुपए ठुकरा दिए थे! ये तीनों इकट्ठे रहते थे, एक ही बाड़े में सपरिवार और इकट्ठे ही देखते थे सपने भारत की स्वाधीनता के। 'स्वराज मेरा जन्मसिद्ध अधिकार है' वह चरम सत्य था, जिसको बताने निकल पड़े थे तिलक। कारावास, देश-निकाला क्या कुछ नहीं सहा उन्होंने! लेकिन अंत तक समझौता नहीं किया। उन्होंने उच्च स्वर में उद्घोष किया था गीता रहस्य का, कर्मयोग के सिद्धांत का। शाश्वत युवक की ओजस्विनी वाणी ने लक्षाधिक युवकों को सम्मोहित कर दिया था। गगन भर उठा था कोलाहल से, दिशाएं गूंज उठी थीं एक ही स्वर से, 'स्वराज्य लेकर ही रहेंगे।'

कहानी अधूरी रह जाएगी अगर विनायक दामोदर सावरकर का उल्लेख नहीं करूं। कभी सुना है एक ही व्यक्ति को दो-दो बार आजीवन कारावास का दंड! लेकिन सावरकर को सुनाया गया था। सारी संपत्ति जब्त किए जाने और दो आजीवन कारावास भुगतने का आदेश था। यह था निहित स्वार्थों पर आघात करने का फल; अनैतिक ब्रिटिश साम्राज्यवाद की दुर्नीति का विरोध करने का परिणाम। क्या-क्या नहीं भोगा सावरकर ने सत्य की राह में और आजादी की चाह में! काले पानी की सजा, कोल्हू में बैल की तरह जोते जाना... और भी न जाने कितनी तरह के अमानुषिक अत्याचार सहे थे इस परिवार ने, सभी भाइयों ने। क्या देशवासी भूल गए कि जब सावरकर बंबई की डोंगरी से अंडमान ले जाए जा रहे थे तब उन्होंने पत्नी को लिखा था, 'हमने अपने घर के चूल्हे की आग स्वयं बुझा दी ताकि कल हजारों देशवासियों के चूल्हे सोने का धुआं उगलें।' और लिखा था उन्होंने स्वाधीनता की देवी के नाम:

For thy sake death in life,
Without thee life is death,
Deathless is the family that falls to a man,
For the emancipation of its motherland,
Filling the skies, with the fragrance of their sacrifice
Made in the welfare of man's rise.

कहां है मृत्यु का भय उस व्यक्ति को, उसके परिवार को, जो दासता के बंधनों से जकड़ी मातृभूमि के मुक्ति यज्ञ में प्राणों की आहुति डालकर दिग्दिगंत को सुवासित कर देता है, मानव कल्याण के लिए समर्पित इस बलिदान की सुगंध से!

नचिकेता ने भी तो यही कहा था, 'कहां है मृत्यु का देव! मैं आया हूं उससे मिलने और चरम लक्ष्य प्राप्त करने।' लेकिन जिन परिवारों की यश पताका फहराई जाती रही है, जिनकी विरुदावलियां रची गई हैं, दूरदर्शन और आकाशवाणी से जिनका प्रशस्तिगान होता रहा है, वे परिवार कभी अंडमान की जेल में नहीं रहे, कभी कोल्हू में नहीं जोते गए। वे नचिकेता को नहीं जानते और न ही जानते हैं उसके द्वारा यमराज को पराजित किए जाने का उपाख्यान।

स्वातंत्र्य संघर्ष के दिनों में तो मानो नचिकेता ने घर-घर में अवतार ले लिया था। चापेकर बंधु, मदनलाल धींगरा, चंद्रशेखर आजाद, अशफाकउल्ला खां, भगत सिंह, राजगुरु... ऐसे कितने ही नाम हैं जिनके अस्त्रों से नाचिकेत अग्नि की ज्वालाएं फूटी थीं, ब्रिटिश साम्राज्यवाद को भस्म करने के लिए। सबके लिए परम गोपनीय रहस्य था 'स्वाधीनता'। उसे हर कीमत पर प्राप्त करना ही है। उससे कम में कोई समझौता नहीं, कोई तर्क-वितर्क नहीं। बालक-बालिकाएं, युवक-युवतियां मानो मृत्युदेव को ललकारने की होड़ लगाए हुए थे। प्रीतिलता मर गई थी विष खाकर क्योंकि अंग्रेजों के अपवित्र हाथों का स्पर्श उसे सहन नहीं था। मरने से पहले अपनी मां को लिख गई थी, 'मां, तुम क्या चुपचाप पराधीनता का अत्याचार सहती रहोगी? क्या अपनी एक संतान मुक्ति के लिए उत्सर्ग नहीं कर पाओगी? मैं तो स्वदेश जननी की आंखों के आंसू पोंछने के लिए अपना रक्त देने जा रही हूं। मुझे आशीर्वाद दो।'

शांति घोष और सुनीति चौधरी दोनों आठवें दर्जे की छात्राएं थीं। डिस्ट्रिक्ट मजिस्ट्रेट चार्ल्स स्टीवेन्स को गोली मारने के अपराध में दोनों को आजीवन कारावास मिला। फैसला सुनकर उन्होंने यह क्यों कहा था– 'इससे तो मृत्यु ही अच्छी रहती। फिर से जन्म लेने का अवसर तो मिलता और फिर से स्वाधीनता के यज्ञ में आहुति देने का सुयोग होता।' और वह बीनादास गुप्ता... बी.ए. की उपाधि लेने जाते समय गवर्नर पर गोली चलाने वाली, साक्षात दुर्गा का अवतार! नौ वर्ष तक कठोर कारावास भुगता उसने। आज भी हमारे देश में अनेक प्रीति, शांति, सुनीति और बीना घूमती-फिरती नजर आती हैं। लेकिन क्या हम उन्हें बताएंगे कि इस देश की लड़कियां कुछ दशकों पहले तक कैसी हुआ करती थीं?

प्रद्योत कुमार भट्टाचार्य के मृत्युदेव से साक्षात्कार को लिखे बिना तो शाश्वत युवक की कथा कहना निरर्थक ही रहेगा। फांसी चढ़ने से पहले जो चिट्ठी उसने अपनी मां को लिखी थी, उसके कुछ अंश लिखने का लोभ संवरण करना तो बहुत कठिन है। प्रद्योत ने लिखा था:

'मां! तुम शायद नहीं जानती हो कि तुमने अपनी ही जरूरत के लिए हमें रचा है। मैं तुम्हें बता रहा हूं कि हजारों वर्षों से हम लोग माताओं के मन में रचे जाते चले आ रहे हैं। आज हम धीरे-धीरे प्रकट हो रहे हैं। मैं तो हमेशा से जानता हूं कि तुम बंगाल हो और मैं बंगाली हूं; एक ही पदार्थ, जिसे मैं अलग करके सोच ही नहीं सकता हूं। युगों से तुम अपमान, लांछन और अत्याचार सह रही हो, गूंगी गाय की तरह जमीन पर मुंह के बल गिर पड़ी हो, मार खा रही हो। इनके विरुद्ध जो तुम्हारे हृदय में विद्रोह की ज्वाला धधक रही है, वही विद्रोह मैं हूं।

मेरी आंखों के सामने तुम पर कोई अत्याचार करे और मैं पागलों की तरह उस पर झपट पड़ने के बजाय सोचने लग जाऊं कि इसमें मुसीबत कितनी आ सकती है? अकेला इतनों से जूझ सकूंगा या नहीं? या फिर पास के थाने में जाकर खबर करूं, उसके बाद भागे हुए अपराधी को पकड़वाकर जेल पहुंचा दूं? न जाने यह समझौता सम्मानजनक होगा कि नहीं? अगर अपराधी पकड़ा न जा सका तब किस अखबार में उसकी तीव्र आलोचना करते हुए लेख प्रकाशित हो सकता है? इत्यादि बातें सोचकर अपनी बुद्धिमत्ता और धैर्य का परिचय भले ही दे डालूं, लेकिन इसी के साथ क्या तुम्हारा मातृ हृदय यह कहकर धिक्कारेगा नहीं कि बचपन में ही दूध के साथ जहर क्यों नहीं खिला दिया था इसे मैंने?

ज्यादा क्या कहूं! जीवन में अनेक आशाएं थीं। सोचा था, देश भर में अपने आदर्श को कण-कण में फैला दूंगा, नवयुग में कुसंस्कारों से मुक्त होकर जाति और समाज को नया रूप दूंगा। बिल्कुल ही नए समाज का गठन करूंगा। सारी ग्लानि, सारी गंदगी धो-पोंछकर साफ कर जाऊंगा। लेकिन मनुष्य का जीवन भी खूब है! एक बुलावा आया है और मुझे जाना ही होगा!

मां, तुम्हारा प्रद्योत क्या कभी मर सकता है? मैं जीवित और अमर रहूंगा, मां!

वंदे मातरम्!'

इस बार निष्कासित किया गया था सुभाषचंद्र बोस को कांग्रेस से। वही, स्थापित सत्ता के तौर-तरीके का विरोध करने के अपराध में। इतना दुस्साहस कि बापू की इच्छा के विरुद्ध सुभाष कांग्रेस का अध्यक्ष चुना जाए! उसकी यह मजाल कि महात्मा गांधी की कार्य प्रणाली पर प्रश्न चिह्न लगाए! कांग्रेस में स्थापित सत्ताधारी गुट सुभाष के सीधे सच्चे रास्ते से किस कदर तिलमिलाया था! कह दिया था उन सबने, 'जा दूर हट, कांग्रेस से निकल... मृत्यवे त्वां ददामीति।' फिर एक दिन सारी दुनिया ने रेडियो पर उसकी वाणी सुनी, 'चलो दिल्ली, लाल किला फतह करो। तुम मुझे खून दो, मैं तुम्हे आजादी दूंगा।' यह थी शाश्वत युवक की वाणी, 'चलो आगे बढ़ो, डरो मत! मृत्यु का अधिष्ठाता तुम्हारा बाल भी बांका नहीं कर सकता। चरम लक्ष्य को प्राप्त किए बिना कोई समझौता नहीं। पूर्ण स्वराज्य से कम कुछ भी नहीं चाहिए।' कोई क्यों नहीं याद दिलाता मेरे देश के युवकों को, सुभाष ने आई.सी.एस. परीक्षा में उत्तीर्ण होकर उसे लात मार दिया था मातृभूमि की सेवा के लिए। श्यामजी कृष्ण वर्मा, रासबिहारी बोस, अरविंद घोष... सभी तो उसी मृत्युपथ के पथिक थे। यमराज भी इनके नाम से थर्राता था।

एक नाम और है, जिसे बताना तो बहुत जरूरी है... राष्ट्रीय स्वयंसेवक संघ के संस्थापक डॉ. केशव बलिराम हेडगेवार। जिन्होंने 'परम वैभवं नेतुमेतत्स्वराष्ट्रं' का मंत्र दिया और जो कहा करते थे- याची देही, याची डोला... इसी शरीर से, इन्हीं नेत्रों से भारत मां को परम वैभव के शिखर पर आसीन देखना है। उनकी आजीवन साधना नाचिकेत अग्नि की अभिनव साधना थी।

विभिन्न धाराओं, विभिन्न विचारों के समन्वय और राष्ट्रीय एकजुटता से पराधीनता के बंधन आखिरकार तोड़ डाले गए। भारत अपनी स्वाधीनता के 75 वर्ष पूरे करने पर अमृत महोत्सव मना रहा है। ऐसे समय में वरिष्ठ पत्रकार-लेखक गोपाल शर्मा की पुस्तक 'भारत की संतान: स्वतंत्रता संग्राम में स्वयंसेवक' का प्रकाशन एक सुखद संयोग है। स्वाभाविक है कि इस संकलन में उन तमाम स्वतंत्रता सेनानियों का उल्लेख किया गया है, जो सामान्य जन के रूप में और स्वाभाविक अंत:प्रेरणा से भारत की आजादी के लिए बलिदान हुए। राष्ट्र की स्वाधीनता और स्वाभिमान के लिए चले संघर्ष में राष्ट्रीय स्वयंसेवक संघ के स्वयंसेवकों की भी अग्रणी भूमिका रही। डॉ. हेडगेवार ने ऐसे देशभक्तों को संगठित किया, जो भारत की स्वाधीनता के लिए अंतर्मन से काम करें और इसे ईश्वरीय दायित्व मानते हुए अपने प्राणों की आहुति देने को तत्पर रहें। ऐसे हजारों लोग जो राजनीतिक चक्रों से दूर रहते हुए, स्वाभाविक प्रेरणा से काम करते हुए स्वतंत्रता की अलख जगाते रहे, लेकिन उनके कर्तृत्व के संबंध में, उनके बलिदान के बारे में जनसामान्य को पर्याप्त जानकारी नहीं है। आवश्यकता इस बात की है कि लोगों को यह बताया जाए कि ऐसे तमाम लोग जिनका चरित्र आदर्श और अनुकरणीय है, वे हजारों की संख्या में देश में बिखरे हुए हैं और इनमें बहुत बड़ी संख्या में वे लोग भी हैं, जो संघ से निकलकर आए।

डॉ. हेडगेवार की कल्पना थी कि संघ के स्वयंसेवक स्वप्रेरणा से स्वाधीनता को अपना परम लक्ष्य मानकर काम करते रहें; यह कोई राजनीतिक खेल न रहे बल्कि अंत:प्रेरणा से स्वाधीन राष्ट्र की प्राप्ति का संकल्प जागृत हो। ऐसे हजारों लोगों के व्यक्तित्व और कर्तृत्व पर यथासंभव इस पुस्तक में प्रकाश डाला गया है। इस बात को भी ध्यान में रखना चाहिए

कि डॉ. हेडगेवार बंगाल की भूमि से भी संबंधित थे। बंगाल उन दिनों क्रांतिकारी गतिविधियों का प्रमुख गढ़ था। उस जमाने के अनेक क्रांतिकारियों से डॉ. हेडगेवार का संबंध रहा। वे एक क्रांतिदर्शी के रूप में इस बात को महसूस कर रहे थे कि संपूर्ण निष्ठा के साथ ही इन गतिविधियों को लक्ष्य तक पहुंचाया जा सकता है। उनके संगठन से निकले हुए बहुत से कार्यकर्ता उतने ही क्रांतिकारी थे, जितने प्रत्यक्ष रूप से क्रांति से जुड़े हुए अन्य क्रांतिकारी थे। इसलिए उनका स्मरण करना भी अत्यंत आवश्यक है। राष्ट्रहित को लेकर स्पष्ट दृष्टि रखते हुए भारत की गौरवशाली और बलिदानी परंपरा को जीवित रखने का काम जिन महान देशभक्तों ने किया, उन सबका स्मरण होना जरूरी है।

यह ठीक है कि लाखों व्यक्तियों के कार्यों का संकलन एक जगह करना संभव नहीं है, लेकिन इस पुस्तक में अनेक ऐसे व्यक्तित्वों का उल्लेख है जिनका चरित्र प्रेरणादायी है, जिनकी जीवन यात्रा इस बात का संदेश देती है कि सतत जागरूकता ही स्वाधीनता की कुंजी है। इस जागरूकता को बनाए रखने का काम संघ के स्वयंसेवकों ने किया; उनके चरित्र को प्रकाश में लाने का महत्वपूर्ण कार्य इस पुस्तक में किया गया है। आज भी आवश्यकता इस बात की है कि चारों तरफ से इस देश पर जो विभिन्न प्रकार के संकट हैं, उनके प्रति समाज को जागरूक किया जाए। स्वाधीनता को सुरक्षित और राष्ट्र के वैभव को अक्षुण्ण रखने के लिए एक जाग्रत समाज का निर्माण अत्यंत आवश्यक है। इसके लिए जो प्रयत्न किए जाते रहे हैं, उन्हें जनमानस की स्मृति में रखने के लिए इस तरह की पुस्तकों की आवश्यकता है।

मैं गोपाल शर्मा को साधुवाद देता हूं कि उन्होंने इतिहास के अनछुए पृष्ठों को सामने लाने का संकल्प उठाया और प्रामाणिक तथ्यों के आधार पर ऐसा शोधपूर्ण दस्तावेज तैयार किया, जो भारत के स्वतंत्रता संग्राम को समग्रता में देखने के लिए सहायक होगा।

नई दिल्ली
माघ पूर्णिमा, 2025

भाग : एक

अखंड भारत

वयम् राष्ट्रे जागृयाम पुरोहिता
(हम राष्ट्र में सबका कल्याण करने वाले बनें।)
यजुर्वेद, नवम् अध्याय, मंत्र 23

हिंदुस्थान की अग्निपरीक्षा

हिंदू से बना हिंदुस्थान। 'हिंदू' शब्द की उत्पत्ति 'सिंधु' से हुई। मानव इतिहास के प्रथम ग्रंथ ऋग्वेद* में हजारों वर्ष पूर्व सिंधु के पुण्य प्रवाह को ऋषि-मुनियों ने पूज्य माना और उसकी स्तुति में प्रार्थनाएं रचीं।[1] हिमालय से लेकर इन्दु सरोवर (दक्षिणी सागर) तक विस्तृत भू-भाग धन-धान्य से पूर्ण था। उस काल में इस क्षेत्र को 'सप्त सिंधु' कहा गया, सात नदियों की भूमि। गंगा, यमुना, गोदावरी, सरस्वती, नर्मदा, सिंधु और कावेरी। एक अन्य प्राचीनतम ग्रंथ 'जेंद अवेस्ता' में 'हप्त हिंदव' का प्रयोग है।[2] इसे सृष्टि के 16 उत्तम प्रदेशों में माना गया है; एक अन्य उत्तम प्रदेश के रूप में 'हरह्वती' का उल्लेख है**।[3] ऋग्वेदिक काल से सरस्वती की महिमा को यह पुष्ट करता है।

बृहस्पति आगम में इस क्षेत्र को 'हिंदुस्थान' कहा गया है:

हिमालयं समारभ्य यावदिन्दु सरोवरम्।
तं देव निर्मितं देश हिंदुस्थानं प्रचक्ष्यते।।

अर्थात देवताओं द्वारा निर्मित वह देश, जो हिमालय से प्रारंभ होकर इंदु सरोवर तक फैला हुआ है... हिंदुस्थान कहलाता है। इस प्रकार यह शब्द हमारी मातृभूमि के संपूर्ण विस्तार को संप्रेषित करता है।[4]

समृद्ध राष्ट्र, सुसंस्कृत समाज, सुरक्षित सीमा

सांस्कृतिक और आर्थिक दृष्टि से हिंदुस्थान प्राचीन काल से ही समृद्ध राष्ट्र रहा। भारतीय कपड़ों की विदेशों में बहुत मांग थी। दुनिया के लगभग हर भाग में भारत से कपड़ा जाता था। ढाका की मलमल विश्व प्रसिद्ध थी। दूसरी शताब्दी में भारतीय इस्पात का व्यापार करते थे। मुख्यतया यह इस्पात ईरान, मध्य पूर्व और अरब देशों में तलवार और कवच बनाने में काम आता था।[5] छठी शताब्दी में अरब यहां से मोती-जवाहरात

---

*ऋग्वेद के दशम मंडल का 75वां सूक्त सिंधु की महिमा को समर्पित है। इसके 9 श्लोकों में 8 बार सिंधु का उल्लेख आता है।

** कई क्षेत्रों में 'स' को 'ह' कहा जाता है। सीमावर्ती सिंध सहित राजस्थान के मारवाड़ में यह प्रयोग आम है।

और सुगंधित द्रव्य ले जाते थे।[6] आर्थिक इतिहासकार एंगस मैडीसन के अनुसार, भारत उस समय विश्व का सबसे धनी देश था और 17वीं शताब्दी तक सबसे बड़ी अर्थव्यवस्था रहा।[7] सातवीं शताब्दी में चीनी यात्री हुएनसांग ने भारत के बारे में लिखा:

> 'ये लोग सच्चे और आदरणीय होते हैं। लेन-देन में छल रहित, राज्य प्रबंध संबंधी न्याय को ध्यान में रखने वाले तथा परिणामदर्शी होते हैं। परलोक संबंधी यंत्रणा का इनको बहुत भय रहता है और इसके कारण ये वर्तमान सांसारिक वस्तुओं को तुच्छ दृष्टि से देखते हैं। इनका व्यवहार धोखेबाजी और कपट का नहीं है, ये लोग अपनी प्रतिज्ञा के पाबंद हैं।'[8]

हिंदुस्थान तीन तरफ से समुद्र से घिरा हुआ था। जल यात्रा से जुड़ी तकनीक विकसित होने से पहले जहाज किनारों पर ही घूमते थे। इसलिए समुद्र की ओर से कोई भय नहीं था। उत्तर की ओर से हिमालय को पार करके घुसपैठ करना भी आसान नहीं था। उत्तर-पश्चिम के पहाड़ी दर्रे प्राचीन काल से भारत और बाहर के देशों के बीच यातायात के मार्ग बने हुए थे। हिंदुकुश के अलावा कई दर्रे थे, जिनमें काबुल घाटी और खैबर दर्रे से होकर पेशावर तक जाने वाला टेढ़ा-मेढ़ा और तंग मार्ग तथा हेरात से कंधार तक जाकर फिर बोलन दर्रे से होकर सिंधु घाटी में निकलने वाला मार्ग प्रचलित रहा। पश्चिम से आने वाला एक अन्य मार्ग मकरान के दुर्गम तट से निकलता था। कठिन अवरोधों के कारण भारत दुर्भेद्य जरूर था, लेकिन यहां की धन-धान्यपूर्ण भूमि और बहुमूल्य संपदा को नजरअंदाज करना मुश्किल था। इसलिए आक्रमणकारियों के प्रयास शुरू हुए। रमेशचंद्र मजूमदार लिखते हैं, 'हिमालय क्षेत्र में तिब्बत से नेपाल आने के लिए ऐसी सड़कें थीं, जिनसे होकर युगों तक संस्कृति और धर्म के शांतिदूत आते-जाते रहे, बल्कि कई बार दुश्मन देश की सेनाएं भी गुजरीं।'[9]

सिकंदर, मोहम्मद बिन कासिम, चंगेज खां, अलाउद्दीन खिलजी, मोहम्मद बिन तुगलक, सिकंदर लोधी, बाबर जैसे दुर्दांत आक्रमणकारियों ने दुनिया में सोने की चिड़िया के रूप में प्रसिद्ध सभ्यता की जन्मदात्री धरती को खूनी पंजों में जकड़ लेना चाहा। आक्रमणों की भयावह और नृशंसता भरी सदियों लंबी रातों और अंधी गली की ओर उगने वाले दिनों ने काशी, मथुरा, अयोध्या, सोमनाथ, पुष्कर जैसे महान तीर्थों को मटियामेट कर दिया। भारतीय आस्था को कुचलने की बेमिसाल कोशिशें की गईं। लाखों लोगों के बलिदानों से लिखे रक्तिम इतिहास में भारतीय संस्कृति की गौरव गाथा अक्षुण्ण रही। मानवता को नई राह दिखाता भारत आगे बढ़ता रहा।

पहला आक्रमण

हिंदुस्थान पर पहला विदेशी हमला लगभग 2350 वर्ष पहले यूनान के बादशाह अलेक्जेंडर (सिकंदर) का हुआ। वह ईरान के बाद हिरात, काबुल, बुखारा और समरकंद जीतता हुआ भारत आया। उस समय झेलम नदी के किनारे पोरस से हुए युद्ध में सिकंदर की जीत हुई। इसके बावजूद उसने जीता हुआ क्षेत्र पोरस को वापस दे दिया। वहां से सिकंदर का इरादा पूर्व की ओर जाने का था, लेकिन थकी हुई सेना ने इनकार कर दिया।[10] पोरस के हार जाने की खबर मिलते ही सम्राट घनानंद ने सेना लेकर सिकंदर से मुकाबला करने के लिए शाही राजमार्ग से सिंध की ओर कूच किया। जैसे ही सिकंदर को उनके आने की खबर मिली, वह वापस भाग गया। कुछ समय बाद बीमारी के कारण 32 वर्ष की उम्र में उसकी मृत्यु हो गई।[11] सिकंदर के समकालीन इतिहासकार मैगस्थनीज ने लिखा:

> 'भारत के सभी लोग आजाद हैं। एक भी व्यक्ति किसी का गुलाम या दास नहीं है। वे विदेशियों को भी दास नहीं बनाते हैं। बहुत सादा जीवन बिताते हैं, आमतौर पर नियमानुसार रहते हैं। लोगों में मेहनत कर खाने की मर्यादा इस कदर रच-बस गई है कि कहीं चोरी वगैरह नहीं होती। लोग अपने घरों और सामान को बिना ताला लगाए या बिना चौकसी के खुला छोड़ जाते हैं। भारतीय लोगों की विशेषता है कि जैसे वे तन से सुंदर दिखना चाहते हैं; वैसे ही, सच्चाई और सद्‌गुण में भी दूसरों से आगे रहना चाहते हैं। इसलिए वे उम्र में बड़े व्यक्ति की भी तभी इज्जत करते हैं, जब वह ज्ञानी और चरित्रवान हो। लोगों में यह मान्यता है कि कोई भी बुरा काम नहीं करेगा और न ही अपने साथ बुरा होने देगा।'[12]

अविजित भारत

सिकंदर की वापसी और भारत में उसके प्रतिनिधि सैल्यूकस की पराजय के बाद के सैकड़ों वर्षों में छोटे या मझले दर्जे के आक्रमण हुए, लेकिन भारत के किसी भी क्षेत्र पर कोई स्थाई प्रभुत्व स्थापित नहीं कर सका। शकों और कुषाणों ने कुछ समय तक पंजाब से गुजरात तक के पश्चिमोत्तर भाग को जीत लिया था। हूण तो पंजाब से उज्जयिनी तक फैल सके। यवनों, शकों और हूणों ने सिर्फ भारत पर आक्रमण नहीं किया था; इनमें से कुछ ने तो उस दौरान कई राष्ट्रों को पूरी तरह ध्वस्त कर दिया था। ये सभी आक्रमणकारी भारी शस्त्रबल के साथ हिंदुस्थान को पूरी तरह ध्वस्त करने आए थे, लेकिन यहां के शासकों ने इन सभी को न केवल युद्ध में धूल चटाई, बल्कि उनकी

बर्बरता का अंत करके उन्हें यहां शरण दी। समकालीन इतिहासकारों ने स्वीकार किया:

> 'कोई भी विदेशी सत्ता संपूर्ण भारत को नहीं जीत सकी। इस तथ्य पर न तो किसी विदेशी और न ही स्वेदशी नागरिक का ध्यान जाता है। इससे इतर 'भारत पर सिकंदर का आक्रमण', 'भारत पर शकों का आक्रमण' जैसे शीर्षक पढ़कर लोगों की यह धारणा बनती है कि इन शत्रुओं ने आक्रमण कर समस्त भारत को जीतकर उसकी स्वतंत्रता छीन ली थी। ऐसी भ्रमपूर्ण धारणा के चलते कई शत्रु यह बताते हैं कि भारतीय राष्ट्र अर्थात् हिंदू राष्ट्र का संपूर्ण जीवन ही परतंत्रता में बीता है। उनकी ये बातें अज्ञानता और ईर्ष्या को दर्शाती हैं।'[13]

घुसपैठ की शुरुआत

सातवीं शताब्दी में इस्लाम की स्थापना के लगभग तीन दशक बाद भारत पर पहला मुस्लिम आक्रमण हुआ। मुसलमानों के दूसरे खलीफा उमर के शासनकाल के दौरान अरबी जहाजों के बेड़े किसी अच्छे बंदरगाह पर अधिकार करने के लिए भारत के समुद्र के किनारे मंडराने लगे। मुंबई के पास थाणा बंदरगाह पर 633 में बहरैन के शासक की आज्ञा से अरबों ने पहला आक्रमण किया। इसके बाद भड़ौच पर चढ़ाई की। इसी समय मुगीरा नाम के अरब ने सिंध के बंदरगाहों देवल और ठट्ठा पर धावा बोला।[14] खलीफा उमर की सेना ने भारत पर चढ़ाई की, लेकिन उसका सेनापति मारा गया।[15]

गुरु नानक ने जगाई जनचेतना

जहीरुद्दीन मुहम्मद बाबर लंबे-चौड़े क्षेत्रफल और बेशुमार धन-दौलत वाले हिंदुस्थान को जीतने के साथ-साथ इस्लाम का प्रभाव बढ़ाने आया। वह तैमूर लंग का प्रपौत्र था, जिसने 1398 में दिल्ली पर हमला किया था। बाबर की मां चंगेज खान के वंश से थी। यानी, बाबर में तैमूरी और चंगेजी दोनों नस्लों का खून था। वह खुद मंगोल था। 12 वर्ष की उम्र में वह उत्तराधिकारी बना। दिल्ली की गद्दी पर कब्जा करने के पहले से बाबर पंजाब और आसपास के क्षेत्र पर आक्रमण करता रहा। 1520 में उसने सियालकोट होते हुए गुजरांवाला के पास सैदपुर (अब अमीनाबाद) पर हमला किया। इस आक्रमण के दौरान सिख समाज के संस्थापक गुरु नानक देव और बाबर की मुलाकात होने का उल्लेख मिलता है। 1872 में प्राप्त *पुरातन जन्म साखी* के अनुसार, नगर पर कब्जे के बाद बंदी बनाए गए लोगों में नानक देव और उनके पहले शिष्य माने जाने वाले भाई मरदाना भी थे। कैदखाने ले जाते समय नानक देव को गठरी उठाने और

भाई मरदाना को एक घोड़ा लेकर चलने का आदेश दिया गया। बाबर के सहयोगी मीर खां ने देखा कि नानक देव की गठरी बिना किसी सहारे के उठ रही है और घोड़ा लगाम का इस्तेमाल किए बिना ही उनके पीछे चल रहा है। मीर खां ने यह बात बाबर को बताई। नानक देव की महिमा से प्रभावित बाबर ने उनसे मुलाकात की और उनके पैर चूमे। जब उसने कोई भेंट स्वीकार करने को कहा तो नानक देव बोले, 'मैं कुछ नहीं लूंगा, लेकिन तुम सैदपुर के लोगों को रिहा कर दो और उनकी संपत्ति लौटा दो।' बाबर ने इस आदेश का पालन किया।[16]

बाबर स्वदेश लौट गया, लेकिन कुछ वर्षों बाद उसने फिर आक्रमण किया। 1524 में वह लाहौर तक पहुंच गया। आखिरकार, 1525-26 के बर्बर सैन्य अभियान के बाद 21 अप्रेल, 1526 को पानीपत में इब्राहिम लोधी को हराकर वह दिल्ली का सुल्तान बन गया। उस दौरान हिंदुओं पर किए गए नृशंस अत्याचारों के विरुद्ध जनचेतना जगाने में नानक देव ने अग्रणी भूमिका निभाई। उन्होंने बाबर के आतंक के बारे में चार पद लिखे, जिन्हें 'बाबरवाणी' शीर्षक से *गुरु ग्रंथ साहिब* में संकलित किया गया है। एक पद में नानक देव ने कहा, *'बाबरवाणी फिरी गई, कुइरू न रोटी खाई'* (बाबर का आतंक इतना फैल गया गया है कि राजा-महाराजाओं को भी भोजन नहीं मिल रहा है।) एक अन्य पद में हाथी पर सवार मुगलों द्वारा तोपों का प्रयोग किए जाने, महिलाओं का शीलभंग करने, नगरों को उजाड़ने, सड़कों पर रक्त की नदियां बहने के नृशंस घटनाक्रमों का उल्लेख है। बाबरवाणी के बाहर भी नानक देव आक्रमणों की विभीषिका का विवरण देते हैं। एक जगह उन्होंने लिखा कि लाहौर में सवा पहर (लगभग चार घंटे) तक नरसंहार और आतंक चलता रहा।[17]

मुगलों ने माना धर्मयुद्ध

भारत के किसी हिस्से को जीतना मुगलों के लिए सिर्फ साम्राज्य विस्तार नहीं था, वे इसे धर्मयुद्ध* मानते थे। बाबर की मृत्यु के बाद उसके पुत्र हुमायूं ने दिल्ली की गद्दी संभाली। उसने अफगानिस्तान, पाकिस्तान, उत्तर भारत से जुड़े क्षेत्रों पर लगभग 10 वर्षों तक शासन किया। हुमायूं चित्तौड़ को जीतने के लिए आगरा से मालवा की ओर बढ़ा। वहीं, दूसरी तरफ गुजरात का सुल्तान बहादुर शाह भी चित्तौड़ जीतने में लगा हुआ था। राजमाता कर्मावती ने हुमायूं को राखी भेजकर उससे मदद मांगी। इस पर बहादुर शाह ने भी हुमायूं को पत्र लिखकर कहा, 'इस समय मैं धर्मयुद्ध पर हूं,

---

*दारुल इस्लाम का अर्थ है मुस्लिम शासित क्षेत्र और दारुल हर्ब का अर्थ है गैर मुस्लिम अर्थात काफिरों का क्षेत्र। आक्रमणकारियों का लक्ष्य दारुल हर्ब को दारुल इस्लाम बनाना होता था और वे मानते थे कि इस्लाम कबूल नहीं करने वाले काफिरों के लिए मौत ही एकमात्र दंड है। वे अन्य धर्मों के पूजास्थलों को तोड़ते थे, बलपूर्वक धर्म परिवर्तन करवाते थे और विरोध करने वालों को मौत के घाट उतार देते थे। (जदुनाथ सरकारः औरंगजेब, हिंदी ग्रंथ रत्नाकर, बंबई, 1970, पृष्ठ 140-142)

इसलिए तुम्हें हिंदुओं की मदद नहीं करनी चाहिए।' हुमायूं ने इसे स्वीकार किया और चित्तौड़ जीते जाने तक सारंगपुर और उज्जैन में रुका रहा।[18]

1540 में शेरशाह सूरी ने हुमायूं को हराकर दिल्ली की गद्दी पर कब्जा कर लिया। हुमायूं को तंग हालात में कुछ लोगों के साथ अमरकोट भागना पड़ा। उस दौरान उसके हालात इतने खराब हो गए थे कि शेरशाह सूरी आगरा के पास पहुंच गया तो निराश होकर हुमायूं ने अपने भाई हिंदाल मिर्जा से कहा कि हरम की महिलाओं को अपने हाथों से कत्ल कर दिया जाए। हिंदाल ने हौसला दिखाकर किसी तरह महिलाओं-बच्चों को लाहौर पहुंचाया।[19] सफर में हुमायूं के साथ चल रहे अकबर जौहर ने लिखा है कि जिसकी सवारी में लाखों सवार और हजारों हाथी चलते थे, वह अपनी बेगम को पैदल उतारकर लड़ाई के समय घोड़े पर सवार हुआ। मारवाड़ में उसके बहुत से आदमी प्यास से मारे गए। एक मौके पर हुमायूं के पास सिर्फ 16 सवार रह गए।[20]

जोगीतालाब (किशनगढ़), सांभर और फलौदी होते हुए हुमायूं जा रहा था। उसकी सवारी में दो घोड़े और एक खच्चर के सिवाय कुछ नहीं था। हुमायूं को रोकने के लिए रास्ते के सभी कुओं को रेत से भर दिया गया। तब हुमायूं ने खुद पैदल होकर अपनी बेगम को घोड़े पर बैठा दिया। पैदल चलते हुए थक जाने के बाद हुमायूं ने ऊंट की सवारी की और मुश्किल भरी यात्रा तय करके अमरकोट पहुंचा। अमरकोट के राणा ने हुमायूं का स्वागत किया और किले के अंदर उनके रहने की अच्छी व्यवस्था की। वहीं, 13 अक्टूबर, 1542 को रविवार के दिन हमीदा बानो ने एक पुत्र को जन्म दिया।[21] उसका नाम बदरुद्दीन और जलालुद्दीन रखा गया, जो आगे जाकर अकबर के नाम से जाना गया।

कश्मीरी पंडित और गुरु तेगबहादुर

औरंगजेब के अत्याचारों से त्रस्त होकर कश्मीरी पंडितों ने आनंदपुर साहिब जाकर सिख गुरु तेगबहादुर से मदद मांगी*। गुरु तेगबहादुर जब कश्मीरियों की आपबीती सुन रहे थे, तब वहां उनके 9 वर्षीय पुत्र गोविंद सिंह भी मौजूद थे। उन्होंने हिंदू धर्म और ब्राह्मणों की रक्षा करने के लिए अपने पिता को बलिदान देने के लिए प्रोत्साहित किया। गुरु तेगबहादुर ने कश्मीरी पंडितों के जरिए औरंगजेब तक यह संदेश पहुंचवाया कि वे इस्लाम धर्म स्वीकार करने को तैयार हैं। इससे कश्मीरी पंडितों के उत्पीड़न का सिलसिला रुक गया। मन ही मन खुश हुए औरंगजेब ने तत्काल गुरु तेगबहादुर को दरबार में बुलवाया। गुरु तेगबहादुर अपने पांच अनुयायियों के साथ 15

---

*स्वर्ण मंदिर, अमृतसर संग्रहालय में गुरु तेगबहादुर से मिलने कश्मीर से कृपाराम के नेतृत्व में पंडितों के आने का उल्लेख है।

नवंबर, 1675 को दिल्ली पहुंचे और औरंगजेब के दरबार में जाकर उससे मिले। वहां उन्होंने इस्लाम धर्म अपनाने से साफ मना कर दिया। इस पर क्रोधित औरंगजेब ने उनका सिर काटने का आदेश दे दिया।[22] कश्मीरी पंडितों के लिए हालात नहीं बदले। उस दौर में कश्मीर में अराजकता व्याप्त हो चुकी थी। हजारों कश्मीरी पंडितों को तलवार की नोंक पर मुसलमान बनने पर मजबूर किया गया।[23] ये हालात मुगलों के भारत पर शासन करने की दुखद परिणतियां थीं, जिन्हें भविष्य में और भयानक रूप से भुगतने के लिए कश्मीर अभिशप्त हो चला था।

गुरु समर्थ रामदास ने युवाओं को किया जागृत

छत्रपति वीर शिवाजी के गुरु समर्थ रामदास ने ज्ञान, भक्ति और कर्म मार्ग से समाज में जनजागृति की। उन्होंने युवाओं को समझाया कि स्वस्थ और सुगठित शरीर से ही राष्ट्र की उन्नति संभव है। इसलिए उन्होंने युवाओं को व्यायाम करने की सलाह दी और शक्ति के उपासक हनुमानजी की प्रतिमा स्थापित की। उन्होंने समस्त भारत का पद-भ्रमण किया। जगह-जगह हनुमानजी की प्रतिमा स्थापित की, मठ और उनके प्रमुख बनाए जिससे देश भर में संगठनात्मक नव चेतना का निर्माण हो। गुरु रामदास के कार्य से शिवाजी बहुत प्रभावित हुए। जब वे गुरु से मिले तो अपना राज्य उनकी झोली में डाल दिया। शिवाजी ने उन्हीं से अध्यात्म और हिंदू राष्ट्र की प्रेरणा प्राप्त की थी।

ईस्ट इंडिया कंपनी को लूट की छूट

मुगलों के परोक्ष सहयोग से अंग्रेजों का काल शुरू हुआ। सूरत में शरणार्थी के रूप में रह रहे अंग्रेजों का 1614 में स्थानीय स्तर पर युद्ध हुआ। इसमें उन्होंने प्रतिद्वंद्वी वर्जा को पराजित किया। अजमेर में दीर्घकालीन प्रवास कर रहे जहांगीर को इससे प्रसन्नता हुई कि अंग्रेजों की अग्निवर्षा से प्रतिद्वंद्वी के अधिकांश जहाज जल गए।[24] 1615 में टॉमस रो जहांगीर के दरबार में पहुंचा। उसके कूटनीतिक प्रयास पूर्णतः सफल नहीं हुए, लेकिन स्थिति में सुधार जरूर हुआ। अंग्रेजों ने सूरत में क्रय-विक्रय का बंदोबस्त किया। फिर सूरत तथा लंदन के बीच प्रत्यक्ष व्यापार का तीव्र विकास होने लगा।[25] आगे चलकर अंग्रेजों के एक पोत ने लाहड़ी बंदरगाह के निकट डेरा डाला। वहां एक फैक्ट्री की स्थापना की गई।[26] मुगल शासन उस दौर में अंग्रेजों के प्रति उदारवादी था। ईसाइयों के बारे में आदेश दिए गए कि यदि गिरजाघर गिर गए हों या बरबाद हो गए हों तो उन्हें मरम्मत करवाने या फिर बनवाने की स्वतंत्रता थी। इसी तरह, बाहर से लाए जाने वाले माल पर चुंगी दो तरह से वसूली जा रही थी; मुसलमानों से ढाई प्रतिशत और हिंदुओं से पांच प्रतिशत। हिंदुओं की तरह यूरोपियों पर प्रत्येक व्यक्ति की गणना

करके जजिया कर लगाने में मुगल शासकों ने कठिनाई अनुभव की तो जजिया के बदले आने वाले माल पर चुंगी की दर को बढ़ाकर साढ़े तीन प्रतिशत कर दिया गया। औरंगजेब ने इससे भी आगे बढ़कर सूरत के बंदरगाह में एक बार चुंगी चुका देने के बाद भारत के अन्य किसी भाग में बिना कोई कर या चुंगी दिए बेरोक-टोक व्यापार करने की छूट दी।[27]

ब्रिटिश सेना के मुकाबले संन्यासी

23 जून, 1757 को प्लासी का निर्णायक युद्ध हुआ। रॉबर्ट क्लाइव के नेतृत्व में ईस्ट इंडिया कंपनी की सेना ने नवाब सिराजुद्दौला की सेना से मुकाबला किया। क्लाइव द्वारा नवाब के सेनापति मीर जाफर को धन और पद का लालच देकर अपने पक्ष में कर लिए जाने का परिणाम यह हुआ कि नवाब की सेना हार गई और बंगाल पर कंपनी का कब्जा हो गया। यहां से भारत में प्रत्यक्ष ब्रिटिश शासन की नींव पड़ी। इसके साथ ही ब्रिटिश विरोध की भावना प्रबल होने लगी। इस विरोध को पहला स्वर संन्यासियों ने दिया। इनमें उत्तर प्रदेश के मदारी संप्रदाय के संन्यासी योद्धा अग्रणी भूमिका में थे। इन संन्यासियों में कानपुर जिले के माखनपुर गांव के प्रसिद्ध साधु जिंदा शाह की ख्याति थी। इन्हें बुरहाना या नंगा फकीर कहा जाता था।[28]

संन्यासियों का विस्तार उत्तर प्रदेश में घाघरा नदी के किनारे से लेकर असम के ब्रह्मपुत्र और उड़ीसा के कुछ भागों में था। संन्यासियों के पास सुदक्ष गुप्तचर थे, जो यह पता लगाया करते थे कि ईस्ट इंडिया कंपनी के पास कहां कितनी सेनाएं हैं। उन्हें जानकारी होती थी कि अंग्रेजों, हिंदुओं और मुसलमानों के पास कितना धन भंडार है।[29] बंगाल के विभिन्न हिस्सों में संन्यासियों के पास इतनी शक्ति थी कि वे अंग्रेजों के राज वाले समूचे क्षेत्र को तबाह कर सकते थे और स्थानीय स्तरों पर उन्होंने ब्रिटिश सैनिकों को पराजित भी किया।[30] इन संन्यासियों ने सर्वप्रथम 1763 में ढाका स्थित अंग्रेजों की कोठी पर हमला किया। 1764 में अंग्रेजों के विरुद्ध बक्सर की लड़ाई में भी मीर कासिम को हिम्मत गिरी के नेतृत्व में संचालित संन्यासी योद्धाओं से मदद लेनी पड़ी। इसके बाद 19वीं शताब्दी के प्रथम दशक में सिख-मराठा सैन्यवाहिनी में संन्यासी योद्धाओं ने युद्ध किया।[31]

बंगाल सेना में विद्रोह

1764 में बंगाल सेना में व्यापक विद्रोह हुआ। यह विद्रोह कुछ नए फौजी नियमों के विरुद्ध हुआ था। बिहार में पदस्थापित मेजर हेक्टर मुनरो को जब इस विद्रोह का पता चला तो वह बांकीपुर से छपरा पहुंच गया और ब्रिटिश सैनिकों के साथ विद्रोही

सैनिकों पर हमला कर दिया। विद्रोहियों में से जो भी हाथ आए, उनको तोप से उड़ा दिया गया। इसके बाद 1795 में एक अन्य सिपाही विद्रोह हुआ। 3 सितंबर को बंगाल आर्मी की 15वीं बटालियन को यह आदेश दिया गया कि वह तत्काल तमलूक रवाना हो जाए। वहां पर जहाज तैयार थे। उनको डचों के साथ लड़ने के लिए जाना था। बटालियन तमलूक तक तो चली गई, लेकिन वहां जाकर जहाज पर चढ़ने से इनकार कर दिया। अंग्रेज अफसर ने आदेश दिया कि बटालियन तोड़ दी जाए, उसका झंडा जला दिया जाए और सभी सैनिकों का कोर्ट मार्शल किया जाए। कोर्ट मार्शल में तय हुआ कि विद्रोहियों के नेता रघुनाथ सिंह, उमराव गिर आदि को तोप के मुंह पर बांधकर उड़ा दिया जाए। अन्य सिपाहियों को एक-एक करके बर्खास्त कर दिया गया। इसके बाद से 15वीं बटालियन खत्म कर दी गई।[32]

खोखला होता रहा भारत

ईस्ट इंडिया कंपनी ने बंगाल में जमींदारी प्रणाली की शुरुआत की। मुगल बादशाह के एजेंटों ने 1764-65 में 8,18,000 पौंड की वसूली की, जो 1765-66 में बढ़कर 14,70,000 और 1790-91 में 28,60,000 पौंड हो गई। बंबई प्रांत के रेवेन्यू सर्वे कमिश्नर कैप्टन विनगेट के अनुसारः

> 'छोटे-छोटे सूदखोर तेजी से पैदा होने लगे। ये लोग आबादी के सबसे निम्न स्तर के लोगों को काफी ऊंची ब्याज दरों पर थोड़े समय के लिए कर्ज देते थे क्योंकि इस तरह के कर्जदारों की हैसियत ऐसी नहीं थी कि अपेक्षाकृत गांव के सम्मानित बैंकरों से ऋण ले सकें।'[33]

कंपनी की नीतियों के परिणामस्वरूप जमींदारों और सूदखोरों के रूप में दो वर्गों का उदय हुआ, जिन्होंने किसानों और ग्रामीण निर्धनों को मिल-जुलकर लूटने का काम शुरू किया। लूट का एक बड़ा हिस्सा कंपनी को देने का भी चलन शुरू हो गया। हस्तशिल्प और इन पर आधारित विदेश व्यापार में भी धीरे-धीरे गिरावट आने लगी। उदाहरण के तौर पर 1795-96 में भारत से सूती कपड़े का निर्यात 21,22,319 रुपए का हुआ था; जो 1829-30 में घटकर 6,95,725 रुपए हो गया। दूसरी तरफ, इंग्लैंड से आयात किए जाने वाले सामानों के मूल्यों में लगातार वृद्धि होती गई। 1814 में 18 लाख पौंड का सामान आयात किया गया, जो 1829 में बढ़कर 45 लाख पौंड हो गया।[34] इस प्रकार ईस्ट इंडिया कंपनी धीरे-धीरे विशाल साम्राज्य में बदल गई।

सौ वर्ष बाद स्वराज्य का स्वप्न

1757 में प्लासी की हार के 100 वर्ष बाद 1857 में देश को स्वतंत्र करवाने का सुनियोजित संगठित प्रयास भारतीय जनता में उबल रहे छिटपुट आक्रोश के कारण आकार नहीं ले सका। समय से पहले हुई घटनाओं ने ब्रिटिश राज की चूलें हिला दीं, लेकिन ब्रिटिश बर्बरता ने इस प्रथम स्वातंत्र्य समर को कुचल दिया। विनायक दामोदर सावरकर का मानना था:

> 'यदि कारतूसों का डर नहीं होता या अवध का अधिग्रहण नहीं किया गया होता तो क्या 1857 की क्रांति नहीं होती? 1857 की क्रांति के मुख्य तत्व थे... स्वधर्म और स्वराज्य। अपने प्राण प्रिय धर्म पर घातक और कष्टपूर्ण हमले का यथार्थ देखते ही प्रकृति प्रदत्त स्वतंत्रता छीनने और पैरों में पड़ी राजनीतिक गुलामी की जंजीरों में स्वराज्य प्राप्ति की पवित्र इच्छा पैदा हुई। इस दास्य शृंखला पर जो प्रचंड आघात किए गए, उन्हीं में इस क्रांति की जड़ें हैं। स्वराज्य के लिए हिंदुस्तान ने कौन-सा प्रयास नहीं किया और स्वधर्म के लिए हिंदुस्तान ने कौन-सी दिव्यता अंगीकार नहीं की! स्वधर्म के लिए रणक्षेत्र में टुकड़े-टुकड़े हो जाने पर भी जो हटते नहीं, वीरों की ऐसी शृंखलाओं से भारत भूमि का इतिहास भरा पड़ा है।'[35]

रक्तकमल और रोटी

रक्तकमल के नाम से उस समय एक विशिष्ट प्रणाली विकसित की गई। क्रांति पथ का एक दूत रक्तकमल लेकर किसी कंपनी में प्रविष्ट होकर उसके सूबेदार को वह कमल देता। सूबेदार उसे अपने सहायक को, सहायक अपने अधीनस्थ को देता। इस प्रकार अंतिम सिपाही तक पहुंचकर वह कमल वापस सूबेदार को लौटा दिया जाता था। उस कमल से प्रत्येक व्यक्ति रोमांचित होता और अपने निश्चय पर दृढ़ रहने का संकल्प करता। वह कमल एक प्रकार से क्रांति की राजमुद्रा थी। रक्तकमल की तरह ही रोटी अभियान चलाया गया। केवल बाजरा और गेहूं के मिश्रित आटे से बनी ये रोटियां जिस किसी गांव के मुखिया को मिलतीं, वह उनमें से स्वयं प्रसाद ग्रहण करके शेष अपने गांव में वितरित कर देता था। जितनी रोटियां उस गांव में जातीं, उतनी या उसमें कुछ वृद्धि करके रोटियां अगले गांव में भिजवा दी जातीं। वहां भी यह क्रम चलता। इस प्रकार ये रोटियां देश भर में वितरित की जाने लगीं। ये रोटियां क्रांति की संदेशवाहिकाएं और प्रतीक चिह्न बन गईं।[36]

लोगों को ब्रिटिश हुकूमत के खिलाफ एकजुट करने के लिए राष्ट्रीय भावनाओं से ओत-प्रोत कविताएं रची गईं, जिन्हें लयबद्ध करके उनका प्रचार किया जाता था। सर्वत्र एक ही प्रकार के गीतों की ध्वनि गूंजती थी। लेकिन यह सब सांकेतिक भाषा के प्रयोग द्वारा किया जा रहा था। उन गीतों में भूत, भविष्य, वर्तमान दशाओं को इंगित किया जाता और दुरावस्था के निराकरण का भाव भी शामिल होता था। स्थान-स्थान पर सैनिकों के मनोरंजन के लिए जो आयोजन किए जाते थे, उनमें भी जगह-जगह क्रांति किए जाने और उसे सफल बनाने पर अधिक संकेत होता था। कठपुतलियों के नृत्य भी साधारण कठपुतलियों के नृत्य नहीं रह गए थे। थानों के सामने, घने वृक्षों की छाया में, धर्मशालाओं में, गांवों की चौपाल और चौकों पर गूढ़ संदेशों से भरे गीत और आल्हा-ऊदल की कहानियां गाई जाती थीं। महाराष्ट्र में पोवाड़े और बंगाल में बाउल गान इसी भावना से भरे होते थे।[37]

संदर्भ सूची

1. ऋग्वेद 10.75.1-9
2. जेंद अवेस्ता, फरगर्द 1-13 (45)
3. वही, फरगर्द 1-19 (72)
4. श्री गुरुजी समग्र, खंड 11, सुरुचि प्रकाशन, नई दिल्ली, युगाब्द 5106, पृष्ठ 105
5. तं.रा. अनंतरमण: दिल्ली लौह स्तंभ, सस्ता साहित्य मंडल, नई दिल्ली, 2013, पृष्ठ 6
6. मौलाना सैय्यद सुलेमान नद्वी: अरब और भारत के संबंध, हिंदुस्तान एकेडमी, इलाहाबाद, 1929, पृष्ठ 54
7. एंगस मैडीसन: द वर्ल्ड इकोनॉमी-अ मिलेनियल पर्स्पेक्टिव, ओईसीडी, 2001, पृष्ठ 261
8. हुएनसांग की भारत यात्रा: अनुवाद-ठाकुर प्रसाद शर्मा, खंडेलवाल पब्लिशर्स, जयपुर 2019, पृष्ठ 45
9. डॉ. रमेशचंद्र मजूमदार: भूमिका, प्राचीन भारत, मोतीलाल बनारसी दास, दिल्ली, 2002
10. श्यामलदास: वीर विनोद, खंड 1, महाराणा मेवाड़ हिस्टोरिकल पब्लिकेशन ट्रस्ट, उदयपुर, 2007, पृष्ठ 63
11. वही, पृष्ठ 63
12. कुलदीप कुमार: इंडिका, सम्यक प्रकाशन, नई दिल्ली, 2019, पृष्ठ 214-220
13. विनायक दामोदर सावरकर: छह स्वर्णिम पृष्ठ, प्रभात प्रकाशन, नई दिल्ली, 2009, पृष्ठ 102-103
14. मौलाना सैय्यद सुलेमान नद्वी: अरब और भारत के संबंध, हिंदुस्तान एकेडमी, इलाहाबाद, 1929, पृष्ठ 12
15. श्यामलदास: वीर विनोद, खंड 1, महाराणा मेवाड़ हिस्टोरिकल पब्लिकेशन ट्रस्ट, उदयपुर, 2007, पृष्ठ 63
16. द इनसाइक्लोपीडिया ऑफ सिखिज्म, खंड 1, संपादक-हरबंस सिंह, पंजाबी यूनिवर्सिटी, पटियाला, 2002, पृष्ठ 242
17. वही, पृष्ठ 242
18. हरिशंकर श्रीवास्तव: हुमायूं, वाणी प्रकाशन, नई दिल्ली, 2015, पृष्ठ 136
19. गुलबदन बेगम: हुमायूंनामा, नागरी प्रचारिणी सभा, काशी, 2000, पृष्ठ 198

20. श्यामलदासः वीर विनोद, खंड 2, महाराणा मेवाड़ हिस्टोरिकल पब्लिकेशन ट्रस्ट, उदयपुर, 2007, पृष्ठ 129-130
21. गुलबदन बेगमः हुमायूंनामा, नागरी प्रचारिणी सभा, काशी, 2000, पृष्ठ 198
22. आनंद कौलः कश्मीरी पंडित, उत्पल पब्लिकेशन, दिल्ली-1991, पृष्ठ 52-53
23. अशोक कुमार पांडेयः कश्मीरनामा, राजपाल एंड संस, नई दिल्ली, 2019, पृष्ठ 149
24. जहांगीरः जहांगीरनामा, नागरी प्रचारिणी सभा, काशी, 1956, पृष्ठ 342
25. डब्ल्यू.एच. मोरलैंडः अकबर से औरंगजेब तक, ग्रंथ शिल्पी, नई दिल्ली, 2013, पृष्ठ 32
26. वही, पृष्ठ 36
27. यदुनाथ सरकारः औरंगजेब, हिंदी ग्रंथ रत्नाकर, भालाकर प्राइवेट लिमिटेड, बंबई, 1970, पृष्ठ 366
28. जैमिनी मोहन घोषः संन्यासी एंड फकीर रेडर्स इन बंगाल, बंगाल सचिवालय, कलकत्ता, 1930, पृष्ठ 22-23
29. विश्वनाथ मुखर्जीः वंदेमातरम् का इतिहास, हिंद पॉकेट बुक्स, गुड़गांव, 1979, पृष्ठ 20-21
30. ई.एम.एस. नंबूदिरिपादः भारत का स्वाधीनता संग्राम, ग्रंथ शिल्पी, नई दिल्ली, 2010, पृष्ठ 48
31. जैमिनी मोहन घोषः संन्यासी एंड फकीर रेडर्स इन बंगाल, बंगाल सचिवालय, कलकत्ता, 1930, पृष्ठ 22-23
32. मन्मथनाथ गुप्तः भारतीय क्रांतिकारी आंदोलन का इतिहास, आत्माराम एंड संस, दिल्ली, 2011, पृष्ठ 18
33. ताराचंदः हिस्ट्री ऑफ द फ्रीडम मूवमेंट इन इंडिया-2, पब्लिकेशन डिवीजन, नई दिल्ली, 1965, पृष्ठ 299
34. ई.एम.एस. नंबूदिरिपादः भारत का स्वाधीनता संग्राम, ग्रंथ शिल्पी, नई दिल्ली, 2010, पृष्ठ 23
35. विनायक दामोदर सावरकरः 1857 का स्वातंत्र्य समर, प्रभात प्रकाशन, नई दिल्ली, 2020, पृष्ठ 38-39
36. विनायक दामोदर सावरकरः 1857 का भारतीय स्वातंत्र्य समर, सूर्य भारती प्रकाशन, नई दिल्ली, 1999, पृष्ठ 34
37. वही, पृष्ठ 33

कांग्रेस के बाद

यह वह दौर था, जब ब्रिटिश उपनिवेशों में स्वतंत्रता के आंदोलन हो रहे थे। 1867 में दादाभाई नौरोजी ने इंग्लैंड में ईस्ट इंडिया एसोसिएशन की स्थापना की। भारत में सर्वप्रथम 1870 में पूना में सार्वजनिक सभा की स्थापना हुई। इसके 6 वर्ष बाद कलकत्ता में सुरेंद्रनाथ बनर्जी के नेतृत्व में इंडियन एसोसिएशन बनाया गया। इसके कुछ वर्ष बाद मद्रास में महाजन सभा और बंबई में बंबई प्रेसीडेंसी एसोसिएशन का गठन हुआ। कलकत्ता में सुरेंद्रनाथ बनर्जी और आनंदमोहन बोस तथा बंबई में फिरोजशाह मेहता और बदरुद्दीन तैयबजी वगैरह इन संस्थाओं के संस्थापक थे। भारत में यह पहला अवसर था, जब इस तरह सभा-समितियों की स्थापना हुई। इन पर स्पष्ट रूप से अंग्रेजी परंपरा और तौर-तरीकों का प्रभाव दिखाई देता था। संगठित लोकमत के द्वारा शासन-सत्ता पर प्रभाव डालने और समाज की समस्याओं को दूर करने के वैधानिक उपाय ब्रिटेन जैसे लोकतांत्रिक देशों की परंपरा थी। इन समितियों की स्थापना का उद्देश्य भी यही था। इन सबके बावजूद इन संस्थाओं के द्वारा परोक्ष रूप से राजनीतिक क्षेत्र में लोक शिक्षण का कार्य जरूर शुरू हुआ। इंडियन एसोसिएशन की शाखाएं न केवल बंगाल के कुछ जिलों में, बल्कि उत्तर भारत के अनेक स्थानों पर खुलीं। दिसंबर, 1883 में कलकत्ता में एसोसिएशन का राष्ट्रीय सम्मेलन हुआ। इसके साथ ही देश के कोने-कोने में एक ऐसा अंग्रेजी शिक्षित वर्ग तैयार हुआ, जो अपनी दृष्टि, भावना, कल्पना और आकांक्षा के हिसाब से अलग-अलग संस्थाओं को एकजुट करके संयुक्त प्रयास करने के बारे में सोच रहा था। एक साल बाद ही मद्रास के अडयार में थियोसॉफिकल सोसायटी के वार्षिक अधिवेशन के अवसर पर विभिन्न प्रांतों के प्रतिनिधियों ने अखिल भारतीय स्तर की संस्था की स्थापना के बारे में विचार-विमर्श किया। अडयार में दादाभाई नौरोजी, सुरेंद्रनाथ बनर्जी, काशीनाथ त्र्यंबक तैलंग जैसे नेता

उपस्थित थे। वहां इन लोगों ने निश्चय किया कि अखिल भारतीय राजनीतिक संस्था की स्थापना करने का उपयुक्त समय आ गया है।[1] उस दौरान इन भारतीय नेताओं को सबसे अधिक सहायता और सहानुभूति एक सेवानिवृत्त ब्रिटिश अधिकारी से प्राप्त हुई, जिसका नाम था एलन ऑक्टेविन ह्यूम।

डफरिन से मिलकर षड्यंत्र

1857 के प्रथम स्वतंत्रता संग्राम के दौरान इटावा के मजिस्ट्रेट के पद पर कार्यरत ए.ओ. ह्यूम ने कैप्टन डब्ल्यू.आर.सी. अलेक्जेंडर के साथ मिलकर व्यापक सैन्य अभियान चलाया, जिसमें 131 क्रांतिकारी मारे गए।[2] पकड़े गए क्रांतिकारियों में से ह्यूम ने 7* को मृत्युदंड दिया।[3] तत्कालीन गवर्नर जनरल कैनिंग ने क्रांति को सफलतापूर्वक कुचलने में ह्यूम की भूमिका को सराहा।[4] इसके बाद उन्हें ब्रिटिश राज की ओर से पदोन्नतियां दी जाती रहीं। 1867 में सीमांत प्रांत, मध्य प्रांत और पंजाब के सम्मिलित दायित्व के साथ कस्टम कमिश्नर का पद बनाया गया तो पहली नियुक्ति के लिए ह्यूम को चुना गया।[5] जुलाई, 1871 में वायसराय मेयो ने ह्यूम को राजस्व, कृषि और वाणिज्य के सम्मिलित विभाग में भारत सरकार का सचिव नियुक्त किया। 1879 में इस पद से हटा दिया गया। इसके बाद कुछ समय तक इलाहाबाद राजस्व बोर्ड में काम करके ह्यूम 1882 में सेवानिवृत्त हुए।[6]

1857 में भारतीयों की आजादी के लिए तड़प और प्रचंड विद्रोही स्वरूप देख चुके ह्यूम ने समझ लिया था कि भारत के गर्भ में असंतोष की आग लगातार सुलग रही है... दरिद्रता, अकाल, बेरोजगारी और ब्रिटिश शोषण के कारण दिनोंदिन बढ़ते इस दावानल को यदि शांत नहीं किया गया तो 1857 फिर दोहराया जा सकता है। ह्यूम से यह बात भी छिपी नहीं रही कि अंग्रेजी से शिक्षित और प्रभावित वर्ग उनके इस कार्य में सहायक हो सकता है। ह्यूम ने भारतीय लोगों का एक राष्ट्रीय अधिवेशन करने को लेकर वायसराय डफरिन से चर्चा की। सामाजिक स्तर पर सुधार के प्रयासों को ह्यूम प्राथमिकता से ले रहे थे, लेकिन डफरिन के कहने पर ही उन्होंने कांग्रेस बनाने की दिशा में पहल की।[7]

ब्रिटिश राज के प्रति कृतज्ञ कांग्रेस

मार्च, 1885 में यह फैसला किया गया कि भारत के सभी भागों के प्रतिनिधियों का अधिवेशन आगामी क्रिसमस पर पुणे में बुलाया जाएगा। इसके प्रचार के लिए बांटे

*आधिकारिक दस्तावेज़ों के आधार पर 'इंडियन कौंसिल ऑफ हिस्टोरिक रिसर्च' द्वारा संकलित और 2013 में प्रकाशित *'डिक्शनरी ऑफ मार्टिर्स-इंडियन फ्रीडम स्ट्रगल (1857-1947)'* के अनुसार, 1857 के प्रथम संग्राम में इटावा जिले के 50 क्रांतिकारी शहीद हुए; इनमें से 7 को मृत्युदंड मिला था: पहलवान सिंह, राजनारायण सिंह, रामप्रसाद, बल्द्री, दमोदरी, गंडारोही सिंह और खूमन सिंह।

गए पर्चे में लिखा हुआ था, 'इंडियन नेशनल यूनियन की बैठक 25 से 31 दिसंबर तक तक पुणे में आयोजित की जाएगी। इसमें बंगाल, बंबई और मद्रास प्रांतों के प्रमुख नेताओं को शामिल किया जाएगा, जो अंग्रेजी भाषा से भलीभांति परिचित हों।' लेकिन पुणे में हैजा फैल जाने के कारण बंबई के गोकुलदास संस्कृत कॉलेज में 28-30 दिसंबर तक अधिवेशन करने का फैसला हुआ।[8]

सम्मेलन की पूर्व संध्या 27 दिसंबर को ब्रिटिश प्रतिनिधियों डब्ल्यू. वेडरबर्न बार्ट, जस्टिस जारडाइन, कर्नल फेल्प्स के पुणे आगमन पर उनका भव्य स्वागत किया गया। इसमें दो घंटे का समय लगा। ए.ओ. ह्यूम और यूरोपियन एसोसिएशन के अध्यक्ष डी.एस. व्हाइट सहित विभिन्न शहरों के कुल 72 प्रतिनिधि* अधिवेशन में शामिल हुए। 28 दिसंबर को अधिवेशन की शुरुआत हुई। ए.ओ. ह्यूम ने व्योमेशचंद्र बनर्जी को अध्यक्षता के लिए आमंत्रित करने का प्रस्ताव रखा। एस. सुब्रमण्यम अय्यर ने इसका अनुमोदन किया और के.टी. तैलंग ने समर्थन किया। अपने अध्यक्षीय भाषण में बनर्जी ने कहा कि कांग्रेस का उद्देश्य ब्रिटिश साम्राज्य के विभिन्न भागों में देश के लिए काम कर रहे लोगों के बीच घनिष्ठता और मैत्री को बढ़ाना तथा 'प्रिय लॉर्ड रिपन** के स्मरणीय कार्यकाल' में निहित राष्ट्रीय एकता की भावना को विकसित करना है। कांग्रेस की नीयत पर प्रश्न चिह्न लगाने वालों को जवाब देते हुए बनर्जी ने स्पष्ट किया कि कांग्रेस से जुड़े लोगों से अधिक ब्रिटिश राज का वफादार और हितैषी कोई भी नहीं है। उन्होंने कहा, 'ब्रिटेन ने भारत की भलाई के लिए बहुत कुछ किया है और पूरा देश इसके लिए कृतज्ञ है। ब्रिटेन ने व्यवस्था दी है, रेलवे दिया है, सबसे बढ़कर पश्चिमी शिक्षा की अनमोल सौगात दी है। लेकिन काफी कुछ किया जाना बाकी है।' इसके बाद उन्होंने भारतीयों को राजनीतिक रूप से जागरूक बनाने की जरूरत पर जोर देते हुए कहा कि कांग्रेस में होने वाली चर्चा ब्रिटिश शासन और जनता दोनों के लिए हितकारी होगी।[9]

अध्यक्षीय भाषण के बाद जी. सुब्रमण्यम अय्यर ने पहला प्रस्ताव प्रस्तुत किया। उन्होंने कहा कि भारत के हितों के अनुकूल नीतियां बनाने के लिए ब्रिटेन को एक निर्धारित अंतराल पर अपने प्रतिनिधियों से भारत की स्थिति का संपूर्ण आकलन करवाना चाहिए, जैसा 1857 से पहले ईस्ट इंडिया कंपनी के काल में होता था। इस प्रस्ताव का संदर्भ समझाते हुए उन्होंने कहा:

---

*बंबई से 18, पुणे से 8, मद्रास से 8, सूरत से 6, अहमदाबाद से 3, कलकत्ता से 3, लखनऊ से 3, कराची से 2, आगरा से 2, चिंगलपट से 2 और इलाहाबाद, बनारस, शिमला, लाहौर, अंबाला, बहरामपुर, विरामगांव, मछलीपट्टनम, तंजोर, तिनवेल्ली, कुंभकोणम, मदुरै, वेल्लारी, कोयंबटूर, सलेम, कडप्पा तथा अनंतपुर से 1-1 प्रतिनिधि ने भाग लिया। आधिकारिक कार्यवाही वृतांत पुस्तिका में लिखा है कि कुछ नाम तत्कालीन प्रविष्टि से हटाए हुए हो सकते हैं।

**पूर्व वायसराय; दिसंबर, 1884 में उनके स्थान पर डफरिन को नियुक्त किया गया था।

> ‘ब्रिटेन के शासन ने भारत को शांति और सुरक्षा प्रदान की है तथा कुल मिलाकर यह किसी भी पूर्ववर्ती शासन से बेहतर रहा है। ब्रिटेन ने लंबे समय से व्यक्तिगत और सामाजिक स्वतंत्रता का विकास तथा पोषण किया है। इसी कारण वह आज विश्व का सबसे समृद्ध, सबसे गतिमान और सबसे प्रबुद्ध देश है, जिसका पृथ्वी के सातवें हिस्से पर साम्राज्य और विभिन्न नस्लों-जातियों के करोड़ों लोगों पर नियंत्रण है। इस शासन के कारण भारत के लोगों में पहली बार राष्ट्रीय एकता, राष्ट्रीय अस्तित्व और अपने राष्ट्र की बेहतरी के लिए साझा सोच की भावना जाग्रत हुई है। इन सबका श्रेय ब्रिटिश राजनीतिक चरित्र में उपस्थित न्याय, सदाशयता और प्रगतिशीलता की भावनाओं को है। इसलिए यह सुनिश्चित करना हमारा कर्तव्य है कि इस सरकार से हमारा संपर्क नियमित और स्थाई बना रहे तथा इसमें दीर्घकालीन बाधा नहीं आए। यह हमारे लिए महत्वपूर्ण विषय है कि हमारे देश की स्थिति नियमित रूप से नहीं तो एक निर्धारित अंतराल पर ब्रिटेन की संसद और जनता के ध्यान में लाई जाए तथा यह काम सर्वश्रेष्ठ ब्रिटिश राजनेताओं की स्वतंत्र और खुली जांच के माध्यम से हो।’[10]

फिरोजशाह मेहता ने इस प्रस्ताव का समर्थन करते हुए यह संशोधन जोड़ा कि ब्रिटेन द्वारा नियुक्त किए जाने वाले प्रतिनिधि दल को सारी छानबीन भारत आकर ही करनी चाहिए। इसके बाद नरेंद्रनाथ सेन ने कहा कि भारत की सत्ता ब्रिटिश राज को हस्तांतरित किए जाने के बाद से 27 वर्षों में ऐसी कोई जांच नहीं की गई है, इसलिए प्रशासनिक तंत्र में उपस्थित दोष यथावत बने हुए हैं। उन्होंने यह मंतव्य रखा कि संसदीय कमेटी के बजाय एक शाही आयोग द्वारा निरीक्षण करवाना अधिक उपयोगी होगा। दयाराम जेठमल ने संशोधन जोड़ा कि शाही आयोग न्यायपूर्वक गठित हो और इंग्लैंड तथा भारत दोनों देशों में सबूत एकत्र करे। ऊधाराम मूलचंद ने इसका समर्थन किया। दिनशा ई. वाचा ने एक पुराना उदाहरण देकर समझाया कि संसद भंग होने की स्थिति में संसदीय कमेटी बीच में भंग हो सकती है, इसलिए शाही आयोग की ही मांग की जानी चाहिए। ए. ओ. ह्यूम ने जेठमल द्वारा प्रस्तावित ‘न्यायपूर्वक गठित’ शर्त को हटाने का सुझाव दिया। एस.वी. आठल्ये ने इस सुझाव का समर्थन किया और जेठमल तथा मूलचंद ने भी इसे स्वीकार कर लिया। इसके बाद दादाभाई नौरोजी ने कहा कि संसदीय कमेटी या शाही आयोग के विकल्प को लेकर स्पष्टता होनी चाहिए। उनका कहना था कि ब्रिटिश लोगों से बातचीत करते हुए साफ-साफ अपनी बात

रखना जरूरी है, तभी बात सुनी जाएगी। उन्होंने यह भी कहा कि संसदीय कमेटी में सिर्फ संसद सदस्य हो सकते हैं और वे संसद में बैठकर ही कार्यवाही करेंगे, इसलिए भारत की स्थिति का संपूर्ण आकलन करवाने और उसमें अपनी भागीदारी रखने के लिए शाही आयोग की मांग होनी चाहिए। फिरोजशाह मेहता ने कहा कि 'न्यायपूर्वक गठित' को हटाना ठीक नहीं होगा और इसमें कुछ भी आपत्तिजनक नहीं है।

प्रस्ताव को अंतिम रूप देने की कार्यवाही शुरू हुई। अध्यक्ष बनर्जी ने निष्कर्ष दिया कि शाही आयोग द्वारा जांच करवाने की मांग ही उपयुक्त होगी। आखिरकार प्रस्ताव इस रूप में पारित हुआ, 'यह कांग्रेस आग्रहपूर्वक सुझाव देती है कि भारतीय प्रशासन की कार्यप्रणाली के संबंध में भारत और इंग्लैंड में होने वाली जांच एक शाही आयोग को सौंपी जाए, उसमें भारत के लोगों का पर्याप्त प्रतिनिधित्व हो और साक्ष्य भारत तथा इंग्लैंड दोनों स्थानों पर एकत्र किए जाएं।'[11]

अधिवेशन के अगले दो दिनों में विभिन्न विषयों से जुड़े 6 अन्य प्रस्ताव पारित हुए। एस.एच. चिपलूनकर ने भारत के राज्य सचिव के कौंसिल को भंग करने का प्रस्ताव रखा। के.टी. तैलंग का प्रस्ताव केंद्रीय और स्थानीय विधान परिषदों में निर्वाचित सदस्यों को शामिल करने तथा सीमांत प्रांत, अवध और पंजाब में भी ऐसी परिषदें गठित करने की मांग से संबंधित था। दादाभाई नौरोजी ने भारतीय सिविल सेवा का विषय उठाया। उन्होंने सिविल सेवा की परीक्षा इंग्लैंड और भारत में एक साथ करवाने तथा आवेदन के लिए न्यूनतम आयु 19 वर्ष से बढ़ाकर 23 वर्ष करने की मांग की। रांगेय नायडू ने बढ़ते सैन्य खर्चों का विषय उठाया। जे.यू. याज्ञनिक के प्रस्ताव में भारतीयों पर करों का बोझ हल्का रखने की बात थी। फिरोजशाह मेहता ने ऊपरी बर्मा के विलय की योजना पर असंतोष व्यक्त करते हुए प्रस्ताव रखा कि अगर विलय अनिवार्य है तो पूरे बर्मा को भारतीय वायसराय के कार्यक्षेत्र से अलग रखते हुए सीलोन की तरह 'क्राउन कॉलोनी' बना दिया जाए।[12]

ब्रिटेन की महारानी का आभार

30 दिसंबर को अधिवेशन के समापन के अवसर पर ह्यूम का जोरदार तालियों से अभिवादन किया गया। ह्यूम ने इसके लिए प्रतिनिधियों का धन्यवाद देते हुए कहा कि इससे भी अधिक उत्साह के साथ ब्रिटेन की महारानी के सम्मान में तालियां बजाएं, जिनका स्थान उनसे कहीं ऊपर है और जिनके लिए वे सभी संतान की तरह हैं। ह्यूम अपना वाक्य पूरा कर पाते, इससे पहले ही लोगों ने उत्साहपूर्वक तालियां बजाना शुरू कर दिया। काफी देर तक सभागार तालियों की गड़गड़ाहट से गूंजता रहा। इस तरह कांग्रेस के प्रथम अधिवेशन का समापन हुआ।[13]

वायसराय डफरिन द्वारा एक पूर्व ब्रिटिश अधिकारी ह्यूम को राजनीतिक संस्था गठित करने के लिए प्रेरित किया जाना पेचीदगी भरा विषय था। कांग्रेस के प्रथम अधिवेशन में डफरिन को आमंत्रित भी किया गया, लेकिन डफरिन ने अपने उच्च पद के कारण आने में असमर्थता प्रकट की।[14] इन सब कारणों से ब्रिटिश राज समर्थकों द्वारा ह्यूम को कांग्रेस के माध्यम से भारत में राजनीतिक जाग्रति लाने का श्रेय दिया जाता रहा; वहीं, ऐसे लोगों की भी संख्या कम नहीं थी, जो कांग्रेस को ब्रिटिश राज द्वारा भारतीयों को संतुष्ट रखने के लिए दिए गए मामूली प्रलोभन की तरह देखते थे। इस दूसरे वर्ग के प्रमुख व्यक्तियों में लाला लाजपत राय थे। उन्होंने कांग्रेस को 'डफरिन के दिमाग की उपज' और ब्रिटिश राज का 'सेफ्टी वॉल्व' बताते हुए लिखा:

> 'यह स्पष्ट है कि कांग्रेस की स्थापना का उद्देश्य भारत को राजनीतिक स्वतंत्रता दिलवाने से अधिक ब्रिटिश साम्राज्य की रक्षा करना था। ...कांग्रेस ब्रिटिश शासन के बरकरार रहने को भारत के लिए अत्यंत महत्वपूर्ण मानती थी और न केवल उसकी रक्षा के लिए, बल्कि उसे अधिक मजबूत बनाने के लिए यथाशक्ति काम करती रही। भारत की राजनीतिक समस्याओं को स्वर देने का विषय इसके बाद ही स्थान रखता था।[15]

राष्ट्रीय चेतना का जन ज्वार

1860 से 1908 के 49 वर्षों में से 20 वर्ष अकाल वाले थे। इनमें से कई अकाल इतने भीषण थे, जिनमें बहुत बड़े पैमाने पर भूख के कारण मौतें हुईं। 1876-77 में 50 लाख, 1896-97 में 45 लाख और 1899-1900 में 12.5 लाख लोग मौत के शिकार हुए।[16] इसके साथ ही देश भर में अलग-अलग तरह के पुनर्जागरण संबंधी आंदोलन शुरू हुए। परोक्ष रूप से ये आंदोलन प्राचीन भारतीय संस्कृति और धार्मिक विश्वासों के पुनरुत्थान के लिए थे। हिंदू समाज में रीति-रिवाजों और प्रथाओं के आधुनिकीकरण की पहल करने वाले राजा राममोहन राय ईसाई धर्म के प्रचार और पादरियों द्वारा ईसाई बनाने के अभियान के घोर विरोधी थे। आधुनिकीकरण पर जोर देने के बावजूद सांस्कृतिक नवजागरण की प्रक्रिया में बंगाल के ब्रह्म समाज तथा महाराष्ट्र के प्रार्थना समाज जैसे संगठन हिन्दू पुनरुत्थान के आंदोलनों के रूप में उभरे। कुछ अन्य आंदोलन, जैसे महाराष्ट्र में ज्योतिबा फुले के नेतृत्व में चलाया गया आंदोलन, अछूतों सहित पिछड़ी जातियों के उत्थान के नारे पर आधारित थे। इन आंदोलनों का लक्ष्य उन समुदायों का सामाजिक और सांस्कृतिक तौर पर उत्थान करना था, जो एक बड़ी बुराई

के रूप में हिंदू समाज व्यवस्था का अभिन्न अंग मानी जाने वाली जाति व्यवस्था के तहत उत्पीड़न के शिकार हो रहे थे। इनके लिए सांस्कृतिक नवजागरण और हिंदू पुनरुत्थान दोनों एक दूसरे से मिले हुए थे। केरल में इसका सबसे प्रकट रूप उस आंदोलन में देखने को मिला, जिसे खास तौर पर अवर्ण हिंदुओं के लिए मंदिरों और मठों की स्थापना के जरिए नारायण गुरु ने शुरू किया था।[17]

आर्य समाज और सत्यार्थ प्रकाश

इसके साथ ही बंगाल में रामकृष्ण परमहंस और स्वामी विवेकानंद, पंजाब में दयानंद सरस्वती के आर्य समाज आंदोलन और दक्षिण भारत में थियोसॉफिकल सोसायटी ने हिंदू संस्कृति को पुनर्जीवन देने के महत्वपूर्ण प्रयत्न शुरू किए। इन्होंने जनता के बीच यह भावना पैदा करने का प्रयास किया कि उनमें पैदा हुई हीनता की ग्रंथि का कोई आधार नहीं है। इन नेताओं का बुनियादी दृष्टिकोण इस दावे पर आधारित था कि जिस समय मौजूदा ब्रिटिश शासकों के पूर्वज जंगलियों की तरह रह रहे थे, उस समय भारत में सभ्यता का उन्नत रूप विद्यमान था। उन्होंने इस बात पर जोर दिया कि अगर भारत की जनता पुनरुत्थानवाद की इस प्रक्रिया को चलाते रहने का साहस दिखाए तो वह पश्चिमी प्रभुत्व को चुनौती दे सकती है और इसे समाप्त कर सकती है।

दयानंद सरस्वती ने आर्य समाज की स्थापना करके और सत्यार्थ प्रकाश लिखकर हिंदू धर्म की चेतना का पुनर्जागरण करने का बड़ा काम किया। उन्होंने हिंदुओं को अंधविश्वासों से बाहर निकाला। इसी दौरान अल्प अवधि के लिए थियोसॉफिकल सोसायटी का आंदोलन दक्षिण भारत में हुआ, जिसकी प्रमुख नेता एनी बेसेंट ने आगे चलकर ब्रिटिश शासन के खिलाफ होम रूल मूवमेंट शुरू किया। इस तरह एक ऐसा संगठित आंदोलन शक्ल लेने लगा, जिसे हिंदू पुनरुत्थानवादी आंदोलन के साथ कांग्रेस की स्थापना के बाद गरमपंथी माने जाने वाले बालगंगाधर तिलक के नेतृत्व से काफी बल मिला। इसी दौरान देश के विभिन्न हिस्सों में गुप्त क्रांतिकारी संगठन सक्रिय हुए। इन सभी का आपस में कहीं-न-कहीं संबंध था। तिलक द्वारा आयोजित गणपति उत्सव, बंगाल के क्रांतिकारियों द्वारा आयोजित दुर्गापूजा-कालीपूजा, केरल के अयप्पा सेवा संघ तथा इसी तरह के स्थानीय प्रयासों से राष्ट्रीय आंदोलन विकसित हुआ। इन संगठनों के पीछे जो विचारधारा थी, वह बंकिमचंद्र चटर्जी की बौद्धिक रचना 'आनंदमठ' थी। उन्होंने भारत माता की अवधारणा को ध्यान में रखते हुए 'वंदेमातरम्' का नारा दिया था। इस विचारधारा में शत्रुमर्दिनी देवी के आशीर्वाद से आजादी प्राप्त करने की आकांक्षा देखी जा सकती है।[18]

कांग्रेस से असहमत अरविंद

क्रांतिकारी, प्रखर विचारक और आध्यात्मिक युग द्रष्टा अरविंद कांग्रेस की स्थापना और उसके द्वारा किए जा रहे प्रयत्नों के प्रति निराश थे लेकिन भव्य भारत का गौरवशाली अतीत और उज्ज्वल भविष्य उनके लिए सदैव सत्य बना रहा। उनका मानना था:

> 'लोग अपने देश को एक जड़ पदार्थ का टुकड़ा समझते हैं- थोड़े-से चरागाह और खेत, वन और पहाड़ियां और नदियां- मैं अपने देश को अपनी माता मानता हूं। मैं उसकी आराधना करता हूं, माता के रूप में उसकी पूजा करता हूं।[19]
>
> ...भारत राष्ट्रों का गुरु है, मानव आत्मा का, उसके अधिक गंभीर रोगों में चिकित्सक; उसके भाग्य में फिर विश्व के जीवन को नए सांचे में ढालना लिखा है।[20]
>
> ...हम हिंदू हैं और स्वभावतः अपनी चित्त प्रकृति में आध्यात्मिक, क्योंकि हमें मानवता के लिए जो काम करना है, वह ऐसा काम है जो और दूसरा कोई राष्ट्र संपन्न नहीं कर सकता। ...भारत आध्यात्मिक प्रयोग की भव्य कार्यशाला, आत्मा की प्रयोगशाला रहा है।[21]
>
> ...हमारा वास्तविक शत्रु बाहर की कोई शक्ति नहीं है, बल्कि हमारी अपनी कुख्यात कमजोरियां, हमारी कायरता, हमारी स्वार्थपरता, हमारा मिथ्याचार, हमारी अंधी भावुकता है।[22]
>
> ...हममें से बहुत से, जिन्हें निष्क्रियता के भारी राक्षस तमस् ने पूरी तरह दबोच रखा है।
>
> यह कहना मूर्खता और आलस्यपूर्ण है कि भारत क्षीण, रक्तहीन और प्राणहीन हो चुका है। इतना कमजोर, फिर कभी नहीं उबर सकता; हमारी जाति की नियति अब मिट जाना है। किसी भी व्यक्ति को अथवा राष्ट्र को, यदि वह स्वयं नहीं चाहता तो कमजोर होना जरूरी नहीं, और न किसी व्यक्ति अथवा राष्ट्र का, यदि वह जान-बूझकर मिटना नहीं चाहता तो, नष्ट होना आवश्यक है।[23]
>
> ...यदि भारत को अपना अस्तित्व बनाए रखना है तो उसे फिर से युवा बनाना होगा। ऊर्जा के धाराप्रवाह तरंगायित स्रोत उसमें उड़ेलने होंगे; उसकी आत्मा को फिर से वैसी ही बनना होगा जैसी वह पुरातन काल में थी, लहरों जैसी, विशाल, शक्तिशाली, इच्छानुसार शांत अथवा विक्षुब्ध, कर्म अथवा बल का एक महासागर।'[24]

यह विचार व्यक्त करते समय अरविंद ने कांग्रेस की नीतियों के प्रति पूरी तरह असहमति व्यक्त की:

'मैं कांग्रेस के संबंध में यह कहूंगा कि उसके उद्देश्य भ्रांतिपूर्ण हैं। जिस भावना से वह उन्हें पूरा करने के लिए अग्रसर होती है, वह सच्चाई और एकनिष्ठता की भावना नहीं है और जिन तरीकों को उसने चुना है वे सही तरीके नहीं हैं, और जिन नेताओं पर वह विश्वास करती हैं, वे नेता बनने योग्य सही किस्म के व्यक्ति नहीं हैं; संक्षेप में यह कि इस समय हम नेतृत्व के लिए अंधों पर निर्भर हैं, पूरी तरह अंधों पर न सही तो भी कम से कम एक आंख के अंधों पर।[25]

..एक मुस्लिम अध्यक्ष को चुन लेने से कांग्रेस विरोधी मुसलमान मान जाएंगे, एक भ्रांति है, जिसको अनुभव ने बार-बार उजागर कर दिया है। जब से कांग्रेस का जन्म हुआ, तब से इस महान राष्ट्रीय आंदोलन का नेतृत्व जिनके हाथों में रहा, उन्होंने इस देश की आम जनता को इसका निर्णय करने के अधिकार से निरंतर वंचित रखा कि उनकी ओर से और उनके नाम पर क्या कहा अथवा किया जाएगा।[26]

..कांग्रेसी आंदोलन की वास्तविक नीति शुरू से ही होनी चाहिए थी- अपने झंडे के नीचे इस विशाल देश में विद्यमान शक्ति के सभी तत्वों को एकत्र करना। ब्राह्मण पंडित और मुस्लिम मौलवी, जातीय संगठन और ट्रेड यूनियन, मजदूर और कारीगर, कुली अपने काम पर और किसान अपने खेत में, इनमें से किसी को भी अपनी गतिविधियों के क्षेत्र के बाहर नहीं छोड़ना चाहिए था। क्योंकि प्रत्येक एक शक्ति है, बल की इकाई है; और राजनीति में विजय उसके पक्ष में होती है जो ऐसी इकाइयों की सबसे बड़ी संख्या और उन्हें सबसे अधिक सघन रूप से सटाकर व्यवस्थित कर सके और अत्यधिक कुशलता के साथ उनका उपयोग कर सके; वह उन्हें नहीं प्राप्त होती जो उत्तम से उत्तम तर्क प्रस्तुत कर सकते हैं अथवा बात करने में बड़े वाक्पटु हैं। लेकिन कांग्रेस ने तो राजनीति के बिल्कुल बुनियादी तथ्यों के संबंध में गलत धारणाओं के साथ और अपनी नजरें ब्रिटिश सरकार की तरफ और सर्वसाधारण से परे रखकर प्रारंभ से ही शुरुआत की।'[27]

शिकागो में राष्ट्र गर्जना

देश भर में चल रहे अलग-अलग तरह के पुनर्जागरण आंदोलनों में रामकृष्ण परमहंस का प्रयत्न सबसे अधिक प्रभावी था। कलकत्ता में दक्षिणेश्वर काली मंदिर से शुरू हुई उनकी प्रारंभिक गतिविधियों ने उन्हें ऐसे शांति पुरुष के रूप में स्थापित किया, जो त्याग के जरिए अपने भक्तों की समस्याओं का समाधान करते थे। उनके आध्यात्मिक उपदेशों और व्यवहारों ने धार्मिक और जातिगत भेदभाव की सीमाओं को पीछे छोड़ दिया। इन प्रयत्नों से बुद्धिजीवियों की नई पीढ़ी उनकी ओर आकर्षित हुई।

इन्हीं में एक थे नरेंद्रनाथ दत्त। संन्यासी परंपरा के अनुसार उन्होंने अपना नाम विवेकानंद रखा। वे रामकृष्ण की ओर उस समय आकर्षित हुए, जब वे उच्च शिक्षा पूरी करने के बाद भविष्य के बारे में सोच रहे थे। वे शीघ्र ही रामकृष्ण के शिष्य बन गए। उन्होंने रामकृष्ण के संदेश का प्रचार करने के लिए समूचे भारत और विदेश में यात्राएं कीं। ये यात्राएं स्पष्ट तौर पर हिंदू धर्म के प्रचार के लिए चलाए गए आंदोलन का हिस्सा थीं। इसका असर यह हुआ कि यह भारत की आत्मा के पुनर्जीवन का आंदोलन हो गया, जिसे विदेशी शासक पैरों तले रौंद रहे थे।

विवेकानंद राजनीति से अलग रहे और उन्हें अपने समय के राजनीतिज्ञ नापसंद थे। लेकिन उन्होंने आजादी, समानता और जनता को जागृत करने की आवश्यकता पर बार-बार बल दिया, 'सिर्फ सोच-विचार और कामकाज की स्वतंत्रता ही जिंदगी, तरक्की और खुशहाली की शर्त है। जहां यह स्वतंत्रता नहीं है, वहां उस आदमी को, उस जाति को, उस राष्ट्र को जिंदा नहीं रखा जा सकता।'[28]

देश के अज्ञान और गरीबी के रहते हुए, विवेकानंद को नींद नहीं आती थी। कन्याकुमारी के माता कुमारी के मंदिर में पहुंचते ही मां की मूर्ति के समक्ष विवेकानंद भाव विभोर होकर साष्टांग दंडवत मुद्रा में लेट गए। आराधना समाप्त होने पर मुख्य भूमि से कुछ दूर समुद्र में स्थित एक शिला* पर चले गए। विवेकानंद के चारों ओर तूफानी समुद्र हिलोरें ले रहा था, लेकिन उनके मन में उससे भी बड़ा तूफान उमड़ रहा था। शिला पर बैठे हुए विवेकानंद गहरी समाधि में चले गए और देश के वर्तमान तथा भविष्य का चिंतन करने लगे। उन्होंने भारत की अवनति के मूल कारण को समझना चाहा और एक द्रष्टा की अंतर्दृष्टि में उभरे चित्र के समान उन्हें यह ध्यान आ गया कि भारत अपनी गौरवमयी ऊंचाई के शिखर से अवनति के गर्त में क्यों जा गिरा है? विवेकानंद को अपने हृदय की प्रशांत गहराइयों में यह अनुभूति हुई कि भारत को

*राष्ट्रीय स्वयंसेवक संघ के कार्यकर्ताओं ने देशवासियों के सहयोग से कन्याकुमारी में विवेकानंद शिला पर भव्य स्मारक बनाकर स्वामी विवेकानंद को सच्ची और स्थाई श्रद्धांजलि दी। 1980 में इस स्मारक पर 1 करोड़ 35 लाख रुपए व्यय हुए। यहां युगपुरुष संन्यासी को नमन करने हर वर्ष कई लाख श्रद्धालु पहुंचते हैं। सरसंघचालक गुरुजी के आदेश पर सरकार्यवाह रहे एकनाथ रानडे ने इस महत्वपूर्ण कार्य की बागडोर संभाली।

उसकी गौरवमयी स्थिति की पुनर्प्राप्ति केवल उस सर्वोच्च आध्यात्मिक चेतना के पुनर्नवीनीकरण और पुनर्स्थापना के माध्यम से होगी, जिसके रहते भारत सदैव राष्ट्रों का और आस्थाओं का अवलंब रहा है। विवेकानंद ने भारत की महानता और उसकी दुर्बलताओं के भी दर्शन किए, जिसकी मुख्य दुर्बलता यह थी कि राष्ट्र ने अपने व्यक्तित्व और पहचान को खो दिया था।[29]

11 सितंबर, 1893 को शिकागो में आयोजित विश्व धर्म सम्मेलन में विवेकानंद ने जो भाषण दिया और उनके भाषण को पश्चिमी जगत से जितनी प्रशंसा मिली, उससे भारतीयों को अपने हीन भाव पर विजय पाने में सफलता मिली। इससे उस चेतना के विकसित होने में भी मदद मिली, जिससे भारतीयों को यह महसूस हुआ कि वे एक ऐसी सांस्कृतिक विरासत के उत्तराधिकारी हैं जिसमें यह क्षमता है कि वह उन पर शासन करने वाले विदेशी शासकों को चुनौती दे सके।

विवेकानंद ने एक बार कहा कि जिस समय गरीबी और विपदा देश में चारों तरफ फैली हुई हो, ऐसे समय धार्मिक भाषण का कोई औचित्य नहीं है। जब इन्हें समाप्त कर दिया जाएगा तब मैं धार्मिक प्रवचन दूंगा। प्रायः उन्होंने इस दृष्टिकोण को भी व्यक्त किया कि गरीब, दरिद्र और कमजोर लोग ही अपने भगवान हैं। उनके सभी भाषणों में स्वतंत्रता की आकांक्षा देखी जा सकती थी।[30]

विवेकानंद कांग्रेस से असंतुष्ट

कांग्रेस की स्थापना के समय स्वतंत्रता प्राप्ति के लिए सक्रिय कोई राष्ट्रीय संस्था नहीं थी। इसलिए कांग्रेस में ब्रिटिश राज के आज्ञाकारी सेवक के रूप में समाज सुधार या अनुनय की बातें चलती रहीं और संगठित रूप से इसका विरोध करने वाला कोई नहीं था। अरविंद के बाद जिन प्रभावशाली व्यक्तित्व ने कांग्रेस के प्रति असंतोष व्यक्त किया, वे स्वामी विवेकानंद थे।

उपलब्ध तत्कालीन साक्ष्यों के अनुसार कांग्रेस की स्थापना के दौरान 1885 में परमहंस रामकृष्ण से बंगाल के संभ्रांत व्यक्तित्व अश्विनी कुमार दत्त मिले। दत्त 1886 में कलकत्ता में होने जा रहे दूसरे कांग्रेस अधिवेशन के लिए सदस्य निर्वाचित हुए थे। रामकृष्ण परमहंस के कहने पर वे उस समय नरेंद्रनाथ से बात करना चाहते थे। लेकिन नरेंद्र की तबीयत ठीक नहीं थी। संयोग से यह वार्ता 12 वर्ष बाद 1897 की गर्मियों में अल्मोड़ा में हुई। तब नरेंद्र विश्व प्रसिद्ध स्वामी विवेकानंद के रूप में जाने जाते थे।

उस समय देश और कांग्रेस को लेकर विवेकानंद की दत्त से खुलकर बातचीत हुई, वह रामकृष्ण मठ की ओर से 'युगनायक विवेकानंद' में प्रकाशित की गई है:

अश्विनीः आपने संपूर्ण पृथ्वी का भ्रमण करके लाखों लोगों के प्राण में आध्यात्मिक चेतना जगाई है। क्या आप मुझे बताएंगे कि भारत की मुक्ति किस पथ से होगी?

विवेकानंदः आपने ठाकुर (रामकृष्ण परमहंस) से जो कुछ सुना है, उसके अतिरिक्त मेरे पास कहने को और कुछ नहीं है। धर्म ही हमारे जीवन का सार-सर्वस्व है और सभी प्रकार के सुधारों को जनसाधारण में ग्राह्य होने के लिए उन्हें धर्म के माध्यम से ही आना होगा। इसके विपरीत कुछ करने का प्रयास मानो गंगा को गोमुख की दिशा में ठेलकर एक नवीन मार्ग से प्रवाहित करने के समान अव्यावहारिक होगा।

अश्विनीः कांग्रेस जो कर रही है, उसमें क्या आपकी आस्था नहीं है?

विवेकानंदः नहीं, मेरी आस्था नहीं है; लेकिन हां, बिल्कुल नहीं से थोड़ा अच्छा है। सोए हुए राष्ट्र को जगाने के लिए उसे हर तरफ से धक्के देना अच्छा है। क्या आप मुझे बता सकते हैं कि कांग्रेस ने अब तक आम जनता के लिए क्या किया है? आप लोग क्या ऐसा सोचते हैं कि मात्र दो-चार प्रस्ताव पास कर देने से ही स्वाधीनता मिल जाएगी? मेरी इसमें आस्था नहीं है। पहले जनसाधारण को जगाना होगा। उन्हें भर पेट भोजन मिले तो वे स्वयं ही अपनी मुक्ति का मार्ग ढूंढ़ लेंगे। यदि कांग्रेस उनके लिए कुछ करती है तो कांग्रेस को मेरी सहानुभूति प्राप्त होगी।[31]

विवेकानंद कहते हैं, 'भारत में जो आध्यात्मिक ज्योति दीप्यमान है, कोई नहीं जानता कि इसका सर्वप्रथम प्रादुर्भाव इस भूमि में कब हुआ था। हम हिंदूगण आध्यात्मिक दृष्टि से इसकी कोई उत्पत्ति स्वीकार नहीं करते।' विवेकानंद इस बात से दुखी थे कि भारत के लोगों ने उपनिषदों और वेदों को भुलाकर इनके स्थान पर छोटे-छोटे ग्रामीण आचार-व्यवहार को प्रतिष्ठित कर दिया और उपनिषद का वास्तविक तात्पर्य भूलकर वेदांतोक्त मायावाद का भ्रांत अर्थ ले बैठे। उन्होंने कहा, 'हम यह भूल गए हैं कि सनातन धर्म त्याग पर प्रतिष्ठित है। मैं लोगों को और भी परंपरानिष्ठ बनाना चाहता हूं। ...तुम लोग अपने उसी अति प्राचीन सनातन पथ का अवलंबन करो क्योंकि तत्कालीन शास्त्रों के प्रत्येक शब्द में सबल, दृढ़ और निष्कपट हृदय की छाप लगी है तथा उसका प्रत्येक सुर अमोघ है। इसके बिना राष्ट्र का पतन आरंभ हुआ; कला, विज्ञान, धर्म... सभी विषयों की अवनति हुई। उसी प्राचीन काल के भाव ले आओ, जब राष्ट्र के शरीर में बल और जीवन था।'[32] एक अन्य स्थान पर वे गुरु भाइयों को बोले, 'उठो! जागो! स्वयं जागकर औरों को जगाओ! अपने मानव जीवन को सार्थक करके जाओ। उत्तिष्ठत जाग्रत प्राप्य वरान्निबोधत! (उठो, जागो और लक्ष्य प्राप्त होने तक रुको मत)।'[33]

कांग्रेस स्थापना के साथ तुष्टिकरण

कांग्रेस के सामने मुख्य समस्या यह थी कि किस प्रकार मुसलमानों को अपने पक्ष में किया जाए और उन पर पड़े अंग्रेजों के सम्मोहन को दूर किया जाए। चूंकि अंग्रेज मुसलमानों को अपने पक्ष में लाने के लिए प्रलोभन देने लगे थे, इसलिए कांग्रेस ने भी मुसलमानों को रिझाने के प्रयोग प्रारंभ कर दिए। कांग्रेस अपने अधिवेशनों में भाग लेने वाले मुस्लिम प्रतिनिधियों को यात्रा भत्ता देने लगी। अधिवेशनों में भी उनके लिए विशेष सुख-सुविधाओं की व्यवस्था की गई। कांग्रेस के शुरुआती दौर के प्रमुख नेताओं में रहे सुरेंद्रनाथ बनर्जी ने स्वीकार किया, 'हमारे आलोचक कांग्रेस को हिंदू कांग्रेस मानते हैं और विरोधी समाचार पत्र भी उस पर हिंदू कांग्रेस होने पर ठप्पा लगाते हैं। हम अपने मुसलमान देशवासियों का सहयोग प्राप्त करने के लिए भरसक प्रयास कर रहे हैं। हमने कभी-कभी मुसलमान प्रतिनिधियों को किराया और अन्य सुविधाएं प्रदान की हैं।'[34]

स्वामी श्रद्धानंद ने 1899 के लखनऊ कांग्रेस अधिवेशन के संबंध में कुछ महत्वपूर्ण बातें बताई हैं, 'प्रत्येक मुसलमान 'वायज' प्रतिनिधि को निःशुल्क टिकट दिए गए। दस रुपए प्रति व्यक्ति का भोजन शुल्क भी मुस्लिम प्रतिनिधियों से नहीं लिया गया और 'दस्तरखान' के सभी स्वादिष्ट व्यंजन उनके सामने परोसे गए। ये प्रतिनिधि प्रारंभ के कुछ मिनटों के लिए पंडाल में अपनी शक्ल दिखाते थे और बाकी समय पंडाल के बाहर लगे जलपान वाले शामियाने के नीचे बैठकर मौज उड़ाते थे।'[35]

गांधी के अनुभव

बीसवीं सदी की शुरुआत होने तक मोहनदास करमचंद गांधी दक्षिण अफ्रीका के नेटाल में लोकप्रिय सामाजिक प्रतिनिधि और सफल बैरिस्टर के रूप में स्थापित हो चुके थे। इस दौरान उनका अपना देश ब्रिटिश साम्राज्य से आजाद होने के लिए पूरी शक्ति के साथ लड़ रहा था। बालगंगाधर तिलक और गोपालकृष्ण गोखले जैसे नेताओं की अगुवाई में कांग्रेस आजादी का परचम थामे चल रही थी। गांधी को स्वदेश पुकारने लगा था। 1901 में उन्होंने परिवार के साथ भारत लौटने का फैसला कर लिया। जाने से पहले नेटाल के लोगों ने गांधी के सम्मान में एक भोज का आयोजन किया और उन्हें तथा उनके परिवार को बहुमूल्य उपहारों सहित विदाई दी। घर लौटने के बाद गांधी ने कस्तूरबाई से कहा कि वे उपहारों को लौटा दें। कस्तूरबाई उन्हें निशानी के तौर पर रखना चाहती थीं, लेकिन पति के आग्रह को नकार नहीं सकीं। इस तरह, अपनी सेवाओं के बदले मिले उपहारों को लौटाकर गांधी सपरिवार भारत के लिए रवाना हुए। नवंबर, 1901 के आखिरी सप्ताह में गांधी परिवार बंबई पहुंच गया।

कस्तूरबाई और बच्चों को राजकोट में छोड़कर गांधी कलकत्ता में होने वाले कांग्रेस के अधिवेशन में शामिल होने के लिए निकल गए।[36]

कलकत्ता में रहते हुए गांधी ने कांग्रेस को नजदीक से देखा और समझा। उन्हें जिस रिपन कॉलेज में ठहरने ले जाया गया, वहां की व्यवस्था के बारे में उन्होंने आत्मकथा में लिखाः

> 'स्वयंसेवक एक दूसरे को टरकाते रहते थे। जो काम जिसे सौंपा जाता, वह स्वयं उसे नहीं करता था। वह तुरंत दूसरे को पुकारता था। दूसरा तीसरे को। बेचारा प्रतिनिधि न तो तीन में होता, न तेरह में। जैसे स्वयंसेवक थे, वैसे ही प्रतिनिधि थे। वे अपने हाथ से कोई काम नहीं करते थे। सब बातों में उनके हुक्म रटते रहते थे, 'स्वयंसेवक यह लाओ; स्वयंसेवक वह लाओ' चला करता था। छुआछूत को मानने वाले बहुत थे। द्राविड़ी रसोई बिल्कुल अलग थी। इन प्रतिनिधियों को तो दृष्टिदोष भी लगता था। कॉलेज के अहाते में चटाइयों का रसोईघर बनाया गया था। उसमें धुआं इतना रहता कि आदमी का दम घुट जाए। गंदगी की हद नहीं थी। चारों तरफ पानी ही पानी फैल रहा था। पाखाने कम थे। मैंने एक स्वयंसेवक को यह सब दिखाया। उसने साफ इनकार करते हुए कहा, 'यह तो भंगी का काम है।' मैंने झाड़ू मांगा। वह मेरा मुंह ताकता रहा। मैंने झाड़ू खोज निकाला। पाखाना साफ किया। रात के समय कोई-कोई तो कमरे के सामने वाले बरामदे में ही निबट लेते थे। सवेरे स्वयंसेवकों को मैंने मैला दिखाया। कोई साफ करने को तैयार नहीं था। उसे साफ करने का सम्मान भी मैंने ही प्राप्त किया।'[37]

कांग्रेस के अधिवेशन में एक-दो दिन की देर थी। गांधी ने सोचा कि कांग्रेस के कार्यालय में उनकी सेवा स्वीकार की जाए, तो सेवा करें और अनुभव लें। जिस दिन वे पहुंचे उसी दिन नहा-धोकर कांग्रेस के कार्यालय में चले गए। उन्होंने सेवा की मांग की। एक ने दूसरे के पास भेज दिया। दूसरे ने हंसकर पूछा, 'मेरे पास तो क्लर्क का काम है, आप करेंगे?' गांधी ने उत्तर दिया, 'अवश्य करूंगा। मेरी शक्ति से बाहर न हो, ऐसा हर काम करने के लिए मैं आपके पास आया हूं।' फिर वे गांधी से बोले, 'यह पत्रों का ढेर है और यह मेरे सामने कुर्सी है। इस पर आप बैठिए। आप देखते हैं कि मेरे पास सैकड़ों आदमी आते रहते हैं। मैं उनसे मिलूं या इन बेकार पत्र लिखने वालों को उनके पत्रों का जवाब लिखूं? मेरे पास ऐसे क्लर्क नहीं हैं, जिनसे यह काम ले सकूं।

इन सब पत्रों में से बहुतों में काम की एक भी बात नहीं होगी। पर आप सबको देख लीजिए। जिसकी पहुंच भेजना उचित समझें उसकी पहुंच भेज दीजिए। जिसके जवाब के बारे में मुझसे पूछना जरूरी समझें, मुझे पूछ लीजिए।' गांधी इस विश्वास पर मुग्ध हो उठे जबकि वह सज्जन उन्हें पहचानते तक नहीं थे। नाम-वगैरह जानने का काम तो उन्होंने बाद में किया। गांधी ने सामने रखे हुए पत्रों के ढेर को तुरंत निबटा दिया। वे सज्जन बातूनी थे। गांधी से बोले, 'असल में यही सच्ची वृत्ति है। पर आज के नवयुवक इसे नहीं मानते। वैसे मैं तो कांग्रेस को उसके जन्म से जानता हूं। उसे जन्म देने में मि. ह्यूम के साथ मेरा भी हिस्सा था।' उन सज्जन के बटन भी बैरा लगाता था। यह देखकर गांधी ने बैरे का काम भी ले लिया। धीरे-धीरे अपनी निजी सेवा के सारे काम वे गांधी से लेने लगे। बटन लगाते समय मुस्कुराकर कहते, 'देखिए न, कांग्रेस के सेवक को बटन लगाने का भी समय नहीं मिलता, क्योंकि उस समय भी उसे काम रहता है।' इस भोलेपन पर गांधी को हंसी आई, लेकिन ऐसी सेवा के प्रति मन में थोड़ी भी अरुचि उत्पन्न नहीं हुई। गांधी को कुछ ही दिनों में कांग्रेस की व्यवस्था का ज्ञान हो गया। वहां समय की जो बर्बादी होती थी, उसे भी गांधी ने अनुभव किया। अंग्रेजी का प्रभाव भी देखा। इससे उस समय भी उन्हें दुःख हुआ था। उन्होंने देखा कि एक आदमी से हो सकने वाले काम में अनेक आदमी लग जाते थे, और यह भी देखा कि कितने ही महत्वपूर्ण काम कोई करता ही नहीं था।[38]

चापेकर बंधुओं का बलिदान

बीसवीं सदी की शुरुआत से पहले ही दामोदर, बालकृष्ण और वासुदेव चापेकर बंधुओं के बलिदान ने महाराष्ट्र को क्रांतिकारी गतिविधियों के केंद्र में ला दिया। 12 जून, 1897 को शिवाजी का राज्याभिषेक दिवस मनाया गया। 15 जून को उसका विवरण देते हुए केसरी ने कुछ पद्य छापे, जिनका शीर्षक 'शिवाजी की उक्तियां' था। पुलिस का कहना था कि शिवाजी की उक्तियों के बहाने इसमें अंग्रेजों के विरुद्ध विद्वेष का प्रचार किया गया था। इस उत्सव में एक वक्ता द्वारा (पुलिस की रिपोर्ट के अनुसार) कहा गया, 'आज इस पवित्र उत्सव के मौके पर प्रत्येक हिंदू और मराठे का, चाहे वह किसी भी दल या संप्रदाय का हो, दिल बांसों उछल रहा है। हम सभी अपनी खोई हुई स्वाधीनता को पा लेने की चेष्टा कर रहे हैं और हम सबको आपस में मिलकर इस भारी बोझ को उठाना है।' पुलिस रिपोर्ट में एक अन्य वक्ता का हवाला दिया गया, 'फ्रांस की राज्य क्रांति में भाग लेने वालों ने इस बात से इनकार किया है कि वे कोई हत्या कर रहे हैं; उनका कहना है कि वे रास्तों के कांटों को हटा रहे हैं। तिलक इस उत्सव के सभापति थे। उन्होंने कहा, 'क्या शिवाजी ने अफजल खां को मारकर कोई

पाप किया? इस प्रश्न का उत्तर महाभारत में मिल सकता है। भगवान कृष्ण ने तो गीता में अपने गुरु तथा संबंधियों तक को मारने की आज्ञा दी है। ईश्वर ने विदेशियों को हिंदुस्तान के राज्य का पट्टा लिखकर नहीं दिया है। शिवाजी ने जो कुछ भी किया, वह यह था कि उन्होंने अपनी जन्मभूमि पर विदेशियों की राज्य शक्ति हटाने के लिए लड़ाई लड़ी थी। उन्होंने किसी पराई चीज पर दखल देने की चेष्टा नहीं की।'[39]

इसके एक सप्ताह बाद ही 22 जून को महारानी विक्टोरिया का राज्याभिषेक दिवस मनाया जा रहा था। पूना में उत्सव हो रहा था। रात को रोशनी हो रही थी, आतिशबाजियां छूट रही थीं। उसी दौरान दो अंग्रेज अफसरों मिस्टर रैण्ड और लेफ्टिनेंट एयर्स्ट की गोली मारकर हत्या कर दी गई। इस हत्याकांड में दामोदर चापेकर को गिरफ्तार किया गया। दामोदर ने स्वीकार किया कि उन्होंने हत्या की है और इससे पहले बम्बई में महारानी विक्टोरिया की मूर्ति पर तारकोल पोतने वाले भी वे ही हैं। दामोदर को फांसी की सजा हुई। तिलक के हस्ताक्षर वाली गीता को हाथ में लिए दामोदर श्लोक पढ़ते हुए फांसी पर चढ़ गए। आगे जाकर बालकृष्ण और वासुदेव को भी फांसी की सजा हुई। एक परिवार से तीन भाइयों के क्रांतिकारी होने पर देश में बहुत जोश फैला। इसी प्रकार सावरकर (विनायक दामोदर) ने एक कविता लिखी, 'तीन का क्या है, यदि हम सात भी होते, तो हम हवनकुंड में अपना सिर चढ़ा देते।'[40] सावरकर भी तीन भाई थे।

बंगाल विभाजन का सुनियोजित षडयंत्र

बंगाल के विभाजन का प्रस्ताव रखने के बाद 1904 में वायसराय कर्जन ने बंगाल का दौरा किया। 18 फरवरी, 1904 को ढाका में उसने कहा कि विभाजन होने से पूर्वी बंगाल के मुसलमानों में ऐसी एकजुटता आएगी, जो मुसलमान बादशाहों का पुराना दौर समाप्त होने के बाद कभी नहीं रही।[41] 16 अक्टूबर, 1905 को हुए बंगाल विभाजन के परिणामस्वरूप बंगाल का पूर्वी हिस्सा मुस्लिम बहुल हो गया और पश्चिमी हिस्से में स्वदेशी आंदोलन चलाने वाला बांग्लाभाषी भद्रलोक अल्पसंख्यक वर्ग बन गया। 60 लाख की मुस्लिम आबादी वाला शहर ढाका पूर्वी बंगाल की राजधानी के रूप में राजनीतिक गतिविधियों का नया केंद्र बना। वहां के नेताओं ने दकन, अलीगढ़ और अमृतसर के नेताओं के साथ मिलकर अपने समुदाय को 'उचित प्रतिनिधित्व' दिलवाने के लिए रणनीति बनाना शुरू किया। बंगाल विभाजन के तुरंत बाद कर्जन की जगह वायसराय बनाए गए मिंटो ने उन्हें 'पूर्ण सहयोग' का आश्वासन दिया।[42]

बंगाल विभाजन के ठीक 14 महीने और 14 दिन बाद 30, दिसंबर, 1906 को ढाका में ऑल इंडिया मुस्लिम लीग की स्थापना हुई। आगा खां इसके स्थाई अध्यक्ष बनाए

गए। लीग के घोषित लक्ष्य और उद्देश्य इस प्रकार थे: (1) भारतीय मुसलमानों में ब्रिटिश राज के प्रति निष्ठा की भावना जाग्रत करना और यदि सरकार के किसी कार्य से उसके उद्देश्यों के बारे में कोई भ्रम पैदा हो तो उसे दूर करना; (2) भारतीय मुसलमानों के राजनीतिक और अन्य अधिकारों की रक्षा करना तथा उनकी अपेक्षाओं और आकांक्षाओं को विनम्र भाषा में सरकार के समक्ष रखना; (3) उपरोक्त उद्देश्यों के प्रति पूर्वाग्रह के बिना यथासंभव मुसलमानों और भारत के अन्य समुदायों के बैच मैत्रीभाव जाग्रत करना।[43] मुस्लिम लीग के प्रतिनिधियों में बांटे गए 'लाल इश्तहार' में आह्वान किया गया:

> 'ऐ मुसलमान भाइयो, उठो... जागो! एक ही स्कूल में हिंदुओं के साथ मत पढ़ो। हिंदुओं की दुकान से कोई सामान मत खरीदो। हिंदुओं की बनाई हुई किसी भी चीज को मत छुओ। हिंदू को कोई रोजगार मत दो। हिंदू के नीचे किसी घटिया पद को कुबूल मत करो। तुम अनपढ़ जरूर हो, लेकिन अगर तालीम हासिल कर लो तो तुरंत सारे हिंदुओं को जहन्नुम भेज सकते हो। इस रियासत में तुम्हारी तादाद बड़ी है। खेती करने वालों में भी तुम्हारी आबादी ज्यादा है। तमाम मिल्कियत खेती से ही है। हिंदू की अपनी कोई जायदाद नहीं है, तुम्हारी जायदाद छीनकर ही वह दौलतमंद हो गया है। अगर तुम जाग उठो तो हिंदू भूखे मरेंगे और जल्दी ही मुसलमान बन जाएंगे।'[44]

बंगाल ने अपने विभाजन का उत्तर व्यापक और सर्वसम्मत विरोधों से दिया, जिनमें रवींद्रनाथ टैगोर, सुरेंद्रनाथ बनर्जी, बिपिनचंद्र पाल, अश्विनीकुमार दत्त जैसे अनेक व्यक्तियों ने भाग लिया। स्वदेशी का आदर्श व्यापक रूप से फैला, जिसने ब्रिटेन में बनी वस्तुओं के बहिष्कार की आवाज उठाई। उसी दौरान बारींद्रकुमार घोष ने अबिनाशचंद्र भट्टाचार्य और भूपेन्द्रनाथ दत्त के साथ मिलकर ओजस्वी बंगाली साप्ताहिक 'युगांतर' प्रारंभ किया, जिसमें अरविंद ने अनेक लेख लिखे। अगस्त में बिपिनचंद्र पाल ने प्रसिद्ध अंग्रेजी दैनिक 'बंदे मातरम्' का प्रकाशन प्रारंभ किया।[45]

इस्लामिक 'लाल इश्तहार' और अन्य भड़काने वाले वक्तव्यों ने मुसलमानों की कट्टरता की आग में ईंधन का काम किया। इसका परिणाम हिंसा के रूप में सामने आने लगा। मार्च, 1907 में कोमिल्ला में दंगे भड़क उठे। दंगे भड़काने में नवाब सलीमुल्ला के अनुयायियों की भूमिका रही। आक्रमण, हत्या, लूटपाट, बलात्कार, संपत्ति विध्वंस और आगजनी की वीभत्स घटनाएं हुईं। उस दौरान क्षेत्र में जाकर स्थिति

देख चुके ब्रिटिश संवाददाता हेनरी डब्ल्यू. नेविन्सन ने लिखा, 'लोग मारे गए, मंदिर अपवित्र किए गए, मूर्तियां तोड़ी गईं, दुकानें लूटी गईं और अनेक हिंदू विधवाओं का अपहरण हुआ... महिलाएं रात भर तालाबों में दुबकी रहीं और सामूहिक बलात्कार बढ़ गए।'[46]

ब्रिटिश मिलीभगत से दो फाड़ कांग्रेस

सांप्रदायिक खाई बढ़ाने के बाद ब्रिटिश राज का मुख्य उद्देश्य कांग्रेस में फूट डालना था। 1907 में नरम दल और गरम दल के बीच विवाद के बाद कांग्रेस दो फाड़ हो गई। बाल गंगाधर तिलक और उनके समर्थकों ने 'एक्सट्रीमिस्ट पार्टी' का गठन कर लिया। इसकी सूचना देते हुए राज्य सचिव जॉन मार्ले ने वायसराय मिंटो को लिखा, 'कांग्रेस का विघटन कैसी परिस्थितियां पैदा करेगा, इसका अनुमान लगा पाना असंभव है, लेकिन इस समय तक के घटनाक्रम से उग्र नेताओं के अदृश्य होने और नरमपंथियों द्वारा हमारे लिए हितकर कदम उठाए जाने के संकेत मिल रहे हैं। मुझे पूरा विश्वास है कि कुछ समय तक यही स्थिति बनी रहेगी। यह हमारे लिए बड़ी जीत है।[47]

29 अप्रेल, 1908 को मिंटो ने एक निजी पत्र में लिखा, 'भारत में साधारणतया शांति है और आंदोलनरत क्षेत्रों बंगाल, पूर्वी बंगाल तथा असम में दोस्ती बढ़ाने के संकेत मिल रहे हैं। निस्संदेह अधिकांश प्रमुख आंदोलनकारियों पर काबू पाया जा सकता है, बशर्ते हमारे लोग थोड़ी चतुराई और संयम से काम लें। हमें यह कोशिश करनी चाहिए कि उन वर्गों को सशक्त बनाएं, जिनका वास्तव में इस देश पर दावा है... राजे-महाराजे, बड़े जमींदार वगैरह। ये लोग सच में हमारे वफादार हैं और अपने देशवासियों की कमजोर कड़ियों को हमसे बेहतर पहचानते हैं।'[48]

इंग्लैंड बना क्रांति का गढ़

बीसवीं सदी की शुरुआत के साथ ही इंग्लैंड बहुत से भारतीय क्रांतिकारियों का आश्रय स्थल बन गया। ऐसे क्रांतिकारियों में मुख्य नाम श्यामकृष्ण वर्मा का है। उन्होंने इंग्लैंड से पढ़ाई करने के बाद बम्बई, रतलाम, अजमेर, उदयपुर और जूनागढ़ में वकालत, प्रशासनिक काम या दीवान के पद पर काम किया। 1897 में वे फिर इंग्लैंड चले गए। पहली बार वे तीन महीने के लिए ही गए थे लेकिन दोबारा गए तो फिर नहीं लौटे। उसी दौरान वर्मा के संपर्क में सरदार सिंह रावजी राणा नामक युवक आए। सरदार सिंह का जन्म सौराष्ट्र के लिम्बड़ी राज्य के कन्यारा गांव में हुआ था लेकिन उनके पूर्वज राणा प्रताप की सेना में थे। वे उन थोड़े से सिपाहियों में थे, जिन्होंने राणा

प्रताप का साथ कभी नहीं छोड़ा। इसलिए वे राणा लगाते थे। उन्हीं दिनों शिकागो की विश्व धर्म संसद में भाग लेने वाले वीरचंद्र गांधी भी पहुंच गए।

वर्मा ने आगे जाकर 'इंडियन सोशियोलॉजिस्ट' नाम से एक पत्रिका निकाली, जिस पर लिखा होता था, 'स्वतंत्रता और राजनैतिक, सामाजिक तथा धार्मिक सुधार का मुखपत्र'। 18 फरवरी, 1905 को 20 भारतीयों ने मिलकर वर्मा के नेतृत्व में इंडियन होम रूल सोसायटी की स्थापना की, जिसका उद्देश्य रखा गया: 'भारतीयों के लिए भारतीय सरकार की स्थापना।' यह तय हुआ कि इस उद्देश्य को सफल बनाने के लिए ब्रिटेन में सभी तरह के कार्य किए जाएं और भारतीय जनता में स्वतंत्रता और राष्ट्रीय एकता के सुपरिणाम के संबंध में ज्ञान का विस्तार किया जाए। 1907 के आरंभ में वर्मा ने एक हजार रुपए के पुरस्कार की घोषणा करते हुए निबंध प्रतियोगिता आयोजित की, जिसका विषय था कि भारत के स्वतंत्र होने पर उसका संविधान क्या होगा।[49]

विश्व युद्ध के दौरान विप्लव

1914 में यूरोप में युद्ध शुरू हुआ। ब्रिटेन युद्ध में शामिल था, इसलिए ब्रिटिश संसद ने फैसला किया कि भारतीय सेना और भारतीय संसाधनों का इस्तेमाल किया जाए। प्रथम विश्वयुद्ध से पहले भारतीय सेना में 2 लाख से कम लड़ाका और 50 हजार से कम गैर लड़ाका थे। 7 लाख 60 हजार लड़ाका और 4 लाख गैर लड़ाका रंगरूट युद्ध के समय भर्ती हुए। इनमें से 5 लाख 50 हजार लड़ाका और 3 लाख 90 हजार गैर लड़ाका युद्ध के लिए विदेशों में भेजे गए।[50] इस युद्धकालीन नीति ने भारतीयों में आग भरने का काम किया। ब्रिटिश हुकूमत लगभग 3 करोड़ पौंड वार्षिक युद्ध कार्यों में व्यय करती थी। भारत से 10 करोड़ पौंड के लगभग वसूल करके ब्रिटेन को युद्ध व्यय के लिए दान दे दिया गया। करोड़ों पौंड का ऋण लेकर भारत के भूखे और दरिद्र करदाताओं पर 30 वर्षों के लिए 10 करोड़ पौंड वार्षिक ब्याज का भारी बोझ लाद दिया गया। भारत से लाखों लोग इस युद्ध के विभिन्न मोर्चों पर विश्व भर में भेजे गए। इन परिस्थितियों ने सारे देश के असंतोष में वृद्धि की। बंग भंग के कारण जो क्रांतिकारी आंदोलन 1909-10 में हुआ था और जिसका दमन करने में सरकार ने कोई कसर नहीं छोड़ी, वह एक बार फिर भड़क उठा। उस समय भारत के जो क्रांतिकारी नवयुवक इस देश से निकल भागे थे, वे यूरोप, अमेरिका और मध्य पूर्व में पहुंचकर ब्रिटिश राज के विरुद्ध संघर्ष कर रहे थे। वे क्रांतिकारी युद्धकालीन परिस्थितियों का लाभ उठाने के लिए सक्रिय हो उठे। ऐसे ही भारतीयों ने अमेरिका में गदर पार्टी की स्थापना की। उन्होंने अपने दल के सदस्यों को गुप्त रूप से भारत भेजना और भारत के क्रांतिकारी संगठनों से संबंध जोड़ना शुरू किया। लाला हरदयाल और तारकनाथ जैसे क्रांतिकारी

जर्मनी पहुंचे और वहां की सरकार की मदद से ब्रिटिश शासन के खिलाफ सक्रिय हो गए। जर्मन युद्ध विभाग की देखरेख में भारतीय राष्ट्रीय दल की स्थापना की गई। 1914 के आखिरी दिनों में अमेरिका से गदर पार्टी के डेढ़-दो हजार क्रांतिकारी स्वदेश रवाना हुए और मार्ग में चीन तथा मलाया में क्रांतिकारी विचार फैलाते हुए भारत पहुंचे। भारत पहुंचकर उन्होंने अनेक स्थानों पर क्रांति केंद्र स्थापित किए। अमेरिका के गदर दल ने यह भी प्रबंध किया था कि 30 हजार राइफलों और जर्मन सेनाधिकारियों के लिए एक जहाज जावा भेजा जाए, जो गुप्त रूप से बंगाल पहुंचे और वहां भारतीय क्रांतिकारियों से मिलकर विप्लवी बंगाल पर अधिकार स्थापित कर लें।[51]

क्रांतिकारियों ने विप्लव की व्यापक योजना बना ली और अपना सारा कार्यक्रम निश्चित कर लिया। उनका विचार था कि भारतीय सेना में व्यापक रूप से क्रांतिकारी विचार फैलाए जाएं, सैनिकों को संगठित कर लिया जाए और एक निश्चित तिथि पर देश के विभिन्न स्थानों पर विद्रोह की पताका फहरा दी जाए। उनकी योजना यह भी थी कि सरकारी शस्त्रागारों पर अधिकार स्थापित करके देश के कुछ स्थानों में क्रांतिकारी सरकार प्रतिष्ठित कर दी जाए। अपनी इस योजना को उन्होंने बहुत दूर तक कार्यान्वित भी कर लिया। पेशावर से लेकर सिंगापुर तक भारतीय सेना में विद्रोही विचारों का प्रसार करने के लिए क्रांतिकारी दल के कार्यकर्ता पहुंच गए। 21 फरवरी, 1915 की तिथि व्यापक विद्रोह करने के लिए निश्चित कर दी गई। यह भी तय कर दिया गया कि फिरोजपुर, रावलपिंडी और लाहौर के सरकारी शस्त्रागारों पर भारतीय सेना आक्रमण करके अपना अधिकार स्थापित कर ले और साथ ही देश में जहां-तहां भारतीय सैनिक प्रचंड विप्लव की आग लगा दें। सारा आयोजन और प्रबंध इस प्रकार किया गया कि एक बार फिर 1857 का दृश्य उपस्थित कर दिया जाए और जो कार्य तब पूरा नहीं किया जा सका था, उसे अब कर लिया जाए। लेकिन सारे प्रबंध के बावजूद जितना 1857 में हुआ था, उतना नहीं किया जा सका। सरकार को विप्लव की सूचना पहले ही मिल गई। फिर उसके दमन के वेग की कोई सीमा नहीं रही। अमेरिका की गदर पार्टी ने जो अस्त्र-शस्त्र भेजे थे, उनका पता भी अमेरिकी सरकार को मिल गया। वे रास्ते में ही पकड़ लिए गए। इधर, सारे देश में व्यापक धर-पकड़ शुरू हो गई। पंजाब में क्रांतिकारियों के केंद्र स्थलों पर पुलिस ने धावे किए और गिरफ्तारियां शुरू कर दीं। इसके बावजूद, सिंगापुर की भारतीय सेना ने 21 फरवरी को बगावत की और टापू पर कब्जा कर लिया। सात दिनों तक सिंगापुर विद्रोहियों के हाथ में रहा, लेकिन देश में और कहीं कुछ नहीं हो सका। सात दिन के अंदर ब्रिटिश सेना ने सिंगापुर को फिर कब्जे में कर लिया। क्रांतिकारियों का जबर्दस्त दमन किया गया। ब्रिटिश हुकूमत ने 'भारत रक्षा कानून' बनाकर दमन तेज किया। हजारों नवयुवक नजरबंद कर

लिए गए। पंजाब और बंगाल में सैकड़ों को फांसी, आजीवन कारावास और निर्वासन के दंड दिए गए। 1915 से लेकर 1917 तक दमन और निरंकुशता का ऐसा वीभत्स प्रदर्शन किया गया कि राष्ट्र कांप उठा।[52]

क्रांति एक ईश्वरीय कार्य

शचींद्रनाथ सान्याल जैसे क्रांतिकारी नेता स्वतंत्रता आंदोलन को ईश्वरीय कार्य मानते रहे। उनका कहना था, 'भारत में जो यह महान आंदोलन हुआ और हो रहा है, यह भगवान की इच्छा से ही हुआ और हो रहा है। जिस भाव की अव्यर्थ प्रेरणा से भारत के सैकड़ों नवयुवक मृत्यु को सहर्ष चुनौती देकर बड़ी-बड़ी कठिन विपत्तियों के मुख में भी बड़ी आन-बान के साथ कूदे , और जिस प्रेरणा के बल से उन्होंने अपार दुःखों और लांछनों को पक्के संयमी की भांति सहन किया था, उस भाव के प्लावन को क्या कोई विशेष व्यक्ति उपस्थित कर सकता है? या इसका स्थायित्व किसी व्यक्ति विशेष के मत, अथवा जीवन-मरण पर अवलंबित है?[53] उन्होंने अपने जीवन का उदाहरण दिया, 'हमने जो आध्यात्मिक साधना ग्रहण की थी, एक शब्द में उसे आत्मसमर्पण योग कहा जा सकता है। भक्ति-योग अथवा प्रेम साधन से इनका घनिष्ठ संबंध है। मैं भगवान को प्यार करता हूं, इतना प्यार करता हूं कि उसके सिवा मैं अन्य किसी को अपना नहीं कह सकता। मैं जो कुछ करता हूं, वास्तव में वह मैं स्वयं नहीं करता, मैं तो केवल निमित्त मात्र हूं। भगवान स्वयं मेरे द्वारा उन कार्यों को संपन्न करते हैं।' [54]

प्रथम विश्वयुद्ध (1914-1919) के आरंभ होने से पहले तक भारतीय क्रांतिकारियों का दल समझ ही नहीं सका था कि अंग्रेजों के साथ जर्मनी का विरोध इतनी जल्दी उपस्थित हो जाएगा। इसलिए इनके विप्लव की तैयारी भी इस ढंग से हो रही थी कि मानो दस-पंद्रह वर्ष के बाद वास्तविक 'गदर' शुरू होगा। यही कारण है कि ये लोग विश्वयुद्ध छिड़ते समय क्रांति के लिए पूरी तौर पर तैयार नहीं थे। इसके सिवाय अब तक के क्रांतिकारी दल के साथ भारत से बाहरी देश के किसी भी क्रांतिकारी दल का कोई विशेष संबंध ही नहीं था। इसका फल यह हुआ कि जब अमेरिका से क्रांतिकारियों के दल-के-दल भारत में आने लगे, तब भारत में स्थित क्रांतिकारी उनके साथ दिल खोलकर ठीक समय पर सम्मिलित नहीं हो सके। यदि ऐसा हो जाता तो भारत का भाग्य कुछ और ही होता।[55]

इसके बावजूद रेल, सड़क और हाट-बाजार जैसी भी जगहों पर आम जनता में अंग्रेजों के प्रति तीव्र विद्वेष फैलता जा रहा था। शचींद्रनाथ सान्याल लिखते हैं, 'एक दिन काशी में बस्ती से बाहर कुएं की मुंडेर पर बैठकर एक संयुक्त प्रदेशवासी व्यक्ति के साथ क्रांतिकारियों के किसी-किसी काम की आलोचना हो रही थी। पास ही एक

किसान घास छील रहा था। थोड़ी देर में देखा कि वह और भी समीप आ गया और घास छीलते-छीलते मुस्कराकर पूछने लगा, 'अंग्रेजों का राज्य रहेगा भी या नहीं?' हम लोगों ने पूछा, 'तुम्हें क्या लगता है? उत्तर मिला, 'बाबू, अब ये हिन्दुस्तान में नहीं ठहर सकते, इनका वक्त पूरा हो चुका। बाबू, जर्मन लोग कब तक आएंगे? तब हमने उसे समझाया कि जर्मनों के आने से हमारा कुछ फायदा नहीं; लेकिन उसने फिर कहा, 'नहीं बाबूजी, अंग्रेज लोग अब न्याय नहीं करते, अब इनका चले जाना ही ठीक है।'[56]

जननी भारत भूमि

आधुनिक काल में भारत को जननी कहने पर जोर बंकिमचंद्र चट्टोपाध्याय के गुरु ईश्वरचंद्र गुप्त ने दिया। वे दैनिक और मासिक 'संवाद' के संपादक तथा प्रकाशक थे। उन्होंने 1848 में लिखा था:

'जननी भारत भूमि, आर केन थाक तुमि, धर्मरूप भूषाहीन हये।'

इसके 13 वर्ष बाद शिशिरकुमार घोष ने छोटी कविता 'भारत माता' और किरणचंद्र बनर्जी ने 'भारत माता' नाटक लिखा। इस नाटक का सर्वप्रथम अभिनय हिंदू मेला* में हुआ।[57] इस नाटक में हिमालय पर्वत पर चिंतित मुद्रा में बाल फैलाए भारत माता बैठी हैं और सामने अनेक भारत संतान निहित हैं। भारत माता 'उठो-उठो मेरे बच्चो, अब कितनी देर सोओगे' कहती हुई गीत गा रही हैं। गीत का भावार्थ है, 'भूखे संतानों को भोजन नहीं मिला तो उन लोगों ने मां का स्तन पान करना चाहा। भारत माता कह रही हैं, 'बेटा, अब इन स्तनों में दूध कहां है जो तुम्हें दूं? खून भी कहां है? सब चूस लिया गया है।'[58] इसी नाटक के आधार पर आधुनिक हिंदी के जन्मदाता भारतेंदु हरिश्चंद्र ने 'भारत जननी' लिखा।

बंकिमचंद्र के ऐतिहासिक उपन्यास 'आनंद मठ' में पहली बार प्रकाशित हुआ प्रसिद्ध गीत 'वंदे मातरम्' मातृभूमि के प्रति प्रेम से ओत-प्रोत एक ऐसा गान था, जिसमें दिव्य मां भारती के प्रति भक्ति-विह्वलता की पराकाष्ठा थी। 1905 में जब बंगाल विभाजित हुआ तो 'वंदे मातरम्' पूरे राष्ट्र का 'युद्धगीत' बन गया। लेकिन ब्रिटिश साम्राज्यवादी तो इसके उच्चारण मात्र से ही भड़क उठता था। 'वंदे मातरम्' से बौखलाए पूर्वी बंगाल के लेफ्टिनेंट गवर्नर फ्रेडरिक चार्ल्मस ने आदेश निकाला कि कोई भी उस शब्द का उच्चारण न करे; ऐसा करना 'अपराध' है। ब्रिटिश राज के इस फरमान की खिल्ली उड़ाते हुए बारीसाल की सड़कों को हजारों युवकों ने गगनभेदी नारों से गुंजा

---

*राजनारायण बसु की 'जातीय गौरवेच्छा संचारिणी सभा' के आधार पर नवगोपाल मित्र ने हिंदू मेला की स्थापना की। इसके प्रथम अधिवेशन 12 अप्रेल, 1867 को सत्येन्द्रनाथ ठाकुर ने 'सब मिले भारत संतान' गीत गाया था। (विश्वनाथ मुखर्जी: वंदेमातरम् का इतिहास, हिंद पॉकेट बुक्स, गुड़गांव, 1979, पृष्ठ 30)

दिया। इसके लिए राष्ट्राभिमानी युवकों ने ब्रिटिश राज की लाठियों और बूटों की भी परवाह नहीं की। क्रांतिवीरों ने अपना रक्त बहाकर इसे सबल और पवित्र राष्ट्र मंत्र के उच्च सिंहासन पर बैठाया।[59]

स्वराज्य और स्वधर्म

ब्रिटिश राज के हिंसक दमनचक्र के बावजूद भारत के विभिन्न क्षेत्रों में क्रांतिकारी आंदोलन जड़ फैला रहा था। आगे चलकर ये घटनाएं बढ़ती गईं। काकोरी कांड से रामप्रसाद बिस्मिल, अशफाकउल्ला खां, रोशन सिंह, चंद्रशेखर आजाद जैसे कितने ही क्रांतिवीरों ने अपने बलिदान से क्रांतिगाथा लिखी, जिसने भारत की जनता में अंग्रेजों के खिलाफ विद्रोह की भावना को आकंठ पैदा कर दिया।

भगत सिंह ने अपने पत्रों में वंदे मातरम का उपयोग किया। उनके पिता किशन सिंह और चाचा अजीत सिंह* ने अपने क्रांतिकारी मित्र घसीटा राम के साथ मिलकर भारत माता सोसाइटी गठित की थी। इसका उद्देश्य किसानों में व्याप्त नाराजगी को ब्रिटिश सरकार के खिलाफ आंदोलन का रूप देना था। इन्होंने भारत माता पुस्तक एजेंसी भी शुरू की। इसका उद्देश्य ब्रिटिश राज विरोधी प्रकाशनों से जन जागरण करना था।

रामप्रसाद बिस्मिल को फांसी से पहले की रात पीने के लिए दूध दिया गया तो उन्होंने यह कहकर अस्वीकार कर दिया, 'अब कल मैं भारत माता का दुग्धपान करूंगा।' वे रात भर गीता पढ़ते रहे। फांसी के लिए जाते समय उन्होंने 'वंदेमातरम' और 'भारत माता की जय' कहा।[60] राजेंद्रनाथ लाहिड़ी काकोरी षड्यंत्र के अपने साथियों से दो दिन पहले ही 17 दिसंबर, 1927 की सुबह गोंडा में फांसी पर चढ़ा दिए गए। 16 दिसंबर की रात को राजेंद्रनाथ बहुत प्रसन्न थे और रात भर गीता तथा उपनिषद का पाठ करते रहे। सुबह वे बड़ी प्रसन्नता के साथ हंसते हुए फांसी पर चढ़ गए।[61] शचींद्रनाथ सान्याल के मुकदमे की सुनवाई के दौरान जब उनसे सफाई मांगी गई तो उन्होंने निर्भीकता के साथ कहा, 'मैं हिंदुस्तान के लिए पूरी आजादी चाहता हूं और मैंने अपना जीवन उसी की प्राप्ति के लिए समर्पित कर दिया है। मैं ब्रिटिश सरकार के जजों की अपेक्षा किसी और उच्च शक्ति में विश्वास करता हूं, जो मनुष्यों और राष्ट्रों की भाग्य-निर्णायक है।'[62]

मदनलाल ढींगरा ने अदालत में अपना अपराध स्वीकार करते हुए कहा, 'मैं यह स्वीकार करता हूं कि उस दिन मैंने अंग्रेज का रक्त बहाने की चेष्टा की थी ताकि ब्रिटिश सरकार द्वारा अमानुषिक रुप से हिंदुस्तानी देशभक्तों को फांसी दिए जाने का एक

---

*सरदार अजीत सिंह (1881-1947) राष्ट्रभक्त और क्रांतिकारी थे। 1909 में देश सेवा के लिए उन्होंने घर छोड़ दिया था। भारत में उन्होंने ब्रिटिश राज को चुनौती दी और उनका ज्यादातर समय जेल में ही बीता। लाला लाजपत राय के साथ ही 1906 में उन्हें देश निकाले की सजा भी मिली।

साधारण बदला ले सकूं। एक हिंदू के नाते मेरा विश्वास है कि मेरे देश का अपमान करना साक्षात ईश्वर का अपमान करना है। मेरे देश की पूजा श्रीरामचंद्र की पूजा है। देश की सेवा श्रीकृष्ण की सेवा है। मेरे जैसा निर्धन पुत्र अपनी माता की आराधना के लिए रक्त के सिवा और क्या दे सकता है? आज मैं अपना वही रक्त माता की बलि वेदी पर चढ़ा रहा हूं।[63] अवध बिहारी से फांसी के दिन आखिरी इच्छा पूछी गई तो उनका उत्तर था, 'अंग्रेजी साम्राज्य नष्ट हो जाए।' फांसी के समय उन्होंने कूदकर रस्सी गले में डाली और 'वंदेमातरम्' के साथ हंसते-हंसते विदा हो गए। करतारसिंह सराबा भी 'भारत माता की जय' कहते हुए फांसी के तख्ते पर चढ़े।[64] रोशन सिंह ने फांसी के तख्ते पर खड़े होकर सिर्फ एक आवाज निकाली... वंदेमातरम्।[65]

भगत सिंह की आखिरी चिंता

देश के लिए बलिदान देने वाले क्रांतिकारी भी सिर्फ सर्वस्व न्योछावर तक सीमित नहीं थे। उनमें ऐसे भी प्रमुख नाम थे, जो कांग्रेस के नेतृत्व को देखते हुए भविष्य को लेकर चिंतित थे। देखा जाए तो भारत के भावी स्वरूप को लेकर हर भावुक भारतीय बेचैन था। गांव की चौपालों से लेकर लाहौर की तन्हाई में बोर्स्टल जेल की बैरकों के अंधियारे हिस्सों तक देश की चिंता के स्वर थे। इनमें तीन ऐसे नौजवान शामिल थे, जिनका इंतजार फांसी के फंदे कर रहे थे। इनके कुछ ऐसे साथी भी थे, जिनकी मौत की तारीख तो नहीं लिखी हुई थी लेकिन भविष्य जेलों में गुजरना था। इन्हीं में से एक आजीवन कारावास की सजा पाए जयदेव कपूर अचानक एक रात को चौंक उठे, जब उन्हें पता चला कि वे अन्य जेल में ले जाए जा रहे हैं। अपने जीवन में लगभग चार दशक जेल में बिताने वाले जयदेव की आंखों में अंत तक वह रात जिंदा रही। वह रात उस सपने से जुड़ी थी, जो मौत को गले लगाने को आतुर भगत सिंह की भावना लिए थी। जयदेव ने 90 के दशक की ठिठुरती शाम को इस लेखक को थरथराते हुए कहा:

> 'लाहौर बोर्स्टल जेल में फांसी के नए वार्ड में भगत सिंह, राजगुरु और सुखदेव बंद थे। मैं और मेरे कुछ साथी पुरानी फांसी की कोठरियों में बंद थे। एक रात को बारह-एक बजे के करीब लगा, जैसे कोई हमारा दरवाजा खोल रहा है। बाहर निकाले गए, बेड़ी पहनाई गई, हथकड़ी डाली गई और कहा गया कि इस जेल से दूसरी जेल में जाना है। मेरी आंखें कुछ नम हो गईं और दिल उदास हो गया। जेलर भांप गए। उन्होंने पूछा कि तुम्हें तो इतना उदास कभी नहीं देखा, आज क्या बात है? मैंने

बताया कि मेरे सामने की कोठरियों में मेरे तीन साथी बंद हैं, जिनसे हमेशा के लिए हम जुदा हो रहे हैं। इसलिए एक बार उन्हें देखने की बड़ी इच्छा हो रही है क्योंकि बाद में ये देखने को नहीं मिलेंगे। जेलर भी काफी द्रवित हो गए। वे मुझे भगत सिंह की कोठरी के सामने ले गए। मेरी बेड़ियों की आवाज भगत सिंह को सुनाई दे रही थी। मुझे देखते ही भगत सिंह खड़ा हुआ और सींखचों से अपनी दोनों लंबी-लंबी बाहें बाहर निकालकर मुझे अपनी गिरफ्त में लिया, जिस तरह पंजाबी फैशन में हम आपस में मिला करते थे। कहने लगा, 'इतनी रात और तुम कहां?' मैंने कहा, 'मैं बाहर जा रहा हूं।' फिर साहस बटोरकर पूछा, 'सरदार, तुम्हारी मृत्यु इतनी नजदीक और निश्चित है तो इन क्षणों में तुम क्या सोचते हो?' उसने कहा, 'इसका जवाब तो मैं पहले ही दे चुका हूं। आज फांसी की इस कोठरी में बैठकर जेल की ऊंची-ऊंची दीवारों को पार करती हुई आवाजें जब मुझ तक पहुंचती हैं... मेरे देश के खेतों-खलिहानों, स्कूलों-कॉलेजों, खेल के मैदानों से 'इंकलाब जिंदाबाद' का नारा ऊंचा और ऊंचा उठता सुनता हूं तो मुझे बड़ी खुशी होती है; और, मैं यह समझता हूं कि अपनी जिंदगी की पूरी कीमत वसूल कर चुका हूं। 21-22 वर्ष की जिंदगी की इससे ज्यादा और कीमत हो भी क्या सकती है! मैंने अपने जीवन की इतनी ही कीमत आंकी थी।' थोड़ी देर चुप रहने के बाद भगत सिंह ने कहा, 'मुझे कुछ ऐसा भी लगता है कि मौजूदा सरकार (ब्रिटिश), पूंजीपति और उनके साथ में उनसे मिले हुए कुछ हिंदुस्तानी... इन लोगों में ऐसा समझौता हो जाए और दिल्ली के सिंहासन पर इरविन के बजाए पुरुषोत्तमदास-टीकमदास या सर तेजबहादुर सप्रू बैठा दिए जाएं तो वह क्रांति नहीं होगी, जिस आजादी की कल्पना मैं कर रहा हूं।'[66]

स्वधर्म से स्वराज

1935 में हिंदू महासभा के पुणे अधिवेशन की अध्यक्षता मदनमोहन मालवीय ने की। अपने अध्यक्षीय भाषण में उन्होंने कहा:

'गत 50 वर्ष से हिंदू जाति ने स्वराज्य के प्रयत्न किए हैं। 1885 में कांग्रेस सभा की स्थापना हुई। उसे चलाने वाले प्रायः हिंदू ही थे। आज हम परतंत्रता का विरोध करते हैं। प्रायः हिंदू ही। स्वराज्य के लिए सबसे

अधिक प्रयत्न हिंदू ही करते रहे। भविष्य बुरा दिखाई पड़ता है। सारा देश कहता है 'स्वराज्य दो'। परिणामतः सब, हिंदुओं का विरोध करने लगे। क्योंकि कम्युनल अवॉर्ड दिया गया। यह प्रसाद मिला है। यह कम्युनल अवॉर्ड क्या है? हिंदुस्तान भर में 75 फीसदी हिंदू हैं। वे आज छोटे बन गए हैं। नौकरी में पक्षपात है। मैं कोई मुसलमान का अहित नहीं चाहता किंतु जो दिया गया है वह बर्दाश्त नहीं हो सकता। यह एक संकट है। सभी लोग संतप्त हो गए हैं। नवयुवकों को कहीं अच्छा स्थान नहीं मिला। कहा जाता है मुसलमान हो तो नौकरी मिले, ऐसा हीन व्यवहार किया जा रहा है। यह स्थिति दुखदायी है। 75 फीसदी हिंदुओं का हिंदुस्तान में धन है... जमीन है... बहुत कुछ है। चरित्रबल, मनुष्यबल है। इतना होते हुए भी यहां कायरता क्यों हो? अपनी शक्ति को पहचानो। शक्ति प्रहार के लिए नहीं है। पीड़ितों का दुख दूर करने के लिए है। फिर निराश क्यों? हथियार से नहीं तो वैध मार्ग से थोड़ा प्रयत्न हुआ। किंतु जय का गर्व आ जाने से पलड़ा उलट गया। हाथ पांव बांधकर बैठ गए। हतोत्साह क्यों? हम हार को क्यों मानें, कौन देश है इतनी शक्ति रखने वाला जो हमें हराए? हमारे युवा बड़े-बड़े विद्वान हैं। धर्म, विज्ञान, तत्वज्ञान, शास्त्र ये सब यहां हैं। तो फिर आज हम उदास होकर क्यों बैठें? चोर आए और लट्ठ ले गए तो हम फिर बनाएंगे। फिर स्थापना करेंगे। जब तक स्वराज्य नहीं.. तब तक विश्राम नहीं। वैद्य देखता है कि रोगी को सन्निपात हुआ है तो क्या वह औषधि नहीं देता? 'जब तक श्वासा तब तक आसा,' तभी स्वराज होगा।'[67]

सुभाषचंद्र बोस का दर्द

21 अक्टूबर, 1943 को सुभाषचंद्र बोस ने सिंगापुर में आजाद हिंद की अंतरिम सरकार के गठन की घोषणा की। उस समय द्वितीय विश्वयुद्ध निर्णायक दौर में था। बोस अपने रेडियो प्रसारणों के जरिए भारतवासियों से लगातार अपील करते रहे कि वे ब्रिटिश साम्राज्यवाद से कोई समझौता नहीं करें।

स्वतंत्रता के लक्ष्य को प्राप्त करने के लिए बोस ने तीन सूत्री रणनीति पर बल दिया: भारत के बाहर लगातार सशस्त्र संघर्ष, भारत के अंदर समझौते के बजाए विरोध और अंतरराष्ट्रीय स्तर पर कूटनीति। जापान के साथ समझौता इसी कूटनीति का हिस्सा थी और बोस मानते थे कि ऐसा करके उन्होंने गलत नहीं किया।[68]

युद्ध की समाप्ति के बाद बोस ने अपने भाषण में कहा:

> '1857 के बाद अंग्रेजों ने भारत के लोगों से शस्त्र छीन लिए। उस समय उस निरस्त्रीकरण को स्वीकार करना भारत के लोगों की सबसे बड़ी भूल थी। यदि भारत के लोग निहत्थे होकर मजबूर नहीं हो गए होते तो थोड़े ही समय बाद यह संभव था कि वे अपनी आजादी के लिए फिर से आक्रमण करते। लेकिन निरस्त्रीकरण के कारण अगले करीब तीस साल तक भारत के लोग राजनीतिक रूप से दबे और निराश रहे। मैं आपको याद दिलाना चाहूंगा कि दिसंबर, 1920 के नागपुर अधिवेशन में महात्मा गांधी ने देश के सामने असहयोग आंदोलन का कार्यक्रम रखते हुए कहा था, 'यदि आज भारत के पास तलवार होती तो उसने वह तलवार उठा ली होती। चूंकि सशस्त्र क्रांति संभव नहीं है, इसलिए देश के सामने केवल असहयोग या सत्याग्रह का ही विकल्प है।' तब से वक्त बदल गया है और अब भारत के लोगों के लिए तलवार उठाना संभव हो गया है। हमें इस बात की खुशी और गर्व है कि भारत की मुक्ति सेना का गठन हो चुका है और इसका आकार लगातार बढ़ रहा है। हमें इस सेना को पूरी तरह प्रशिक्षित करके जितनी जल्दी हो सके, युद्ध क्षेत्र में भेजना है।'[69]

सूर्योदय की भव्य आभा

देश की स्वतंत्रता तात्कालिक और सर्वाधिक महत्वपूर्ण विषय था, लेकिन भविष्य जिस तरफ करवट ले रहा था, उससे देश के सभी राष्ट्रीय नेता अपरिचित नहीं थे। हमें जिस चीज की आवश्यकता थी, वह निःस्वार्थ और पूर्ण समर्पण की भावना थी। राष्ट्र निर्माण के लिए सबसे पहली आवश्यकता शुद्ध हृदय के व्यक्तियों की थी, जिनमें आदर्शों के साथ भक्ति भरी हो। हिंदुस्थान ने ऐसे अनेक महापुरुषों को जन्म दिया; काल की गति से वे अपनी भूमिका निभाकर चले गए; कुछ हृदय में भरी देशभक्ति की भावना के बावजूद मजबूर कर दिए गए।

उस संक्रमण काल में सूर्योदय की छवि लिए एक तेजोमय आभा नजर आई... जिसके बढ़ते प्रकाश में देशभक्तों की विशाल टोली ने राष्ट्र के लिए सर्वस्व न्योछावर कर दिया; उनके सामने राष्ट्र के परम वैभव का स्वप्न हिलोर ले रहा था। इसका नेतृत्व एक ऐसे महाबली और अत्यंत साधारण परिवार के होते हुए भी प्रबल संकल्प शक्ति, उद्दाम साहस, अटूट ध्येय निष्ठा, अखंड वीरव्रत और अद्वितीय संगठन क्षमता के समन्वित स्वरूप वाले दृढ़ व्यक्तित्व ने किया... वे केशव बलिराम हेडगेवार थे।

संदर्भ सूची

1. कमलापति त्रिपाठीः बापू और भारत, सरस्वती मंदिर, बनारस, 1948, पृष्ठ 103-104
2. विलियम वेडरबर्नः एलेन ऑक्टेवियन ह्यूम-फादर ऑफ द इंडियन नेशनल कांग्रेस, टी. फिशर अनविन, लंदन, 1913, पृष्ठ 13-14
3. जॉर्ज ट्रेवेल्यनः द कॉम्पिटिशन वाला, मैकमिलन एंड कंपनी, लंदन, 1895, पृष्ठ 246
4. सेलेक्टेड राइटिंग्स ऑफ एलन ऑक्टेवियन ह्यूम, खंड 1, संपादक-एस.आर. महरोत्रा और एडवर्ड सी. मोल्टन, ऑक्सफोर्ड यूनिवर्सिटी प्रेस, नई दिल्ली, 2004, पृष्ठ 115
5. एस.आर. महरोत्रा और एडवर्ड सी. मोल्टनः भूमिका, सेलेक्टेड राइटिंग्स ऑफ एलन ऑक्टेवियन ह्यूम, खंड 1, ऑक्सफोर्ड यूनिवर्सिटी प्रेस, नई दिल्ली, 2004
6. विलियम वेडरबर्नः एलेन ऑक्टेवियन ह्यूम-फादर ऑफ द इंडियन नेशनल कांग्रेस, टी. फिशर अनविन, लंदन, 1913, पृष्ठ 47
7. वही
8. प्रोसीडिंग्स ऑफ द फर्स्ट इंडियन नेशनल कांग्रेस, स्वदेश मित्र प्रेस, मद्रास, 1905, पृष्ठ 3-4
9. वही, पृष्ठ 8-9
10. वही, पृष्ठ 9-10
11. वही, पृष्ठ 13-18
12. वही, पृष्ठ 1-2
13. वही, पृष्ठ 76
14. विलियम वेडरबर्नः एलेन ऑक्टेवियन ह्यूम-फादर ऑफ द इंडियन नेशनल कांग्रेस, टी. फिशर अनविन, लंदन, 1913, पृष्ठ 47
15. लाजपत रायः यंग इंडिया, बी.एच. ह्यूश्क, न्यू फोर्ड, 1917, पृष्ठ 125-126
16. ई.एम.एस. नंबूदिरिपादः भारत का स्वाधीनता संग्राम, ग्रंथ शिल्पी, नई दिल्ली, 2010, पृष्ठ 106
17. वही
18. वही, पृष्ठ 109
19. श्री अरविंदः भारत का पुनर्जन्म, द मद्रास इंस्टीट्यूट ऑफ रिसर्च, नई दिल्ली,

2007, पृष्ठ 16
20. वही, पृष्ठ 39
21. वही, पृष्ठ 40
22. वही, पृष्ठ 10
23. वही, पृष्ठ 15
24. वही, पृष्ठ 15
25. वही, पृष्ठ 10
26. वही, पृष्ठ 19
27. वही, पृष्ठ 18
28. जवाहरलाल नेहरूः हिंदुस्तान की कहानी, सस्ता साहित्य मंडल प्रकाशन, नई दिल्ली, 2010, पृष्ठ 391
29. एकनाथ रानडेः केंद्र दर्शन, विवेकानंद केंद्र प्रकाशन विभाग, जोधपुर, 2010, पृष्ठ 57-58
30. ई.एम.एस. नंबूदिरिपादः भारत का स्वाधीनता संग्राम, ग्रंथ शिल्पी, नई दिल्ली, 2010, पृष्ठ 107-108
31. स्वामी गंभीरानंदः युगनायक विवेकानंद, खंड-3, रामकृष्ण मठ, नागपुर, 2005, पृष्ठ 28
32. वही, पृष्ठ 340
33. वही, पृष्ठ 6
34. सुरेंद्रनाथ बनर्जीः अ नेशन इन मेकिंग, ऑक्सफोर्ड यूनिवर्सिटी प्रेस, मद्रास, 1927, पृष्ठ 108
35. स्वामी श्रद्धानंदः इनसाइड कांग्रेस, फीनिक्स पब्लिकेशंस, बंबई, 1946, पृष्ठ 24-25
36. मोहनदास करमचंद गांधीः सत्य के प्रयोग अथवा आत्मकथा, सस्ता साहित्य मंडल प्रकाशन, नई दिल्ली-1, 2000, पृष्ठ 213-214
37. वही, पृष्ठ 224-226
38. वही, पृष्ठ 217-218
39. मन्मथनाथ गुप्तः भारतीय क्रांतिकारी आंदोलन का इतिहास, आत्माराम एंड संस, दिल्ली, 2011, पृष्ठ 27-28
40. वही, पृष्ठ 32
41. डी.आर. गोयलः राष्ट्रीय स्वयंसेवक संघ, राधाकृष्ण प्रकाशन, नई दिल्ली, 2000, पृष्ठः 36

42. बशाबी फ्रेजर: बंगाल पार्टिशन स्टोरीज, एंथम प्रेस, लंदन, 2008, पृष्ठ 8
43. अशोक मेहता और अच्युत पटवर्धन: द कम्युनल ट्रायंगल इन इंडिया, किताबिस्तान, इलाहाबाद, 1942, पृष्ठ 28
44. आर. सी. मजूमदार: द हिस्ट्री एंड कल्चर ऑफ द इंडियन पीपुल, खंड 11, भारतीय विद्या भवन, बंबई, 1969, पृष्ठ 54-55
45. अरविंद: भारत का पुनर्जन्म, अरविंद आश्रम, पुडुचेरी, 2003, पृष्ठ 16-17
46. हेनरी डब्ल्यू. नेविन्सन: द न्यू स्पिरिट इन इंडिया, हैपर एंड ब्रदर्स, लंदन, 1908, पृष्ठ 193
47. बी.एल. ग्रोवर: अ डॉक्यूमेंट्री स्टडी ऑफ ब्रिटिश पॉलिसी टुवर्ड्स इंडियन नेशनलिज्म, नेशनल पब्लिकेशंस, नई दिल्ली, 1967, पृष्ठ 250
48. वही, पृष्ठ 253-254
49. मन्मथनाथ गुप्त: भारतीय क्रांतिकारी आंदोलन का इतिहास, आत्माराम एंड संस, दिल्ली, 2011, पृष्ठ 35-36
50. फोर्स अखबार, 1919, दैनिक समाचार (1909-2009), 2009, पृष्ठ 42
51. कमलापति त्रिपाठी: बापू और भारत, सरस्वती मंदिर, बनारस, 1948, पृष्ठ 138
52. वही
53. शचींद्रनाथ सान्याल, बंदी जीवन, शहीद ग्रंथ माला, आत्माराम एंड संस, नई दिल्ली, 2012, पृष्ठ 37
54. वही, पृष्ठ 38
55. वही, पृष्ठ 47
56. वही, पृष्ठ 61
57. अमरेंद्र राय: बंग साहित्ये स्वदेश प्रेम ओ भाषा नीति, प्रथम संस्करण, पृष्ठ 7
58. विश्वनाथ मुखर्जी: वंदेमातरम् का इतिहास, हिंद पॉकेट बुक्स, गुड़गांव, 1979, पृष्ठ 27
59. हो.वे. शेषाद्रि: और देश बंट गया, सुरुचि प्रकाशन, नई दिल्ली, पृष्ठ 133
60. हिंदू पंच, बलिदान अंक, संपादक- कमलादत्त पांडेय, राष्ट्रीय पुस्तक न्यास, नई दिल्ली,1996, पृष्ठ 149
61. वही, पृष्ठ 149
62. वही, पृष्ठ 171
63. वही, पृष्ठ 178
64. चांद फांसी अंक, नवंबर, 1928, राधाकृष्ण प्रकाशन, नई दिल्ली, 1997, पृष्ठ 271

65. सत्यमः भगत सिंह और उनके साथियों के संपूर्ण दस्तावेज, राहुल फाउंडेशन, 2017, पृष्ठ 115

66. जयदेव कपूर से साक्षात्कार (1991) / गोपाल शर्माः मेरी मुलाकातें, प्रभात प्रकाशन, नई दिल्ली, 2025, पृष्ठ 243-252

67. हिंदू महासभा 1936-38, रॉयल कोर्ट फाइल, राष्ट्रीय अभिलेखागार, नई दिल्ली

68. शिशिरकुमार बोसः भूमिका, नेताजी संपूर्ण वांगमय, खंड 12, प्रकाशन विभाग, सूचना और प्रसारण मंत्रालय, भारत सरकार, 2011

69. नेताजी संपूर्ण वांगमय, खंड 12, प्रकाशन विभाग, सूचना और प्रसारण मंत्रालय, भारत सरकार, 2011, पृष्ठ 89

भाग : दो

स्वराज्य का संकल्प

राष्ट्र क्या है? हमारी मातृभूमि क्या है? वह एक भूमि का टुकड़ा ही तो नहीं है, न वाणी का एक अलंकार है और न मस्तिष्क की कल्पना की उड़ान मात्र है। वह एक महान शक्ति है, जिसका निर्माण उन करोड़ों अवयवों की शक्तियों को मिलाकर हुआ है, जो राष्ट्र का निर्माण करते हैं। वह शक्ति, जिसे हम भारत, भवानी, भारती कहकर पुकारते हैं।

– श्री अरविंद

भक्त वल्लभेश कुलोत्पन्न केशव

स्कंदपुरी... गोदावरी, वंजरा और हरिद्रा के पवित्र त्रिवेणी संगम पर भगवान राम के वन गमन मार्ग* से सटा ऐतिहासिक ग्राम स्कंद पुरी काल प्रवाह से कंदकुर्ती** बन गया। प्राचीन स्कंद मंदिर के अवशेष भी नहीं रहे। स्कंद से 'कंद' और कुडती (कन्नड़) से 'कुर्ती' यानी कंदकुर्ती। यह छठी शताब्दी से बारहवीं शताब्दी का चालुक्यकालीन नाम है। यह गांव आठ सौ वर्ष पहले भगवान स्कंद (कार्तिकेय) के भक्त वल्लभेश की परंपरा से निकले हेडगेवार वंश से जुड़ा हुआ है। गुरु चरित्र के दसवें अध्याय में स्कंदपुरी के 'हेगडे' कुल का उल्लेख मिलता है। यही शब्द अपभ्रंश से 'हेडगे' बना। तेलुगु में 'वार' का अर्थ 'वहां के' हैं... इस तरह हेडगेवार शब्द प्रचलन में आया। इसी वंश परंपरा में पैदा हुए केशव बलिराम हेडगेवार।[1]

हेडगेवार कुल शाकल*** शाखा से संबंधित था। ये ऋग्वेद के आश्वलायन सूत्र

---

*आनंद रामायण के अनुसार भगवान राम दंडकारण्य यात्रा के दौरान त्रिवेणी संगम पर आए और स्नान करके गए। कंदकुर्ती से होकर ही राम वन गमन मार्ग गुजरता है।

**कंदकुर्ती छोटा-सा गांव है, लेकिन पौराणिकता और प्राकृतिक सौंदर्य इसे विशिष्ट बनाता है। महाराष्ट्र के नासिक जिले में त्र्यंबकेश्वर के पास से निकली गोदावरी नदी पूर्व की ओर बहती हुई कंदकुर्ती से ही तेलंगाना में प्रवेश करती है। इसी स्थान पर गोदावरी, वंजरा और हरिद्रा की त्रिवेणी बनती है। प्राचीन ग्रंथों में इसे 'वंजरा संगम' कहा गया। इसी संगम के तट पर माता पार्वती का मंदिर है, जिसे स्कंद मंदिर कहा जाता है। श्रीराम के वनवास गमन के दौरान यहां आने का उल्लेख मिलता है। ब्रह्मपुराण में लिखा है:

वंजरासंगमम् नाम तीर्थम् त्रैलोक्यविश्रुतम्।
ऋषिभिः सेवितम् नित्यम् सिद्धे राजर्षिभिस्तथा।।

गरुड़ से ब्रह्मा कहते हैं: 'वंजरा संगम नामक तीर्थ तीनों लोक में प्रसिद्ध है। वहां सर्वदा ऋषि, सिद्ध और राजर्षि गण निवास करते हैं।' (ब्रह्मपुराण, अध्याय 159, श्लोक 1)

***आचार्य पतंजलि के अनुसार ऋग्वेद की 21 शाखाएं थीं; 'एकविंशतिधा बाह्वृच्यम्'। इन 21 शाखाओं में से 5 शाखाओं का नाम मिलता है - शाकल, बाष्कल, आश्वलायन, शांखायन और माण्डूकायन। ये पांच मुख्य शाखाएं मानी जाती हैं, लेकिन संप्रति शाकल शाखा ही पूर्णरूपेण उपलब्ध है। आज जो ऋग्वेद उपलब्ध है, वह शाकल संहिता ही है। इस शाखा के पदपाठकर्ता और विभाजनकर्ता शकल ऋषि थे, अतः उनके नाम से इस शाखा का नाम शाकल शाखा हो गया।

से संबंधित कश्यप गोत्र के देशस्थ ब्राह्मण* थे और पारंपरिक रूप से वेदों के अध्ययन तथा संप्रेषण से जुड़े हुए थे।[2] आश्वलायन गृहस्थसूत्र में श्राद्ध में वंदनीय आचार्यों का उल्लेख मिलता है।[3] इससे हेडगेवार परिवार कर्मकांडी बना। इस वंश का संबंध मोहम्मद तुगलक के आक्रमण, इंद्रनारायण स्वामी मंदिर** के ध्वंस और भगवान केशवराज की प्रतिमा के संरक्षण से जुड़ा हुआ है। 1323 में ध्वस्त किए गए ऐतिहासिक मंदिर की प्रतिमा बैलगाड़ी में छिपाकर कंदकुर्ती लाई गई थी और वर्तमान में हेडगेवार भवन के मंदिर में भारत माता तथा डॉ. हेडगेवार की प्रतिमा के मध्य विद्यमान है। प्राचीन विवरणों के अनुसार, मोहम्मद तुगलक के दक्षिण भारत पर आक्रमण के बाद पुनर्जागरण के दौर में विजयनगर साम्राज्य के संरक्षक की भूमिका में आद्य जगद्गुरु शंकराचार्य द्वारा स्थापित श्रृंगेरी पीठ के अधिपति विद्यारण्य स्वामी आए। उन्होंने ही विजयनगर*** साम्राज्य को विस्तृत और सुदृढ़ बनाने में महत्वपूर्ण भूमिका का निर्वाह किया। उस समय विजयनगर का नाम विद्यानगर पड़ा और वहां का शासन बुक्काराय ने संभाला, जिन्हें बुक्का महाराजा तथा बुक्का महिपति भी कहा जाता था। विद्यारण्य स्वामी उनके मार्गदर्शक बने रहे।[4] विद्यारण्य स्वामी ने ही हेडगेवार कुल के व्यक्ति को क्षेत्र का सभापति–धर्मरक्षक नियुक्त किया और 'हेडगे' पदवी दी।[5]

कंदकुर्ती में औरंगजेब की सैन्य चौकी बनाए जाने का उल्लेख मिलता है। इसी तरह, छत्रपति शिवाजी ने कंदकुर्ती होकर मुगलों से मुकाबला किया तो वहां 25 हजार सैनिकों के साथ दो दिन पड़ाव डाला था।

डॉ. हेडगेवार के पैतृक निवास के पड़ोस में रहने वाले श्रीधर महाराज के नवें वंशज आनंद महाराज ने जानकारी दी, 'श्रीधर महाराज की बहिन का विवाह हेडगेवार परिवार में हुआ। वे हमारे कुलगुरु भी थे। मुधोजी भोंसले द्वितीय (अप्पा साहब) के आमंत्रण पर श्रीधर महाराज के साथ ही नरहर शास्त्री हेडगेवार नागपुर गए थे। श्रीधर महाराज

*देशस्थ ब्राह्मण मुख्य रूप से महाराष्ट्र, कर्नाटक और आंध्रप्रदेश में निवास करने वाली उपजाति है। इनका ज्ञात इतिहास लगभग एक हजार वर्ष पुराना है। विशेष रूप से विजयनगर और मराठा साम्राज्य में ये विभिन्न क्षेत्रों में अत्यंत प्रभावशाली रहे। संस्कृत के प्रकांड विद्वान भवभूति, समर्थ गुरु रामदास, तांत्या टोपे इस परंपरा का प्रतिनिधित्व करते हैं।

**10वीं शताब्दी में राष्ट्रकूट शासक इंद्र तृतीय ने बोधन में मंदिर की स्थापना की। बाद में कल्याणी चालुक्य शासक सोमेश्वर के काल में मंदिर का पुनर्निर्माण हुआ और इसे इंद्रनारायण स्वामी मंदिर नाम दिया गया। (धरोहर विभाग, तेलंगाना की वेबसाइट) बोधन में 1056 में कन्नड़ भाषा में लिखा गया शिलालेख मिला है, जिसमें इंद्रनारायण मंदिर में भगवान विष्णु (केशवराज) की प्रतिमा की स्थापना और गरुड़ स्तंभ का निर्माण करवाए जाने का उल्लेख है। (इंडियन आर्कियोलॉजी 1961-62, संपादक-ए. घोष, भारतीय पुरातत्व सर्वेक्षण, नई दिल्ली, 1964, पृष्ठ 80) इस मंदिर में 100 स्तंभ थे; तुगलक द्वारा मस्जिद में बदल दिए जाने के बाद भी स्थानीय लोग इसे तेलुगु में 'वंडा स्तंभला गुड़ी' (सौ स्तंभों वाला मंदिर) ही कहते रहे। (रिचर्ड एम. ईटन: सुल्तांस ऑफ द साउथ, संपादक-नजात हैदर और मारिका सरदार, द मेट्रोपॉलिटन म्यूजियम ऑफ आर्ट, न्यूयॉर्क, 2011, पृष्ठ 180)

***1117 से 1156 तक किष्किंधा राज्य (वर्तमान कर्नाटक) पर राजा विजयध्वज का शासन रहा। उन्होंने मुस्लिम आक्रमणों से सुरक्षा के लिए नई राजधानी बनाई और विजयनगर नाम दिया। उनकी पारंपरिक राजधानी (अनेगुंडी) तुंगभद्रा नदी के किनारे स्थित थी; विजयनगर को नदी के दूसरी तरफ बसाया गया। विजयध्वज की पांचवीं पीढ़ी में राजा जंबूकेश्वर हुए। 37 वर्ष शासन करने के बाद 1334 में उनका देहांत हुआ। उनकी कोई संतान नहीं थी। उस समय तक मुस्लिम आक्रमणों की श्रृंखला से साम्राज्य काफी कमजोर हो गया था। (बी. सूर्यनारायण राव: अ हिस्ट्री ऑफ विजयनगर, खंड-1, एशियन एजुकेशनल सर्विसेज, मद्रास, 1905, पृष्ठ 11-12)

वापस कंदकुर्ती आ गए और नरहर शास्त्री नागपुर रह गए। मैंने अपने पूर्वजों से सुना है कि कंदकुर्ती अग्निहोत्री ब्राह्मणों का गांव था और स्थान-स्थान पर यज्ञ की ज्वाला प्रज्ज्वलित होती रहती थी।' कंदकुर्ती के इतिहास की विशेष जानकारी रखने वाले यादवराव कंदकुर्तीकर के संकलन के अनुसार, 'फरवरी, 1817 की आखिर में नरहर शास्त्री नागपुर गए थे और 1 मार्च से 11 मार्च तक सक्करदरा में आयोजित भागवत सप्ताह में श्रीधर महाराज के साथ शामिल हुए। राजा मुधोजी भोंसले ने इनको हाथी पर बैठाकर बैंड-बाजे के साथ शोभायात्रा निकाली।'

नरहर शास्त्री हेडगेवार के दो पुत्र महादेव और श्रीधर हुए। महादेव हेडगेवार के दो पुत्र बलिराम और रामचंद्र थे। बलिराम की छह संतानें माधव, राजू, शरयू, सीताराम, केशव और रंगू हुए। इन तीन पुत्रों और तीन पुत्रियों में केशव पांचवीं संतान थे। उनका नाम इंद्रनारायण स्वामी मंदिर के भगवान केशवराज के ऊपर रखा गया; जो इस वंश के लिए पूजनीय थे।[6] इनकी प्रतिमूर्ति नागपुर स्थित निवास* पर भी स्थापित की गई, जिनकी नियमित पूजा होती थी।

केशव की मां का नाम यमुना बाई (रेवती बाई) था। वे नृसिंह बुर्रावार (बापूजी) और गोदावरी देवी की पुत्री थीं। उनका वंश गोदावरी के किनारे मंथनी गांव से जुड़ा हुआ था, वे भी तेलूगु भाषी वैदिक पंडित थे। उनका परिवार भी दो पीढ़ी पहले नागपुर के कामठी में आकर बसा था। 8-9 वर्ष की उम्र में केशव के सारे शरीर पर चेचक के दाने निकल आए। माता-पिता की देखभाल के कारण वे बच तो गए, लेकिन चेहरे पर चेचक की निशानी रह गई। उस दौरान प्लेग का दौर भी चल रहा था। जब केशव 13 वर्ष के थे, पिता बलिराम प्लेग के शिकार हो गए; उनके साथ ही माता यमुना बाई भी बीमार हो गईं। वैद्यकीय चिकित्सा और सुश्रुषा के बाद भी दोनों का एक ही दिन 4 फरवरी, 1903 (माघ बदी चतुर्थी-पंचमी संयुक्त) को देहावसान हो गया। एक ही अरथी पर दोनों को श्मशान ले गए और एक ही चिता पर उनका दाह संस्कार हुआ।[7] माता-पिता विहीन 6 भाई-बहनों का परिवार संघर्षपूर्ण स्थिति में आ गया। जब केशव पढ़ रहे थे तो उनके बड़े भाई महादेव का भी प्लेग से देहांत हो गया।

---

*नागपुर की जोग गली में लकड़ी, मिट्टी और गोबर की महत्ता से बना डॉ. हेडगेवार का निवास स्थान विशेष योजना से बना हुआ था। काफी बड़ा नहीं होने के बावजूद यह घर व्यवस्थित और वास्तु केंद्रित है। इसमें घुसते ही बाएं हाथ पर केशवराज का पूजा घर है। चार ऐसे स्थान हैं, जहां बैठकें की जा सकें। एक स्थान खिड़की से खुलता है; जिसका बाहर से पता चलना मुश्किल है। इन कक्षों में क्रांतिकारियों और स्वयंसेवकों की बैठकें हुआ करती थीं और राष्ट्र निर्माण के संकल्प क्रियान्वित होते थे। द्वारों की ऊंचाई इतनी कम है कि झुकने पर ही प्रवेश किया जा सकता है। इसी घर के गोबर की लिपाई वाले कक्ष में केशव का जन्म हुआ। इसी भवन में राष्ट्रीय स्वयंसेवक संघ की स्थापना हुई।

संदर्भ सूची

1. यादवराव कंदकुर्तीकर: तीर्थस्थान कंदकुर्ती, श्रीनाथ प्रिंट्स, नई दिल्ली, 2021, पृष्ठ 7
2. एच.वी. शेषाद्रि: डॉ. हेडगेवार–द इपॉक मेकर अ बायोग्राफी, साहित्य सिंधु प्रकाशन, अहमदाबाद, 1981, पृष्ठ 2
3. वासुदेव शरण अग्रवाल: भारत सावित्री, सस्ता साहित्य मंडल, नई दिल्ली, 2011, पृष्ठ 35
4. बी. सूर्यनारायण राव: अ हिस्ट्री ऑफ विजयनगर, खंड–1, एशियन एजुकेशनल सर्विसेज, मद्रास, 1905, पृष्ठ 12
5. यादवराव कंदकुर्तीकर: तीर्थस्थान कंदकुर्ती, श्रीनाथ प्रिंट्स, नई दिल्ली, 2021, पृष्ठ 16
6. वही
7. ना.ह. पालकर: डॉ. हेडगेवार चरित, लोकहित प्रकाशन, लखनऊ, 2020, पृष्ठ 29–30

रामपायली में बम विस्फोट

वह देशभक्ति की उमड़ती-घुमड़ती भावनाओं का दौर था। ब्रिटिश राज की दमनकारी नीतियों का मुखर विरोध करने वाले बाल गंगाधर तिलक* देश के स्वातंत्र्य प्रेमी युवाओं के प्रेरणास्रोत बन चुके थे। वह नाम, जिसे लेते ही हृदय में तूफान उठता था, नौजवानों की भुजाएं फड़कने लगती थीं और लहू गर्म हो उठता था। तिलक ने ही पहली बार स्वर दिया, 'स्वराज हा माझा जन्मसिद्ध हक्क आहे, आणि मी तो मिळवणारच।' *(स्वराज्य मेरा जन्मसिद्ध अधिकार है और मैं इसे लेकर रहूंगा)* वे भारतीय संस्कृति के सर्वोत्तम गुणों के प्रतीक थे। उन्होंने देश के स्वतंत्रता संग्राम के दौरान दुर्लभ साहस और संकल्प का परिचय दिया। उनकी आक्रामक शैली से कांग्रेस में नरम दल-गरम दल के विभाजन की जमीन तैयार हो रही थी।

तिलक को उनके समाचार-पत्र 'केसरी' में ब्रिटिश विरोधी लेख लिखने के कारण 1897 में राजद्रोह के मुकदमे में 18 महीने का कारावास दिया गया था, लेकिन इस सजा का उनके अदम्य साहस पर कोई असर नहीं पड़ा। सजा काटने के बाद भी वे निर्भय होकर 'केसरी' में पहले की तरह लिखते रहे। लेखनी के जरिए तिलक ने न सिर्फ क्रांतिकारियों का वैचारिक समर्थन किया, बल्कि गुप्त तरीकों से उनकी मदद भी करते थे। कई बार क्रांतिकारियों की उन्होंने रक्षा भी की। गणेशोत्सव और शिवाजी जन्मदिवस समारोह के माध्यम से उन्होंने जनसाधारण को स्वाभिमान तथा स्वराज्य का संदेश दिया।

ये तिलक ही थे, जो ब्रिटिश विरोधी विचारों के कारण जेल काटकर लौटने के बाद फिर से उसी निर्भीक स्वर में लिखते:

---

*बाल गंगाधर तिलक का मूल नाम केशव था। बाल घरेलू नाम था, लेकिन वही आगे चलकर उनकी पहचान बन गया।

> ‘अंग्रेज सिर्फ सत्ता पाकर संतुष्ट नहीं हैं। वे इस देश के व्यापार और उद्योग पर भी बलपूर्वक तथा अनैतिक तरीके से कब्जा करना चाहते हैं ताकि उन्हें बर्बाद कर सकें। ...स्वराज्य समाप्त हो चुका है, व्यापार नष्ट कर दिया गया है, उद्योग चौपट हो गए हैं, प्रतिष्ठा खो चुकी है, संपदा हाथ से निकल गई है, योग्यता दिखाई नहीं देती और साहस विफल हो चुका है। न तो नई पद्धति के अनुरूप शिक्षा है, न अधिकार, न सम्मान, न समृद्धि, न संतुष्टि... सिर्फ दरिद्रता, दुष्काल और द्रव्यशोषण का हिंसक चक्र। जैसे ही कोई व्यक्ति अपनी क्षमता के अनुसार देश का मस्तक ऊंचा करने का प्रयास करता है, ब्रिटिश राज का दमन चक्र मस्तक को चोटिल कर देता है।’[1]

इस वातावरण का केशव पर प्रभाव शुरू हुआ। ब्रिटिश राज में भारतीयों पर किए जाने वाले अत्याचारों को बालक केशव ने महसूस किया और उनके मन में विद्रोह की भावना सुलगने लगी। छोटी उम्र से ही वे ‘केसरी’ नियमित रूप से पढ़ने लगे और अपने सहपाठियों को भी पढ़कर सुनाते। उनके बाल्य जीवन की विभिन्न घटनाओं में उनके ब्रिटिश विरोधी स्वरूप की झलक मिलती है। 20 जून, 1897 को ब्रिटेन की महारानी विक्टोरिया के राज्यारोहण का हीरक महोत्सव मनाया गया तो स्कूलों में मिठाई बांटी गई। केशव ने वह मिठाई स्कूल के बाहर निकलते ही कचरे में फेंक दी। मित्रों ने कारण पूछा तो बोले, ‘वह कोई अपनी रानी नहीं है।’ आगे चलकर 22 जनवरी, 1901 को एडवर्ड सप्तम के सम्राट बनने पर नागपुर शहर में भव्य आतिशबाजी की गई तो भी केशव ने देखने जाने से मना कर दिया। कारण पूछे जाने पर जवाब वही था, ‘वह कोई अपना राजा नहीं है।’[2]

सीताबर्डी किले से स्वराज्य का संकल्प

केशव स्कूल की छुट्टियों में अक्सर अपने चचेरे चाचा मोरेश्वर श्रीधर हेडगेवार (आबाजी) के पास चले जाते थे, जो रामपायली नगर में रेवेन्यू इंस्पेक्टर थे। आबाजी भी उनसे बहुत स्नेह रखते थे। उसी दौरान केशव का क्रांतिकारी स्वरूप आकार लेने लगा। लगभग 16 वर्ष की उम्र में उन्होंने अपने कुछ मित्रों के साथ सीताबर्डी के ऐतिहासिक दुर्ग से यूनियन जैक उतारकर दुर्ग पर कब्जा करने की योजना बनाई। उनका सोचना था, ‘छत्रपति शिवाजी ने भी तो 16 वर्ष की आयु में तोरण का गढ़ प्राप्त करके स्वराज्य का श्रीगणेश किया था। यह किला अगर किसी तरह हमारा हो जाए तो फिर स्वतंत्रता प्राप्त होने में क्या देर लगेगी?’ लेकिन छात्रों की टोली अंग्रेजों से सीधी लड़ाई

नहीं कर सकती थी। केशव के मन में विचार आया कि कोई भूमिगत सुरंग बनाई जाए, तभी अंदर पहुंचकर किले को गोला-बारूद से उड़ाया जा सकेगा। इसके बाद उन्होंने अपने घर से किले तक सुरंग खोदना प्रारंभ किया। लेकिन यह बात घर वालों को पता चल गई और घर खोदने के लिए केशव को डांट खानी पड़ी।[3]

1905 में बंगाल विभाजन के बाद डॉ. बालकृष्ण शिवराम मुंजे ने 'विद्यार्थी समाज' नामक संगठन की स्थापना की। भवानीशंकर नियोगी को इसका अध्यक्ष बनाया गया। उस दौरान संगठन से स्कूली छात्रों को जोड़ने की जिम्मेदारी केशव को दी गई। स्वदेशी विचारधारा एवं उद्योग बढ़ाने के लिए बनाए गए 'तिलक पैसा फंड' के लिए भी केशव ने बढ़-चढ़कर धन संग्रह किया। नागपुर में स्वदेशी वस्तुओं के संवर्धन के लिए 'आर्यबांधव वीथिका' की स्थापना की गई, इसके संस्थापकों में क्रांतिकारी पी.एस. खानखोजे थे। छात्रों में राष्ट्रीयता की भावना जाग्रत करने और उनमें क्रांतिकारी गुण विकसित करने के लिए नागपुर में 'देशबंधु समाज' की स्थापना की गई। उस समय केशव 16 साल के थे। इस संगठन की दो शाखाएं थीं, एक गोपनीय और दूसरी सबके लिए खुली थी। खानखोजे और केशव गोपनीय शाखा के नेता थे। वहीं, मोरोपंत अभ्यंकर, जमनालाल बजाज और भवानीशंकर नियोगी खुली शाखा के सदस्य बने। गोपनीय शाखा को 'समर्थ शिवाजी समाज' के नाम से भी जाना जाता था। इसका मुख्य कार्य शस्त्र इकट्ठे करना और प्रांत के विभिन्न भागों में फैले क्रांतिकारी विचारों वाले नौजवानों में समन्वय स्थापित करना था। सदस्यों को मराठी में प्रतिज्ञा दिलवाई जाती थी, 'करितो सन्मित्र को निश्चये, आपल्या पुढ़े या पणा। अर्पणी देहास देशकार्यों मी जे रुचे आपणा।' *(मेरे मित्र! मैं आपको साक्षी मानकर यह प्रतिज्ञा करता हूं कि मेरा शरीर और मेरी आत्मा प्रिय मातृभूमि की सेवा में अर्पित है।)*[4]

1907 में रामपायली के विजयादशमी उत्सव में हुई घटना केशव के क्रांतिकारी जीवन को और भी स्पष्ट करती है। वहां उपस्थित विशाल जनसमुदाय को 'रावण वध' का वास्तविक अर्थ समझाते हुए उन्होंने ब्रिटिश राज के विरुद्ध जनभावनाएं उभारने का एक सफल प्रयास किया। गांव में निकलने वाली शोभायात्रा में केशव और उनके दो मित्रों ने इस अवसर का उपयोग स्वदेशी का प्रचार करने के लिए किया। जब यह यात्रा गांव के बाहर पहुंची तो तीनों मित्रों ने एक साथ 'वंदे मातरम्' का नारा लगाया। पहले से तय योजना के अनुसार अलग-अलग स्थानों पर खड़े युवकों ने 'वंदे मातरम्-वंदे मातरम्' कहना शुरू कर दिया। इसके बाद उन्होंने वंदे मातरम् गीत गाया। गीत की समाप्ति के बाद केशव का प्रभावशाली भाषण हुआ और उन्होंने विदेशी शासन को उखाड़ फेंकने के लिए प्रत्येक भारतीय को अंग्रेजों के विरुद्ध खड़े होने की आवश्यकता पर जोर दिया।[5]

केशव के भाषण में देशभक्ति का ऐसा स्वरूप प्रकट हुआ, जो श्रोताओं के मन को छू गया। यह भाषण पूरे क्षेत्र में चर्चा का विषय बन गया। इसी क्रम में केशव ने रामपायली में बम बनाया और रात को पुलिस चौकी के पास जाकर फेंका। इससे जबर्दस्त विस्फोट हुआ। इस घटना ने ब्रिटिश राज के सरकारी गुप्तचरों के कान खड़े कर दिए और तभी से वे केशव के पीछे घूमने लगे।[6] इन सबका नुकसान आबाजी को भी उठाना पड़ा। रामपायली से उनका तबादला कर दिया गया। आबाजी का मानना था कि यह तबादला नहीं, बल्कि राष्ट्रवादी विचारों की प्रखरता के कारण दी गई एक सजा है। उन्होंने इस सजा को स्वीकार नहीं किया और नौकरी से त्यागपत्र दे दिया। उन्होंने स्वदेशी वस्तुओं के व्यापार के लिए दुकान खोलनी चाही, लेकिन कोई उन्हें दुकान के लिए जगह देने को तैयार नहीं हुआ। जिन्होंने वादे किए, वे भी बाद में पलट गए। लोगों ने यह चर्चा शुरू कर दी कि भतीजे के किए की सजा चाचा को भुगतनी पड़ी।[7]

उसी दौरान 'रिस्ले परिपत्र' के अंतर्गत ब्रिटिश राज ने विद्यार्थियों के आंदोलनों में शामिल होने पर प्रतिबंध लगा दिया। इसकी देश भर में तीव्र प्रतिक्रिया हुई। मैट्रिक की पढ़ाई कर रहे केशव भी इसमें सक्रिय हुए। उन्होंने स्कूल में आने वाले निरीक्षक के सामने विरोध प्रदर्शन की योजना बनाई। जैसे ही निरीक्षक ने प्रधानाध्यापक के साथ कक्षा में प्रवेश किया, सभी विद्यार्थी वंदे मातरम का उद्घोष करने लगे। जब यह योजना बनाने वाले के बारे में पड़ताल शुरू हुई तो केशव के साथियों ने अपने नेता का नाम बनाने से इनकार कर दिया। अंततः स्कूल ने सभी विद्यार्थियों के प्रवेश पर प्रतिबंध लगा दिया गया। इसके बाद केशव और उनके साथियों ने डॉ. मुंजे तथा 'नागपुर के तिलक' के रूप में प्रसिद्ध 'देशसेवक' समाचार पत्र के संपादक अच्युत बलवंत कोल्हटकर से संपर्क किया। यह तय हुआ कि जब तक बिना शर्त प्रवेश की अनुमति नहीं मिलती है, तब तक स्कूल का बहिष्कार किया जाए। लगभग दो महीने चले बहिष्कार के बाद अधिकतर विद्यार्थियों ने अपनी भूल स्वीकार करके समर्पण कर दिया, उन्हें स्कूल आने की अनुमति मिल गई। केवल दो विद्यार्थी बाहर रह गए; इनमें से एक केशव थे।[8]

ब्रिटिश गुप्तचरों की नजरों से बचने के लिए केशव ठिकाने बदलते रहे। इस दौरान वे कुछ समय तक डॉ. मुंजे के पास भी रहे। यही वह कालखंड था, जब उनका क्षेत्र के प्रमुख व्यक्तियों से संपर्क शुरू हुआ। डॉ. मुंजे के माध्यम से उनकी मुलाकात यवतमाल के प्रसिद्ध नेता माधव श्रीहरि अणे (बापूजी) से हुई। उसी दौरान वे डॉ. नरहरि शिवराम परांजपे (बाबासाहब) के संपर्क में आए, जिनके प्रयत्नों से यवतमाल में 'विद्यागृह' नाम से एक राष्ट्रीय विद्यालय चल रहा था। वहां के विद्यार्थियों को पदवी प्रदान करने वाली राष्ट्रीय विद्यापीठ के संयोजक दल में अरविंद घोष, रासबिहारी घोष,

सुरेंद्रनाथ बनर्जी आदि नेता थे। 1909 के प्रारंभ में केशव ने विद्यागृह में प्रवेश लिया। मैट्रिक की परीक्षा में उत्तीर्ण होने के बाद डॉ. मुंजे उन्हें आगे की शिक्षा के लिए कलकत्ता भेजने का विचार कर रहे थे। केशव की मैट्रिक तक पढ़ाई जिस राष्ट्रीय विद्यापीठ के अंतर्गत हुई, उसकी स्थापना सरकारी और अर्ध सरकारी शिक्षण संस्थानों से निष्कासित किए गए छात्रों के लिए की गई थी। विद्यापीठ से निकलने वाले छात्रों को सरकारी मेडिकल कॉलेजों में प्रवेश नहीं मिलता था। इसलिए डॉ. एस.के. मलिक और कासिम बाजार रियासत के महाराजा मणींद्रचंद्र नंदी ने कलकत्ता में 'नेशनल मेडिकल कॉलेज ऑफ इंडिया' की स्थापना की थी।[9]

केशव को कलकत्ता भेजे जाने का विचार उनके क्रांतिकारी सहयोगियों को भी पसंद आया। ये लोग भी पुलिनबिहारी दास के क्रांतिकारी संगठन 'अनुशीलन समिति' से जुड़े हुए थे। ऐसे में इनका मानना था कि यदि केशव कलकत्ता आएंगे तो उनका संबंध और भी ज्यादा प्रगाढ़ होगा। दाजीसाहब बुटी से कुछ आर्थिक मदद दिलवाकर केशव को कलकत्ता भेजा गया।[10] उन्होंने 1910 में नेशनल मेडिकल कॉलेज में प्रवेश लिया।[11] कलकत्ता से उनके क्रांतिकारी जीवन का महत्वपूर्ण अध्याय शुरू हुआ।

संदर्भ सूची

1. बाल गंगाधर तिलकः मराठा, 9 जून, 1908
2. डॉ. वि.रा. करंदीकरः तीन सरसंघचालक, स्नेहल प्रकाशन, पुणे, 2001, पृष्ठ 46
3. आबाजी हेडगेवारः डॉ. हेडगेवार प्रेरक जीवन प्रसंग, लोकहित प्रकाशन, लखनऊ, 1988, पृष्ठ 51-52
4. हरीशदत्त शर्माः डॉ. हेडगेवार, डायमंड बुक्स, नई दिल्ली, 2005, पृष्ठ 17
5. डॉ. वि.रा. करंदीकरः तीन सरसंघचालक, स्नेहल प्रकाशन, पुणे, 2001, पृष्ठ 49-50
6. भैयाजी दाणीः डॉ. हेडगेवार प्रेरक जीवन प्रसंग, लोकहित प्रकाशन, लखनऊ, 1988, पृष्ठ 74
7. डॉ. वि.रा. करंदीकरः तीन सरसंघचालक, स्नेहल प्रकाशन, पुणे, 2001, पृष्ठ 51
8. ना.ह. पालकरः डॉ. हेडगेवार चरित, लोकहित प्रकाशन, लखनऊ, 2020, पृष्ठ 41
9. डॉ. अमूल्य रत्न घोषः मॉडर्न रिव्यू, मार्च 1941
10. ना.ह. पालकरः डॉ. हेडगेवार चरित, लोकहित प्रकाशन, लखनऊ, 2020, पृष्ठ 49
11. डॉ. अमूल्य रत्न घोषः मॉडर्न रिव्यू, मार्च 1941

अनुशीलन समिति के दिन

केशव शिक्षा के लिए कलकत्ता पहुंचे। वह भारत में क्रांतिकारी आंदोलन के दृष्टिकोण से महत्वपूर्ण दौर था। बीसवीं शताब्दी के उदय के साथ ब्रिटिश राजशाही के लिए चुनौतियां बढ़ती गईं। महारानी विक्टोरिया के निधन, दक्षिण अफ्रीका में बोअर युद्ध और भारत में दयानंद सरस्वती तथा स्वामी विवेकानंद के नेतृत्व में जोर पकड़ रहे राष्ट्रवादी आंदोलन ने ब्रिटिश साम्राज्य की नींव पर गहरी चोट की। इन परिस्थितियों को देशभक्तों के एक वर्ग ने अवसर के रूप में देखा, जो भारत को सशस्त्र क्रांति के माध्यम से स्वतंत्र करवाने में विश्वास रखता था। बंगाल इन गतितिविधियों का प्रमुख केंद्र बना। उसी दौरान अनुशीलन समिति* की स्थापना हुई, जिसके अंतर्गत क्रांतिकारी एकजुट होने लगे। बंकिमचंद्र चटर्जी और स्वामी विवेकानंद के विचारों से प्रेरित तथा प्रमथनाथ मित्र, अरविंद घोष, चितरंजन दास, पुलिनबिहारी दास जैसे राष्ट्रवादी व्यक्तित्वों द्वारा संचालित यह समिति ब्रिटिश राज के लिए चुनौती बनती गई। 1905 में बंगाल के विभाजन के बाद क्रांति को दबाने और विभिन्न वर्गों को अलग-थलग करने की कोशिशों के बीच क्रांतिकारी गतिविधियां और उग्र रूप लेती गईं। उस दौर में देश के विभिन्न हिस्सों से भी नवयुवक बंगाल पहुंचे और पढ़ाई के साथ-साथ क्रांतिकारी गतिविधियों से जुड़े। नेशनल मेडिकल कॉलेज के छात्र के रूप में केशव का भी अनुशीलन समिति से प्रत्यक्ष संबंध स्थापित हुआ। समिति के नेता क्रांतिकारी त्रैलोक्यनाथ चक्रवर्ती ने अपने संस्मरण में लिखा, 'केशव हेडगेवार अनुशीलन समिति

*1901 के आसपास कलकत्ता के ठाकुर भवन में अनुशीलन समिति का गठन हुआ था। उसके सभापति बैरिस्टर प्रमथनाथ मित्र थे। अरविंद घोष और चितरंजन दास उपसभापति, सुरेंद्रनाथ ठाकुर कोषाध्यक्ष तथा व्यायामशाला के अध्यक्ष यतींद्रनाथ बनर्जी हुए। 1902 की वसंत पूर्णिमा के दिन इसका नाम अनुशीलन समिति पड़ा। मित्र ने बंकिमचंद्र चटर्जी के अनुशीलन नामक लेख से यह नाम लिया था। (विश्वनाथ मुखर्जी: वंदेमातरम् का इतिहास, हिंद पॉकेट बुक्स, गुड़गांव, 1979, पृष्ठ 90) अनुशीलन समिति का ध्येय वाक्य था, 'जननी जन्मभूमिश्च स्वर्गादपि गरीयसी' (माता और मातृभूमि का स्थान स्वर्ग से भी ऊपर है); यह लंका विजय के बाद भगवान राम द्वारा लक्ष्मण को कहे गए वाक्य पर आधारित है।

के सदस्य थे। 1910 में जब वे कॉलेज में पढ़ा करते थे तो कई छात्रों के साथ क्रांति दल में शामिल हुए थे।'[1] क्रांतिकारी के रूप में उनका गुप्त नाम 'कोकीन' था।

अनुशीलन समिति के नेता सोचते थे कि केवल इच्छा रखने और घर में बैठे रहने से ही देश में क्रांति नहीं आएगी। उनका मानना था कि कोरी कल्पना के बजाए इसके लिए उपयुक्त वातावरण की आवश्यकता है। समिति की कार्य पद्धति विस्तृत थी। क्रांति की अलख जगाकर अनुशीलन कार्यकर्ताओं ने दल गठित किए। फिर वे अपनी समितियों में देशवासियों को जोड़ने में लग गए।[2] समिति में दो प्रकार के सदस्य थे। इनमें से कुछ सदस्यों ने परिवार तक छोड़ रखा था; वहीं, कई सदस्य गृहस्थ जीवनयापन करते हुए पूर्ण सहयोग दे रहे थे।

उस समय समिति का सदस्य बनने से पहले कई दिनों तक अस्थाई सदस्य बनना पड़ता था। जिन लोगों को दल में शामिल करना होता था, उनकी सेहत और चरित्र पर सतत निगरानी रखी जाती थी। उपदेशों और विभिन्न पुस्तकों के जरिए उनके मन पर प्रभाव डाला जाता था। समय-समय पर उनकी परीक्षा भी ली जाती थी। नए सदस्यों को कम से कम छह माह तक शिक्षाधीन रहना पड़ता था। जब वे दल में शामिल होने लायक बन जाते तो उनसे आद्य प्रतिज्ञा करवाई जाती। इसके बाद भी दल का पूर्ण और पक्का सदस्य बनने के लिए उन्हें अंत्य प्रतिज्ञा करनी पड़ती थी। घर-परिवार छोड़ने वाले सभी सदस्य अंत्य प्रतिज्ञा के अधिकारी माने जाते थे।[3]

केशव कलकत्ता पहुंचे, उस समय प्रमथनाथ मित्र के बाद अनुशीलन समिति का नेतृत्व पुलिनबिहारी दास कर रहे थे। उन्होंने छात्रों को तलवारबाजी, लाठी भांजना, अस्त्र-प्रहार जैसे खेलों और ड्रिल की शिक्षा देने का प्रचलन आरंभ किया। देश की स्वाधीनता के लिए जिन लोगों में प्राण त्यागने का संकल्प हो, जो विवाह और सांसारिक लोभ से दूर रहकर समिति के लिए कार्यरत रहें, ऐसे लोगों को जगह दी जाती और अनुशीलन के आदर्श के अनुसार प्रशिक्षित किया जाता।

सदस्यों को देवी मंदिर में ले जाकर दीक्षा दी जाती थी। पहले दिन एक समय भोजन करके संयमी होने पर दूसरे दिन प्रातः स्नान के बाद वे दीक्षा ग्रहण करते। देवी के सम्मुख धूप-दीप, नैवेद्य रखकर वैदिक मंत्र का पाठ कर यज्ञ किया जाता। उसके बाद प्रत्यालीढ़ आसन (बाएं घुटने को समेटकर शिकारोन्मुख सिंह की मुद्रा) में मस्तक पर तलवार रखकर दक्षिण की ओर दंडायमान होते। फिर वे यज्ञाग्नि के सम्मुख दोनों हाथों में प्रतिज्ञा पत्र लेकर प्रतिज्ञा करते। त्रैलोक्यनाथ ने इस संपूर्ण विधि का पालन करते हुए पुलिनबिहारी दास से दीक्षा ली थी।[4]

केशव कलकत्ता आकर नलिनीकिशोर गुहा से मिले। उनकी दीक्षा के दौरान प्रतिज्ञा का यह स्वरूप शामिल था:

'मैं समिति से कभी अलग नहीं होऊंगा। चरित्र निर्मल और पवित्र रखूंगा। जब तक देश मुक्त नहीं होगा, भोग-विलास से अपने को दूर रखूंगा। देश के लिए सब प्रकार का त्याग करने को प्रस्तुत रहूंगा। देवता के सम्मुख प्रतिज्ञा करता हूं कि कभी भी विश्वासघात नहीं करूंगा। त्याग करने में कभी पीछे नहीं रहूंगा। घृणा, लज्जा, भय त्यागकर समिति के कल्याण के लिए कार्य करूंगा।'[5]

अरविंद-रासबिहारी बोस से संपर्क

नलिनीकिशोर भी केशव के साथ नेशनल मेडिकल कॉलेज में पढ़ते थे। छात्रों को समिति से जोड़ने में उनकी महत्वपूर्ण भूमिका थी। कुछ समय तक निर्वासन में रहने के बाद 1910 के प्रारंभ में वे अन्य नेताओं के साथ कलकत्ता लौट आए। इसी बीच गुप्त रूप से पूर्वी बंगाल में समितियां बनने लगीं। हर कार्य की जानकारी और निगरानी रखी जाने लगी। बंदूक, पिस्तौल और कारतूस को तय जगह पर रखने की व्यवस्था की जाने लगी। अभी तक जो अलग-थलग हो गए थे, वे फिर से एकजुट होने लगे। दूसरी तरफ, पुलिस के कहने पर सरकार साजिश का मामला चलाकर समिति की शक्ति को समाप्त करना चाहती थी। पुलिस जिस साजिश के तहत मामला चलाने की कोशिशों में जुटी हुई थी, वह सार्वजनिक हो गई। पता चला कि अनुशीलन समिति के प्रमुख को गिरफ्तार किया जाएगा। तब कई लोगों ने नलिनीकिशोर को भूमिगत हो जाने की सलाह दी, जिसे उन्होंने अस्वीकार कर दिया।[6] इसके बाद नलिनीकिशोर से केशव का लगातार संपर्क बना रहा। यह दो क्रांतिकारियों के बीच आत्मीय संबंध से जुड़ा था, लेकिन उद्देश्य देश के लिए जान की बाजी लगाना था। इस दौरान ऐसे क्रांतिकारी कार्य किए गए, जिनकी सजा फांसी से लेकर आजीवन कारावास तक हो सकती थी।

नलिनीकिशोर ने डॉ. हेडगेवार से जुड़े महत्वपूर्ण संस्मरण बताए हैं:

1. मेरी स्मृति में आज भी केशवराव हेडगेवार की बातें गूंजती हैं। मैं अपने उन विप्लवी मित्र को अंतरंग घनिष्ठतावश 'केशव' कहकर पुकारा करता था। वे मेरे माध्यम से अनुशीलन समिति से जुड़े थे। मैं उस समय कलकत्ता के मेस में पढ़ाई कर रहा था। जो लोग आगे चलकर विप्लवी के रूप में विख्यात हुए, वे भी यहां आते रहते थे। उनमें स्वभावगत ऐसी कई विशेषताएं थीं, जिनसे काफी कुछ प्रेरणा ली जा सकती थी। ऐसे में विप्लववादियों में धर्म, ध्यान, ब्रह्मचर्य पालन, कर्तव्यनिष्ठा जैसे कई गुण मौजूद थे। इनका व्यवहार सौम्य और आहार-विहार संयमित थे।

2. आमतौर पर मेस में आने वाले प्रत्येक विप्लववादी में ऐसे ही सात्विक गुण विद्यमान रहते थे। कलकत्ता के बऊ बाजार स्ट्रीट के मराठा लॉज में और बाद में कन्हाईलाल धर लेन मराठी छात्रावास तथा मेडिकल कॉलेज में जो मराठी विद्यार्थी थे, उनमें से केशव, वी.वी. आठले, पिंपुटकर, नारायणराव सावरकर (सावरकर बंधुओं में सबसे छोटे भाई) और बालकृष्ण गणेश खापर्डे की मुझको अच्छी तरह याद है। इनमें से जिनके देशप्रेम और स्वाधीनता प्राप्ति के लिए त्यागनिष्ठा का विशेष परिचय पाया, केशव उनमें प्रमुख थे।

3. मित्र के रूप में केशव अक्सर मेरे छात्रावास में आया करते थे। कभी-कभी भोजन के निमंत्रण में भी आते थे। एक बार वे सरस्वती पूजा के उपलक्ष्य में अन्य मित्रों को भी साथ लेकर आए थे। हमने साथ बैठकर आनंदपूर्वक भोजन किया। मैं भी केशव के यहां जाकर मराठी भोजन करता रहा और कई प्रमुख क्रांतिकारी नेताओं को भी लेकर गया। एक बार मैं मराठा लॉज के एक अनुष्ठान में निमंत्रित होकर पहुंचा था। 'गणेशोत्सव' का अवसर था। उस दिन के सांस्कृतिक कार्यक्रम में महाराष्ट्रीय बंधुओं ने देश के विभिन्न नेताओं के भाषणों का अनुकरण किया था। लोकमान्य तिलक किस तरह थोड़ी-सी बातों से जनता का हृदय जीत लिया करते थे और किस तरह काम करने की प्रेरणा देते थे, यह केशव ने जिस खूबी के साथ निभाया था, वह मुझे आज भी याद है। केशव को महाराष्ट्र और बंगाल की भाषा-संस्कृति की समानताओं के बारे में बात करने में बड़ी प्रसन्नता होती। जैसे 'कहां जा रहे हो' को बांग्ला में 'कोथाय जाच्छ' और मराठी में 'कुठे जातो' कहेंगे। केशव इन कथनों में भाषायी और आंतरिक एकता प्रमाणित करते रहते। ऐसे कितने ही प्रसंगों पर केशव हम लोगों का ध्यान देश की अंतर्निहित एकता की ओर आकर्षित करते रहते थे। भाषा, पंथ-संप्रदाय, नाना प्रकार के मतवाद सहित व्यापक विविधता के बीच भी भारत की जो एकता है, उसमें विप्लवी बंधु केशव और हम सभी साथी विश्वास रखते थे तथा उन सब भेदों में भी परम ऐक्य ही देखते रहे।

4. एक दिन केशव के साथ एकांत में देश की स्वतंत्रता से जुड़े विभिन्न विषयों पर चर्चा करने का अवसर मिला। भारत की परतंत्रता की लज्जा और वेदना, देश की राजनीतिक प्रवृत्ति, तिलक-अरविंद की बातें,

स्वाधीनता अर्जित करने का पथ और प्रयास... ऐसे बहुत से पहलुओं पर हमारी बात हुई। इसी तरह केशव के साथ मेरी मित्रता बढ़ी। वे मुझको अच्छे लगे। शायद मैं भी उन्हें अच्छा लगा था। मेरे मन में शुरू से ही विचार आया था कि केशव का चित्त पवित्र है, आत्मा शुद्ध है। उनके स्वभाव में तेजस्विता थी, जैसे आग से निखारी हुई हो। सब प्रकार की दुर्बलता और अविश्वास को समूल मिटाकर देश के लिए आत्मविसर्जन को सदैव तत्पर! एक दिन मैंने अनुकूल समय देखकर अनुशीलन समिति की चर्चा की तो केशव को उसके लिए तैयार पाया। अनुशीलन समिति का आदर्श क्या है, यह समिति स्वाधीनता के लिए किस तरह लोगों को संगठित कर रही है, युवकों को किस प्रकार की शिक्षा दी जाती है, यह सब केशव को धीरे-धीरे बताया और इस तरह वे समिति से जुड़े। हम उन दिनों बंकिमचंद्र के अनुशीलन तत्व 'आनंद मठ' के 'संतान दल' की चर्चा करते, समिति के कर्ता-धर्ता मित्र की बातें भी किया करते थे। एक दिन अरविंद से मिलने भी वे मेरे साथ गए थे। एक बार रासबिहारी बोस को भी उस छात्रावास में ले जाकर केशव से मिलाया था, हालांकि उस दिन रासबिहारी बाबू का नाम प्रकट नहीं किया और सिर्फ 'नेता' के रूप में परिचय करवाया।

5. दल के अंतरंग सहयोगी बन चुके केशव गोपनीय कार्यों की जिम्मेदारी वहन करने लगे थे। वे मराठी छात्रावास में रहते थे। एक रात क्रांतिकारी नेता प्रतुलचंद्र गांगुली मेरे कमरे में आए। उन्होंने कहा, 'एक बहुत जरूरी काम है, कुछ हथियारों को विशेष सुरक्षित स्थान पर रखना होगा।' वह सामान लेकर एक कार्यकर्ता किसी जगह पर इंतजार कर रहा था। मैंने केशव का नाम लिया। प्रतुल बाबू ने भी समर्थन किया। हम दोनों उस अंधेरी रात में केशव के ठिकाने पर पहुंचे। आवाज देते ही वे बाहर आए। उन्हें बताया गया, 'इन चीजों को आज रात से कल दोपहर तक सुरक्षित रखना है। एक युवक कल तीन बजे आएगा और एक पत्र देगा, जिसमें लिखा होगा कि पत्रवाहक के हाथों एनाटॉमी (शरीर विज्ञान) की नोटबुक भिजवा दी जाए। तब यह सामान उसे दे देना होगा।' सारी बात सुनकर केशव सिर्फ इतना बोले, 'निश्चिंत रहिए, यह मेरी जिम्मेदारी है।' फिर सामान उठाकर अंदर रख दिया। उनके दृढ़ स्वर में ऐसा कुछ था कि मैंने और प्रतुल बाबू ने फिर प्रश्न ही नहीं

किया। कुछ और जानना नहीं चाहा। इस तरह का विश्वास मामूली चीज नहीं। कथनी-करनी को एक रखना विप्लवी चरित्र की प्रधान बुनियाद है। कठिन परीक्षा में जांच हो जाने पर ही ऐसा विश्वास जन्म लेता है।

6. केशव को मैं अनेक बांग्ला गीत गाकर सुनाया करता था। वे देशात्मबोधक गीत सुनना चाहते थे। कविगुरु रवींद्रनाथ ठाकुर के आदर्शमूलक और देशभक्ति से ओतप्रोत गीत वे तन्मयता से सुना करते थे। एक दिन वे मेरे सर्कुलर रोड के छात्रावास में आए। यही छात्रावास बाद के राजाबाजार बम केस में 'बम कारखाना' के नाम से प्रसिद्ध हुआ। केशव और दो-तीन मित्र जब आए तो मैंने गीत गाया:

'हऊक भग्न जलधि मग्न-तबु तरी बाहि मरिवि के?

राष्ट्र आराधना के यह बोल सुनकर केशव ने भावावेग में मेरे दोनों हाथ पकड़ लिए। 'हऊक भग्न जलधि मग्न-तबु तारी बाहि मरिवि के' इस अंश को बार-बार उन्होंने सुना। उनकी उस दिन की भावविभोर मुखमुद्रा मुझको आज भी स्पष्ट याद है।[7]

पुलिस हिरासत में केशव

कलकत्ता में केशव की गतिविधियां इतनी तेजी से बढ़ीं कि वे पुलिस की नजरों में चढ़ गए। एक बार गवर्नर जनरल का कलकत्ता आगमन होने वाला था। उसके तीन-चार दिन पूर्व केशव अपने मित्रों के साथ बैठे बातचीत कर रहे थे। रात के 10 बज रहे थे। अचानक किसी ने केशव को आवाज लगाई। जब उन्होंने दरवाजा खोलकर देखा तो पुलिस सामने खड़ी थी। पुलिस उन्हें मोटर में बैठाकर लाल बाजार थाने ले गई। गवर्नर जनरल के जाने के बाद ही उन्हें छोड़ा गया।[8]

कॉलेज के दिनों में केशव का ब्रिटिश विरोधी स्वरूप मुखर होता गया। उन्हीं दिनों एक बार वे यवतमाल गए। वहां अमूल्यरत्न घोष आदि मित्रों के साथ सिविल लाइंस की ओर घूमने जा रहे थे। यवतमाल का यूरोपियन डिप्टी कमिश्नर उधर से एक यूरोपियन सिविल सर्जन और पुलिस के सर्किल इंस्पेक्टर के साथ गुजर रहा था। वह अपने पद का रौब दिखा रहा था और चाहता था कि सामने आने वाले सभी भारतीय उसे सलाम करें। डॉ. हेडगेवार को मित्रों ने चेताया कि उससे बचने के लिए दूसरे रास्ते की ओर मुड़ जाना ठीक रहेगा। लेकिन केशव ने इस सलाह की ओर ध्यान नहीं दिया,

उल्टे उसी रास्ते से सड़क के बीच में चलने लगे। यह देखकर डिप्टी कमिश्नर ने उन्हें रोककर नाम-पता पूछा और कहा, 'क्या तुमको यह भी नहीं मालूम कि एक यूरोपियन को नम्रतापूर्वक सलाम करना चाहिए और उसके लिए आदरपूर्वक रास्ता छोड़ देना चाहिए।' इस पर डॉ. हेडगेवार ने तपाक से उत्तर दिया, 'मैं राजधानी का रहने वाला हूं, जहां इस प्रकार की सलामी की कोई रीति नहीं है। प्रत्येक स्वाभिमानी व्यक्ति ऐसे सलाम से घृणा करता है। शिक्षा और संस्कृति भी मनुष्य को समानता का पाठ पढ़ाते हैं, किसी के सामने झुकना अपनी प्रतिष्ठा के विरुद्ध है।' इस निर्भीकतापूर्ण जवाब से डिप्टी कमिश्नर हतप्रभ रह गया।[9]

कलकत्ता में रहने के दौरान डॉ. हेडगेवार का बंगाल के कई प्रमुख राष्ट्रवादियों से संपर्क स्थापित हुआ। इनमें दो नेता उनके सबसे घनिष्ठ थे, श्यामसुंदर चक्रवर्ती और मौलवी लियाकत हुसैन। मौलवी लियाकत हुसैन प्रखर राष्ट्रवादी थे। वे तिलक के अनुयायी थे और स्वदेशी को बढ़ावा देने के लिए 'कुबेर वास्तु भंडार' चलाते थे। उनकी बीमारी के दौरान डॉ. हेडगेवार ने दो महीने तक देखभाल की। चक्रवर्ती से भी डॉ. हेडगेवार के इसी तरह के पारिवारिक संबंध जुड़े। चक्रवर्ती बांग्ला, संस्कृत और अंग्रेजी के मर्मज्ञ थे। राष्ट्रवादी विचारों से ओत-प्रोत लेख लिखने के कारण उन्हें ब्रह्मदेश में एकांतवास का दंड दिया गया था, जहां से वे 1910 में लौटे। अरविंद घोष के पत्र 'वंदे मातरम' में प्रकाशित हुए उनके विचारोत्तेजक लेख ने तिलक को भी प्रभावित किया था। उनके पास एक ही धोती होती थी और वे नंगे पांव कलकत्ता की सड़कों पर चलते थे। जब चक्रवर्ती की पुत्री के विवाह के लिए धन की आवश्यकता हुई तो डॉ. हेडगेवार ने कुछ धनराशि एकत्र करके सहायता की। विवाह से जुड़े सभी प्रबंधों में डॉ. हेडगेवार व्यक्तिगत रूप से सक्रिय रहे।

एक रात चक्रवर्ती अचानक मराठा लॉज पहुंचे और डॉ. हेडगेवार तथा अन्य युवकों को साथ लेकर पास के एक गांव की ओर रवाना हुए। उस गांव में महाराष्ट्र के रत्नागिरी क्षेत्र का कोई युवक अज्ञातवास काट रहा था, जिसे बम बनाने में दक्षता प्राप्त थी। विदेश से प्रशिक्षण प्राप्त यह क्रांतिकारी गांव में रहकर गुप्त रूप से बम बनाने की कला क्रांतिकारियों को सिखाया करता था। बीमारी की अवस्था में उसका निधन हो गया था। चक्रवर्ती अपने इस क्रांतिकारी बंधु का विधिवत तरीके से अंतिम संस्कार करने के लिए डॉ. हेडगेवार और अन्य महाराष्ट्रीय युवकों को लेकर रात के अंधेरे में पहुंचे। झोपड़ीनुमा घर से निकालकर पार्थिव देह को कुछ दूरी पर ले जाकर चिता तैयार की गई। चक्रवर्ती अपने साथ अंत्येष्टि कर्म की पुस्तक लेकर गए थे। अंतिम संस्कार के मंत्र मोमबत्ती की रोशनी में पढ़े गए और सभी ने अपने क्रांतिकारी साथी को अंतिम विदाई दी।[10]

सुभाषचंद्र बोस के कार्यक्रम में भूमिका

मेडिकल की पढ़ाई और क्रांतिकारी गतिविधियों के साथ केशव सेवा कार्यों से भी जुड़े। 1912 में कलकत्ता में सुभाषचंद्र बोस की ओर से लगाई गई स्वदेशी प्रदर्शनी में वे सक्रिय रहे। उसी दौरान एक राजनीतिक सम्मेलन में मद्रास के प्रतिनिधियों का प्रबंध कार्य भी संपन्न किया। तत्कालीन ग्रीक-टर्किश युद्ध में घायल हुए लोगों की सेवा में भी केशव की भूमिका रही। गंगासागर में हैजा का प्रकोप होने पर वहां भी पीड़ितों की सेवा-सुश्रुषा की।[11] उन दिनों बंगाल में बरसात के दिनों में दामोदर और हुगली नदियों में बाढ़ के कारण भारी तबाही होती थी। उस दौरान रामकृष्ण मिशन की ओर से सेवा कार्य चलाए जाते थे। केशव छोटे-छोटे गांवों में घरों की छतों पर फंसे लोगों को खाद्य सामग्री पहुंचाने का काम करते थे। कमर तक गहरे पानी में कंधे पर बोरी रखकर संकटग्रस्त क्षेत्रों में जाते हुए पानी के प्रवाह में जहरीले सांप साथ में बहते चलते थे। इस सेवा कार्य के दौरान उनके प्रमुख सहपाठियों में नारायणराव सावरकर, यादवराव अणे आदि का पूरा सहयोग रहता था।[12]

कांग्रेस में गांधी युग का आरंभ

प्रथम विश्वयुद्ध के दौरान बदले राजनीतिक परिदृश्य ने व्यापक सशस्त्र क्रांति की संभावनाओं को सीमित कर दिया। उसी दौरान दक्षिण अफ्रीका में सत्याग्रह का सफल प्रयोग करके स्वदेश लौटे मोहनदास करमचंद गांधी ने कांग्रेस आंदोलन के स्वरूप को लेकर नए सिरे से विचार करना शुरू किया। गांधी के भारत पहुंचने से पहले नवंबर, 1914 के पहले पखवाड़े में 'इंडियन ओपिनियन' ने सूचना दी कि कांग्रेस के अध्यक्ष पद के लिए गांधी का नाम उम्मीदवारों में शामिल है।[13] गांधी उन दिनों बीमार चल रहे थे। इसके बावजूद 9 जनवरी, 1915 को कस्तूरबा के साथ बंबई के अपोलो बंदरगाह पर उतरे। उन्होंने उसी दिन बॉम्बे क्रॉनिकल और टाइम्स ऑफ इंडिया के पत्रकारों से कहा कि वे भारत में कुछ समय तक स्थिति का अवलोकन और अध्ययन करेंगे। लेकिन 11 जनवरी को घाटकोपर, बंबई में हुए स्वागत समारोह से गांधी की नई राजनीतिक यात्रा प्रारंभ हुई। यह एक नए युग का आगमन था, जिसके कारण आखिरकार सशस्त्र क्रांति ने सत्याग्रह का रूप लिया। कांग्रेस सुझाव देने और मांगने वाली संस्था से देश में सुनियोजित स्वतंत्रता के लिए प्रतिबद्ध राजनीतिक मंच के रूप में सामने आई। गांधी की कही बात देश में ध्यान से सुनी और मानी जाने लगी। सशस्त्र क्रांति की धाराएं आ-जा रही थीं। यहां तक कि अंडमान में काला पानी भुगत रहे क्रांतिकारी वहां से किसी तरह छूटकर राजनीतिक सुधारों के अवसर का देशहित में लाभ उठाना चाहते थे। क्रांतिकारी यह

भी सोचते थे कि ब्रिटिश हुकूमत कभी भी यह मौका नहीं देगी, इसलिए अंततः क्रांति का मार्ग ही ग्रहण करना पड़ेगा।[14]

नागपुर से क्रांति का प्रवाह

केशव नेशनल मेडिकल कॉलेज की पढ़ाई पूरी करके डॉ. केशव बलिराम हेडगेवार बन गए; दूसरी तरफ, उनका क्रांतिकारी स्वरूप बंगाल के प्रमुख क्रांतिकारियों की स्मृति में 'विप्लवी बंधु केशव' के रूप में अंकित हो गया। नागपुर लौटने के बाद उन्होंने नौकरी आदि की चिंता नहीं की और राष्ट्रसेवा को ध्येय बना लिया। साथ ही, अनुशीलन समिति के दिनों के क्रांतिकारी साथियों से संपर्क बनाए रखा। उन्होंने भाऊजी कावरे के साथ मिलकर 'क्रांति दल' बनाया और नागपुर तथा बरार क्षेत्र में क्रांतिकारी गतिविधियां बढ़ाने के लिए विभिन्न लोगों को जोड़ा। क्षेत्र के जमींदार भी उन्हें इस उद्देश्य के लिए आर्थिक सहायता उपलब्ध करवाते थे। अलग-अलग गांवों में भोज समारोह आयोजित करके गुप्त योजनाएं बनाने और आर्थिक सहयोग एकत्र करने का काम होता था। कलकत्ता, गोआ, हैदराबाद आदि स्थानों से शस्त्रों की खरीद की जाती थी।[15]

उसी दौरान डॉ. हेडगेवार का अप्पाजी जोशी से संपर्क हुआ। अप्पाजी कांग्रेस के साथ-साथ क्रांतिकारी गतिविधियों में भी सक्रिय थे। वर्धा क्षेत्र के प्रमुख लोगों से उनका परिचय था। गुप्त रूप से क्रांति को आगे बढ़ाने के लिए उन्होंने 'गणेश एमेच्योर क्लब' नामक नाट्य संस्था शुरू की। इसमें कुछ ही नाटकों का मंचन हुआ, लेकिन महत्वपूर्ण यह है कि इनमें स्त्री पात्रों की भूमिका करने वाले कलाकारों का अप्पाजी ने क्रांतिकारी कार्यों में उपयोग किया। डॉ. हेडगेवार नागपुर से पंजाब और राजस्थान के क्रांतिकारियों को सामग्री भी भेजते थे। उस समय सामान ले जा रहे एक दल को भुसावल स्टेशन पर पकड़ लिया था, तब इन्हीं स्त्री वेशधारी युवाओं की मदद ली गई थी। 1917 में ऐसे युवाओं का चयन करके उन्हें प्रशिक्षित किया गया। इसी प्रशिक्षण के दौरान डॉ. हेडगेवार और अप्पाजी का परिचय बढ़ा। विश्व युद्ध की समाप्ति के बाद जब क्रांतिकारियों पर ब्रिटिश राज का दमनचक्र शुरू हुआ तो डॉ. हेडगेवार ने कई क्रांतिकारियों को अप्पाजी से सहायता दिलवाई।[16]

तिलक के साथ रणनीतिक चर्चा

कांग्रेस को नया नेतृत्व मिला और उसकी सोच में मूलभूत बदलाव आने लगे। लाल-बाल-पाल का राष्ट्रवाद भी जनता को आकर्षित कर रहा था। उसी दौरान डॉ. हेडगेवार भी कांग्रेस के मंच से स्वतंत्रता संग्राम में सक्रिय होते चले गए। हालांकि

कांग्रेस की नीतियों से वे पूरी तरह संतुष्ट नहीं थे, लेकिन बालगंगाधर तिलक के प्रति उनकी गहरी निष्ठा थी और तिलक उस समय सबसे लोकप्रिय नेता माने जाते थे। प्रथम विश्व युद्ध के बाद ब्रिटेन का ध्यान भारत में स्वतंत्रता आंदोलनों को कुचलने पर था। डॉ. हेडगेवार को इस संदर्भ में तिलक से सहयोग की अपेक्षा थी। वे डॉ. बी.एस. मुंजे का पत्र लेकर तिलक से मिलने पुणे गए और दो दिन तक उनके साथ रहे।[17]

राष्ट्रीय स्वयंसेवक मंडल का गठन

1919 की शुरुआत में डॉ. हेडगेवार को कांग्रेस के साप्ताहिक पत्र 'संकल्प' के प्रसार की जिम्म्मेदारी सौंपी गई। इस काम के दौरान उन्हें मध्य भारत का विस्तृत दौरा करने और महत्वपूर्ण व्यक्तियों से संपर्क स्थापित करने का अवसर मिला।[18] उन्होंने मध्य प्रांत कांग्रेस के कुछ नेताओं द्वारा संचालित 'राष्ट्रीय मंडल' नामक संस्था में भी काम जरूर किया, लेकिन उसकी सदस्यता स्वीकार नहीं की, क्योंकि इस संस्था का सिद्धांत था: 'शांतिपूर्ण और वैधानिक मार्ग ही पूर्ण स्वातंत्र्य का एकमेव मार्ग है।' फिर उन्होंने राष्ट्रीय मंडल के ही कुछ लोगों की सहायता से 'नागपुर नेशनल यूनियन' नामक एक नए राजनीतिक मंच का गठन किया और लोगों को साथ जोड़ने के लिए क्षेत्र का दौरा किया। समाज का स्वत्व जाग्रत करने के उद्देश्य से डॉ. हेडगेवार ने राष्ट्रीय उत्सव मंडल की स्थापना की और मंत्री के रूप में बहुत दिनों तक कार्य किया।[19] अप्पाजी जोशी के अनुसार:

> 'युवा शक्ति को संगठित करने वाला कोई आंदोलन शुरू किया जाए, ऐसी इच्छा डॉ. हेडगेवार ने बार-बार प्रकट की। उन्हीं की प्रेरणा से मैंने 1916 में एक संस्था प्रारंभ की, जिसका नाम डॉ. हेडगेवार के सुझाव पर 'राष्ट्रीय स्वयंसेवक मंडल' रखा गया। 'राष्ट्रीय स्वयंसेवक' शब्द उन्हें प्रिय था। इस मंडल में चिरंजीलाल बड़जाते, नीलकंठ शामराव देशमुख सहित 50 सदस्य थे। कार्यक्रम की रूपरेखा में शारीरिक व्यायाम और राष्ट्रीय विचारों की जाग्रति को शामिल किया गया। व्यायाम के लिए व्यायाम शाला, राष्ट्रीय विचारों की जाग्रति के लिए 'गणेश वाचनालय' और 'राष्ट्रीय गणेशोत्सव मंडल' डॉ. हेडगेवार की प्रेरणा से ही चल रहे थे। इन दोनों संस्थाओं के कार्यों में वर्धा के गांधीवादी नेता जमनालाल बजाज को बहुत रुचि थी। इसी दौरान बजाज से डॉ. हेडगेवार और मेरा परिचय दृढ़ होता गया। राष्ट्रीय स्वयंसेवक मंडल के अधिकांश कार्यक्रम वर्धा के लक्ष्मीनारायण मंदिर में हुआ करते

> थे। वर्धा के राष्ट्रीय गणेशोत्सव में प्रति वर्ष डॉ. हेडगेवार का व्याख्यान होता था। वे ओजस्वी भाषा में संपूर्ण स्वतंत्रता की कल्पना लोगों के सामने रखते थे। इस उत्सव से असहयोग आंदोलन के लिए आवश्यक वातावरण निर्माण होने में बड़ी सहायता मिली। जमनालाल द्वारा वर्धा में स्थापित 'असहयोग लीग' के प्रचार कार्य को भी गणेशोत्सव से काफी बल मिला। गणेशोत्सव के अतिरिक्त वर्धा जिले में जो अन्य समारोह होते थे, उनमें अधिकांश स्थानों पर अध्यक्ष पद के लिए जनता प्रायः डॉ. हेडगेवार को ही चुनती थी।'[20]

डॉ. हेडगेवार ने सामान्य परिवार में जन्म लिया था, लेकिन धन कमाने को उन्होंने जीवन का उद्देश्य नहीं बनाया। उन्होंने डॉक्टर की उपाधि प्राप्त करने के बावजूद डॉक्टरी एक दिन भी नहीं की। परिवार के लोग चाहते थे कि वे गृहस्थी बसाकर रोजी-रोटी कमाने पर ध्यान दें, लेकिन डॉ. हेडगेवार के लिए ये रुचिकर विषय नहीं थे। राष्ट्र और समाज के भविष्य का चिंतन उन्हें व्यक्तिगत लालसाओं के लिए अवकाश ही नहीं देता था। उनकी सारी ऊर्जा स्वतंत्र-स्वाभिमानी-समर्थ भारत के निर्माण से जुड़े प्रयासों पर केंद्रित हो चुकी थी। उनके चाचा उन्हें विवाह के लिए तैयार करने का प्रयास करते रहे। आखिरकार, एक पत्र में डॉ. हेडगेवार ने स्पष्ट लिख दिया, 'मेरे जीवन का एक ही ध्येय है और मैंने अपने जीवन को उस ध्येय के साथ एकरूप कर दिया है। वैयक्तिक सुख-उपभोग और पारिवारिक जीवन के लिए अवकाश कहां है!'[21]

संदर्भ सूची

1. त्रैलोक्यनाथ चक्रवर्ती: जेल में तीस वर्ष, संवाद प्रकाशन, मेरठ, 2018, पृष्ठ 152
2. वही, पृष्ठ 173
3. वही, पृष्ठ 178–179
4. वही, पृष्ठ 42
5. नलिनीकिशोर गुह: बंगाल की विप्लवकथा, संवाद प्रकाशन, मेरठ, 2014, पृष्ठ 104
6. वही, पृष्ठ 75
7. नलिनीकिशोर गुह: डॉ. हेडगेवार प्रेरक जीवन प्रसंग, लोकहित प्रकाशन, लखनऊ, 1988, पृष्ठ 103–110
8. डॉ. नी.स. मोहरीर: डॉ. हेडगेवार प्रेरक जीवन प्रसंग, लोकहित प्रकाशन, लखनऊ, 1988, पृष्ठ 181–182
9. डॉ. अमूल्यरत्न घोष: डॉ. हेडगेवार प्रेरक जीवन प्रसंग, लोकहित प्रकाशन, लखनऊ, 1988, पृष्ठ 113
10. डॉ. वि.रा. करंदीकर: तीन सरसंघचालक, स्नेहल प्रकाशन, पुणे, 2001, पृष्ठ 62
11. डॉ. नी.स. मोहरीर: डॉ. हेडगेवार प्रेरक जीवन प्रसंग, लोकहित प्रकाशन, लखनऊ, 1988, पृष्ठ 179–180
12. डॉ. वि.रा. करंदीकर: तीन सरसंघचालक, स्नेहल प्रकाशन, पुणे, 2001, पृष्ठ 62
13. संपूर्ण गांधी वांगमय, खंड 12, प्रकाशन विभाग, सूचना और प्रसारण मंत्रालय, नई दिल्ली, 1965, पृष्ठ 655
14. शचींद्रनाथ सान्याल: बंदी जीवन, आत्माराम एंड संस, दिल्ली, 2012, पृष्ठ 233
15. ना.ह. पालकर: डॉ. हेडगेवार चरित, लोकहित प्रकाशन, लखनऊ, 2020, पृष्ठ 75
16. पांडुरंगपंत क्षीरसागर: राष्ट्र साधना खंड 2, साप्ताहिक विवेक, मुंबई, 2001, पृष्ठ 42
17. द गजट ऑफ महाराष्ट्र स्टेट, नागपुर डिविजन, पृष्ठ 113
18. वॉल्टर एंडरसन: इकोनॉमिक एंड पॉलिटिकल वीकली, 11 मार्च, 1972
19. भैयाजी दाणी: डॉ. हेडगेवार प्रेरक जीवन प्रसंग, लोकहित प्रकाशन, लखनऊ, 1988, पृष्ठ 76–77
20. अप्पाजी जोशी: डॉ. हेडगेवार प्रेरक जीवन प्रसंग, लोकहित प्रकाशन, लखनऊ, 1988, पृष्ठ 55–56
21. रमेश पतंगे: राष्ट्रसाधना, खंड 1, साप्ताहिक विवेक, मुंबई, 2001, पृष्ठ 14

भाग : तीन

दंगों से दहला देश

1922 के अंत में मुल्तान में अनेक हिंदुओं की हत्या कर दी गई, उनके मकान लूटकर आग लगा दी गई, मंदिरों को दूषित किया गया। देश के लगभग सभी भागों में अगले कई वर्षों तक जो सांप्रदायिक दंगे होते रहे, उनमें यह पहला था। इन दंगों में ज्यादातर हिंदुओं को ही जान–माल का नुकसान होता। इसके चलते हिंदू संगठन का उदय हुआ।

– डॉ. राजेंद्र प्रसाद

जलियांवाला बाग के बाद

डॉ. केशव बलिराम हेडगेवार के लिए वे हृदय विदारक क्षण थे, जब उन्होंने जलियांवाला बाग की मिट्टी अपने माथे से लगाई।[1] वहां की मिट्टी रक्तिम थी, शहीदी कुएं से मृतकों की गंध महसूस की जा सकती थी और दीवारों पर नीचे से ऊपर तक अंधाधुंध चलाई गई गोलियों के निशान वहां हुई नृशंसता की कहानी कह रहे थे। उन दीवारों पर लिखे ब्रिटिश विरोधी नारे किसी भी देशभक्त को उत्तेजित करने के लिए पर्याप्त थे। डॉ. हेडगेवार के सामने आठ महीने बाद भी ब्रिटिश अत्याचारों की वीभत्सता जीवंत हो उठी। स्वर्ण मंदिर परिसर के पास से गुजरती वह संकरी गली गवाह थी कि किस तरह 13 अप्रेल, 1919, बैसाखी के दिन उधर से घुसे कर्नल रेजिनाल्ड एडवर्ड हैरी डायर के आदेश पर अमृतसर के नगर अधीक्षक अशरफ खान, सब इंस्पेक्टर ओबैदुल्लाह और नायब तहसीलदार मलिक फतेह खान की अगुवाई में ब्रिटिश सिपाहियों ने मिलकर रॉलेट एक्ट के विरोध में शांतिपूर्ण सभा कर रहे सत्याग्रहियों को अंधाधुंध गोलियों से भून दिया।[2]

दीवारों की हालत देखकर पता चल रहा था कि वहां मौजूद लोगों को निशाना लगाकर मारा गया था; भागने की तो कोई जगह थी ही नहीं। कितने ही लोग कुएं में कूदते गए। एक के ऊपर एक सैकड़ों लाशें बिछती गईं*।

---

*जलियांवाला बाग में शिला पर एक लेख है, जिसमें लिखा है कि उस शहीदी कुएं से 120 शव निकाले गए। वहीं, एक जगह लिखा है कि उस दिन 1500 लोग शहीद हुए। जलियांवाला बाग कार्यालय में मौजूद 388 शहीदों की पते सहित सूची से उस दिन की भयावहता का आकलन किया जा सकता है। अमृतसर के डिप्टी कमिश्नर कार्यालय में 484 शहीदों की सूची है। डायर ने 25 अगस्त, 1919 को रिपोर्ट दी, 'जलियांवाला बाग के भीतर जाने के लिए बनी गली इतनी संकरी थी कि तोपें बाहर ही छोड़नी पड़ीं। जब मैं बाग में पहुंचा तो वहां लगभग पांच हजार लोग मौजूद थे और एक व्यक्ति हाथ से मुद्राएं बनाकर उन्हें संबोधित कर रहा था। मुझे महसूस हुआ कि मेरी टुकड़ी छोटी है और हिचकने का मतलब हमले को न्योता देना होगा। मैंने तुरंत गोलीबारी शुरू कर दी और भीड़ को तितर-बितर कर दिया। मेरा अनुमान है कि 200 से 300 लोग मारे गए होंगे। मेरी टुकड़ी ने 1650 गोलियां चलाईं।' (निगेल कॉलेट: द बुचर ऑफ अमृतसर, रूपा एंड कंपनी, नई दिल्ली, 2005, पृष्ठ 266)

अप्पाजी की नियुक्ति पर विराम

आंसुओं और आक्रोश से विचारमग्न डॉ. हेडगेवार अमानवीयता की इस चरम परिणति से अनभिज्ञ नहीं थे। दरअसल, प्रथम विश्वयुद्ध के दौरान पंजाब में क्रांतिकारी गतिविधियां तेजी से बढ़ी थीं। विदेशों से संचालन कर रहे 8 हजार गदर क्रांतिकारी युद्धकाल के चार वर्षों में भारत लौटे और उनमें से अधिकतर पंजाब में सक्रिय हुए। वायसराय हार्डिंग पर बम फेंके जाने से जुड़े दिल्ली षडयंत्र केस के सूत्रधार रासबिहारी बोस के अमृतसर और लाहौर में मुख्यालय स्थापित करने से क्रांतिकारियों को और बल मिला। चार महीने के भीतर 45 बड़ी क्रांतिकारी घटनाओं ने ब्रिटिश राज की चूलें हिला दीं। उसी दौरान 'डिफेंस ऑफ इंडिया एक्ट' लाया गया, जिससे सेना और पुलिस को लोगों की जासूसी करने, तलाशी लेने और गिरफ्तार या नजरबंद करने के अभूतपूर्व अधिकार मिल गए। इसके बाद पूरी ताकत से क्रांतिकारी आंदोलन को कुचला गया। लाहौर में 36 क्रांतिकारियों को मृत्युदंड, 77 को कालापानी और 15 को कारावास की सजा सुनाई गई। अमेरिका से लौटे 1534 क्रांतिकारियों को उनके क्षेत्रों में नजरबंद कर दिया गया। इन हालात में रासबिहारी सहित प्रमुख क्रांतिकारी नेताओं को भारत से बाहर भूमिगत होना पड़ा।[3] ब्रिटिश अत्याचारों के कारण शिथिल पड़ रहे क्रांतिकारी आंदोलन को बल देने के लिए डॉ. हेडगेवार ने नागपुर से पहल की। उन्होंने धन और शस्त्रों की व्यवस्था करके अमृतसर भेजा तथा अप्पाजी जोशी को वहां नियुक्त किया।[4] लेकिन बैसाखी को हुए रक्तपात और कांग्रेस की सोच से विप्लव की इस योजना पर दीर्घ विराम लग गया था।

अमृतसर कांग्रेस में ब्रिटिश राज का आभार

उस दौरान अमृतसर में कांग्रेस का अधिवेशन चल रहा था और डॉ. हेडगेवार उसमें भाग लेने आए हुए थे। जलियांवाला बाग के बाद देश भर में फैले आक्रोश की छाया में 29 दिसंबर, 1919 से पांच दिवसीय अधिवेशन शुरू हुआ था। उस अधिवेशन में देश भर से आए प्रतिनिधियों में रोष की लहर फैली हुई थी कि शांतिपूर्ण सभा कर रहे देशभक्तों को इस तरह गोलियों से भून दिया गया। पंजाब में लगातार पुलिस के अत्याचारों और आमजन के स्वाभिमान को कुचलने की कोशिशों के बीच यह घटना

*गोविंद गुरु आपराधिक जनजाति अधिनियम के विरोध में आंदोलन चला रहे थे, जिसके तहत भील सहित अनेक जनजातियों को जन्मजात पेशेवर अपराधी की श्रेणी में रख दिया गया था। ब्रिटिश आतंक के बावजूद गोविंद गुरु ने 'संप सभा' के अंतर्गत आंदोलन जारी रखा और भीलों को समाज-सुधार, विदेशी वस्तुओं के बहिष्कार तथा आपसी झगड़ों में अंग्रेजी अदालतों का सहारा नहीं लेने के लिए प्रेरित किया। इसका प्रभाव बांसवाड़ा, डूंगरपुर, कुशलगढ़, पोल, सूंठ आदि रियासतों में तेजी से बढ़ा, जहां आधी से अधिक आबादी भील जनजाति की थी। गोविंद गुरु के पंथ के कारण शराब की बिक्री बहुत कम हो गई और रियासतों के मुनाफे पर विपरीत प्रभाव पड़ने लगा। पंथ के अनुयायियों को कई प्रकार की यातनाएं दी जातीं और शराब पीने के लिए मजबूर किया जाता। पंथ के

देशभक्तों के लिए दावानल बन गई। इससे पहले राजस्थान-गुजरात के सीमावर्ती क्षेत्र में गोविंद गुरु के नेतृत्व में चल रहे भील आंदोलन को भी ऐसी ही नृशंसता से कुचला गया*। 17 नवंबर, 1913 को ब्रिटिश सेना ने मानगढ़ पहाड़ी को घेरकर वहां आंदोलन कर रहे भीलों पर अंधाधुंध गोलीबारी की। गोविंद गुरु सहित 900 व्यक्तियों को गिरफ्तार कर लिया गया।[5] माना जाता है कि उस दिन लगभग दो हजार भील मारे गए।

इन सिलसिलेवार अत्याचारों ने देश के जनमानस को झकझोर रखा था। जगह-जगह धरने प्रदर्शन हो रहे थे और राहत कोष बनाए जा रहे थे। इसके बावजूद आतंकी ब्रिटिश राज से न्याय की उम्मीद करने वाले नेताओं की मौजूदगी जनता को अखर रही थी। महात्मा गांधी तक का कहना था, 'पंजाब में जो कर रहे हैं वह हो सकता है, लेकिन मुझ पर गोली नहीं चला सकते। सावरकर जैसे पर भी गोली नहीं चलाई। अजीत सिंह जैसे पर भी गोली नहीं चलाई।'[6] कांग्रेस इन हालात से अपरिचित नहीं थी; उसने बाद में जलियांवाला बाग कांड के लिए जांच कमेटी भी बनाई। मदनमोहन मालवीय, मोतीलाल नेहरू, चितरंजन दास, अब्बास एस. तैय्यबजी, एम.आर. जयकर के अलावा गांधी भी इस समिति के सदस्य थे। के. संतानम को समिति का सचिव बनाया गया। गांधी ने स्वीकार किया कि उन्होंने रॉलेट एक्ट के खिलाफ सत्याग्रह चलाकर 'हिमालय के समान' भूल की है। इसलिए उन्होंने एक तरफ तो सत्याग्रह स्थगित कर दिया और दूसरी तरफ शांति स्थापित करने के लिए हर प्रकार से सहयोग करने की घोषणा की।[7] लेकिन अमृतसर अधिवेशन में ब्रिटिश भक्ति को स्वीकार करने का माहौल नहीं था।

ब्रिटिश राजभक्ति में डूबी कांग्रेस

अधिवेशन में रखे गए चितरंजन दास के प्रस्ताव में सुधार कानूनों को अपूर्ण, असंतोषजनक और निराशापूर्ण बताया गया था। गांधी ने 'निराशापूर्ण' शब्द को हटाकर संशोधित प्रस्ताव रखा, 'यह नया युग जनता और अधिकारी दोनों के इस निश्चय के साथ आरंभ हो कि वे एक ध्येय के लिए मिलकर काम करेंगे। कांग्रेस राजभक्तिपूर्वक उत्तर देती है और विश्वास रखती है कि अधिकारी और जनता दोनों मिलकर शासन सुधारों को कार्यान्वित करने में इस तरह पूर्ण सहयोग करेंगे, जिससे उत्तरदायी शासन

पवित्र चिह्नों को नष्ट करने और धूणियों को अपमानित करने के बाद गोविंद गुरु को अपना क्षेत्र छोड़ने के लिए मजबूर कर दिया गया। इस व्यवहार ने भीलों को विद्रोही बना दिया और भीलों की अलग रियासत बनाने की मुहिम शुरू हुई। गोविंद गुरु अपने अनुयायियों के साथ बांसवाड़ा और सूंठ रियासतों की सीमा पर स्थित मानगढ़ पहाड़ी पर जाकर रहने लगे। गोविंद गुरु के मुंह से निकला वाक्य 'भूरेटिया नी मानूं रे' अर्थात 'अंग्रेजों नहीं मानूंगा' इस क्रांति का नारा बन गया। आसपास के लोगों ने तय कर लिया कि मानगढ़ धाम उनका युद्धस्थल है तथा इसी पावन धरा से वे पंचों के राज को स्थापित करेंगे। वे लोग मानगढ़ धाम की ओर उमड़ने लगे। इसके खिलाफ ब्रिटिश सेना ने हिंसक कार्रवाई की।

शीघ्र स्थापित हो।' लेकिन कांग्रेस ने गांधी के 'राजभक्ति' जैसे शब्दों को नकार दिया और उम्मीद जताई कि उत्तरदायी शासन की स्थापना के लिए अफसर और जनता दोनों मिलकर शासन सुधारों के लिए कार्य करेंगे। कांग्रेस ने चितरंजन दास के असली प्रस्ताव और गांधी के संशोधन की जगह नया प्रस्ताव बनाया, 'यह कांग्रेस विश्वास करती है कि जब तक इस प्रकार की कार्रवाई नहीं की जाती, तब तक जहां तक संभव हो, लोग सुधारों को इस प्रकार काम में लाएंगे, जिससे भारत वर्ष में शीघ्र पूर्ण उत्तरदायी शासन कायम हो सके। सुधारों के संबंध में माननीय मांटेग्यू साहब* ने जो मेहनत की है, उसके लिए यह कांग्रेस उन्हें धन्यवाद देती है।'[8]

अमृतसर अधिवेशन में वायसराय चेम्सफोर्ड को भारत से वापस बुलाने, जनरल डायर को पद से हटा देने और पंजाब के लेफ्टिनेंट गवर्नर माइकल ओ डायर को फौजी कमेटी की सदस्यता से हटा देने की मांग की गई।[9] इससे ही प्रतिनिधियों का रोष शांत नहीं हुआ। वहां उपस्थित 1200 किसानों सहित 36 हजार लोगों में मानो बिजली फैली हुई थी। गांधी उत्सुक थे कि पंजाब और गुजरात में जो मारकाट जनता की तरफ से हुई, उसकी निंदा की जाए। लेकिन विषय समिति में उनका प्रस्ताव गिर गया। गांधी को इससे निराशा हुई। उन्होंने कांग्रेस में रहने की अपनी असमर्थता प्रकट की। दूसरे दिन कांग्रेस ने प्रस्ताव पारित किया, 'यह कांग्रेस इस बात को स्वीकार करती है कि बहुत अधिक उत्तेजित किए जाने पर ही जनसमूह के लोग क्रोध से बावले हुए थे, तो भी पिछले अप्रेल के महीने में पंजाब और गुजरात के कुछ हिस्सों में जो ज्यादतियां हुईं और उसके कारण जान-माल का जो नुकसान हुआ, उस पर यह कांग्रेस दुख प्रकट करती है और उन कृत्यों की निंदा करती है।'[10]

इस तरह के मिले-जुले माहौल में कांग्रेस नेताओं में फूट के लक्षण दिखाई देने लगे। अमृतसर में मुख्य प्रश्न था, असहयोग या अड़ंगा। इस निराशा भरे वातावरण से निकलकर डॉ. हेडगेवार नागपुर पहुंचे, जहां कुछ नवप्रयोगों के साथ भविष्य उनका इंतजार कर रहा था।

---

*एडविन मांटेग्यू ब्रिटिश सरकार के भारत सचिव रहे। प्रथम विश्वयुद्ध के बाद निर्मित परिस्थितियों में जनता को संतुष्ट करने के लिए तत्कालीन वायसराय चेम्सफोर्ड और मांटेग्यू के नेतृत्व में भारत सरकार अधिनियम, 1919 लाया गया ; इसे मांटेग्यू-चेम्सफोर्ड सुधार के नाम से भी जाना जाता है।

संदर्भ सूची

1. डॉ. वि.रा. करंदीकर: तीन सरसंघचालक, स्नेहल प्रकाशन पुणे, 2001, पृष्ठ 72
2. निगेल कॉलेट: द बुचर ऑफ अमृतसर, रूपा एंड कंपनी, नई दिल्ली, 2005, पृष्ठ 251
3. वही, पृष्ठ 141
4. ना.ह. पालकर: डॉ. हेडगेवार चरित, लोकहित प्रकाशन, लखनऊ, 2020, पृष्ठ 92–71
5. डॉ. बृजकिशोर शर्मा: पीजेंट्स मूवमेंट्स इन राजस्थान, पॉइंटर पब्लिशर्स, जयपुर, 1990, पृष्ठ 48
6. महादेव देसाई: गांधीजी के साथ पच्चीस वर्ष, खंड 1, सर्व सेवा संघ प्रकाशन, वाराणसी, 2008, पृष्ठ 298
7. डॉ. बी. पट्टाभि सीतारामय्या: कांग्रेस का इतिहास, खंड 1, सस्ता साहित्य मंडल, नई दिल्ली, 2009, पृष्ठ 139
8. वही, पृष्ठ 144–145
9. वही, पृष्ठ 147
10. वही, पृष्ठ 146

तिलक, अरविंद और हेडगेवार

बाल गंगाधर तिलक का इंतजार था। डॉ. केशव बलिराम हेडगेवार से डॉ. बालकृष्ण शिवराम मुंजे तक को ही नहीं... हर देशभक्त को, जिनके लिए तिलक 'लोकमान्य' से 'भगवान' तिलक हो गए थे। राजनीति में ईंट का जवाब पत्थर से देने के हामी तिलक कर्मयोग के दर्शन के अनुसार आस्तिक थे और उनके समूचे जीवन को नैतिक अधिष्ठान प्राप्त था। वे स्वतंत्रता की लड़ाई न्यायालयों में और सभा-सम्मेलनों के जरिए ही लड़ते रहे, लेकिन लगान बंदी आंदोलन, शराबबंदी आंदोलन और स्वदेशी आंदोलन के जरिए उन्होंने आमजन से सीधे जुड़े मुद्दे भी उठाए। कांग्रेस की नीतियों से सहमत नहीं होने के बावजूद डॉ. हेडगेवार उससे जुड़े हुए थे तो मुख्य प्रेरणा तिलक ही थे। उनके कमरे में दो ही चित्र थे, छत्रपति शिवाजी और लोकमान्य तिलक।[1] लेकिन जलियांवाला बाग नरसंहार की वीभत्स घटना के बावजूद ब्रिटिश राज के प्रति कांग्रेस का नरम रवैया डॉ. हेडगेवार के लिए असहनीय था। रणनीतिक तरीके से तिलक जैसे राष्ट्रवादी नेताओं को दरकिनार किए जाने की कोशिशों को भी वे महसूस कर रहे थे। उनके कांग्रेस में बने रहने के लिए यह जरूरी हो गया था कि नए नेतृत्व के साथ कांग्रेस की दशा-दिशा में आमूलचूल परिवर्तन लाया जाए। उस दौर में तिलक के अलावा कोई और विकल्प हो भी नहीं सकता था। विशेष रूप से नागपुर क्षेत्र से जुड़ा राजनीतिक वर्ग तिलक को कांग्रेस अध्यक्ष बनवाने के लिए लगातार प्रयासरत था।

स्वतः स्फूर्त स्वतंत्रता आंदोलन

कांग्रेस की कार्यवाही से अलग भारत के बड़े वर्ग में जाग्रति और स्वतःस्फूर्त स्वतंत्रता आंदोलन देश भर में आकार लेने लगा था। मद्रास में हुई पहली राजनीतिक घटना के बारे में भारत के प्रतिष्ठित उपन्यासकार आर.के. नारायण ने अपनी आत्मकथा

'मेरे दिन' में लिखा है। उस समय तक गांधी भारत के लिए लगभग अज्ञात थे। नारायण ने लिखा है कि वे एक दिन जुलूस में शामिल हुए, जो भगवान के प्राचीन मंदिर से प्रारंभ हुआ। उस जुलूस में देशभक्तिपूर्ण गीत गाए, नारे लगाए और वापस मंदिर पहुंचे, जहां पहुंचकर मिठाइयां वितरित की गईं। यह उत्सवमयी और श्रद्धापूर्ण घटना मद्रास में पहला राष्ट्रवादी आंदोलन था।[2]

उसी दौरान उत्तर प्रदेश के किसानों ने रायबरेली, प्रतापगढ़, सुल्तानपुर, फैजाबाद वगैरह जिलों में अंग्रेजों के लगान और अत्याचारों के खिलाफ संघर्ष आरंभ किया तो उसके प्रेरक बाबा रामचंद्र थे। वे गांव-गांव घूमकर रामचरित मानस की चौपाइयां सुनाते थे और 'जय श्रीराम' तथा 'जय सीताराम' को किसानों ने कोड वर्ड बनाया हुआ था। जवाहरलाल नेहरू भी उस आंदोलन में शामिल हुए। नेहरू ने लिखा है, 'ग्रामीण क्षेत्रों में उत्साह की लहर फैल रही थी। जरा जुबानी कहला दिया और बड़ी-बड़ी सभाओं के लिए लोग इकट्‌ठे हो गए। एक गांव से दूसरे गांव और दूसरे से तीसरे गांव, इस तरह सब गांवों में संदेश पहुंच जाता और देखते-देखते सारे गांव खाली हो जाते। खेतों में दूर-दूर तक सभास्थल पर आते हुए स्त्री-पुरुष और बच्चे दिखाई देते। इससे भी ज्यादा तेजी से 'सीताराम-सीताराम' की धुन आकाश में गूंज उठती और चारों तरफ दूर-दूर तक फैल जाती। दूसरे गांव से उसकी प्रतिध्वनि सुनाई पड़ती और लोग पानी की धारा की तरह दौड़ते चले आते।'[3]

उस समय स्वराज्य तात्कालिक उद्देश्य के रूप में सबसे महत्वपूर्ण था, लेकिन स्वधर्म और राष्ट्रीय एकता के आधारभूत तत्व प्रेरक बने हुए थे। यहां तक कि गांधी भी भारत की आजादी के लिए प्रयोग जारी रखते हुए कभी हिंदू आस्था से अलग नहीं हुए; भारतीय संस्कृति ही उनकी ताकत बनी रही। गांधी की इस सोच से बहुत से लोग असहमत भी हुए; खास तौर पर टॉलस्टाय जैसे, जिनका कहना था, 'गांधी का हिंदू राष्ट्रवाद सब बर्बाद कर देता है।' लेकिन यही गांधी की ताकत थी। वे पारिवारिक होते हुए भी सांसारिकता से दूर एक गृहस्थ संन्यासी नजर आते थे; जिनमें कूट-कूट कर राजनीति भरी हुई थी, लेकिन उसकी व्याख्या करने के तरीके ने उन्हें औरों से अलग किया हुआ था। उन्होंने आम भारतीय यानी यहां की मूल धारा वाले हिंदू समाज को प्रभावित करने वाले आस्था के विषयों को कार्य का आधार बनाया। हिंदू, गाय, गीता, भारत माता ही उनके अवलंबन बने। इसके बावजूद गांधी के सत्याग्रह के विषय स्थानीय समस्याओं को लेकर शुरू हुए इसलिए उन्होंने धीरे-धीरे राष्ट्रव्यापी प्रभाव छोड़ा। दूसरी ओर, भारत की राष्ट्रीयता, एकता और अखंडता से जुड़े महत्वपूर्ण प्रश्न थे, जिनके लिए सदियों से अनेक राष्ट्रीय नेता प्रयत्न करते चले आ रहे थे। उस समय भारत की जनता को भी इसी भाव को स्वर देने वाले नेता स्वीकार्य थे। स्वाभाविक रूप

से तिलक पहली पसंद बने। भारतीयों पर देशभक्ति का इतना प्रभाव पड़ा कि सुभाषचंद्र बोस ने अगस्त, 1920 में आई.सी.एस. चुने जाने पर उसे अस्वीकार कर दिया। बोस ने भारत मंत्री ई.एस. मांटेग्यू को पत्र लिखकर कहा कि आई.सी.एस. प्रोबेशनों की सूची से उनका नाम हटा दिया जाए।[4] बोस सोचते थे:

> 'हमें दस वर्ष में स्वराज मिल जाएगा और अगर हम कीमत चुकाने को तैयार हैं तो निश्चय ही उससे पहले मिल सकता है। कीमत है त्याग और कष्ट। केवल त्याग और कष्ट सहन की धरती पर ही राष्ट्र उत्थान की नींव डाली जा सकती है। अगर हम सब अपनी नौकरियों से चिपके रहें और केवल अपने हितों के प्रति सजग रहें तो मैं नहीं समझता कि हमें पचास वर्षों में भी स्वराज मिल सकता है। अगर प्रत्येक व्यक्ति नहीं तो कम-से-कम प्रत्येक परिवार को तो अब मातृभूमि के चरणों में अपनी श्रद्धा के सुमन अर्पित करने ही होंगे।'[5]

हंटर कमेटी की रिपोर्ट पर क्षोभ की लहर

जलियांवाला बाग नरसंहार के अपराधियों पर कड़ी कानूनी कार्रवाई के बजाय 28 मई, 1920 को आई हंटर कमेटी की रिपोर्ट से देश में निराशा और क्षोभ की लहर फैल गई। भारतीय सदस्यों और ब्रिटिश सदस्यों में रिपोर्ट को लेकर सहमति नहीं थी। मतभेद इस विषय पर था कि पंजाब का उपद्रव आकस्मिक था या पहले से निश्चित किया हुआ था। ब्रिटिश सदस्यों की राय थी कि यह पहले से निश्चित किया हुआ था और भारतीय सदस्यों की राय इसके विपरीत थी। भारत मामलों के सचिव एडविन सैमुअल मांटेग्यू का कहना था, 'जनरल डायर ने जैसा उचित समझा, उसके अनुसार बिल्कुल नेकनीयती के साथ काम किया। हालांकि उससे परिस्थिति को ठीक समझने में गलती हो गई।' इन बातों को लेकर देश में ब्रिटिश राज के विरुद्ध आक्रोश बढ़ता जा रहा था। तिलक इस विषय में कांग्रेस की नीतियों से सहमत नहीं थे। 30 मई, 1920 को बनारस में कांग्रेस महासमिति की बैठक हुई। उस दौरान तिलक बनारस से होकर गुजरे, लेकिन महासमिति की बैठक में शामिल नहीं हुए।[6]

दूसरी ओर, खिलाफत को लेकर मुसलमानों में खलबली बढ़ रही थी। प्रथम विश्वयुद्ध के समय ब्रिटिश प्रधानमंत्री के वचनों पर विश्वास करके भारत के मुसलमानों ने देश के बाहर जाकर तुर्की के मुसलमानों के साथ युद्ध किया था। जब युद्ध समाप्त हो गया तो मित्र राष्ट्रों ने एक उच्च आयोग नियुक्त किया, जो तुर्की का असली शासक बना दिया गया और वहां का खलीफा एक कैदी होकर रह गया। भारत के मुसलमानों

को लगा कि उनके साथ विश्वासघात हुआ है। उन्होंने खलीफा के अधिकार यथावत रखे जाने की मांग के साथ आंदोलन छेड़ दिया। इसके बाद अमृतसर में कांग्रेस नेताओं और मुस्लिम नेताओं ने बैठक करके महात्मा गांधी के नेतृत्व में खिलाफत आंदोलन चलाने का निर्णय किया। गांधी ने भी घोषणा कर दी कि यदि तुर्की के साथ संधि की शर्तें भारत के मुसलमानों के भावों के अनुकूल नहीं हुईं तो वे असहयोग आंदोलन करेंगे।[7]

तुष्टिकरण की शुरुआत

कांग्रेस उस दौरान ब्रिटिश सत्ता के विरुद्ध आंदोलन को प्रबल रूप देने के लिए हिंदू-मुस्लिम एकता स्थापित करने की तुष्टिकरण नीति पर काम कर रही थी*। खिलाफत आंदोलन का संचालन अखिल भारतीय खिलाफत कमेटी के अंतर्गत दो भाइयों शौकत अली और मोहम्मद अली द्वारा किया जा रहा था। शौकत अली ने तिलक से मुलाकात करके अनुरोध किया कि वे खिलाफत के विषय पर इलाहाबाद में होने जा रही मुस्लिम लीग की बैठक में आएं। तिलक ने जवाब दिया कि वे राष्ट्रीय नीति के संबंध में होने वाली कांग्रेस की बैठकों के अलावा अन्य किसी भी बैठक में शामिल नहीं होंगे। उस दौरान कलकत्ता में कांग्रेस का विशेष अधिवेशन बुलाए जाने की तैयारी चल रही थी। तिलक ने तय कर लिया था कि वे अधिवेशन की अध्यक्षता नहीं करेंगे और अगर उन पर दबाव बनाया गया तो इंग्लैंड चले जाएंगे। उनका मानना था कि गांधी के असहयोग आंदोलन का परिणाम यह होगा कि गांधी और अन्य नेताओं को गिरफ्तार कर लिया जाएगा। फिर जनता का मुद्दा बदल जाएगा और ब्रिटिश राज शासन सुधार के असली मुद्दों पर अमल करने के बजाए नेताओं को रिहा करके ही लोगों को शांत कर देगा।[8]

तिलक का स्वास्थ्य भी उन दिनों ठीक नहीं था। वे मलेरिया से पीड़ित थे। जुलाई, 1920 के दूसरे सप्ताह वे एक मुकदमे के सिलसिले में बंबई ठहरे हुए थे। गांधी और शौकत अली ने उनसे वहां मुलाकात की। तिलक ने खिलाफत और असहयोग आंदोलन को लेकर स्पष्ट विचार उनके सामने रखे। गांधी के अनुसार, असहयोग आंदोलन के बारे में तिलक का कहना था, 'यह कार्यक्रम मुझे ठीक लगता है, लेकिन जिस तरह का विरोधाभासी प्रस्ताव लोगों के सामने रखा जा रहा है, उससे आंदोलन को देश का समर्थन मिलने को लेकर मैं आशंकित हूं। मैं इसमें कोई बाधा नहीं पहुंचाऊंगा। मैं आपकी पूर्ण सफलता की कामना करता हूं और अगर आपको जनसमर्थन मिलता है

*1916 में कांग्रेस और मुस्लिम लीग के बीच हुआ लखनऊ समझौता ऐसा ही प्रयास था, जिसके अंतर्गत कांग्रेस ने मुसलमानों को निर्वाचन मंडलों में पृथक प्रतिनिधित्व देने की मांग स्वीकार कर ली। सहयोग की यह भावना और प्रगाढ़ हुई, जब गांधी और कांग्रेस के एक बड़े वर्ग ने खिलाफत आंदोलन को समर्थन देने की घोषणा की। (वॉल्टर एंडरसनः इकोनॉमिक एंड पॉलिटिकल वीकली, 11 मार्च, 1972)

तो आप मुझे एक उत्साहित समर्थक के रूप में पाएंगे।' इसके साथ ही, उन्होंने चेतावनी दी कि अगर मुसलमानों ने कौंसिल का बहिष्कार किया तो वे न्यायिक कार्रवाई करेंगे।[9] लेकिन इस बातचीत के एक अन्य पहलू का भी विवरण मिलता है, जिसे गांधी ने अपने संस्मरणों में दर्ज नहीं किया। तिलक के दौहित्र गजानन विश्वनाथ केटकर के अनुसार तिलक ने कहा:

> 'मैं तो सशस्त्र विद्रोह को भी संवैधानिक मानता हूं। कठिनाई यह है कि इस समय ऐसा करना संभव नहीं है। अगर कोई मुझे इतना भी आश्वासन दे कि सशस्त्र विद्रोह को सोलह में से आठ आने तक सफलता मिल जाएगी तो मैं विद्रोह शुरू कर दूंगा और बाकी ईश्वर पर छोड़ दूंगा। लेकिन आज हमारी चार आने की भी तैयारी नहीं है।'[10]

इस मुलाकात को एक पखवाड़ा बीता होगा कि तिलक की मृत्यु ने देश को झकझोरकर रख दिया। 31 जुलाई और 1 अगस्त की मध्यरात्रि 12 बजकर 45 मिनट पर उन्होंने अंतिम सांस ली।[11] मृत्यु से पहले सन्निपात में वे कह रहे थे, 'मुझे पूरा विश्वास है और आप लोग भी यकीन मानिए कि हिंदुस्तान को स्वराज्य अवश्य मिलेगा। इसके अलावा कोई और चारा नहीं है।'[12] ये उनके आखिरी वाक्य रह गए।

तिलक के देहावसान से देश स्तब्ध रह गया। इस दुखद सूचना ने डॉ. हेडगेवार को विचलित कर दिया। वे तुरंत डॉ. मुंजे से मिलने के लिए चल पड़े। उनका मन इतना उद्विग्न था कि रास्ते में कुछ बच्चे गेंद खेलते हुए दिखे तो उन्होंने डांट लगा दी कि लोकमान्य नहीं रहे और तुम यहां खेल रहे हो![13]

असहयोग आंदोलन

तिलक के देहावसान के कुछ ही घंटों बाद पूर्वनिर्धारित योजना के अनुसार असहयोग आंदोलन शुरू हो गया। गांधी ने ब्रिटिश राज द्वारा दी गई 'कैसर-ए-हिंद' की उपाधि लौटा दी। उसी दिन बंबई में खिलाफत समिति के तत्वावधान में एक बैठक हुई, जहां गांधी ने खिलाफत के विषय पर समिति द्वारा आंदोलन शुरू किए जाने के समर्थन में प्रस्ताव रखा और शौकत अली तथा अन्य व्यक्तियों ने इसका समर्थन किया।[14] गांधी ने खिलाफत आंदोलन को असहयोग आंदोलन से जोड़ दिया था, लेकिन इसके लिए कांग्रेस की स्वीकृति प्राप्त करनी बाकी थी। इसी के लिए सितंबर के महीने में कलकत्ता का विशेष अधिवेशन बुलाया गया। पहले यह अधिवेशन विजयवाड़ा में होना तय हुआ था, लेकिन बाद में कलकत्ता का चुनाव किया गया। यह सोचा गया कि

दक्षिण भारत में गांधी के कार्यक्रम को अधिक समर्थन नहीं मिलेगा, जबकि कलकत्ता में समर्थन जुटाना आसान होगा क्योंकि वहां के मुसलमानों की भावनाएं खिलाफत के विषय पर उद्वेलित हैं।[15]

गांधी ने अधिवेशन में रखे अपने प्रस्ताव में दो बिंदुओं पर असंतोष व्यक्त किया: (1) खिलाफत के विषय पर मुसलमानों को संतुष्ट कर पाने में ब्रिटिश सरकार की विफलता और (2) पंजाब प्रांत में बर्बर कार्रवाई करने वाले अफसरों को दंडित करने में ब्रिटिश सरकार की विफलता। इन दोनों विषयों में संतोषजनक कार्यवाही किए जाने तक सरकारी पदों-पदवियों, सरकारी समारोहों, सरकारी या सरकार द्वारा सहायता प्राप्त शिक्षण संस्थानों, ब्रिटिश न्यायालयों, कौंसिल चुनावों और विदेशी वस्तुओं के बहिष्कार का आह्वान किया गया। इस प्रस्ताव का विरोध हुआ। चितरंजन दास, बिपिनचंद्र पाल आदि नेताओं ने गांधी के कार्यक्रम में संशोधन किए जाने के प्रस्ताव रखे, जो भारी मतों से पराजित हुए। न्यायाधीश के पद से सेवानिवृत्त होकर राजनीति में आए आशुतोष चौधरी ने विरोध को देखते हुए गांधी के प्रस्ताव पर विचार करने के लिए अतिरिक्त समय लेने का सुझाव दिया, लेकिन यह प्रस्ताव भी अल्पमत के कारण पारित नहीं हो सका।[16] अंततः 7 मतों के साधारण बहुमत से गांधी का प्रस्ताव विषय समिति में पारित हो गया।[17]

अध्यक्षता से असहमत अरविंद

कलकत्ता अधिवेशन के निर्णयों को देखकर तिलक समर्थकों ने कांग्रेस की बागडोर संभालने के लिए एक ऐसे चेहरे की तलाश शुरू की, जो तिलक के राष्ट्रीय विचारों का प्रतिनिधित्व करते हों। नागपुर में तिलक समर्थकों का प्रतिनिधित्व डॉ. केशव बलिराम हेडगेवार और डॉ. बालकृष्ण शिवराम मुंजे करते थे। उस समय मुंजे नागपुर प्रांतीय कांग्रेस कमेटी के अध्यक्ष थे और डॉ. हेडगेवार नागपुर शहर कांग्रेस के संयुक्त सचिव थे। आगामी नागपुर अधिवेशन के लिए बनी स्वागत समिति में भी डॉ. हेडगेवार शामिल थे; अध्यक्ष जमनालाल बजाज और महामंत्री डॉ. मुंजे के साथ वे प्रमुख भूमिका में थे। डॉ. हेडगेवार को इस राजनीतिक संकट की घड़ी में एक नाम याद आया, जो क्रांतिकारी विचारधारा से जुड़े भारतीयों के लिए प्रेरणा के स्रोत थे, लेकिन कई वर्षों से राजनीति से स्वघोषित निर्वासन लेकर अध्यात्म की ओर बढ़ चले थे। वे थे अरविंद घोष, जो अपनी जन्मभूमि और सशस्त्र विद्रोह के केंद्र बंगाल को छोड़कर ब्रिटिश भारत के बाहर पांडिचेरी में बस जाने के बाद श्री अरविंद बन गए थे। इससे पहले के दौर में भी तिलक और अरविंद की निकटता को देशव्यापी लोकप्रियता प्राप्त हुई। उस दौर में तिलक को प्यार से 'बड़े दादा' और अरविंद को

'छोटे दादा' कहा जाता था।[18]

डॉ. हेडगेवार से विचार-विमर्श के बाद मुंजे ने अरविंद को संदेश भेजकर दिसंबर, 1920 में होने जा रहे नागपुर अधिवेशन की अध्यक्षता करने के लिए उन्हें आमंत्रित किया। अरविंद इस प्रस्ताव से सहमत नहीं हुए। मुंजे के पुनः आग्रह करने पर उन्होंने 30 अगस्त, 1920 को अपनी स्थिति स्पष्ट करते हुए लिखाः

> जैसा कि मैं आपको तार भेजकर पहले ही बता चुका हूं, मैं नागपुर कांग्रेस की अध्यक्षता के आपके प्रस्ताव को स्वीकार करने में स्वयं को असमर्थ पाता हूं। राजनीतिक क्षेत्र में भी कई कारण हैं, जो मेरी राह में बाधा बनने ही थे। सबसे पहले तो मैंने न कभी कांग्रेस पंथ में व्यक्तिगत आस्था प्रकट की है और न ही भविष्य में ऐसा करने वाला हूं क्योंकि मेरा अपना पंथ अलग स्वरूप का है। दूसरे, ब्रिटिश भारत से अवकाश लेने के बाद से मैंने एक नया दृष्टिकोण विकसित किया है, जो उस दौर के मेरे दृष्टिकोण से बहुत अलग है। चूंकि यह दृष्टिकोण मौजूदा वास्तविकताओं से पृथक है और मैं वर्तमान राजनीतिक मुख्यधारा का अनुसरण नहीं करता हूं, इसलिए मैं स्वयं को लज्जित ही पाऊंगा कि कांग्रेस से कहूं तो क्या कहूं! अभी तक जो कुछ भी किया जा रहा है, उसके प्रति मेरी पूरी सहानुभूति है क्योंकि इसका उद्देश्य भारत को स्वतंत्र करवाना है। लेकिन मैं स्वयं को किसी भी पार्टी के कार्यक्रम से जोड़ नहीं पाता हूं।
>
> कांग्रेस का अध्यक्ष वास्तव में कांग्रेस का प्रवक्ता होता है और अध्यक्ष की कुर्सी पर बैठकर कांग्रेस की कथनी-करनी से सर्वथा अलग, विशुद्ध व्यक्तिगत उद्घोषणाएं करना हास्यास्पद रूप से अटपटा लगेगा। इतना ही नहीं, आजकल अध्यक्ष पर अखिल भारतीय कांग्रेस कमेटी और पूरे वर्ष के कांग्रेस कार्यक्रमों सहित अन्य संभावित आपातकालीन परिस्थितियों से संबंधित दायित्व भी होता है। अपनी संवैधानिक आपत्तियों और संभवतया आधिकारिक कर्तव्यों की पूर्ति में अक्षमता के अलावा, मैं इन दायित्वों के निर्वहन में भी असमर्थ रहूंगा क्योंकि अपने नियत कार्यक्रम का अचानक परित्याग करके तुरंत ब्रिटिश भारत में बस जाना मेरे लिए असंभव है। किसी भी परिस्थिति में ये सभी कारण आपके प्रस्ताव को स्वीकृति देने में मेरे समक्ष बाधा बनने ही वाले थे। फिर भी, मुख्य कारण यह है कि मैं अब एक विशुद्ध राजनीतिक नहीं

रहा बल्कि मैंने निश्चित रूप से एक अन्य काम प्रारंभ कर रखा है, जो आध्यात्मिक, सामाजिक और आर्थिक पुनर्गठन का लगभग क्रांतिकारी स्वरूप का कार्य है। मैं इस तरह का प्रायोगिक परीक्षण तैयार कर रहा हूं, जिसके लिए मेरा संपूर्ण ध्यान और सारी बची हुई शक्ति चाहिए। वर्तमान दौर के राजनीतिक कार्य को इसके साथ संयुक्त कर पाना मेरे लिए असंभव है। व्यावहारिक रूप से मुझे इसे छोड़ देना चाहिए था, लेकिन मैं ऐसा नहीं कर सकता क्योंकि मैंने इसे अपने शेष जीवन का ध्येय बना लिया है। आपके निमंत्रण का उत्तर देने में मेरी असमर्थता का वास्तविक कारण यही है।

मैं कह सकता हूं कि मुझसे तिलक का स्थान लेने के लिए कहकर आप एक गलत चुनाव कर रहे हैं। भारत में इस समय कोई भी व्यक्ति या कम-से-कम कोई भी ज्ञात व्यक्ति यह स्थान लेने के योग्य नहीं है, मैं तो सबसे कम योग्य हूं। मैं पूरे प्राण से एक आदर्शवादी हूं और मेरा उपयोग तभी हो सकता है, जब कोई प्रचंड कार्य करना हो, जब एक उग्र या क्रांतिकारी धारा अपनानी हो (मेरा तात्पर्य हिंसक क्रांति से नहीं है), जब किसी आदर्श लक्ष्य और प्रत्यक्ष विधि के साथ एक आंदोलन प्रेरित तथा संगठित करना हो। तिलक की 'प्रत्यत्नपूर्ण सहयोग', सतत संघर्ष और प्रतिरोध की नीति जब भी आवश्यकता पड़े (और वर्तमान परिस्थितियों में यह अक्सर पड़ेगी), निस्संदेह असहयोग और परोक्ष प्रतिरोध के कुछ स्वरूपों का एकमात्र विकल्प है। लेकिन इसे सफल बनाने के लिए उनके जैसे ही लचीलेपन, कौशल और समर्पण से युक्त व्यक्ति की आवश्यकता होगी। मुझमें लचीलापन और कौशल नहीं है, कम-से-कम जैसा चाहिए वैसा तो नहीं। मैं केवल समर्पण दे सकता हूं, अगर यह मानकर चलें कि मैंने वर्तमान नीति को स्वीकार कर लिया है, जो कि मैं व्यावहारिक रूप से कर नहीं सकता क्योंकि नई परिषद में शामिल होने के लिए मुझे कोई भी चीज प्रेरित नहीं कर सकती।

दूसरी तरफ, केवल पंजाब के कुछ अधिकारियों को दंड दिलवाने और इतिहास में सिमट चुके तुर्की साम्राज्य को पुनर्जीवित करने के लिए असहयोग का व्यापक आंदोलन अनुपात और साधारण समझ दोनों के बारे में मेरे दृष्टिकोण को अचंभित करता है। मैं तो इसे केवल 'सरकार को लज्जित करने' और मिस्र तथा आयरलैंड की पद्धति पर स्वाधीनता संघर्ष आरंभ करने के लिए ताजा असंतोषों पर नियंत्रण प्राप्त करने के

माध्यम के रूप में ही देख पाता हूं, हालांकि निस्संदेह इसे हिंसा से मुक्त रखा गया है। अगर पूर्व में उद्धृत कारण मुझे बाध्य नहीं कर रहे होते तो भी मैं राजनीति में पुनः सक्रिय एक ऐसे कार्यक्रम के साथ ही हो सकता था, जिसमें कांग्रेस की विचारधारा, कार्यशैली, संगठन और नीति में आमूलचूल परिवर्तन सम्मिलित होता और जिससे कांग्रेस एक राजनीतिक आंदोलन मात्र रहने के बजाए राष्ट्रीय पुनर्निर्माण का केंद्र बनती। दुर्भाग्यवश अतीत की पद्धतियों से निर्मित राजनीतिक मस्तिष्कों और आदतों के कारण इस समय यह कर पाना दुष्कर है। मुझे लगता है, आप समझ सकेंगे कि इन विचारों के साथ मेरे लिए पहल करना संभव नहीं है और अध्यक्ष के रूप में तो कत्तई नहीं। क्या मैं यह मंतव्य रख सकता हूं कि कांगेस किसी एक व्यक्ति पर निर्भर नहीं रह सकती और वह भी ऐसा व्यक्ति, जो लंबे समय से गुमनामी में जी रहा हो? जो मित्र यह सोचकर मुझे बुला रहे हैं कि नागपुर कांग्रेस मेरे बिना प्रेरणादायक नहीं होगी, वे निश्चित रूप से गलत सोच रहे हैं। राष्ट्रीय आंदोलन निस्संदेह इतना प्रबल हो चुका है कि यह अपने ही विचारों से प्रेरणा लेता जाएगा, विशेष रूप से अभी के तनावपूर्ण दौर में।

निराश करने के लिए क्षमा चाहता हूं, लेकिन मैंने बाध्यकारी कारणों का उल्लेख कर दिया है और इनसे बचने का रास्ता मैं नहीं देख पा रहा हूं।[19]

नागपुर अधिवेशन और हेडगेवार

अरविंद के जवाब से डॉ. हेडगेवार और डॉ. मुंजे ने हार नहीं मानी; उन्होंने आपस में विचार करके पांडिचेरी जाने का फैसला किया। डॉ. हेडगेवार के निकट सहयोगियों के संस्मरणों से उनके ट्रेन से पांडिचेरी जाकर अरविंद से बात करने लेकिन अरविंद के तैयार नहीं होने का उल्लेख मिलता है। अध्यक्ष पद के चुनाव के लिए सिंध प्रांत ने भी अरविंद का नाम भेजा था। सबसे अधिक समर्थन विजय राघवाचार्य को मिला; 12 में से 6 प्रांतों ने उनके नाम की सिफारिश की। डॉ. हेडगेवार ने उस दौरान राघवाचार्य के नाम पर आपत्ति प्रकट की क्योंकि वे कुछ दिनों पहले गवर्नर की पार्टी में गए थे। लेकिन बहुमत होने के कारण राघवाचार्य को अध्यक्ष चुन लिया गया।[20] उनकी अध्यक्षता में नागपुर अधिवेशन की तैयारियां शुरू हुईं।

डॉ. हेडगेवार को प्रांतीय कांग्रेस की असहयोग परिषद में शामिल किया गया। उनका काम परिषद की बैठकें आयोजित करवाना होता था। अधिवेशन से जुड़ी व्यवस्थाओं के लिए 1200 स्वयंसेवकों का दल तैयार करने में भी उनकी भूमिका रही। इस दल

का नाम 'राष्ट्रीय स्वयंसेवक मंडल' रखा गया।[21] स्वयंसेवक खाकी गणवेश और साफा पहने होते थे।[22] इस अधिवेशन में डॉ. हेडगेवार की सक्रिय भूमिका के बारे में क्रांतिकारी नलिनीकिशोर गुहा ने अपने संस्मरणों में लिखा:

> हम लोग ब्रिटिश सम्राट के ऐलान द्वारा जेल से मुक्त होकर आए। प्रत्यक्ष राजनीति में भाग लेने की संभावना के बारे में चर्चा हो रही थी। छात्र और युवक संस्था के सृजन का काम शुरू हो गया। उसी दौरान डॉ. केशवराव हेडगेवार का पत्र आया, जिसमें सैनिक अनुशासन से युक्त स्वयंसेवक दल बनाने का प्रस्ताव था। हम 1920 के नागपुर कांग्रेस अधिवेशन में गए, अनुशीलन दल के सभी नेता आए थे। वहां डॉ. हेडगेवार को हमने उसी विप्लवी मित्र के स्वरूप में पाया। नागपुर अधिवेशन में स्वयंसेवकों के नेतृत्वकर्ता के रूप में उनकी कर्मठता और संगठन शक्ति देखकर हम सब प्रसन्न हुए। अधिवेशन में आए प्रतिनिधियों के प्रत्येक शिविर में जाकर हमने परिचय किया। उस दौरान व्यस्तता के बीच भी केशव हमारे साथ कई शिविरों में गए।[23]

डॉ. हेडगेवार की नेतृत्व क्षमता को नागपुर अधिवेशन में पूरी तरह महसूस किया गया। यह कांग्रेस के तत्कालीन इतिहास का सबसे विशाल अधिवेशन था; कुल 14,652 लोग इसमें शामिल हुए। चितरंजन दास अपनी जेब से 36 हजार रुपए खर्च करके पूर्वी बंगाल और असम से 250 प्रतिनिधि साथ लेकर आए। नागपुर अधिवेशन में गांधी एकछत्र नेता के रूप में उभरे। बिपिनचंद्र पाल, मदनमोहन मालवीय, गणेश खापर्डे, मोहम्मद अली जिन्ना जैसों पर वे भारी पड़ रहे थे। तीन महीने पहले कलकत्ता अधिवेशन में गांधी से खुलकर असहमति जता चुके लाला लाजपत राय और चितरंजन दास भी उनके पक्ष में आ गए। दास ने ही नागपुर में असहयोग संबंधी प्रस्ताव आगे किया और लाजपत राय ने उसका समर्थन किया।[24]

कांग्रेस के संगठनात्मक ढांचे में भी व्यापक परिवर्तन हुए। उस समय तक केवल बड़े-बड़े शहरों में ही कांग्रेस की शाखाएं थीं, जिनमें भी योजनाबद्ध तरीके से करने को पूरे वर्ष ही कुछ काम नहीं रहता था। नागपुर से सारे देश में कांग्रेस के पुनर्गठन का फैसला किया गया। सबसे छोटी इकाई 'ग्राम कांग्रेस समिति' रखी गई। ऐसी कई इकाइयों से मिलकर 'केंद्रीय कांग्रेस समिति' बनाई गई। इसी प्रकार सब-डिवीजन (तालुका या तहसील), जिलों और प्रांतों की अखिल भारतीय समितियां बनाने की व्यवस्था की गई। अखिल भारतीय कांग्रेस कमेटी में 350 सदस्य रखे गए, इनमें प्रांतों

के चुने हुए प्रतिनिधि होते थे। यह समिति 15 सदस्यों की कार्य समिति को चुनती थी, जो सारे देश के लिए कांग्रेस की सर्वोच्च कार्यकारिणी होती थी।[25]

इस अधिवेशन ने डॉ. हेडगेवार को निराशा दी, लेकिन उन्होंने राजनीतिक प्रयासों से खुद को अलग नहीं किया। कांग्रेस-हिंदू महासभा और क्रांतिकारियों से उनकी निकटता बनी रही।

संदर्भ सूची

1. भाऊराव देवरस: आत्मकथ्य/ प्रेरणा पुरुष भाऊराव, संपादक-देवेंद्र स्वरूप, दीनदयाल शोध संस्थान, नई दिल्ली, 1993, पृष्ठ 308
2. वी.एस. नॉयपाल: भारत-एक आहत सभ्यता, प्रभात प्रकाशन, नई दिल्ली, 2006, पृष्ठ 22
3. जवाहरलाल नेहरू: मेरी कहानी, सस्ता साहित्य मंडल, नई दिल्ली, 2002, पृष्ठ 75
4. नेताजी संपूर्ण वांगमय, खंड 1, प्रकाशन विभाग, सूचना और प्रसारण मंत्रालय, भारत सरकार, 2009, पृष्ठ 217
5. वही, पृष्ठ 212
6. डॉ. बी. पट्टाभि सीतारामय्या: कांग्रेस का इतिहास, खंड 1, सस्ता साहित्य मंडल, नई दिल्ली, 2009, पृष्ठ 156
7. वही, पृष्ठ 150
8. धनंजय कीर: लोकमान्य तिलक, पॉपुलर प्रकाशन, मुंबई, 2016, पृष्ठ 426
9. एम.के. गांधी: रेमिनिसेंसेज एंड एनिक्डॉट्स ऑफ लोकमान्य तिलक, खंड 1, केसरी प्रेस, पूना, 1924, पृष्ठ 514
10. जी.वी. केटकर: रेमिनिसेंसेज एंड एनिकडॉट्स ऑफ लोकमान्य तिलक, खंड 1, केसरी प्रेस, पूना, 1924, पृष्ठ 26
11. धनंजय कीर: लोकमान्य तिलक, पॉपुलर प्रकाशन, मुंबई, 2016, पृष्ठ 432
12. गंगाधर गाडगिल: दुर्दम्य, भारतीय ज्ञानपीठ, नई दिल्ली, 2003, पृष्ठ 557-559
13. ना.ह. पालकर: डॉ. हेडगेवार चरित, लोकहित प्रकाशन, लखनऊ, 2020, पृष्ठ 90
14. संपूर्ण गांधी वांगमय, खंड 18, सूचना और प्रसारण मंत्रालय, भारत सरकार, 1966, पृष्ठ 117-119
15. एम.आर. जयकर: द स्टोरी ऑफ माय लाइफ, खंड 1, एशिया पब्लिशिंग हाउस, मुंबई, 1958, पृष्ठ 393
16. वही, पृष्ठ 393-394
17. डॉ. बी. पट्टाभि सीतारामय्या: हिस्ट्री ऑफ द इंडियन नेशनल कांग्रेस, खंड 1, एस. चांद एंड कंपनी, दिल्ली, 1969, पृष्ठ 200
18. नेताजी संपूर्ण वांगमय, खंड 1, प्रकाशन विभाग, सूचना और प्रसारण मंत्रालय, भारत सरकार, 2009, पृष्ठ 54

19. द कंप्लीट वर्क्स ऑफ श्री अरविंद, खंड 36, श्री अरविंद आश्रम प्रकाशन विभाग, पांडिचेरी, 2006, पृष्ठ 257-259
20. ना.ह. पालकर: डॉ. हेडगेवार चरित, लोकहित प्रकाशन, लखनऊ, 2020, पृष्ठ 92-93
21. वॉल्टर एंडरसन: इकोनॉमिक एंड पॉलिटिकल वीकली, 11 मार्च, 1972
22. ना.ह. पालकर: डॉ. हेडगेवार चरित, लोकहित प्रकाशन, लखनऊ, 2020, पृष्ठ 95
23. नलिनीकिशोर गुहा: डॉ. हेडगेवार प्रेरक जीवन प्रसंग, लोकहित प्रकाशन, लखनऊ, 1988, पृष्ठ 109-110
24. डॉ. बी. पट्टाभि सीतारामय्या: हिस्ट्री ऑफ द इंडियन नेशनल कांग्रेस, खंड 1, एस. चांद एंड कंपनी, दिल्ली, 1969, पृष्ठ 206-207
25. नेताजी संपूर्ण वांगमय, खंड 2, प्रकाशन विभाग, सूचना और प्रसारण मंत्रालय, भारत सरकार, पृष्ठ 8

हिंदुस्थान के अधिपति हिंदुस्थानी

नागपुर अधिवेशन के बाद डॉ. हेडगेवार ने अपने मित्रों के साथ बैठकर भविष्य की योजना पर चर्चा की। असहयोग आंदोलन की सफलता को लेकर उनके मन में आशंकाएं थीं, हालांकि वे मानते थे कि इससे कुछ हद तक जनता को जाग्रत अवश्य किया जा सकेगा। लेकिन एक वर्ष में स्वराज पाने का लक्ष्य उनकी नजर में व्यावहारिक नहीं था। उनकी एक बड़ी चिंता यह थी कि भारत में ईसाई, पारसी, यहूदी सहित विभिन्न धर्मों के लोग रहते हैं, लेकिन सभी धर्मों के बजाए केवल हिंदू-मुस्लिम की एकता पर जोर दिया जाता है; इससे मुसलमानों में पृथकतावादी मानसिकता बलवती होगी और यह मानसिकता उन्हें भारत की संस्कृति में रचने-बसने की अनुमति नहीं देगी। इन विचारों के बावजूद तात्कालिक प्रमुख विषय स्वतंत्रता का था। अंततः उन्होंने असहयोग आंदोलन में भाग लेने का निश्चय कर लिया। उन्होंने जनता से सीधा संवाद करने के लिए ग्रामीण क्षेत्रों का दौरा शुरू किया। बंबई और उसके आस-पास के कस्बों में भी उनके दौरे हुए। ब्रिटिश राज के प्रति आक्रोश, भारत की स्वतंत्रता को लेकर व्याकुलता और नपे-तुले शब्दों के साथ दृढ़तापूर्वक अपनी बात रखने की कुशलता के कारण जनता उनके प्रति आकृष्ट होने लगी।

1921 के शुरुआती दिनों में डॉ. हेडगेवार और डॉ. मुंजे ने भंडारा, खापा, केलवद, तलेगांव, दशसहस्र, देवली, वर्धा, बोरी सहित अनेक स्थानों पर जनसभाओं को संबोधित किया। उनके भाषणों को समाचार पत्रों में प्रमुखता से जगह दी गई। इस दौरान कई स्थानों पर विदेशी कपड़ों की होली जलाई गई। डॉ. हेडगेवार के स्वतंत्रता से ओत-प्रोत भाषणों के कारण ब्रिटिश राज ने 23 फरवरी, 1921 को उन पर एक महीने का प्रतिबंध लगा दिया। जिलाधिकारी सिरिल जेम्स इरविन ने अपने आदेश में लिखा, 'आप एक महीने तक किसी तरह का भाषण नहीं देंगे। ऐसी किसी भी सार्वजनिक सभा का आयोजन नहीं करेंगे, जिसमें पांच या उससे अधिक व्यक्ति

शामिल हों।' लेकिन डॉ. हेडगेवार ने इस आदेश के बाद भी भाषण देना जारी रखा। मई, 1921 में उनके खिलाफ राजद्रोह का मुकदमा दर्ज कर दिया गया। महत्वपूर्ण यह है कि प्रतिबंध के उल्लंघन को मुकदमे का आधार नहीं बनाया गया, बल्कि नागपुर के पास काटोल और भरतवाड़ा में 24 अक्टूबर, 1920 को दिए गए उनके पूर्व के भाषणों के आधार पर अभियोग चला।[1]

31 मई, 1921 को मुकदमे की सुनवाई नागपुर के मजिस्ट्रेट सिराज अहमद की अदालत में शुरू हुई और कुछ ही देर बाद 13 जून की तारीख दे दी गई। अगली तारीख पर मुकदमा न्यायाधीश बी.ए. स्मेली* के पास स्थानांतरित कर दिया गया। डॉ. हेडगेवार की ओर से नागपुर के प्रमुख वकीलों आर. बोबड़े**, विश्वनाथराव केलकर, बाबासाहब पाध्ये, बाबूराव हरकरे और बलवंतराव मंडेलकर ने पैरवी की। स्मेली की अदालत में पहले दिन पुलिस सब इंस्पेक्टर आबाजी की गवाही हुई और दूसरे दिन डॉ. हेडगेवार के वकील बोबड़े ने बहस शुरू की। उनका कहना था कि डॉ. हेडगेवार का भाषण समकालीन राजनीतिक विषय पर केंद्रित होता है, अतः उसे समझने और उसकी व्याख्या करने के लिए बुनियादी राजनीतिक ज्ञान आवश्यक है। तब उन्होंने कुछ सवाल सरकारी गवाह आबाजी के सामने रखे:

'क्या आप राजनीतिक विषयों पर लिखने वाले समाचार पत्रों और पत्रिकाओं को पढ़ते हैं?'

'आपने कांग्रेस के द्वारा पारित असहयोग आंदोलन के प्रस्ताव को कितनी बार पढ़ा है?'

'क्या आपने महात्मा गांधी के लेखों को पढ़ा है?'

स्मेली ने प्रत्येक सवाल पर आपत्ति की, लेकिन बोबड़े अपने प्रश्नों पर अटल रहे। उन्होंने आबाजी से पूछा, 'क्या असहयोग आंदोलन को शांतिपूर्वक और बिना हिंसात्मक कार्रवाई के चलाने का संकल्प किया गया है?' आबाजी ने जवाब देने के लिए सरकारी वकीलों से मदद मांगी। फिर बोबड़े ने अगला सवाल किया, 'लोग किस प्रकार का स्वराज्य चाहते हैं?' आखिरकार स्मेली ने बोबड़े के सवालों से परेशान होकर उन्हें 'अप्रासंगिक', 'बेमतलब' और 'उद्देश्यहीन' बताते हुए मुकदमे को अगली तारीख तक स्थगित कर दिया।

---

*बी.ए. स्मेली 1920 के दशक में नागपुर में न्यायाधीश के पद पर रहे। 1931 में मध्य प्रांत और बरार की जनगणना रिपोर्ट तैयार करने से जुड़े प्रशासनिक लोगों में उनका नाम प्रमुख है। 1940 में वर्धा के डिप्टी कमिश्नर बनाए गए। 1941 में मध्य प्रांत और बरार सरकार में कृषि सचिव नियुक्त हुए।

**रामचंद्र पंत बोबड़े 1880 से 1900 तक चांदा (चंद्रपुर) और बाद में नागपुर के प्रसिद्ध अधिवक्ता रहे। उनके पुत्र श्रीनिवास रामचंद्र बोबड़े और पौत्र अरविंद श्रीनिवास बोबड़े भी महाराष्ट्र के प्रमुख वकीलों में रहे। इसकी अगली पीढ़ी में शरद अरविंद बोबड़े हुए, जो भारत के मुख्य न्यायाधीश बने।

20 जून को मुकदमे की कार्रवाई में नाटकीय मोड़ आया। बहस के दौरान बोबड़े ने आबाजी से पूछा, 'क्या यह सत्य नहीं है कि डॉ. हेडगेवार ने अपने भाषण में यह कहा कि भारत सिर्फ भारतवासियों का है?' स्मेली ने पहले की तरह ही प्रश्न को अप्रासंगिक घोषित करके लिखने से साफ मना कर दिया। बोबड़े ने क्रोधित होकर स्मेली पर पूर्वाग्रह से ग्रसित होने और स्वतंत्र बहस को रोकने का आरोप लगाया। उन्होंने न्यायालय का बहिष्कार करते हुए खुद को मुकदमे से अलग करने का फैसला कर लिया।[2]

बोबड़े के अलग हो जाने पर डॉ. हेडगेवार ने स्वयं अपना मुकदमा लड़ने का फैसला किया। 25 जून को उन्होंने न्यायाधीश बदलने के संबंध में आवेदन किया। उन्होंने लिखा, 'श्री स्मेली को मराठी का कामचलाऊ ज्ञान भी नहीं है। भाषण और बयान सब मराठी में हैं। फिर उनके लिए मुकदमा समझना असंभव है। अतः वह इस मुकदमे के लिए पूरी तरह से अपात्र हैं। इसका प्रमाण न्यायाधीश का कोरा कागज है। 14 जून को लंबी बहस के बावजूद वे एक शब्द भी नहीं लिख पाए। इतना ही नहीं, श्री स्मेली का राजनीतिक ज्ञान और समझ भी शून्य है; तभी तो आरोपी के वकील द्वारा पूछे गए प्रश्नों पर वे आपत्ति उठाते रहे। पहले प्रत्येक प्रश्न का उद्देश्य वे समझते, तभी कार्यवाही आगे बढ़ पाती। समझ में कमी के कारण वे प्रश्नों को अभियोग से असंगत, असंबद्ध और अप्रासंगिक घोषित करते रहे। यदि इन प्रश्नों को खारिज नहीं किया जाता तो सरकारी गवाह को उत्तर देने के लिए कहा जाता, इससे यह प्रमाणित हो जाता कि मेरे भाषण में 'राजद्रोह' का कोई अंश नहीं था।'[3]

डॉ. हेडगेवार का यह आवेदन खारिज कर दिया गया और स्मेली की अदालत में ही सुनवाई जारी रखने का फैसला हुआ। 27 जून को स्मेली ने डॉ. हेडगेवार को लिखित में बयान देने को कहा, लेकिन वे सरकारी गवाहों के बयान पूरे होने के बाद ही अपना लिखित बयान देने के फैसले पर अडिग रहे। 8 जुलाई को डॉ. हेडगेवार ने काटोल के सर्किल इंस्पेक्टर गंगाधर राव से बहस की। डॉ. हेडगेवार के पूछने पर सर्किल इंस्पेक्टर ने बताया, 'सभा रात करीब पौने आठ बजे खत्म हो गई थी। हम लोग लालटेन की रोशनी में रिपोर्ट लिख रहे थे।' इस पर डॉ. हेडगेवार ने कहा कि वे बिल्कुल अंधेरे में बैठे थे, उनके पास लालटेन भी नहीं थी। यह भी तर्क दिया कि वे शुद्ध मराठी बोलते हैं, लेकिन सर्किल इंस्पेक्टर ने अपनी रिपोर्ट में 'बायकोचा पोर' जैसे अशुद्ध शब्द लिखे हैं। इस पर सर्किल इंस्पेक्टर ने कहा, 'मुझे व्याकरण का पूरा ज्ञान नहीं है। मैं अपनी मां से तेलुगू और पत्नी से मराठी में बात करता हूं। एक मिनट में औसतन 25-30 शब्द ही लिख पाता हूं। कभी-कभी पूरा वाक्य तो कई बार उसका सार ही लिख लेता था। सार लिखने के लिए पूरा वाक्य सुनने की जरूरत नहीं होती

है। आपने जैसे बोला, मैंने उसका सार लिख लिया। जिस बात को मैं समझ नहीं पाता था, उसका सार मैं दूसरों से पूछ लेता था। भाषण के दौरान जब वक्ता दूसरे से बात करता, उस समय मैं सार लिख लेता था। डॉ. हेडगेवार प्रति मिनट 25–30 शब्द बोलते थे। इस दौरान दूसरे लोगों की तरह मैं भी उनके भाषण से प्रभावित हुआ। लेकिन मुझे पता था कि भाषण में सब कुछ झूठ बोला गया।' इस पर डॉ. हेडगेवार ने न्यायाधीश स्मेली से कहा कि सर्किल इंस्पेक्टर भाषण लिखने में कितने पारंगत है, इसकी परीक्षा लेने की अनुमति दी जाए। लेकिन न्यायाधीश ने अनुमति नहीं दी। इसके बाद डॉ. हेडगेवार ने न्यायालय में पेश किए गए भाषण को अपना मानने से इनकार कर दिया। उन्होंने कहा:

> 'मैं प्रति मिनट औसतन 200 शब्द बोलता हूं। ऐसे में मेरे भाषण की रिपोर्ट तैयार करने आए अनुभवहीन सिपाही तो भाषण का आठवां हिस्सा भी नहीं लिख पाए होंगे। इसलिए गवाह की ओर से प्रस्तुत रिपोर्ट अधूरे वाक्यों और शब्दों से भरी पड़ी है। यह भी साबित हो गया है कि इन्होंने कल्पना शक्ति और याददाश्त के जरिए भाषण की रिपोर्ट तैयार की है। इस रिपोर्ट से यह पता नहीं चलता कि मैंने कैसे और क्या कहा था। भरतवाड़ा में जब मैं भाषण दे रहा था तो वहां पूरी तरह से अंधेरा था। उसमें पेंसिल और कागज तक नहीं दिखाई पड़ते थे। ऐसे में मेरे भाषण को लिखना संभव नहीं था। उस समय पुलिस के पास लालटेन या उस जैसी अन्य कोई वस्तु नहीं थी। इसलिए मेरे भाषण की जो रिपोर्ट दी गई है, वह पूरी तरह से मनगढ़ंत है। इसमें यह दिखाने का प्रयास किया गया है कि जन आंदोलन को कुचलने के लिए पुलिस कितना श्रम कर रही है। इससे यह साफ है कि पुलिस ने बाद में इस रिपोर्ट को परिकल्पना से बनाया है। कोई भी पढ़ा-लिखा व्यक्ति इस रिपोर्ट को पढ़कर तुरंत बता देगा कि यह झूठ का पुलिंदा है। शायद इसी भय के चलते न्यायालय में रिपोर्ट के कुछ अंश पढ़े भी नहीं गए। इससे साफ है कि यदि निष्पक्षता से मुकदमा चला होता तो गवाहों की असलियत सामने आ जाती। गंगाधर राव ने अपनी रिपोर्ट लेने की कला और मेरे भाषण की गति के संबंध में जो भी कहा, उसे सुनकर किसी भी न्यायसम्मत व्यक्ति को सहज ही समझ आ जाएगा कि रिपोर्ट में दम नहीं है।'[4]

दृढ़तापूर्वक अपने तर्क अदालत के सामने रखने के बाद डॉ. हेडगेवार ने कहा कि ब्रिटिश राज उनके भाषण को राजद्रोह समझने को स्वतंत्र है, उन्हें ईश्वर के न्याय पर पूरा भरोसा है। उन्होंने अन्य गवाहों से बहस करने की अनुमति मांगी, जो उन्हें नहीं दी गई। स्मेली ने मुकदमा अगले दिन तक टाल दिया। उस दिन डॉ. हेडगेवार ने अपना लिखित बयान दिया। उन्होंने लिखा:

> 'मुझ पर आरोप लगाया गया है कि मेरे भाषण ब्रिटिश राज के कानूनों के खिलाफ हैं। इनसे हिंदुस्थानियों और यूरोपीय लोगों के बीच वैमनस्यता की भावना पैदा होगी। मुझसे इस बारे में सफाई मांगी गई है। मैं इसे अपना और हिंदुस्थान का अपमान मानता हूं कि एक हिंदुस्थानी के किए गए कार्य की जांच विदेशी सत्ता कर रही है। मुझे नहीं लगता कि हिंदुस्थान में कोई न्याय व्यवस्था है। यदि कोई ऐसा कहता है तो मुझे अचरज ही होगा। हिंदुस्थान में दमनकारी शक्तियों की ओर से थोपा गया डर का राज्यतंत्र है। कानून उसका सेवक है और न्यायालय उसके मनोरंजन के साधन हैं। दुनिया में चाहे कोई भी जगह हो, मान्यता उसी शासन व्यवस्था को मिलती है, जो जनता की भलाई के लिए और जनता की ओर से चुनी गई होती है। इससे इतर जो भी शासन व्यवस्थाएं हैं, वे कपटी लोगों द्वारा दूसरों को लूटने के लिए बनाई गई हैं। मैंने हिंदुस्थानियों के मन में देशभक्ति का तीव्र भाव पैदा करने का प्रयास किया है। मैंने उन्हें यह समझाने का प्रयास किया है कि हिंदुस्थान केवल हिंदुस्थानियों का है। यदि एक हिंदुस्थानी की इस राष्ट्रभक्ति को राजद्रोह और हिंदुस्थानियों तथा यूरोपीय लोगों में वैमनस्यता बढ़ाने वाला बताया जा रहा है तो स्वयं को भारत सरकार कहने वाली यूरोपीय शासन व्यवस्था को मान लेना चाहिए कि उनकी वापसी का समय आ चुका है। मेरे भाषण का सार अधूरा और मनगढ़ंत लिखा गया। फिर भी मुझे इसकी कोई चिंता नहीं है। जिन मूल तत्वों के आधार पर दो राष्ट्रों के बीच में संबंध तय होते हैं, मेरा वैसा ही व्यवहार ब्रिटेन और यूरोपीय देशों के प्रति है। मैंने जो भी कहा, वह अपने देशवासियों के अधिकारों और आजादी की स्थापना के लिए था। इन सबमें कहे गए प्रत्येक शब्द को मैं अपना मानता हूं। यह भी कहता हूं कि यह सब न्यायोचित था।'[5]

5 अगस्त को मुकदमे की कार्यवाही शुरू हुई तो डॉ. हेडगेवार को आरोपों पर सफाई देने का अवसर दिया गया। उन्होंने इसका उपयोग साम्राज्यवादी व्यवस्था पर प्रहार करने के लिए किया। उन्होंने कहा, 'मुझे सरकार और नौकरशाही दोनों की आलोचना करनी होगी। इसलिए मैं आपसे निवेदन करता हूं कि कृपया कुछ क्षणों के लिए भूल जाइए कि आप सरकारी सेवक हैं। मेरे भाषण को अनजान व्यक्ति के रूप में ध्यान से सुनिए। सरकार ने मेरे मुकदमे में तीन पुलिस वालों को गवाह के रूप में प्रस्तुत किया है। पुलिस वालों ने स्वीकार किया है कि मेरे भाषण की रिपोर्ट मुकदमे का आधार है। अतः उन्हें गवाह की अपेक्षा वादी कहना अधिक उपयुक्त होगा। वे सरकार के पूर्ण रूप से दास हैं। अपने जीविकोपार्जन के लिए वे सरकार पर निर्भर हैं। अतः इसमें कोई आश्चर्य नहीं है कि ये लोग सरकार की तरफ से झूठी गवाही देते हैं। वादी पक्ष को कम-से-कम एक ऐसे गवाह को बुलाना चाहिए था, जो सरकारी सेवक नहीं हो। लेकिन सरकार को मालूम था कि उसके पक्ष में उसके चापलूसों को छोड़कर कोई गवाह नहीं बनेगा।'[6]

यह कथन इस संदर्भ में प्रासंगिक था कि तीन महीने पूर्व राजद्रोह के एक अन्य मुकदमे में खुद स्मेली ने ही फैसला दिया था कि ऐसे मुकदमे में पुलिस अधिकारियों की अपेक्षा स्वतंत्र गवाह अधिक विश्वसनीय होते हैं। लेकिन डॉ. हेडगेवार के मुकदमे में पुलिस की गवाही को अंतिम सच माना जा रहा था। अदालत में उपस्थित लोगों को संबाधित करते हुए डॉ. हेडगेवार ने अपनी बात जारी रखी:

> 'आमतौर पर मेरे भाषणों में इसी बात पर जोर दिया जाता है कि हिंदुस्थान पर सिर्फ हिंदुस्थानियों का हक है। इसलिए हमारी मांग सिर्फ स्वराज्य की है। लेकिन सिर्फ इतने से ही आजादी नहीं मिलती है। लोगों को यह भी बताना पड़ता है कि आजादी कैसे मिलेगी और उसके बाद हमें कैसे रहना चाहिए। यदि मैं इस संबंध में अपनी जिम्मेदारी नहीं निभाऊंगा तो हिंदुस्थानी ब्रिटिश राज का ही अनुसरण करेंगे। ब्रिटिश लोग यदि अपने राज्य से संतुष्ट नहीं होते हैं तो वे दूसरे देशों को गुलाम बना उन पर शासन करते हैं। जब उनकी आजादी पर आंच आती है तो वे युद्ध करने को तत्पर हो जाते हैं। ब्रिटिश राज का यह रवैया अभी हुए विश्व युद्ध में जगजाहिर भी हो चुका है। इसलिए हम जैसे लोगों को इस तामसिक प्रवृत्ति से सतर्क करना पड़ रहा है। हमें सिर्फ शांति के मार्ग से ही स्वराज प्राप्त करना है। स्वराज मिलने के बाद अपने देश में ही खुशहाल जीवन व्यतीत करना है। मैं अपने देशवासियों को समझाता हूं कि दूसरे पर शासन करना अन्याय होता है। हम देख भी रहे हैं कि हमारे देश पर ब्रिटिश राज कैसे

अन्यायपूर्वक शासन कर रहा है। क्या कोई ऐसा कानून है, जिसके तहत एक देश दूसरे देश पर शासन कर सकता है? क्या यह बात प्राकृतिक सिद्धांत के विपरीत नहीं है? फिर हिंदुस्थान पर शासन करने का अधिकार ब्रिटिश राज को किसने दिया? ब्रिटिश लोग इस देश के नहीं हैं, फिर भी स्वयं को हिंदुस्थान के अधिपति बता रहे हैं। क्या यह न्याय और नीति सम्मत है? हम इंग्लैंड को गुलाम बनाकर उस पर शासन नहीं करना चाहते हैं। लेकिन जिस प्रकार इंग्लैंड और जर्मनी सहित कई देशों में वहीं के निवासी शासन करते हैं, उसी प्रकार हम भी चाहते हैं कि हिंदुस्थान के अधिपति भी हिंदुस्थानी ही बनें। इसलिए जब तक पूरी तरह से आजादी नहीं मिल जाती, हम शांत नहीं बैठेंगे।'[7]

मुकदमे के फैसले की तारीख 19 अगस्त तय हुई। उस दिन न्यायालय के भीतर और बाहर भीड़ लगी हुई थी। दोपहर 12.30 बजे स्मेली ने डॉ. हेडगेवार के बयान पर टिप्पणी करते हुए कहा, 'मूल भाषण की अपेक्षा यह वक्तव्य कहीं अधिक राजद्रोहपूर्ण है।'[8] एक वर्ष तक भाषण देने पर प्रतिबंध के साथ एक-एक हजार रुपए की दो जमानत और एक हजार रुपए का मुचलका भरने को कहा गया। इसके बाद डॉ. हेडगेवार ने जमानत के भुगतान से इनकार करते हुए कहा, 'मेरी आत्मा जानती है कि मैं निर्दोष हूं। हिंदुस्थानियों में मन में ब्रिटिश राज के खिलाफ पहले से ही गुस्सा है। आपका यह फैसला आग में घी डालने का ही कार्य करेगा। मुझे ईश्वर के न्याय पर विश्वास है। ब्रिटिश राज को जल्द ही अपने किए का पश्चाताप करना पड़ेगा।' स्मेली ने उन्हें एक वर्ष सश्रम कारावास की सजा सुनाई। डॉ. हेडगेवार ने इसका हंसते हुए स्वागत किया और जेल जाने के लिए सिपाहियों के साथ बाहर आए। उनके बाहर आते ही उन्हें चारों ओर से शुभचिंतकों ने घेर लिया। उनके चाचा आबाजी हेडगेवार, बड़े भाई सीताराम और डॉ. मुंजे भी पहुंचे हुए थे, डॉ. हेडगेवार ने उनका आशीर्वाद लिया। कांग्रेस के स्थानीय नेताओं ने माला पहनाकर उनका जयघोष किया। रवाना होने से पहले डॉ. हेडगेवार ने कहा:

'मेरे ऊपर लगाए गए राजद्रोह के इस मुकदमे का मैंने बचाव किया। हालांकि आजकल ऐसा माना जाता है कि अपने बचाव में तर्क देना राष्ट्रीय आंदोलन के साथ द्रोह है। लेकिन मैं मानता हूं कि अगर हम पर कोई मुकदमा थोप दिया जाए तो कीड़े-मकोड़े की तरह चुपचाप कुचले जाना बेवकूफी है। हमारा कर्तव्य है कि विदेशी शासकों की दुष्टता को दुनिया के सामने उजागर करें। यह निश्चित रूप से देश सेवा ही होगी। दूसरी

> तरफ, अपना बचाव नहीं करना एक आत्मघाती नीति होगी। आप भले ही अपना बचाव मत कीजिए, लेकिन बचाव करने वालों को अपने से कम देशभक्त तो मत समझिए। राष्ट्रधर्म का निर्वाह करते हुए यदि कालापानी या फिर फांसी भी मिले तो हमें पीछे नहीं हटना चाहिए। लेकिन इस धोखे में भी नहीं रहें कि जेल जाना ही सब कुछ है और सिर्फ इसी रास्ते से आजादी मिल सकती है। जेल से बाहर रहकर भी आजादी के लिए बहुत कुछ किया जा सकता है। मैं ठीक एक वर्ष बाद जेल से बाहर आऊंगा। तब तक देश की स्थितियों का मुझे पता नहीं चलेगा। लेकिन मुझे भरोसा है कि तब तक पूर्ण स्वतंत्रता का आंदोलन और तीव्र हो चुका होगा। हिंदुस्थान को अब ब्रिटिश राज का गुलाम बनाए रखना संभव नहीं है। मैं आप सभी का आभार व्यक्त करते हुए आपसे विदा लेता हूं।'[9]

इस ओजपूर्ण संबोधन के बाद 'वंदे मातरम्' से वातावरण गूंज उठा। डॉ. हेडगेवार हंसते हुए तांगे में बैठे। तांगे के अदृश्य होने तक लोग 'भारत माता की जय, डॉ. हेडगेवार की जय' के नारे लगाते रहे।[10]

संदर्भ सूची

1. महाराष्ट्र, 15 जून, 1921
2. राकेश सिन्हाः आधुनिक भारत के निर्माता डॉ. केशव बलिराम हेडगेवार, प्रकाशन विभाग, सूचना और प्रसारण मंत्रालय, भारत सरकार, 2018, पृष्ठ 48
3. वही, पृष्ठ 49-50
4. ना.ह. पालकरः डॉ. हेडगेवार चरित, लोकहित प्रकाशन, लखनऊ, 2020, पृष्ठ 102-103
5. वही, पृष्ठ 103-104
6. राकेश सिन्हाः आधुनिक भारत के निर्माता डॉ. केशव बलिराम हेडगेवार, प्रकाशन विभाग, सूचना और प्रसारण मंत्रालय, भारत सरकार, 2018, पृष्ठ 54
7. ना.ह. पालकरः डॉ. हेडगेवार चरित, लोकहित प्रकाशन, लखनऊ, 2020, पृष्ठ 104-105
8. राकेश सिन्हाः आधुनिक भारत के निर्माता डॉ. केशव बलिराम हेडगेवार, प्रकाशन विभाग, सूचना और प्रसारण मंत्रालय, भारत सरकार, 2018, पृष्ठ 56
9. एच.वी. शेषाद्रिः डॉ. हेडगेवार-द इपॉक मेकर, साहित्य सिंधु, 1981, पृष्ठ 55
10. ना.ह. पालकरः डॉ. हेडगेवार चरित, लोकहित प्रकाशन, लखनऊ, 2020, पृष्ठ 107

खिलाफत-तुष्टिकरण-हिंसा

डॉ. केशव बलिराम हेडगेवार को राजद्रोह के मुकदमे में सश्रम कारावास की सजा दिए जाने के बाद नागपुर की अजनी जेल भेजा गया। वहां पहुंचते ही डॉ. हेडगेवार ने कैदियों में पक्षपात करने वाले नियमों का कड़ा विरोध किया। उस दौरान जनेऊ पहनने वाले लोगों को जेल में जनेऊ उतारना पड़ता था। डॉ. हेडगेवार ने इसे मानने से साफ इनकार कर दिया। उन्हें निर्णय पर अडिग देखकर जेल के पर्यवेक्षक को उन्हें जनेऊ पहनने की अनुमति देनी पड़ी। उसके बाद यह नियम अन्य कैदियों के लिए भी खत्म कर दिया गया। उन दिनों असहयोग आंदोलन के बंदियों को भी दूसरे कैदियों जैसे ही जेल के कपड़े पहनने पड़ते थे। भोजन भी सामान्य कैदियों की तरह ही मिलता था। सश्रम कारावास के अंतर्गत डॉ. हेडगेवार को हाथ से बने कागजों पर पॉलिश करने का काम दिया गया। जब इस काम से उनके हाथों में छाले पड़ गए तो कागज की लुगदी तैयार करने का काम करवाया जाने लगा। थोड़े दिन बाद पुस्तकों पर जिल्द चढ़ाने का काम दिया गया।[1]

आंदोलन स्थगित करने का विरोध

गोरखपुर के पास चौरी चौरा में हुई हिंसा से नाराज महात्मा गांधी ने आंदोलन रोकने के संकेत देने शुरू कर दिए। असहयोग आंदोलन शुरू होने के पहले ही गांधी भारतीय जनमानस में देवता, अलौकिक शक्ति या चमत्कारिक शक्ति के रूप में स्थापित हो चुके थे। ऐसे में जब सशस्त्र पुलिस बल के उप निरीक्षक ने अपने जवानों को हवा में गोली चलाने का हुक्म दिया, जिससे कोई हताहत नहीं हुआ तो लोगों ने चिल्लाना शुरू किया कि गांधी के प्रताप से गोली पानी हो रही है। गांधी के प्रताप का असर जानकर भीड़ और ज्यादा उत्तेजित हो गई और थाने को चारों ओर से घेरकर कंकड़ों की बौछार तेज कर दी। बाद में जब गोलियां सीधे चलने लगीं तो स्वयंसेवक मरने लगे। तत्कालीन

विवरण के अनुसार, 11 स्वयंसेवकों की लाशें बिछ गईं और लगभग 50 अन्य को गोलियां लगीं। इस प्रकार कुल 26 स्वयंसेवक मारे गए। सशस्त्र गार्डों द्वारा रुक-रुककर गोलियां चलाई जा रही थीं, लेकिन स्वयंसेवकों ने इसकी परवाह नहीं की। वे लगातार कंकड़ों की बौछार जारी रखे हुए थे। इनमें से कइयों को छर्रे लगे, कुछ मरे भी, इसके बावजूद चारों ओर कंकड़ों की बौछार के साथ उनका थाने की ओर बढ़ने का क्रम जारी रहा। जब गोलियां खत्म हो गईं तो सिपाहियों ने खुद की हिफाजत के लिए थाना भवन में शरण ली। स्वयंसेवकों का उत्साह और उन्होंने आग लगाने की रणनीति पर काम किया।[2] जिस समय थाना जल रहा था, सिपाही मारे जा रहे थे, दारोगा गुप्तेश्वर सिंह की पत्नी अपने घरेलू नौकर और बच्चियों के साथ डरी-सहमी आवास पर थीं। क्रांतिकारियों का गुस्सा उबाल पर था; फिर भी उन्होंने दारोगा की पत्नी राजमती कंवर और उसकी 5 और 8 वर्ष की 2 बच्चियों को छोड़ देना उचित समझा। दरअसल, उनका गुस्सा अंग्रेजों की चाकरी कर रहे उन जुल्मी सिपाहियों के प्रति था, जिन्होंने उन्हें घोड़ों की टापों से कुचला था, बात-बात पर कोड़ों से मारा था, जख्मों पर नमक और लाल मिर्च पाउडर रगड़कर अपार कष्ट दिया था। उस दिन भीड़ 'गांधी की जय' के नारों के साथ 'मारो, काटो और जला दो' चिल्ला रही थी।[3] मृतक सिपाहियों और चौकीदारों की संख्या 24 थी।[4]

गांधी को अपना जयघोष अप्रिय लगने लगा था और कई बार वे अपने कानों को बंद कर लेते थे। उन्हें लगता कि एक ओर उनकी जय-जयकार हो रही है और दूसरी ओर अहमदाबाद, वीरमगाम, अमृतसर, चौरी चौरा वगैरह जगहों पर लोगों की टोलियों ने सुध-बुध गंवाकर खून किए और मकानों को जलाया। गांधी को लग रहा था कि जैसे बारडोली के आंदोलन का प्रभाव सारे हिंदुस्तान पर होता; वैसे ही, चौरी चौरा की घटना का प्रभाव भी सारे देश पर होगा।[5] सूरत के बारडोली में 11-12 फरवरी, 1922 को कांग्रेस कार्यसमिति की बैठक हुई। वहां पारित हुए प्रस्ताव में चोरी चौरा की घटना की निंदा की गई और इसे 'दैवीय चेतावनी' बताते हुए आंदोलन स्थगित कर दिया गया।[6]

राजेंद्र प्रसाद के अनुसार, इस पर अंतिम निर्णय 25-26 फरवरी को दिल्ली में अखिल भारतीय कांग्रेस कमेटी की बैठक में होना था। बैठक की अध्यक्षता हकीम अजमल खां कर रहे थे। वहां गांधी ने बारडोली के संकल्प के समर्थन और मंजूरी का प्रस्ताव पेश किया। इस पर डॉ. मुंजे ने उसमें संशोधन के रूप में एक प्रस्ताव पेश किया, जिसमें असहयोग के कार्यक्रम और उसके हर कार्य की जांच करने और परामर्श देने के लिए एक कमेटी बनाने को कहा गया। मुंजे के इस प्रस्ताव से और इसके समर्थन में दिए उनके भाषण से लोगों का गांधी पर अविश्वास हो गया। इस मुद्दे पर

तीखी बहस शुरू हो गई और लोगों ने गांधी के खिलाफ बगावती तेवर अपना लिए। तभी अचानक अजमल खां की तबीयत बिगड़ गई और वे गांधी को सभापति बनाकर वहां से चले गए। यह दुविधाजनक स्थिति थी कि जिन गांधी पर अविश्वास का प्रस्ताव पेश था और जिस पर बहस हो रही थी, उनको ही सभापति बना दिया गया। सभापति के रूप में गांधी ने भी अजीब रवैया अपनाया। सभा में जब कोई बोलने को खड़ा होता तो वे पहले पूछते कि डॉ. मुंजे के पक्ष में बोलेंगे या फिर विरोध में। यदि वह कहता कि विरोध में तो वे रुकने को कहते। पक्ष में बोलने वाले को वे कहने देते। इस प्रकार कई भाषण डॉ. मुंजे के पक्ष में हो गए और उन्होंने एक भी भाषण अपने पक्ष में नहीं होने दिया। अंत में उन्होंने प्रस्ताव को सर्वसम्मति के लिए सभा में पेश किया। इसमें डॉ. मुंजे के पक्ष में उतने ही हाथ उठे, जितने भाषण उनके पक्ष में हुए थे। इस प्रकार बड़े बहुमत से गांधी पर अविश्वास का प्रस्ताव नामंजूर हो गया।'[7]

पूर्ण स्वतंत्रता ही लक्ष्य

आंदोलन स्थगित होने के बाद राजनीतिक कैदियों को रिहा किया जाने लगा। 11 माह जेल में काटने के बाद डॉ. हेडगेवार की रिहाई 12 जुलाई, 1922 की सुबह हुई। जब वे जेल से बाहर आए तो तेज बारिश हो रही थी। इसके बावजूद डॉ. मुंजे, डॉ. परांजपे, डॉ. ना.भा. खरे सहित कई शुभचिंतक उनका इंतजार कर रहे थे। उन्होंने डॉ. हेडगेवार का मालाओं से स्वागत किया। घर जाने के रास्ते में अनेक स्थानों पर उनका स्वागत हुआ। शाम को चिटणीस पार्क में स्वागत सभा हुई। उस समय कांग्रेस कार्यसमिति की बैठक में भाग लेने के लिए मोतीलाल नेहरू, विट्ठलभाई पटेल, हकीम अजमल खां, सी. राजगोपालाचारी, कस्तूरी रंग आयंगर आदि नेता नागपुर आए हुए थे। इनके भी स्वागत सभा में मौजूद रहने की घोषणा की गई। बारिश के कारण यह सभा 'व्यंकटेश नाट्यगृह' में हुई। मोतीलाल नेहरू और हकीम अजमल खां ने भाषण दिया। इसके बाद डॉ. हेडगेवार के संबोधन की बारी आई। उन्होंने कहा, 'एक वर्ष सरकारी मेहमान बनने से मेरी योग्यता पहले से बढ़ी नहीं है। यदि बढ़ी है तो इसका श्रेय सरकार को ही जाना चाहिए। पूर्ण स्वतंत्रता से कम कोई लक्ष्य हमें मंजूर नहीं है। स्वंतत्रता के लिए संघर्ष करते हुए मौत भी आए तो भी डरना नहीं चाहिए।'[8]

बदला हुआ देश का माहौल

जेल से बाहर आने के बाद डॉ. हेडगेवार को देश का माहौल बदला-बदला सा लगा। हिंदू-मुस्लिम के बीच दूरियां बढ़ाने वाले कार्यों की अधिकता हो गई थी। मौलवी सभाओं में कुरान शरीफ की आयतों से मुस्लिम समाज को उकसाने लगे।

धर्मांतरण के मामले बढ़ने लगे। 1921-22 का समय राजनीतिक सक्रियता और संयुक्त संघर्षों के रूप में देश में सांप्रदायिक तनाव की त्रासदियां लेकर आया। एकता के नाम पर शुरू हुआ खिलाफत और असहयोग का संयुक्त आंदोलन सांप्रदायिक हिंसा की ओर बढ़ता गया। 1921 की जनगणना से पता चला कि दो बड़े प्रांतों में मुसलमानों की संख्या में भारी बढ़ोत्तरी हुई। पंजाब (54.8 प्रतिशत) और बंगाल (52.7 प्रतिशत) मुस्लिम बहुल प्रांत बन चुके थे।[9] इसके साथ ही हिंदू-मुस्लिम संबंधों का नया दौर शुरू हुआ, जिसमें टकराव और वैमनस्यता बढ़ती गई। उसी दौरान केरल के मालाबार जिले में खिलाफत आंदोलन में हिंसा भड़क उठी। वहां मुसलमानों की भारी आबादी थी और वे मोपला कहलाते थे। अन्य स्थानों के हिंदू जिस तरह खिलाफत आंदोलन में सम्मिलित हो गए थे, उसी तरह वहां के हिंदू भी शामिल हुए। लेकिन अन्य स्थानों पर अहिंसा की जैसी शिक्षा दी गई थी, मालाबार में वैसी शिक्षा नहीं दी जा सकी और आंदोलन ने हिंसात्मक रूप धारण कर लिया।[10] वहां मोपलों द्वारा बड़े पैमाने पर हिंदुओं के नरसंहार और बलपूर्वक धर्मांतरण की वीभत्स घटनाएं हुईं। इसके बावजूद कांग्रेस नेतृत्व सच्चाई से मुंह फेरने की कोशिश करता रहा।

तुष्टिकरण के भयावह परिणाम

मोपलों द्वारा फैलाया गया आतंक उस सिलसिलेवार अभियान की कड़ी के रूप में सामने आया, जिसकी लगातार अनदेखी की जाती रही थी। खिलाफत आंदोलन के शुरुआती दौर में ही इस तरह के परिदृश्य को लेकर कई प्रमुख लोग चेतावनी देते रहे। स्वामी श्रद्धानंद ने अपने साप्ताहिक पत्र 'लिबरेटर' में महात्मा गांधी के दृष्टिकोण के बारे में लिखा:

> 'एक रात हम दोनों (स्वामी श्रद्धानंद और महात्मा गांधी) साथ में नागपुर की खिलाफत कांफ्रेंस में गए। उस मौके पर मौलानाओं ने कुरान की आयतें पढ़ीं, जिनमें बार-बार जिहाद और काफिरों को मारने का आदेश था। जब मैंने खिलाफत आंदोलन के इस पहलू की ओर ध्यान दिलाया तो गांधी मुस्कराए और कहने लगे कि वे मौलाना ब्रिटिश नौकरशाही की ओर इशारा कर रहे हैं। जवाब में मैंने कहा कि यह सब तो अहिंसा के विचार का विनाश करने जैसा है। अब जबकि मुस्लिम मौलानाओं के मन में उल्टी भावनाएं आ गई हैं तो उन्हें इन आयतों का इस्तेमाल हिंदुओं के विरुद्ध करने से कोई रोक नहीं सकेगा।'[11]

गांधी ने मोपलों के कारनामों और उन्हें बधाई देने वाले खिलाफतवादियों की हरकतों को अनदेखा कर दिया। उन्होंने कहा कि मोपला भगवान से डरने वाले बहादुर लोग हैं और वे उस बात के लिए लड़ रहे हैं, जिसे धर्म समझते हैं; और उस तरीके से लड़ रहे हैं, जिसे धार्मिक समझते हैं। गांधी की दलील थी, 'अगर मालाबार के हिंदू अहिंसा का पालन करते तो क्या मजाल थी कि कोई मोपला उन पर जबरदस्ती कर सकता?'[12] डॉ. भीमराव अंबेडकर ने लिखा:

> 'महत्वपूर्ण बात यह है कि धर्मांध मुसलमानों द्वारा कितने प्रमुख हिंदुओं की हत्या की गई। जहां कानून लागू किया जा सका, वहां हत्यारों को कानून के अनुसार सजा मिली; फिर भी प्रमुख मुसलमानों ने इन अपराधियों की कभी निंदा नहीं की। इसके विपरीत उन्हें 'गाजी' बताकर उनका स्वागत किया गया और उनके क्षमादान के लिए आंदोलन किए गए। मुसलमानों का यह दृष्टिकोण तो समझ में आता है, लेकिन जो बात समझ में नहीं आती, वह है गांधी का दृष्टिकोण। इन हत्याओं पर उन्होंने कभी विरोध प्रकट नहीं किया। उन्होंने मुसलमानों से यह नहीं कहा कि वे इन हत्याओं की निंदा करें। इस दृष्टिकोण की केवल यही व्याख्या की जा सकती है कि गांधी हिंदू-मुस्लिम एकता बनाए रखने को उत्सुक थे और इसीलिए उन्होंने कुछ हिंदुओं की हत्या की चिंता नहीं की, बशर्ते उनके बलिदान से यह एकता बनी रहे।'[13]

खिलाफत आंदोलन पर जवाहरलाल नेहरू के विचार भी गांधी से अलग थे*। उनका मानना था:

> 'एक भारतीय के लिए तुर्की और दुनिया की मदद करने का सबसे अच्छा तरीका यह है कि वह भारत की आजादी के लिए जी-जान से कोशिश करे क्योंकि आजाद भारत के बिना तुर्की के लिए अपनी कौमी आजादी को बचाए रखना मुश्किल हो गया। हर भारतीय मुसलमान को सबसे ज्यादा यह समझना है कि उसे भारतीय की तरह हिंदुओं से सहयोग करना चाहिए और मजहबी कठमुल्लेपन को राष्ट्रीय तथा अंतरराष्ट्रीय परिदृश्य से निकाल देना चाहिए, वरना इस तरह का कठमुल्लापन दुनिया को फिर से मध्ययुग के अंधेरे में पटक देगा।'[14]

लेकिन नेहरू की सोच में दोहरापन था। उन्होंने 13 जून, 1921 को बुंदेलखंड के सम्मेलन में कहा कि मुसलमान गोकशी बंद करें या नहीं करें, खिलाफत के मामले में मुसलमानों की मदद करना हिंदुओं का फर्ज है। दूसरी ओर उनका कहना था, 'यूरोपियन सैनिक गोमांस के बगैर नहीं रह सकते। एक ओर वे आपको गुलाम बनाते हैं; दूसरी ओर, हजारों गायों का कत्ल करके आपके धर्म का नाश कर रहे हैं और आप हैं कि शांति से सह रहे हैं!'[15]

मोपलों के बचाव में कांग्रेस

6-9 सितंबर, 1922 को कलकत्ता में कांग्रेस कार्यसमिति की बैठक हुई। वहां मोपलों द्वारा की गई हिंसा के संबंध में प्रस्ताव पारित हुआः

> 'मालाबार के कुछ हिस्सों में मोपलों ने जो हिंसात्मक कार्य किए हैं, उन पर कार्यसमिति बहुत अफसोस जाहिर करती है क्योंकि इन कृत्यों से यह साबित होता है कि हिंदुस्तान में अब भी ऐसे लोग मौजूद हैं, जिन्होंने कांग्रेस और सदर खिलाफत कमेटी के संदेश को नहीं समझा है। कांग्रेस और खिलाफत के हरेक कार्यकर्ता को चाहिए कि गंभीर-से-गंभीर उत्तेजनाओं के बीच भी वे भारत भर में अहिंसा के संदेश का प्रसार करें। मोपलों द्वारा किए गए हिंसात्मक कृत्यों की तो कार्यसमिति निंदा करती ही है, लेकिन इसके साथ ही यह भी जाहिर कर देना चाहती है कि इस संबंध में जो सामग्री उसके पास है, उससे मालूम पड़ता है कि मोपलों को असहनीय रूप से उत्तेजित किया गया था। सरकारी तौर पर या सरकार के द्वारा इस संबंध में जो खबरें प्रकाशित हुई हैं, उनमें मोपलों द्वारा किए गए अत्याचारों का एकतरफा और अतिरंजित वर्णन किया गया है तथा शांति और व्यवस्था के नाम पर सरकार ने जो अनावश्यक जनसंहार किया, उसको बहुत कम करके बताया गया है। कार्यसमिति को यद्यपि इस बात का दुःख है कि कुछ धर्मोन्मत्त मोपलों द्वारा जबर्दस्ती धर्मपरिवर्तन कराने के उदाहरण पाए गए हैं, तथापि सर्वसाधारण को वह इस बात से आगाह करती है कि सरकारी या जानबूझकर गढ़ी गई बातों पर एकाएक विश्वास न करें।'[16]

इसी प्रस्ताव में आगे कहा गया कि कांग्रेस को मोपलों द्वारा हिंदुओं के बलपूर्वक धर्मांतरण के सिर्फ तीन मामलों की जानकारी मिली है।[17] जबकि इससे पहले 11

अगस्त, 1921 को ही खुद वायसराय ने भारत के राज्य सचिव को टेलीग्राम भेजकर बताया था, 'मालाबार के जिला मजिस्ट्रेट धर्मांतरण के 180 मामले होने की विश्वसनीय रिपोर्ट दे रहे हैं, लेकिन इसमें उन क्षेत्रों के आंकड़े शामिल नहीं हैं जहां स्थिति ज्यादा खराब है। वहां की विस्तृत जानकारी उत्पात थम जाने के बाद ही मिल सकेगी। मजिस्ट्रेट ने यह भी बताया कि कई हिंदुओं को धर्मांतरण स्वीकार नहीं करने पर मार डाला गया। मद्रास सरकार ने जानबूझकर धर्मांतरण का आधिकारिक रिकॉर्ड नहीं रखा है।'[18]

हेडगेवार के मोहभंग का दौर

डॉ. हेडगेवार को 1922 में प्रांतीय कांग्रेस में सहमंत्री के पद पर नियुक्त किया गया।[19] इस दौरान उन्हें संगठन में अनुशासन की कमी खलती थी। ऐसे में उन्होंने कांग्रेस के अंदर ही एक संगठन खड़ा करने का प्रयत्न किया। इसके लिए प्रत्येक तहसील से चार-चार व्यक्तियों को बुलाया गया, लेकिन इस कार्य में विशेष सफलता नहीं मिली। उस समय के कांग्रेस नेता इस प्रकार के संगठन के विरोध में थे।[20] डॉ. हेडगेवार सदैव आज्ञा पालन में खड़े रहने वाले सेवक तैयार नहीं करना चाहते थे। उनकी इच्छा देशभक्ति से ओत-प्रोत और अनुशासित जीवन व्यतीत करने वाले नागरिक तैयार करने की थी। उनका मानना था कि जिनका सेवाभाव उत्साहपूर्ण और ज्वलंत है, नेतृत्व उन्हीं लोगों के हाथों में होना चाहिए। उन्होंने महसूस किया कि अहिंसा की कल्पना से समाज के युवाओं की उपेक्षा हो रही है।

कांग्रेस आंदोलन की रूपरेखा और उसके परिणामों को लेकर डॉ. हेडगेवार के मन में आशंकाएं बढ़ती जा रही थीं। एक बार वे कुछ कार्यकर्ताओं के साथ नागपुर से वर्धा के खरांगणा गांव में सभा के लिए जा रहे थे। एक कार्यकर्ता समीउल्ला खां ने तुर्की टोपी पहन रखी थी। उसे देखकर डॉ. हेडगेवार की हंसी फूट पड़ी। उन्होंने पूछा, 'आप असहयोगवादी होते हुए भी गांधी टोपी के बजाए तुर्की टोपी क्यों पहनते हैं?' इस पर समीउल्ला ने जवाब दिया, 'यह हमारी राष्ट्रीयता का प्रतीक है, इसे हम कैसे छोड़ सकते हैं!' इस जवाब ने डॉ. हेडगेवार को चिंतित कर दिया। उनका यह विश्वास और दृढ़ हो गया कि जो लोग अपनी राष्ट्रीयता को भारत की राष्ट्रीयता से अलग समझते हैं, वे आजादी की लड़ाई में देश के लिए उपयोगी साबित नहीं हो सकते हैं।[21] उस दौर में कांग्रेस के भी कई नेता असहज महसूस कर रहे थे। खिलाफत आंदोलन के दौरान बनी स्थितियों से वे संतुष्ट नहीं थे। 'वंदे मातरम' होते ही मुसलमान 'अल्लाहू अकबर' कहते थे। स्वतंत्रता संग्राम में शामिल होने वाले कोई देशबंधु कहलाए, कोई देशवत्स, कोई लोकमान्य कहलाए। मुस्लिम जितने आए, सब मौलाना कहलाने लगे। गांधीवादी

दादा धर्माधिकारी लिखते हैं, 'यह चीज खटकती थी। गांधी ने खिलाफत आंदोलन का काफी समर्थन किया, यह उनको नहीं करना चाहिए था।'[22]

1923 में कांग्रेस के काकीनाड़ा अधिवेशन में महाराष्ट्र के विष्णु दिगंबर पलुस्कर कांग्रेस के उद्घाटन अधिवेशन में 'वंदे मातरम्' गाने के लिए खड़े हुए तो अध्यक्ष मौलाना मोहम्मद अली ने उन्हें रोक दिया। मौलाना का तर्क था कि इस्लाम में संगीत वर्जित है, अतः वे इसकी अनुमति नहीं देंगे। मंचासीन सभी प्रतिष्ठित जन और कांग्रेस के सभी दिग्गज मौलाना की इस हिमाकत पर चुप रहे लेकिन पलुस्कर भड़क उठे। उन्होंने मौलाना को लताड़ते हुए कहा, 'भारतीय राष्ट्रीय कांग्रेस किसी एक संप्रदाय विशेष की बपौती नहीं है, न ही यह स्थान कोई मस्जिद है जहां पर गाने पर प्रतिबंध लगाया जा सकता हो। अतः आपको इस बात का कोई अधिकार नहीं है कि आप मुझे 'वंदे मातरम्' गाने से रोकें। यदि इस स्थान पर गाना आपके संप्रदाय के विरुद्ध है तो अपनी अध्यक्षीय शोभायात्रा में यह गायन आपने कैसे सहन किया?' पलुस्कर के इस चुनौतीपूर्ण प्रश्न से निरुत्तर मौलाना मंच छोड़कर चले गए और पलुस्कर लय के साथ 'वंदे मातरम्' गाते रहे।[23]

संगठन के प्रयास

डॉ. हेडगेवार राष्ट्रीयता पर आधारित संगठन खड़ा करने की दिशा में सक्रिय हुए। 1922-23 में शराबबंदी के लिए कांग्रेस की ओर से एक प्रदर्शन किया जाना था। डॉ. हेडगेवार और उनके कुछ मित्रों ने इस प्रदर्शन के लिए हृष्ट-पुष्ट युवाओं को तैयार किया। उन्हें देखकर कांग्रेस के अहिंसक नेता और नाराज हो गए। उनकी चिंता यह थी कि ये युवा पुलिस की लाठी खाने के बजाए उन्हें ही लाठी से मार भगाएंगे। इसका जवाब दिया गया कि लाठी की मार से दुबले-पतले स्वयंसेवकों के मरने की अपेक्षा इन शक्तिशाली युवाओं का प्रतिकार श्रेष्ठ है। उसी दौरान डॉ. हेडगेवार ने वर्धा में किराए पर जगह लेकर अपने विश्वस्त सहयोगी गंगाप्रसाद पांडे की अगुवाई में 'राष्ट्रीय मल्ल विद्या शाला' शुरू की। इसमें पंजाब और मध्य प्रांत के लगभग दो दर्जन युवा थे। उनके खाने-पीने के प्रबंध के लिए भी कुछ कर्मचारी नियुक्त किए गए। वहां कुश्ती, मलखंभ, धनुर्विद्या आदि का प्रशिक्षण दिया जाता था।[24] डॉ. हेडगेवार एक सशक्त संगठन खड़ा करने को लेकर प्रयासरत थे। इसके लिए उन्होंने विभिन्न स्थानों का व्यापक दौरा किया और प्रमुख लोगों से मिलकर योजना बनाई। इस दौरान अप्पाजी जोशी लगातार उनके साथ रहे। संगठन को लेकर नेताओं की अस्पष्ट सोच को देखते हुए अप्पाजी ने आखिरकार डॉ. हेडगेवार को सलाह दी, 'आप जो भी करना चाहते हैं, उसे शुरू कर दीजिए। बैठकों में ऐसे ही वाद-विवाद चलते रहेंगे।'[25]

हिंदुओं पर हमले

1922 के अंत में मुल्तान में भीषण दंगा हुआ। ताजिए के जुलूस के बाद हिंसा में अनेक हिंदुओं की हत्या कर दी गई, उनके मकान लूटकर उनमें आग लगा दी गई, मंदिरों को दूषित किया गया। तत्कालीन कांग्रेस अध्यक्ष सहित प्रमुख नेताओं के साथ घटनास्थल का मुआयना करने वाले राजेंद्र प्रसाद के अनुसार, 'मुसलमानों की ओर से हिंदुओं को लूटने की तैयारी पहले से थी; ताजिया तो सिर्फ बहाना था। अपनी आत्मकथा में उन्होंने लिखा, 'देश के लगभग सभी भागों में अगले कई वर्षों तक जो अनेक सांप्रदायिक दंगे होते रहे, उनमें यह पहला था।'[26]

कांग्रेस अध्यक्ष हकीम अजमल खां, मदनमोहन मालवीय, राजेंद्र प्रसाद, जमनालाल बजाज और टंगुटूरी प्रकाशम को दंगा प्रभावित इलाकों के दौरे में वीभत्स दृश्य दिखाई दिए। हिंदुओं के लुटे और जले हुए घर आतंक की कहानी कह रहे थे। परिवार के पुरुषों को खो चुकी महिलाओं ने घटना का दर्दनाक वर्णन किया। एक महिला ने बताया कि सब कुछ लूट लेने और जला देने के बाद भी दंगाइयों का क्रोध शांत नहीं हुआ। उन्होंने पिंजरे में बंद एक पालतू तोते को भी आग में डाल दिया। वहां पड़े राख के ढेर में महिला ने जला हुआ पिंजरा दिखाया। तोता जलकर खाक हो चुका था। दंगाइयों ने कई मंदिरों को भी नुकसान पहुंचाया। राजेंद्र प्रसाद ने लिखा है, 'मदनमोहन मालवीय ने हिंदुओं से आह्वान किया कि वे संगठित हों और जान-माल तथा इज्जत पर हमला करने वालों से डटकर मुकाबला करें। उन्होंने दंगाइयों को सजा देने के लिए सरकार से आग्रह किया।'[27]

इसके बाद कांग्रेस के गया अधिवेशन के अवसर पर कुछ नेताओं ने विचार किया कि खिलाफत कमेटी की तरह वहां पर हिंदू सभा भी होनी चाहिए। इस सभा के लिए मदनमोहन मालवीय सभापति और राजेंद्र प्रसाद स्वागताध्यक्ष चुने गए। मालवीय ने सभा में मुल्तान की घटना का जिक्र करते हुए हिंदुओं को आत्मरक्षा के लिए तैयार होने को कहा। राजेंद्र प्रसाद के अनुसार:

> 'मुल्तान दंगों के बाद हिंदू-मुसलमानों के बीच खाई बढ़ती गई। विभिन्न स्थानों पर हिंदू-मुस्लिम झगड़े होने लगे। कांग्रेस इन पर नियंत्रण करने की पूरी कोशिश करती, फिर भी किसी न किसी वजह से दंगे भड़कते रहते। आमतौर पर इन दंगों में ज्यादातर हिंदुओं को ही जान-माल का नुकसान होता। इसके चलते हिंदू संगठन का उदय हुआ। 1923 से लगातार तीन-चार वर्षों तक हिंदुओं में शुद्धि और संगठन का तथा मुसलमानों में तबलीग और तनजीम का हल्ला रहा। धीरे-धीरे कांग्रेस से बहुत-से मुसलमान और हिंदू अलग होने लगे।'[28]

कोहाट में नृशंसता

1923 में उत्तरप्रदेश के सहारनपुर में भीषण दंगे हुए, जिसके बाद आर्य समाज से जुड़े भाई परमानंद ने 'हिंदू संघ' की स्थापना की। 1924 में दिल्ली, गुलबर्गा, नागपुर, लखनऊ, शाहजहांपुर, इलाहाबाद और जबलपुर सहित जगह-जगह सांप्रदायिक दंगे भड़क गए। सीमांत प्रांत के कोहाट में दंगे ने भयंकर रूप धारण कर लिया। उस समय वहां हिंदू आबादी 6 प्रतिशत थी; बाकी अधिकतर मुसलमान थे। हिंदुओं ने सनातन धर्म सभा का गठन किया। एक मुस्लिम समाचार पत्र में हिंदू विरोधी कविता के प्रकाशन पर सनातन धर्म सभा द्वारा आपत्ति प्रकट किए जाने के बाद स्थिति बिगड़ी। स्थानीय मौलवी अहमद गुल ने पुलिस को अंजाम भुगतने की धमकी देते हुए सभा के सचिव जीवन दास की गिरफ्तारी की मांग की। कुछ समय तक गिरफ्तार रहने के बाद जीवन दास को जमानत मिल गई। इसके बाद मस्जिदों से भड़काऊ भाषण देने का काम शुरू हो गया। हिंदुओं की दुकानों को लूटा और जलाया जाने लगा। 10 सितंबर, 1924 को हिंदुओं ने मंदिर में शरण ली। एक सप्ताह में हिंदू मोहल्ला राख हो चुका था। बचे हुए हिंदुओं ने भाग कर पंजाब के रावलपिंडी में शरण ली। दंगे के कारणों और परिस्थितियों का पता लगाने के लिए गांधी और शौकत अली की एक कमेटी बनाई गई। दोनों ने रिपोर्ट पेश की, लेकिन दंगों की जिम्मेदारी पर दोनों में ही मतभेद था। 9 और 10 सितंबर की इस घटना के बाद कोहाट के भ्रातृस्कूल के हेडमास्टर लाला नंदलाल ने रिपोर्ट लिखी, जिसे कोहाट दंगा पीड़ित सहायक समिति ने प्रकाशित किया। उस रिपोर्ट में लिखा हुआ था कि कोहाट दंगों के बाद एक विशेष ट्रेन 4 हजार हिंदुओं को ले गई। इनमें से 2600 लोग दो महीने तक रावलपिंडी में और शेष 1400 लोग दूसरे स्थानों पर जनता की मदद से जीवित रहे।[29]

हिंदुओं से संगठित होने का आह्वान

अत्याचारों के प्रति हिंदुओं की सहनशीलता ने राष्ट्रीय नेताओं को चिंतित कर रखा था। अरविंद मानते थे, 'भारत के विभिन्न भागों में हाल में अंग्रेजों द्वारा षड्यंत्रित हिंदुओं और मुसलमानों के बीच हुए झगड़ों में यह साबित हो सका है कि सौम्य हिंदू अपने अधिकारों और स्वाधीनताओं की रक्षा करने में इतना बेबस और असमर्थ है, जितना अपने विदेशी दुश्मनों द्वारा चित्रित किया गया है।'[30] 1920 के दशक में हिंदुओं पर तेजी से बढ़ते हमलों के बीच अन्य प्रमुख नेताओं ने भी इस भावना को स्वर देना शुरू किया। लाला लाजपत राय जेल से छूटने के बाद हिंदू एकता और हिंदू अछूतों की शुद्धि को लेकर परेशान थे। उन्होंने 30 दिसंबर, 1923 को घनश्यामदास बिड़ला को लिखा, 'हिंदू संस्थाएं और हिंदू नेता शोर-गुल तो बहुत मचाते हैं, लेकिन ठोस काम बहुत कम करते

हैं। ...यदि हम अपने हिंदू समाज की महत्वाकांक्षी और साहसिक शत्रुओं से रक्षा करना चाहते हैं तो सबसे महत्वपूर्ण समस्या यह है कि इसमें किस तरह से एकता हो और हम दलित वर्गों की रक्षा किस प्रकार करें। ...हमें एक ऐसे हिंदू नेता की जरूरत है, जो उत्तर भारत के हिंदुओं का नेतृत्व करने के लिए अपने साथियों और सहकर्मियों का पूरा-पूरा स्नेह और विश्वास प्राप्त कर सके।'[31] 26 दिसंबर, 1924 को कांग्रेस के अधिवेशन के साथ ही हुए हिंदू महासभा के अधिवेशन में लाजपत राय ने कहा:

> 'हिंदुओं के हाल के जीवन की मैं तारीफ नहीं करता। उनकी अवनति देखकर मुझे बहुत ही दुख होता है और मैं खून के आंसू बहाता हूं। फिर भी, दुनिया की कोई संस्कृति हिंदू संस्कृति से बढ़कर नहीं है। किसी भी जाति के लिए हिंदू धर्म उत्तम विरासत है। लड़ाई का मुकाबला लड़ाई से करने का सिद्धांत दूसरी प्रजाओं का है, हमारा नहीं। और सब कुछ भले ही नष्ट हो जाए, लेकिन हिंदू धर्म उत्तम उत्तराधिकार छोड़ जाएगा। हम प्रत्येक जाति के साथ न्याय से, समभाव से और सभ्यता से पेश आएं, लेकिन इस बारे में हमें ध्यान रखना चाहिए कि हमारी हस्ती ही नष्ट न हो जाए। हिंदुओं का बड़ा भाग कायर है। मैं आप सबसे अनुरोध करता हूं कि आप अपने पर जिम्मेदारी लें और इस निराशा की दलदल से निकल जाएं। मेरा धर्म मंदिर में, घंटे में, आरती में नहीं है, लेकिन मुझे उस पर एतराज नहीं है। अभिमान होना चाहिए कि हिंदू जाति में पैदा हुए। आपका अभिमान हो तो इतनी गायें कैसे कटती हैं? इतनी अबलाएं विधवा क्यों फिरती हैं? इतने अनाथ क्यों हैं? यह सब होते हुए भी क्यों कोई बलवान हिंदू नहीं निकलता? झगड़ों में 'हाय पिट गए', 'हाय मरे', 'औरतों की बेइज्जती की गई', 'जायदाद लुट गई; ऐसे क्यों रोते हैं? जिम्मेदार आप ही हैं। आप अपने आदर्शों से गिर गए हैं। जब तक आप अपने दोष नहीं समझेंगे, तब तक किसी प्रकार की उन्नति नहीं होगी। यह नीति जीती-जागती हो तो कोहाट के हिंदुओं के साथ जैसा बर्ताव हुआ, वैसा कोई करता? यदि आप में ज्ञान होता, यदि लज्जा होती तो क्या मुसलमान या सरकार आपके भाइयों को वहां से निकाल सकती थी? हमारे लिए शर्म, लज्जा और दुख की बात है कि एक शहर का सारा हिंदू समुदाय 200 कोस दूर जाकर रक्षा ढूंढ़े? आपमें ईश्वर ने अब भी शक्ति रखी हो कि आप अपनी अवनति पर रो सकें तो रोइए। लेकिन आज तो आपमें रोने की भी शक्ति नहीं रही। जो जाति

> हजारों वर्ष जीती रही, जिसने आज तक अपना सिर ऊंचा रखा, उसकी क्या दशा हो गई है? मैं किसी का दोष निकालना नहीं चाहता। लेकिन यह हकीकत है कि आज कोहाट की सारी हिंदू जनता रावलपिंडी में भीख मांग रही है। कोहाट की घटना सुनकर चार गालियां मुसलमानों को दीं और चार सरकार को दीं, लेकिन इससे क्या हुआ? इस घटना के निवारण का उपाय क्या किया? मैं थोड़ी देर के लिए मान लूंगा कि हिंदुओं की भूल थी, लेकिन क्या उन्हें जितनी सजा मिली, उतनी मिलनी चाहिए? किसी नादान ने कोई बात लिख दी, फिर उसके लिए उसने माफी मांग ली। इससे अधिक और क्या हो? फिर भी आज यह बात भूल जाइए। प्रश्न केवल यह है कि अब क्या किया जाए। हिंदू नेताओं को कहना चाहता हूं कि आप मुसलमानों का पक्ष कितना ही लें, उसकी कितनी ही पुष्टि करें, लेकिन इस प्राचीन जाति को मरने से बचाइए। ऐसी बूंटी दे दीजिए, जिससे इस जाति में सच्चा अभिमान, धर्म, बल, लज्जा आ जाए।'[32]

1924 में ही कर्नाटक के बेलगाम में हिंदू महासभा के वार्षिक अधिवेशन में मदनमोहन मालवीय ने भाग लिया। उन्होंने कहा, 'हिंदुओं में भीरुता और दुर्बलता नहीं होती तो बहुत-से दंगे टल गए होते। दंगों से राष्ट्र के लिए घातक परिस्थिति उत्पन्न हो जाने के कारण इनके लिए कुछ अंशों में जिम्मेदार हिंदुओं की दुर्बलता को दूर करना आवश्यक है।'[33] मालवीय ने अनेक अवसरों पर यह उल्लेख किया कि उन्होंने राजेंद्र प्रसाद के आग्रह पर ही हिंदू महासभा की अध्यक्षता स्वीकार की थी। राजेंद्र प्रसाद ने भी इस बात को नहीं छिपाया। अपनी आत्मकथा में उन्होंने लिखा, 'मैं इससे इनकार नहीं कर सका और न ही आज कर सकता हूं।'[34]

प्रमुख नेताओं द्वारा हिंदुओं से संगठित होने के आह्वान का व्यापक प्रभाव पड़ा। यहां तक कि जवाहरलाल नेहरू ने शुद्धि को लेकर अपने बयान के बारे में स्वामी श्रद्धानंद को पत्र लिखकर स्पष्टीकरण दिया, 'मैंने कहा था कि जो लोग शुद्धि करते हैं, उन्हें इस बात का पूरा अधिकार है। अगर कांग्रेस कमेटियों के सभापति, मंत्री आदि शुद्धि का काम करना ही चाहें तो अच्छा होगा कि वे अपने पदों से इस्तीफा दे दें।'[35]

असमंजस में गांधी

गांधी ने भी कोहाट दंगों का बड़ा कारण हिंदू स्त्री-पुरुषों का धर्म परिवर्तन किए जाने को माना। उनकी नजर में दूसरा कारण कोहाट के मुस्लिम व्यापारियों द्वारा हिंदू

व्यापारियों को व्यवसाय से बाहर निकालने की इच्छा थी। हालांकि, गांधी वहां हुए अत्याचारों को लेकर स्पष्ट राय नहीं दे पा रहे थे। उन्होंने कहा, 'हिंदू वहां अपने बल पर रहें, अपनी ताकत पर रहें या मुसलमानों की दोस्ती से रहें।'[36] इन परिस्थितियों में गांधी अलीगढ़ मुस्लिम यूनिवर्सिटी को लेकर चिंतित थे। उन्होंने यूनिवर्सिटी को 50 हजार रुपए की सहायता उपलब्ध करवाने का आश्वासन दिया। इस संबंध में उन्होंने घनश्यामदास बिड़ला को भी लिखा और यथासंभव योगदान करने को कहा। उन्होंने भरोसा दिलवाया कि वे बिड़ला का नाम प्रगट नहीं करेंगे।[37] बिड़ला लिखते हैं:

> 'हिंदुओं और मुसलमानों के आपसी संबंध की दृष्टि से यह एक बहुत ही बुरा साल था। कितनी ही जगहों पर भयंकर दंगे हुए और सदा की भांति तब भी बापू ने समझौता कराने की प्राण-पण से चेष्टा की। सर्दियों में उन्होंने दिल्ली में 21 दिनों तक अनशन किया, लेकिन उससे कोई ठोस लाभ नहीं हुआ। उन दिनों हमारा पत्र-व्यवहार अधिकतर इसी विषय पर होता था। बापू ने लिखा, 'हिंदू औरतों पर जो हमला हो रहा है, उस बारे में हमारा ही दोष मैं समझता हूं। हम ऐसे नामर्द बन गए हैं कि अपनी बहनों की रक्षा भी नहीं करते हैं। इस विषय में मैं खूब लिखूंगा। इसका कोई सादा इलाज मेरे नजदीक नहीं है। कई बात जो आपके सुनने में आई हैं, उसमें अतिशयोक्ति का होना संभव है; लेकिन अतिशयोक्ति काट देने के बाद जो शेष रहता है, हमको लज्जित करने के लिए काफी है।' लेकिन इन घटनाओं के बावजूद मुसलमानों के प्रति उनकी (गांधी) हितैषिता में कोई कमी नहीं हुई।'[38]

गांधी इस बात पर जोर देते थे कि इस्लाम का प्रसार तलवार के बल पर नहीं हुआ। बिड़ला इससे सहमत नहीं थे। उन्होंने गांधी को लिखा:

> 'जिन हिंदुओं को 200 वर्ष पूर्व जबर्दस्ती मुसलमान बना लिया गया था, वे हालांकि उस समय मुसलमानों से रुष्ट हुए होंगे; लेकिन आज वे वैसे ही कट्टर मुसलमान हैं, जैसे अरब-ईरान से आए हुए आदिम मुसलमान। इससे तो यही सिद्ध हो जाता है कि हिंसात्मक उपायों से की गई शुद्धियां भी हिंदुओं का बल बढ़ाकर अंत में प्रेम उपस्थित कर सकती हैं। आपने मुझसे कहा था कि पशु बल से ही सती की घृणित प्रथा को ब्रिटिश सल्तनत ने बंद कर दिया। फिर यह समझ में नहीं आता

कि पशुबल से अन्य सुधार भी क्यों नहीं किए जा सकते? आप मुझसे कहते थे कि मुसलमानों के धर्म की वृद्धि तलवार से नहीं हुई। लेकिन पुराने लेखों के पढ़ने से इतना तो पता लगता है कि मुसलमानों ने जबर्दस्ती बहुत-से हिंदुओं को मुसलमान बनाया था। 1829 में लॉर्ड बैंटिक के ईस्ट इंडिया कंपनी के डायरेक्टरों के नाम लिखे हुए पत्र से स्पष्ट पता चलता है कि मुसलमान जबरन तबलीग करते थे।'[39]

नमाज के समय दिंडी पर रोक

उस दौर में नागपुर सुलगता रहा। हिंदुओं की भजन मंडली (दिंडी) के मस्जिद के सामने से गुजरने पर विवाद किया जाने लगा। इसके पहले तक मस्जिद के सामने संगीत बजाने पर कोई प्रतिबंध नहीं था, लेकिन सितंबर, 1923 में मुसलमानों ने दबाव बनाकर जिलाधिकारी के आदेश से मस्जिद के सामने से जुलूस निकालने पर प्रतिबंध लगवा दिया। अक्टूबर में उसी मार्ग से काकड आरती की दिंडी को जाना था। ऐसे में मुसलमानों की ओर से उस मार्ग में बाधा डालने की पूरी आशंका थी। इसलिए राजा लक्ष्मणराव भोंसले ने मुसलमान नेताओं से वार्ता करके दिंडी जाने पर सहमति बनाई। 23 अक्टूबर को दिंडी निर्विघ्न बाजे के साथ निकल गई। अगले दिन मुसलमानों ने दिंडी के मार्ग में बाधा डाल दी। पुलिस भी मुसलमानों की मदद कर रही थी। काफी मुश्किलों के बाद जैसे-तैसे दिंडी वहां से निकल गई। 25 अक्टूबर को पुलिसकर्मी भी दिंडी को रोकने लगे। कई लोगों को गिरफ्तार किया गया और पैसे लेने के बाद छोड़ा गया। इस दौरान डॉ. हेडगेवार ने क्षेत्र के हिंदुओं को संगठित करना शुरू किया। उन्होंने प्रमुख लोगों से मिलकर योजना बनाई और विभिन्न स्थानों पर सभा करके दिंडी में अधिकतम भागीदारी सुनिश्चित करने को कहा। 30 अक्टूबर को जिलाधिकारी ने उस मार्ग से दिंडी नहीं निकालने का आदेश जारी कर दिया। इस आदेश के पीछे तर्क दिया गया कि दिंडी के गुजरने के दौरान मुसलमानों की नमाज का समय होता है। इस आदेश का डॉ. हेडगेवार ने सशक्त विरोध किया। उस दिन एक विशाल जनसभा हुई। तत्कालीन विवरणों में 20 हजार हिंदुओं के एकत्र होने का उल्लेख मिलता है। वहां भोंसले की अध्यक्षता में 'नागपुर हिंदू सभा' का गठन हुआ। डॉ. हेडगेवार को सचिव और डॉ. मुंजे को उपाध्यक्ष नियुक्त किया गया।[40] इस सभा के नेतृत्व में क्षेत्र की हिंदू जनता एकजुट होकर धार्मिक अधिकारों की रक्षा के लिए सक्रिय हुई। डॉ. हेडगेवार और उनके साथियों ने दिंडी की स्वतंत्रता के लिए सत्याग्रह आंदोलन छेड़ दिया। भोंसले भी इसमें शामिल हुए। आखिरकार, सरकार ने नमाज के पांच समय छोड़कर बाकी समय में हिंदुओं को मस्जिद के सामने से दिंडी बजाते हुए ले जाने की अनुमति दे दी।[41]

मुसलमानों ने इसे चुनौती के रूप में देखा। कार्तिक एकादशी के दिन गणेश पैठ क्षेत्र में दिंडी पर मुसलमानों ने ईंट, पत्थर और जूते फेंके तथा श्रद्धालुओं पर लाठी और तलवारों से हमला कर दिया। इस घटना के बाद पूरे शहर में सांप्रदायिक तनाव बढ़ने लगा। उस दौरान हिंदुओं की सुरक्षा के लिए डॉ. हेडगेवार आगे आए। वे हिंदू मोहल्लों में प्रमुख लोगों से मिले और रात भर पहरे की व्यवस्था की। वे खुद भी विभिन्न स्थानों पर निरीक्षण करते रहे। इससे नागपुर के हिंदुओं का मनोबल बढ़ा। कार्तिक त्रयोदशी पर निकलने वाली जागोबा यात्रा में हिंदू लोग रोली-सिंदूर के टीके लगाकर हाथों में लाठियां लेकर पहुंचे। दो दिन बाद त्रिपुरी पूर्णिमा को काकड़ आरती के समापन के बाद गणेश विसर्जन के जुलूस की तैयारी शुरू हुई। डॉ. हेडगेवार ने हिंदू सभा की ओर से पूरे शहर में इसका प्रचार-प्रसार किया। पूर्णिमा को दोपहर तीन बजे जुलूस निकला और बिना किसी बाधा के संपन्न हुआ। इससे मुसलमान चिढ़ गए और अगले तीन-चार दिन छिटपुट हमले और पथराव की घटनाएं हुईं। एक दिन हनुमानजी की प्रतिमा टूटी हुई मिली। नागेश्वर मंदिर और जैन मंदिर में गाय का कटा हुआ पैर मिला।[42]

हिंदुओं की भावनाएं जानबूझकर आहत की गई थीं। उस दौरान डॉ. हेडगेवार, डॉ. मुंजे आदि प्रमुख व्यक्तियों की सक्रियता से हिंदू संगठित होने लगे। इसे देखते हुए मुसलमानों ने सुलह के प्रयास शुरू किए। 11 जनवरी, 1925 को 60 मुसलमानों की निजी बैठक बुलाई गई। वहां मस्जिद के सामने से संगीतमय जुलूस निकाले जाने के विषय पर चर्चा हुई। यह कहा गया कि मध्य प्रांत के गवर्नर रेजिनाल्ड क्रैडॉक के आदेशानुसार काफी समय से मस्जिद के सामने संगीत नहीं बजाने की परंपरा बनी हुई है, लेकिन नागपुर के मुसलमान अपने पारंपरिक अधिकारों का त्याग करने को तैयार हैं। बैठक के अंत में मोतीलाल नेहरू और मौलाना अबुल कलाम आजाद को मध्यस्थ बनाकर इस बात के लिए अधिकृत किया गया कि वे मस्जिद के सामने जुलूस में संगीत बजाने या नहीं बजाने का निर्णय हिंदुओं के विवेक पर छोड़ सकते हैं। मोतीलाल नेहरू के दस्तावेजों के अनुसार इस बैठक के निर्णय की समीक्षा करते हुए हिंदुओं की ओर से दो संकल्प लिए गए:

(1) अक्टूबर से फरवरी के बीच दोपहर 1 से 1.30 बजे और शाम 5 से 5.30 बजे तक तथा वर्ष के अन्य महीनों में शाम 6 से 6.30 बजे के बीच शहर की पांच मस्जिदों के सामने से गुजरने के दौरान हिंदू अपने जुलूसों में किसी भी तरह का संगीत नहीं बजाएंगे; बड़ी सदर मस्जिद, कच्छी मुसलमानों की लोना साथ मस्जिद, शनिचर मस्जिद, आजम शाह की मस्जिद और चटणीस पार्क मस्जिद।

(2) भोंसला राजपरिवार के पारंपरिक वार्षिक जुलूस और साथ ही पारंपरिक

जाजोबा जुलूस दिन या रात के किसी भी समय, किसी भी सार्वजनिक सड़क पर बिना किसी रोक-टोक के आगे बढ़ेंगे।

इस वक्तव्य पर डॉ. हेडगेवार सहित डॉ. मुंजे, एम.वी. अभ्यंकर, डी.डब्ल्यू. कठाले, बी.एच. शिंदे, जी.डी. डालवी, के.पी. वैद्य, जी.आर. देशमुख, एम.ए. देशपांडे, वाई.एस. डोके, एम.एस. नियोगी, एन.बी. खरे तथा वी. गुजर ने हस्ताक्षर किए।[43]

हेडगेवार और हिंदुत्व

कांग्रेस नेताओं की अस्पष्ट सोच और ब्रिटिश राज द्वारा मुसलमानों को दी जा रही शह से डॉ. हेडगेवार के मन में आक्रोश बढ़ता गया। उन्हें यह चिंताजनक स्थिति लगती थी कि आबादी में कहीं अधिक होकर भी हिंदुओं को अपनी सुरक्षा के लिए पहरा लगाना पड़ रहा है, जबकि मुसलमान हिंसक चुनौती देने में जरा भी नहीं हिचकते। हिंदुओं को संगठित करने की दिशा में ठोस कदम उठाना जरूरी हो चला था। डॉ. हेडगेवार की यह धारणा पुष्ट होती गई कि हिंदू एकता के बिना भारत को छिन्न-भिन्न होने से नहीं बचाया जा सकेगा। इसी दौरान जेल में बंद विनायक दामोदर सावरकर ने अपनी विचारोत्तेजक कृति 'हिंदुत्व' की पांडुलिपि को बाहर भिजवाया। यह पांडुलिपि सबसे पहले विश्वनाथ केलकर के पास आई और उनके माध्यम से डॉ. हेडगेवार तक पहुंची।[44]

उसी दौरान डॉ. हेडगेवार ने अपने मित्रों के साथ मिलकर 'स्वातंत्र्य' नामक समाचार पत्र निकाला। डॉ. हेडगेवार प्रकाशन से जुड़ी प्रक्रिया संभालने का कार्य करते थे। कई बार लिखित सामग्री कम पड़ जाने पर वे खुद भी लिखते थे। यह पत्र सोमवार को छोड़कर हर दिन प्रकाशित होता था। एक अंक का मूल्य 2 पैसे और वार्षिक शुल्क साढ़े बारह रुपए था। किसी तरह लगभग एक वर्ष तक यह काम चला। आर्थिक तंगी के कारण 'स्वातंत्र्य' बंद करना पड़ा। काफी प्रयासों के बाद इसकी एक दुर्लभ प्रति खोजी जा सकी। 6 नवंबर, 1924 के इस अंक में विनायक दामोदर सावरकर की दो किताबों का विज्ञापन प्रकाशित हुआ था; पहले पृष्ठ पर 'इकॉज फ्रॉम अंडमान' और अंतिम पृष्ठ पर 'हिंदुत्व।'[45]

संदर्भ सूची

1. ना.ह. पालकरः डॉ. हेडगेवार चरित, लोकहित प्रकाशन, लखनऊ, 2020, पृष्ठ 109
2. सुभाषचंद्र कुशवाहाः चौरी चौरा विद्रोह की महागाथा, प्रभात प्रकाशन, नई दिल्ली, 2015, पृष्ठ 121-122
3. वही, पृष्ठ 127
4. वही, पृष्ठ 132
5. संपूर्ण गांधी वांगमय, खंड 22, प्रकाशन विभाग, सूचना और प्रसारण मंत्रालय, भारत सरकार, 1967, पृष्ठ 4-5
6. वही, पृष्ठ 398-399
7. राजेंद्र प्रसादः आत्मकथा, सस्ता साहित्य मंडल, नई दिल्ली, 2002, पृष्ठः 255-256
8. ना.ह. पालकरः डॉ. हेडगेवार चरित, लोकहित प्रकाशन, लखनऊ, 2020, पृष्ठ 113
9. स्टेनली वोलपर्टः जिन्ना ऑफ पाकिस्तान, ऑक्सफोर्ड यूनिवर्सिटी प्रेस, न्यूयॉर्क, 1984, पृष्ठ 105
10. डॉ. राजेंद्र प्रसादः खंडित भारत, प्रभात प्रकाशन, नई दिल्ली, 2014, पृष्ठ 153-154
11. बी.आर. अंबेडकरः पाकिस्तान ऑर पार्टिशन ऑफ इंडिया, ठैकर एंड कंपनी, बंबई, 1945, पृष्ठ 149
12. नवजीवन, 25 सितंबर, 1921
13. बी.आर. अंबेडकरः पाकिस्तान ऑर पार्टिशन ऑफ इंडिया, ठैकर एंड कंपनी, बंबई, 1945, पृष्ठ 147
14. जवाहरलाल नेहरू वांगमय, खंड 1, सस्ता साहित्य मंडल, नई दिल्ली, 2009, पृष्ठ 316
15. वही, पृष्ठ 190
16. डॉ. बी. पट्टाभि सीतारामय्याः कांग्रेस का इतिहास, खंड 1, सस्ता साहित्य मंडल, नई दिल्ली, 2009, पृष्ठ 176-177
17. वही, पृष्ठ 177
18. फाइल सं. 241-XII राजनीतिक, गृह विभाग, भारत सरकार, 1921

19. एच.वी. शेषाद्रि: डॉ. हेडगेवार-द इपॉक मेकर अ बायोग्राफी, साहित्य सिंधु प्रकाशन, अहमदाबाद, 1981, पृष्ठ 66
20. ना.ह. पालकर: डॉ. हेडगेवार चरित, लोकहित प्रकाशन, लखनऊ, 2020, पृष्ठ 119
21. कृष्णराव मोहरील: डॉ. हेडगेवार प्रेरक जीवन प्रसंग, लोकहित प्रकाशन, लखनऊ, पृष्ठ 114-115
22. दादा धर्माधिकारी: समग्र सर्वोदय दर्शन, सर्व सेवा संघ प्रकाशन, वाराणसी, 2003, पृष्ठ 113
23. और देश बंट गया: हो.वे. शेषाद्रि, सुरुचि प्रकाशन, नई दिल्ली, 2004, पृष्ठ 134
24 ना.ह. पालकर: डॉ. हेडगेवार चरित, लोकहित प्रकाशन, लखनऊ, 2020, पृष्ठ 120-121
25. पांडुरंगपंत क्षीरसागर: राष्ट्र साधना खंड 2, साप्ताहिक विवेक, मुंबई, 2001, पृष्ठ 42
26. राजेंद्र प्रसाद: आत्मकथा, सस्ता साहित्य मंडल, नई दिल्ली, 2002, पृष्ठ 155
27. वही, पृष्ठ 281-282
28. वही, पृष्ठ 281-283
29. डॉ. बी. पट्टाभि सीतारामय्या: कांग्रेस का इतिहास, खंड 1, सस्ता साहित्य मंडल, नईदिल्ली, 2009, पृष्ठ 222
30. श्री अरविंद: भारत का पुनर्जन्म, द मद्रास इंस्टीट्यूट ऑफ रिसर्च, नई दिल्ली, 2007, पृष्ठ 19
31. घनश्यामदास बिड़ला: गांधीजी की छत्रछाया में, सस्ता साहित्य मंडल, नई दिल्ली, 1955, पृष्ठ 46-48
32. महादेव देसाई: गांधीजी के साथ पचीस वर्ष, खंड-4, सर्व सेवा संघ प्रकाशन, वाराणसी, 2011, पृष्ठ 146-147
33. रंगा हरि: गुरुजी गोलवलकर जीवनचरित्र, श्रीभारती प्रकाशन, नागपुर, 2012, पृष्ठ 53
34. राजेंद्र प्रसाद: आत्मकथा, साहित्य संसार, पटना, 1947, पृष्ठ 199
35. जवाहरलाल नेहरू वांगमय, खंड 1, सस्ता साहित्य मंडल, नई दिल्ली, 2009, पृष्ठ 354
36. महादेव देसाई: गांधीजी के साथ पचीस वर्ष, खंड-4, सर्व सेवा संघ प्रकाशन, वाराणसी, 2011, पृष्ठ 370

37. घनश्यामदास बिड़लाः गांधीजी की छत्रछाया में, सस्ता साहित्य मंडल, नई दिल्ली, 1955, पृष्ठ 35
38. वही, पृष्ठ 34
39. वही, पृष्ठ 30-31
40. वॉल्टर एंडरसन और श्रीधर दामलेः द ब्रदरहुड इन सैफ्रन, विस्तार पब्लिकेशंस, नई दिल्ली, 1987, पृष्ठ 32
41. ना.ह. पालकरः डॉ. हेडगेवार चरित, लोकहित प्रकाशन, लखनऊ, 2020, पृष्ठ 132
42. वही, पृष्ठ 133
43. सेलेक्टेड वर्क्स ऑफ मोतीलाल नेहरू, खंड 4, विकास पब्लिशिंग हाउस, नई दिल्ली, 1986, पृष्ठ 542-543
44. ना.ह. पालकरः डॉ. हेडगेवार चरित, लोकहित प्रकाशन, लखनऊ, 2020, पृष्ठ 136
45. वही, पृष्ठ 138

▲ 13 अप्रेल, 1919: जलियांवाला बाग में एकत्रित देशभक्त नागरिक।

▲ जलियांवाला बाग नरसंहार के दूसरे दिन गोलियों के निशानों से भरी दीवार।

▲ 1857 के प्रथम स्वतंत्रता संग्राम के दौरान देशभक्तों को खुलेआम फांसी की सजा।

▲ 16 अगस्त, 1946 को मुस्लिम लीग की घोषणा पर कलकत्ता में 'डायरेक्ट एक्शन'।

▲ कलकत्ता में 'डायरेक्ट एक्शन' के बाद सड़क पर हिंदुओं के शव।

▲ अनुशीलन समिति, 1908: साधना मंदिर में पुलिनबिहारी दास, शास्त्री महाशय और योगानंद।

▲ अनुशीलन समिति कार्यालय, कलकत्ता।

▲ त्रैलोक्यनाथ चक्रवर्ती

▲ अमूल्यरत्न घोष

▲ मिनर्वा सिनेमा, पूना में 'भगवा झंडा' फिल्म का उद्घाटन करते डॉ. हेडगेवार।
भाऊराव अभ्यंकर, रामचंद्र गोपाल तोरणे* (दादा साहब), गुरुजी और नाना साहब तैलंग।
**दादा साहब तोरणे ने भारत की पहली फीचर फिल्म 'श्री पुंडलिक' 18 मई, 1912 को रिलीज की।*

▲ पूना में हिंदू युवक परिषद् की अध्यक्षता करते हुए डॉ. हेडगेवार।
(बाएं से) अण्णासाहब भोपटकर, और गणपतराव नलावड़े।
डॉ. हेडगेवार के पीछे काली टोपी और सफेद कपड़ों में अप्पाजी जोशी।

▲ कुटुंब के साथ सीतारामपंत शास्त्री और केशव बलिराम हेडगेवार।

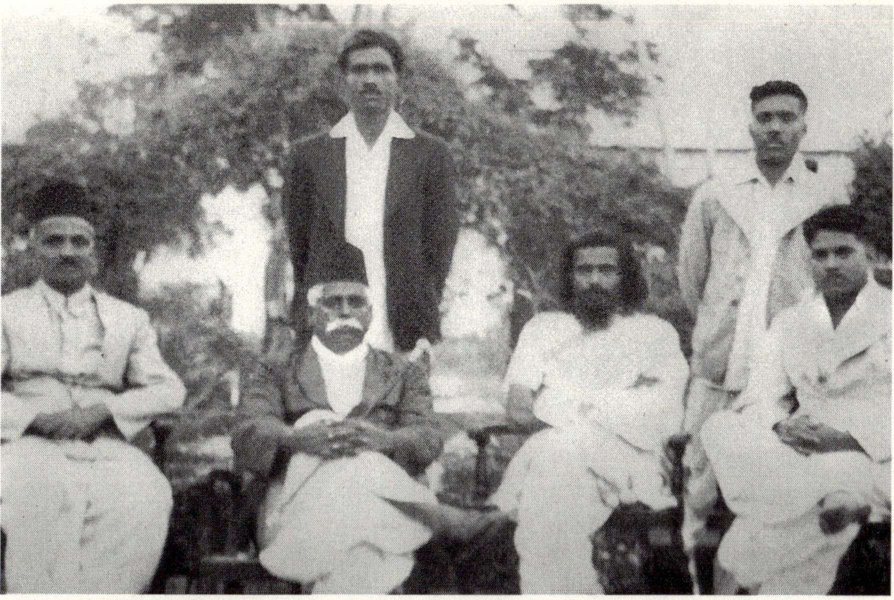

▲ वर्धा जिले के सिंदी में संघ के गणवेश और प्रार्थना में परिवर्तन के लिए हुई बैठक के दिन अप्पाजी जोशी, डॉ. हेडगेवार, गुरुजी और बवनराव पंडित।
पीछे खड़े : विट्ठलराव पत्की और मधुकर दत्तात्रेय देवरस (बाला साहब)।

▲ गुरुजी के पिता सदाशिवराव गोलवलकर (भाऊजी) और माता लक्ष्मीबाई (ताईजी)।

▲ माधवराव सदाशिवराव गोलवलकर (गुरुजी) का रामटेक स्थित जन्मस्थान।

▲ माधवराव सदाशिवराव गोलवलकर (19 फरवरी, 1906– 5 जून, 1973)

▲ पुरुषोत्तमदास टंडन से संघ का नियमित संपर्क बना रहा। गुरुजी और दिल्ली संघ चालक लाला हंसराज के साथ आत्मीय क्षण।

▲ महात्मा गांधी की स्मृति में सांगली(महाराष्ट्र) में आयोजित सभा को संबोधित करते गुरुजी।

▲ महाराष्ट्र में स्वतंत्रता संग्राम की मशाल उठाए 'केसरी' कार्यालय में स्वतंत्रता सेनानी जनार्दन सखाराम करंदीकर, लक्ष्मण बलवंत भोपटकर और गजानन विश्वनाथ केटकर के साथ गुरुजी।

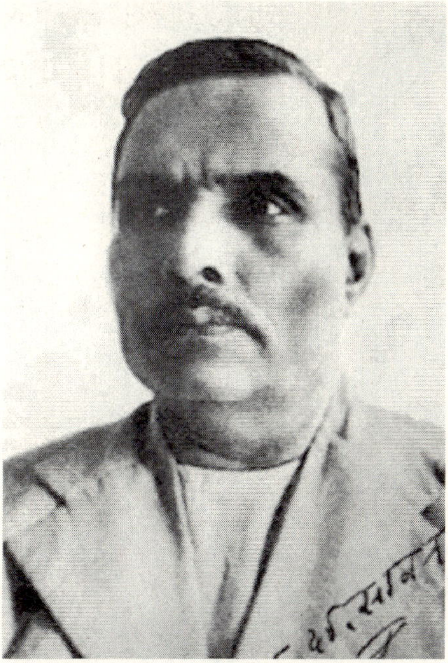

▲ गणेश दामोदर सावरकर, कालापानी के बाद संघ कार्य के विस्तार में सक्रिय।

▲ शिवराम हरि राजगुरु, सांडर्स हत्याकांड के बाद स्वयंसेवकों के सहयोग से भूमिगत।

▲ पुलिन बिहारी दास, अनुशीलन समिति में डॉ. हेडगेवार के बने मार्गदर्शक।

▲ पं. अर्जुनलाल सेठी, जेल की बर्बर यातनाओं के बाद वर्धा में सेवा–सुश्रुषा।

▲ अप्पाजी जोशी, 1930 के जंगल सत्याग्रह में गिरफ्तार

▲ भैयाजी दाणी, हैदराबाद सत्याग्रह में गिरफ्तार

▲ माधवराव मुले, हैदराबाद सत्याग्रह में गिरफ्तार

▲ बालाजी हुद्दार, बालाघाट सशस्त्र क्रांति में गिरफ्तार

▲ लक्ष्मणराव इनामदार, जेल यंत्रणाओं के शिकार

▲ बालासाहब देशपांडे, तिरंगा फहराते गिरफ्तार

▲ कृ.ब.ना.प्र.सिंह, भारत छोड़ो आंदोलन में गिरफ्तार

▲ वंसतराव ओक, दिल्ली में स्वतंत्रता सेनानियों को संरक्षण

▲ वचनेश त्रिपाठी, बालामऊ पुलिस चौकी कांड में गिरफ्तार

▲ भारत विभाजन के पक्ष में खड़े हाथ, 15 जून, 1947।

▲ 2 जून, 1947 : माउंटबेटन की विभाजन योजना पर अंतिम निर्णय।

▲ पाकिस्तान की घोषणा होते ही शुरू हुई हिंसा से पीड़ित लाखों हिंदू परिवार पलायन को मजबूर।

▲ 14 अगस्त, 1947 की काल रात्रि : प्रसन्न जिन्ना, माउंटबेटन, एडविना और फातिमा जिन्ना।

▲ लाहौर को हिंदुओं से मुक्त करवाते जिहादियों का जमघट।

▲ महात्मा गांधी अपने सचिव प्यारेलाल के साथ संघ के स्वयंसेवकों से गंभीर वार्तालाप करते हुए।

▲ स्वयंसेवकों को संबोधित करते माधवराव सदशिवराव गोलवलकर... राष्ट्राय स्वाहा, इदं राष्ट्राय इदं न मम।

भाग : चार

हिंदू राष्ट्र का शंखनाद

जिस तरह गरुण ने पाताल से अमृत लाकर अपनी माता वनिता को दास्य मुक्त करवाया; उसी जल की बूंदों से बनी वंजरा नदी क्षेत्र का मैं वासी ब्रह्मचारी रहकर भारत माता की दास्य मुक्ति के लिए कार्य करूंगा।

– केशव बलिराम हेडगेवार

राष्ट्रीय स्वयंसेवक संघ की स्थापना

डॉ. हेडगेवार की आंखों के सामने सैकड़ों वर्षों की दुखांतिका तैरने लगी। विभिन्न आक्रमणकारियों ने भारत की राजनीतिक, भौगोलिक, सांस्कृतिक और मानसिक स्वतंत्रता को तहस-नहस कर दिया। अनेक पराक्रमी युगपुरुषों को मार डाला गया और आस्थाओं के केंद्र धूल धूसरित कर दिए गए। धर्म परिवर्तन के लिए जमकर नरसंहार किया गया। मुगलों के पतन के बाद ब्रिटिश राज की गुलामी करनी पड़ी। उसने सोने की चिड़िया को न केवल लूटा, बल्कि कई सामूहिक नरसंहारों से भारत के स्वाभिमान को रौंद दिया। यहां के गौरव की जड़ को नष्ट करने के लिए ज्ञान-विज्ञान और विधान के नाम पर कथित नव संस्कृति की नींव रखी जा रही थी। ब्रिटिश राज की शह पर ऐसा नेतृत्व खड़ा किया जा रहा था, जो हुक्म का गुलाम हो; जो ब्रिटिश राज के विरुद्ध उठने वाली आवाज को आतंकवादी बता सके; जलियांवाला और मानगढ़ जैसे नरसंहारों पर मौन व्रत धारण कर ले; गुरु तेगबहादुर और गुरु गोविंद सिंह जैसे वीरों के बलिदान पर आंखें मूंद ले।

इस वातावरण में भी कई देशभक्तों ने राष्ट्रीयता की नींव रखने का अनूठा कार्य किया। ऐसे समय में देश को कांग्रेस से किसी चमत्कार की उम्मीद थी, लेकिन गुटबाजी के चलते वहां पर फर्जी सदस्यों की भरमार हो गई थी। वहीं, नेता आश्रित पार्टी होने से हिंदू महासभा का व्यापक जनाधार नहीं था। ऐसे में देश को स्वतंत्रता दिलाना और देशवासियों में ऐसे भाव का निर्माण करने की जरूरत हुई, जिससे कोई भी भारत को टेढ़ी आंख करके नहीं देख सके। इसमें तो किसी की आलोचना का भाव निहित था और न ही किसी से युद्ध करना था। इसमें राष्ट्र के परम वैभव का स्वप्न निहित था। यह देशवासियों की एकजुटता से जुड़ा संगठन का कार्य था। इस कार्य के लिए देश की स्वतंत्रता तात्कालिक जरूरत थी, लेकिन मार्ग इससे भी आगे जाने वाला था; जिसमें देशवासियों के लिए राष्ट्र सर्वोपरि हो। डॉ. हेडगेवार के जीवन का यही उद्देश्य था।

भगवा ध्वज के वंदन से शुरू होकर भारत माता की जय के साथ संपन्न होने वाला राष्ट्रीय उपक्रम। ऋषि-मुनियों की ब्रह्मांड संरक्षक आध्यात्मिकता; क्रांतिकारी गतिविधियों के उद्देश्य की संपूर्णता; राष्ट्रीय प्रयत्नों की व्यापकता से जुड़ा महायज्ञ... महाराणा प्रताप, गुरु गोविंद सिंह, छत्रपति शिवाजी के शौर्य, समर्थ गुरु रामदास, स्वामी दयानंद और स्वामी विवेकानंद के राष्ट्र जागरण, लोकमान्य तिलक और वीर सावरकर के समर्पण की भावना लिए शुरू हुआ राष्ट्रीय स्वयंसेवक संघ।

वीरव्रती दिवस विजयादशमी

संघ की स्थापना ही विजय की भावना लिए थी। राष्ट्र की विजय। इसी विजिगीषु वृत्ति की प्रेरणा लिए 1925 में आश्विन मास के शुक्ल पक्ष की दशमी के पवित्र वीरव्रतधारी दिन विजयादशमी का चयन किया गया। इसे असत्य पर सत्य की विजय के पर्व के रूप में मनाया जाता है। हजारों वर्षों से माना जाता है कि इस दिन आरंभ किए जाने वाले कार्य में विजय अवश्य मिलती है। यह दस प्रकार के पापों- काम, क्रोध, लोभ, मोह, मद, मत्सर, अहंकार, आलस्य, हिंसा और चोरी के त्याग की प्रेरणा देता है। भगवान राम ने इसी दिन रावण का वध किया था और देवी दुर्गा ने नौ रात्रि तथा दस दिन के युद्ध के बाद महिषासुर पर विजय प्राप्त की थी। छत्रपति शिवाजी ने औरंगजेब को पराजित करके इसी दिन प्रस्थान किया और हिंदू पदपादशाही की स्थापना में सफल हुए। इससे पहले महाराणा प्रताप ने विजयादशमी के दिन ही दिवेर के युद्ध में मुगल सेना को रौंद डाला था। इसी पवित्र दिन सिखों के दसवें गुरु गोबिंद सिंह की बाल अवस्था में दस्तारबंदी की गई थी। देश में 'स्वराज्य हमारा जन्मसिद्ध अधिकार है और इसे हम लेकर रहेंगे' का शंखनाद करने वाले बाल गंगाधर तिलक की शिक्षा का प्रारंभ 1861 की विजयादशमी को ही हुआ। बंग-भंग के विरुद्ध विनायक दामोदर सावरकर के नेतृत्व में 7 अक्टूबर, 1905 को विजयादशमी के दिन जगह-जगह विदेशी वस्तुओं का दहन किया गया। यही वह दिन है, जब 'हिंद स्वराज' का विचार मोहनदास कर्मचंद गांधी के मन में उपजा*। विजयादशमी के सांस्कृतिक पहलू भी हैं। जब

---

*24 अक्टूबर, 1909... रविवार का दिन था। गांधी लंदन में विजयादशमी के अवसर पर 70 भारतीयों की उपस्थिति में आयोजित एक कार्यक्रम की अध्यक्षता कर रहे थे। उनके साथ मंच पर विराजमान लोगों में विनायक दामोदर सावरकर भी थे। यह सावरकर और गांधी की दूसरी मुलाकात थीं। गांधी ने अपने संबोधन में कहा, 'जिस देश में श्रीराम जैसे पुरुष हुए हैं, उस देश पर हिंदुओं, मुसलमानों, पारसियों सभी को गर्व होना चाहिए। अगर श्रीराम, सीताजी, लक्ष्मणजी, भरतजी जैसे लोग यहां फिर जन्म लेने लगे तो भारत शीघ्र समृद्ध हो जाएगा। यह याद रखना चाहिए कि श्रीराम ने देश सेवा के योग्य बनने से पूर्व वनवास काटा था। सीताजी ने बहुत दुःख सहन किया और लक्ष्मणजी ने वर्षों तक नींद त्यागी तथा ब्रह्मचर्य का पालन किया। जैसे ही भारतीय लोग ऐसा जीवन जीना सीख जाएंगे, ठीक उसी समय से वे अपने आप को स्वतंत्र मान सकते हैं। सुखी होने के लिए भारत के पास इसके अलावा कोई अन्य रास्ता नहीं है।' (कलेक्टेड वर्क्स ऑफ महात्मा गांधी, प्रकाशन विभाग, सूचना और प्रसारण मंत्रालय,भारत सरकार, 1963, पृष्ठ 498-499) सावरकर ने रामायण की महानता पर प्रभावशाली भाषण दिया। उनके ओजपूर्ण उद्बोधन में दुष्ट शक्तियों का नाश करने वाली देवी दुर्गा के स्वरूप का अद्भुत वर्णन था। उन्होंने कहा, 'हिंदू हिंदुस्तान का हृदय हैं। जिस तरह इंद्रधनुष की सुंदरता उसके विविध रंगों से बढ़ जाती है, उसी तरह हिंदुस्तान और भी खूबसूरत दिखाई देगा, अगर वह मुस्लिम, पारसी, यहूदी और अन्य समुदायों की सबसे अच्छी चीजों को आत्मसात कर ले।' (प्रमोद कुमारः पीटीआई, 24 जनवरी, 2016)

किसान अपने खेत में सुनहरी फसल उगाकर अनाज घर लाता है तो उसके उल्लास-उमंग का पारावार नहीं रहता। इस प्रसन्नता के अवसर पर वह भगवान की कृपा को मानता है और उसे प्रकट करने के लिए पूजन करता है। महाराष्ट्र में 'सिलंगण' के नाम से सामाजिक महोत्सव के रूप में भी इसको मनाया जाता है। लोग अपने गांव से बाहर शमी वृक्ष के पत्तों के रूप में 'स्वर्ण' लूटकर वापस आते हैं, फिर उस स्वर्ण का परस्पर आदान-प्रदान किया जाता है।

संस्कार और साहस का संदेश देने वाले इस पावन दिन को संघ की स्थापना के लिए चुने जाने का विशेष महत्व था। हालांकि उस दिन संघ की शाखा शुरू नहीं हुई, लेकिन नींव रखने के लिए वही दिन सर्वश्रेष्ठ माना गया। डॉ. हेडगेवार ने अपने घर पर एक बैठक बुलाई। विश्वनाथराव केलकर, भाऊजी कावरे, अण्णा सोहोनी, बालाजी हुद्दार, बापूराव भेदी, लक्ष्मण वासुदेव परांजपे, रघुनाथराव बांडे, भय्याजी दाणी, अण्णा वैद्य, कृष्णराव मोहरील, नरहर पालकर, दादाराव परमार्थ, अण्णाजी गायकवाड़, देवघरे, बाबूराव तेलंग, तात्या तेलंग, बालासाहब आठवले सहित कुल 17 कार्यकर्ता उपस्थित थे। डॉ. हेडगेवार ने घोषणा की, 'आज से हम लोग संघ की शुरुआत कर रहे हैं।'[1] वहां उपस्थित लोगों से संघ की रूपरेखा और कार्यक्रमों के बारे में विचार-विमर्श करने के बाद डॉ. हेडगेवार ने कहा, 'संघ शुरू करने का अर्थ है कि हम सब शारीरिक, सैनिक और राजकीय* तीनों प्रकार की शिक्षा लें तथा दूसरों को भी देना आरंभ करें।[2]

साप्ताहिक एकत्रिकरण से शुरुआत

डॉ. हेडगेवार ने सबसे पहले संघ के स्वयंसेवकों को सप्ताह में एक बार एकत्र करने का निर्णय किया। इसके लिए गुरुवार का दिन चुना गया। प्रत्येक गुरुवार को संघ कार्य आगे बढ़ाने को लेकर चर्चा होती थी।[3] स्वयंसेवकों को शारीरिक प्रशिक्षण दिए जाने को भी डॉ. हेडगेवार महत्वपूर्ण समझते थे। इसके लिए स्वयंसेवकों को व्यायामशालाओं में ले जाना आरंभ किया गया। इनमें अण्णा खोत की नागपुर व्यायामशाला में सबसे अधिक सदस्य जाते थे। खोत और डॉ. हेडगेवार के बीच घनिष्ठ संबंध थे। उस दौरान ब्रिटिश राज के डर से अधिकतर विद्यार्थी वहां जाने से डरते थे, लेकिन डॉ. हेडगेवार के प्रयासों से ऐसे तरुणों की संख्या बढ़ने लगी। कुछ ही समय में व्यायामशाला के प्रशिक्षकों के लिए इतने लोगों पर ध्यान देना कठिन होने लगा। इसलिए उन्हें किसी अलग और स्वतंत्र स्थान पर एकत्रित करके प्रशिक्षण देना शुरू किया गया।[4] प्रारंभिक दौर में हर रविवार को सुबह पांच बजे महाल क्षेत्र में इतवारी दरवाजा प्राथमिक शाला के मैदान में मार्तंडराव जोग ने स्वयंसेवकों को

* राजकीय वर्ग ही आगे चलकर 'बौद्धिक वर्ग' के रूप में विकसित हुआ।

सैन्य प्रशिक्षण देना शुरू किया।[5] ग्वालियर रियासत की सेना में रहे जोग सेवानिवृत्ति के बाद कांग्रेस में सक्रिय थे।[6] वे डॉ. हेडगेवार के पड़ोस में रहते थे। कई बार वे सैन्य वर्दी पहनकर घोड़े पर सवार होकर संघ स्थान पहुंचते थे।[7] उनके नेतृत्व में स्वयंसेवकों को साप्ताहिक सैन्य प्रशिक्षण दिया जाने लगा। राष्ट्रभक्ति की भावना जगाने के लिए प्रत्येक गुरुवार को विशेष प्रशिक्षण देने की शुरुआत हुई।[8]

नागपुर से बाहर विस्तार

वर्धा जिले के आर्वी में 1925 के विजयादशमी उत्सव पर हुए दंगे में कई नेताओं का नाम जोड़कर गिरफ्तार कर लिया गया। इनमें डॉ. स.नी. मोहरीर सहित कई लोग डॉ. हेडगेवार के मित्र थे। मुकदमा चलने पर डॉ. हेडगेवार लगातार वर्धा और आर्वी जाते थे। इस बीच उन्होंने वर्धा में संघ की शाखा प्रारंभ करने का निर्णय किया। इस कार्य में उन्हें कांग्रेस से जुड़े मित्र हरिकृष्ण राव जोशी (अप्पाजी) का सहयोग मिला। अप्पाजी संघ की गतिविधियों से अवगत थे। एक बार कांग्रेस के कार्य से अप्पाजी नागपुर आए थे। हमेशा की तरह वे डॉ. हेडगेवार के घर रुके। उसी दौरान डॉ. हेडगेवार ने उन्हें एक कमरे में चलने वाला संघ कार्यालय दिखाया। वहां ध्वज और मारुति की प्रतिमा थी। इस घटना के बाद 18 फरवरी, 1926 को जब डॉ. हेडगेवार वर्धा गए तो वहां संघ की शाखा शुरू हो गई। नागपुर के बाहर सबसे पहले संघ वर्धा पहुंचा।[9]

नियुक्ति की प्रक्रिया

संघ में किसी युवा को सीधे ही प्रवेश नहीं मिलता था। सबसे पहले दो पुराने स्वयंसेवकों की अनुशंसा की जरूरत होती थी। फिर डॉ. हेडगेवार दो-तीन बार उससे बातचीत करते। इस दौरान वे युवाओं के स्वभाव, वृत्ति तथा गुणों को परखते थे।[10] डॉ. हेडगेवार प्रवेश के इच्छुक युवकों से उनकी पारिवारिक पृष्ठभूमि से लेकर व्यक्तिगत रुचियों के बारे में संपूर्ण जानकारी लेते। कई युवकों को वे घर भी बुलाते और संघ के बारे में बताते। उस समय वे युवाओं से पूछते, 'संघ में क्यों आना चाहते हो?', 'कभी तुम्हें ऐसा लगा कि संघ में नहीं आना चाहिए तो क्या करोगे?' इन सवालों के जरिए वे युवाओं को विचार करने के लिए प्रेरित करते थे। वे यह भी पूछते थे, 'यहां से घर जाने के बाद किसी चौराहे पर पुलिसवाले ने तुम्हें रोककर पूछा कि तुम डॉ. हेडगेवार के घर पर क्या बातचीत करने गए थे। तुम क्या जवाब दोगे?' युवाओं की ओर से इनके उत्तर दिए जाने पर वे उसकी वृत्ति और समयसूचकता का अनुमान लगाते थे। उसी के अनुसार आगे उससे संवाद करते थे।[11]

नाम और गणवेश

उस दौरान नागपुर के पास स्थित रामटेक नामक स्थान पर हर वर्ष रामनवमी का पर्व मनाया जाता था। नागपुर के अनाथ विद्यार्थी उस पर्व में काम करने जाया करते थे। डॉ. हेडगेवार के मन में संघ सदस्यों को वहां ले जाने का विचार आया। उससे पहले वे संघ का नाम और सदस्यों की गणवेश तय करना चाहते थे। संघ का नाम तय करने के लिए डॉ. हेडगेवार ने 17 अप्रेल, 1926 को अपने घर एक बैठक बुलाई। इसमें 26 कार्यकर्ता शामिल हुए, जिन्होंने विभिन्न नाम सुझाए। अंत में राष्ट्रीय स्वयंसेवक संघ, जरीपटका मंडल और भारतोद्धारक मंडल नाम शेष रह गए। इनमें से पहले नाम को बीस, दूसरे को पांच और तीसरे को एक मत मिला। फलस्वरूप राष्ट्रीय स्वयंसेवक संघ* को सर्वसम्मति से स्वीकार किया गया।[12] संघ का नाम रखने के बाद उसके कुशल संचालन के लिए कुछ प्रतिनिधि चुने गए। इस चुनाव से पहले डॉ. हेडगेवार ने सभी स्वयंसेवकों को सर्वसम्मति से प्रतिनिधि चुनने को कहा। उन्होंने कहा कि ऐसे प्रतिनिधियों को चुनें, जो चरित्रवान हों और आपसे बिना परामर्श कोई कार्य नहीं करें। इस चुनाव में व्यक्तिगत ईर्ष्या नहीं आनी चाहिए। यह जगह अधिकार प्राप्ति के बजाए कर्तव्यपरायणता की है। इसके बाद सभी की सहमति से चुनाव संपन्न हुए।[13]

डॉ. हेडगेवार ने सभी से गणेवश बनवाने को भी कहा। रामटेक में हुए रामनवमी के पर्व में अधिकांश स्वयंसेवक उसी गणवेश में गए। इसमें खाकी निकर-कमीज और दो बटनों की खाकी टोपी शामिल थी। निकर की लंबाई घुटने तक होती थी। यह गणवेश वही था, जिसे कांग्रेस अधिवेशन में डॉ. हेडगेवार और डॉ. परांजपे की अगुवाई में बनाए गए स्वयंसेवक दल के लिए चुना गया था।[14] आगे चलकर इसमें कुछ और बदलाव हुए। कमर में डेढ़ इंच चौड़ा चमड़े का पट्टा, पैर में ऊंचे काले चमड़े के जूते, एड़ी से लेकर घुटने तक लपेटी जाने वाली करीब चार इंच चौड़ी ऊनी खाकी रंग की पतली पट्टी और उस पर हलके हरे रंग की ऊन की बुनी हुई घुटने तक चार इंच ऊंचाई की मोटी पट्टी गणवेश में शामिल की गई। खाकी शर्ट पर सैनिकों जैसी कपड़े की पट्टी लगी होती थी, जिस पर आर.एस.एस. नाम का पीतल का बैज लगा होता था।[15]

रामनवमी मेले से लोकप्रियता

19 अप्रेल को राष्ट्रीय स्वयंसेवक संघ, अनाथ विद्यार्थी गृह तथा बजरंग संघ की संयुक्त बैठक में रामटेक जाने पर सहमति बनी। रामटेक के रामनवमी मेले में

---

*राष्ट्रीय स्वयंसेवक संघ तीन शब्दों का समुच्चय है। राष्ट्रीयः जिसकी अपने देश, उसकी परंपराओं, उसके महापुरुषों, उसकी सुरक्षा और समृद्धि के प्रति एकांतिक निष्ठा हो। स्वयंसेवकः जो स्वयं की प्रेरणा से राष्ट्र, समाज, धर्म और संस्कृति की सेवा तथा रक्षा के लिए निःस्वार्थ भाव से कार्य करे। संघः संगठन।

हजारों दर्शनार्थियों की भीड़ उमड़ती थी और पुलिसवाले व्यवस्था नहीं कर पाते थे। स्वयंसेवकों ने प्रवेश द्वार पर दर्शनार्थियों को कतार में खड़ा कर दिया। जगह-जगह उनके लिए प्याऊ की व्यवस्था की। सुबह आठ बजे से शाम पांच बजे तक स्वयंसेवकों ने वहां कार्य किया। वहां की जनता में स्वयंसेवक और उनके कार्यक्रम चर्चा के विषय बन गए। उसके बाद कई वर्षों तक स्वयंसेवक वहां जाते रहे।[16]

मोहिते बाड़ा में नियमित शाखा

रामटेक के कार्यक्रम के बाद अण्णा सोहोनी की अगुवाई में स्वयंसेवकों का प्रशिक्षण फिर से शुरू हो गया। सोहोनी लाठी, तलवार, भाला तथा चाकूबाजी में निपुण थे। उनसे प्रभावित होकर नए-नए युवा प्रशिक्षण लेने आने लगे। स्वयंसेवकों की संख्या बढ़ने पर इतवार दरवाजा प्राथमिक शाला का मैदान छोटा पड़ने लगा। नए स्थान के रूप में मोहिते बाड़ा* का नाम सुझाया गया।

पूर्व में भी डॉ. हेडगेवार, डॉ. खानखोजे और भाऊजी कावरे ने इस बाड़े का उपयोग अपने क्रांतिकारी कार्यों के लिए किया था। ध्यान नहीं दिए जाने के कारण 1926 तक यह बाड़ा खंडहर बन चुका था। उसे सभी ने साफ करने का निर्णय किया। शाखा लगने से पहले और अवकाश के दिन डॉ. हेडगेवार स्वयं युवाओं के साथ कुदाल, फावड़ा और तसला लेकर उसकी सफाई करते। संघ में 28 मई, 1926 से लाठी का नियमित प्रशिक्षण शुरू हुआ। अण्णा सोहोनी ने मराठी, हिंदी और संस्कृत भाषाओं के आधार से नई आज्ञाएं बनाईं और 'सावधान', 'दक्ष', तथा 'आरम्' आज्ञाओं का प्रयोग शुरू हुआ। पहले संचलन में तीस गणवेशधारी स्वयंसेवक शामिल हुए। सीटी की आवाज पर अनुशासनबद्ध स्वयंसेवकों को देख कई किशोर भी इनकी तरह कदमताल करते हुए तेलंगखेडी तक गए। इस पहले संचलन के बाद शाखाओं की संख्या तेजी से बढ़ीं। उधर, ग्वालियर के एक सैन्य अधिकारी उपासनी जब कभी छुट्टियों में नागपुर आते तो डॉ. हेडगेवार उनके पास कुछ स्वयंसेवकों को सैन्य शिक्षा लेने भेजते थे। माचिस की तीलियों से उपासनी अपने कमरे में युवाओं को व्यूह रचना का प्रशिक्षण देते थे।[17]

डॉ. हेडगेवार ने नागपुर में उपशाखाओं का और विदर्भ में शाखाओं का विस्तार करना शुरू किया। मोहिते बाड़ा के बाद धनतौली में शाखा शुरू हुई। इसके बाद इतवारी शाखा शुरू की गई। सहसरकार्यवाह रहे भाऊराव देवरस ने लिखा है:

---

*नागपुर के राजा मुधोजीराव भोंसले ने बताया, 'राजा रघुजी भोंसले चतुर्थ की बहिन साढ़ू बाई का विवाह मोहितों के यहां हुआ। उस समय उनको कुछ जमीनें दी गईं। मोहितों का बाड़ा वही है। साढ़ू बाई ने वह बाड़ा संघ के लिए दे दिया और बदले में मोहितों को कुछ राशि रघुजी ने दी।'

'डॉ. हेडगेवार का साथ चंद्रमा की सौम्यता और शीतलता का संचार करता था। स्वयंसेवक के रूप में शुरुआती सक्रियता के दिनों में मैं गण शिक्षक था। हमारी इतवारी शाखा थी। नागपुर में उस समय इतवारी एक गंदा मोहल्ला माना जाता था। वहां घनी बस्ती के कारण शाखा के लिए स्थान मिलना भी बहुत कठिन था। एक नाले के किनारे गंदे स्थान पर शाखा प्रारंभ हुई। मोहल्ले के लोग शौचादि के लिए उस स्थान का प्रयोग करते थे। कई दिनों तक शाखा शुरू करने से पहले संघ स्थान की सफाई करनी पड़ती थी। लेकिन डॉ. हेडगेवार का संघ-स्थान पर स्वयं झाड़ू लगाना और सफाई किए जाने का काम प्रत्यक्ष देखने के बाद इस प्रकार के काम करने में लज्जा या संकोच नहीं हुआ। उनकी कार्यपद्धति और संगठन क्षमता अद्‌भुत थी। कार्यक्रमों में डॉ. हेडगेवार के भाषणों के स्थान पर अनौपचारिक बैठकें और बातचीत का माहौल रहता था, जिसका प्रभाव सहज रूप से कार्यकर्ताओं पर पड़ता। उनके विशिष्ट व्यक्तित्व का आकलन इस बात से किया जा सकता था कि वे बीमारी को भी सहज रूप में लेते थे। उन्हें पसीना बहुत अधिक आता था, जिसके कारण कमीज की बाहें फट गई थीं। आगे चलकर तो हर आधे घंटे के बाद पसीने से भीगी हुई बनियान को सुखाने और बदलने का काम करना पड़ता था। गरीबी नहीं दिखे, इसके लिए डॉ. हेडगेवार हमेशा सतर्क रहते थे। कमीज के ऊपर एक अच्छा कोट, धोती और टोपी का वेश धारण करके डॉ. हेडगेवार लोगों से मिलने निकलते थे।'[18]

समर्थ गुरु रामदास से प्रेरित प्रार्थना

उसी दौरान शाखा कार्यक्रम के अंत में प्रार्थना का प्रचलन शुरू हुआ। इस प्रार्थना में एक पद मराठी और एक पद हिंदी का था। मराठी पद उन दिनों महाराष्ट्र की अनेक प्राथमिक पाठशालाओं और व्यायामशालाओं में बोला जाता था; हिंदी पद उत्तर भारत में गाई जाने वाली वंदना में बोला जाता था। इसी वंदना में से कुछ परिवर्तन करके प्रार्थना का तत्कालीन हिंदी पद लिया गया। प्रार्थना के अंत में समर्थ गुरु रामदास का जयघोष किया जाता था। यह प्रार्थना इस प्रकार थी:

'नमो मातृभूमि जिथे जन्मलो मी।
नमो आर्यभूमि जिथे वाढलो मी।।

नमो धर्मभूमि जियेच्याच कामी।
पडो देह माझा सदा ती नमीमी।।
हे गुरो श्री रामदूता, शील हमको दीजिए।
शीघ्र सारे दुर्गुणों से मुक्त हमको कीजिए।।
लीजिए हमको शरण में राम पंथी हम बनें।
ब्रह्मचारी धर्म रक्षक वीरव्रत धारी बनें।
राष्ट्र गुरु श्री समर्थ रामदास स्वामी की जय*!'[19]

भगवा ध्वज को गुरु का पद

जब संघ की शुरुआत हुई तो कई स्वयंसेवक चाहते थे कि डॉ. हेडगेवार को 'गुरु' के रूप में नामित किया जाए क्योंकि संघ संस्थापक के रूप में हर स्वयंसेवक उन्हें आदर्श की तरह देखता था। लेकिन डॉ. हेडगेवार ने फैसला किया कि राष्ट्रीय चेतना का सशक्त प्रतीक भगवा ध्वज ही संघ का मार्गदर्शक होगा और गुरु के रूप में इसी ध्वज को स्वयंसेवक प्रणाम करेंगे।

यह उदाहरण सामने रखा गया कि राजा दिलीप, राजा रघु, भगवान राम, अर्जुन, हर्षवर्धन, पृथ्वीराज चौहान, महाराणा प्रताप, छत्रपति शिवाजी, छत्रसाल, राजा कृष्णदेव राय, महाराजा रणजीत सिंह, रानी लक्ष्मीबाई आदि सभी का 'ध्वज' भगवा ही था। इस ध्वज का रंग उगते हुए सूर्य के समान है। उगता हुआ सूर्य अंधकार और रात्रि की निष्क्रियता को समाप्त करके प्रकाश तथा जीवंतता देता है। उदीयमान सूर्य ज्ञान और कर्मठता का प्रतीक है। ध्वज यज्ञ की ज्वाला के अनुरूप होने के कारण त्याग, समर्पण, तप, साधना और जनकल्याण की भावना का आदर्श रखने वाला है।

व्यास पूर्णिमा के दिन होने वाली गुरुपूजा को संघ ने अपने प्रमुख पर्वों में शामिल किया। उस दिन भगवा ध्वज की औपचारिक रूप से पूजा किए जाने का निर्णय हुआ। 1928 में पहली बार संघ की शाखाओं में गुरुपूजा का आयोजन हुआ।

---

*फरवरी, 1939 में वर्धा के सिंदी में संघ की बैठक हुई। डॉ. हेडगेवार, गुरुजी, तात्याराव तैलंग, बाबासाहब आप्टे, विट्ठलराव पतकी, बाबाजी सालोड़कर, कृष्णराव मोहरीर, नानासाहब टालाटुले आदि उपस्थित थे। इसी बैठक में संघ प्रार्थना को संस्कृत भाषा में करने का निर्णय हुआ। तब 'नमस्ते सदा वत्सले' प्रार्थना बनी। प्रार्थना का गद्य प्रारूप नानासाहब टालाटुले और पद्य प्रारूप नरहरि नारायण भिड़े ने तैयार किया। इसका प्रथम पद स्वयंसेवक एकवचन में बोलता है। वह मातृभूमि के प्रति कृतज्ञता व्यक्त करता है और उसके लिए स्वयं को समर्पित करने का संकल्प लेता है। 'पतत्वेष कायो' के रूप में मातृभूमि के प्रति सर्वस्वार्पण की अभिलाषा व्यक्त करता है। अंतिम पद में 'परं वैभवं नेतुमेतत् स्वराष्ट्रं' के पवित्र ध्येय का स्मरण है; अर्थात अपने राष्ट्र के जीवन मूल्यों का सम्मान करते हुए राष्ट्र के परम वैभवशाली स्वरूप को हम प्राप्त करें। 22 अप्रेल, 1940 को गुरुजी ने यादवराव जोशी को लिखा, 'संघ शिक्षा वर्ग में संस्कृत प्रार्थना करनी है। सस्वर निस्संकोच गाने की तैयारी की जाए। कंठस्थ करें।' (श्रीगुरुजी समग्र, खंड 8, प्रभात प्रकाशन, नई दिल्ली, युगाब्द 5106, पृष्ठ 6) अगले दिन पुणे के संघ शिक्षा वर्ग में जोशी ने उस लय में प्रार्थना गाई, जो आज भी प्रयुक्त होती है।

डॉ. हेडगेवार द्वारा स्थापित इस परंपरा से भगवा ध्वज को सरसंघचालक से भी बढ़कर स्थान मिला। उस समय न तो भारत सरकार अस्तित्व में थी और न ही कोई राष्ट्रीय ध्वज माना हुआ था*।

रक्षाबंधन से राष्ट्रीयता का संदेश

सामान्यतया रक्षाबंधन पर बहन द्वारा भाई को रक्षासूत्र बांधा जाता है। लेकिन इस पर्व के जरिए डॉ. हेडगेवार राष्ट्र की और परस्पर रक्षा करने का संदेश देना चाहते थे। इसलिए उन्होंने संघ में पहली बार यह पर्व तुलसीबाग में दिन के दो बजे बैठक के रूप में मनाया।[20] बंधुत्व की भावना के प्रतीक रूप में स्वयंसेवकों ने एक-दूसरे को रक्षासूत्र बांधा। बाद में शाखा पर उत्सव मनाया जाता और स्वयंसेवक घर-घर जाकर परिचितों के हाथ में रक्षा सूत्र बांधते।[21] डॉ. हेडगेवार राष्ट्र की भावनाओं और समर्पित नेताओं का प्रतिनिधित्व करते प्रतीत हो रहे थे। राष्ट्रीय विषयों को लेकर ऐसी ही राय सुभाषचंद्र बोस की थी। उनका कहना था:

> 'भारत की उभरती राष्ट्रीय भावना आज स्वतंत्रता के लिए तड़प रही है। इसलिए मैं तुम सबसे आगे आने की अपील करता हूं। उठो, राखी बांधो... राखी जो भ्रातृत्व का प्रतीक है। राष्ट्र माता के मंदिर में इस शपथ के साथ प्रवेश करो कि जिस शर्म से हमारी माता पीड़ित है, उसे हमें समाप्त करना है। भारत को पुनः स्वतंत्रता की उस ऊंचाई पर स्थापित करना है और पवित्र मातृभूमि के खोए गौरव की पुनर्प्रतिष्ठा करनी है।'[22]

---

*जब भारत के क्रांतिकारी यूरोप गए तो उन्होंने फ्रांस और इटली की क्रांति गाथाएं सुनीं। वहां के क्रांतिकारियों के पास अधिकतर झंडे तीन रंग के थे। इसलिए भारतीय क्रांतिकारियों को मैडम कामा द्वारा सुझाए गए स्वरूप के झंडे को ही अपना झंडा बनाने की इच्छा हुई। 7 अगस्त, 1906 को कोलकाता के पारसी बागान में जो ध्वज फहराया गया, उसमें लाल, पीली, हरी पट्टियां थीं। लाल पट्टी पर आठ कमल थे। पीली पट्टी पर वंदे मातरम् लिखा था। हरी पट्टी में बाएं सफेद रंग से सूर्य और दाहिने सफेद रंग से तारा बनाया गया था। 1907 में स्टुडगार्ड (जर्मनी) में मैडम कामा और उनके साथ भारत से निर्वासित क्रांतिकारियों ने ध्वज लगाया। यह ध्वज पहले के ध्वज के समान ही था। इसकी पहली पट्टी पर एक कमल और सप्तऋषि की स्मृति में सात तारे थे। 1917 में लोकमान्य तिलक और ऐनी बेसेंट ने 'होम रूल आंदोलन' के समय एक ध्वज लगाया था। इस ध्वज में 5 लाल और 4 हरी पट्टियां एक के बाद एक लगी हुई थीं। सात तारे इसमें भी थे। बाएं कोने के ऊपर छोटा-सा यूनियन जैक भी बना था। 1921 में विजयवाड़ा के कांग्रेस अधिवेशन में वहां के युवकों ने लाल और हरी पट्टी वाला झंडा महात्मा गांधी को भेंट किया। गांधी ने उसमें ईसाइयों के लिए सफेद रंग और स्वावलंबन तथा स्वदेशी भाव से चरखा भी जोड़ दिया। 1931 में कांग्रेस ने राष्ट्रीय ध्वज निश्चित करने के लिए डॉ. एन.एस. हार्डिकर, मास्टर तारा सिंह, जवाहरलाल नेहरू, मौलाना आजाद, पट्टाभि सीतारमैया, सरदार पटेल और काका कालेलकर की झंडा समिति का गठन किया। इस समिति ने देश भर में अनेक प्रमुख लोगों और प्रांतीय समितियों के साथ चर्चा करने के बाद सुझाव दिया कि राष्ट्रध्वज का एक ही रंग केसरिया होना चाहिए, जिसके बाएं किनारे पर कत्थई रंग का चरखा बना हो। लेकिन कांग्रेस की अखिल भारतीय समिति ने इस सर्वसम्मत प्रस्ताव को अस्वीकार करके तिरंगे झंडे को स्वीकृति दी। प्रारंभ में इस झंडे में हरा ऊपर, सफेद बीच में और केसरिया रंग नीचे था; बाद में केसरिया रंग ऊपर रखना निश्चित हुआ। 22 जुलाई, 1947 को भारतीय संविधान सभा ने तिरंगे ध्वज को ही स्वतंत्र भारत का राष्ट्रीय ध्वज स्वीकार कर लिया। चरखे की जगह अशोक स्तंभ पर अंकित चक्र को स्वीकृति मिली। राष्ट्रीय स्वयंसेवक संघ ने तिरंगे का हमेशा सम्मान किया। इसके सम्मान और सुरक्षा के लिए अनेक अवसरों पर स्वयंसेवकों ने अपने प्राण भी उत्सर्ग किए।

धार्मिक स्वतंत्रता के लिए अनशन पर बोस

1926 में सुभाषचंद्र बोस मांडले जेल में 18 फरवरी से 4 मार्च तक अपने कुछ साथियों के साथ धार्मिक विषयों को लेकर भूख हड़ताल पर रहे। धार्मिक उपासना की सुविधाएं नहीं मिलने पर उन्हें भूख हड़ताल के लिए विवश होना पड़ा।[23] दुर्गापूजा, सरस्वती पूजा जैसे धार्मिक कार्यक्रमों और हिंदू धर्म से संबंधित संगीत बजाने पर रोक ने बोस को आक्रोशित कर दिया। भूख हड़ताल से पहले उन्होंने 16 फरवरी, 1926 को बर्मा सरकार के मुख्य सचिव को लिखा:

> 'भारतीय इतिहास के पृष्ठ ऐसे बलिदानियों की गौरवगाथा से रंगे पड़े हैं, जिन्होंने अपने धार्मिक विश्वासों की खातिर कष्ट झेले और प्राणोत्सर्ग किया। उन्होंने प्राण दिए, जिससे भारत प्राणवत बने और हमारे पतन और पीड़ा के बावजूद भारत अब भी जीवित है। वह जीवित है क्योंकि उसकी आत्मा अमर है, उसकी धर्म में आस्था है। हमने बहुत कुछ खोया है। हम राजनीतिक स्वाधीनता गंवा चुके हैं। आर्थिक स्वाधीनता अतीत का स्वप्न बन गई है। हमारी राष्ट्रीय संस्कृति की जड़ें भी धूर्ततापूर्ण नीतियों के गुपचुप आघात से दिनोंदिन कमजोर होती जा रही हैं। लेकिन हमारा धर्म अब भी बचा हुआ है। हमारा यह दावा अब भी बरकरार है कि हम धार्मिक आधिपत्य के आगे घुटने टेकने के बजाए अपने प्राण दे देना श्रेयस्कर समझेंगे। ...हमारी गिरफ्तारी और अलगाव के बावजूद हमारा विश्वास है कि हम निपट असहाय नहीं हैं। निस्संदेह फिलहाल हम नौकरशाही के तने हुए तेवरों के सामने असहाय दिखते हैं, लेकिन जैसा लोकमान्य तिलक ने अपनी ओजस्वी वाणी में कहा था, सभी चीजों की नियति को शासित करने वाली एक उच्चतर शक्ति भी है। उस उच्चतर शक्ति के आगे गर्वोन्मत्त ब्रिटेन के बल को भी झुकना होगा। मांडले जेल के एक दूरस्थ कोने में हमारे शरीरों के प्रति निस्संदेह आप मनमानी कर सकते हैं, लेकिन पत्थरों की इन दीवारों के घेरे में अगर हम जंजीरों में भी जकड़े हुए हों तो भी हमारी आत्माएं मुक्त हैं और मुक्त बनी रहेंगी। सत्य की वाणी हवा के पंखों पर सवार होकर पर्वतों, घाटियों और सागरों की लहरों के साथ सर्वत्र गूंजती हुई भारतीय तटों से आ टकराएगी। हमारे भी अपने सहयोगी हैं, अपने मित्र हैं, अपने शुभचिंतक हैं। हम आश्वस्त रह सकते हैं कि अगर हमें यहां बलिदान देना अनिवार्य हो जाता है तो हमारा यह बलिदान अज्ञात और उपेक्षित नहीं होगा।

इसके विपरीत, हम इस हर्ष के साथ प्राण त्याग करेंगे कि हम जिस उद्देश्य के लिए ऐसा कर रहे हैं, वह हमारे देशवासियों के हाथों में सुरक्षित रहेगा और भारत के निवासी मुक्ति के लिए तब तक संघर्ष करते रहेंगे, जब तक सफलता के विजय द्वार तक वे नहीं पहुंच जाएं। और, तब एक नया सवेरा होगा, हर ओर शांति की किरणें बिछ जाएंगी। भारत उसी प्रकार अपनी नियति का नियंता बनेगा जैसे वह अतीत में था, जब संपूर्ण विश्व प्रकाश पाने के लिए उसकी तरफ देखता था।'[24]

एक अन्य अवसर पर बोस ने जोर देकर कहा, 'मैं हिंदू हूं।'[25] बोस ने नवयुवकों को चेतावनी दी:

'राष्ट्रवाद पर आक्रमण एक तरफ से नहीं हो रहा है। सांस्कृतिक अंतरराष्ट्रीयतावाद की दृष्टि से कभी-कभी राष्ट्रवाद को संकीर्ण, स्वार्थी और अतिक्रमणकारी माना जाता है। इसे संस्कृति के क्षेत्र में अंतरराष्ट्रीयतावाद की प्रगति में बाधक माना जाता है। इसके उत्तर में मेरा कहना है कि भारतीय राष्ट्रवाद न तो संकीर्ण है, न स्वार्थी और न ही अतिक्रमणकारी। इसे मानवीय प्रजाति के उच्च आदर्शों जैसे सत्यम्-शिवम्-सुंदरम् से प्रेरणा मिलती है। भारत में राष्ट्रवाद ने हमारे अंदर सत्यवादिता, ईमानदारी, पौरुष और सेवा-समर्पण की भावना भर दी है। इसने हमारी सृजनशीलता को उभारा है, जो सदियों से हमारे लोगों में दबी पड़ी थी और जिसके परिणामस्वरूप हम भारतीय कला के क्षेत्र में पुनर्जागरण का अनुभव कर रहे हैं।'[26]

संघ की सोच से सहमत गांधी

उस दौरान गांधी भी हिंदू समाज की स्थिति को लेकर चिंतित थे। उनकी सोच डॉ. हेडगेवार से अलग नहीं थी। उन्होंने घनश्यामदास बिड़ला को 16 अप्रेल, 1926 को लिखा, 'जुलूस यदि सरकार ने बंद कर दिए हैं और धार्मिक कार्य के लिए जुलूस की आवश्यकता हो तो सरकार की मनाही होते हुए भी जुलूस निकालना मैं धर्म समझूंगा।' गांधी मेलजोल, विनम्र और मारपीट बर्दाश्त करने की सीमा तक जाकर आखिर में लिखते हैं, 'यदि इतनी अहिंसा की मुझमें शक्ति न हो तो मैं लड़ाई का सामान साथ रखकर जुलूस निकालूंगा।'[27] इसी पत्र में वे मानते हैं कि मुसलमान ज्यादा लड़ाकू हैं। गांधी ने यह भी लिखा, 'यदि सरकार मुसलमानों का पक्षपात करती है तो हिंदुओं को

बेफिक्र रहना चाहिए। सरकार से बेपरवाह रहें, खुशामद न करें, लेकिन अपनी शक्ति पर निर्भर होकर अपने पर आश्रित बनें। जब हिंदू इतना हिम्मतवर बन जाएगा, सरकार अपने आप तटस्थ रह जाएगी और मुसलमान सरकार का सहारा लेना छोड़ देगा।'[28]

संघ कार्यक्रम में महामना मालवीय

20 अप्रेल, 1929 को महाराष्ट्र के अकोला में आयोजित हिंदू महासभा के अखिल भारतीय अधिवेशन में मदनमोहन मालवीय ने अध्यक्षता की। वहां डॉ. हेडगेवार भी उपस्थित थे। दोनों के बीच संघ को लेकर बातचीत हुई। अकोला से लौटते समय मालवीय नागपुर की मोहिते शाखा देखने गए। स्वयंसेवकों ने उनका भव्य स्वागत किया। संघ के कार्यों से प्रभावित मालवीय ने डॉ. हेडगेवार से कहा, 'लोग मुझे शाही भिखारी कहते हैं। आप की सहमति हो तो संघ के लिए मैं चार लोगों के पास से कुछ कोष इकट्ठा कर दूंगा।' डॉ. हेडगेवार ने विनम्रतापूर्वक जवाब दिया, 'पंडितजी, मुझे पैसे की बड़ी चिंता नहीं है। मुझे तो आप जैसों के आशीष की आवश्यकता है।'[29]

सरसंघचालक की उपाधि

संघ की कार्यप्रणाली और संगठनात्मक संरचना के विषय पर विचार करने के लिए 9-10 नवंबर, 1929 को संघचालकों की बैठक हुई। इसमें विश्वनाथराव केलकर, अप्पाजी जोशी, बालाजी हुद्दार, कृष्णराव मोहरील, तात्याजी काठीकर, बापूराव मुठाठ, बाबासाहब कोलते, मार्तंडराव जोग आदि ने मुख्य रूप से भाग लिया। ये सभी राष्ट्रीय विचारों के कर्मठ व्यक्तित्व थे। बैठक में निर्णय लिया गया कि संघ में एक सर्वोच्च पद बनाया जाए, जिस पर पदस्थापित व्यक्ति का आदेश सर्वमान्य होगा। स्वाभाविक रूप से डॉ. हेडगेवार के नाम पर सर्वसम्मति थी। अगले दिन मोहिते बाड़ा की शाखा में अप्पाजी जोशी ने स्वयंसेवकों को निर्देश दिया, 'सरसंघचालक प्रणाम... एक, दो, तीन।' संघचालकों और स्वयंसेवकों ने डॉ. हेडगेवार को प्रणाम किया। इसके बाद से डॉ. हेडगेवार को सरसंघचालक कहकर संबोधित किया जाने लगा। उनकी सहायता के लिए सरकार्यवाह और सरसेनापति के पद बनाए गए। बालाजी हुद्दार* प्रथम सरकार्यवाह और मार्तंडराव जोग प्रथम सरसेनापति नियुक्त किए गए।[30]

*क्रांतिकारी गतिविधियों से लगातार जुड़े रहे बालाजी हुद्दार ने अपने कुछ सहयोगियों के साथ मध्यप्रदेश के बालाघाट नगर में सरकारी खजाना लूटने की योजना बनाई। वे सभी ब्रिटिश राज द्वारा पकड़े गए। उन्हें मुक्त करवाने में डॉ. हेडगेवार को बहुत कठिनाइयों का सामना करना पड़ा। रिहाई के बाद बालाजी पत्रकारिता की शिक्षा के लिए इंग्लैंड चले गए। वहां से उन्होंने स्पेन के गृह युद्ध में भाग लिया। उस दौरान उन पर साम्यवाद का काफी प्रभाव पड़ा। 1931 में भारत लौटने के बाद डॉ. हेडगेवार ने उनका स्वागत किया। संघ शिविर में युद्ध से जुड़े उनके संस्मरण के कार्यक्रम हुए। विचारधारा में आए परिवर्तन के बावजूद डॉ. हेडगेवार ने उन्हें तरुण स्वयंसेवकों के 'कुश पथक' से चर्चा करने की अनुमति दी। (हमारे बालासाहब देवरस, संपादक-रामबहादुर राय और राजीव गुप्ता, प्रभात प्रकाशन, दिल्ली, 2017, पृष्ठ 78)

भाऊ साहब भुस्कुटे ने तत्कालीन अनुभवों के बारे में प्रकाश डाला है, 'डॉ. हेडगेवार ने वार्ता के दौरान एक बार हमसे देश के राष्ट्रीय लोगों के बारे में पूछा। सभी ने अपना जवाब 'हिंदू' बताया। फिर उन्होंने 'अहिंदू' के बारे में पूछा। इसका जवाब सभी ने 'अराष्ट्रीय' बताया। डॉ. हेडगेवार ने कहा कि आमतौर पर हम यही गलती करते हैं। जब हम इंग्लैंड सहित दूसरे देशों में जाते हैं तो वहां हमें पराया कहा जाता है।' मतलब साफ है कि वहां देश के हित की सोचने वाले 'राष्ट्रीय', देश विरोधी 'अराष्ट्रीय' और अपने जैसे लोग 'पराए' कहलाते हैं। इसी तरह से भारत हितैषी हिंदू 'राष्ट्रीय', देश विरोधी हिंदू 'अराष्ट्रीय' और दूसरे सब अहिंदू 'पराए' कहे जाएंगे।'[31]

कांग्रेस राष्ट्रीय के बजाए सिर्फ एक दल

अकोला में 1937 में विनायक दामोदर सावरकर की अध्यक्षता में प्रांतीय हिंदू महासभा का अधिवेशन हुआ। इसमें डॉ. हेडगेवार भी मौजूद थे। वापसी में नाचनगांव-वर्धा से होते हुए सिंदी आए। उस समय वर्धा स्टेशन से मध्य प्रांत के एक कांग्रेसी नेता भी रेल में साथ बैठे थे। ये नेता बाद में ऊंचे पद पर भी पहुंचे थे। इसी दौरान उनकी और डॉ. हेडगेवार की बातचीत भी हुई। डॉ. हेडगेवार ने कहा कि कांग्रेस के राष्ट्रीय स्वरूप तक वे स्वयं भी उसके सदस्य रहे। जबसे कांग्रेस ने एक ही पक्ष की बात करना शुरू किया, तभी से उसकी सदस्यता छोड़ दी। इसी दौरान एक अन्य व्यक्ति ने डॉ. हेडगेवार से कहा, 'कांग्रेस अभी भी एक राष्ट्रीय संस्था है और कोई भी उसका सदस्य बन सकता है।' इस पर डॉ. हेडगेवार ने कहा, 'वर्ष 1920 तक देश सेवा की इच्छा रखने वाले लोग कांग्रेस के सदस्य बन सकते थे, लेकिन इसके बाद सत्य, अहिंसा और हिंदू-मुस्लिम एकता को मानने वाले ही इसके सदस्य बन सकते हैं।' यानी देश सेवा करने वाले, लेकिन इस नियम को नहीं मानने वालों का कांग्रेस में स्थान नहीं रहा। ऐसे में कांग्रेस ने राष्ट्रीय स्वरूप खो दिया है और वह सिर्फ दल बनकर रह गई है। फिर उन व्यक्ति ने कहा, 'आप उसका सदस्य बनकर उसके स्वरूप में बदलाव कर सकते हैं।' इस पर डॉ. हेडगेवार ने कहा, 'कांग्रेस का स्वरूप बदलने के लिए मुझे पहले उसके वर्तमान ध्येय को मानकर सदस्य बनना पड़ेगा। फिर उसी ध्येय का विरोध भी करना पड़ेगा। इसलिए स्वयं को धोखा देना मुझे मंजूर नहीं है।'[32]

दैवी राष्ट्रवाद है हिंदू राष्ट्रवाद

भाऊराव अभ्यंकर लिखते हैं, 'उन दिनों डॉ. हेडगेवार तरुण हिंदू परिषद के अध्यक्ष के रूप में पूना आए। उस समय उन्होंने 'हिंदू राष्ट्रवाद दैवी राष्ट्रवाद है' को अच्छी

तरह से समझाया। डॉ. हेडगेवार ने कहा, 'राष्ट्रीय स्वयंसेवक संघ का लक्ष्य सिर्फ स्वतंत्रता प्राप्ति ही नहीं है बल्कि भारत को दैवी हिंदू राष्ट्र बनाना है। जैसे सत्य, रज और तम गुण व्यक्तियों में होते हैं, वैसे ही उन लोगों से बने राष्ट्रों में भी ये गुण होते हैं। सभी भारतीय सात्विक प्रवृत्ति के राष्ट्रवाद यानी दैवी राष्ट्रवाद के वारिस हैं।'[33]

संघ के उद्देश्यों के बारे में डॉ. हेडगेवार की सोच को बालासाहब देवरस ने व्याख्यायित किया:

> 'डॉक्टर साहब का दृष्टिकोण बाय-फोकल विजन वाले चश्मे (जिसमें दो अलग फोकस वाले लेंस एक साथ लगे हों) की तरह था। इस तरह के चश्मों से पास की चीजें देखने के लिए निचले हिस्से का और दूर की चीजें देखने के लिए ऊपरी हिस्से का इस्तेमाल किया जाता है। डॉ. हेडगेवार के नीचे के चश्मे का लक्ष्य स्वराज्य और ऊपर के चश्मे का अंतिम लक्ष्य 'परम वैभवं नेतुमेतत् स्वराष्ट्रं' था।'[34]

डॉ. हेडगेवार का कहना था, 'कांग्रेस मुसलमानों की चापलूसी और हिंदुओं की उपेक्षा करती है। इसलिए संघ को हिंदू संगठन का कार्य करना पड़ रहा है। फिर भी संघ की भावना कभी कांग्रेस का विरोध करने की नहीं रही।'[35] वे मानते थे कि हिंदू समाज अपने अधिकारों के लिए मुखर नहीं है और दूसरों से सहायता मिलने की झूठी आशा के कारण कमजोर हो रहा है। उन्होंने संघ के स्वयंसेवकों से आह्वान किया कि वे निर्भीक होकर हिंदुस्थान पर हिंदू समाज के स्वामित्व का उद्घोष करें। उनका कहना था:

> 'भारतवर्ष, भरतखंड, आर्यावर्त, हिंदुस्थान आदि नामों के द्वारा एक ही अर्थ प्रकट होते हुए भी उस अर्थ की कल्पना मात्र से हम हड़बड़ा जाते हैं। किसी बंधन में जकड़े हुए तोते जैसी हमारी अवस्था हो रही है। हम भ्रम के भंवर में फंसे गोते खा रहे हैं। हमारी संस्कृति को नष्ट-भ्रष्ट करने पर जो लोग तुले हैं, उन्हें गले लगाने के लिए हम मरे जा रहे हैं। यह सारा परिणाम है हमारी मानसिक दुर्बलता का। हिंदुस्थान को दुनिया के सभी लोगों का समझकर 'साहेबजी हिंदुस्थान! बंदगी हिंदुस्थान! गुडमॉर्निंग हिंदुस्थान' जैसे गीत गाते रहना और 'रक्ष भारता सहायहीना', आदि करुण प्रार्थना करना अपनी आंतरिक दुर्बलता का परिचय करा देना है। दूसरों से सहायता की आशा करना या भीख मांगना निरी दुर्बलता

का चिह्न है। इसलिए स्वयंसेवक बंधु निर्भयता के साथ यह घोषणा करें कि हिंदुस्थान हिंदुओं का ही है। अपने मन की दुर्बलता को बिल्कुल दूर भगा दें। हम यह नहीं कहते कि विदेशी लोग यहां नहीं रहें। परंतु विदेशी लोग इस बात को कभी नहीं भूलें कि वे हिंदुओं के हिंदुस्थान में रहते हैं और हिंदुओं के अधिकारों पर अतिक्रमण करने का उन्हें कोई अधिकार नहीं। हमें ऐसी परिस्थिति उत्पन्न कर देनी चाहिए कि हमारे सिर पर दूसरे लोग सवार नहीं हों।

कई सज्जन यह कहते हुए भी नहीं हिचकिचाते कि हिंदुस्थान केवल हिंदुओं का कैसे? वह तो उन सभी लोगों का है जो यहां बसते हैं। खेद है कि इस प्रकार आक्षेप करने वाले सज्जनों को 'राष्ट्र' शब्द का अर्थ ज्ञात नहीं। केवल भूमि के किसी टुकड़े को राष्ट्र नहीं कहते। एक विचार, आचार, एक सभ्यता एवं एक परंपरा के जो लोग पुरातन काल से रहते आए हैं, उन्हीं लोगों से राष्ट्र बनता है। इस देश को हमारे ही कारण हिंदुस्थान नाम दिया है। दूसरे लोग यदि सामोपचार से इस देश में बसना चाहें तो, अवश्य बस सकते हैं। हमने उन्हें न कभी मना किया है, न करेंगे। पारसी समाज के उदाहरण से हिंदुओं की उदारता का पूरा-पूरा परिचय मिल जाता है किंतु जो हमारे घर अतिथि बन कर आते हैं और हमारे ही गले पर छुरी फेरने पर उतारू हो जाते हैं, उनके लिए यहां रत्ती भर स्थान नहीं मिलेगा। संघ की इस विचारधारा को पहले आप ठीक-ठीक समझ लीजिए। हमारा संगठन इसलिए है कि हम अपने घर में सम्मान के साथ जीवित रह सकें। इसमें किसी प्रकार के अन्याय की बात नहीं है। इंग्लैंड अंग्रेजों का, फ्रांस फ्रांसीसियों का, जर्मनी जर्मनों का देश है। इस बात को उपर्युक्त देशों के निवासी सहर्ष घोषित करते हैं। किंतु इस अभागे हिंदुस्थान के स्वामी हिंदू, स्वयं अपने को इस देश का अधिकारी कहने का साहस नहीं करते। ऐसे विपरीत भाव हममें क्यों पैदा हो गए? वास्तव में किसी भी व्यक्तिवाचक संज्ञा का अनुवाद अन्य भाषा में नहीं किया जा सकता। उसे वैसे ही रखा जाता है। किंतु हमारे मन की दुर्बलता को देखते हुए 'हिंदुस्थान' विशेष नाम जो बिल्कुल यथार्थ है, उसे बदल कर हमारे प्यारे देश को 'इंडिया' और उसके निवासियों को 'इंडियन' नाम दे दिया गया। यह इसी हेतु से किया गया कि जिस 'हिंदू' और 'हिंदुस्थान' नाम को सुनते ही हमारा सारा गत इतिहास हमारी आंखों के सामने खड़ा हो जाता है, वह नाम ही सदा के

लिए संसार से मिट जाए। कोई अनपढ़ आदमी भी इस बात को समझ सकता है कि यदि वर्तमान समय में हम जी जान से प्रयत्न न करें तो 'हिंदुस्थान' देश का नाम, सिवाय इतिहास ग्रंथों के अन्य कहीं भी शेष नहीं रहेगा। हमारे नेता व्याख्यानों में गर्जना करते हैं कि हिंदुस्थान देश अमर है, किंतु इस प्रकार की थोथी बातों में क्या सचमुच तथ्य है? निरी अंधश्रद्धा से ऐसे विधानों पर विश्वास नहीं रखें। बिना विशेष पुरुषार्थ के हिंदुस्थान को अमर बनाना असंभव है। मनुष्य अपना छोटा-सा संसार भी बिना प्रयत्नों के संभाल नहीं सकता; फिर राष्ट्र का विशाल जीवन-क्रम अपने प्रयत्नों के बिना अपने आप ही निरंतर चलता रहेगा, ऐसी अपेक्षा करने में कितनी बुद्धिमानी होगी? राष्ट्र का जीवन-क्रम ठीक प्रकार से चलने के लिए असीम प्रयत्नों की आवश्यकता होती है। बिना प्रयत्न के सिद्धि कहां? जो सज्जन यह कहते हुए दिखाई देते हैं कि हम तो ईश्वर का भजन-पूजन करते हैं और वह अवश्य हमें सफलता देगा, उन सज्जनों को मैं आह्वानपूर्वक कहना चाहता हूं कि वे मुझे एक भी उदाहरण बताएं जहां कहीं किसी मनुष्य के केवल पूजा-पाठ करने से सौ रुपए उसके चरणों में आ टपके हों। ऐसा तो कभी नहीं होता। बिना कष्ट उठाए कार्य होना एकदम असंभव है। हमें बहुत परिश्रम करना होगा। हां, कार्य करते समय हम भगवान का स्मरण अवश्य करें और जो कुछ कार्य करते हैं, उसे परमेश्वर के चरणों पर अर्पित करने की भावना रखें।'[36]

संदर्भ सूची

1. डॉ. वि.रा. करंदीकरः तीन सरसंघचालक, स्नेहल प्रकाशन, पुणे, 2001, पृष्ठ 5
2. ना.ह. पालकरः डॉ. हेडगेवार जीवन चरित, लोकहित प्रकाशन, लखनऊ, 2020, पृष्ठ 149
3. डॉ. वि.रा. करंदीकरः तीन सरसंघचालक, स्नेहल प्रकाशन, पुणे, 2001, पृष्ठ 7
4. ना.ह. पालकरः डॉ. हेडगेवार जीवन चरित, लोकहित प्रकाशन, लखनऊ, 2020, पृष्ठ 150-151
5. वही
6. डॉ. वि.रा. करंदीकरः तीन सरसंघचालक, स्नेहल प्रकाशन, पुणे, 2001, पृष्ठ 8
7. हमारे बालासाहब देवरस, संपादक-रामबहादुर राय और राजीव गुप्ता, प्रभात प्रकाशन, दिल्ली, 2017, पृष्ठ 121
8. डॉ. वि.रा. करंदीकरः तीन सरसंघचालक, स्नेहल प्रकाशन, पुणे, 2001, पृष्ठ 8-9
9. ना.ह. पालकरः डॉ. हेडगेवार जीवन चरित, लोकहित प्रकाशन, लखनऊ, 2020, पृष्ठ 165-166
10. वही, पृष्ठ 155
11. डॉ. वि.रा. करंदीकरः तीन सरसंघचालक, स्नेहल प्रकाशन, पुणे, 2001, पृष्ठ 14
12. वही, पृष्ठ 10-11
13. वचनेश त्रिपाठीः डॉ. हेडगेवार प्रेरक जीवन प्रसंग, लोकहित प्रकाशन, लखनऊ, पृष्ठ 98
14. ना.ह. पालकरः डॉ. हेडगेवार जीवन चरित, लोकहित प्रकाशन, लखनऊ, 2020, पृष्ठ 153-154
15. डॉ. वि.रा. करंदीकरः तीन सरसंघचालक, स्नेहल प्रकाशन, पुणे, 2001, पृष्ठ 33
16. ना.ह. पालकरः डॉ. हेडगेवार जीवन चरित, लोकहित प्रकाशन, लखनऊ, 2020, पृष्ठ 154
17. वही, पृष्ठ 161
18. भाऊराव देवरसः आत्मकथ्य/ प्रेरणा पुरुष भाऊराव, संपादक- देवेंद्र स्वरूप, दीनदयाल शोध संस्थान, नई दिल्ली 1993, पृष्ठ 281-285
19. विषय बिंदु, शरद प्रकाशन, आगरा, संवत 2069, पृष्ठ 21-22
20. ना.ह. पालकरः डॉ. हेडगेवार जीवन चरित, लोकहित प्रकाशन, लखनऊ, 2020, पृष्ठ 159

21. डॉ. वि.रा. करंदीकर: तीन सरसंघचालक, स्नेहल प्रकाशन, पुणे, 2001, पृष्ठ 116
22. नेताजी संपूर्ण वांगमय, खंड 5, प्रकाशन विभाग, सूचना और प्रसारण मंत्रालय, भारत सरकार, नई दिल्ली, 1985, पृष्ठ 186
23. नेताजी संपूर्ण वांगमय, खंड 3, प्रकाशन विभाग, सूचना और प्रसारण मंत्रालय, भारत सरकार, 1988, पृष्ठ 213
24. वही, पृष्ठ 203–208
25. नेताजी संपूर्ण वांगमय, खंड 5, प्रकाशन विभाग, सूचना और प्रसारण मंत्राालय, भारत सरकार, 1998, पृष्ठ 193
26. वही, पृष्ठ 200
27. घनश्यामदास बिड़ला: गांधीजी की छत्रछाया में, सस्ता साहित्य मंडल, नई दिल्ली, 1955, पृष्ठ 42
28. वही, पृष्ठ 43
29. रंगा हरि: गुरुजी गोलवलकर जीवनचरित्र, श्रीभारती प्रकाशन, नागपुर, 2012, पृष्ठ 53–54
30. डॉ. वि.रा. करंदीकर: तीन सरसंघचालक, स्नेहल प्रकाशन, पुणे, 2001, पृष्ठ 176
31. भाऊ साहब भुस्कुटे: डॉ. हेडगेवार प्रेरक जीवन प्रसंग, लोकहित प्रकाशन, लखनऊ, 1988, पृष्ठ 136
32. वही, पृष्ठ 136–137
33. भाऊराव अभ्यंकर: डॉ. हेडगेवार प्रेरक जीवन प्रसंग, लोकहित प्रकाशन, लखनऊ, 1988, पृष्ठ 146
34. हमारे बालासाहब देवरस, संपादक–रामबहादुर राय और राजीव गुप्ता, प्रभात प्रकाशन, दिल्ली, 2017, पृष्ठ 72
35. चं.प. भिशीकर: संघ वृक्ष के बीज डॉ. केशवराव हेडगेवार, ज्ञान गंगा प्रकाशन, जयपुर, पृष्ठ 22
36. राष्ट्र साधना: खंड 1, साप्ताहिक विवेक, मुंबई, 2001, पृष्ठ 25–26

सावरकर बंधु और संघ

समर्थ गुरु रामदास, छत्रपति शिवाजी, लोकमान्य तिलक और वीर सावरकर से होती हुई राष्ट्र चेतना डॉ. केशव बलिराम हेडगेवार तक प्रवाहित होती रही। कार्य और संघर्ष के स्वरूप बदलते गए, लेकिन ध्येय दृष्टि वही बनी रही। महाराष्ट्र में स्वातंत्र्य समर की मूल प्रेरणा के केंद्र बिंदु ये ही महापुरुष हैं।

समर्थ गुरु की कार्यशैली ही संघ में विनीत भाव से स्वीकार की गई। उनका युवाओं को संदेश था कि स्वस्थ एवं सुगठित शरीर के द्वारा ही राष्ट्र की उन्नति संभव है। उन्होंने व्यायाम की सलाह दी और शक्ति के उपासक हनुमान की मूर्ति जगह-जगह स्थापित की। पूरे भारत का भ्रमण करके सैकड़ों मठ बनवाए और राष्ट्र में नवचेतना का संचार किया। छत्रपति शिवाजी ने समर्थ गुरु के दर्शन किए तो अपना राज्य उनकी झोली में डाल दिया। शिवाजी ने उन्हीं से अध्यात्म और हिंदू राष्ट्र की प्रेरणा ली। संघ की स्थापना काल से ही यह संकल्प लिया जाता रहा और 'जय शिवा सरदार की, जय राणा प्रताप की' के नारे लगते रहे। इन महावीरों ने अकबर और औरंगजेब की मुगल सल्तनत को चुनौती दी और तलवार के बल पर उनसे कड़ा मुकाबला करके उन्हें परास्त भी किया। इस भाव के प्रस्फुटित होने का अर्थ ही था कि स्थापना काल से संघ के स्वयंसेवकों ने मातृभूमि के लिए सर्वस्व न्योछावर करने के लिए कमर कस ली है; विश्व में चुनौती विहीन शक्तिशाली राष्ट्र बनाने का संकल्प और ऐसे वीरव्रत, अखंड ध्येय निष्ठा की प्रार्थना, जिससे राष्ट्र के वैभव को उच्चतम शिखर पर पहुंचाने में सफलता प्राप्त हो। संघ की प्रार्थना के भावार्थ यही हैं। संघ में गाया जाने वाला एक प्रमुख गीत '*पथ का अंतिम लक्ष्य नहीं है सिंहासन चढ़ते जाना*' है। स्वयंसेवकों के संकल्प इन्हीं उदात्त भावों के माध्यम से प्रकट होते रहे।

डॉ. हेडगेवार की अलग राह

राष्ट्रीय स्वयंसेवक संघ के संस्थापक के रूप में डॉ. हेडगेवार ने अपनी अलग राह बनाई। उनके साथ क्रांतिकारी संगठन अनुशीलन समिति से लेकर स्वतंत्रता संग्राम के दौरान डगमग कांग्रेस तक का विगत जुड़ा हुआ था। वे छात्र जीवन से बाल गंगाधर तिलक के अनुयायी रहे और हिंदू महासभा से संबंधित डॉ. बालकृष्ण शिवराम मुंजे के साथ राजनीतिक गतिविधियों में सक्रिय हुए। इस विविधतापूर्ण अनुभव के बीच वे अपने दृष्टिकोण को लेकर निश्चित थे। संघ की दिशा और नीति के बारे में उन्हें कोई दुविधा नहीं थी। उन्होंने प्रेरणा सभी से ली, किसी की नकल नहीं की। आदर का भाव रखा, लेकिन अधीन होना स्वीकार नहीं किया। देश में नौजवानों के लिए प्रेरणा बने सावरकर बंधुओं के साथ डॉ. हेडगेवार और संघ का संबंध भी ऐसा ही अध्याय है, जिसमें सावरकर बंधुओं के प्रति डॉ. हेडगेवार की अगाध श्रद्धा महसूस की जा सकती है; इसके बाद भी संघ के दृष्टिकोण में कोई बाधा बनती दिखाई नहीं देती।

तिलक के प्रभाव से वैचारिक साम्य

भारतीय राष्ट्रवादी क्रांति आंदोलन में तीन सावरकर बंधुओं का आदर्श कालजयी है- गणेश, विनायक और नारायण। इनमें गणेश (बाबा राव) सबसे बड़े थे। पिता की मृत्यु के बाद दो छोटे भाइयों के पालन-पोषण, शिक्षा आदि का दायित्व बाबा राव और उनकी पत्नी येसूबाई पर था। उनकी आर्थिक स्थिति डांवाडोल थी, लेकिन सब प्रकार के कष्ट उठाकर उन्होंने दोनों भाइयों के लिए अच्छी शिक्षा की व्यवस्था की।

विनायक दामोदर सावरकर के स्वातंत्र्य प्रेम, संघर्ष, समर्पण, सहन शक्ति, साहस और सामर्थ्य ने डॉ. हेडगेवार, गुरुजी और संघ के स्वयंसेवकों को सदैव प्रभावित किया। सावरकर विलक्षण और अद्वितीय थे। प्रथम भारतीय नागरिक, जिन पर हेग के अंतरराष्ट्रीय न्यायालय में मुकदमा चलाया गया। प्रथम क्रांतिकारी, जिन्हें ब्रिटिश सरकार द्वारा दो बार आजन्म कारावास की सजा सुनाई गई। लेखनी और कागज से वंचित होने पर भी अंडमान जेल की दीवारों पर कोयलों, कांटों और यहां तक कि नाखूनों से विपुल साहित्य का सृजन किया। प्रथम भारतीय लेखक, जिनकी पुस्तकें मुद्रित और प्रकाशित होने से पूर्व ही दो-दो सरकारों ने जब्त कीं। वे जितने बड़े क्रांतिकारी थे, उतने ही बड़े साहित्यकार भी थे। उन्होंने छात्र जीवन में रोहिडेश्वर के उस शिव मंदिर में कटार से अपनी भुजा का रक्त चढ़ाकर मातृभूमि की स्वाधीनता के लिए प्रतिज्ञा की, जहां 250 वर्ष पूर्व छत्रपति शिवाजी ने अपनी बाल मित्रमंडली के साथ अपनी भुजा के रक्त से शिव का अभिषेक कर संस्थापना के लिए प्रतिज्ञा की थी। पुणे के फर्ग्यूसन कॉलेज में पढ़ाई के दौरान सावरकर ने छात्रावास में शिवाजी की पूजा आरती का क्रम शुरू किया।

शुक्रवार के दिन उनके साथी छात्र शिवाजी का चित्र अपने छात्रावास में लगाते और उसकी आरती करते। यह आरती सावरकर ने ही रची थी, जिसका अर्थ था:

> 'हे छत्रपति शिवाजी! आर्यों के देश पर विदेशियों का हमला हो गया, सजग होकर आप शीघ्र आइए। भारत माता आपको रुंध्र कंठ से पुकार रही है। क्या आपके हृदय को उसका स्वर बेधता नहीं? हे शिवाजी, आपकी जय हो। आर्य जनता आपकी शरण में है, इसकी मुक्ति के लिए शीघ्र आइए। कभी जिस भारत के लिए माता दुर्गा ने शुंभ-निशुंभ आदि दानवों को भोज्य बना लिया था और जिसकी सुरक्षा के लिए श्रीरामचंद्र ने रावण का संहार किया था, उसी भारत की भूमि आज अंग्रेजों से पीड़ित है। हे शिवाजी, आपके बिना कौन उसकी रक्षा करेगा? हम भारतवासी त्रस्त हैं और निर्धन हो गए हैं। गुलामी की बेड़ियों ने देश को मरणासन्न बना दिया है। हम आपके शरणागत हैं। अतः हे प्रभु, सज्जनों की रक्षा और भगवत गीता के संदेश को सार्थक बनाने के लिए आप शीघ्र आइए।'[1]

विनायक किशोरावस्था से ही क्रांतिकारी गतिविधियों से जुड़ गए और 'अभिनव भारत' की स्थापना की। वे तिलक से गहरे प्रभावित रहे*। विनायक के विदेश पढ़ने जाने के पीछे तिलक की प्रेरणा थी। जब वे 1906 में वकालत करने लंदन गए तो उन्हें शिवाजी छात्रवृत्ति दिलवाने के लिए तिलक ने वहां सक्रिय क्रांतिकारी श्यामजी कृष्ण वर्मा से सिफारिश की थी। लंदन जाने से पहले विनायक ने तिलक से कहा था, 'इस देश में दस जगह पिस्तौलें चलें तो सरकार को डरना ही पड़ेगा।'[2] उन्हीं दिनों तिलक, शिवरामपंत परांजपे आदि नेताओं से नासिक में क्रांतिकारियों ने गुप्त चर्चा की और सशस्त्र क्रांति के विषय में उनका परामर्श लिया। तब तिलक ने विचार प्रकट किया कि किसी भी राष्ट्र में क्रांति के एक ही साधन पर निर्भर रहने से काम नहीं

---

*तिलक और सावरकर की सोच में समानता के मूलभूत लक्षण विद्यमान थे। तिलक ने महाराष्ट्र में गणपति उत्सव और शिवाजी उत्सव का प्रचार किया था। शिवाजी की जन्मस्थली शिवनेरी दुर्ग की उपेक्षित अवस्था को देखकर उनकी आंखों में आंसू आ गए थे। उन्होंने देश भर में धन संग्रह करके वहां शिवाजी का स्मारक बनवाया। सावरकर ने उस दुर्ग को युवकों का प्रेरणादायी महातीर्थ बना दिया। स्वाधीनता आंदोलन में तिलक को डोंगरी जेल की जिस ऐतिहासिक बैरक में दो बार बंद रखा गया था, सावरकर को भी आजीवन कारावास का दंड देकर अंडमान भेजने से पहले उसी बैरक में रखा गया। दोनों शिवाजी भक्तों को जेल के भीतर और बाहर समान प्रेरणाएं आंदोलित करती रहीं। जिस तरह तिलक ने मांडले जेल की कालकोठरी में स्वाध्याय के लिए निजी खर्च से सैकड़ों ग्रंथ मंगवाए थे, सावरकर ने भी अंडमान में अनेक ग्रंथ एकत्र करके जेल में एक पुस्तकालय बना दिया था। जैसे तिलक ने काल कोठरी की दीवारों पर कोयले से लिखकर 'गीता रहस्य' जैसे महान ग्रंथ की रचना प्रारंभ की, सावरकर भी हथकड़ी पहने हाथों से जेल की दीवारों पर महाकाव्य लिखते थे। (स्वातंत्र्यवीर सावरकर 125वीं जयंती वर्ष पूर्ति स्मरणिका, खंड 1, श्री बड़ाबाजार कुमार सभा पुस्तकालय, कोलकाता, 2009, पृष्ठ 14)

चलेगा। जिन्हें जो-जो साधन उपयोग में लाने की सुविधा हो, उन्हें उसी साधन का उपयोग करना चाहिए। लेकिन किसी भी नेता से पूछकर शस्त्र का प्रयोग नहीं करना चाहिए।[3]

प्रथम स्वातंत्र्य समर को मान्यता

10 मई, 1907 को सावरकर ने इंडिया हाउस, लंदन में प्रथम भारतीय स्वतंत्रता संग्राम की स्वर्ण जयंती मनाई। इस अवसर पर उन्होंने ओजस्वी भाषण में प्रमाणों सहित 1857 के संग्राम को भारत के स्वातंत्र्य का प्रथम समर सिद्ध किया। 1907 में सावरकर ने '1857 का स्वातंत्र्य समर' ग्रंथ लिखना शुरू किया। जून, 1908 में उनकी पुस्तक 'द इण्डियन वॉर ऑफ इंडिपेंडेंस 1857' तैयार हो गई, लेकिन इसके मुद्रण की समस्या आई। सावरकर ने इसे 24 साल की उम्र में लंदन में मराठी में लिखा। इसके कुछ अध्यायों का अंग्रेजी में अनुवाद करके वे लंदन की फ्री इंडिया सोसायटी के सदस्यों को सुनाते थे। उसी दौरान पुस्तक भारत भेज दी गई, लेकिन मराठी प्रेस के मालिकों ने इसे छापने से इनकार कर दिया। फिर अंत में अभिनव भारत नामक क्रांतिकारी दल का सदस्य एक छापेखाने का मालिक उसे छापने को तैयार हो गया, लेकिन पुलिस को उसका सुराग मिल गया। पुलिस ने एक साथ सभी छापेखानों पर छापा मारा, लेकिन इतने में सहानुभूति रखने वाले किसी अफसर ने उस छापेखाने वाले को खबर दे दी और वहां से पुस्तक की पांडुलिपि हटा दी गई। बाद में यह पांडुलिपि पेरिस में एक लेखक के पास भेज दी गई। फिर मराठी पुस्तक को जर्मनी में किसी संस्कृत प्रेस में छापने की कोशिश की गई, लेकिन एक तो वहां प्रचलित नागरी लिपि पसंद नहीं आई; दूसरा खर्च बहुत आ चुका था, तीसरे जर्मन कंपोजिटर मराठी नहीं समझते थे; इसके कारण इसे उस समय मराठी में छापने का प्रस्ताव त्याग दिया गया। तब इसे अंग्रेजी में अनुवाद करके छापने की ओर ध्यान गया। लंदन में आई.सी.एस. आदि की तैयारी के लिए गए हुए मराठी छात्रों ने इसका बीड़ा उठाकर उसे पूरा किया। फिर वी.वी.एस. अय्यर की अध्यक्षता में इसे छापने की कोशिश हुई लेकिन पुलिस वाले चुप नहीं बैठे रहे। इसके बाद अंग्रेजी पांडुलिपि पेरिस भेज दी गई, लेकिन फ्रेंच सरकार ब्रिटिश सरकार की हिदायतों के अनुसार भारतीय क्रांतिकारियों के पीछे पड़ी हुई थी। कोई भी फ्रेंच मुद्रक इसे छापने को तैयार नहीं हुआ। अंत में झांसा देकर हॉलैंड के एक छापेखाने में पुस्तक छपने लगी, लेकिन ब्रिटिश और फ्रेंच पुलिस को अंधकार में रखने के लिए क्रांतिकारियों की ओर से खुल्लमखुल्ला यह कहा जाने लगा कि पुस्तक फ्रांस में छप रही है। पुस्तक हॉलैंड में छप गईं तो प्रतियां चोरी से फ्रांस लाई गईं ताकि भारत और अन्य स्थानों पर भेजी जाएं। लेकिन छपने से पहले यह पुस्तक जब्त घोषित कर दी गई

थी।[4] हॉलैंड में छपी हुई पुस्तकों की प्रतियां गलत रैपर्स वगैरह लगाकर सर्वत्र पहुंचाई गईं*। इसने भारतीय स्वतंत्रता आंदोलन को बल पहुंचाया।[5]

विनायक ने लंदन के ग्रेज इन लॉ कॉलेज में प्रवेश लेने के बाद इंडिया हाउस में रहना आरंभ कर दिया था। इंडिया हाउस उस समय राजनीतिक गतिविधियों का केंद्र था, जिसे श्यामजी कृष्ण वर्मा चला रहे थे। सावरकर ने 'फ्री इंडिया सोसायटी' का गठन किया, जिसमें वे अपने साथी भारतीय छात्रों को स्वतंत्रता के लिए लड़ने को प्रेरित करते थे। लंदन में रहते हुए उनकी मुलाकात लाला हरदयाल से हुई, जो उन दिनों इंडिया हाउस की देखरेख करते थे। मई 1909 में उन्होंने लंदन से बार एट लॉ की परीक्षा उत्तीर्ण की, लेकिन उन्हें वहां वकालत करने की अनुमति नहीं मिली। इसी दौरान लंदन में 1 जुलाई, 1909 को मदनलाल धींगरा ने विलियम हट कर्जन वायली की गोली मारकर हत्या कर दी। धींगरा भी सावरकर से जुड़े हुए थे। 16 अगस्त, 1909 को धींगरा को फांसी दे दी गई। धींगरा ने अदालत में कहा, 'जो अमानुषिक फांसी और कालेपानी की सजा हमारे सैकड़ों देशभक्तों को हो रही है, मैंने उसी का एक साधारण-सा बदला उस अंग्रेज के रक्त से लेने की कोशिश की है। भारतवासी इस समय केवल इतना ही कर सकते हैं कि वे मरना सीखें। ईश्वर से मेरी केवल यही प्रार्थना है कि मैं फिर उसी माता के गर्भ से पैदा होऊं और फिर उसी पवित्र उद्देश्य के लिए अपने प्राणों का अर्पण कर सकूं।' 13 मार्च, 1910 को पेरिस से लंदन पहुंचने पर उन्हें गिरफ्तार कर लिया गया।[6]

8 जुलाई, 1910 को एस.एस. मोरिया नामक जहाज से भारत ले जाते हुए सीवर होल के रास्ते सावरकर भाग निकले। 24 दिसंबर , 1910 को उन्हें आजीवन कारावास की सजा दी गई। इसके बाद 31 जनवरी, 1911 को इन्हें दोबारा आजीवन कारावास दिया गया। इस प्रकार सावरकर को ब्रिटिश सरकार ने क्रांति कार्यों के लिए दो-दो आजीवन कारावास की सजा दी।[7]

काले पानी का कठोर दंड

विनायक के लंदन रहने के दौरान उनकी क्रांतिकारी गतिविधियों को बाबा राव ने आगे बढ़ाया। उन्होंने अभिनव भारत सोसाइटी के अंतर्गत युवकों को संगठित किया, उन्हें बौद्धिक और शारीरिक शिक्षा दी तथा 'वंदे मातरम्' और 'स्वातंत्र्य लक्ष्मी की जय' जैसी घोषणाएं करते हुए जुलूस निकाले। विनायक का लंदन से भेजा हुआ मैजिनी

*प्रतिबंधित होने के बाद भी '1857 का स्वातंत्र्य समर' की पांडुलिपि कहीं से भगत सिंह को प्राप्त हो गई। उन्होंने भी उसे प्रकाशित करवाया। गुप्त रूप से किसी प्रेस का प्रबंध किया। समाजवादी राजाराम शास्त्री पुस्तक के प्रूफ देखते। दो खंडों में छपी पुस्तक की कीमत आठ-आठ आना रखी गई। सबसे पहली पुस्तक राजर्षि पुरुषोत्तमदास टंडन को बेची गई। पुस्तक को बेचने में क्रांतिकारी सुखदेव ने काफी परिश्रम किया। 1929-30 में भगत सिंह और उनके क्रांतिकारी साथियों की गिरफ्तारी के समय अधिकांश के पास पुस्तक की प्रतियां पुलिस को प्राप्त हुईं। (राजाराम शास्त्री: अमर शहीदों के संस्मरण, पृष्ठ 89-90/ देवेंद्र स्वरूप/ विनायक दामोदर सावरकर: 1857 का स्वातंत्र्य समर, प्रभात प्रकाशन, नई दिल्ली, 2020, पृष्ठ 17)

का जीवन चरित्र धन इकट्ठा करके जोखिम उठाकर प्रकाशित किया। विनायक ने लंदन से जो हथियार भेजे थे, उन्हें युवकों में बांटा। 1908 में तिलक पर राजद्रोह का मुकदमा चला और उन्हें छह वर्ष का कारावास दिया गया। बाबाराव को 9 जून, 1909 को राजद्रोहात्मक कविताओं के लेखन के आरोप में आजीवन सजा सुनाई गई। सजा भुगतने के लिए उन्हें अंडमान के भयंकर कारागार में बंद कर दिया गया।[8] बाबाराव पर मुकदमा करने वाले जैक्सन की भी 21 दिसंबर, 1909 को हत्या कर दी गई। 13 नवंबर, 1909 को अहमदाबाद में वायसराय लॉर्ड मिंटो पर बम फेंकने की घटना के बाद ब्रिटिश हुकूमत ने पाया कि ऐसी घटनाओं के सूत्रधार विनायक सावरकर ही हैं।[9]

अंडमान की सेलूलर जेल में बाबा राव और विनायक ने असीम यातनाएं सहीं। उनका घर-बार, खेत-खलिहान सब जब्त कर लिया गया। शरीर पर मोटे-भद्दे कपड़े, खाने के लिए बेस्वाद भोजन, रस्सी के लिए रेशे कूटना और बैल की तरह तेलघानी (कोल्हू) खींचना दैनिक क्रम बन गया। काम पूरा नहीं होने पर हाथ-पैर में हथकड़ी-बेड़ी डालकर उन्हें काल कोठरी में डाल दिया जाता। बीमार होने पर भी दवाई नहीं, उसी कोठरी में रखे एक बर्तन में लघुशंका और शौच करना... इस प्रकार की भयानक यंत्रणा उन्हें भुगतनी पड़ी*।[10]

1914 में बाबा राव ने अन्य कैदियों के साथ हड़ताल शुरू की और जेल में काम करना बंद कर दिया। उनकी मांग थी कि देश की अन्य जेलों के नियमों में किए जा रहे सुधार अंडमान में भी लागू किए जाएं। उसी दौरान विनायक ने इस विषय पर अनशन किया कि उनके साथ राजनीतिक कैदी के बजाए किसी सामान्य कैदी की तरह व्यवहार किया जा रहा है।[11]

बाबा राव बने सहयोगी

1921 की मई में अंडमान का भयानक कारावास पूरा करके बाबा राव भारत के बंदीगृह में आए और 1922 में मरणासन्न स्थिति में उन्हें छोड़ दिया गया।[12] इसके

*अंडमान में बाबा राव और विनायक की भेंट के बारे में बाबा राव बताते थे, 'एक ओर से विनायक को अन्य कैदियों के साथ ले जाया जा रहा था, तभी दूसरी ओर से मुझे लाया गया और हमारी यह दृष्टि भेंट हुई। उस समय मेरे पैरों में डंडा बेड़ी थी। सजा भुगतते हुए कीड़ों के काटने से पैरों में सूजन आ गई थी। काम करते हुए जोंकें पैरों में चिपक जातीं और रक्त पीतीं। हमें कोल्हू जोतते थे, यहां तक कि खून की उल्टी हो जाती। कोठरी की खिड़की से कभी एकाध चिड़िया अंदर आती। उसे मैं अन्न के टुकड़े डाल दिया करता था। यह सब पहरेदारों के ध्यान में आया तो उन्होंने दुष्टता से वह खिड़की ही बंद कर दी।' (संजीवनी खरे: कथाएं क्रांतिवीर की, राजधानी ग्रंथागार, दिल्ली, 1994, पृष्ठ 74) एक समय ऐसा भी आया, जब उनके छोटे भाई नारायण को भी 6 महीने कारावास की सजा मिली। उस समय तीनों भाई जेल की सजा भुगत रहे थे।

सेलूलर जेल में अलीपुर षडयंत्र केस के अभियुक्तों को भी रखा गया था, जिनमें बारींद्र कुमार घोष, उपेंद्र बनर्जी और हेमचंद्र कानूनगो ने वहां दस साल से अधिक समय व्यतीत किया। जेल में दी जाने वाली यातनाएं इतनी कठोर थीं कि अलीपुर केस के एक क्रांतिकारी इंद्रभूषण राय बुरी तरह टूट गए। उन्होंने विनायक सावरकर से कहा कि इस तरह का अपमान भरा जीवन जीने की उनकी बिल्कुल इच्छा नहीं होती है। सावरकर उन्हें संबल देने का प्रयास करते। अप्रेल, 1912 में राय ने जेल में फंदा लगाकर आत्महत्या कर ली। उनके एक अन्य साथी उल्लासकर दत्त का मानसिक संतुलन बिगड़ गया और उन्हें मद्रास के पागलखाने भेजना पड़ा। (हेमचंद्र कानूनगो: अकाउंट ऑफ रिवॉल्यूशनरी मूवमेंट इन बंगाल, सेतु प्रकाशन, नई दिल्ली, 2015, पृष्ठ 56-57)

बाद उन्होंने क्रांतिकारियों से फिर संबंध जोड़ा और क्रांति का जाल बुनने का गुप्त प्रयास शुरू किया। उन्होंने अपने कार्यकर्ताओं को शपथ दिलाई कि वे प्रसिद्धि और पैसे से दूर रहेंगे। इन्हीं कार्यकर्ताओं के द्वारा उन्होंने उत्तर भारत में लाहौर, गुजरांवाला, सहारनपुर आदि स्थानों से कलकत्ता, बनारस तथा दक्षिण में मद्रास तक अपने कार्य का विस्तार कर लिया।[13] इसी दौरान उनका डॉ. हेडगेवार से निकट संपर्क स्थापित हुआ, जिन्होंने बदलते परिदृश्य को समय रहते भांपने के बाद अपना मूल क्रांतिकारी स्वरूप छोड़कर राष्ट्रीय स्वयंसेवक संघ के माध्यम से राष्ट्रीयता के प्रसार को जीवन का उद्देश्य बना लिया था। यह अनूठा मिलन था; जैसे दो परस्पर पूरक ध्रुव साथ जुड़ गए हों। एक से भारतीयों का किसी भी अन्याय के आगे नहीं झुकने वाला आत्मसम्मान प्रकट हुआ और जांबाज क्रांतिवीरों ने फांसी के फंदे को चूमते हुए विदेशी हुकूमत को दिखा दिया कि राष्ट्र आराधना में कोई चुनौती उनके लिए गौण है। वहीं, दूसरे ने स्वदेश के अपने लोगों को यह सिखाने का प्रयत्न किया कि स्वत्व किसमें हैं। इन दो धाराओं के मेल से राष्ट्रचेतना का विकास हुआ। हृदय में राष्ट्रभक्ति की तड़प, सर्वस्व त्याग की सतत वृत्ति और पल-पल समाज के लिए तत्पर डॉ. हेडगेवार तथा बाबा राव की मुलाकात भी इसी संयुक्त प्रवाह की धुरी बनी।

सावरकर को संघ से आशा

विनायक सावरकर को भी बाबा राव के साथ ही अंडमान से लाकर रत्नागिरी जेल में रखा गया था। वे जनवरी, 1924 में वहां से छूटे, लेकिन उन्हें जिले से बाहर जाने की अनुमति नहीं थी। संघ की स्थापना से लगभग छह महीने पहले डॉ. हेडगेवार ने उनसे मुलाकात की। मार्च, 1925 में सिरगांव में हुई यह भेंट दो राष्ट्रभक्तों के बीच देश-समाज की परिस्थितियों पर चर्चा का ऐतिहासिक अवसर बनी। डॉ. हेडगेवार का दृढ़ मत था कि जब तक देश के वास्तविक राष्ट्रीय हिंदू समाज को संगठित और अनुशासित नहीं किया जाएगा, तब तक राष्ट्र तथा समाज का कल्याण नहीं होगा। सावरकर इन विचारों से प्रसन्न हुए और इस कार्य में पूर्ण सहयोग का वचन दिया। वे डॉ. हेडगेवार के क्रांतिकारी जीवन से परिचित थे और उनकी सफलता को लेकर आशान्वित थे।[14]

सावरकर से डॉ. हेडगेवार की मुलाकात के बाद निष्कर्ष की स्थिति यह थी कि दोनों हिंदू राष्ट्र का कल्याण चाहते थे और अपना जीवन इसी उद्देश्य के लिए लगाए हुए थे। दोनों की सोच और विचार तात्कालिक नहीं, अगली शताब्दियों के लिए थे। समाज तैयार नहीं था। ऐसी परिस्थिति में सावरकर अपने विचारों के उद्दाम आवेग और प्रखर शक्ति से शीघ्र परिवर्तन लाना चाहते थे; वहीं, डॉ. हेडगेवार समाज की गति के

हिसाब से धीरे-धीरे संपूर्ण लक्ष्य को प्राप्त करना युक्ति संगत समझते थे। उनका निश्चित मत था कि जब तक गांव-शहर में कार्यकर्ता खड़े नहीं होंगे, तब तक हिंदू राष्ट्र के निर्माण का कार्य पूरा नहीं हो सकेगा। इसलिए उन्होंने किसी प्रकार की प्रचलित राजनीति और राजनीतिक दल से भविष्य में बनाए जाने वाले संगठन का संबंध नहीं रखने का निर्णय किया। वे समाज में समर्पित कार्यकर्ताओं का सामर्थ्यशाली संगठन तैयार करते हुए मौन भाव से राष्ट्र साधना में जुट गए।[15]

विचारधारा की विशिष्टता

डॉ. हेडगेवार के कर्तृत्व, कुशलता और कार्यशैली का बाबा राव पर गहरा प्रभाव हुआ। वे संघ को बढ़ाने की प्रेरणा देते रहे। उन्होंने डॉ. हेडगेवार के साथ यात्राएं कीं और कार्यकर्ता उपलब्ध करवाए। संघ के पूर्व सरसंघचालक बालासाहब देवरस के संस्मरणों के अनुसार, 'महाराष्ट्र में डॉ. हेडगेवार ने संघ कार्य के लिए पहली बार प्रवास किया, उसमें बाबा राव उनके साथ-साथ थे। उनकी एक पुस्तक 'राष्ट्र मीमांसा' का अंग्रेजी अनुवाद गुरुजी ने किया।'[16] डॉ. हेडगेवार के मन में भी बाबा राव के लिए सम्मान का भाव था। यहां तक कि उन्होंने संघ का ध्वज और प्रतिज्ञा तैयार करने में बाबा राव की सहायता ली।[17] एक बार बाबा राव और डॉ. हेडगेवार कोल्हापुर गए। बाबा राव ने वहां आग्रह करके भालजी पेंढारकर को संघ से जोड़ा और संघचालक बनवाया।[18] 1928 में बाबा राव सांगली गए तो काशीनाथ पंत लिमये के यहां ठहरे। बाद में वे डॉ. हेडगेवार को साथ लेकर गए। वहां के कार्यकर्ताओं ने कहा कि संस्थाएं नई होती हैं तो कुछ सक्रिय दिखाई देती हैं, आगे जाकर सिर्फ कागजी रह जाती हैं। उनका प्रश्न था कि ऐसी स्थिति में एक संस्था के और बढ़ने पर क्या होने वाला है? डॉ. हेडगेवार ने उत्तर दियाः

> 'आज तक की संस्थाएं प्रारंभ करने वाले कार्यकर्ताओं का उत्साह कम होते ही कार्य कम होने लगता है। इस संगठन से हम कार्यकर्ता का निर्माण करने वाले हैं और यह प्रवाह निरंतर बना रहने वाला है। इसलिए पहले कार्यकर्ताओं का उत्साह कम हो जाने पर उनका स्थान नए कार्यकर्ता लेंगे और कार्य की ऊर्जा बनाए रखेंगे। कार्यकर्ता निर्माण करने वाली और उन्हें निश्चित प्रवृत्ति की बनाने वाली संघ अकेली संस्था है।'

इसके बाद वे सभी संघ की शाखा से जुड़ गए। काशीनाथ लिमये ने संघचालक बनना स्वीकार किया।[19]

जिन्ना के खात्मे की योजना

संघ को बढ़ाने के प्रयत्नों से अलग भी बाबा राव के क्रांतिकारी उपक्रम चलते रहे। डॉ. हेडगेवार ने उन विषयों से खुद और संघ को अलग रखा। बाबा राव क्रांतिकारियों से भी जुड़े हुए थे; डॉ. हेडगेवार का रास्ता संगठन, समर्पण और सामंजस्य का था। बाबा राव के शचींद्रनाथ सान्याल और चंद्रशेखर आजाद से संपर्क रहने के प्रामाणिक उल्लेख मिलते हैं। क्रांतिकारियों को भरोसा था कि हिंदू संगठन में लगे होने के बावजूद बाबा राव उनके स्वाभाविक सहयोगी हैं। चंद्रशेखर आजाद-भगत सिंह के साथी क्रांतिकारी यशपाल* ने अपने संस्मरणों में सावरकर बंधुओं के प्रति अपने साथियों की अगाध श्रद्धा का वर्णन किया है। बाबा राव से मुलाकात के बारे में उन्होंने लिखा, 'मैं और भगवती भाई (क्रांतिकारी भगवतीचरण वर्मा) एक साथ उनसे मिलने गए। साधारणतः मुझे किसी भी महापुरुष का चरण छूने की इच्छा नहीं होती। गांधीजी से भी भेंट होने पर मुझे ऐसी इच्छा नहीं हुई, लेकिन मुझे याद है कि हम दोनों ने बाबा राव के चरण छूकर अभिवादन किया था और निःशंक अपना वास्तविक परिचय देकर अपने उद्देश्य में सहायता मांगी थी। बाबा ने हमें निराश भी नहीं किया।' इसके बाद यशपाल बाबा राव से मिलने अकोला भी गए। वहां उन्होंने बाबा राव के कमरे में तनीदार मिर्जई, खाकी जीन की चुस्त बिरजिस, चमरौंधे जूते और काली टोपी देखी।[20] यह संघ के गणवेश से जुड़ा सामान था।

यशपाल ने बाबा राव से धन का अनुरोध किया। इस मुलाकात में बाबा राव ने अपने दृष्टिकोण की व्याख्या की, 'विदेशी दासता से राष्ट्र को मुक्त कराना मेरा उद्देश्य है। राष्ट्र को मुक्त करवाने का उद्देश्य अपनी राष्ट्रीयता की उन्नति और रक्षा करना है। विदेशी दासता के विरुद्ध हम अपनी सांस्कृतिक एकता और शक्ति के बल पर ही लड़कर स्वतंत्र हो सकते हैं। हमें पहले सांस्कृतिक शक्ति और एकता स्थापित करने के लिए इसके विरोधी शत्रुओं से स्वतंत्र होना है। इसके बिना अंग्रेजों से लड़ना ऐसे ही है, जैसे दासता के वृक्ष की जड़ को छोड़कर पत्तों को छांटते रहना। हमें आपके उद्देश्य से पूरी सहानुभूति है, लेकिन सहयोग तो तभी हो सकता है, जब कार्यक्रम में एकता हो।' उन्होंने यशपाल से यह भी कहा, 'इस समय राष्ट्र के लिए सबसे घातक है मुहम्मद अली जिन्ना के नेतृत्व में मुसलमानों का भारतीय राष्ट्रीयता का विरोध करना और राष्ट्र में दूसरा राष्ट्र बनाने की नीति। जिन्ना इस नीति के प्रतीक और प्रतिनिधि हैं। यदि आप लोग इस व्यक्ति को समाप्त करने की जिम्मेदारी लें तो स्वतंत्रता प्राप्ति के

---

*यशपाल (1903–1976) का जन्म फिरोजपुर छावनी, पंजाब में हुआ। प्रारंभिक शिक्षा गुरुकुल कांगड़ी, डी.ए.वी. स्कूल और मनोहरलाल हाई स्कूल में हुई। चंद्रशेखर आजाद, भगत सिंह, सुखदेव और भगवतीचरण बोहरा से मिलकर क्रांतिकारी कार्यों में खुलकर भाग लिया। 1931 में हिंदुस्तान समाजवादी प्रजातंत्र सेना (HSRA) के सेनापति आजाद की शहादत के बाद यशपाल सेनापति नियुक्त हुए। 1932 में पुलिस के साथ एक मुठभेड़ में इलाहाबाद में गिरफ्तार हुए। 1938 में जेल से छूटे।

मार्ग की सबसे बड़ी बाधा दूर करने का प्रयत्न होगा। इसके लिए 50 हजार रुपए तक का प्रबंध करने की जिम्मेदारी ले सकते हैं।'[21] क्रांतिकारी इस तरह के प्रस्ताव से सहमत नहीं थे। डॉ. हेडगेवार और संघ भी बाबा राव की इन गतिविधियों से अनभिज्ञ रहे; संघ हिंसात्मक दृष्टिकोण नहीं रखता था। इसलिए स्वतंत्रता संग्राम के दौरान संघ कभी हिंसक गतिविधियों में शामिल नहीं हुआ।

कृतज्ञ राजगुरु परिवार

डॉ. हेडगेवार संघ को हिंसक गतिविधियों से अलग रखने पर दृढ़ थे, लेकिन क्रांतिकारियों से उनके भी लगातार संबंध बनते रहे। इनमें एक प्रमुख नाम राजगुरु का था। यानी शिवराम हरि राजगुरु*। वे चंद्रशेखर आजाद के क्रांतिकारी संगठन हिंदुस्तान सोशलिस्ट रिपब्लिकन आर्मी से जुड़े हुए थे। भारत में शासन सुधार के बारे में ब्रिटिश सरकार को रिपोर्ट देने के लिए भेजे गए साइमन कमीशन के विरोध से राजगुरु के जीवन की दिशा मुड़ी। 30 अक्टूबर, 1928 को साइमन कमीशन लाहौर आ रहा था। उस दिन पूरे शहर में हड़ताल रखी गई और लगभग 5 हजार लोग काले झंडे लिए लाला लाजपत राय के नेतृत्व में विरोध कर रहे थे। लाहौर का पुलिस अधीक्षक जे.ए. स्कॉट यह देखकर बौखला उठा। उसके आदेश पर पुलिस ने भीड़ पर चारों तरफ से हमला कर दिया। लाजपत राय को इतनी निर्दयता से पीटा गया कि उनकी मृत्यु हो गई। चंद्रशेखर आजाद और भगत सिंह के नेतृत्व में क्रांतिकारियों ने लाजपत राय की नृशंस हत्या का बदला लेने की योजना बनाई, लेकिन उनके हाथों स्कॉट की जगह एक अन्य अधिकारी जॉन पी. सांडर्स की हत्या हो गई। इसमें राजगुरु की भी प्रमुख भूमिका थी।

इस घटना के बाद राजगुरु भागकर पूना चले गए और पुराने परिचित क्रांतिकारी श्रीराम बलवंत सारगांवकर से मिले। उस दौरान सारगांवकर के माध्यम से राजगुरु की मुलाकात डॉ. हेडगेवार से हुई। राजगुरु पुलिस से छिपने के प्रयत्न में लगे हुए थे। उनके भाई दिवाकर राजगुरु के पौत्र सत्यशील राजगुरु ने एक साक्षात्कार में लेखक को बताया, 'राजगुरु और सारगांवकर का डॉ. हेडगेवार से काशी में परिचय हुआ था। जब सांडर्स हत्याकांड के बाद राजगुरु महाराष्ट्र गए तो डॉ. हेडगेवार से मिले। उस दौरान राजगुरु 10 से 20 दिनों तक डॉ. हेडगेवार के पास रहे।' रामभाऊ जामगड़े उस समय अमरावती में कक्षा आठ में पढ़ते थे। उस दौरान राजगुरु सांडर्स को गोली मारकर अमरावती आए

*राजगुरु पारिवारिक उपाधि है। शिवाजी के पौत्र शाह जी राज्य प्रबंधन के लिए चारण आए तो पं. कंचेश्वर की विद्वता और आशीर्वाद से प्रसन्न होकर उन्हें अपना गुरु मान लिया और राजगुरु की उपाधि से विभूषित किया। (अनिल वर्मा: अजेय क्रांतिकारी राजगुरु, सस्ता साहित्य मंडल, नई दिल्ली, 2017, पृष्ठ 6) पं. कंचेश्वर के वंश में 24 अगस्त, 1908 को खेड़ गांव में शिवराम हरि राजगुरु का जन्म हुआ।

हुए थे। जामगड़े की स्मृतियों में राजगुरु का अमरावती आगमन हमेशा बना रहा। उन्होंने लिखा, 'अमरावती में एक कांग्रेसी हनुमान अखाड़ा चलाते थे। राजगुरु छिपने के लिए अमरावती में आसरा खोज रहे थे, लेकिन किसी ने भी उन्हें आश्रय नहीं दिया। कांग्रेसी अखाड़ा संचालक ने भी उन्हें ठहराने से मना कर दिया। उसके बाद राजगुरु निराश होकर नागपुर चले गए, जहां उनकी मुलाकात डॉ. हेडगेवार से हुई।[22]

अन्य विवरणों से पता चलता है कि डॉ. हेडगेवार ने राजगुरु को भैयाजी दाणी* के उमरेड़ स्थित घर पर छिपाए रखा था। लेकिन राजगुरु वहां से पूना आ गए और 30 सितंबर, 1929 को उन्हें सारगांवकर के साथ गिरफ्तार कर लिया गया। 23 मार्च, 1931 को भगत सिंह-सुखदेव के साथ राजगुरु को फांसी हुई।

काशी की पुकार

1930 में बाबा राव का काशी आना-जाना शुरू हुआ। वे वैद्य त्र्यंबक शास्त्री से इलाज करवाते थे। उस दौरान वे काशी हिंदू विश्वविद्यालय स्थित पं. मदनमोहन मालवीय के निवास पर रहते थे। विश्वविद्यालय और चिकित्सा गृह में दूरी होने के कारण बाबा राव एक बार भाऊराव दामले के आवास पर ठहरे।[23] उन दिनों महाराष्ट्र की अनेक छोटी-छोटी रियासतों की ओर से काशी में पुजारी-प्रतिनिधि की नियुक्तियां की जाती थीं। हिंदुत्वनिष्ठ विद्वान भाऊराव दामले को अनेक रियासतों की ओर से प्रतिनिधि पुजारी नियुक्त किया गया था। वे एक-दो वर्ष के अंतराल पर नागपुर जाते थे और वहां के संघ कार्य से परिचित थे।[24]

दामले के यहां स्वास्थ्य लाभ लेने के दौरान बाबा राव काशी में दंगों के कारण बिगड़ी स्थिति से चिंतित थे। अपने खराब स्वास्थ्य के कारण वे अधिक करने की स्थिति में नहीं थे। उन्होंने डॉ. हेडगेवार को तार भेजकर काशी आने का आग्रह किया। 11 मार्च को डॉ. हेडगेवार नागपुर से काशी के लिए रवाना हुए और 1 अप्रेल तक वहां रहे।[25] इसी दौरान संघ का कार्यक्षेत्र बढ़ने की दृष्टि से दो महत्वपूर्ण घटनाएं हुईं। एक, बाबा राव ने अपनी संस्था 'तरुण हिंदू सभा' का संघ में विलय कर दिया; दूसरे, काशी नगर में संघ की शाखा सुचारू रूप से चलने लगी।

---

*प्रभाकर बलवंत दाणी (भैयाजी) का जन्म नागपुर जिले के उमरेड़ में 9 अक्टूबर, 1907 को हुआ था। उनके पिता बलवंत राव अपने क्षेत्र के प्रमुख राष्ट्रवादी नेता थे और बाल गंगाधर तिलक से उनका निकट संपर्क था। लोग उन्हें 'बापू' के नाम से संबोधित करते थे। भैयाजी को मैट्रिक की शिक्षा के लिए नागपुर के सुप्रसिद्ध वकील विश्वनाथराव केलकर के घर रहने भेजा गया, जो हिंदू महासभा और संघ से जुड़े हुए थे। डॉ. हेडगेवार, बाबा राव सावरकर आदि प्रमुख लोगों का उनके यहां आना-जाना था। इस वातावरण का भैयाजी के युवा जीवन पर गहरा प्रभाव पड़ा और वे डॉ. हेडगेवार के संपर्क में आए। वे डॉ. हेडगेवार द्वारा चुने गए प्रारंभिक संघ प्रचारकों में थे। एक दशक से अधिक समय तक वे सरकार्यवाह रहे, जिसमें 1948 के प्रतिबंध का चुनौतीपूर्ण काल भी रहा। 1965 में सरकार्यवाह रहते हुए उनका देहांत हो गया।

ज्ञानवापी की व्यथा

काशी यात्रा के दौरान डॉ. हेडगेवार के मन में विश्वनाथ मंदिर के पास की मस्जिद (ज्ञानवापी) को लेकर टीस उठी। उन्होंने कहा, 'काशी विश्वेश्वर के पास मस्जिद और गंगा के घाट पर मीनार क्यों खड़ी है? हिंदू मन में तो यह प्रश्न ही नहीं पैदा होता और न उसकी पीड़ा अनुभव होती है। संघ इस अवस्था को बदलना चाहता है।'[26]

गुरुजी से संपर्क

संघ की एक शाखा काशी हिंदू विश्वविद्यालय में 1929 से ही आरंभ हो चुकी थी; भैयाजी दाणी (बाद में सरकार्यवाह) और तात्या तैलंग वह शाखा चलाते थे।[27] लेकिन यह शाखा अनियमित रूप से चलती थी। डॉ. हेडगेवार की इस काशी यात्रा में भाऊराव दामले को काशी का संघचालक बनने के लिए तैयार किया गया। दामले कांग्रेस से जुड़े हुए थे। नमक सत्याग्रह के दौरान काशी में पुलिस से जख्मी हुए सत्याग्रहियों की चिकित्सकीय सहायता के लिए उन्होंने महाराष्ट्र शुश्रुषा पथक बनाया हुआ था। इससे पहले 'दुर्गाघाट सेवा संघ' से जुड़े इन कार्यकर्ताओं ने सत्याग्रहियों के चल शिविरों को लगभग चार महीने तक अन्न उपलब्ध करवाया था। यह पूरी मंडली बाद में काशी में संघ की नगर शाखा प्रारंभ होने पर उसमें स्वयंसेवक के रूप में सहभागी हुई। दोनों संगठनों के प्रमुख दामले थे। काशी में संघ की प्रथम नगर शाखा प्रारंभ हुई, उस अवसर पर डॉ. हेडगेवार उपस्थित रहे।[28]

तीन सप्ताह के काशी प्रवास में डॉ. हेडगेवार ने संघ की दो शाखाओं की स्थापना की। एक शाखा ब्रह्माघाट–दुर्गाघाट के पास स्थित धनधान्येश्वर मंदिर में शुरू की गई।[29] डॉ. हेडगेवार की दृष्टि थी कि विश्वविद्यालय में सारे देश से आने वाले तरुणों का संघ से संपर्क बनेगा और उनके माध्यम से संघ कार्य का विस्तार किया जा सकेगा। भैयाजी दाणी वहीं शिक्षा ग्रहण कर रहे थे और उनका विश्वविद्यालय शाखा प्रारंभ करने में महत्वपूर्ण योगदान था। उन्हीं के प्रयत्नों से विश्वविद्यालय में प्राणी शास्त्र के प्राध्यापक माधवराव सदाशिवराव गोलवलकर (गुरुजी) का संघ से संबंध जुड़ा।[30]

मदनमोहन मालवीय का सहयोग

काशी में संघ कार्यालय की व्यवस्था मदनमोहन मालवीय ने की। उन्होंने नागपुर में संघ के कार्यक्रम देखे थे और बहुत प्रभावित हुए थे। डॉ. हेडगेवार से पुनः मिलने पर विश्वविद्यालय परिसर में एक मैदान* संघ को दे दिया, जिसके एक कोने में दो कमरों

*आपातकाल लगने पर विश्वविद्यालय परिसर में स्थित संघ कार्यालय को प्रशासन ने रातों रात ध्वस्त करवा दिया; वहां सुबह होने से पहले ही पौधे लगवा दिए गए।

और बरामदे की व्यवस्था भी थी। मालवीय ने इंजीनियर से कहकर नक्शा बनवाया। बजट आंका और कहा, 'संघ को 1000 रुपए देने होंगे। अधिक लगेंगे तो मैं देख लूंगा।' बनने में लगभग 1400 रुपए का खर्च आया।[31]

तरुण हिंदू सभा का विलय

तरुण हिंदू सभा और संघ के समान लक्ष्य थे। उनके काम करने का तरीका भी समान ही था। अंतर केवल इतना ही था कि संघ शाखा दैनिक आधार पर आयोजित की जाती थी, जबकि तरुण हिंदू सभा के सदस्य साप्ताहिक आधार पर काम करते थे। बाबा राव का स्वास्थ्य ठीक नहीं चल रहा था। उनके पास देश का दौरा करने की ताकत नहीं थी, जो उनके संगठन के विस्तार के लिए एक आवश्यकता थी। डॉ. हेडगेवार की असाधारण सांगठनिक क्षमता से वे अच्छी तरह परिचित थे। बाबा राव ने महसूस किया कि समान लक्ष्यों और कार्यप्रणाली वाले दो संगठनों के लिए अलग-अलग कार्य करना अनावश्यक है। उन्होंने डॉ. हेडगेवार से कहा, 'मैंने आज अपनी संस्था भंग कर दी है। इसे संघ में विलय करने की अनुमति दें। मैं अब से अपनी सारी शक्ति का उपयोग संघ के काम के लिए करूंगा। मैं संघ को आशीर्वाद देता हूं और इसकी अमरता और सफलता की कामना करता हूं।' उन्होंने तरुण हिंदू सभा की सभी शाखाओं को भी इसकी सूचना भेज दी। आमतौर पर एक ही लक्ष्य की दिशा में काम करने वाले दो संगठन मतभेद और अहंकार के टकराव को विकसित करते हैं, लेकिन संघ और तरुण हिंदू सभा के बीच यह स्थिति नहीं आई। डॉ. हेडगेवार ने विलय के बाद भी उन जगहों पर शाखाएं शुरू नहीं की, जहां तरुण हिंदू सभा की शाखाएं कार्यरत थीं।[32]

क्रांतिकारी आंदोलन का दमन

डॉ. हेडगेवार के काशी में रहने के दौरान लाहौर में भगत सिंह, सुखदेव और राजगुरु को फांसी दिए जाने की घटना ने देश को उद्वेलित कर दिया। इसके ठीक पहले कुछ ऐसा घटनाक्रम चला, जिससे भारत के क्रांतिकारी आंदोलन को कुचलने के चौतरफा षडयंत्र के तार जुड़े प्रतीत होते हैं। उस दौरान पुलिस के चंगुल से बचे हुए चंद्रशेखर आजाद क्रांति को आगे बढ़ाने के उपायों पर विचार कर रहे थे। उनका जवाहरलाल नेहरू और पुरुषोत्तमदास टंडन से भी संपर्क बना। आजाद का मन भगत सिंह को जेल से फरार करवाने का था; उसके लिए योजना भी बनी, लेकिन भगत सिंह ने उसमें रुचि नहीं ली। उसी बीच नेहरू और आजाद की मुलाकात का उल्लेख नेहरू की आत्मकथा और क्रांतिकारियों के दस्तावेजों में मिलता है। नेहरू ने लिखा है कि आजाद ने कहा कि उनका और उनके अन्य साथियों का यह विश्वास हो चुका है कि आतंकवादी तरीके

बिल्कुल बेकार हैं तथा उनसे कोई लाभ नहीं है। हालांकि आजाद यह बिल्कुल मानने को तैयार नहीं थे कि शांतिमय साधनों से ही भारत को आजादी मिल जाएगी। आजाद ने कहा, 'आगे कभी सशस्त्र लड़ाई का मौका आ सकता है। लेकिन वह आतंकवाद ही होगा।'[33]

यशपाल ने 'सिंहावलोकन' में लिखा है कि आजाद और कुछ साथी उस दौरान रूस चले जाना चाहते थे, इसके लिए उन्होंने नेहरू से बात भी की। नेहरू ने 1500 रुपए का प्रबंध भी किया बताया और शेष के लिए कुछ प्रबंध करने की बात कही। जिस दिन यह रुपया क्रांतिकारियों के पास आया, उसके दूसरे दिन ही सुबह 27 फरवरी, 1931 को इलाहाबाद के अल्फ्रेड पार्क में आजाद शहीद हुए। माना जाता है कि आजाद के ही किसी सहयोगी ने दगा करके आजाद के अल्फ्रेड पार्क जाने की सूचना पुलिस तक पहुंचाई*। आजाद की जेब से पांच सौ रुपए मिले, यह धन नेहरू से मिले डेढ़ हजार रुपए में से ही था।[34]

वहीं, यह उल्लेख भी मिलता है कि आजाद 27 फरवरी को सुबह 9 बजे आनंद भवन में नेहरू से मिलने के बाद सुखदेव राज के साथ अल्फ्रेड पार्क पहुंचे थे। लेकिन दो दगाबाज साथियों की सूचना पर पुलिस ने पार्क को तीन तरफ से घेर लिया। इस भितरघात के कारण देश को अपने चरित्रवान वीर सपूत से वंचित होना पड़ा। आजाद की शहादत के तीन सप्ताह बाद ही 23 मार्च को भगत सिंह, सुखदेव और राजगुरु को फांसी दे दी गई।

क्रांतिकारियों की शहादत का समाचार पाकर डॉ. हेडगेवार अत्यंत दुःखी हुए। वे सोचते थे कि इस प्रकार की आत्माहुति घने अंधकार में बिजली की तरह निष्प्राण राष्ट्र में क्षणिक चैतन्यता का संचार कर देती है और राष्ट्र को स्थाई रूप से जिस चैतन्यता का आविर्भाव करना हो, वहां इस तरह के कर्तव्यवान, वीरतापूर्ण और बलिदानी भाव महत्वपूर्ण हैं। व्यथित डॉ. हेडगेवार ने यह आघात इस निश्चय के साथ सहन किया... *'मेरा रंग दे बसंती चोला'* गाते हुए फांसी पर झूलने वाले तरुणों की सुदृढ़ परंपरा देश में कायम की जाए, जो देश के लिए जीवन व्यतीत करते हुए 'जिस रंग में रंगकर वीर शिवा ने मां का बंधन खोला' की प्रेरणा लेकर भारत माता के बंधन खोलकर देश में बसंत की बहार ला सकें।'[35] स्पष्ट रूप से डॉ. हेडगेवार के स्वप्न वाले भारत में स्वतंत्रता के साथ परम वैभव भी जुड़ा हुआ था।

उस दौरान भगत सिंह और उनके साथियों की फांसी से युवा स्वयंसेवकों में आक्रोश था। वे क्रांतिकारी गतिविधियों से प्रतिकार करने की योजना बना रहे थे। इनमें

---

*लंबे समय तक यह चर्चा भी चलती रही कि आजाद की शहादत से संबंधित गोपनीय फाइल लखनऊ के आई.जी. कार्यालय में पड़ी है। चार-पांच साल पहले इस फाइल की तलाश हुई, लेकिन कुछ पता नहीं चला।

बालासाहब देवरस भी शामिल थे। उन्होंने कुछ मित्रों के साथ मिलकर क्रांतिकारी योजना को अंजाम देने के लिए घर से भागने का फैसला किया। लेकिन जाने से पहले उन लोगों ने डॉ. हेडगेवार को सूचित करना जरूरी समझा। उनसे मिलकर पूरी बात बताने की जिम्मेदारी बालासाहब को सौंपी गई। बालासाहब ने साहस बटोरकर अपनी योजना डॉ. हेडगेवार के सामने प्रकट की। डॉ. हेडगेवार ने विषय की गंभीरता को देखते हुए उन्हें धैर्य से समझाया। उन्होंने लगातार सात दिन तक रात 10 बजे से 3 बजे तक बालासाहब और उनके साथियों से चर्चा की तथा संघ के दूरगामी लक्ष्यों के प्रति स्पष्टता लाने का प्रयास किया। आखिरकार उन सभी ने क्रांतिकारी योजना का विचार छोड़ दिया और पूरी तरह संघ कार्य में जुट गए।[36]

तीनों सावरकर बंधु संघ के साथ

ब्रिटिश सरकार द्वारा क्रांतिकारी आंदोलन के प्रति अपनाए गए दमनकारी रवैए से रोष उपजा, लेकिन इसका प्रतिकार सावधानीपूर्वक रणनीति बनाकर किए जाने की जरूरत महसूस होने लगी। उसी दौर में बाबा राव पूरी तरह संघ के काम में जुट गए। 1932 में उन्होंने संघ के विस्तार के लिए महाराष्ट्र दौरे की योजना बनाई। 17 जुलाई, 1932 को उन्होंने डॉ. हेडगेवार को पत्र लिखकर उन्हें पश्चिमी महाराष्ट्र का दौरा करने का सुझाव दिया। डॉ. हेडगेवार को यह सुझाव पसंद आया। दोनों ने संयुक्त दौरा शुरू किया। उन्होंने पुणे, सतारा, कराड, सांगली, कोल्हापुर, रत्नागिरी, ठाणे और कल्याण का दौरा किया और विभिन्न स्थानों पर संघ शाखाओं की शुरुआत की। बाबा राव के कहने पर उनके सबसे छोटे भाई नारायण राव बंबई के संघचालक बने। पेशे से दांतों के डॉक्टर नारायण राव के क्लीनिक में ही बंबई की पहली संघ शाखा आरंभ हुई।[37]

दया याचिकाएं और संघ

22 मार्च, 1920 को इंपीरियल लेजिस्लेटिव कौंसिल में जी.एस. खापर्डे के एक प्रश्न का उत्तर देते हुए गृह सदस्य विलियम विन्सेंट ने बताया कि सावरकर ने 1914 और 1917 में दया याचिका दी थी। सरकार ने इन्हें खारिज कर दिया। 30 मार्च, 1920 को एक अन्य याचिका दिए जाने का उल्लेख मिलता है। 26 मई, 1920 को महात्मा गांधी ने 'हरिजन' में यह विषय उठाया और बड़ी संख्या में राजनीतिक कैदियों को क्षमादान दिए जाने के बावजूद सावरकर बंधुओं को बंदी बनाए रखने को अनुचित बताया। स्पष्ट है कि सावरकर की किसी भी याचिका को स्वीकार नहीं किया गया और उनकी रिहाई का निर्णय तत्कालीन परिस्थितियों के कारण सरकार को करना पड़ा।

1937 में जब अंग्रेज भारत के लिए एक नए संविधान की कोशिश कर रहे थे, तभी पहली निर्वाचित सरकार का गठन बॉम्बे प्रेसीडेंसी के रूप में किया गया था। इस सरकार के पहले कार्यों में से एक सावरकर को बिना शर्त रिहा करना था।[38] पुणे नगरपालिका के महापौर रहे जी.एम. नलावड़े के अनुसार:

> '1937 के चुनाव के बाद बंबई प्रांत में धनजीशाह कपूर के नेतृत्व में मंत्रिमंडल का गठन हुआ। कपूर ने बैरिस्टर जमनादास मेहता को अर्थ मंत्री का पद संभालने के लिए कहा। मेहता ने कहा कि अपने दल की अनुमति मिलने के बाद ही वे यह अनुरोध स्वीकार कर पाएंगे। कपूर ने सहमति जताई। मेहता ने पुणे के 'केसरी' कार्यालय में तात्याराव केलकर से मिलकर सारी बात बताई। फिर उन लोगों ने अन्य प्रमुख व्यक्तियों से चर्चा की। उस दौरान डॉ. हेडगेवार और बाबा राव भी पुणे में थे। विचार-विमर्श के बाद यह तय हुआ कि अगर कपूर रत्नागिरी में स्थानबद्ध सावरकर को मुक्त करें, तभी मेहता को मंत्री पद स्वीकार करना चाहिए। यह शर्त कपूर को बताई गई। कपूर ने गवर्नर से इस संबंध में चर्चा की। गवर्नर ने वायसराय तक विषय पहुंचाया। वायसराय ने पार्लियामेंट से सहमति लेने की बात कही। आखिरकार, पार्लियामेंट के आदेश से सावरकर को रिहा कर दिया गया।'[39]

सावरकर की दया याचिकाओं को मुद्दा बनाकर उनकी देशभक्ति पर प्रश्नचिह्न और सावरकर के प्रति संघ की श्रद्धा की आलोचना ऐसे भ्रामक विषय हैं, जो स्वतंत्रता संग्राम के प्रति निष्ठा और समर्पण पर आघात करते हैं। ऐसे अवसर डॉ. हेडगेवार और गुरुजी के समक्ष भी आए; उनकी सोच अलग रही। डॉ. हेडगेवार ने जुर्माना भरने और दोष स्वीकार करने के बदले सश्रम कारावास स्वीकार किया। गुरुजी ने सावरकर की रिहाई के समय 'सशर्त' शब्द पर वेदना प्रकट की*। लेकिन कभी डॉ. हेडगेवार और गुरुजी की सावरकर के प्रति श्रद्धा कम नहीं हुई। सावरकर ने अपनी याचिकाओं को लेकर अपना पक्ष प्रस्तुत किया है। लेकिन समकालीन देशभक्तों का इतिहास इस बात का साक्षी है कि अनेक बड़े क्रांतिकारियों को मृत्युदंड या जेल में रहने के बजाए बाहर रहकर देश के लिए काम करना उचित लगता था।

---

*डॉ. हेडगेवार और गुरुजी के वीर सावरकर के प्रति अत्यंत श्रद्धा भाव के बाद भी स्वतंत्र सोच सामने आती है। आगे चलकर सावरकर के एक बार फिर जेल से रिहा होने पर गुरुजी ने पत्र में उनके राष्ट्रभक्ति पूर्ण कार्यों की प्रशंसा करते हुए लिखा, 'आपके छूटने का आनंददायी समाचार पढ़ा, उसमें लिखा 'सशर्त' शब्द मुझे चुभने लगा।' (श्री गुरुजी समग्र खंड 7, पृष्ठ: 95)

क्रांतिकारी शचींद्रनाथ सान्याल इसी तरह ब्रिटिश हुकूमत के अनुकूल पत्र लिखकर अंडमान से छूटे। सावरकर ने भी ऐसा ही पत्र लिखा, लेकिन उन्हें नहीं छोड़ा गया। सान्याल के अनुसार, 'सावरकर और उनके दो-चार साथियों की गिरफ्तारी के बाद महाराष्ट्र में क्रांतिकारी आंदोलन समाप्त-सा हो गया था। इसलिए सरकार को यह डर था कि यदि उन्हें छोड़ दिया जाए तो ऐसा नहीं कि फिर महाराष्ट्र में क्रांतिकारी आंदोलन प्रारंभ हो जाए।'[40]

उस समय भगत सिंह जैसे क्रांतिकारी भी थे, जो फांसी को जीवन की सबसे बड़ी उपलब्धि मानते थे। हालांकि, चंद्रशेखर आजाद सहित उनके सभी क्रांतिकारी साथी तक इससे सहमत नहीं थे कि भगत सिंह को फांसी हो और वे उन्हें छुड़वाने के लिए प्रयत्नशील रहे। काकोरी कांड को लेकर रामप्रसाद बिस्मिल को फांसी की सजा हुई तो भी देशवासी चाहते थे कि उन्हें फांसी नहीं होनी चाहिए। मदनमोहन मालवीय और असेंबली के कुछ सदस्यों ने वायसराय से भेंट करके काफी प्रयास किया कि काकोरी षड्यंत्र के नेता बिस्मिल और अन्य क्रांतिकारियों को मृत्यु दंड नहीं दिया जाए। दूसरी ओर, चीफ कोर्ट से अपील खारिज होने के बाद इन क्रांतिकारियों ने नियमानुसार प्रांतीय गवर्नर और फिर वायसराय से दया प्रार्थना की। देश भर से तरह-तरह से कोशिशें की गईं कि काकोरी के क्रांतिकारियों को मृत्यु दंड नहीं मिले। असेंबली के 78 सदस्यों ने वायसराय से आग्रह किया कि चारों अभियुक्तों ने पश्चाताप प्रकट कर दिया है, इसलिए इनकी सजा कम कर दी जाए। लेकिन वायसराय ने कोई बात नहीं मानी। बिस्मिल ने अपनी आत्मकथा में लिखा है, 'यह जानते हुए कि अंग्रेज सरकार कुछ नहीं सुनेगी, मैंने सरकार को प्रार्थना पत्र क्यों लिखा?' आगे उन्होंने इसका जवाब भी दिया, 'मेरी समझ में हमेशा यही आया कि राजनीति शतरंज के खेल की तरह है। शतरंज खेलने वाले खिलाड़ियों को अच्छी तरह से मालूम होता है कि आवश्यकता पड़ने पर किस तरह से अपने मोहरें मरवा देने पड़ते हैं।'[41]

इसलिए इन क्रांतिकारियों ने गवर्नर को भेजे मेमोरियल में प्रतिज्ञा की थी कि वे भविष्य में क्रांतिकारी दल से कोई संबंध नहीं रखेंगे। अशफाकउल्ला खां ब्रिटिश राज से दया प्रार्थना करने पर रजामंद नहीं थे, लेकिन बिस्मिल के विशेष आग्रह पर उन्होंने दया प्रार्थना करनी स्वीकार की थी।[42]

जवाहरलाल नेहरू को भी नाभा में सशर्त रिहा किया गया था। कांग्रेस के दो अन्य नेता आचार्य ए.टी. गिडवानी और के. संतानम भी नेहरू के साथ थे। इन्हें नाभा में ब्रिटिश हुकूमत की इजाजत के बिना प्रवेश करने के कारण दो साल की जेल हुई। बाद में उन्हें इस शर्त पर रिहा किया गया था कि वे नाभा रियासत छोड़कर चले जाएंगे और बिना अनुमति के नहीं लौटेंगे। इसका उल्लंघन करने पर गिडवानी को फिर गिरफ्तार

किया गया और एक साल तक जेल में बंद रखा गया।[43]

राष्ट्रवादी विचारों का सम्मान

महात्मा गांधी भी उन नेताओं में शामिल थे, जो सावरकर के प्रति अनन्य श्रद्धा रखते रहे। हालांकि श्रद्धा का यह स्वरूप सावरकर के विचारों के प्रति निष्ठा से नहीं जुड़ा था; बल्कि सावरकर के देशभक्तिपूर्ण कार्यों के प्रति सम्मान था। रत्नागिरि में निर्वासित सावरकर से मिलने गांधी खुद गए। वह यात्रा राष्ट्र गौरव का भाव लिए थी। सहयात्री महादेव देसाई लिखते हैं, 'मालवण के सिंधु दुर्ग के दर्शन करते हुए बंबई तक जलयान से चला था... रास्ते में देवगढ़, विजय दुर्ग और अन्य छोटे-बड़े दुर्गों के दर्शन होते हैं तो शिवाजी की नौका सेना का स्मरण होता है। मराठा राज्य के संस्थापक और हिन्दू धर्म के रक्षक शिवाजी की स्मृति को कायम रखने के लिए मानो आज के जमाने में इसी प्रदेश में से रानाडे, तिलक, कर्वे और गोखले, चिपलूणकर, आप्टे, पटवर्धन और सावरकर उत्पन्न हुए हैं।'[44]

1 मार्च, 1927 को रत्नागिरि में गांधी ने सभा को संबोधित किया:

> 'आपने मुझे याद दिलाया कि यह लोकमान्य की जन्मभूमि है, इसलिए यह तो मेरे लिए, भारतवर्ष के सभी लोगों के लिए तीर्थभूमि है। रत्नागिरि में सावरकर भाई भी रहते हैं। उनमें से एक भाई को मैं अच्छी तरह जानता हूं। विलायत में मेरा उनसे गाढ़ा परिचय हुआ था और उनके साथ वार्तालाप हुआ था। इनका स्वार्थ त्याग उज्ज्वल है। इनकी मातृभूमि की सेवा बड़ी है। इनसे मिला जा सके तो अवश्य मिलूं, क्योंकि इन्हें तो बाहर जाने की इजाजत नहीं। इनसे मिलने वालों के लिए कोई प्रतिबंध है या नहीं, यह मैं नहीं जानता। हम दोनों के बीच मतभेद जबरदस्त हैं। इंग्लैंड में भी था और वह चला आ रहा है, क्योंकि हम दोनों (अपने मतों के बारे में) आग्रही हैं। परन्तु मतभेद कितने भी हों तो भी प्रेमभाव तो रखना ही चाहिए। यदि ऐसा न हो तो मुझे अपनी पत्नी का भी शत्रु बनना चाहिए। इस दुनिया में ऐसे दो व्यक्ति मैं नहीं जानता, जिनमें बिल्कुल मतभेद न हो। गीता का समदृष्टि उपदेश मानने वाला होने के कारण मैंने अपने जीवन में ऐसा प्रयत्न किया है कि जिसके साथ मतभेद हो, उसके साथ उतना ही स्नेह रखूं जितना अपने माता-पिता, भाई-बहन और पत्नी के साथ रखता हूं।'[45]

महादेव देसाई लिखते हैं:

'इस सभा में जाने से पहले गांधी अंडमान की तपस्या करके आए हुए भाई सावरकर के घर होकर आए थे। पांच-दस मिनट में बहुत बातें तो हो नहीं सकती थीं। अस्पृश्यता और शुद्धि के बारे में गांधीजी के विचारों का अखबारों में आने वाला विपरीत स्वरूप साफ करने का यहां उन्हें अवसर मिला। परंतु अधिक चर्चा के लिए उन्होंने भाई सावरकर को पत्र-व्यवहार करने का अनुरोध किया, 'सत्य को चाहने वाले, सत्य के लिए मृत्युपर्यंत लड़ने वाले की हैसियत से आपके लिए मुझे कितना आदर है, यह आप जानते हैं। अंत में हम दोनों का ध्येय तो एक ही है। इसलिए आप जिस-जिस मामले में मेरे साथ चर्चा करना चाहें, उस पर खूब-पत्र व्यवहार कीजिए और चाहें तो खादी, शुद्धि आदि के विषय में आपके साथ सफाई कर लेने के लिए मैं अपने व्यस्त समय में से दो-तीन दिन निकालकर रत्नागिरि में आपके साथ रहने को तैयार हूं।' श्री सावरकर ने यह कहकर कि 'आप मुक्त को मैं बंदी नहीं बनाना चाहता' पत्र-व्यवहार के सुझाव का स्वागत किया।[46]

महाराष्ट्र कांग्रेस के शीर्ष नेता (पूर्व मुख्यमंत्री और पूर्व उपप्रधानमंत्री) यशवंतराव चव्हाण ने अपने आत्मचरित्र 'कृष्णाकांठ' में कई पृष्ठों में सावरकर के प्रति अपनी श्रद्धा व्यक्त की है।[47] उन्होंने डॉ. हेडगेवार से मुलाकात और डॉ. हेडगेवार द्वारा प्रेरित किए जाने के प्रयत्नों का भी उल्लेख किया है।[48]

हेडगेवार और सावरकर

20 अक्टूबर, 1937 को बंबई में सावरकर और पटेल की मुलाकात हुई। इसके बाद 12 दिसंबर, 1937 को नागपुर शाखा में सावरकर ने कहा, 'संघ के हिंदू राष्ट्रवाद के महान लक्ष्य की पूर्ति से ही हिंदुस्तान का अभ्युदय संभव है। प्रत्येक हिंदू युवक को संघ की शाखा पर आकर शस्त्र और शास्त्र दोनों का प्रशिक्षण प्राप्त करना चाहिए।' सावरकर ने नागपुर, वर्धा, भंडारा, कानपुर, पूना, मद्रास, बंबई आदि स्थानों पर अनेक बार संघ के कार्यक्रमों में सम्मिलित होकर संघ कार्य को बढ़ावा दिया।[49] अकोला में 1937 में सावरकर की अध्यक्षता में प्रांतीय हिंदू महासभा का अधिवेशन हुआ। इसमें डॉ. हेडगेवार भी मौजूद थे।[50] यहां तक कि 1938 में नागपुर में हिंदू महासभा का अधिवेशन हुआ तो स्वयंसेवक काफी सक्रिय रहे। भाऊराव देवरस अधिवेशन के दौरान निकाली गई शोभायात्रा में भगवा झंडा लेकर सबसे आगे चल रहे थे।[51]

30 जुलाई, 1939 को संघ की पुणे शाखा में आयोजित गुरु पूर्णिमा उत्सव में सावरकर शामिल हुए। उन्होंने स्वयंसेवकों को संबोधित करते हुए ओजस्वी भाव व्यक्त किए, 'हिंदुत्व के अथाह सागर पर संकल्प-विकल्प, पक्ष-विपक्ष, जय-पराजय की

कितनी ही लहरें टकराईं; लेकिन सागर जैसा था, वैसा ही है। इस पर संघ के आद्य प्रणेता डॉ. हेडगेवार ने गौर किया और संघ की स्थापना की, इसके लिए मैं उनका हृदय से आभारी हूं। जिस तरह मनु की अंजुली में समाई हुई मछली बढ़ते-बढ़ते विशालकाय बनकर प्रलयकाल में मनु की नौका बचा सकी, उसी तरह डॉ. हेडगेवार द्वारा आरंभ किया गया संघ विराट रूप धारण करके राष्ट्र का उद्धार कर सकेगा, यह मेरा दृढ़ विश्वास है। ...भाषा और संस्कृति का भान ही वह कारण है, जिससे राष्ट्रीयता का भाव विकसित होता है। जिस तरह विश्व के नक्शे में जर्मनों के लिए जर्मनी, अंग्रेजों के लिए इंग्लैंड, इटालियनों के लिए इटली; उसी प्रकार हिंदुओं के लिए भारत है। हिंदुस्थान के राजनीतिक पक्ष के लोगों की धारणा चाहे जो भी हो, मेरा ठोस विचार है कि हिंदुस्थान हिंदुओं का ही है। इसी भावना को लेकर राष्ट्रीय स्वयंसेवक संघ कार्यरत है। उसका कार्य उत्तरोत्तर सफल हो और भारत की आकांक्षा फलित हो, यही सभी की कामना है।'[52]

सावरकर की संघ से निकटता बढ़ती गई। 1942 में वे और गुरुजी पटना में संघचालक कृष्णबल्लभ प्रसाद नारायण सिंह (बबुआजी) के घर ही ठहरे थे। गुरुजी के मन में सावरकर के प्रति इतना सम्मान था कि वे नमस्कार करने के लिए तब तक उनके कमरे के बाहर खड़े रहे, जब तक कि खुद सावरकर निकल नहीं आए।[53]

संदर्भ सूची

1. स्वातंत्र्यवीर सावरकर 125वीं जयंती वर्ष पूर्ति स्मरणिका, खंड 1, श्री बड़ाबाजार कुमार सभा पुस्तकालय, कोलकाता, 2009, पृष्ठ 13
2. गंगाधर गाडगिलः दुर्दम्य, भारतीय ज्ञानपीठ, नई दिल्ली, 2003, पृष्ठ 558-559
3. डॉ. पुरुषोत्तम दामोदर चंद्रात्रेः कथाएं क्रांतिवीर की, राजधानी ग्रंथागार, दिल्ली, 1994, पृष्ठ 39
4. मन्मथनाथ गुप्तः भारतीय क्रांतिकारी आंदोलन का इतिहास, आत्माराम एंड संस, दिल्ली, 2011, पृष्ठ 39
5. वही, पृष्ठ 40
6. open.ac.uk/ नेहरू म्यूजियम लाइब्रेरी, नई दिल्ली
7. स्वातंत्र्यवीर सावरकर 125वीं जयंती वर्ष पूर्ति स्मरणिका, खंड 1, श्री बड़ाबाजार कुमार सभा पुस्तकालय, कोलकाता, 2009, पृष्ठ 14
8. बालाराव सावरकरः कथाएं क्रांतिवीर की, राजधानी ग्रंथागार, दिल्ली, 1994, पृष्ठ 25-26
9. धनंजय कीरः स्वातंत्र्यवीर सावरकर, श्री बड़ा बाजार कुमारसभा पुस्तकालय, कोलकाता, 2009, पृष्ठ 23-25
10. बालाराव सावरकरः कथाएं क्रांतिवीर की, राजधानी ग्रंथागार, दिल्ली, 1994, पृष्ठ 26
11. फाइल सं. 68-160 पॉलिटिकल (ए), फरवरी, 1915, गृह विभाग, भारत सरकार
12. द.न. गोखलेः कथाएं क्रांतिवीर की, राजधानी ग्रंथागार, दिल्ली, 1994, पृष्ठ 10
13. भालजी पेंढारकरः कथाएं क्रांतिवीर की, राजधानी ग्रंथागार, दिल्ली, 1994, पृष्ठ 138
14. स्वातंत्र्यवीर सावरकर 125वीं जयंती वर्ष पूर्ति स्मरणिका, खंड 2, श्री बड़ाबाजार कुमार सभा पुस्तकालय, कोलकाता, 2009, पृष्ठ 33
15. भाऊराव देवरसः प्रेरणा पुरुष भाऊराव, दीनदयाल शोध संस्थान, नई दिल्ली, 1993, पृष्ठ 300-301
16. बालासाहब देवरसः कथाएं क्रांतिवीर की, राजधानी ग्रंथागार, दिल्ली, 1994, पृष्ठ 160-161
17. बायोग्राफी ऑफ बाबाराव सावरकर, https://savarkar.org/ वेबसाइट, पृष्ठ 88
18. भालजी पेंढारकरः कथाएं क्रांतिवीर की, राजधानी ग्रंथागार, दिल्ली, 1994, पृष्ठ 138

19. भास्कर काशीनाथ लिमये: कथाएं क्रांतिवीर की, राजधानी ग्रंथागार, दिल्ली, 1994, पृष्ठ 50
20. यशपाल: सिंहावलोकन, लोकभारती प्रकाशन, इलाहाबाद, 2007, पृष्ठ 227
21. वही, पृष्ठ 229
22. रामभाऊ जामगड़े: डॉ. हेडगेवार प्रेरक जीवन प्रसंग, लोकहित प्रकाशन, लखनऊ, 1988, पृष्ठ 152–153
23. ना.व्यं. दामले: कथाएं क्रांतिवीर की, राजधानी ग्रंथागार, दिल्ली, 1994, पृष्ठ 53
24. पु.के. चितले: राष्ट्रसाधना, खंड 2, साप्ताहिक विवेक, मुंबई, 2001, पृष्ठ 105
25. बायोग्राफी ऑफ बाबाराव सावरकर, https://savarkar.org/ वेबसाइट, पृष्ठ 89
26. ना.ह. पालकर: डॉ. हेडगेवार चरित, लोकहित प्रकाशन, लखनऊ, 2004, पृष्ठ 280
27. ना.व्यं. दामले: कथाएं क्रांतिवीर की, राजधानी ग्रंथागार, दिल्ली, 1994, पृष्ठ 55
28. वही, पृष्ठ 8
29. पु.के. चितले: राष्ट्रसाधना, खंड 2, साप्ताहिक विवेक, मुंबई, 2001, पृष्ठ 105
30. वही
31. भैया जी दाणी: डॉ. हेडगेवार प्रेरक जीवन प्रसंग, लोकहित प्रकाशन, लखनऊ, 1998, पृष्ठ 70
32. बायोग्राफी ऑफ बाबाराव सावरकर, https://savarkar.org/ वेबसाइट, पृष्ठ 89
33. जवाहरलाल नेहरू: मेरी कहानी, सस्ता साहित्य मंडल, नई दिल्ली, 2012, पृष्ठ 312
34. यशपाल: सिंहावलोकन, लोकभारती प्रकाशन, दिल्ली, 2017, पृष्ठ 396–397
35. ना.ह. पालकर: डॉ. हेडगेवार चरित, लोकहित प्रकाशन, लखनऊ, 2020, पृष्ठ 245
36. हमारे बालासाहब देवरस, संपादक–रामबहादुर राय और राजीव गुप्ता, प्रभात प्रकाशन, दिल्ली, 2017, पृष्ठ 346
37. बायोग्राफी ऑफ बाबाराव सावरकर, https://savarkar.org/ वेबसाइट, पृष्ठ 90
38. मनोहर मलगांवकर: दी मेन हु किल्ड गांधी, रोली बुक्स, नई दिल्ली, 2008, पृष्ठ 58
39. जी.एम. नलावड़े: कथाएं क्रांतिवीर की, राजधानी ग्रंथागार, नई दिल्ली, 1994, पृष्ठ 79–80
40. शचींद्रनाथ सान्याल: बंदी जीवन, आत्माराम एंड संस, दिल्ली, 2012, पृष्ठ 233
41. रामप्रसाद बिस्मिल: आत्मकथा, साक्षी प्रकाशन, दिल्ली, 2015, पृष्ठ 118–119

42. वही, पृष्ठ 122
43. जवाहरलाल नेहरूः मेरी कहानी, सस्ता साहित्य मंडल, नई दिल्ली, 2002, पृष्ठ 147
44. महादेवभाई की डायरी, खंड 8; जनवरी 1927 से जून 1927, पृष्ठ संख्या 130
45. वही, पृष्ठ 134
46. वही, पृष्ठ 138
47. यशवंतराव चव्हाणः कृष्णाकांठ, रोहन प्रकाशन, 2012, पृष्ठ 81-87
48. वही, पृष्ठ 215
49. स्वातंत्र्यवीर सावरकर 125वीं जयंती वर्ष पूर्ति स्मरणिका, खंड 2, श्री बड़ा बाजार कुमारसभा पुस्तकालय, कोलकाता, 2009, पृष्ठ 34
50. वचनेश त्रिपाठीः डॉ. हेडगेवार प्रेरक जीवन प्रसंग, लोकहित प्रकाशन, लखनऊ, पृष्ठ 136-137
51. भाऊराव देवरसः आत्मकथ्य/ प्रेरणा पुरुष भाऊराव, संपादक- देवेंद्र स्वरूप, दीनदयाल शोध संस्थान, नई दिल्ली 1993, पृष्ठ 281-285
52. सावरकर समग्र, खंड 9, स्वातंत्र्य वीर दामोदर सावरकर, प्रभात प्रकाशन, दिल्ली, पृष्ठ 334-335
53. बबुआजीः श्रीगुरुजी समग्र, खंड 12, सुरुचि प्रकाशन, नई दिल्ली, युगाब्द 5106, पृष्ठ 74

सविनय अवज्ञा आंदोलन का समर्थन

डॉ. केशव बलिराम हेडगेवार के लिए राष्ट्र सर्वोपरि था और राष्ट्रहित में कार्य करने वाले प्रत्येक व्यक्ति को वे सहयोगी के रूप में देखते थे, चाहे वह किसी भी संगठन से जुड़ा हो। कांग्रेस और हिंदू महासभा के नेताओं से उनका गहरा संपर्क बना रहा। इनके कई प्रमुख नेता संघ के विशिष्ट कार्यक्रमों में शामिल होते रहे। स्वतंत्रता आंदोलन को लेकर कांग्रेस की नीतियों से गहरे मतभेद होने के बावजूद राष्ट्रीयता से जुड़े विषयों पर डॉ. हेडगेवार ने खुलकर समर्थन किया। 1929 में कांग्रेस के लाहौर अधिवेशन में 'पूर्ण स्वराज्य' के लक्ष्य की घोषणा करते हुए प्रस्ताव पारित हुआ। कांग्रेस कार्यसमिति ने 26 जनवरी, 1930 को स्वतंत्रता दिवस मनाने का आह्वान किया। डॉ. हेडगेवार ने इस निर्णय की सार्वजनिक रूप से प्रशंसा की। उन्होंने सभी संघ शाखाओं को पत्र भेजकर निर्धारित तिथि को स्वतंत्रता दिवस मनाने का निर्देश दिया। उन्होंने लिखाः

> 'इस वर्ष कांग्रेस ने 'स्वातंत्र्य' अपना ध्येय निश्चित किया है और रविवार दिनांक 26-1-30 यह दिन संपूर्ण हिंदुस्तान में 'स्वातंत्र्य दिवस' के रूप में मनाया जाए, ऐसा कांग्रेस की कार्यसमिति ने घोषित किया है। अखिल भारतीय राष्ट्रीय सभा (कांग्रेस) अपने स्वातंत्र्य ध्येय तक आ पहुंची है, यह जानकर हमारा आनंदित होना स्वाभाविक ही है और इस ध्येय को सामने रखकर काम करने वाली किसी भी संस्था को सहयोग देना हमारा कर्तव्य ही है। इसीलिए राष्ट्रीय स्वयंसेवक संघ की सभी शाखाएं रविवार दिनांक 26-1-30 को सायंकाल ठीक 6 बजे अपने संघ स्थान पर अपनी-अपनी शाखाओं के सभी स्वयंसेवकों की सभा लेकर राष्ट्रीय

> ध्वज अर्थात भगवा ध्वज* का वंदन करें। भाषण के रूप में सभी को स्वातंत्र्य का सही अर्थ और सही ध्येय प्रत्येक को अपने सामने किस प्रकार से रखना चाहिए, यह व्याख्या सहित स्पष्ट करें तथा कांग्रेस ने स्वातंत्र्य का ध्येय निश्चित किया है, इसलिए उसका अभिनंदन कर समारंभ करें और समारंभ का वृत्त (रिपोर्ट) हमारे पास भेजें।'[1]

इस निर्देश का पालन करते हुए 26 जनवरी, 1930 को संघ की सभी शाखाओं पर शाम 6 बजे स्वतंत्रता दिवस मनाया गया।[2]

साबरमती से निकला संत

राष्ट्रीयता के विषयों पर संघ के सहयोग का ऐसा ही स्वरूप सामने आया, जब महात्मा गांधी के आह्वान पर नमक सत्याग्रह के साथ सविनय अवज्ञा का आंदोलन शुरू हुआ। हालांकि संघ ने संगठन के रूप में इस आंदोलन में भाग नहीं लिया, लेकिन डॉ. हेडगेवार सहित अनेक प्रमुख कार्यकर्ता और बड़ी संख्या में स्वयंसेवक स्वतंत्रता के लिए आंदोलन करते हुए जेल गए। सविनय अवज्ञा आंदोलन गांधी ने 1930 में शुरू किया और जनता से आह्वान किया कि वह बिना अहिंसक हुए, सम्मान और विनय के साथ ब्रिटिश हुकूमत द्वारा लागू किए गए अनैतिक कानूनों को मानने से इनकार कर दे। ब्रिटिशों द्वारा नमक उत्पादन पर लगाए गए प्रतिबंधों और कर के खिलाफ शुरू हुआ नमक सत्याग्रह इस नए आंदोलन की आधारशिला बना।

इसके पीछे भी एक कहानी थी। 1885 में नमक आयोग (साल्ट कमिशन) ने भारतीय नमक उत्पादन पर कर लगाने की सिफारिश की, जिससे ब्रिटिश हुकूमत भारतीय लोगों को महंगी दरों पर नमक बेच सके। इसके बाद एक कानून बनाकर ब्रिटिश हुकूमत ने नमक उत्पादन पर एकाधिकार स्थापित किया। इसके तहत हुकूमत की अनुमति के बिना नमक का उत्पादन करने वालों के लिए कड़े दंड और भारी जुर्माने का प्रावधान कर दिया गया। अनेक भारतीय राजनेताओं ने इस कानून के खिलाफ आवाज उठाई, जिनमें गोपालकृष्ण गोखले की भूमिका सबसे महत्वपूर्ण रही। गोखले के प्रयासों से नमक पर लगने वाला कर 1903 से 1907 के बीच तीन बार घटाया गया,

---

*कांग्रेस द्वारा स्वतंत्रता दिवस की घोषणा के अगले वर्ष अप्रेल, 1931 में कांग्रेस कार्यसमिति ने 'राष्ट्रीय ध्वज समिति' गठित की। बी. पट्टाभि सीतारामैय्या के संयोजकत्व में गठित इस समिति में जवाहरलाल नेहरू, सरदार पटेल, मौलाना अबुल कलाम आजाद, दत्तात्रेय बालकृष्ण (काका) कालेलकर, नारायण सुब्बाराव हर्डीकर और तारा सिंह शामिल थे। समिति ने अपनी रिपोर्ट में कहा, 'हमें लगता है कि झंडा विशिष्ट, कलात्मक, आयताकार और असांप्रदायिक होना चाहिए। इस राय पर सर्वसम्मति है कि हमारा राष्ट्रीय ध्वज एक रंग का होना चाहिए... अगर कोई रंग है जो भारतीयों को समग्र रूप से अधिक स्वीकार्य है, जो अन्य रंगों से अधिक विशिष्ट भी है, जो इस प्राचीन देश की सुदीर्घ परंपरा से जुड़ा हुआ है, तो वह केसरिया या भगवा रंग है।' (राष्ट्रीय ध्वज समिति की रिपोर्ट, जुलाई, 1931, पृष्ठ 6)

लेकिन विश्वयुद्ध के बाद के वर्षों में हुकूमत ने इसे लगातार बढ़ाकर पुरानी स्थिति में पहुंचा दिया।[3] ब्रिटिश हुकूमत प्रतिवर्ष 6 लाख टन नमक भारत में बेचती थी, जिससे 2 करोड़ डॉलर तक का राजस्व मिलता था। कई बार नमक की कीमत उसकी लागत से 20 गुना तक अधिक होती थी।[4]

इसलिए गांधी ने इस कानून को भंग करने का फैसला किया और अपने सहयोगियों को तैयार किया। लेकिन गांधी के समकालीन अन्य नेताओं को ऐसा लगा कि नमक कानून भंग करना राष्ट्रीय महत्व का मुद्दा नहीं है और इससे स्वराज्य पाने में कोई सहायता नहीं मिलेगी। मोतीलाल नेहरू गांधी से लगभग नाराज हो गए। उनका मानना था कि यह गांधी के शौकिया प्रयोगों का हिस्सा है और इससे किसी का फायदा नहीं होगा।[5] ऐसी स्थिति में डॉ. हेडगेवार का समर्थन में आगे आना राष्ट्रीय भावना का खुला प्रदर्शन था।

ब्रिटिश राज द्वारा लागू किए गए नमक उत्पादन संबंधी कानूनों का प्रतिकार करने के लिए गांधी ने पदयात्रा की योजना बनाई। 220 मील लंबी इस यात्रा के लिए गांधी ने 79 सत्याग्रहियों को चुना। इसमें गांधी सहित 81 लोग शामिल हुए थे। बाद में कलकत्ता के खड्गबहादुर सिंह गिरी और महाराष्ट्र के सतीश केलकर भी आंदोलन में शामिल हो गए। आंदोलन में सबसे ज्यादा 32 सत्याग्रही गुजरात से आए। महाराष्ट्र से 13, संयुक्त प्रांत से 8, कच्छ से 6, केरल से 4, पंजाब से 3, राजपूताना से 3, बंबई से 2 और सिंध, नेपाल, तमिलनाडु, आंध्र, उत्कल, कर्नाटक, बिहार तथा बंगाल से एक-एक सत्याग्रही ने हिस्सा लिया।[6] ये सभी सत्याग्रही 12 मार्च, 1930 को साबरमती आश्रम से चलकर 24 दिन में 241 मील का लंबा सफर तय करते हुए समुद्र किनारे दांडी पहुंचे और 6 अप्रेल, 1930 की सुबह गांधी के नेतृत्व में समुद्र तट पर नमक एकत्र करके सत्याग्रह किया।[7] इसके साथ ही पूरे देश में सत्याग्रह आंदोलन ने गति पकड़ ली। ब्रिटिश राज ने सत्याग्रहियों को गिरफ्तार करना शुरू कर दिया। गांधी से मिली प्रेरणा ने जनता में आत्मविश्वास और साहस का संचार किया और लोग स्वेच्छा से गिरफ्तारी देने लगे। 5 मई को गांधी को भी गिरफ्तार कर लिया गया।

जंगल सत्याग्रह

डॉ. हेडगेवार ने नमक सत्याग्रह की सार्वजनिक रूप से प्रशंसा की और लोगों को इसमें शामिल होने के लिए प्रेरित किया। हालांकि नमक उत्पादन के लिए अनुकूल भौगोलिक स्थिति नहीं होने के कारण उस क्षेत्र में नमक का सत्याग्रह नहीं हो सकता था। इसके बावजूद कहीं-कहीं खारे पानी के कुएं से नमक बनाने के प्रयोग हुए।[8]

अकोला में 9 अप्रेल, 1930 को नमक कानून तोड़ा गया।[9] डॉ. हेडगेवार मानते थे कि आंदोलन में हिस्सा लेकर जेल जाने वाले कार्यकर्ताओं को राष्ट्रीय भावनाओं के प्रदर्शन के साथ ही संघ के विचारों का प्रसार करने का अच्छा अवसर मिलेगा। उस दौरान ब्रिटिश राज की ओर से भी अधिक व्यवधान नहीं था। हिंगणघाट स्टेशन की लूट से जुड़े लोगों की गिरफ्तारियां हो जाने के बाद ब्रिटिश गुप्तचर विभाग ने संघ की गतिविधियों पर नजर रखना कम कर दिया था। इससे संघ का काम बढ़ाने में और आसानी हो गई। संघ शिक्षा वर्ग के दौरान अप्पाजी जोशी ने एकाधिक बार सत्याग्रह में शामिल होने की इच्छा प्रकट की। डॉ. हेडगेवार इसके लिए तैयार नहीं हुए क्योंकि अप्पाजी का स्वास्थ्य ठीक नहीं रहता था। अप्पाजी ने ज्यादा आग्रह किया तो डॉ. हेडगेवार ने कहा कि वे भी सत्याग्रह करेंगे। अप्पाजी को लगा कि डॉ. हेडगेवार नाराजगी के कारण ऐसा कह रहे हैं, लेकिन डॉ. हेडगेवार ने स्वयंसेवकों के सामने सत्याग्रह की बात करना पहले शुरू कर दिया था। शिक्षा वर्ग पूरा होने पर कई स्वयंसेवकों ने डॉ. हेडगेवार से सत्याग्रह में जाने की अनुमति मांगी थी; डॉ. हेडगेवार भी चाहते थे कि ज्यादा से ज्यादा स्वयंसेवक आंदोलन में भागीदारी निभाएं। लेकिन संघ के कार्यों के लिए वे कुछ युवाओं को जेल से बाहर भी रखना चाहते थे। सत्याग्रह में जाने का इच्छुक स्वयंसेवक जब डॉ. हेडगेवार से आज्ञा लेने आता तो वे उससे उसकी तैयारियों के संबंध में पूछते। आमतौर पर स्वयंसेवक 'छह माह की' ही बोलते थे। डॉ. हेडगेवार पूछते कि छह माह के बजाए दो वर्ष की जेल हो गई तो... उनके इस सवाल पर स्वयंसेवक बोलते कि उसे भी स्वीकार करेंगे। संगठन कार्य करने के लिए कुछ स्वयंसेवकों ने रुकना पसंद किया; ज्यादातर को उन्होंने सत्याग्रह में भेज दिया। वे स्वयंसेवकों से यही कहते थे कि भावुकता में बहकर आंदोलन में हिस्सा नहीं लें।[10]

नमक सत्याग्रह के प्रति स्थानीय जनता का अधिक उत्साह नहीं दिखने के कारण विरोध के नए तरीकों पर विचार किया जाने लगा। उस दौरान डॉ. हेडगेवार ने विचार प्रकट किया कि सविनय अवज्ञा का अर्थ किसी न किसी रूप में ब्रिटिश कानूनों का विरोध करना है और अलग-अलग क्षेत्रों में विभिन्न विषयों को लेकर आंदोलन किया जा सकता है। इस सोच के साथ मध्य प्रांत में नया आंदोलन आकार लेने लगा, जिसे जंगल सत्याग्रह कहा गया। जंगल को लेकर बनाए गए कानून उस क्षेत्र में काफी विरोध का मुद्दा बने हुए थे। ब्रिटिश राज ने 1917 में चारागाह भूमि को संरक्षित वन घोषित करके वन विभाग को सौंप दिया था। इससे वहां के लोग आक्रोशित थे। उसी समय से लोकमान्य तिलक के खास अनुयायी माधव श्रीहरि अणे ने जन आंदोलन चलाया हुआ था। उन्होंने इस संबंध में ब्रिटिश राज को कई पत्र भी लिखे। उनका मानना था, 'वनों

का संरक्षण करने का ध्येय सिर्फ सरकारी खजाना भरना नहीं होना चाहिए। इसका मुख्य लक्ष्य किसानों की जरूरतों की पूर्ति होना चाहिए। गाय-बैल को भरपेट भूसा मिलना चाहिए। भोजन पकाने के लिए लकड़ी भी सस्ती दर पर मिलनी चाहिए। इसके बाद शेष पैदावार सरकार के लेने पर हमें आपत्ति नहीं है।' लेकिन ब्रिटिश राज पर इन आग्रहों का कोई असर नहीं पड़ा।[11]

सविनय अवज्ञा आंदोलन की शुरुआत होने पर जंगल कानूनों के विरोध में नए सिरे से व्यापक जन आंदोलन चलाने की योजना बनी। इसमें डॉ. हेडगेवार और डॉ. मुंजे प्रमुख भूमिका में आए। उन्होंने अणे के साथ मिलकर विदर्भ क्षेत्र में 'जंगल सत्याग्रह' चलाने का निर्णय किया। डॉ. हेडगेवार ने निर्देश दिया कि स्वयंसेवक व्यक्तिगत स्तर पर संघचालक की अनुमति से सत्याग्रह में शामिल होंगे। उन्होंने स्वयं भी सत्याग्रह में शामिल होने से पहले सरसंघचालक का पद छोड़ने का फैसला किया। इस दायित्व के लिए उन्होंने डॉ. लक्ष्मण वासुदेव परांजपे को चुना। बाबासाहब आपटे और बापूराव भेदी को नागपुर से जुड़ी जिम्मेदारी सौंप दी।

स्वयंसेवकों से सत्याग्रह का आह्वान

12 जुलाई, 1930 को नागपुर में गुरुदक्षिणा का कार्यक्रम था। कार्यक्रम की अध्यक्षता डॉ. परांजपे कर रहे थे। उन्होंने स्वयंसेवकों को सूचना दी कि डॉ. हेडगेवार जंगल सत्याग्रह में भाग लेने जा रहे हैं और सभी इच्छुक स्वयंसेवक व्यक्तिगत रूप से सत्याग्रह में जुड़ सकते हैं। इसके बाद डॉ. हेडगेवार को बोलने के लिए आमंत्रित किया गया। उन्होंने कहा:

> 'धन्यवाद देकर बैठने के बाद मैं संघ का सरसंघचालक नहीं रहूंगा। डॉ. परांजपे ने सरसंघचालक का दायित्व स्वीकार किया, इसके लिए संघ की ओर से हम उनका हार्दिक धन्यवाद करते हैं। हम लोग जो इस आंदोलन में भाग ले रहे हैं, सब अपने व्यक्तिगत स्तर पर ऐसा कर रहे हैं। संघ की विचारधारा एवं कार्यपद्धति में किसी भी प्रकार का परिवर्तन नहीं हुआ है, न ही हमारी उस पर से श्रद्धा डिगी है। देश में जितने भी आंदोलन चलें, उन्हें समझकर उनका उपयोग अपने कार्य के लिए करना देश की स्वतंत्रता प्राप्ति के ध्येय में कार्यरत किसी भी संस्था का कर्तव्य है। वर्तमान में जेल जाना देशभक्ति का पर्याय बन गया है। यह आश्चर्यजनक है कि लोग दो साल तक जेल में रहने को तो तैयार हैं, लेकिन जब उनसे इतने ही समय के लिए बिना परिवार की चिंता किए

आजादी की मशाल थामने को कहा जाता है तो वे तैयार नहीं होते। लोग समझते हैं कि आजादी सिर्फ साल-छह माह कार्य करने से मिल जाएगी। लोग इस हकीकत को समझने को तैयार ही नहीं हैं कि कई वर्षों तक लगातार संगठित कार्य करने से ही आजादी मिल सकती है। मरने के बजाए जीवित रहकर संगठित रूप से कार्य करने से ही आजादी की कल्पना की जा सकती है। संघ का मुख्य लक्ष्य युवाओं में यह भावना पैदा करना ही है।'[12]

14 जुलाई को डॉ. हेडगेवार अपने सहयोगियों के साथ नागपुर से रवाना हुए। स्टेशन पर उन्हें विदाई देने डॉ. परांजपे, ढबले और गोविंदराव देशमुख सहित सैकड़ों लोग पहुंचे। इस दौरान डॉ. हेडगेवार ने कहा:

'कोई भी इस गलतफहमी में नहीं रहे कि इस आंदोलन से आजादी मिल जाएगी। यह तो शुरुआत भर है। आप सभी इस आंदोलन में अपना सर्वस्व न्योछावर करने की तैयारी शुरू कर लीजिए, पता नहीं देश को कब आपकी जरूरत आ पड़े। हम सभी इस उम्मीद के साथ आंदोलन में भाग ले रहे हैं कि इससे आजादी का मार्ग प्रशस्त होगा।'[13]

डॉ. हेडगेवार उस दिन वर्धा पहुंचे। 15 जुलाई को उनका श्रीराम मंदिर में भव्य स्वागत हुआ और स्टेशन तक शोभा यात्रा निकाली गई। डॉ. हेडगेवार के साथ अप्पाजी जोशी, 'महाराष्ट्र' के संपादक बालासाहब ढबले, दादाराव परमार्थ, विट्ठलराव देव, भय्याजी कुंबलवार, नारायणराव देशपांडे, त्र्यंबकराव देशपांडे थे। वे सभी पुलगांव, धामड़गांव होते हुए 16 जुलाई को पुसद पहुंच गए। पुसद में अणे सत्याग्रह का बिगुल बजा चुके थे, इसलिए यह सोचा गया कि यवतमाल में भी सत्याग्रह की शुरुआत किसी प्रसिद्ध व्यक्ति से होनी चाहिए। तब यह तय हुआ कि डॉ. हेडगेवार यवतमाल में सत्याग्रह करेंगे। 17 जुलाई को डॉ. हेडगेवार ने यवतमाल में एक बड़ी सभा को संबोधित किया। इस सभा में 21 जुलाई को यवतमाल में सत्याग्रह करने की घोषणा की गई। उस समय तक अणे को गिरफ्तार किया जा चुका था। डॉ. हेडगेवार ने जेल में अणे से मुलाकात करके सत्याग्रह के संबंध में चर्चा की।

18 जुलाई को पुसद में शाम को एक सभा आयोजित की गई। सभा के अध्यक्ष कानडे शास्त्री ने डॉ. हेडगेवार की काफी प्रशंसा की और उन्हें सच्चा देशप्रेमी बताया। अप्पाजी जोशी और दादाराव परमार्थ के बाद डॉ. हेडगेवार ने भाषण दिया:

'आजादी के लिए यदि मुझे ब्रिटिश राज के जूते पॉलिश करने पड़े तो भी करूंगा। यदि जूता निकालकर ब्रिटिश राज के सिर पर भी मारना पड़ा तो भी नहीं चूकूंगा। आजादी पाने के लिए मैं किसी भी काम को छोटा नहीं समझूंगा। इससे बढ़कर मेरे लिए अन्य कोई कार्य नहीं है।'[14]

इसके बाद पुसद से सभी लोग 'जंगल सत्याग्रह' के लिए यवतमाल गए। वहां 21 जुलाई को सुबह 6:30 बजे सत्याग्रह में हिस्सा लेने वाले दल की भव्य रैली निकाली गई, जो विभिन्न मार्गों से होती हुई नागपुर भवन के मैदान में पहुंची। वहां ध्वज पूजन करने के बाद सभी सत्याग्रहियों को घास काटने के लिए दरांती दी गई। नेतृत्व कर रहे डॉ. हेडगेवार को चांदी की दरांती दी गई। रैली में करीब तीन-चार हजार लोग थे, इसका समापन रुईमंडी में हुआ। वहां से सत्याग्रही पैदल, साइकिल, बैलगाड़ी, मोटर जैसे अनेक साधनों से संरक्षित वन क्षेत्र में तय स्थान पर पहुंच गए। यवतमाल से यह स्थान छह मील दूर लोहारा वन में धामड़ गांव मार्ग के पास था। उस दौरान पहले से ही सत्याग्रह के समय, जगह और तारीख की सूचना सरकार को दी जाती थी। ऐसे में वहां वन अधिकारियों के साथ पुलिस भी मौजूद थी। सत्याग्रह देखने के लिए करीब 10 हजार लोग पहुंचे थे। डॉ. हेडगेवार भी सुबह नौ बजे अपने दल के साथ वहां पहुंचे। वन्य अफसरों ने उनसे घास काटने का अनुमति-पत्र मांगा। पत्र नहीं दिखाने पर उन्हें घास काटने से रोका गया, लेकिन सभी ने घास काटना शुरू कर दिया। फिर पुलिस अधिकारी ने सभी को गिरफ्तार करने का आदेश दिया। सभी को स्थानीय पुलिस चौकी ले जाया गया। यवतमाल की जेल में उसी दिन शाम को इन सभी लोगों का मुकदमा न्यायाधीश भरूचा के समक्ष आया। डॉ. हेडगेवार को धारा 117 के तहत छह माह सश्रम और धारा 379 के तहत तीन माह की सश्रम जेल की सजा सुनाई। 11 अन्य कार्यकर्ताओं को चार माह की सश्रम जेल की सजा दी गई। शाम को सभी सत्याग्रहियों को रेल से अकोला जेल भेजा गया। प्रत्येक स्टेशन पर सत्याग्रहियों को देखने के लिए जनसमूह उमड़ पड़ा था। रेल दारह्वा स्टेशन पर पहुंची। यह यवतमाल-मूर्तिजापुर रेललाइन पर बड़ा स्टेशन है। वहां डॉ. हेडगेवार ने मंच से करीब 20 मिनट भाषण दिया। फिर वे अपने दल के साथ डिब्बे में आ गए, जहां लोगों ने फल और मिठाई की टोकरियां रख दीं। रेल के रवाना होने तक सभी 'वंदे मातरम्' के नारे लगाने लगे। जगह-जगह उनके स्वागत से एक नौजवान पुलिस अफसर चिढ़ गया। इसलिए दारह्वा स्टेशन निकलने के बाद उसने बुजुर्ग सिपाही रामसिंह से डॉ. हेडगेवार को हथकड़ी पहनाने को कहा। इससे डॉ. हेडगेवार क्रोधित हो गए और उन्होंने हथकड़ी पहनने से मना कर दिया। विवाद इतना बढ़ गया कि डॉ. हेडगेवार ने पुलिस अफसर को रेल से

बाहर फेंकने की धमकी दे डाली। बाद में अन्य सिपाहियों के समझाने के बाद नौजवान पुलिस अफसर ने हथकड़ी पहनाने का विचार त्याग दिया। गाड़ी रात 10 बजे मूर्तिजापुर पहुंची, वहां से दूसरी गाड़ी में सभी को अकोला ले जाया गया। स्टेशन पर मौजूद सरकारी मोटर से रात में ही सभी को जेल भेज दिया गया, जहां उस रात उन्हें एक ही कोठरी में रखा गया। डॉ. हेडगेवार की दूसरी जेल यात्रा शुरू हो गई।[15]

सत्याग्रह आंदोलन में डॉ. हेडगेवार की सिद्धता ने स्वयंसेवकों पर व्यापक असर डाला। उस समय आंदोलन में एक के बाद एक सत्याग्रहियों के जत्थे सत्याग्रह करने जाते थे। इन घटनाओं ने एक किशोर स्वयंसेवक पर काफी प्रभाव डाला, वे थे मुरलीधर दत्तात्रेय देवरस (भाऊराव)। उनके बड़े भाई मधुकर दत्तात्रेय देवरस (बाला साहब) पहले से संघ में सक्रिय थे। डॉ. हेडगेवार की गिरफ्तारी के समाचार से भाऊराव के विद्यालय में भी हड़ताल हुई। कुछ महीनों के लिए विद्यालय बंद हो गया। 9 महीनों के बाद डॉ. हेडगेवार अकोला जेल से रिहा हुए तो उनके स्वागत में नागपुर स्टेशन पर पहुंचे स्वयंसेवकों में एक ओर गणवेशधारी स्वयंसेवक भाऊराव उपस्थित थे। भाऊराव के शब्दों में, 'जेल से छूटने के बाद डॉ. हेडगेवार एक देशभक्त और देश को स्वतंत्र करने के आंदोलन में भाग लेने वाले प्रमुख व्यक्ति के रूप में समाज के सामने आए। महात्मा गांधी के संपूर्ण अहिंसात्मक आंदोलन और हिंदू-मुस्लिम ऐक्य के विषय में मतभेद होने तथा केवल जेल जाने से स्वतंत्रता की संभावना नहीं होने पर भी डॉ. हेडगेवार का प्रभावशाली व्यक्तित्व प्रकट हुआ।'[16]

संदर्भ सूची

1. डॉ. हेडगेवार पत्ररूप व्यक्ति दर्शन, अर्चना प्रकाशन, इंदौर, 1989, पृष्ठ 18
2. हमारे बालासाहब देवरस, संपादक–रामबहादुर राय और राजीव गुप्ता, प्रभात प्रकाशन, दिल्ली, 2017, पृष्ठ 133
3. थॉमस वेबर: ऑन द सॉल्ट मार्च, रूपा पब्लिकेशंस, नई दिल्ली, 2009, पृष्ठ 91
4. वही, पृष्ठ 96
5. वही, पृष्ठ 94
6. वही, पृष्ठ 550–555
7. संपूर्ण गांधी वांगमय, खंड 43, सूचना और प्रसारण मंत्रालय, भारत सरकार, 1971, पृष्ठ 486
8. दादा धर्माधिकारी: समग्र सर्वोदय दर्शन, सर्व सेवा संघ प्रकाशन, वाराणसी, 2003, पृष्ठ 78
9. ना.ह. पालकर: डॉ. हेडगेवार चरित, लोकहित प्रकाशन, लखनऊ, 2020, पृष्ठ 218
10. वही, पृष्ठ 217–218
11. वही, पृष्ठ 219
12. वही, पृष्ठ 219– 220
13. वही, पृष्ठ 221
14. वही, पृष्ठ 223
15. वही, पृष्ठ 224–226
16. भाऊराव देवरस: आत्मकथ्य, प्रेरणा पुरुष भाऊराव, संपादक–देवेंद्र स्वरूप, दीनदयाल शोध संस्थान, नई दिल्ली, 1993, पृष्ठ 283

गांधी–नेहरू और संघ

दिसम्बर, 1927 के मद्रास कांग्रेस अधिवेशन में जवाहरलाल नेहरू के सुझाव पर पूर्ण स्वतंत्रता का प्रस्ताव पारित हुआ। शीघ्र स्वतंत्रता के लिए 'रिपब्लिकन कांग्रेस' का गठन किया गया। 28 दिसंबर, 1927 को मद्रास में रिपब्लिकन कांग्रेस का पहला अधिवेशन हुआ। इसकी अध्यक्षता नेहरू ने की।[1] पूर्ण स्वतंत्रता की मांग से जुड़ा नेहरू का यह कदम गांधी को पसंद नहीं आया। अन्य कुछ प्रस्तावों पर भी उन्हें आपत्ति थी। 4 जनवरी, 1928 को उन्होंने नेहरू को पत्र में लिखा:

> 'तुम बहुत ही तेज चाल से चल रहे हो। तुम्हें सोचने-विचारने और परिस्थिति के अनुकूल बनने के लिए कुछ समय लेना चाहिए था। तुमने जो प्रस्ताव तैयार किए और पारित करवाए, उनमें से अधिकांश के लिए एक साल तक रुका जा सकता था। ...तुम शरारतियों और उपद्रवियों को प्रोत्साहन दे रहे हो। पता नहीं तुम अब भी विशुद्ध अहिंसा में विश्वास करते हो या नहीं, लेकिन तुमने अपने विचार बदल दिए हों तो भी तुम यह तो नहीं सोच सकते कि अनधिकृत और अनियंत्रित हिंसा से देश का उद्धार होने वाला है। अगर तुम्हें विश्वास हो गया हो कि प्रचलित तौर-तरीके गलत हैं तो बेशक अपने ही विचारों पर अमल करो, लेकिन मेहरबानी करके एक अनुशासनबद्ध दल तो बना लो। प्रत्येक संग्राम के लिए ऐसे मनुष्यों की टोलियों की जरूरत रहती है जो अनुशासन मानें। अपने आदमियों के चुनाव के प्रति तुम्हारी लापरवाही देखकर लगता है कि तुम इस बात को अनदेखा कर रहे हो। ...मेरे पास अपनी बातें विस्तार से कहने का समय नहीं है, लेकिन बुद्धिमान के लिए इशारा ही काफी होना चाहिए।'[2]

गांधी इतने पर नहीं रुके। अगले दिन उन्होंने मद्रास अधिवेशन की कार्यवाही को कांग्रेस नेताओं की 'गैर जिम्मेदारी' बताते हुए *यंग इंडिया* में लिखा, 'स्वतंत्रता वाला प्रस्ताव पिछले साल नामंजूर हुआ था, वह इस बार पारित हो गया है। उसका विरोध नहीं के बराबर हुआ। मैं जानता हूं कि उसकी शब्दावली में कोई दोष नहीं, लेकिन मेरे विनम्र मत में यह जल्दबाजी में सोचा हुआ और बिना विचारे स्वीकार किया गया है।'[3]

नेहरू ने 11 जनवरी को गांधी के पत्र का जवाब दिया। उन दोनों के आत्मीय संबंधों के परिप्रेक्ष्य में इस पत्र की भाषा बहुत आलोचनात्मक थी और नेहरू ने काफी विस्तार से अपनी असहमतियां व्यक्त कीं। उन्होंने लिखा:

> 'कांग्रेस के प्रस्तावों की आपकी टीका से मैं बहुत हैरान हूं... आप अपने शब्दों के बारे में हमेशा बहुत ही सावधान रहते हैं और आपकी भाषा संयत होती है। इसी से मुझे और अचरज होता है कि आपने ऐसी भाषा का इस्तेमाल किया है, जो मुझे एकदम अनुचित मालूम होती है। आपने स्वतंत्रता के प्रस्ताव को 'जल्दबाजी में सोचा' और 'बिना विचारे पारित किया' बताया है। वर्षों तक देश ने इस विषय पर चर्चा की, व्यक्तिगत रूप से मैंने इसके बारे में वाद-प्रतिवाद किया और सभाओं में बोला। पिछले पांच साल या उससे ज्यादा से वह आमतौर से मेरे मन पर छाया रहा है। मुझे लगता है कि ऐसे हालात में 'जल्दबाजी में सोचा' शब्दों का इस्तेमाल ठीक नहीं है। जहां तक बिना विचारे पारित किए जाने की बात है, शायद आपको पता नहीं कि इस प्रस्ताव पर विषय समिति में लगभग तीन घंटे तक बहस हुई और एक दर्जन से ज्यादा व्याख्यान उसके पक्ष-विपक्ष में हुए। करीब-करीब सबकी राय से कमेटी और खुली कांग्रेस दोनों में यह पारित हुआ। क्या उसके पक्ष में वोट देने वाले कमेटी और कांग्रेस के सारे लोग बेअक्ल थे? आप कहते हैं कि पिछले साल कमेटी ने इस प्रस्ताव को नामंजूर कर दिया था। मैं नहीं जानता कि आप इससे क्या मतलब निकालना चाहते हैं, लेकिन मुझे तो यह साफ दिखता है कि इसका मतलब केवल यह हो सकता है कि कांग्रेस इसे पास करने को उत्सुक रही है, लेकिन आपके प्रति सम्मान के कारण बचती रही। मुझे उम्मीद है, आप मुझसे सहमत होंगे कि किसी भी संगठन के लिए यह अच्छी राजनीति नहीं है कि वह किसी सार्वजनिक मुद्दे पर निजी लिहाज की वजह से अपनी पक्की राय को दबाकर रखे। असहयोग के जमाने में आप महानतम थे, अपने स्वाभाविक रूप में थे

और आपने सही कदम उठाया। लेकिन जेल से आने के बाद ऐसा लगता है कि कहीं कुछ गड़बड़ हो गई है और स्पष्ट रूप से आप कुछ बेचैन हैं। आपको याद होगा कि कुछ ही महीनों या हफ्तों में आपने बार-बार अपने विचारों को बदला और हममें से ज्यादातर लोग एकदम हैरानी में पड़ गए। वह हैरानी तब से बराबर चल रही है। मैंने कई बार आपसे पूछा कि आप भविष्य में क्या करना चाहते हैं और आपके जवाबों से हमें तसल्ली नहीं हुई। आपने जो कुछ कहा, वह यह था कि एक साल या अठारह महीने के भीतर आप उम्मीद करते हैं कि खादी का आंदोलन तेजी से फैल जाएगा और फिर राजनीतिक मैदान में कुछ सीधी कार्रवाई की जा सकेगी। तब से यह समयावधि भी बीत चुकी है, लेकिन कोई चमत्कार नहीं हुआ। चमत्कार होने का विश्वास करना मुश्किल था, लेकिन आपकी असंभव को संभव बना देने वाली ताकत में श्रद्धा के कारण हम आपकी ओर आंखें लगाए रहे। लेकिन मुझ जैसे अधार्मिक आदमी के लिए ऐसी श्रद्धा टिकाऊ नहीं होती और मैं यह सोचने लगा हूं कि अगर हमें आजादी के लिए उस वक्त का इंतजार करना पड़ा जब तक कि खादी सारे देश में नहीं फैल जाती तो हमें अनंतकाल तक इंतजार करना पड़ेगा। खादी धीरे-धीरे बढ़ेगी और अगर लड़ाई शुरू हो जाए तो वह बहुत तेजी से बढ़ेगी, लेकिन मुझे नहीं दिखाई देता कि उसमें से आजादी कैसे आ जाएगी। जैसा कि मैं आपसे पहले कह चुका हूं, हमारा खादी का काम राजनीति से एकदम अलग है और हमारे खादी के कार्यकर्ताओं में एक ऐसी मनोवृत्ति पैदा हो रही है, जो उनके काम के सीमित दायरे से बाहर की किसी चीज से संबंध नहीं रखती। जो काम वे करते हैं, उसके लिहाज से यह अच्छा हो सकता है, लेकिन राजनीतिक मैदान में उनसे ज्यादा उम्मीद नहीं की जा सकती। ...अगर देश किसी एक तरीके से राजनीतिक रूप से आगे नहीं बढ़ता है तो निश्चित ही हमारे नेताओं का कर्तव्य है कि वे दूसरे उपाय सोचें।'[4]

30 अगस्त, 1928 को 'इंडिपेंडेंस फॉर इंडिया लीग' की स्थापना करने का निर्णय हुआ। इसमें सुभाषचंद्र बोस, डॉ. जाकिर हुसैन और जवाहरलाल नेहरू की अस्थाई कमेटी बनाई गई, जिसे लोगों का विधान तैयार करना था।[5] दिसंबर, 1928 के कलकत्ता कांग्रेस अधिवेशन में गांधी के औपनिवेशिक राज्य संबंधी प्रस्ताव में सुभाषचंद्र बोस ने संशोधन प्रस्तुत किया और नेहरू ने गांधी के बजाए बोस का साथ दिया; यह

औपनिवेशिक राज्य की जगह पूरी स्वतंत्रता का समर्थन था।[6] अन्य विषयों पर भी मतभेद प्रकट होते रहे। 13 जुलाई, 1929 को नेहरू ने गांधी को लिखा, 'मुझे अफसोस है कि भगत सिंह और दत्त (बटुकेश्वर) के बयान का मेरे द्वारा कांग्रेस बुलेटिन में दिया जाना आपने नापसंद किया।'[7]

1930 के बाद के वर्षों में गांधी कांग्रेस के सर्वमान्य नेता नहीं रह गए। ब्रिटिश राज भी उनसे लुका-छिपी खेल रहा था। 4 जनवरी, 1932 को उन्हें गिरफ्तार कर लिया गया। लंबे पत्र व्यवहार के बाद गांधी को अस्पृश्यता निवारण का कार्य जारी रखने की अनुमति दे दी गई। उनसे जेल में मिलने, पत्र व्यवहार करने और समाचार पत्रों में लेख छपवाने की पाबंदियां हटा ली गईं। एक तरफ, गांधी अस्पृश्यता निवारण कार्यक्रम चला रहे थे; दूसरी तरफ, कांग्रेस सत्याग्रह आंदोलन चला रही थी। 31 मार्च, 1933 को कलकत्ता में अधिवेशन होने वाला था, जिसे रोकने के लिए ब्रिटिश राज ने पूरी ताकत लगा दी। अधिवेशन के संभावित अध्यक्ष मदनमोहन मालवीय को अन्य सदस्यों के साथ कलकत्ता जाते समय आसनसोल में गिरफ्तार कर लिया गया। तकरीबन एक हजार प्रतिनिधि अपने स्थानों से रवाना होने से पहले ही या फिर रास्ते में गिरफ्तार कर लिए गए। निषेधाज्ञा होते हुए भी लगभग 1100 प्रतिनिधि किसी तरह निर्धारित अधिवेशन स्थल पर पहुंचे। पुलिस ने वहां पहुंचकर लाठियां बरसानी शुरू कर दीं। पुलिस के बल प्रयोग और लगातार गिरफ्तारियों के बावजूद सभी सात प्रस्ताव पढ़कर सुनाए गए और पास हुए।[8] ये प्रस्ताव (1) पूर्ण स्वाधीनता का लक्ष्य (2) सत्याग्रह को वैधानिक अस्त्र बताना (3) सत्याग्रह कार्यक्रम को शक्ति से चलाना (4) विदेशी कपड़ों का बहिष्कार (5) व्हाइट पेपर की निंदा (6) गांधी के उपवास की सकुशल समाप्ति पर बधाई और (7) मौलिक अधिकार थे।[9]

कांग्रेस पर सीधा हमला

जेल में बंद गांधी ने 8 मई, 1933 को हरिजन आंदोलन की पवित्रता, सेवाभाव और आत्म-शुद्धि के लिए 21 दिन का उपवास आरंभ किया। गांधी के शब्दों में, 'प्रभु ने, सत्य ने जो अग्निपरीक्षा मेरे लिए भेजी है, मेरे सामने उसका औचित्य प्रतिदिन स्पष्ट होता जा रहा है। अगर मैं उपवास नहीं करता तो जो नई बातें मुझे मालूम हो रही हैं, वे मुझे निष्प्राण करके ही छोड़तीं। इस उपवास के बाद मैं जिंदा रहता हूं या नहीं, यह तो कोई महत्व की बात नहीं है। पर अगर मैं यह उपवास न करता तो बहुत संभव

*असेंबली बम कांड की सुनवाई के दौरान भगत सिंह और बटुकेश्वर दत्त ने सुप्रसिद्ध बयान दिया कि बहरों को सुनाने के लिए बम का धमाका जरूरी होता है। 6 जून, 1929 को उनके वकील ने कोर्ट में बयान पढ़ा, जो 1 जुलाई, 1929 के कांग्रेस बुलेटिन में प्रकाशित हुआ। इस पर गांधी ने नेहरू को पत्र लिखकर आपत्ति जताई। उनका तर्क था कि कांग्रेस के मुखपत्र में यह बयान छपना प्रासंगिक नहीं है। (संपूर्ण गांधी वांगमय, खंड 41, प्रकाशन विभाग, सूचना और प्रसारण मंत्रालय, भारत सरकार, 1971, पृष्ठ 186)

था कि मैं हरिजन सेवा या किसी अन्य सेवा के लिए किसी काम का नहीं रह जाता। यह उपवास हरिजनों पर कोई अहसान लादने की नीयत से नहीं किया जा रहा है, यह तो मैंने अपनी और अपने सहयोगियों की आत्मशुद्धि के लिए ही किया है।'[10]

उसी दिन गांधी को रिहा कर दिया गया। उन्होंने एक वक्तव्य देकर छह सप्ताह के लिए सत्याग्रह आंदोलन स्थगित रखने की अपील की, 'मैं इस रिहाई से प्रसन्न नहीं हूं और जैसा कि वल्लभभाई ने कहा कि मैं इस रिहाई से लाभ उठाकर सत्याग्रह आंदोलन का संचालन या पथ प्रदर्शन कैसे कर सकता हूं; इसलिए यह रिहाई मुझे सत्य का अन्वेषण करने को प्रेरित करती है और सम्मानशील व्यक्ति की हैसियत से मुझे असमंजस में डालती है। मैंने आशा की थी और अब भी करता हूं कि मैं न तो किसी बात को लेकर उत्तेजित होऊंगा और न किसी के वाद-विवाद में ही भाग लूंगा। यदि मैं अपने दिमाग में हरिजन कार्य के अतिरिक्त और किसी बाहरी बात को जगह दूंगा तो इस उपवास का उद्देश्य ही नष्ट हो जाएगा।'[11]

यह कांग्रेस पर सीधा हमला था। गांधी ने आगे कहा:

> 'इस समय मैं केवल इतना ही कह सकता हूं कि सत्याग्रह को लेकर मेरे विचारों में किसी प्रकार का अंतर नहीं पड़ा है। असंख्य सत्याग्रहियों की वीरता और आत्मत्याग के लिए मेरे पास साधुवाद के सिवा और कुछ नहीं है। इतना कहने के बाद मैं यह कहे बिना भी नहीं रह सकता कि इस आंदोलन में जिस लुका-छिपी से काम लिया गया है, वह उसकी सफलता के लिए घातक है। जो विचार मैंने प्रकट किए हैं, उन्हें पिछले कई महीनों से मैंने अपने भीतर बंद कर रखा था। मैंने जो कुछ कहा है, उससे वल्लभभाई भी सहमत हैं। यदि कांग्रेस के सभापति छह सप्ताह के लिए सत्याग्रह स्थगित करने की घोषणा कर दें तो अच्छा होगा। मैं हुकूमत से अपील करूंगा कि यदि वह देश में वास्तविक शांति चाहती है तो उसे आंदोलन के स्थगन के बाद सारे सत्याग्रहियों को बिना किसी शर्त छोड़ देना चाहिए। जब तक इतने सारे सत्याग्रही जेलों में हैं और वल्लभभाई, अब्दुल गफ्फार खां और जवाहरलाल नेहरू जीवित ही समाधिस्थ हैं, तब तक कोई समझौता नहीं हो सकता। मैं हुकूमत को बता देना चाहता हूं कि यदि मैं इस अग्निपरीक्षा से निकल आया और मुझे उस समय भी राजनीतिक वातावरण ऐसा ही अंधकारमय दिखाई पड़ा तो मैं कोई भी कार्रवाई किए बिना ही सरकार से कहूंगा कि मुझे अपने साथियों के पास यरवड़ा पहुंचा दिया जाए।'[12]

गांधी की घोषणा के बाद कांग्रेस ने सत्याग्रह आंदोलन 6 सप्ताह के लिए स्थगित कर दिया। लेकिन 9 मई, 1933 को सरकारी विज्ञप्ति में कहा गया कि केवल सत्याग्रह स्थगित करने से कैदियों की रिहाई के लिए रखी गई शर्तें पूरी नहीं होतीं, इसलिए ब्रिटिश राज कांग्रेस से इस मामले में समझौता करने के लिए तैयार नहीं है। भारत मंत्री ने कहा, 'हमारे पास यह विश्वास करने के प्रबल कारण होने चाहिए कि उनकी रिहाई से सत्याग्रह दुबारा शुरू नहीं किया जाएगा। सत्याग्रह आंदोलन को अस्थाई रूप से बंद करने से वे शर्तें पूरी नहीं होतीं, जिनके द्वारा हुकूमत को संतोष हो जाए कि सत्याग्रह सचमुच हमेशा के लिए त्याग दिया गया है। इन गैरकानूनी कार्रवाइयों के संबंध में या उसके साथ समझौता करने के उद्देश्य से कैदियों को छोड़ने का हुकूमत का कोई इरादा नहीं है।'[13]

ब्रिटिश राज द्वारा गांधी की मांग अस्वीकार कर दिए जाने के बाद विट्ठलभाई पटेल और सुभाषचंद्र बोस ने सामूहिक हस्ताक्षर के साथ वियना से वक्तव्य जारी किया कि सत्याग्रह बंद करने की गांधी की घोषणा असफलता की स्वीकारोक्ति है। उन्होंने इस बात पर सहमति जताई कि गांधी राजनेता की हैसियत से असफल रहे। कांग्रेस के कायापलट का समय आ गया है और इसके लिए एक नए नेता की आवश्यकता है। गांधी से यह आशा करना अनुचित है कि वे ऐसे कार्यक्रम को हाथ में लेंगे जो उनके जीवन भर के सिद्धांतों के साथ मेल नहीं खाता हो। यदि कांग्रेस में स्वयं ही इस प्रकार का आमूल परिवर्तन हो सके तो अच्छा ही है, नहीं तो कांग्रेस के भीतर ही उग्र मतवाले लोगों की एक नई पार्टी बनानी पड़ेगी।[14] गांधी ने इस वक्तव्य का कोई जवाब नहीं दिया। 29 मई, 1933 को उन्होंने अपने उपवास का अंत कर दिया।

सक्रिय राजनीति से अलग

गांधी ने सक्रिय राजनीति से निष्क्रिय होने की घोषणा के बाद हरिजन आंदोलन शुरू करने के लिए नवंबर, 1933 से देश का दौरा शुरू कर दिया। 16 जनवरी, 1934 को बिहार में आए भूकंप ने सारे देश को हिलाकर रख दिया। 10 लाख घर खाक में मिल गए। भूकंप का प्रभाव 30 हजार वर्गमील की डेढ़ करोड़ जनता पर पड़ा। 20 हजार लोगों की जान चली गई और 10 लाख बीघा खेती नष्ट हो गई। देश भर के नेता-कार्यकर्ता बिहार पहुंचकर सेवा कार्यों में लग गए। गांधी ने भूकंप पीड़ित क्षेत्रों का दौरा किया। नेहरू भी स्वयंसेवक का बिल्ला लगाए कंधे पर फावड़ा रखकर कार्यकर्ताओं के साथ मिट्टी ढोने में लगे हुए थे। लेकिन तब तक गांधी-नेहरू में दूरियां बढ़ चुकी थीं। 7 अप्रेल, 1934 को गांधी ने बिहार के सहरसा में कहा, 'जो कांग्रेसी किसी कारणवश सत्याग्रह में भाग नहीं लेना चाहता या नहीं ले सकता और जिनकी कौंसिल

प्रवेश में आस्था है, उसके लिए केवल यह उचित ही नहीं है बल्कि कर्तव्य भी है कि वह उनमें प्रवेश की चेष्टा करे। अपने इन विचारों के अनुसार मैं पार्टी की सहायता के लिए जो कुछ मेरी शक्ति में है, वह करने के लिए हमेशा तैयार हूं।[15]

कांग्रेस में समाजवादियों का प्रभुत्व बढ़ाने की कोशिश और उनके पक्ष में नेहरू का खुलकर आना भी गांधी-नेहरू टकराव का एक बड़ा कारण रहा। समाजवादी पार्टी की बुनियादी शुरुआत 1933 की गर्मियों में नासिक जेल की बैरक में हुई, जिसमें जयप्रकाश नारायण और मीनू मसानी के अलावा मोरारजी देसाई वगैरह भी थे। जयप्रकाश साम्यवादी विचारधारा के हो चुके थे, लेकिन साम्यवादी पार्टी में नहीं थे। जयप्रकाश, मसानी, अच्युत पटवर्धन और कुछ अन्य नेताओं ने मिलकर कांग्रेस में समाजवादी पार्टी बनाने का निश्चय किया।[16]

17 मई, 1934 को पटना में कांग्रेस समाजवादी पार्टी की स्थापना हुई। दरअसल 1922-23 के सत्याग्रह आंदोलन के बाद कांग्रेस में एक ऐसा धड़ा तैयार हुआ था जिसका मानना था कि राष्ट्रीय आंदोलन को नई दिशा में ले जाने की जरूरत है। 1930 और 1932-33 के राष्ट्रीय आंदोलनों ने इसकी सोच को और पुख्ता कर दिया था। कांग्रेस समाजवादी पार्टी की स्थापना इसी सोच का परिणाम थी। मोरारजी के अनुसार, 'इन सभी की गांधी के आदर्शों और सिद्धांतों में आस्था नहीं थी। मार्क्सवाद का इन पर बहुत असर था, लेकिन जयप्रकाश के अलावा अन्य सभी साम्यवाद के हिमायती नहीं थे। वे सोचते थे कि गांधी की विचारधारा प्रतिक्रियावादी है और उससे स्वराज्य नहीं मिलेगा। समाजवादी समाज रचना के अनुरूप कांग्रेस का रूप-परिवर्तन करने के लिए समाजवादी पार्टी की स्थापना का उनका इरादा था। नेहरू वहां नहीं थे, लेकिन उनकी विचारधारा उस समय इसी तरह की थी; इसीलिए इन नेताओं को उनका समर्थन प्राप्त था। बहुत दिनों तक विचार-विमर्श के बाद उसकी योजना बनाई गई, जिसमें प्रत्येक प्रांत से सक्रिय कार्यकर्ता लेने का निश्चय किया गया।' मोरारजी ने लिखा है, 'एक दिन मुझे प्रलोभन दिया गया कि इसमें शामिल होकर मैं वल्लभभाई पटेल का स्थान ले सकता हूं। मैंने यह प्रस्ताव ठुकरा दिया।[17]

18 से 20 मई, 1934 को कांग्रेस कार्यसमिति की बैठक पटना में हुई। इस बैठक में सत्याग्रह को स्थगित रखने और कौंसिल प्रवेश की सिफारिश पर मुहर लगा दी गई। अध्यक्ष वल्लभभाई पटेल उस समय जेल में थे, इसलिए जमनालाल बजाज को कार्यसमिति का सभापति बनाया गया और नए अधिवेशन तक कांग्रेस के अध्यक्ष की हैसियत से काम संभालने का अधिकार दिया गया। इस बैठक के बाद कांग्रेस का कार्यक्षेत्र बदल गया। सत्याग्रह आंदोलन बंद हो गया और कौंसिल प्रवेश से संबंधित गतिविधियां शुरू कर दी गईं। 1932 की शुरुआत में कांग्रेस की महासमिति को छोड़कर

कांग्रेस की सभी संस्थाओं को गैरकानूनी करार दे दिया गया था। 12 जून, 1934 को ब्रिटिश राज ने उन सभी संस्थाओं से प्रतिबंध हटा दिया। ध्यान रखने वाली बात यह है कि सत्याग्रह को प्रेरित करने वाली संस्थाओं, लोगों और इमारतों पर ब्रिटिश राज ने कड़ाई नहीं छोड़ी। हिंदुस्तानी सेवा दल जैसी संस्थाएं प्रतिबंधित रहीं; खासकर गुजरात के कैदियों को नहीं छोड़ा गया और सत्याग्रह से जुड़ी इमारतों पर हुकूमत का कब्जा बना रहा।[18] गांधी ने इससे जुड़ा हुआ संबंधित वक्तव्य राजेंद्र प्रसाद सहित कुछ नेताओं को दिखाया और इसमें फेरबदल भी होता रहा। अंततः जो वक्तव्य जारी हुआ, उसमें कारण को लेकर परोक्ष रूप से नेहरू पर बिना नाम लिए कड़ा प्रहार किया गया। वक्तव्य में कहा गया:

> 'इस वक्तव्य का प्रमुख कारण एक खबर थी, जो मुझे एक बहुमूल्य साथी के संबंध में प्राप्त हुई और जिससे मेरी आंखें खुल गईं। वह जेल का पूरा काम करने के इच्छुक नहीं थे और मिले हुए काम की अपेक्षा पुस्तकें पढ़ना अच्छा समझते थे। यह सब सत्याग्रह के नियमों के सर्वथा विरुद्ध था। इन्हें तो मैं पहले से ही अधिक स्नेह की दृष्टि से देखता हूं। पर इस बात से इनकी दुर्बलताओं से अधिक मुझे अपनी दुर्बलताओं का बोध हुआ। मित्र ने कहा कि उनकी यह धारणा थी कि मैं उनकी दुर्बलताओं को जानता हूं। पर मैं अंधा था। नेता में अंधापन एक अक्षम्य अपराध है। मैं फौरन जान गया कि फिलहाल मैं अकेला ही सक्रिय सत्याग्रही रहूंगा।* जो लोग दरिद्र आदमी की भांति नहीं रह सकते हों, उन्हें किसी छोटे राष्ट्रीय धंधे में पड़ जाना चाहिए, जिससे वेतन मिल जाए। यह बात समझ लेनी चाहिए कि सत्याग्रह उन्हीं के लिए है, जो स्वेच्छा से कानून और अधिकार के आगे सिर झुकाना जानते हों और झुकाते हों।'[19]

गांधी पर प्राणघातक हमला

इसी दौरान 25 जून, 1934 को पूना नगरपालिका से सम्मान पत्र लेने जाने के दौरान गांधी पर प्राणघातक हमला हुआ। हमलावर ने अन्य कार को गांधी की कार समझकर बम फेंका। संयोग था कि गांधी की कार सभास्थल पर पहुंची ही नहीं थी। इस

---

*राजकोट सत्याग्रह (1938-39) के दौरान राजकीय परिषद की कार्यसमिति की बैठक के दौरान एक सदस्य ने गांधी से पूछा, 'बापू, कोई यह कहे कि मैं ईश्वर को नहीं मानता, फिर भी अहिंसा को मानता हूं तो वह क्या सत्याग्रही नहीं हो सकता?' गांधी ने कहा, 'जवाहर से अधिक बहादुर और प्रामाणिक कौन है? लेकिन यदि वे सत्याग्रही होने के लिए आए तो नहीं हो सकते।' (बालुभाई वैद्य: राजकोट सत्याग्रह का ऐतिहासिक महत्व, राष्ट्रीय गांधी संग्रहालय, नई दिल्ली, 2000, पृष्ठ 14)

बमकांड में 7 व्यक्ति घायल हुए।[20] इस समय तक यह चर्चा आम हो चुकी थी कि गांधी कांग्रेस छोड़ देंगे। जुलाई में उपवास के दौरान वे अपने मिलने वालों से इस बात की चर्चा करने लगे। 17 सितंबर, 1934 को गांधी ने वर्धा में एक विस्तृत बयान देकर स्थिति को स्पष्ट कर दिया। उन्होंने कहा:

> 'मैं इस नतीजे पर पहुंचा हूं कि अपना अंतिम निश्चय अक्टूबर में होने वाले कांग्रेस अधिवेशन तक स्थगित रखूं। इस बीच मुझे अपनी इस धारणा की जानकारी लेने का मौका मिल जाएगा कि कांग्रेस के बहुत से बुद्धिशाली लोग मेरे विचारों, मेरे कार्यक्रम और मेरी प्रणाली से उकता गए हैं और वे यह सोचते हैं कि मैं कांग्रेस की स्वाभाविक प्रगति में साधक के बजाय बाधक बनता जा रहा हूं। वे यह भी सोचने लगे हैं कि कांग्रेस देश की एक सर्वमान्य लोकतंत्रात्मक संस्था होने के बजाय मेरे हाथों की कठपुतली बनती जा रही है और उसमें अब बुद्धि तथा दलील के लिए कोई स्थान बाकी नहीं रहा। अंत में अब अहिंसा को लीजिए। 14 वर्षों के प्रयोग के बाद भी वह अब तक अधिकांश कांग्रेसियों के लिए नीति मात्र ही है, जबकि मेरे लिए वह मूल सिद्धांत है। कांग्रेस वाले यदि अहिंसा को सिद्धांत के रूप में स्वीकार नहीं करते तो उनका कोई दोष नहीं है। उसके प्रतिपादन और उसे कार्य में परिणत करने का मेरा दोषपूर्ण ढंग ही निस्संदेह इसके लिए जिम्मेदार है। मुझे नहीं लगता कि मैंने उसके दोषपूर्ण प्रतिपादन में कोई भूल की है। लेकिन अब तक वह कांग्रेस वालों के जीवन का अभिन्न अंग नहीं बन सकी तो इससे यही एक अनुमान निकाला जा सकता है। इन सब मतभेदों ने ही कांग्रेस के वर्तमान कार्यक्रम को विफल बना दिया है। जो कांग्रेस सदस्य हृदय से उसमें विश्वास किए बिना मुंह से उसकी हामी भरते हैं, वे स्वभावतः उसे कार्य में परिणत नहीं कर पाते और मेरे पास उस कार्यक्रम के सिवा दूसरा कोई कार्यक्रम है ही नहीं। इस समय देश के सामने अस्पृश्यता निवारण, हिंदू-मुस्लिम एकता, संपूर्ण मद्य-निषेध, चर्खा-खादी तथा ग्रामोद्योग को पुनर्जीवित करने के लिए सौ फीसदी स्वदेशी का प्रचार और भारत के 7 लाख गांवों को संगठित करने जैसे कार्यक्रम हैं और ये प्रत्येक देशभक्त की देशभक्ति को तृप्त करने के लिए काफी होने चाहिए।[21]

गांधी ने छोड़ी कांग्रेस की सदस्यता

राजेंद्र प्रसाद की अध्यक्षता में कांग्रेस ने 26 से 28 अक्टूबर, 1934 के बीच आयोजित बंबई अधिवेशन में प्रस्ताव पारित किया, 'कांग्रेस महात्मा गांधी के नेतृत्व में अपने विश्वास को फिर प्रकट करती है। उसका यह दृढ़ मत है कि कांग्रेस से अलग होने के निश्चय पर उन्हें विचार करना चाहिए। चूंकि उन्हें इस बात के लिए राजी करने के सभी प्रयत्न विफल हुए हैं इसलिए यह कांग्रेस अपनी इच्छा के विरुद्ध उनके निर्णय को मानते हुए राष्ट्र के लिए की गई उनकी अतुलनीय सेवाओं के प्रति धन्यवाद प्रकट करती है और उनके आश्वासन पर संतोष प्रकट करती है कि उनका सलाह-मशविरा और प्रदर्शन आवश्यकतानुसार कांग्रेस को प्राप्त होता रहेगा।'[22]

लेकिन गांधी का इरादा कुछ और था। 30 अक्टूबर, 1934 को उन्होंने राजेंद्र प्रसाद को लिखा, 'मेरे निश्चय के अनुसार मैं अखिल भारतीय कांग्रेस कमेटी से अब हट जाता हूं। मेरा नाम कमेटी के दफ्तर में से निकाल दिया जाए।'[23] गांधी ने कांग्रेस की चार आने की सदस्यता भी छोड़ दी। इसके साथ ही देश असेंबली के चुनाव में पूरी ताकत से कूद पड़ा।

संघ से सहमति की तलाश

इस राजनीतिक गहमागहमी के दौर में निराश गांधी नया रास्ता तलाश रहे थे। यह सिलसिला एक साल से चल रहा था। गांधी के साथ उनके सबसे विश्वस्त सहयोगी के रूप में जमनालाल बजाज थे, जिन्होंने परिवार का मोह छोड़कर अपना समय और विचार गांधी को समर्पित कर दिए। बजाज के डॉ. हेडगेवार से पुराने संपर्क*, अप्पाजी जोशी की वर्धा में सक्रियता, बजाज के प्रमुख व्यवस्थापक ताराचंद बड़जाते की डॉ. हेडगेवार और संघ कार्यों से निकटता ने गांधी की भावना को डॉ. हेडगेवार तक पहुंचाने में अहम भूमिका का निर्वाह किया। बजाज ने संघ की कार्यशैली और उद्देश्यों के बारे में जानकारी लेने के लिए एक प्रश्नावली भेजी। डॉ. हेडगेवार ने बजाज को लिखा कि इस विषय पर मिलकर बातचीत करना बेहतर होगा। उन्होंने वर्धा जाकर बजाज से मिलने की इच्छा प्रकट की। लेकिन बजाज खुद नागपुर मिलने आए। बजाज की डायरी से पता चलता है कि 31 जनवरी, 1934 की सुबह नागपुर में उन्होंने डॉ. हेडगेवार और डॉ. मुंजे से मुलाकात की। उनके बीच संघ के बारे में विस्तार से चर्चा हुई। बजाज ने उन्हें कहा कि वे संघ का विधान भेज दें, जिस पर विचार करके निर्णय किया

---

*1912 में तिलक के स्वदेशी माल के उत्पादन और प्रचार के लिए 'तिलक पैसा फंड' के नाम से एक कोष स्थापित किया और उद्योग की स्थापना की। इसके अंतर्गत कांच के सामान की खरीद-फरोख्त का काम शामिल था। 2 जुलाई, 1912 को ईश्वरदास तलेगांव वाले कांच का सामान लेकर आए और उस विषय पर बजाज से बातचीत होने का पता चलता है। बजाज की डायरी में 30 जून, 1914 को डॉ. हेडगेवार से उनकी मुलाकात का उल्लेख है।

जाएगा।[24] डॉ. हेडगेवार ने स्पष्ट किया कि संघ राजनीति से अलग है और किसी भी संस्था के विरोध में नहीं है। उसका खादी से विरोध नहीं है और अस्पृश्यता को मूलतः अमान्य करता है। साथ ही, यह भी कहा कि संघ के गणवेश में खादी की स्वतंत्रता है लेकिन खादी से स्वराज्य मिल सकेगा या वह आर्थिक दृष्टि से बाजार में टिक सकेगी, ऐसा उन्हें नहीं लगता। डॉ. हेडगेवार ने संघ का विधान पढ़कर सुनाया और कहा कि संघ कांग्रेस से द्वेष नहीं करता, बल्कि कांग्रेस के ही बड़े नेता विरोध करते हैं।[25]

डॉ. हेडगेवार द्वारा संघ की भूमिका स्पष्ट कर दिए जाने के बावजूद बजाज के अन्य सहयोगियों द्वारा रुकावटें डाली जाती रहीं। 1934 में हुए प्रांतीय चुनाव में कांग्रेस को मध्य प्रांत में जीत मिली। इसके बाद मध्य प्रांत कांग्रेस समिति का अधिवेशन नागपुर में हुआ। वहां विषय नियामक समिति के कार्यक्रम में चर्चा के लिए 'संघ' का विषय रखा गया था। इस संबंध में डॉ. हेडगेवार से पत्र व्यवहार करने का अधिकार प्रांतीय कांग्रेस समिति के कार्यवाह को दिया गया था। उन्होंने डॉ. हेडगेवार को लिखा, 'संघ के बारे में कांग्रेस की क्या भूमिका है, यह अनेक लोगों द्वारा पूछा जा रहा है। अतः हमने चर्चा के लिए संघ का विषय रखा है। आपको संघ का ध्येय, नीति स्पष्टतः हमें तुरंत सूचित करनी चाहिए।' माधवराव सदाशिवराव गोलवलकर (गुरुजी) ने इस पर कड़ी आपत्ति जताई। उन्होंने डॉ. हेडगेवार से कहा, 'मुझे ऐसा प्रतीत होता है कि यह पत्र सीधे ढंग से नहीं लिखा गया। चुनाव में मिली जीत से उनका दिमाग ठिकाने पर नहीं है। अतः इस पत्र का उचित जबाव देना चाहिए।' डॉ. हेडगेवार को गुरुजी का विचार ठीक लगा। उन्होंने कांग्रेस कार्यवाह को जवाब में लिखा, 'पिछले बारह वर्षों से हम यह कार्य करते आ रहे हैं। अब तक अनेक आम सभाओं में संघ का उद्देश्य विस्तार के साथ बताया जा चुका है। आप नागपुर में रहते हैं, अतः संघ के बारे में स्वाभाविक रूप से आपको जानकारी है। उससे अधिक बताने लायक मेरे पास कुछ है, ऐसा नहीं लगता।' कांग्रेस कार्यवाह ने इस पत्र का जो उत्तर भेजा, उससे गुरुजी का संदेह सत्य प्रमाणित हुआ। उन्होंने लिखा, 'आपका उत्तर मूल विषय को 'बगल' देने वाला है। जो प्रश्न हमने पूछा है, उसके उत्तर इसमें नहीं है। अतः नीचे दिए विषयों पर स्पष्टीकरण दें।' इसके साथ एक लंबी प्रश्न सूची उन्होंने भेजी। डॉ. हेडगेवार ने जवाब दिया, 'मेरे उत्तर को आपने बगल देने वाला उत्तर कहा है। परमेश्वर की कृपा से ऐसे शब्द मेरे पास नहीं है। लेकिन हमसे व्यवहार करते समय अधिक जिम्मेदारी के साथ शब्दों का उपयोग करना ठीक होगा। किसी परीक्षा में बैठकर पत्रों के उत्तर देने का काल बीत चुका है। संघ और कांग्रेस के परस्पर संबंधों पर तो यही कहना है कि अपने-अपने क्षेत्र में काम करने का पूर्ण अवसर देकर संपूर्ण देश के कल्याण की दृष्टि से परस्पर आदर और अभिमान रखना ही उचित होगा।' कांग्रेस के अधिवेशन में संघ पर चर्चा

के लिए यह पत्र व्यवहार सबके सामने रखा जाना आवश्यक था। लेकिन जमनालाल को वह पत्र व्यवहार देखकर अपने पक्ष की गलती का अनुभव हुआ। परिणामस्वरूप, संघ के विषय पर चर्चा के लिए महत्वपूर्ण स्थान रहने पर भी उसे छोड़ दिया गया।[26]

वर्धा शिविर में महात्मा

22 दिसंबर, 1934 को वर्धा में संघ का भव्य शिविर आयोजित हुआ। इसमें 1,500 स्वयंसेवकों ने भाग लिया। यह शिविर जमनालाल बजाज की भूमि पर लगाया गया था। इसी स्थान के पास गांधी का आश्रम भी था। वे वहां दो मंजिला बंगले में रहते थे। उन्होंने वहीं से देखा था कि स्वयंसेवक खुद शिविर खड़ा कर रहे हैं और सारा कार्य अनुशासनबद्ध है। उद्घाटन समारोह भी बहुत आकर्षक रहा। ऐसे में गांधी के मन में शिविर देखने की तीव्र इच्छा हुई। उनके निजी सहायक महादेव भाई देसाई ने जिला संघचालक अप्पाजी जोशी से मिलकर गांधी के शिविर में आने का समय निश्चित कर लिया। 25 दिसंबर को सुबह छह बजे महादेव भाई देसाई, मीराबेन और आश्रम के अन्य लोगों के साथ गांधी शिविर में पहुंचे। अप्पाजी के साथ गांधी ने भी संघ पद्धति से भगवा ध्वज को प्रणाम किया। अनुशासित स्वयंसेवकों को देखकर वे काफी प्रभावित हुए और अप्पाजी से अपने भाव प्रकट किए। उन्होंने शिविर की प्रत्येक व्यवस्था का बारीकी से निरीक्षण किया और संघ की कार्यशैली को समझने में रुचि दिखाई। 1500 स्वयंसेवकों का भोजन एक घंटे में तैयार हो जाने, नुकसान की भरपाई खुद स्वयंसेवकों द्वारा किए जाने, बिना किसी भेदभाव के साथ बैठकर भोजन करने जैसी जानकारियों ने गांधी को प्रभावित किया। गांधी रचनात्मक कार्य में भेदभाव मिटाने को प्रमुख स्थान देते थे, इसलिए उन्होंने इस विषय में स्वयंसेवकों से प्रश्न भी किए। कुछ स्वयंसेवकों ने उन्हें बताया कि स्वयंसेवक की जाति पूछने का विचार ही उनके मन में नहीं आता। वे सभी हिंदू हैं, भाई-भाई हैं, स्वयंसेवक के नाते एक ही ध्येय के लिए एकत्रित हुए हैं। इसके बाद गांधी संघ वस्तु भंडार में गए। वहां एक ओर सूक्तियों, चित्रों, शस्त्रों की प्रदर्शनी लगाई गई थी। बीच में डॉ. हेडगेवार का चित्र लगा हुआ था। गांधी ने उनका परिचय पूछा। अप्पाजी ने उन्हें बताया कि वे संघ प्रमुख डॉ. हेडगेवार हैं, जिन्हें सरसंघचालक कहा जाता है। गांधी ने उनसे मिलने की इच्छा प्रकट की। डॉ. हेडगेवार उस दिन वर्धा में नहीं थे, इसलिए अगले दिन मिलना तय हुआ। गांधी ने लौटते समय यह मंतव्य प्रकट किया कि संघ में सभी धर्मों के लोगों को शामिल होने की छूट दी जाती तो और अच्छा होता। हालांकि इस पर चर्चा करने के बाद गांधी ने माना कि यदि हिंदू संगठन से दूसरे को कोई भय नहीं हो तो वह राष्ट्र के लिए घातक नहीं है।[27]

गांधी-हेडगेवार में ऐतिहासिक मुलाकात

अगले दिन 26 दिसंबर को डॉ. हेडगेवार वर्धा पहुंचे। गांधी ने अपने निकट सहयोगी स्वामी आनंद को संघ शिविर में भेजकर डॉ. हेडगेवार को मुलाकात के लिए अपने आश्रम में आमंत्रित किया। मिलने का समय रात साढ़े आठ बजे निश्चित हुआ। वह शिविर का अंतिम दिन था। समापन कार्यक्रम के बाद डॉ. हेडगेवार, अप्पाजी और अण्णासाहब भोपटकर आश्रम पहुंचे। द्वार पर महादेव देसाई ने उनका स्वागत किया और ऊपरी मंजिल पर ले गए। वहां गांधी आगे आए और सभी को अपने कमरे के अंदर ले जाकर साथ में गद्दे पर बैठाया। लगभग एक घंटे तक गांधी और डॉ. हेडगेवार की बातचीत हुई:

गांधी: आपको पता चल गया होगा कि मैं शिविर में गया था?

हेडगेवार: शिविर में आकर स्वयंसेवकों पर बहुत उपकार किया। शायद आपने अचानक शिविर में आने का निर्णय लिया। यदि मुझे पहले से पता होता तो मैं आने का प्रयत्न करता।

गांधी: एक तरह से अच्छा ही हुआ कि आप नहीं थे। आपकी अनुपस्थिति के कारण ही आपके बारे में मुझे सही जानकारी मिल सकी। शिविर में स्वयंसेवकों की संख्या, अनुशासन, स्वयंसेवकों की वृत्ति और स्वच्छता सहित कई बातों से बहुत संतोष हुआ। आपका बैंड सबसे अच्छा लगा। संघ कैसे दो-तीन आने में भोजन देता है? कांग्रेस का खर्च अधिक क्यों आता है? क्या कभी पीठ पर सामान लादकर स्वयंसेवकों को 20 मील तक संचलन करवाया है?

(डॉ. हेडगेवार के उत्तर देने से पहले ही गांधी से भोपटकर का परिचय होने से उन्होंने कहा, 'अधिक खर्च आप लोगों के व्यवहार में है। आप नाम तो 'पर्णकुटी' रखते हैं और अंदर राजशाही ठाठ होते हैं। संघ में भेदभाव नहीं है। मैं भी सभी के साथ दाल-रोटी खाकर आया हूं। यदि संघ की तरह चलेंगे तो आपका खर्च भी कम आएगा।' इस पर सभी हंस पड़े। उसी दौरान मीराबेन ने गांधी को घड़ी दिखाकर नौ बजने का इशारा दिया। डॉ. हेडगेवार ने गांधी से अनुमति चाही। गांधी ने कहा कि वे आधा घंटा और जाग सकते हैं। इसके बाद बातचीत फिर शुरू हुई।)

गांधी: आपका संगठन अच्छा है। मुझे पता चला कि आप पहले कांग्रेस में थे, फिर वहां ऐसा संगठन क्यों नहीं बनाया? अलग संगठन क्यों बनाया?

हेडगेवार: मैं नागपुर कांग्रेस में स्वयंसेवक विभाग का कार्यवाह था और परांजपे अध्यक्ष थे। उस समय हमने संगठन बनाने का प्रयत्न किया, लेकिन सफल नहीं हुए।

गांधी: आप क्यों सफल नहीं हुए? क्या आपको आर्थिक सहायता नहीं मिली?

हेडगेवार: पैसे की समस्या नहीं थी। हर कार्य पैसे से ही संभव नहीं होता है, इच्छा

शक्ति की भी जरूरत होती है।

गांधी: आपका मतलब कांग्रेस के लोगों में इच्छा शक्ति की कमी थी।

हेडगेवार: कांग्रेस में अनेक अच्छे व्यक्ति हैं; लेकिन उसकी रचना एक राजनीतिक कार्य को सफल करने के लिए हुई है। कांग्रेस के लोग यह मानते हैं कि स्वयंसेवक सभा और परिषदों में बिना पैसे के मेज-कुर्सी उठाने वाले मजदूर हैं। इसलिए कांग्रेस में ऐसा संगठन नहीं बन सका।

गांधी: फिर स्वयंसेवक के विषय में आपकी क्या कल्पना है?

हेडगेवार: राष्ट्र के उत्थान के लिए अपना सर्वस्व न्योछावर कर देने वाले को हम स्वयंसेवक समझते हैं। संघ ऐसे ही स्वयंसेवकों का निर्माण कर रहा है। इस संगठन में नेता और स्वयंसेवक में कोई भेद नहीं है। हम सभी स्वयंसेवक हैं और सबसे समान रूप से प्रेम करते हैं। इसी के चलते बिना धन तथा अन्य साधनों के भी संघ कार्य लगातार बढ़ रहे हैं।

गांधी: बहुत अच्छा। संघ कार्य की सफलता में निश्चित ही देश का हित है। मैंने सुना है कि संघ का वर्धा जिले में अच्छा प्रभाव है। शायद यह सेठ जमनालाल बजाज की वजह से ही हुआ होगा?

हेडगेवार: हम किसी से आर्थिक सहायता नहीं लेते हैं।

गांधी: फिर इतने बड़े संगठन का खर्च कैसे चलता है?

हेडगेवार: स्वयंसेवक खुद ही गुरु दक्षिणा के रूप में अधिक से अधिक धन संघ को देते हैं। उसी से संगठन का सारा खर्च चल जाता है।

गांधी: यह विलक्षण है! क्या आप किसी से धन नहीं लेंगे?

हेडगेवार: जब समाज को यह लगेगा कि इस कार्य से उनका विकास हो रहा है, तब हम आर्थिक सहायता जरूर लेंगे। तब बिना मांगे ही लोग संघ के सामने रुपयों का ढेर लगा देंगे। लेकिन संघ की पद्धति हमने स्वावलंबी ही रखी है।

गांधी: इस कार्य में आपको बहुत समय देना पड़ता होगा। फिर डॉक्टरी का पेशा कब करते हैं?

हेडगेवार: मैं व्यवसाय नहीं करता।

गांधी: फिर अपने परिवार का भरण-पोषण कैसे करते हैं?

हेडगेवार: मैंने विवाह नहीं किया।

गांधी (कुछ देर ठहरकर): इसी कारण इतने कम समय में आपको इतनी सफलता मिली है।

इसके बाद डॉ. हेडगेवार ने गांधी से आज्ञा ली। गांधी उन्हें द्वार तक छोड़ने आए और संघ के उद्देश्य में सफलता की शुभकामना देकर उन्हें विदा किया।[28]

गांधी-नेहरू के गहरे मतभेद

उस दौरान कांग्रेस की कार्यशैली से गांधी असंतुष्ट होते गए। दूसरी तरफ, जवाहरलाल नेहरू भी गांधी के प्रति अपनी असहमति को छिपा नहीं रहे थे। 4 सितंबर, 1935 को इलाहाबाद से कानपुर की यात्रा के दौरान नेहरू ने बजाज को गांधी से मतभेदों के बारे में खुलकर बताया। बजाज ने गांधी को 3 अक्टूबर, 1935 को मिलकर इसकी जानकारी दी।[29]

नेहरू ने बजाज को कहा था:

1. बापू और मेरे विचार में काफी फर्क है।
2. जब तक एक भी राजनीतिक कैदी जेल में है, बापू को कांग्रेस से अलग नहीं होना चाहिए था।
3. बापू ने सत्याग्रह बंद किया, यह मैं नहीं समझ सका।
4. देशव्यापी 'फ्रीडम ऑफ स्पीच' और प्रेस के विषय पर जोरदार आंदोलन होना चाहिए।
5. मैं वर्तमान हालात में कौंसिलों में जाने के विरुद्ध नहीं हूं।
6. पद लेने के बारे में अगर सरकार हमारी शर्तें स्वीकार करे तो ठीक, अन्यथा इस विषय पर फिर देश में आंदोलन करें।
7. भूलाभाई (देसाई) को मैंने देखा भी नहीं। जहां तक भाषणों का संबंध है, मॉडरेटर में और उनमें फर्क नहीं दिखता... बुद्धिमान हो सकते हैं।
8. मैं यह नहीं कहता कि समाजवादी अच्छे हैं, लेकिन उन्होंने कुछ बातें तो देश के सामने रखी हैं।
9. मुझे अंग्रेज ज्यादा पहचानते हैं, मेरी कदर भी ज्यादा करते हैं।
10. वर्तमान वर्किंग कमेटी से मुझे बिल्कुल संतोष नहीं है।
11. दूसरी बनाने में भी पूरी कठिनाई है।
12. कांग्रेस अध्यक्ष के रूप में मेरा देश की हालत से परिचित होना जरूरी है। मैं खुला रहना ज्यादा पसंद करूंगा, इतने पर भी जिम्मेदारी आएगी तो ठीक।
13. फरवरी के पहले यानी सजा की तारीख के पहले आया तो शायद उतने रोज जेल में रहना पड़े।
14. मैं कांग्रेस अधिवेशन में अवश्य आना चाहता हूं। शिक्षण पद्धति तथा अन्य स्थिति व विचारों पर भी उन्होंने अपने विचार कहे और जेल के बारे में भी खुलासा दिया।[30]

बजाज कांग्रेस की दिशा को लेकर स्पष्ट निर्णय की स्थिति में नहीं थे, लेकिन उनकी श्रद्धा गांधी के ही प्रति रही। संघ के पदाधिकारियों से भी उनका नियमित संपर्क

बना रहा। 26 नवंबर, 1935 को बजाज अपनी डायरी में लिखते हैं, 'देवदास पथकी मिलने आए। उन्हें मेरी स्थिति राष्ट्रीय स्वयंसेवक संघ के बारे में कही।'[31]

असहमति से विरोध तक

कांग्रेस में तनाव बढ़ता जा रहा था। 1935 में कांग्रेस की स्वर्ण जयंती थी, लेकिन उस वर्ष कांग्रेस का राष्ट्रीय अधिवेशन तक नहीं हुआ। लगभग पूरा वर्ष बीत जाने के बाद नेहरू ने यह स्वीकार किया कि वे कांग्रेस सोशलिस्ट ग्रुप के साथ हैं। 4 नवंबर, 1935 को लंदन में छात्रों को संबोधित करते हुए उन्होंने कहा कि उनकी मंजिल मार्क्सवादी नजरिए के साथ वैज्ञानिक समाजवाद है। इस भाषण में उन्होंने गांधी का भी जिक्र किया, 'गांधी बहुत पेचीदा इंसान हैं। हिंदुस्तान में उन्होंने बहुत बड़ी करामात करके दिखाई है। जब तक वे जिंदा हैं, वे एक बहुत बड़ी शख्सियत बने रहेंगे। सैद्धांतिक रूप से भले ही वे सियासी नेता नहीं हों, लेकिन उनका असर हमेशा महसूस किया जाता रहेगा।' नेहरू ने स्वीकार किया कि आने वाले समय में कांग्रेस को विचारधारा के संकट का सामना करना पड़ सकता है। वे बोले, 'ऐसा वक्त आ सकता है जब कांग्रेस को न सिर्फ अपना पुराना प्रतिक्रियावादी स्वरूप ही झाड़ फेंकना पड़े, बल्कि खुद को टुकड़ों में बांट देना पड़े।'[32]

तब नेहरू मानते थे कि गांधी कुछ समय के लिए ही सक्रिय राजनीति से अलग हुए हैं। इसके बावजूद भारत में उनका काफी प्रभाव है और आगे भी बना रहेगा। उनमें लाखों लोगों को जगाने का माद्दा है और किसी भी क्षण वे राजनीति में वापस आ सकते हैं।[33]

कांग्रेस का अगला अधिवेशन अप्रेल, 1936 में लखनऊ में हुआ। कमला नेहरू की असामयिक मृत्यु के कारण कांग्रेस में सहानुभूति का भाव था और अध्यक्ष पद के लिए जवाहरलाल नेहरू का नाम आना स्वाभाविक था। गांधी के बाद नेहरू सबसे प्रभावशाली नेता थे। उनकी विशेषता थी कि वे विभिन्न नीतिगत मुद्दों पर गांधी का खुलकर विरोध भी करते थे और आखिर में गांधी का फैसला स्वीकार भी करते थे। डॉ. बी. पट्टाभि सीतारमैया के अनुसार, 'नेहरू बराबर दो मन:स्थितियों में काम करते रहे; एक तो श्रेष्ठता की जिसके कारण उन्होंने हिंदुस्तान में अपने आपको सबसे श्रेष्ठ अनुभव किया और दूसरी मन:स्थिति आत्महीनता की, यानी गांधी के सामने कहीं उन्हें छोटा नहीं माना जाए।'[34]

नेहरू को लंदन रहने के दौरान ही कांग्रेस का अगला अध्यक्ष चुन लिया गया। इसके कुछ दिनों बाद उन्होंने 22 फरवरी, 1936 को लोजान में गांधी को अलग-अलग तरह से परिभाषित किया। नेहरू का कहना था कि गांधी का रास्ता मनोवैज्ञानिक है। उनके आंदोलन में 'अ' की बहुतायत (अहिंसा, असहयोग वगैरह) होने के बावजूद उन्होंने

अचंभे वाली तब्दीली कर दिखाई है। नेहरू ने यह भी कहा कि गांधी के तरीकों पर गौर करते समय किसी को साइंस या आधुनिक उद्योग-धंधों, संयम या संतति निरोध के उनके खयालों को लेकर बहस में नहीं पड़ना चाहिए।[35]

लखनऊ अधिवेशन के बाद से हालात बदलते लगे और गांधी के प्रति नेहरू का लगाव विचित्र नजर आने लगा। वे गांधी की तारीफ के साथ उनकी क्षमता पर सवाल करने से भी नहीं चूकते थे। 18 मार्च, 1936 को 'हिंदुस्तानी सेवा दल' के स्वयंसेवक प्रशिक्षण कैंप के उद्घाटन भाषण में नेहरू ने कहा, 'आप आंखें मूंदने वाले सिपाही नहीं बनें और बिना सोचे-समझे काम नहीं करें क्योंकि मैं कठपुतले नहीं चाहता। यह समझना कि गांधी कोई अवतार हैं और अकेले ही सब कुछ कर लेंगे, उनके प्रति नाइंसाफी है।' 11 अप्रेल को लखनऊ अधिवेशन के दौरान विषय समिति की बैठक में नेहरू ने अंतर्विरोधों को उठाया, 'दो तरह के नजरिए में मुकाबला है; सुधारवादी और इंकलाबी। सुधारवाद के हक में फैसला करने से अच्छा है उसे स्थगित कर देना।' उन्होंने प्रश्न किया, 'क्या हम एक इंकलाब की बात सोच रहे हैं या हम सुधारवाद का पक्ष लेने और कांग्रेस के झंडे के टुकड़े-टुकड़े करके स्कूली लड़के-लड़कियों से अपने गीत गवाने जा रहे हैं? क्या इससे मुल्क को आजादी मिलने वाली है? नेहरू ने स्पष्ट तौर पर कहा, 'कांग्रेस का फैसला जो भी होगा, मैं मिलकर चलने की कोशिश करूंगा। हम अपने को आपस में बांटना और कांग्रेस को तोड़ना गवारा नहीं कर सकते। आगे चलकर हमारे बीच विश्वास हो तो हम मिल-जुलकर काम करें और तब तक अविश्वास रख सकते हैं। लेकिन मैं कोशिश करूंगा कि कांग्रेस में मिल-जुलकर काम करने की प्रवृत्ति बढ़े।'[36]

12 अप्रेल, 1936 को कांग्रेस अध्यक्ष के रूप में बोलते हुए नेहरू ने मन में चल रहे द्वंद्व को बताया, 'हम अपने बड़े आदर्शों को भूल गए हैं और छोटी-छोटी बातों पर झगड़ रहे हैं। जनता से बहुत हद तक हमारा संबंध टूट गया है... हम सूख गए हैं.. कमजोर हो गए हैं और हमारे संगठन को जो ताकत हासिल थी, वह खत्म हो गई है और संगठन पीछे रह गया है। ..कांग्रेस में जनतंत्रवादी जीवंतता नहीं रह गई। वह सत्तावाद का शिकार हो गई और बेहद नाजायज हथकंडों से काम लेने लगी। आदर्शवाद लापता हो गया और अवसरवाद तथा भ्रष्टाचार ने उसकी जगह ले ली। केवल एक व्यापक जनतांत्रिक आधार ही इसकी रक्षा कर सकता था और इसी का अभाव था।'[37]

नेहरू का यह बयान अप्रत्यक्ष रूप से गांधी पर वैचारिक हमला था। गांधी जिन कमजोरियों के लिए कांग्रेस को दोषी मानते थे, नेहरू ने उसके लिए तत्कालीन नेतृत्व को दोषी ठहराया। तत्कालीन नेतृत्व का मतलब प्रत्यक्ष या परोक्ष रूप से गांधी ही था। महत्वपूर्ण बात यह थी कि गांधी लखनऊ अधिवेशन में मौजूद थे, लेकिन कार्यवाही में

भाग नहीं ले रहे थे। नेहरू ने अपने अध्यक्षीय भाषण में गांधी से मतभेद नहीं छिपाए। उन्होंने एक तरफ गांधी को महान नेता के रूप में व्याख्यायित करते हुए 'कठिनाई, आंधी-तूफान और तनाव के दौर में प्रेरक और पथप्रदर्शक' बताया; वहीं, दूसरी ओर कहा, 'बहुत-सी बातों में पहले भी उनके साथ हमारा मतभेद रहा है और आगे भी रहेगा। यह उचित भी है कि हम में से हरेक व्यक्ति अपने विश्वासों के अनुसार काम करे।' इसके बाद फिर गांधी की लंबी तारीफ करते हुए नेहरू ने उम्मीद प्रकट की, 'हम प्रतीक्षा में हैं कि वे अपने बुद्धिमत्तापूर्ण परामर्शों से फिर हमारा मार्गदर्शन करें।' लेकिन नेहरू के अगले वाक्य गांधी को फिर निशाने पर लिए हुए थे, 'कोई भी नेता, चाहे वह कितना ही बड़ा क्यों न हो, अकेला यह बोझ नहीं उठा सकता। हम सबको अपनी पूरी योग्यता के साथ उसमें हाथ बंटाना है और असहाय भाव से दूसरों पर भरोसा नहीं करना है कि वह चमत्कार करके दिखाए। नेता आते हैं और चले जाते हैं, लेकिन हिंदुस्तान और हिंदुस्तान की आजादी की लड़ाई आगे बढ़ रही है।'[38]

कार्यसमिति को लेकर विवाद

अधिवेशन के तत्काल बाद नेहरू को नई कार्यसमिति का चयन करना था। दो वर्ष पूर्व हुए बम्बई अधिवेशन में संविधान संशोधन करके उसकी बारहवीं धारा में कहा गया था कि वार्षिक अधिवेशन के अध्यक्ष अपने कार्यकाल के लिए अपनी कार्यकारिणी के 14 सदस्य अखिल भारतीय कांग्रेस कमेटी के सदस्यों में से चुन लेंगे, जिनमें कांग्रेस के महामंत्रियों में से 3 से अधिक और कोषाध्यक्षों में से दो से अधिक नहीं होंगे। 15 अप्रेल, 1936 को लखनऊ में अखिल भारतीय कांग्रेस कमेटी की बैठक में नेहरू ने कहा कि उन्होंने अभी नहीं सोचा है कि कार्यसमिति में कौन लोग शामिल होंगे। कार्यसमिति बनाना बड़ी जिम्मेदारी है। उन्होंने स्पष्ट किया, 'मुझमें और कांग्रेस में निर्विवाद सहमति नहीं थी और इसके लिए मुझे कोई शिकायत नहीं है। अलगाव हमें कमजोर बना देगा। *लेट्स हैंग टुगेदर, ऑर वी हैंग सेपेरेटली* (कहावत है कि हम लोग मिल-जुलकर रहें, नहीं तो अलग-अलग होकर मारे जाएं)।'[39]

नेहरू का मानना था कि वे अपने मन की कार्यसमिति नहीं बना सके। उन्होंने अनुकूल कार्यसमिति नहीं बनाने के बजाय यह ध्यान रखा बताया कि लखनऊ अधिवेशन में कांग्रेस के बहुमत का प्रतिनिधित्व कौन नेता कर रहे थे। इसके बावजूद उन्होंने अल्पमत यानी अपने विचारों से जुड़े 3 समाजवादी नेताओं आचार्य नरेन्द्र देव, जयप्रकाश नारायण और अच्युत पटवर्धन को कार्यसमिति में रखा। उन्होंने भेंटवार्ता में कहा, 'मैं कार्यसमिति में जिन लोगों को शामिल करना पसंद करता, उन सबको इसमें लेना मुमकिन नहीं है।'[40] नेहरू ने पार्श्व में धकेले जा रहे सुभाषचंद्र बोस को नए सिरे

से महत्व दिया। बोस चाहते थे कि कांग्रेस कार्यसमिति उन्हें कांग्रेस के प्रतिनिधि की हैसियत से विदेशों में काम करने का अधिकार दे लेकिन कांग्रेस ने इसे अस्वीकार कर दिया।[41] नेहरू ने कहा कि बोस के ऐसे किसी पत्र का हवाला उन्हें नहीं मिला। न राजेंद्र प्रसाद और न उनके कार्यकाल में कार्यसमिति में बोस के विषय पर विचार हुआ और न वैसा पत्र मौजूद है। उन्होंने संभावना व्यक्त की कि हुकूमत ने पत्र रोक लिया होगा। 10 मई, 1936 को सुभाष दिवस मनाने का निश्चय किया गया।[42] यह न केवल नागरिक स्वतंत्रता के दमन के खिलाफ एक बड़ा कदम था, बल्कि कांग्रेस के भविष्य के नेता के रूप में बोस की स्थापना का प्रयत्न था।

गांधी को नेहरू समाजवादी मानने को तैयार नहीं थे। उनका कहना था, 'गांधीजी में बड़ी रहमदिली के साथ जनसाधारण का हित करने की इच्छा है, लेकिन उनका समाजवाद अस्पष्ट है।'[43] कांग्रेस विचारधारा के स्तर पर बंटी हुई थी। नेहरू ने 18 मई, 1936 को बंबई में महिलाओं की सभा में कहा कि सब लोगों को जान लेना चाहिए कि लखनऊ कांग्रेस अधिवेशन में उन्होंने बुनियादी परिवर्तन चाहने वाला भाषण दिया लेकिन उनमें बहुत-सी बातों को लागू नहीं कर सके। वे जो बातें चाहते थे, उन्हें मंजूर नहीं किया गया। नेहरू ने यहां तक कहा, 'संभवतः मेरी स्थिति में किसी अधिक स्वाभिमानी व्यक्ति ने कांग्रेस अध्यक्ष पद से इस्तीफा दे दिया होता।'[44] नेहरू के भाव थे कि उन्होंने एक ऐसी कार्यसमिति स्वीकार की है, जो उनकी पसंद की नहीं है। उन्होंने उसी महिला सभा में कहा कि उन्होंने अपने विचारों की कीमत अदा की है और आगे भी उन्हें ऐसा ही करते रहना पड़ेगा।

गांधी कांग्रेस से अलग होने के बावजूद नेहरू के राजनीतिक हमलों से परिचित थे और पीछे हटने को तैयार नहीं थे। 12 मई, 1936 को उन्होंने नेहरू को स्पष्ट लिखा, 'मुझे खुशी है तुम मुझसे ही निपट रहे हो। मैं किसी विनाशकारी संघर्ष वाली प्रणाली को समर्थन देने का, हिंसा की बुनियाद पर खड़ी व्यवस्थाओं को बढ़ावा देने का या छोटे अपराध करने वालों की आलोचना और बड़े गुनहगारों की तारीफ करने का दोषी नहीं हूं। संभव है अनजाने में मुझसे तुम्हारे बताए हुए अपराध होते हैं। ऐसा है तो तुमको मुझे ठोस उदाहरण देने चाहिए। ...तुम्हारा काम करने का तरीका जैसा मुझे दिखाई देता है, उससे मेरा ढंग अलग है।'[45]

गांधी-नेहरू के टकराव और नेहरू के कठोर रवैए के खिलाफ गांधी के नेतृत्व को पसंद करने वाले वरिष्ठ नेतागण एकजुट थे। उन्होंने मिलकर नेहरू पर हमला बोला। जे.बी. कृपलानी ने राजेंद्र प्रसाद को पत्र लिखकर आपत्ति प्रकट की। राजेंद्र प्रसाद ने यह विषय वल्लभभाई पटेल के समक्ष उठाया। उनके एक पत्र के जवाब में पटेल ने लिखा, 'बंबई में दिए गए उनके (नेहरू) भाषणों ने मुझे उद्विग्न कर दिया है। यदि उनका यही

रवैया रहा तो इसका परिणाम पलटकर उन्हीं के सिर पड़ेगा। कार्यसमिति के बारे में उन्होंने जो जवाब दिया है, वह बहुत घटिया है और मैं नहीं समझता कि मैं उसे अपने गले उतार सकूंगा। उनसे आशा थी कि वे अपने साथियों के साथ शिष्टाचारपूर्वक पेश आएंगे। लेकिन वे ऐसा नहीं कर सके हैं अथवा यदि वे समझते हैं कि हम सब उनके लिए भार-स्वरूप हैं तो हमें उनके रास्ते से अवश्य हट जाना चाहिए।'[46]

दिसंबर, 1936 के फैजपुर अधिवेशन में नेहरू फिर ताकतवर रूप से सामने आए। उन्होंने साफ कहा, 'अनिश्चितता के कारण मैं 'हां' या 'ना' नहीं कह सका और खामोश रहा। अब सभापति पद के लिए नाम पेश कर दिए गए हैं और चुनाव का वक्त करीब आ रहा है। मैं अब खामोशी नहीं रख सकता और अपने देशवासियों को अपने विचार जता देना चाहता हूं। ...अपना फैसला देने से पहले उन्हें समझ लेना चाहिए कि मेरी विचारधारा क्या है, क्या चीज मुझे प्रेरणा देती है और सीखने-बोलने में मेरे क्या स्रोत हैं।'[47] पटेल ने नेहरू के सामने अपना नाम वापस ले लिया लेकिन उन्होंने कहा, 'इसका मतलब यह नहीं कि मैं जवाहरलाल की सारी विचारधारा से सहमत हूं।' नेहरू ने दोहराया, 'अगर मैं चुना जाता हूं तो उसका अर्थ होगा कि पिछले आठ महीनों में जिस ढंग से मैंने काम किया है, वे बातें अब भी बनी हुई हैं। जहां तक मुझसे हो सकेगा, चाहे चुना जाऊं या नहीं चुना जाऊं, मैं उसी ढंग से काम करता रहूंगा।'[48]

नई पार्टी बनाना चाहते थे गांधी?

गांधी-नेहरू के विवाद का विषय केवल दो व्यक्तियों के आत्मीय व्यवहार से जुड़ा हुआ नहीं था। उस दौरान की राजनीतिक घटनाओं में एक मुख्य गुत्थी थी कि क्या 'गांधी सेवा संघ' जैसे प्रयोग के जरिए गांधी कोई नया राजनीतिक दल खड़ा करके कांग्रेस को चुनौती देना चाहते थे? इसका स्पष्ट जवाब दिया जाना संभव नहीं है। यह निश्चित है कि 1935 से बाद के वर्षों में उनका कांग्रेस से विरोध हो चला था और कांग्रेस कार्यसमिति तक दो हिस्सों में बंटी हुई थी। उस दौरान नेहरू-बोस राजनीतिक रूप से साथ थे। देश की नौजवान पीढ़ी इन्हें वर्तमान एवं भविष्य के नेता के रूप में देख रही थी। यही वह दौर था, जब नेहरू ने रियासतों के आंतरिक मामलों में हस्तक्षेप करना शुरू किया। ऐसा करके वे कहीं-न-कहीं गांधी से अलग नीति स्थापित कर रहे थे और कांग्रेस की राजनीतिक मानसिकता को समय के साथ ढालने का प्रयास कर रहे थे। आखिर गांधी ने आर-पार का फैसला करने के लिए कदम आगे बढ़ा दिए। 23 जनवरी, 1938 को सुभाषचंद्र बोस विदेश यात्रा से कराची लौटे। गांधी ने उसी दिन बोस को तार भेजकर अपनी इच्छा प्रकट की, 'स्वदेश लौटने पर तुम्हारा स्वागत है। परमात्मा तुम्हें जवाहरलाल की जगह संभालने की शक्ति दे।'[49]

कांग्रेस की अंदरूनी कलह ने देशवासियों में निराशा का संचार किया। वहीं, कांग्रेस की प्राथमिक सदस्यता से इस्तीफा देने के बावजूद गांधी ने कांग्रेस से संबंध खत्म नहीं किए। वे अधिवेशनों और बैठकों में उस समय के हालात और अपनी मानसिकता के हिसाब से शामिल होते, दबाव बनाते या नहीं जाते। कांग्रेस के ज्यादातर नेताओं और कार्यकर्ताओं में सर्वाधिक उन्हें ही पसंद किया जाता था। एक मौका जरूर आया जब गांधी ने नहीं चाहा कि 1938 में सुभाषचंद्र बोस अध्यक्ष बनें, हालांकि गांधी द्वारा खुद की हार बताए जाने के बावजूद बोस अध्यक्ष बनने में सफल रहे। लेकिन कांग्रेस ने बहुमत से यह शर्त लाद दी कि कार्यसमिति गांधी की इच्छा से ही बनाई जाए। गांधी-बोस में लंबे पत्र व्यवहार चले और नेहरू ने यह प्रयास किया कि किसी तरह समझौता हो जाए, लेकिन सहमति नहीं बनी। बोस को इस्तीफा देना पड़ा। गांधी का मानना था कि कांग्रेस में बोगस तरीके से सदस्य बनाए गए हैं और कांग्रेस नैतिकता विहीन होती जा रही है। लेकिन उन्होंने कांग्रेस से कभी मोह नहीं छोड़ा; हमेशा सुधार के लिए सुझाव देते रहे। जब तक जिए, कांग्रेस में सुधार की बात करते रहे। वे इस निष्कर्ष तक चले गए कि कांग्रेस को राजनीति से अलग होकर रचनात्मक कार्यों में लग जाना चाहिए। संगठन चुनावों में बढ़ती हिंसा से वे परेशान थे। उनका कहना था:

> 'ऐसा मालूम होता है मानो कांग्रेस जन उस शक्ति को, जो कि उन्हें प्राप्त हुई है, हजम नहीं कर सकते। हर कांग्रेसी पदों की छीना-झपटी में हिस्सा चाहता है और कमेटियों पर कब्जा करने के लिए भी इसी तरह बहुत बुरी प्रतिस्पर्धा देखने में आ रही है। न तो यह रास्ता स्वराज्य प्राप्त करने का है और न पद ग्रहण का कार्यक्रम ही इस तरह चल सकता है। कांग्रेसी सरकार में जो भी पद ग्रहण किया जाए, सेवा की भावना से ही ग्रहण किया जाए; व्यक्तिगत लाभ की उसमें जरा-भी आशा नहीं रखनी चाहिए। अगर कोई 25 रुपए मासिक लेकर साधारण जीवन-यापन में संतुष्ट है तो मंत्री बनकर या सरकारी पद पाकर 250 रुपए पाने की आशा रखने का उसे कोई हक नहीं है। वे उन कांग्रेसजनों को उदाहरण देते जो सेवा-संस्थाओं में सिर्फ 25 रुपए मासिक ले रहे हैं, जो किसी भी मंत्री पद की जिम्मेदारी बड़ी योग्यता के साथ उठा सकते हैं। वे बताते हैं कि बंगाल और महाराष्ट्र में ऐसे योग्य आदमी बहुत मिलेंगे, जिन्होंने सार्वजनिक सेवा के लिए अपने आपको अर्पण कर दिया है। सिर्फ गुजारे भर के लिए राशि लेकर ये लोग देश की सेवा कर रहे हैं। उन्हें कहीं भी रखा जाए, वे अपने को हर जगह सुयोग्य साबित कर सकते हैं।'

कांग्रेस के खत्म होने का खतरा

गांधी मानते थे कि कांग्रेस के रजिस्टर में दर्ज 10 लाख लोग जिनके हृदय में हिंसा और असत्य हो, वास्तविक लोकतंत्र का विकास नहीं कर सकते और न स्वराज्य ही हासिल कर सकते हैं। उनका सोचना था कि 10 हजार कांग्रेसी, जो शत-प्रतिशत सत्य और अहिंसा में विश्वास करते हों और जो असंख्य संदिग्ध साथियों का बोझ उठाने की चिंता से मुक्त हों, स्वराज्य हासिल कर सकते हैं। वे सोचते थे कि इससे कोई भी इनकार नहीं कर सकता कि 1920 में जब कांग्रेस सच्चे अर्थों में पूर्ण लोक-प्रतिनिधि संस्था बनी और उसके रजिस्टर में हजारों की संख्या में मतदाताओं ने नाम दर्ज कराए, तब इसे नई शक्ति हासिल हुई। वह भी सिर्फ इसलिए कि इसने स्वेच्छा से अपने ध्येय की पूर्ति के लिए सत्य और अहिंसा को साधनों के रूप में स्वीकार किया और आज भी उसकी बड़ी शक्ति की तुलना में उसके रजिस्टर पर स्त्री-पुरुषों के नाम बहुत ही कम दर्ज हैं। इसका यही कारण है कि इसमें हिंदुस्तान की किसी दूसरी संस्था की अपेक्षा त्याग, संगठन और अनुशासन का माद्दा कहीं अधिक है। अनिश्चितकालीन मौन धारण के दौरान गांधी ने यह भी कहा, 'मैं पूरी सच्चाई और ईमानदारी के साथ ऐसे हरेक कांग्रेस-जन से, जिसे अपनी प्रतिज्ञा में विश्वास है यह अनुरोध करता हूं कि वह दो मार्गों में से कोई एक मार्ग चुन ले: एक तो शुद्धि का वह मार्ग है जो मैंने सुझाया है; और, यदि वह ऐसा समझता हो कि कांग्रेस में ऐसे लोगों की अधिकता हो गई है जिनका कांग्रेस के ध्येय और उसके रचनात्मक कार्यक्रम में (जो कि उसकी वास्तविक शक्ति का स्रोत हैं), विश्वास नहीं रहा है, तो दूसरा मार्ग यह है कि उसे कांग्रेस के ही खातिर कांग्रेस से अलग हो जाना चाहिए और उसके सिद्धांत तथा कार्यक्रम में जीती-जागती श्रद्धा रखकर और उन पर अमल करके यह दिखा देना चाहिए कि उसने अपने आदर्श की कांग्रेस का कभी परित्याग नहीं किया है। यदि इनमें से एक या दूसरे मार्ग का अवलंबन न लिया गया, तो मुझे इस बात का गंभीर खतरा दिखाई देता है कि कांग्रेस अपनी कमजोरियों के भार के नीचे दबकर चूर-चूर हो जाएगी।'

गांधी ने 25 अप्रेल, 1938 को नेहरू को स्पष्ट रूप से लिखा, 'इससे मुझे चोट पहुंचती है कि हमारे इतिहास के नाजुक अवसर पर महत्वपूर्ण मामलों में हम सहमत दिखाई नहीं पड़ते। मैं तुम्हें बता नहीं सकता कि मुझे यह जानकर घोर अकेलापन महसूस होता है कि आजकल मैं उन्हें अपने विचार का नहीं बना सकता। मैं जानता हूं तुम प्रेमवश बहुत कुछ करोगे। लेकिन राजनीति मामलों में जब बुद्धि विद्रोह करती है तो प्रेमवश आत्मसमर्पण नहीं किया जा सकता। तुम्हारी बगावत के कारण तुम्हारे प्रति मेरी भावना में कमी नहीं आई, उलटे ममत्व बढ़ा ही है। इसलिए अकेलापन और खलता है।'[50]

गांधी सेवा संघ पर टकराव

गांधी का पत्र पाते ही नेहरू ने 28 अप्रेल, 1938 को उन्हें जवाब लिखा, 'जैसा कि आपको मालूम ही है, पिछले छह महीनों के दौरान कांग्रेस की राजनीति में घटनाओं ने जो रुख लिया है, उससे मैं बड़ा दुःखी हूं। जिन बातों ने मुझे क्षुब्ध किया है, उनमें गांधी सेवा संघ* का नया रुख भी है। यह देखकर बहुत दुःख होता है कि गांधी सेवा संघ भी मामूली सतह पर उतर आया है जबकि उसे तो किसी-न-किसी तरह चुनाव जीतने पर उतारू एक दलगत संगठन बनाने से इनकार करके दूसरों के लिए मानदंड कायम करना चाहिए था।'[51]

जब नेहरू ने गांधी को पत्र लिखकर गांधी सेवा संघ के सदस्यों के चुनाव लड़ने पर सवाल उठाए तो उन्होंने कांग्रेसी मंत्रिमंडलों की अकुशलता और अवसरवादिता की भी आलोचना की। उन्होंने लिखा कि कांग्रेस के हालात सुधारे जा सकते हैं लेकिन उन लोगों के दिमाग दलगत झगड़ों में उलझे हुए हैं। नेहरू ने लिखा, 'महीनों से मैं महसूस कर रहा हूं कि जिस तरह काम चल रहा है, उससे मैं कारगर ढंग से काम नहीं कर सकता। जहां तक हो सका, काम तो निस्संदेह मैं बराबर करता रहा, लेकिन मुझे लगता है कि मैं ठीक जगह नहीं हूं और जो काम मेरे पास है, उसके लिए अनुपयुक्त हूं। (कारण तो और भी हैं लेकिन) मुख्यतया इसी कारणवश मैंने यूरोप जाने का निश्चय किया है। ..आप से किसी बात पर विचार करना तो मुझे कठिन मालूम पड़ता है क्योंकि इस समय जैसा आपका स्वास्थ्य है, उसमें मैं आपको तंग करके तकलीफ नहीं देना चाहता। फिर मुझे यह भी लगा कि ऐसे विचार-विमर्श के कोई ठोस परिणाम तो निकलते नहीं।'[52]

गांधी ने गांधी सेवा संघ की जिम्मेदारी को अपनी बताते हुए 7 मई, 1938 को पेशावर से नेहरू को लिखा, 'गांधी सेवा संघ के नए स्वरूप में ऐसी कौन-सी बात है जो तुम्हें खटक रही है? मुझे यह मानना होगा कि इसके लिए मैं ही जिम्मेदार हूं। मैं चाहूंगा कि तुम निःसंकोच होकर मुझे यह बताओ कि इसमें तुम्हें कौन-सी बात बुरी लगी है। यदि मेरी गलती होगी तो तुम जानते ही हो कि मैं गलती का पता लगते ही अपनी भूल सुधार लूंगा। वैसे सामान्य ह्रास के संबंध में मैं तुमसे सहमत हूं। हालांकि खामियों के बारे में हमारी धारणा पृथक हो सकती है।'[53]

गांधी के इस पत्र के बावजूद 2 जून, 1938 को नेहरू बंबई से विदेश यात्रा पर रवाना हो गए। 31 अगस्त, 1938 को गांधी ने नेहरू को चुनौती भरे शब्दों में लिखा, 'संघ

---

* गांधी सेवा संघ की स्थापना 1923 में ही हो गई थी, लेकिन विधिवत शुरुआत 1934 में हुई। इसका उद्देश्य अस्पृश्यता निवारण और ग्रामोद्योगों का विकास था। अप्रेल, 1937 में गांधी से पूछा गया था कि क्या गांधी सेवा संघ से जुड़े व्यक्ति भी विधानसभाओं में जा सकते हैं। गांधी का जवाब था, 'हां, क्योंकि रचनात्मक कार्यक्रमों के बिना कोई राजनीतिक कार्यक्रम सफल नहीं हो सकता, लेकिन सत्ता के लिए झगड़े नहीं होने चाहिए। गांधी सेवा संघ के वही सदस्य विधानसभाओं में जाएंगे, जिन्हें संघ अनुमति देगा।'

के बारे में तुम्हारी चेतावनी मैंने देख ली है। मुझे तो यह खबर अफवाह जैसी लगती है, लेकिन अगर यह सचमुच इससे कुछ ज्यादा की हैसियत रखती है तो भी मैं उसे कोई अहमियत नहीं देता। कांग्रेस की सहमति के बिना बैठक नहीं बुलाई जा सकती है और कांग्रेस की सहमति मिल नहीं सकती।[54] गांधी की नेहरू के प्रति परोक्ष सोच पटेल को 4 सितंबर, 1938 को लिखे पत्र से मिलती है, 'तुम कहां तक दवा के बल पर रहोगे। तुम्हें कौन-सा राज्य लेना है! तुमसे जितना हो सके, उतना काम करो।'[55]

बढ़ते रहे मतभेद

नेहरू की गांधी सेवा संघ के क्रियाकलापों के प्रति असहमति बनी रही। गांधी सेवा संघ के सम्मेलन 4-5 बार हुए। सम्मेलन में सामूहिक रूप से चरखे चलाए जाते और शाम को प्रमुख नेताओं के भाषण होते थे। गांधी का उपस्थित होना इन सम्मेलनों का एक बड़ा आकर्षण होता था। सम्मेलन कई दिनों तक चलता था, इसलिए गांधी से सबकी निकटता हो जाती थी। वर्ण सिद्धांतों को लेकर जमकर बहस होती और आखिरकार गांधी की सहमति मान ली जाती।[56] कांग्रेस की राजनीति में तटस्थ और गांधी के प्रबल समर्थक रहे खान अब्दुल गफ्फार खान ने अपनी आत्मकथा में लिखा है, 'वर्किंग कमेटी की पहली बैठक में बैठा तो पता चला कि इनके बीच काफी मतभेद हैं। एक तरफ, जवाहरलाल नेहरू और दूसरी तरफ सरदार पटेल और राजगोपालाचारी थे। मैंने गांधी से भी यह जिक्र किया, वे भी इन मतभेदों से खुश नहीं थे।'[57]

सुभाषचंद्र बोस का इस्तीफा

1939 में सुभाषचंद्र बोस के दुबारा अध्यक्ष निर्वाचित होने को गांधी स्वीकार नहीं कर सके। उन्होंने 31 जनवरी, 1939 को बारडोली से वक्तव्य जारी किया, 'मैं जरूर स्वीकार करूंगा कि मैं निर्णयात्मक रूप से उनके फिर से चुने जाने के खिलाफ था। मैं उनके (बोस) उन तथ्यों और तर्कों को स्वीकार नहीं करता, जिन्हें उन्होंने अपने घोषणा पत्र में व्यक्त किया है। मेरा सोचना है कि अपने सहयोगियों के बारे में उनके हवाले अन्यायपूर्ण और अयोग्यतापूर्ण थे। इस पर भी मैं उनकी जीत से प्रसन्न हूं और मौलाना साहब द्वारा नाम वापस लिए जाने पर डॉ. पट्टाभि को अपना नाम वापस नहीं लेने के लिए प्रेरित करने में चूंकि मैं ही निमित्त बना था, इसलिए डॉ. पट्टाभि की हार उनकी हार की अपेक्षा कहीं अधिक मेरी हार है।' इसी वक्तव्य में गांधी ने यह भी कहा, 'आखिरकार, सुभाष अपने देश के शत्रु नहीं हैं। उन्होंने देश के लिए कष्ट सहा है। उनकी राय में उनकी नीतियां और कार्यक्रम सर्वाधिक प्रगतिशील और साहसी हैं। अल्पसंख्यक समुदाय के लोग उनकी सफलता की केवल कामना कर सकते हैं। यदि

वे इसके साथ तादात्म्य नहीं स्थापित कर सकते तो उन्हें कांग्रेस से बाहर आना होगा।'[58] लेकिन बोस का मानना था कि अंतरराष्ट्रीय स्थिति का लाभ उठाते हुए ब्रिटिश हुकूमत के सामने राष्ट्रीय मांग यानी स्वराज को अल्टीमेटम के रूप में प्रस्तुत करना चाहिए। बोस ने नेहरू को लिखा, 'यदि हम मुख्य संघर्ष को भूलकर इन छोटी-मोटी-टालू नीतियों को अपनाते रहेंगे तो हमें नागरिक स्वतंत्रता और राज्यों में उत्तरदायी सरकार पाने में कम-से-कम 250 वर्ष लग जाएंगे।'[59] आखिरकार, बोस इस्तीफा देकर कांग्रेस से अलग हो गए।

गांधी सेवा संघ का पांचवां अधिवेशन 3 से 7 मई, 1939 तक वृंदावन (चंपारण) में हुआ। अधिवेशन में गांधी ने कहा, 'मैंने यह कह दिया था कि हमें अपने क्षेत्र का कुछ विस्तार करना चाहिए और रियासत प्रकरण में भी दखल देना चाहिए। लेकिन यदि हम इस क्षेत्र में कूद पड़े हैं तो वहां भी हमें अपनी अहिंसा का ही प्रयोग करना चाहिए। इस विषय में हमें बड़ी सख्ती से काम लेना चाहिए। इसके कारण दो सौ सदस्यों में से बीस ही रह जाएं तो भी कोई परवाह नहीं। फिर बीस से बढ़कर दो सौ सच्चे सदस्य होना होगा, नहीं तो बीस ही सही। मैं तो यह भी पाता हूं कि जो बुराई इस कांग्रेस में दिखती है, वह गांधी सेवा संघ में भी है। कांग्रेस बड़ी संख्या है, संघ छोटा है। कांग्रेस में जो बुराइयां बड़े परिमाण में हैं, संघ में अल्प परिमाण में है। आपस में द्वेष है, झगड़ा भी है और दांव भी है।'[60]

गांधी के नजदीकी किशोरलाल मशरूवाला के परिपत्र की चर्चा भी गांधी ने की।* परिपत्र में गांधी सेवा संघ के सदस्यों को याद दिलाया गया कि सारे मतभेदों को भुलाकर एकजुट रहना उनका प्राथमिक कर्तव्य था। उसमें सरदार पटेल पर लगाए गए निराधार आरोपों को 'झूठा और शरारत भरा' बताकर निंदा की गई और कहा गया कि गांधी उन्हें पूर्णतः निर्दोष मानते हैं। गांधी ने इस संदर्भ में कहा, 'मैं परिपत्र के दोष नहीं निकालना चाहता। गांधी सेवा संघ के सदस्य भले कांग्रेस में रहें; सरदार, राजेंद्र बाबू उसमें भले ही रहें; दूसरे सदस्य उन्हें भले ही बल दें, यह उनका व्यक्तिगत सवाल है। लेकिन संघ को संघ की हैसियत से उस झंझट में नहीं पड़ना चाहिए। वह गांधी सेवा संघ के क्षेत्र में नहीं आता। गांधी सेवा संघ के सदस्यों को राज्य प्रकरण में दखल देने की जरूरत पड़े तो वे अपनी जवाबदेही पर दें। त्रिपुरी में क्या हुआ, किसने किसके पक्ष में मत दिया, यह विषय संघ का नहीं है। यह हमारा क्षेत्र नहीं है। वह सरदार का काम है या जो त्रिपुरी में जाते हैं, उनका काम है।'[61] दूसरी तरफ, कांग्रेस के प्रति भी

*किशोरलाल मशरूवाला द्वारा जारी परिपत्र में बताया गया था कि कांग्रेस कार्यसमिति के जिन सात सदस्यों ने कांग्रेस अध्यक्ष पद के लिए पट्टाभि सीतारमैया के नाम की सिफारिश की, उनमें से 6 गांधी सेवा संघ के थे। इस चुनाव में गांधी की दिलचस्पी का पता तब चला, जब उन्होंने घोषणा की कि पट्टाभि सीतारमैया की हार मेरी हार होगी। (संपूर्ण गांधी वांगमय/ खंड-68/ पृष्ठ 396-397)

गांधी ने अपना तटस्थ रवैया साफ किया, 'कांग्रेस की शुद्धि का काम गांधी सेवा संघ का नहीं है। ...कांग्रेस की कार्यसमिति में हमारे 13 लोग हैं। कांग्रेस के शुद्धिकरण का काम वे देख लेंगे, नहीं तो वे निकम्मे साबित होंगे।'[62]

5 मई, 1939 को संघ की बैठक में गांधी ने विभिन्न सवालों के जवाब दिए। महाराष्ट्र के शंकरराव देव ने गांधी और सुभाष के बुनियादी मतभेदों के बारे में जानना चाहा तो गांधी ने कहा, 'सुभाष ने जलपाईगुड़ी में सरकार को अल्टीमेटम देने की बात की।* सुभाष मानते हैं कि हमारे पास लड़ाई का सामान मौजूद है। मैं बिल्कुल उलटा मानता हूं। सारा वायुमंडल हिंसा से इतना भरा हुआ है कि मैं लड़ाई कर ही नहीं सकता। ...सरकार को अल्टीमेटम देने का सामान मेरे पास नहीं है। ऐसी सूचना से देश की हंसी ही होगी। लेकिन सुभाष बाबू समझते हैं कि हम लड़ाई के लिए तैयार हैं। यह मतभेद बहुत बड़ा और बुनियादी है।'[63]

आत्महत्या की मानसिकता में महात्मा

यह एक बड़ा प्रश्न है कि एकाधिक अवसरों पर कांग्रेस के नेताओं में ही नहीं, बल्कि देश भर में यह संदेश गया कि हालात से परेशान होकर गांधी के मन में आत्महत्या करने का विचार आया। यह आशंका गांधी की दुविधाओं से व्यक्त हुई और उनके विचारों ने इसे गति दी। ये स्थितियां लगभग दो दशक तक चलती रहीं। इसकी शुरुआत तब हुई, जब उन्होंने 23 अक्टूबर, 1921 को नवजीवन के लेख में एक जटिल भूमिका के साथ अपनी पीड़ा व्यक्त की। हालांकि उन्होंने माना कि आशावाद आस्तिकता है। सिर्फ नास्तिक ही निराशावादी हो सकता है। आशावादी ईश्वर का भय मानता है, विनम्रतापूर्वक अपनी अंतरात्मा की आवाज सुनता है और उसके अनुसार आचरण करता है। वह मानता है कि ईश्वर जो करता है, अच्छा ही करता है। इसके विपरीत, निराशावादी में अहंकार होता है और सफलता नहीं मिलने पर दूसरों को दोष देता है। दृष्टिकोण के आधार पर आशावादी और निराशावादी का उन्होंने व्यापक विवेचन किया। इसके साथ ही उन्होंने लिखा, 'मेरे इन विचारों से कोई यह नहीं समझेगा कि मैंने कभी किसी को कहा होगा कि यदि इस वर्ष स्वराज्य नहीं मिला तो मैं आत्महत्या कर लूंगा। विषय भोग से मुक्ति पाने के अलावा अन्य किसी प्रसंग पर आत्महत्या को मैं महापाप और कायरता मानता हूं। स्वराज्य की कीमत हिंदुस्तान को मालूम हो चुकी है, वह उसकी कीमत चुकाए और प्राप्त करे।' लेकिन बात यहीं तक

*पट्टाभि सीतारमैया के अनुसार, 'जलपाईगुड़ी में बंगाल के प्रतिनिधियों ने मिलकर प्रस्ताव पारित किया कि ब्रिटिश सरकार को 6 महीने का नोटिस दिया जाए और सामूहिक सविनय अवज्ञा आरंभ की जाए। (बी. पट्टाभि सीतारमैया: हिस्ट्री ऑफ द इंडियन नेशनल कांग्रेस, खंड 2, पृष्ठ 106)

नहीं थी। गांधी ने इस लेख में माना, 'मुझे पूछा गया था कि यदि जनवरी में स्वराज्य नहीं मिला तो आप क्या करेंगे? मैंने कहा कि मुझे हिंदुस्तान पर इतना विश्वास है कि 31 दिसंबर तक भी यही मानूंगा कि हिंदुस्तान हर हालत में स्वराज्य प्राप्त करके रहेगा। इस कारण मैं यह नहीं कह सकता कि जनवरी में क्या करूंगा। मुझे तो यही अच्छा मालूम होगा कि मैं जनता से विदा होकर किसी शांत स्थान में जाकर रहूं या स्वराज्य तंत्र के संग्राम में यथाशक्ति जनता का हाथ बटाऊं। यदि हम किसी तरह इस वर्ष स्वराज्य प्राप्त नहीं कर सके तो मुझे अगले वर्ष जीवित रहना अच्छा नहीं लगेगा। ऐसी हालत में मेरी आत्मा को इतना अधिक कष्ट होगा कि उससे मेरे प्राण ही छूट जाएंगे।' उन्होंने इस बात का दर्द व्यक्त किया, 'मैंने हिंदुस्तान के दुःखों, आर्थिक और नैतिक, दोनों प्रकार का इतना अनुभव किया है कि उनकी लपटों में जलकर भस्म नहीं हो गया हूं तो उसका कारण केवल यही है कि मैं जनता के द्वारा दी गई आशा के बल पर जी रहा हूं। सितंबर में एक वर्ष की बात को मानने और करने वाला मैं अकेला व्यक्ति था। दिसंबर में सब लोगों ने उस वचन को ग्रहण कर लिया। अब अगर कांग्रेस अपनी प्रतिज्ञा को पूरा नहीं करे तो मुझ जैसे की क्या हालत होगा।' इस पर उनसे पूछा गया, 'क्या यह कायरता नहीं?' गांधी की पीड़ा थी, 'जीर्ण और जर्जर शरीर को बसंत मालती आदि औषधि खिलाकर जबर्दस्ती बनाए रखने की अपेक्षा अगर यदि गंगाजल पर जीकर क्षीण हो जाए तो इसमें क्या बुराई है?'[64]

नवजीवन के इस लेख में गांधी के विचार पढ़कर जनता में व्यापक प्रतिक्रिया हुई। अनेक लोगों ने गांधी को पत्र लिखकर कहा कि जनवरी तक स्वराज्य नहीं मिले और उस समय तक वे जेल से बाहर ही रहें तो भी आत्महत्या नहीं करें। गांधी ने स्पष्ट किया, 'जिन मित्रों को भगवद्गीता के प्रति मेरी आस्था की जानकारी है, उन्होंने संबंधित श्लोकों के दृष्टांत देकर यह कोशिश की है कि आत्महत्या करने की मेरी धमकी किस प्रकार उन उपदेशों के प्रतिकूल है, जिनका पालन करने का मैं प्रयास कर रहा हूं। मुझे उपदेश देने वाले लोग भूल जाते हैं कि मैं केवल एक सत्यान्वेषी हूं। मेरा दावा है कि मैंने आप तक पहुंचने का एक रास्ता खोज लिया है और मैं सत्य तक पहुंचने का अनवरत प्रयत्न कर रहा हूं। लेकिन साथ ही स्वीकार करता हूं कि अब तक मुझे यह मिला नहीं है। पूर्ण सत्य को खोज निकालना तो अपने आपको पहचान लेना, अपने भवितव्य को समझ लेना और सर्वदा त्रुटिरहित बन जाना है।' आखिर में उन्होंने फिर अपनी पीड़ा व्यक्त की, 'यदि वे देखते हैं कि एक साल बाद भी लोग चरखे की शांतिपूर्ण क्रांति द्वारा स्वराज्य प्राप्ति के प्रति संदेह रखते हैं, बारह महीने बल्कि उससे भी अधिक अवधि तक लोगों में जो उत्साह दिखाई देता रहा है, वह महज ऊपरी हलचल या अस्थाई आवेश है; अंग्रेजों के हृदय पर शांति का संदेश नहीं गया है तो उस हालत में क्या मुझे यह नहीं सोचना चाहिए

कि मैं संघर्ष का नेतृत्व करने के लिए योग्य नहीं हूं? क्या एक सच्चे इंसान के रूप में मुझे पूरी विनम्रता के साथ भगवान के सामने घुटने टेककर यह प्रार्थना नहीं करनी चाहिए कि वह इस व्यर्थ शरीर को उठा ले?'[65]

कथित आत्महत्या संबंधी विवाद के संदर्भ में यह तो निश्चित ही था कि गांधी कांग्रेस के प्रयासों से संतुष्ट नहीं थे, लेकिन इससे भी बड़ा विषय यह था कि ब्रिटिश राज कांग्रेस को कुछ समझने के लिए तैयार नहीं था। उसी दौरान बंगाल के गवर्नर रोनाल्डशे ने कांग्रेस के मनोनीत अध्यक्ष चितरंजन दास को कुछ नसीहतें देते हुए यह चेतावनी भी दी कि यदि अहमदाबाद कांग्रेस अधिवेशन में सही आचरण नहीं किया गया तो उन्हें मजा चखाया जाएगा। गांधी ने इसका प्रतिवाद किया। उन्होंने जवाब दिया कि हर प्रतिनिधि इस तैयारी और दृढ़ निश्चय के साथ अहमदाबाद जाएगा कि चाहे कैसा ही संकट क्यों न उपस्थित हो, इस लड़ाई में विजय प्राप्त करके ही मानेंगे।[66]

गांधी विचारों और शरीर से शिथिल नहीं पड़े थे। वे न केवल कांग्रेस को सही रास्ता दिखाने की कोशिश में अनवरत लगे हुए थे, बल्कि आम जनता के लिए तो अविवादित नेतृत्वकर्ता बन चुके थे। इस अविचलित स्थिति पर राजनीति और काल प्रवाह के झोंके टक्कर मार रहे थे। गांधी को कई बार लगता कि विश्व युद्ध ने उनको ज्यादा प्रभावित किया। वह उनके लिए कठिन समय के रूप में सामने आया। गांधी ने देखा कि युद्ध से दुनिया का विनाश हो रहा है और वे कुछ कर नहीं पा रहे हैं। वे इतने व्यथित थे कि कई बार उन्होंने आत्महत्या करने की बात भी कही। उनका कहना था कि यदि वे युद्ध के कारण होने वाली पीड़ा को रोकने के लिए शक्तिहीन हैं तो कम-से-कम अपने को इसका गवाह बनने से रोकने के लिए जीवन का अंत तो कर सकते हैं।[67] लेकिन ये विचार सिर्फ हवा के झोंके थे। वे राजनीतिक रूप से नेहरू-सुभाष की छाया से कांग्रेस को निकालने में जुटे हुए थे; दूसरी ओर, ब्रिटिश हुकूमत के लिए भी चुनौती बने हुए थे। वायसरॉय लॉर्ड लिनलिथगो ने कहा, 'किसी भ्रम में मत रहो। यह बूढ़ा भारत में सबसे बड़ी चीज है। इसका बड़ा भारी प्रभाव है।'[68] लिनलिथगो का कहना था, 'यदि लगा कि गांधी युद्ध प्रयत्नों में बाधा डाल रहे हैं तो उन्हें काबू में लाना होगा। ...वे (गांधी) बूढ़े हैं और इस बूढ़े आदमी को जबर्दस्ती खाना नहीं खिला सकते।'[69]

सत्तर पार उम्र में भी खाने-पीने के तमाम परहेज और अल्प आहारी होने के बावजूद गांधी का शरीर सुगठित था। सीने के स्वस्थ पुट्ठे उभरे हुए, पतली कमर और लंबे-पतले मजबूत पैर, जो चप्पलों से धोती तक नंगे थे। उनके घुटनों की गांठें निकली हुई थीं और उनकी हड्डियां चौड़ी तथा मजबूत थीं। उनके हाथ बड़े-बड़े और अंगुलियां लंबी और सुदृढ़ थीं। उनकी चमड़ी कोमल, चिकनी और स्वस्थ थी। शरीर बूढ़ा नहीं मालूम देता था। बुढ़ापे का पता उनके सिर से लगता था। चाहे बात करते हों या सुनते

हों, उनका चेहरा सजीव बना रहता था और उस पर तुरंत प्रतिक्रिया होती थी। बात करते समय वे प्रभावशाली ढंग से हाथों द्वारा भाव प्रदर्शित करते थे। गांधी के सामने जाने पर लगता कि एक तनाव रहित, प्रफुल्ल, बुद्धिमान और सभ्य व्यक्ति बैठे हैं। उनके व्यक्तित्व में चमत्कार था। अपने व्यक्तित्व के बल पर ही वे बिना संगठन और सरकार के सहारे अपना प्रभाव सुदूरवर्ती क्षेत्रों में छोड़ने में सफल थे। साध्य के ऊपर साधन की श्रेष्ठता। जिस संसार में सत्ता, धन और अहंकार के क्षयकारी प्रभाव के सामने टिकने वाले नहीं के बराबर हैं, गांधी एक उत्तम पुरुष थे। बिजली, रेडियो, नल या टेलीफोन से वंचित एक छोटे से भारतीय गांव की कुटिया में जमीन पर आधे से अधिक नंगे बैठे हुए। हर दृष्टि से वे जमीन के निकट थे।[70]

संदर्भ सूची

1. जवाहरलाल नेहरू वांगमय, खंड 3, सस्ता साहित्य मंडल, नई दिल्ली, 2009, पृष्ठ 7
2. संपूर्ण गांधी वांगमय, खंड 35, प्रकाशन विभाग, सूचना और प्रसारण मंत्रालय, भारत सरकार, 1970, पृष्ठ 448-449
3. यंग इंडिया, 5 जनवरी, 1928
4. जवाहरलाल नेहरू वांगमय, खंड 3, सस्ता साहित्य मंडल, नई दिल्ली, 2009, पृष्ठ 15
5. वही, पृष्ठ 65-66
6. वही, पृष्ठ 269-270
7. जवाहरलाल नेहरू वांगमय, खंड 4, सस्ता साहित्य मंडल, नई दिल्ली, 2009, पृ 159
8. डॉ. बी. पट्टाभि सीतारमैया: कांग्रेस का इतिहास, खंड 1, सस्ता साहित्य मंडल, नई दिल्ली, पृष्ठ 440
9. वही, पृष्ठ 440-441
10. संपूर्ण गांधी वांगमय, खंड 55, प्रकाशन विभाग, सूचना और प्रसारण मंत्रालय, भारत सरकार, 1973, पृष्ठ 162
11. डॉ. बी. पट्टाभि सीतारमैया: कांग्रेस का इतिहास, खंड 1, सस्ता साहित्य मंडल, नई दिल्ली, पृष्ठ 441
12. वही, पृष्ठ 442-443
13. वही, पृष्ठ 443
14. वही, पृष्ठ 443-444
15. वही, पृष्ठ 450
16. मोरारजी देसाई: मेरा जीवन वृत्तांत, नवजीवन प्रकाशन, अहमदाबाद, 1972, पृष्ठ 143
17. वही, पृष्ठ 144
18. डॉ. बी. पट्टाभि सीतारमैया: कांग्रेस का इतिहास, खंड 1, सस्ता साहित्य मंडल, नई दिल्ली, पृष्ठ 455
19. वही, पृष्ठ 450-452
20. वही, पृष्ठ 445
21. वही, पृष्ठ 460-467
22. वही, पृष्ठ 474
23. ए.आई.सी.सी. फाइल नं. 463, 1934, नेहरू स्मारक संग्रहालय, नई दिल्ली
24. जमनालाल बजाज की डायरी, खंड 4, सस्ता साहित्य मंडल, नई दिल्ली, 1972, पृष्ठ 10-11

25. ना.ह. पालकरः डॉ. हेडगेवार चरित, लोकहित प्रकाशन, लखनऊ, 2020, पृष्ठ 273
26. यादवराव जोशीः श्री गुरुजी समग्र, खंड 12, सुरुचि प्रकाशन, नई दिल्ली, युगाब्द 5106, पृष्ठ 103-104
27. ना.ह. पालकरः डॉ. हेडगेवार चरित, लोकहित प्रकाशन, लखनऊ, 2020, पृष्ठ 284-286
28. वही, पृष्ठ 286-288
29. जमनालाल बजाज की डायरी, खंड 4, सस्ता साहित्य मंडल, नई दिल्ली, 1972, पृष्ठ 234
30. वही, पृष्ठ 227-228
31. वही, पृष्ठ 259
32. जवाहरलाल नेहरू वांगमय, खंड 7, सस्ता साहित्य मंडल, नई दिल्ली, 2009, पृ. 35
33. वही, पृष्ठ 58
34. डॉ. बी. पट्टाभि सीतारमैयाः कांग्रेस का इतिहास, खंड 2, सस्ता साहित्य मंडल, नई दिल्ली, पृष्ठ 9
35. जवाहरलाल नेहरू वांगमय, खंड 7, सस्ता साहित्य मंडल, नई दिल्ली, 2009, पृष्ठ 120
36. वही, पृष्ठ 164
37. वही, पृष्ठ 176
38. वही, पृष्ठ 190
39. वही, पृष्ठ 193
40. द हिंदू, 21 अप्रेल,1936
41. द इंडियन एनुअल रजिस्टर जनवरी-जून, 1936, खंड-1, पृष्ठ 256-257
42. जवाहरलाल नेहरू वांगमय, खंड 7, सस्ता साहित्य मंडल, नई दिल्ली, 2009, पृष्ठ 204
43. द बॉम्बे क्रॉनिकल,16 मई,1936
44. जवाहरलाल नेहरू वांगमय, खंड 7, सस्ता साहित्य मंडल, नई दिल्ली, 2009, पृष्ठ 224
45. संपूर्ण गांधी वांगमय, खंड 62, प्रकाशन विभाग, सूचना और प्रसारण मंत्रालय, भारत सरकार, 1973, पृष्ठ 424
46. फाइल संख्या 32/12/36, होम (पॉलिटिकल), पृष्ठ 490
47. डॉ. बी. पट्टाभि सीतारमैयाः कांग्रेस का इतिहास, खंड 2, सस्ता साहित्य मंडल, नई दिल्ली, पृष्ठ 34

48. वही, पृष्ठ 35
49. संपूर्ण गांधी वांगमय, खंड 66, प्रकाशन विभाग, सूचना और प्रसारण मंत्रालय, भारत सरकार, 1977, पृष्ठ 387
50. जवाहरलाल नेहरू वांगमय, खंड 8, सस्ता साहित्य मंडल, नई दिल्ली, पृष्ठ 369
51. वही, पृष्ठ 370
52. वही, पृष्ठ 371
53. संपूर्ण गांधी वांगमय, खंड 67, प्रकाशन विभाग, सूचना और प्रसारण मंत्रालय, भारत सरकार, 1977, पृष्ठ 78
54. वही, पृष्ठ 333
55. वही, पृष्ठ 344
56. राजेंद्र प्रसाद: आत्मकथा, सस्ता साहित्य मंडल, नई दिल्ली, 2002 पृष्ठ 706
57. अब्दुल गफ्फार खान: मेरा जीवन मेरा संघर्ष, नई किताब, दिल्ली, 2013, पृष्ठ 437
58. नेताजी संपूर्ण वांगमय, खंड 9, प्रकाशन विभाग, सूचना और प्रसारण मंत्रालय, भारत सरकार, 1998, पृष्ठ 74-75
59. वही, पृष्ठ 170
60. संपूर्ण गांधी वांगमय, खंड 69, प्रकाशन विभाग, सूचना और प्रसारण मंत्रालय, भारत सरकार, 1978, पृष्ठ 218
61. वही, पृष्ठ 222
62. वही
63. संपूर्ण गांधी वांगमय, खंड 69, प्रकाशन विभाग, सूचना और प्रसारण मंत्रालय, भारत सरकार, 1977, पृष्ठ 232
64. नवजीवन, 23 अक्टूबर, 1921
65. संपूर्ण गांधी वांगमय, खंड 22, प्रकाशन विभाग, सूचना और प्रसारण मंत्रालय, भारत सरकार, 1967, पृष्ठ 479-480
66. यंग इंडिया, 17 नवंबर, 1927
67. मौलाना अबुल कलाम आजाद: इंडिया विन्स फ्रीडम, ओरियंट ब्लैक स्वान, नई दिल्ली, पृष्ठ 31
68. लुई फिशर: गांधी की कहानी, सस्ता साहित्य मंडल, नई दिल्ली, पृष्ठ 136
69. वही
70. वही, पृष्ठ 136-138

हैदराबाद की पुकार

हैदराबाद (भाग्यनगर) पुकार रहा था! वह रियासत, जहां के अत्याचारी शासन के आतंक के कारण हजारों धर्मनिष्ठ हिंदुओं को अपनी जमीन छोड़कर अन्यत्र जाना पड़ा। उस रियासत में हिंदुओं के दमन की पराकाष्ठा होने लगी। इसके विरूद्ध आंदोलन को व्यापक रूप देकर हिंदुओं के अधिकारों की रक्षा के लिए चट्टान बनकर खड़े होने का समय था।

हिंदू विरोधी नीतियां

हैदराबाद क्षेत्रफल की दृष्टि से भारत की रियासतों में सबसे बड़ा था। इसका आकार इंग्लैंड और स्कॉटलैंड के सम्मिलित क्षेत्रफल से भी अधिक था।[1] इसकी स्थापना 18वीं शताब्दी में आसफ जाह द्वारा की गई थी, जिन्होंने निजाम-उल-मुल्क (देश का शासक) की पदवी के साथ शासन किया। उनके वंशजों ने भी इस उपाधि को अपने नाम के साथ लगाना जारी रखा। 1911 में रियासत की बागडोर मीर उस्मान अली खान (आसफ जाह सप्तम) को सौंपी गई। हैदराबाद एक हिंदू बहुल रियासत थी। हालांकि बीसवीं शताब्दी में हिंदुओं का जनसंख्या प्रतिशत घटता गया। 1881 से 1931 के बीच हिंदू आबादी 90 प्रतिशत से 84 प्रतिशत पर आ गई; वहीं, मुस्लिम आबादी 9.40 से 10.63 प्रतिशत हो गई।[2] उस दौरान निजाम की धार्मिक आधार पर पक्षपात की नीति के कारण सांप्रदायिक तनाव बढ़ता गया। यहां तक कि हिंदुओं और मुसलमानों के त्योहार एक दिन पड़ने की स्थिति में हिंदुओं के लिए अपने धार्मिक समारोह घर के भीतर ही करने की अनुमति थी।[3] रियासत के प्रमुख प्रशासनिक पदों पर 75 प्रतिशत मुसलमान थे; 20 प्रतिशत हिंदू और 5 प्रतिशत अन्य संप्रदायों के लोग थे। सेना और पुलिस में 54,159 मुसलमानों के मुकाबले 6,495 हिंदू ही थे।[4] उर्दू को राजभाषा का दर्जा मिला हुआ था और मराठी, तेलुगू तथा कन्नड़ भाषी छात्रों की बड़ी संख्या के

बावजूद सरकारी संस्थानों में सिर्फ उर्दू का विकल्प था। 1931 में रियासत में उर्दू बोलने वाले लोगों की संख्या सिर्फ 10.44 प्रतिशत थी; वहीं तेलुगू भाषी 48.30 प्रतिशत, मराठी भाषी 26.23 और कन्नड़ भाषी 11.12 प्रतिशत थे।[5] कई लोगों और सामाजिक संस्थाओं ने निजी स्कूलों के जरिए इस कमी को पूरा करने के प्रयास शुरू किए, लेकिन निजी स्कूल खोलने पर भी पाबंदी लगा दी गई। हालात ये हो गए कि 1931 की जनगणना में मुसलमानों की साक्षरता दर 12.4 प्रतिशत थी, जबकि हिंदू 4 प्रतिशत साक्षरता दर के साथ काफी पिछड़ गए।[6]

राजनीतिक गतिविधियों पर प्रतिबंध

रियासत में राजनीतिक सभाओं और राष्ट्रीय नेताओं के प्रवेश पर प्रतिबंध लगा हुआ था। किसी भी तरह की बैठक करने से पहले प्रशासन की अनुमति लेना आवश्यक था। स्वदेशी आंदोलन के बढ़ते प्रभाव को देखकर 'केसरी', 'स्वराज्य' और 'हितवाद जैसे राष्ट्रीय विचारों से ओतप्रोत समाचार पत्रों पर रोक लगा दी गई। स्कूलों और अखाड़ों के निर्माण की भी अनुमति नहीं थी।[7] देशी राज्यों में हस्तक्षेप नहीं करने की कांग्रेस की नीति के कारण राजनीतिक गतिविधियां सीमित रहीं। उस दौरान हैदराबाद के नेताओं ने रियासत के बाहर जाकर बैठकें और सभाएं करना जारी रखा। बंबई प्रांत के मराठी भाषी क्षेत्र इन गतिविधियों का प्रमुख केंद्र बने। इसके कारण हैदराबाद की राजनीतिक विचारधारा पर महाराष्ट्र के विचारकों का गहरा प्रभाव पड़ा। इनमें से अधिकतर विदर्भ क्षेत्र के हिंदुत्वनिष्ठ नेता थे।[8]

स्वतंत्र मुस्लिम राज्य की मांग

निजाम के करीबी बहादुरयार जंग द्वारा 1933 में गठित मजलिस इत्तेहादुल मुस्लिमीन ने खाई को और बढ़ाने का कार्य किया। जंग ने इस्लाम को बढ़ावा देने के लिए तबलीग और तंजीम के कार्य को विस्तार दिया। उसने खुलेआम घोषणा की, 'इस्लाम शासक का मजहब है। अगर हिंदू इसे अपनाएंगे तो शासक खुश होगा और उन्हें रोजगार मिलेगा। शासक चाहता है कि पूरी हिंदू आबादी इस्लाम अपना ले।'[9] आगे जाकर मजलिस ने अपने उद्देश्य घोषित किए। इनमें हैदराबाद की स्वतंत्रता के लिए संघर्ष, उत्तरदायी शासन की स्थापना रोकने, मुसलमानों के राजनीतिक वर्चस्व को सुदृढ़ बनाने जैसे विषय शामिल थे। नेशनलिस्ट आंध्र महासभा के अध्यक्ष रहे एम. नरसिंह राव के अनुसार, 'जिस तरह मुस्लिम लीग ने मुसलमानों के लिए अलग निर्वाचन मंडल मांगकर सांप्रदायिकता के बीज बोए, लेकिन अंत में मुसलमानों के अलग राष्ट्र की मांग पर आ गई; उसी तरह, मजलिस ने निजाम की सत्ता बरकरार

रखने के नारे के साथ शुरुआत की और मुस्लिम संप्रभुता की स्थापना के लिए व्यापक आंदोलन चलाने लगी।'[10]

हिंदुओं पर निशाना

निजाम शासन की हिंदू विरोधी नीतियां 1936 के आसपास दमनकारी स्वरूप लेने लगीं, जब आर्य समाज के कार्यकर्ताओं ने प्रचार का काम शुरू किया। स्वामी दयानंद सरस्वती की 'सत्यार्थ प्रकाश' पर प्रतिबंध लगा दिया गया। उस दौरान हुमनाबाद-माणिकनगर में मुसलमानों और आर्य समाज कार्यकर्ताओं के बीच झड़प हुई। 1937 में सभी प्रकार की बैठकों को प्रतिबंधित कर दिया गया। निजाम की ओर से 1938 में यह आदेश जारी हुआ कि हवन कुंड स्थापित करने से पहले अनुमति मांगी जानी चाहिए। उसी वर्ष सभी सरकारी कर्मचारियों के कुछ संगठनों में शामिल होने पर रोक लगा दी गई; इनमें आर्य समाज भी था। आर्य समाज के नेता पंडित नरेंद्र को एक वर्ष की अवधि के लिए सार्वजनिक व्याख्यान देने से प्रतिबंधित कर दिया गया। इस माहौल में अप्रेल, 1938 में हैदराबाद के धूलपेट में बड़ा सांप्रदायिक दंगा हुआ। इन दंगों में दोनों समुदायों को काफी जान-माल का नुकसान हुआ था, लेकिन मजलिस के अध्यक्ष बहादुर यार जंग के दो भतीजों की मौत से माहौल एकतरफा होने लगा। दोनों की लाशों के साथ 25 हजार हथियारबंद मुसलमानों का जुलूस निकाला गया।[11] दूसरी तरफ, प्रतिष्ठित वकील भूलाभाई देसाई द्वारा बचाव में मुकदमा लड़े जाने के बावजूद आर्य समाज के कई नेताओं को सजा सुनाई गई। उसी वर्ष दशहरे के समय उदगीर में एक और दंगा हुआ।[12] इन सिलसिलेवार घटनाओं से हैदराबाद के हिंदुओं में असुरक्षा की भावना बढ़ने लगी।

वंदे मातरम् पर प्रतिबंध

उसी दौरान वंदे मातरम् गाए जाने के विषय पर उस्मानिया विश्वविद्यालय के छात्रों और निजाम शासन के बीच टकराव की स्थिति बनने लगी। विश्वविद्यालय राज्य सरकार की एक इकाई के रूप में कार्य कर रहा था। विश्वविद्यालय के कुलाधिपति निजाम की कार्यकारी परिषद के अध्यक्ष और कुलपति उनके शिक्षा विभाग के सदस्य थे। सरकार का प्रत्यक्ष हस्तक्षेप होने से वहां मुक्त शैक्षणिक वातावरण नहीं बन सका था। विश्वविद्यालय में तीन प्रमुख छात्रावास थे, जिनमें से प्रत्येक में दो प्रार्थना कक्ष थे; एक मुस्लिम छात्रों के लिए और दूसरा हिंदू छात्रों के लिए। इन्हीं में से एक छात्रावास के हिंदू प्रार्थना हॉल में वंदे मातरम् गाए जाने की सूचना मिलने पर वार्डन ने प्रार्थना हॉल को बंद रखने का आदेश दे दिया। रमजान की छुट्टियों के बाद 28 नवंबर, 1938

को विश्वविद्यालय खुला तो वहां एक नोटिस लगा हुआ था, जिसमें विश्वविद्यालय के छात्रावासों में वंदे मातरम् के गायन पर प्रतिबंध लगाए जाने की सूचना थी। इसमें कहा गया कि यह गीत गैर हिंदू छात्रों की भावनाओं को आहत कर सकता है और छात्रों के आपसी संबंधों पर प्रतिकूल प्रभाव डाल सकता है। इस आदेश के बावजूद छात्रों ने वंदे मातरम् गाना जारी रखा और अधिकारियों के क्रोध को झेला। कई छात्रों के नाम छात्रावास से हटा दिए गए, कक्षाओं में उनकी उपस्थिति को निलंबित कर दिया गया और उन्हें दी जाने वाली छात्रवृत्ति तथा अन्य सुविधाएं रद्द कर दी गईं। विश्वविद्यालय के अधिकांश हिंदू छात्र हड़ताल पर चले गए। छात्रों के एक प्रतिनिधि मंडल ने अधिकारियों से मुलाकात की और आदेश को रद्द करने का अनुरोध किया। इसे अस्वीकार करते हुए छात्रों को माफी मांगने के बाद ही कक्षा में प्रवेश देने के आदेश दिए गए। 10 दिसंबर, 1938 तक माफी नहीं मांगने वाले छात्रों के नाम विश्वविद्यालय की सूची से काटने की चेतावनी दी गई।[13]

छात्रों पर चला दमनचक्र

राज्य सरकार को उम्मीद थी कि छात्र माफी मांग लेंगे और विषय समाप्त हो जाएगा, लेकिन इसका उल्टा हुआ। छात्रों ने वंदे मातरम् को स्वाभिमान से जोड़ लिया। सुभाषचंद्र बोस, विनायक दामोदर सावरकर जैसे राष्ट्रीय व्यक्तित्वों के प्रोत्साहन से उन्हें और बल मिला। इन राष्ट्रवादी छात्रों में 17 वर्षीय पी.वी. नरसिंह राव* शामिल थे। उस समय वे वारंगल में कॉलेज की पढ़ाई कर रहे थे। उन्होंने निजाम के आदेश का उल्लंघन करते हुए अपने सहपाठियों के साथ वंदे मातरम् गाया। रियासत के अधिकारियों ने ऐसा नहीं करने की चेतावनी दी, लेकिन राव ने परवाह नहीं की। परिणामस्वरूप, राव को कॉलेज से निष्कासित कर दिया गया। हायर सेकेंडरी में रियासत में प्रथम स्थान पा चुके मेधावी राव के लिए सरकारी पद पाने के रास्ते में भी बाधा आ गई।[14] इसी क्रम में उस्मानिया यूनिवर्सिटी कॉलेज के 350, हैदराबाद सिटी कॉलेज के 70, गुलबर्गा कॉलेज और हाई स्कूल के 310 तथा महबूबनगर हाई स्कूल के 120 छात्रों के नाम संबंधित संस्थानों से हटा दिए गए।[15]

उस दौरान नागपुर विश्वविद्यालय के कुलपति तुकाराम जयराम केदार के राष्ट्रवादी विचारों ने छात्रों को संबल प्रदान किया। निष्कासित किए गए छात्रों को माइग्रेशन सर्टिफिकेट तक नहीं दिया गया था ताकि वे कहीं और नामांकन नहीं करवा सकें।[16] लेकिन केदार ने प्रवेश नियमों के सभी प्रतिबंधों में ढील देते हुए छात्रों को अपने

* राव तरुणावस्था में संघ से जुड़े हुए थे और अपने संपर्कों को संघ के वरिष्ठ प्रचारक मोरोपंत पिंगले के माध्यम से भविष्य में भी जीवंत रखा।

विश्वविद्यालय में आमंत्रित किया। अधिकांश निष्कासित छात्रों ने नागपुर विश्वविद्यालय में नामांकन करवा लिया। निजाम शासन को इससे भी आपत्ति थी। निजाम के प्रधानमंत्री अकबर हैदरी ने नागपुर विश्वविद्यालय के कुलाधिपति एफ.वी. वायली को इस बारे में लिखा, लेकिन वायली ने छात्रों के प्रवेश से जुड़े मामले में हस्तक्षेप करने से इनकार कर दिया।[17] हैदरी ने मध्य प्रांत के गवर्नर से भी छात्रों को नागपुर विश्वविद्यालय से निष्कासित करने का अनुरोध किया, लेकिन विश्वविद्यालय ने उनकी सिफारिश को भी मानने से इनकार कर दिया।[18]

सत्याग्रह का बिगुल

निजाम शासन की हिंदू विरोधी और अत्याचारपूर्ण नीतियों का प्रतिकार करने के लिए हिंदू एकजुट होने लगे। भाषाई अस्मिता को भी लगातार बल मिल रहा था। मराठी, तेलुगू और कन्नड़ संगठन रियासत के भीतर अपने भाषाई समूह को बचाने के लिए संगठित होने लगे। बंबई और मद्रास प्रेसिडेंसी में कांग्रेस के सत्ता में आने से भी सीमावर्ती क्षेत्रों में राजनीतिक गतिविधियां बढ़ीं। 11 अक्टूबर, 1938 को 'भागानगर निःशस्त्र मंडल' की स्थापना की गई।[19] हिंदुओं के अधिकारों की रक्षा के लिए इस मंडल के नेतृत्व में सत्याग्रह शुरू करने का फैसला हुआ। रियासत की सीमा में जाकर निषेधाज्ञा भंग करने, जनसभाएं आयोजित करने, प्रतिबंधित पुस्तकों का पाठ करने और धार्मिक जुलूस निकाले जाने की रणनीति तय हुई।[20] जनभावना को सत्याग्रह से जोड़े रखने के लिए हर महीने की 22 तारीख को 'हैदराबाद दिवस' मनाने का निर्णय हुआ।[21] 24 अक्टूबर, 1938 को आर्य समाज ने देवी लाल के नेतृत्व में सत्याग्रह शुरू किया; उन्हें गिरफ्तार कर लिया गया और तीन साल के कठोर कारावास की सजा सुनाई गई।[22]

शंकराचार्य का सान्निध्य

सत्याग्रहियों की प्रमुख मांगों में धार्मिक समारोहों के आयोजन और यज्ञशाला-हवनकुंड के निर्माण की पूर्ण स्वतंत्रता, तबलीग के काम में सरकारी कर्मचारियों के शामिल होने पर प्रतिबंध, कैदियों, छात्रों और अनाथ बच्चों के धर्मांतरण पर रोक और हिंदू संगठनों से प्रतिबंध हटाने जैसे विषय शामिल थे।[23] निजाम शासन ने इन मांगों को स्वीकार करना तो दूर, सत्याग्रहियों के रियासत में प्रवेश पर भी प्रतिबंध लगा दिया। इसके बाद हिंदू संगठन सीमावर्ती क्षेत्रों में सभाएं करने लगे। जगद्गुरु शंकराचार्य भी सत्याग्रह से जुड़ गए। उन्होंने नेताओं को परामर्श दिया कि वे प्रेस के माध्यम से देश भर के साधु-संतों से इस उद्देश्य में साथ आने की अपील करें।[24]

स्वयंसेवकों ने संभाला मोर्चा

उस समय तक हैदराबाद के सीमावर्ती क्षेत्रों में संघ की गतिविधियां काफी बढ़ गई थीं। डॉ. हेडगेवार ने यह निर्णय किया कि संघ प्रत्यक्ष रूप से इसमें शामिल नहीं होगा, लेकिन व्यक्तिगत रूप से स्वयंसेवक इसमें शामिल हो सकते हैं। डॉ. हेडगेवार का मानना था कि संघ को पहले अपनी शक्ति बढ़ाने पर ध्यान देना चाहिए। उन्होंने स्वयंसेवकों से कहा, 'क्या आप लोगों ने आगे का सोचा है? हमें दो महीने के अंदर संघ शिक्षा वर्ग आयोजित करना है। यह हमारा पहला काम है, इसे नजरअंदाज नहीं करना चाहिए।' शिक्षा वर्ग समाप्त होने के बाद उन्होंने स्वयंसेवकों को सत्याग्रह में भाग लेने की अनुमति दे दी।[25] इसके बावजूद संगठन के रूप में आंदोलन से जुड़ने के विषय पर डॉ. हेडगेवार सहमत नहीं थे। यहां तक कि जब डॉ. मुंजे ने सत्याग्रह में एक संगठन के रूप में संघ की भागीदारी पर जोर दिया तो डॉ. हेडगेवार ने उनके अनुरोध को ठुकरा दिया।[26] उस दौरान जब आंदोलन के आयोजकों ने अपनी प्रेस विज्ञप्ति में बताया कि संघ भागानगर सत्याग्रह में शामिल है, तो डॉ. हेडगेवार ने उन्हें पत्र लिखकर कहा कि वे संघ के नाम का उल्लेख नहीं करें।[27] स्वयंसेवकों को सत्याग्रह में भेजने से पहले उन्होंने सलाह दी, आपके ऊपर क्षेत्र विशेष में संघ कार्य का भार है। इसलिए सावधानीपूर्वक जेल से बाहर ही रहना।'[28]

500 स्वयंसेवकों का सत्याग्रह

डॉ. केशव बलिराम हेडगेवार पीछे नहीं रह सकते थे। वे स्वयंसेवकों को हैदराबाद में मोर्चा संभालने के लिए रवाना कर रहे थे और उनका मनोबल बढ़ाने के लिए नागपुर से आर्वी तक खुद छोड़ने जा रहे थे। अपने सर्वोच्च मार्गदर्शक के साथ वर्धा जिले के उस प्रमुख कस्बे की ओर बढ़ते हुए स्वयंसेवकों के मन में राष्ट्रीयता का संकल्प हिलोरें ले रहा था।[29] डॉ. हेडगेवार सत्याग्रह से जुड़े प्रमुख लोगों से नियमित संपर्क में बने हुए थे। सत्याग्रह के एक प्रमुख सूत्रधार गजाननराव केतकर को उन्होंने पत्र में लिखा, 'मैं सत्याग्रह के लिए जो कर सकता हूं, वह पूर्ण निष्ठा से कर रहा हूं। फिलहाल सत्याग्रह के अतिरिक्त दूसरा कोई लक्ष्य नहीं है।' डॉ. हेडगेवार ने 500 स्वयंसेवकों को सत्याग्रह में जाने की अनुमति दी थी, लेकिन इससे कहीं अधिक संख्या में स्वयंसेवकों ने स्वप्रेरणा से हिस्सा लिया।[30] सैकड़ों स्वयंसेवक सत्याग्रह के दौरान गिरफ्तार होकर जेल गए।[31] वरिष्ठ कार्यकर्ता भैयाजी दाणी और माधवराव मुले भी उस सत्याग्रह में शामिल हुए। वहां प्रतिदिन संघ की शाखा लगती थी।[32] दाणी की नागपुर से विदाई के दौरान आयोजित कार्यक्रम में डॉ. हेडगेवार उपस्थित रहे और दाणी को आशीर्वाद देकर रवाना किया।[33] कर्नाटक में संघ कार्य संभाल रहे यादवराव जोशी, प्रह्लाद अभ्यंकर आदि

कार्यकर्ताओं की सक्रियता से आंदोलन को गति मिली।[34] स्कूल में पढ़ रहे डॉ. हेडगेवार के चचेरे भाई वामन हेडगेवार ने भी सत्याग्रह में भाग लिया और गिरफ्तार हो गए। कुछ दिन बाद उन्होंने जेल से डॉ. हेडगेवार को पत्र लिखा, 'मैंने बिना अनुमति के सत्याग्रह में भाग लिया, इसके लिए क्षमा मांगता हूं।' जवाब में डॉ. हेडगेवार ने लिखा, 'तुम्हारी जगह यदि मैं होता तो भी वही करता जो तुमने किया है। बिना संकोच के सजा पूरी होने के बाद घर चले आओ।'[35]

इनामदार पर अमानवीय अत्याचार

हैदराबाद सत्याग्रह से प्रमुख संघ प्रचारक लक्ष्मणराव इनामदार* का नाम गहराई से जुड़ा है। वे तीन भाई संघ के प्रचारक हुए। हैदराबाद सत्याग्रह के समय लक्ष्मणराव पुणे से एलएलबी करने के बाद प्रैक्टिस कर रहे थे। वे प्रैक्टिस छोड़कर सत्याग्रह में कूद पड़े। उन्हें लंबी जेल यातना सहनी पड़ी। जेल में सत्याग्रहियों के साथ अमानवीय व्यवहार किया जाता था। सत्याग्रहियों ने जेल में खराब भोजन दिए जाने का विरोध किया। जेल अधिकारियों का कहना था, 'इसमें हमारा कोई दोष नहीं। अनाज साफ करने का काम तो तुम लोग ही करते हो। तुम ही ठीक ढंग से साफ नहीं करते तो हम क्या करें?' सत्याग्रही इस विषय को लेकर अड़े रहे और एक सुबह बैरक से बाहर एकत्र हो गए। इसके बाद जेलर ने उनकी मांगें पूरी करने का आश्वासन दिया और बैरक में लौट जाने को कहा। सत्याग्रही विजयी भाव के साथ बैरक में चले गए। दोपहर बीतने के बाद डंडाधारी पुलिसकर्मी और गांव से बुलाए गए किराए के गुंडे बैरक के दरवाजे के बाहर खड़े हो गए। वार्डन ने बैरक का ताला खोला और सभी को बाहर निकलने का आदेश दिया। इसके बाद एक-एक करके सत्याग्रहियों को बाहर खींचा गया। पुलिस और गुंडे दोनों ओर से सत्याग्रहियों को पीटते-पीटते दूर नीम के पेड़ तक ले जाते और उन्हें चार-चार की पंक्तियों में बैठाया जाता। सबसे पहले लक्ष्मणराव के मित्र एम.एस. साठे की बारी आई। उन्हें पुलिस और गुंडों ने मिलकर पेट में इतना मारा कि वे जमीन पर निढाल होकर गिर गए। इसके बाद लक्ष्मणराव को पकड़कर पीटा गया। उन्होंने प्रतिक्रिया नहीं की और स्थिर रहे, मानो मानसिक रूप से पहले ही तैयारी कर रखी हो। उन्हें पीड़ा थी तो इस बात की कि अहिंसक आंदोलन करके जेल आए सत्याग्रहियों की किराए के गुंडों से पिटाई करवाई गई। यह पीड़ा उनके चेहरे से साफ झलक रही थी।[36]

---

*सतारा के खटाक गांव में 21 सितंबर, 1914 को जन्मे लक्ष्मणराव माधवराव इनामदार के पूर्वज कृष्णराव खटवाकर को स्वराज की सेवा के बदले छत्रपति शिवाजी के पौत्र और संभाजी के पुत्र राजाराम ने 'सरदार' का खिताब और कुछ जमीनें इनाम में दी थीं। इसी कारण यह परिवार इनामदार कहलाने लगा। 1935 के मार्च में डॉ. हेडगेवार संघ कार्य का विस्तार देने के लिए पश्चिम महाराष्ट्र के प्रवास पर गए। सतारा में भी तभी शाखा शुरू हुई और प्रतिज्ञा लेकर लक्ष्मण राव स्वयंसेवक बने।

राष्ट्रीय स्वरूप लेता आंदोलन

25 दिसंबर को माधव श्रीहरि अणे की अध्यक्षता में शोलापुर में अखिल भारतीय आर्य समाज सम्मेलन बुलाया गया। अणे ने अध्यक्षीय भाषण के दौरान धार्मिक मद में आवंटित बजट का अधिकांश हिस्सा मस्जिदों और दरगाहों के रखरखाव में खर्च किए जाने, मातृभाषा के बजाय शिक्षा के माध्यम के रूप में उर्दू का प्रयोग होने, सरकारी सेवा में मुसलमानों को वरीयता दिए जाने जैसे विषय उठाए। नागपुर के फ्रांसीसी रोमन कैथोलिक बिशप ने भी कहा कि निजाम की सरकार की धार्मिक नीति हिंदू धर्म के विरुद्ध काम कर रही है। 31 जनवरी, 1939 को आर्य समाज के प्रमुख नेता महात्मा नारायण स्वामी ने हैदराबाद में प्रवेश किया। 24 फरवरी को उन्हें रियासत से बाहर कर दिया गया। व्यक्तिगत सत्याग्रहियों को जत्थों के साथ गिरफ्तार कर लिए जाने के बाद नए संचालक नियुक्त किए गए। इन संचालकों के अधीन आठ जत्थों ने सत्याग्रह किया और गिरफ्तारी दी। इस प्रकार, हिंदुओं के धार्मिक अधिकारों और उचित प्रतिनिधित्व के लिए शुरू हुआ आंदोलन व्यापक रूप लेने लगा।[37]

असमंजस में कांग्रेस

माना जाता है कि अगर महात्मा गांधी ने कांग्रेस कार्यकर्ताओं को आंदोलन से अलग रहने की सलाह नहीं दी होती तो हैदराबाद सत्याग्रह को मिलने वाला जनसमर्थन और बढ़ता। इसके बावजूद कुछ लोगों ने सीमित स्तर पर प्रयास किए। उस दौरान हैदराबाद में कांग्रेस की इकाई नहीं थी। 'हैदराबाद राजनीतिक सम्मेलन' के नाम से चल रही संस्था से जुड़े लोग इसके लिए सक्रिय हुए। इनमें मदापति हनुमंत राव प्रमुख थे। 3 जुलाई, 1938 को हनुमंत राव ने निजाम सरकार को पत्र लिखकर राज्य में उत्तरदायी शासन की मांग उठाई। एक पखवाड़े के भीतर अस्थाई सरकार का गठन करके लगभग 1,200 प्राथमिक सदस्यों को हैदराबाद राज्य कांग्रेस के लिए नामांकित किया गया। इसके बाद संबंधित कार्यकर्ता सत्याग्रह से जुड़ने लगे। स्वामी रामानंद तीर्थ, रविनारायण रेड्डी सहित 400 सत्याग्रहियों के 18 जत्थों ने सत्याग्रह किया और गिरफ्तार कर लिए गए। इस बीच 9 सितंबर, 1938 को पदाधिकारियों के चुनाव और संविधान को अपनाने के लिए आम सभा की बैठक आयोजित करने का निर्णय लिया गया। लेकिन सभा होने से एक दिन पूर्व 8 सितंबर को निजाम सरकार ने राज्य कांग्रेस के अस्तित्व में आने से पहले ही उस पर प्रतिबंध लगा दिया।[38] राज्य कांग्रेस ने सविनय अवज्ञा आंदोलन के माध्यम से इसका विरोध किया। बड़ी संख्या में कांग्रेस के नेताओं और कार्यकर्ताओं की गिरफ्तारी हुई। सार्वजनिक सुरक्षा नियम लागू किया गया; 21 समाचार पत्रों पर पाबंदी लगा दी गई। सत्याग्रहियों को साढ़े तीन वर्ष तक की सजा दी गई।[39]

सत्याग्रह के खिलाफ मुसलमान एकजुट

26 नवंबर, 1938 को खाकसार पार्टी के 2 हजार कार्यकर्ताओं ने तलवारों-बंदूकों और अन्य हथियारों से लैस होकर जुलूस निकाला। निजाम के समर्थन में नारे लगाते हुए मुस्लिम नेता और पुलिस अधिकारी भी जुलूस में शामिल हो गए। विभिन्न स्थानों पर सांप्रदायिक भावना भड़काने वाले भाषण हुए। अगले दिन भी ऐसा ही जुलूस निकाला गया। 1 दिसंबर को शोलापुर में लगभग इतनी ही संख्या में मुसलमानों ने जुलूस निकाला और निजाम शासन की रक्षा का संकल्प दोहराते हुए नारे लगाए। फरवरी, 1939 में हैदराबाद के मुसलमानों ने अकबर हैदरी को ज्ञापन देकर कहा कि अगर सत्याग्रह को कुचलने के लिए पर्याप्त कदम नहीं उठाए गए तो मुस्लिम शासक का राज्य होने के नाते उसकी सुरक्षा के लिए मुसलमान आगे आएंगे और नतीजों की परवाह किए बगैर आंदोलनकारियों से मुकाबला करेंगे। 22 अप्रेल, 1939 को गिरफ्तार किए गए 102 सत्याग्रहियों के जत्थे को पुलिस द्वारा ले जाए जाने के दौरान रास्ते में मुसलमानों ने उन पर हमला किया। सुल्तानशाही में हैदराबाद दिवस मना रहे सत्याग्रहियों पर मुसलमान उपद्रवियों ने हमला किया। वैजापुर में एक मुसलमान गुंडे ने एक सत्याग्रही को बुरी तरह घायल कर दिया। मुस्लिम लीग यूथ ऑर्गेनाइजेशन ने नागपुर, बंबई, कराची और शोलापुर में सत्याग्रह के विरोध में प्रस्ताव पारित किए। बंगलौर के मुसलमानों ने हैदराबाद में अपने लोगों को भेजने का फैसला किया। अमृतसर के 'मजलिसे नौजवाने इस्लाम' ने निजाम के लिए जान की बाजी लगा देने को तत्पर 500 कार्यकर्ता भेजने की पेशकश की। दिल्ली और बरेली में भी मुसलमानों द्वारा सत्याग्रहियों से झगड़ा किए जाने की घटनाएं हुईं। मध्य प्रांत के पुसद में ढोल बजाकर सत्याग्रह का प्रचार कर रहे कार्यकर्ताओं पर मुसलमानों की टोली ने लाठियों से हमला किया।[40]

निजाम के प्रति निष्ठा दिखाकर छूटे कांग्रेसी

महात्मा गांधी, जवाहरलाल नेहरू सहित कांग्रेस के कई नेताओं ने रियासत के नेताओं से सत्याग्रह स्थगित करके निजाम को स्थिति की समीक्षा करने का मौका देने की सलाह दी। इसके बाद दिसंबर, 1938 के अंतिम सप्ताह कांग्रेस ने हैदराबाद सत्याग्रह से अलग होने की घोषणा कर दी। इस संबंध में हैदराबाद कांग्रेस द्वारा जारी किए जाने वाले वक्तव्य का मसविदा गांधी ने तैयार किया। इसमें लिखा गया था, 'यदि हम बातचीत और अनुरोध द्वारा अपने उद्देश्यों की पूर्ति कर सकें तो हमें अपनी शक्ति का उपयोग करने और कष्ट उठाने की कोई इच्छा नहीं है। ...हम आशा करते हैं कि सरकार आंदोलन स्थगित करने के पीछे शांति बनाए रखने और रियासत के प्रति निष्ठा

व्यक्त करने के हमारे उद्देश्य को समझेगी।'[41] उस समय तक गिरफ्तार किए गए कांग्रेस कार्यकर्ताओं की संख्या 535 थी। 10 अप्रेल, 1939 तक इन सभी को बिना शर्त रिहा कर दिया गया। दूसरी तरफ, हैदराबाद शासन ने ब्रिटिश सरकार को रिपोर्ट देकर बताया कि अप्रेल के अंत में अन्य संगठनों के 2,358 कार्यकर्ता जेल में थे।[42]

संघ से संबल

हैदराबाद को इस्लाममय करने की कार्यवाही निरंतर चल रही थी। आर्य समाज के कम-से-कम 12 कार्यकर्ताओं की मुसलमान गुंडों द्वारा हत्या कर दी गई। हिंदुओं की दुकानों पर लूटमार, हिंदू नेताओं की हत्याओं, हिंदू स्त्रियों की विडंबना और बलपूर्वक धर्मांतरण से पीड़ित हिंदुओं की चीखों से वहां का वातावरण भर गया।[43] इन नृशंस अत्याचारों के बीच हिंदुओं के संरक्षक की भूमिका में संघ दृढ़ता से खड़ा रहा। हिंदू संगठनों का सत्याग्रह चलता रहा। वे वैदिक परंपरा के शांतिपूर्ण प्रचार और मंदिरों, यज्ञशालाओं, हवनकुंडों के निर्माण की पूर्ण स्वतंत्रता के लिए संघर्ष करते रहे। आखिरकार निजाम शासन को उनकी मांगें स्वीकार करनी पड़ीं। 8 अगस्त, 1939 को सत्याग्रह का समापन हो गया।[44] हिंदुओं की इस ऐतिहासिक रणनीतिक विजय से देश में स्वाभिमान का संचार हुआ। संघ की भूमिका को प्रमुखता से महसूस किया गया। सावरकर का कहना था, 'यदि भारत के हिंदुओं का त्याग और सहानुभूति नहीं मिलती तो इस सत्याग्रह को चलाना संभव नहीं होता। हिंदू संगठनों ने निजामी सत्ता को मांगें मानने के लिए बाध्य कर दिया।'[45]

संदर्भ सूची

1. वी.के. बावा: द लास्ट निजाम, सेंटर फॉर डेक्कन स्टडीज, हैदराबाद, 2010, पृष्ठ 213
2. पी.वी. काते: मराठवाड़ा अंडर द निजाम्स, मित्तल पब्लिकेशंस, दिल्ली, 1987, पृष्ठ 161
3. आर्य समाज पर निजाम सरकार का श्वेत पत्र, द्वितीय संस्करण, अनुलग्नक 8, पृष्ठ 40
4. वी.के. बावा: द लास्ट निजाम, सेंटर फॉर डेक्कन स्टडीज, हैदराबाद, 2010, पृष्ठ 185–186
5. जनगणना रिपोर्ट: 1931, खंड 13, भाग 1, पृष्ठ 230
6. कॉन्फ्लिक्ट इन अ ग्लोबलाइजिंग वर्ल्ड, रॉयल वान गॉर्शम, नीदरलैंड्स, 2002, पृष्ठ 63
7. वी.के. बावा: द लास्ट निजाम, सेंटर फॉर डेक्कन स्टडीज, हैदराबाद, 2010, पृष्ठ 127
8. वही, पृष्ठ 184
9. वही, पृष्ठ 182
10. वही, पृष्ठ 209
11. वही, पृष्ठ 220
12. वही, पृष्ठ 217
13. वही, पृष्ठ 221–222
14. विनय सीतापति: आधा शेर, ऑक्सफोर्ड यूनिवर्सिटी प्रेस, नई दिल्ली, 2016, पृष्ठ 16–17
15. वी.के. बावा: द लास्ट निजाम, सेंटर फॉर डेक्कन स्टडीज, हैदराबाद, 2010, पृष्ठ 221–222
16. के.के. चौधरी: महाराष्ट्र एंड इंडियन फ्रीडम स्ट्रगल, जनसंपर्क निदेशालय, बंबई, 1985, पृष्ठ 109–110
17. वी.के. बावा: द लास्ट निजाम, सेंटर फॉर डेक्कन स्टडीज, हैदराबाद, 2010, पृष्ठ 223
18. के.के. चौधरी: महाराष्ट्र एंड इंडियन फ्रीडम स्ट्रगल, जनसंपर्क निदेशालय, बंबई, 1985, पृष्ठ 109–110
19. ना.ह.पालकर: डॉ. हेडगेवार चरित, लोकहित प्रकाशन, लखनऊ, 2020, पृष्ठ 339

20. पुलिस उपमहानिरीक्षक, बंबई की रिपोर्ट/ सिविल डिसोबेडिएंस मूवमेंट, खंड 12 (अक्टूबर 1930–दिसंबर 1941), संपादक–के.के. चौधरी, महाराष्ट्र सरकार, 1995, पृष्ठ 378–379
21. सिविल डिसोबेडिएंस मूवमेंट, खंड 12 (अक्टूबर 1930–दिसंबर 1941), संपादक–के.के. चौधरी, महाराष्ट्र सरकार, 1995, पृष्ठ 397
22. वी.के. बावा: द लास्ट निजाम, सेंटर फॉर डेक्कन स्टडीज, हैदराबाद, 2010, पृष्ठ 217
23. हिंदुस्तान टाइम्स, 10 जून, 1939
24. सिविल डिसोबेडिएंस मूवमेंट, खंड 12 (अक्टूबर 1930–दिसंबर 1941), संपादक–के.के. चौधरी, महाराष्ट्र सरकार, 1995, पृष्ठ 398–399
25. दत्तोपंत ठेंगड़ी: नेशनल परसुइट, साहित्य सिंधु प्रकाशन, बंगलोर, 1992, पृष्ठ 41–42
26. डॉ. हरि देसाई: एशियन वॉइस, 18 सितंबर, 2017
27. ऑर्गनाइजर, 5 दिसंबर, 2016
28. ना.ह. पालकर: डॉ. हेडगेवार चरित, लोकहित प्रकाशन, लखनऊ, 2020, पृष्ठ 339
29. डी.जी. देशपांडे के संस्मरण/ https://historicindia.org/article/rss-and-hyderabad-mukti-sangram
30. ना.ह. पालकर: डॉ. हेडगेवार चरित, लोकहित प्रकाशन, लखनऊ, 2020, पृष्ठ 340
31. चं.प. भिशीकर: केशव–संघ निर्माता, सुरुचि प्रकाशन, नई दिल्ली, 1991, पृष्ठ 100
32. भाऊराव देवरस: प्रेरणा पुरुष भाऊराव, संपादक–देवेंद्र स्वरूप, दीनदयाल शोध संस्थान, नई दिल्ली, 1993, पृष्ठ 287
33. ना.ह. पालकर: डॉ. हेडगेवार चरित, लोकहित प्रकाशन, लखनऊ, 2020, पृष्ठ 340–41
34. दिलीप धारुरकर: राष्ट्र साधना, खंड 1, संपादक–रमेश पतंगे, साप्ताहिक विवेक, मुंबई, 2001, पृष्ठ 82
35. ना.ह. पालकर: डॉ. हेडगेवार चरित, लोकहित प्रकाशन, लखनऊ, 2020, पृष्ठ 340
36. राजाभाई नेने और नरेन्द्र मोदी: सेतुबंध, प्रभात प्रकाशन, नई दिल्ली, 2021, पृष्ठ 22–23
37. वी.के. बावा: द लास्ट निजाम, सेंटर फॉर डेक्कन स्टडीज, हैदराबाद, 2010, पृष्ठ

217–218

38. वही, पृष्ठ 220
39. सुशीला नैयर: महात्मा गांधी, खंड 7, नवजीवन पब्लिशिंग हाउस, अहमदाबाद, 1996, पृष्ठ 469
40. सिविल डिसोबेडिएंस मूवमेंट, खंड 12 (अक्टूबर 1930–दिसंबर 1941), संपादक–के.के. चौधरी, महाराष्ट्र सरकार, 1995, पृष्ठ 403–404
41. संपूर्ण गांधी वांगमय: खंड 68, प्रकाशन विभाग, सूचना और प्रसारण मंत्रालय, भारत सरकार, 1977, पृष्ठ 269
42. फाइल सं. 42/3/39, राजनीतिक–I, गृह विभाग, भारत सरकार, 1939
43. सावरकर समग्र, खंड 9, प्रभात प्रकाशन, नई दिल्ली, 2014, पृष्ठ 496
44. सुशीला नैयर: महात्मा गांधी, खंड 7, नवजीवन पब्लिशिंग हाउस, अहमदाबाद, 1996, पृष्ठ 469
45. सावरकर समग्र, खंड 9, प्रभात प्रकाशन, नई दिल्ली, 2014, पृष्ठ 354

भाग : पांच

क्रांति में कूदे स्वयंसेवक

हमारे सामने कार्य विशाल है और समय कम। हमें काम करते समय अनेक कठिनाइयों का सामना करना पड़ेगा, लेकिन हमें अपना कार्य अपनी पद्धति से करना है। आप सभी राष्ट्रहित में अपने प्राणों का बलिदान देने के लिए तैयार रहें। स्वतंत्रता आंदोलन देश की स्वतंत्रता के लिए चलाया जा रहा है, इसलिए देश के नागरिक के रूप में स्वयंसेवक देश के किसी भी हिस्से में आंदोलन में शामिल हो सकते हैं। संगठन के रूप में संघ प्रत्यक्ष रूप से आंदोलन में भाग लिए बिना समाज को संगठित करेगा।

– माधवराव सदाशिवराव गोलवलकर

हेडगेवार को क्रांति का आमंत्रण

ब्रिटिश राज को 'वंचिका' देने में लगा संघ नेतृत्व इस चुनौती को समझता था कि संगठन विस्तार की अवधि में सत्ता के प्रत्यक्ष विरोधी के रूप में दिखाई देने से संघ का अभियान लंबे समय के लिए बाधित हो सकता है। लेकिन इसके साथ ही, जनता तक इस सच्चाई को पहुंचाना भी आवश्यक था कि संघ भारत की स्वतंत्रता के प्रति पूरी तरह समर्पित है। इस जटिल स्थिति में संघ के कुशल नेतृत्व ने पूरी सतर्कता के साथ अपना काम जारी रखा। उस दौर में संघ की सबसे बड़ी शक्ति यह थी कि देश के विभिन्न हिस्सों में निरंतर सक्रियता बढ़ाते हुए भी संघ की आंतरिक गतिविधियों में अत्यंत गोपनीयता रही। देश के हर कोने में कड़ी निगरानी रखे हुए ब्रिटिश गुप्तचर विभाग के लिए भी संघ की अंदरूनी जानकारी जुटाना दुरूह कार्य था। गोपनीयता को लेकर कड़ाई इतनी थी कि संघ के मुख्यालय नागपुर में भी यदि किसी समाचार पत्र में संघ के कार्यक्रम का समाचार प्रकाशित हो जाता तो संघ नेतृत्व तुरंत निर्देश जारी करके स्वयंसेवकों को अधिक सावधानी बरतने के लिए कहता था।[1]

हेडगेवार की तीसरी गिरफ्तारी

राष्ट्रीय स्वयंसेवक संघ के सरसंघचालक डॉ. केशव बलिराम हेडगेवार की तीसरी गिरफ्तारी लंबी नहीं थी, लेकिन यह उस दौर का प्रतीक बन गई, जब स्वयंसेवक किसी-न-किसी रूप में ज्यादातर राज्यों-रियासतों में सत्याग्रहों में संलग्न हो गए। संगठन के रूप में संघ का प्राथमिक उद्देश्य समाज को संगठित करना था; लेकिन स्वतंत्रता प्राप्त करने की भावना से स्वयंसेवक अपने को अछूता नहीं रख सके। यहां तक कि जब पुणे के सोन्या मारुति मंदिर में घंटी बजाने पर ब्रिटिश राज ने प्रतिबंध

लगा दिया तो इसके विरुद्ध 1937 में स्वयंसेवकों का सत्याग्रह हुआ। डॉ. हेडगेवार ने घंटी बजाकर निषेधाज्ञा को भंग किया था।[2] इसके लिए उन्हें गिरफ्तार किया गया।[3]

राजनीति से संघ ने निश्चित दूरी बनाए रखी। सामूहिक रूप से वह न केवल कांग्रेस के आंदोलनों से अलग रहा, बल्कि हिंदू महासभा के आंदोलनों से भी प्रत्यक्ष रूप से नहीं जुड़ा। कांग्रेस और हिंदू महासभा दोनों के नेतागण व्यक्तिगत रूप से संघ के अनुशासन, एकजुटता और सेवा कार्यों की प्रशंसा करते रहे, लेकिन दोनों ही संगठन चाहते थे कि संघ उनके नियंत्रण में रहकर काम करे। जब संघ ने यह मानने से इनकार किया तो दोनों ने उस पर आरोप लगाना शुरू कर दिया। कांग्रेस ने संघ को सांप्रदायिक कहा और हिंदू महासभा की अपेक्षा पूरी नहीं होने पर भी आलोचना सहनी पड़ी। यह विरोधाभास संघ की स्वतंत्र और निष्पक्ष दृष्टि को इंगित करता है। विनायक दामोदर सावरकर के प्रति सम्मान का भाव रखने के बावजूद संघ ने अपने उद्देश्यों को लेकर पूरी स्पष्टता रखी। 8 अप्रेल, 1940 को पुणे में संघचालक भाऊराव देशमुख ने कहा, 'राष्ट्रीय स्वयंसेवक संघ न तो सैनिक संगठन है और न ही हिंदू महासभा का सैन्य मोर्चा है। संघ का लक्ष्य हिंदुओं को सच्चे अर्थों में राष्ट्रवादी बनाना है।'[4]

नई क्रांति का न्यौता

द्वितीय विश्वयुद्ध की शुरुआत को भारत के क्रांतिकारियों ने अवसर के रूप में देखा। ब्रिटिश राज की कुटिल और दमनकारी नीतियों तथा राष्ट्रीय नेताओं की उदासीनता के कारण लगातार सिमटते गए क्रांतिकारी आंदोलन को नए सिरे से खड़ा करने की योजना बनने लगी। यह महसूस किया गया कि ब्रिटेन के युद्ध में उलझे रहने के दौरान भारत की सत्ता अपने हाथ में ले लेना अधिक चुनौतीपूर्ण नहीं होगा। इस मानसिकता को और बल तब मिला, जब कांग्रेस ने हमेशा की तरह ब्रिटेन की सदाशयता के प्रति विश्वास व्यक्त करते हुए युद्ध में सहयोग की नीति पर चलने का संकेत देना शुरू कर दिया। इससे राष्ट्रवादी नेताओं में रोष व्याप्त हो गया। उस दौरान क्रांतिकारियों को सुभाषचंद्र बोस से उम्मीद हुई, जो तमाम अवरोधों के बीच कांग्रेस अध्यक्ष रहने के बाद दुर्भावना की राजनीति से त्रस्त होकर एक स्वतंत्र दल 'फारवर्ड ब्लॉक' का गठन कर चुके थे।

1939 में गांधी और उनके समर्थक चाहते थे कि कांग्रेस का कोई मुसलमान अध्यक्ष बने। बोस दुबारा अध्यक्ष बनने के अनिच्छुक थे। इसके बावजूद हालात बदले और गांधी तथा उनके सहयोगियों के विरोध के बावजूद बोस विजयी रहे। जवाहरलाल नेहरू चुनाव में तटस्थ रहे।[5] बोस अध्यक्ष जरूर बने, लेकिन गांधी से समझौता नहीं कर सके। इसके कारण उन्होंने 29 अप्रेल, 1939 को इस्तीफा दे दिया। उसी वर्ष अक्टूबर-नवंबर में बोस ने पूरे देश का दौरा किया। दिसंबर, 1939 में वे कांग्रेस नेतृत्व की ढुलमुल

नीति की भर्त्सना करने और साम्राज्यवादी सरकार के तत्वावधान में संविधान सभा के कांग्रेस प्रस्ताव के खिलाफ चेतावनी देने लगे।[6] मार्च, 1940 में कांग्रेस अधिवेशन रामगढ़ में आयोजित हुआ तो बोस ने खुद अपना समझौता विरोधी विशाल सम्मेलन अधिकारिक सभास्थल के निकट किया। उन्होंने शरतचंद्र बोस को लिखे पत्र में 'पाखंडी दंभ' और लोकतंत्र के उल्लंघन के लिए गांधीवाद की भर्त्सना की। एक अन्य पत्र में उन्होंने लिखाः

> 'कांग्रेस की राजनीति के बारे में मैं जितना ही सोचता हूं, उतना ही मुझे यह महसूस होता है कि भविष्य में हमें आलाकमान का विरोध करने में अधिक ताकत और समय लगाना चाहिए। स्वराज मिलने पर अगर सत्ता ऐसे घटिया, प्रतिशोधी और बेइमान लोगों के हाथ में चली गई तो देश का क्या होगा?'[7]

बोस के प्रखर नेतृत्व और अपार लोकप्रियता को देखते हुए क्रांतिकारियों ने उनके मार्गदर्शन में नई क्रांति शुरू करने का निर्णय किया। अनुशीलन समिति के नेताओं ने बोस से विचार-विमर्श के बाद उन्हें अपना नेता चुनकर रणनीति को आगे बढ़ाना तय किया।[8] नई पार्टी की रचना में जयप्रकाश नारायण भी साथ थे। उन्होंने 1940 में सुभाष को गुप्त पत्र में लिखा कि उनकी अपनी पार्टी सी.एस.पी. का ढांचा अनुपयुक्त हो गया है; यह समय सभी क्रांतिकारी तत्वों को एक साथ एक क्रांतिकारी पार्टी में लाने का स्वर्णिम अवसर है। जयप्रकाश ने लिखा, 'मेरा सोचना है कि नई पार्टी पूर्णकालिक क्रांतिकारियों की पूरी तरह भूमिगत पार्टी हो। मैं इस प्रस्ताव पर बहुत गंभीर हूं। कृपया मित्रों, खासकर अनुशीलन के मित्रों से इस बात पर विचार-विमर्श करें।'[9]

डॉ. हेडगेवार और बोस विचारधारा के स्तर पर विपरीत नहीं थे। बोस हिंदू-मुस्लिम एकता के सदैव कट्टर पक्षधर रहे, लेकिन बंगाल में हिंदुओं की दुर्दशा से परेशान थे*। संघ के प्रति कांग्रेस के पूर्वाग्रहों ने भी बोस को प्रभावित नहीं किया। जब 1938 में वे पूना गए थे तो वहां चल रहे संघ शिक्षा वर्ग में उन्हें आमंत्रित किया गया था और कांग्रेस अध्यक्ष के पद पर होते हुए भी बोस ने आने की सहमति दी। हालांकि व्यस्तता के कारण वे जा नहीं सके।[10] इसी तरह, विश्व युद्ध के शुरुआती वर्ष 1939 में बोस ने डॉ. हेडगेवार के पास अपने सहयोगियों को भेजा; इसे एक सशक्त मोर्चा खड़ा करने में

---

*29 दिसंबर, 1940 को बोस ने वायसराय लिनलिथगो को लिखा, 'बंगाल के हिंदू 1937 से कष्ट झेल रहे हैं। बंगाल में मुस्लिम मंत्रिमंडल ऐसा छल्लानुमा हथियार चला रहा है, जो शीघ्र पलटवार करेगा और जब बंगाल में सिंध संकट दोहराया जाएगा तो स्थिति बेकाबू हो जाएगी।' (नेताजी संपूर्ण वांगमय, खंड 10, प्रकाशन विभाग, सूचना और प्रसारण मंत्रालय, भारत सरकार, 1998, पृष्ठ 187)

सहायता मांगने के उद्देश्य से प्रेरित कदम माना गया।[11] संघ भी मानता था कि जो काम प्रथम विश्वयुद्ध के दौरान अधूरा रह गया, उसे द्वितीय विश्वयुद्ध का लाभ उठाकर पूरा किया जा सकता है। गुरुजी का कहना था:

> 'जिस प्रकार हम 1914 की पीढ़ी पर मौके का लाभ नहीं उठाने का दोषारोपण करते हैं, उसी प्रकार आने वाली पीढ़ी भी हम पर दोषारोपण करेगी कि हमने मौके को हाथ से निकलने दिया। समय रहते हम चेतें और देश भर में संघ की शाखाओं का लौह सदृश कठिन तथा रेशम-सा मृदुजाल बिछाने के कार्य में इस तरह प्राणप्रण से जुट जाएं कि समय रहते उनसे लाभ उठा सकें।'[12]

चक्रवर्ती को भेजा नागपुर

क्रांति की योजना में अनुशीलन समिति के नेताओं ने अपने पुराने साथी डॉ. हेडगेवार को साथ जोड़ने का निर्णय किया। कलकत्ता में पढ़ाई के दौरान डॉ. हेडगेवार के साथी रहे क्रांतिकारी त्रैलोक्यनाथ चक्रवर्ती इस काम में विशेष रूप से सक्रिय हुए। चक्रवर्ती देश भर में क्रांति का संदेश पहुंचाने में जुटे थे। उन्होंने बोस के साथ उत्तर भारत का दौरा किया। वे लाहौर जाकर बाबा रूढ़ सिंह से मिले, जो रासबिहारी बोस और शचींद्रनाथ सान्याल के साथ सशस्त्र क्रांति की कोशिश में लगे थे।

प्रमुख लोगों से मुलाकात करके ब्रिटिश सेना के लिए लड़ रहे भारतीय सैनिकों को अपने उद्देश्य में साथ जोड़ने की योजना बनाते हुए चक्रवर्ती नागपुर पहुंचे। वहां वे अपने पुराने विप्लवी मित्र डॉ. हेडगेवार से मिलने गए। चक्रवर्ती ने अपनी आत्मकथा 'जेल में तीस वर्ष' में इस मुलाकात का रोचक विवरण दिया है:

> 'नागपुर में डॉ. हेडगेवार का छोटा सा घर था। एक दोपहर मैं अचानक वहां पहुंचा और पूछा, 'कालीचरण दा (क्रांतिकारी नाम) की याद है तुम्हें?' वे मुझसे लिपट गए। मैंने उनसे पूछा, 'आपकी स्वयंसेवी सेना में कितने लोग हैं?' उन्होंने कहा, 'साठ हजार।' मैंने कहा, 'इन सभी के साथ क्रांति संग्राम में कूदना पड़ेगा।' मैंने उन्हें सारी बातों से अवगत करवाया और सुभाषचंद्र बोस के भी इससे जुड़े होने का भी जिक्र किया। डॉ. हेडगेवार ने कहा, 'इन 60 हजार स्वयंसेवकों में कम उम्र के बालक हैं। मैंने उन्हें अभी विशेष रूप से प्रशिक्षित नहीं किया है।' मैंने कहा, 'ऐसा सुनहरा अवसर फिर हमारे जीवन में कभी नहीं आएगा। इस

महायुद्ध के अवसर का लाभ उठाना ही पड़ेगा। आप अपने विश्वस्त लोगों को जैसे भी हो तैयार करें। अन्य लोग उत्साहित होकर स्वयं इस महायुद्ध में कूद पड़ेंगे।'[13]

चक्रवर्ती को डॉ. हेडगेवार ने आश्वासन दिया कि क्रांतिकारियों की भविष्य संबंधी योजनाओं के लिए संघ अपने स्वयंसेवक उपलब्ध करवाएगा।[14]

चक्रवर्ती के संस्मरणों से इस मुलाकात की तारीख की निश्चित जानकारी नहीं मिलती, लेकिन यह 1940 के मध्य की बात लगती है। डॉ. हेडगेवार की प्रामाणिक जीवनी से संकेत मिलता है कि यह मुलाकात 19 जून को हुई। इस जीवनी के लेखक ना.ह. पालकर के अनुसार:

'19 जून को शाम 6-7 बजे के लगभग डॉ. हेडगेवार के क्रांतिकारी जीवन के एक बंगाली मित्र मिलने आए। बहुत वर्षों के बाद आने वाले इस मित्र को उन्होंने बिस्तर पर ही बैठाकर प्रेमपूर्वक आलिंगन किया। उनके मित्र ने बताया कि दूसरे दिन सुबह उनसे मिलने के लिए सुभाषचंद्र बोस आने वाले हैं। यह सुनकर डॉ. हेडगेवार अत्यंत प्रसन्न हुए।'[15]

संघ संस्थापक और सुभाष

बोस उस समय 18-22 जून तक होने वाले फॉरवर्ड ब्लॉक के दूसरे अधिवेशन के लिए नागपुर आए हुए थे। अधिवेशन में उन्होंने कहा:

'हमें राष्ट्रीय एकता के लिए एक ऐसे संगठन की स्थापना करनी होगी, जो हर परिस्थिति में लोगों के बीच सामंजस्य और सद्भावना बनाए रखे। सर्वदलीय आधार पर गठित नागरिक सुरक्षा कोर ऐसा संगठन होगा। हम ऐसा सोचने की घातक भूल नहीं करें कि आजादी मिल जाने पर हमारा लक्ष्य पूरा हो जाएगा। जो संगठन या पार्टी आजादी प्राप्त करती है, उसके लिए यद्धोत्तर पुनर्निमाण की जिम्मेदारी लेना अनिवार्य है। केवल इसी तरीके से प्रगति की निरंतरता बनाए रखी जा सकेगी। ...जब तक पूर्ण स्वराज्य प्राप्त करने की ठोस कार्य योजना आपको नहीं मिल जाए, आप नागपुर से रवाना नहीं हों। हम एक बार फिर घोषणा करें... सारी सत्ता भारतीय जनता को, यहां और अभी।'[16]

इस अधिवेशन के दौरान ही 20 जून को बोस के डॉ. हेडगेवार से मिलने जाने के प्रामाणिक उल्लेख मिलते हैं। डॉ. हेडगेवार के साथ मेडिकल की पढ़ाई करने वाले डॉ. अमूल्यरत्न घोष ने मासिक पत्रिका 'मॉडर्न रिव्यू' के मार्च, 1941 के अंक में डॉ. हेडगेवार और बोस की मुलाकात की पुष्टि की।[17] पालकर के अनुसार, 20 जून की सुबह डॉ. हेडगेवार से मिलने सुभाषचंद्र बोस पहुंचे*। कई दिनों से नींद नहीं आने और गंभीर बीमार होने से वे गहरी निद्रा में थे। इसी दौरान बोस ने उनके कमरे में प्रवेश किया। उन्होंने डॉ. हेडगेवार को देखा और पास बैठे हुए स्वयंसेवकों से उनके स्वास्थ्य के बारे में पूछा। उन्हें बताया गया कि कई दिनों से तेज बुखार है। शारीरिक रूप से कमजोर होने से चलने-फिरने में असमर्थ हैं। स्वयंसेवकों ने उनसे डॉ. हेडगेवार को जगाने के बारे में पूछा। बोस ने मना करते हुए फिर आने की बात कही। उन्होंने डॉ. हेडगेवार के चेहरे को देखा और आंखें बंद कर प्रणाम किया। फिर थोड़ी देर कमरे में रुककर चले गए। बाद में नींद खुलने पर स्वयंसेवकों ने डॉ. हेडगेवार को बोस के आने के बारे में बताया। तब बीमारी के चलते बोस से नहीं मिलने का डॉ. हेडगेवार को बहुत पछतावा हुआ।[18]

युगपुरुष का महाप्रयाण

उस दिन डॉ. हेडगेवार की शारीरिक स्थिति चिंताजनक होने लगी। उनका रक्तचाप बहुत बढ़ गया। डॉक्टरों ने उनकी रीढ़ की हड्डी का ऑपरेशन करने की सलाह दी। तब उन्होंने अपने विश्वसनीय युवा सहयोगी गुरुजी को बुलावा भेजा। गुरुजी जब कमरे में पहुंचे तो डॉ. हेडगेवार ने उनसे कहा, 'ऑपरेशन करने का समय आ गया है। अगर मैं बच गया तो ठीक, नहीं तो संघ का पूरा कार्य आप संभालिए।' इस बात ने गुरुजी को भावुक कर दिया। वे डॉ. हेडगेवार को ढांढस बंधाने की कोशिश करते रहे। शाम को ऑपरेशन हुआ। इसके बावजूद हालत लगातार बिगड़ रही थी। रात को ढाई बजे वे बेहोश हो गए। सुबह तक उन्हें होश नहीं आया। शरीर का तापमान 106 डिग्री तक पहुंच गया। सांस लेने में भी हो रही तकलीफ साफ दिखाई दे रही थी। अस्पताल में मौजूद मित्रों और परिजनों की व्याकुलता बढ़ती जा रही थी। सुबह 9 बजकर 27 मिनट पर सिर्फ 51 वर्ष की उम्र में उन युगपुरुष ने अंतिम सांस ली।[19]

---

*इसके बाद बोस 22 जून, 1940 को बंबई के सावरकर सदन में विनायक दामोदर सावरकर से भी मिले। (विक्रम सावरकर: कथाएं क्रांतिकारी की: क्रांतिवीर गणेश दामोदर (बाबा) सावरकर के रोमांचकारी संस्मरण/संपादक: विश्वास सावरकर/ राजधानी ग्रंथागार, दिल्ली, 1994, पृष्ठ 109)

संदर्भ सूची

1. फाइल सं. 28/8/42 राजनीतिक-1, गृह विभाग, भारत सरकार, 1942
2. चं.प. भिशीकर: केशव-संघ निर्माता, सुरुचि प्रकाशन, नई दिल्ली, 1991, पृष्ठ 100
3. टाइम्स ऑफ इंडिया, 14 मई, 1937
4. अरविंद नीलकंदन: स्वराज्य, 19 अप्रेल, 2017
5. नेताजी संपूर्ण वांगमय, खंड 7, प्रकाशन विभाग, सूचना और प्रसारण मंत्रालय, भारत सरकार, 1998, पृष्ठ 193-194
6. नेताजी संपूर्ण वांगमय, खंड 10, प्रकाशन विभाग, सूचना और प्रसारण मंत्रालय, भारत सरकार, 1998, पृष्ठ VII
7. वही, पृष्ठ XI
8. त्रैलोक्यनाथ चक्रवर्ती: जेल में तीस वर्ष, संवाद प्रकाशन, मेरठ, 2018, पृष्ठ 149
9. नेताजी संपूर्ण वांगमय, खंड 10, प्रकाशन विभाग, सूचना और प्रसारण मंत्रालय, भारत सरकार, 1998, पृष्ठ 181-186
10. ना.ह. पालकर: डॉ. हेडगेवार चरित, लोकहित प्रकाशन, लखनऊ, 2020, पृष्ठ 334
11. अमूल्यरत्न घोष: मॉडर्न रिव्यू, मार्च 1941
12. श्रीगुरुजी समग्र: खंड 8, सुरुचि प्रकाशन, नई दिल्ली, युगाब्द 5106, पृष्ठ 4
13. त्रैलोक्यनाथ चक्रवर्ती: जेल में तीस वर्ष, संवाद प्रकाशन, मेरठ, 2018, पृष्ठ 152
14. सत्यव्रत घोष: रिमेंबरिंग अवर रिवॉल्यूशनरीज, मार्क्सिस्ट स्टडी फोरम, पृष्ठ 57
15. ना.ह. पालकर: डॉ. हेडगेवार चरित, लोकहित प्रकाशन, लखनऊ, 2020, पृष्ठ 401
16. नेताजी संपूर्ण वांगमय: खंड 10, प्रकाशन विभाग, नई दिल्ली, 2009, पृष्ठ vii
17. अमूल्यरत्न घोष: मॉडर्न रिव्यू, मार्च 1941
18. ना.ह.पालकर: डॉ. हेडगेवार चरित, लोकहित प्रकाशन, लखनऊ, 2020, पृष्ठ 402
19. वही, पृष्ठ 404

संन्यासी सरसंघचालक

मुंबई-कन्याकुमारी राष्ट्रीय राजमार्ग पर कोंकण में रत्नागिरि से 51 किलोमीटर दक्षिण में और चिपलून से 41 किलोमीटर उत्तर में गोलवली गांव स्थित है। 4 अक्टूबर, 1725 को छत्रपति शिवाजी के वंशज शाहूजी के नौसेना नायक कान्होजी आंगरे ने वेदमूर्ति काशी उपाध्याय को यह गांव दान किया था। गोलवली के उपाध्यायों का पारंपरिक कार्य श्रुति-स्मृति पुराणों का अध्ययन, अध्यापन और प्रसार था। कालांतर में 'उपाध्याय' अपभ्रंशित होते हुए 'पाध्ये' बना और वे 'गोलवलकर पाध्ये' के रूप में प्रसिद्ध हुए। इस कुल के अनंत शास्त्री पाध्ये गोलवली से पंढरपुर आकर बसे। उनके पुत्र काशीनाथ हुए। इस दौरान उपनाम 'पाध्ये' भी विलीन होता गया और वे 'गोलवलकर' कहलाने लगे। भू-वैकुंठ कहे जाने वाले पंढरपुर के धार्मिक वातावरण का प्रभाव काशीनाथ गोलवलकर पर पड़ा। उन्होंने संस्कृत में 'धर्मसिंधुसार' नामक ग्रंथ की रचना की, जो शास्त्रार्थ सभाओं में ग्रंथराज माना जाता है। काशीनाथ के पुत्र सखाराम हुए, जो पंढरपुर छोड़कर संस्कृत शिक्षा-दीक्षा के लिए प्रसिद्ध पैठण चले गए। वहां उनके पुत्र बालकृष्ण का जन्म हुआ। बालकृष्ण गोलवलकर पैठण से भोंसलों की राजधानी नागपुर पहुंचे और वेदवृत्ति के साथ ही प्रशासनिक कर्मचारी बने। उन्हें दो पुत्रों की प्राप्ति हुई, सदाशिव और रामचंद्र। बालकृष्ण गोलवलकर की अकाल मृत्यु के बाद उनके दोनों पुत्रों का पालन-पोषण नागपुर में ही हुआ। इनमें से सदाशिव गोलवलकर 15 वर्ष की आयु में नागपुर के ही रायकर घराने के दामाद बने। फाल्गुन कृष्ण विजया* एकादशी के दिन 19 फरवरी, 1906 को उनके घर पुत्र का जन्म हुआ; नाम रखा गया... माधवराव सदाशिवराव गोलवलकर।[1]

*विजया एकादशी का त्रेतायुग से महत्व माना गया है। लंका विजय से पूर्व भगवान राम सहित पूरी सेना के द्वारा विजया एकादशी करके रामसेतु बनाकर समुद्र पार करने का उल्लेख मिलता है।

गुरुजी अपने माता-पिता की आठवीं संतान थे। परिवार के लोग उन्हें प्यार से 'मधु' कहते थे।[2] उनके पिता अध्यापक थे। सेवानिवृत्ति के बाद 1932 में उन्होंने रामटेक में अपना मकान बनाया। गृह प्रवेश के लिए आमंत्रित किए गए अतिथियों में डॉ. हेडगेवार भी थे।[3]

16 अगस्त, 1931 को गुरुजी ने काशी हिंदू विश्वविद्यालय में अध्यापन कार्य शुरू किया। डॉ. हेडगेवार द्वारा काशी में संघ कार्य को बढ़ाने के लिए भेजे गए भैयाजी दाणी से संपर्क होने के बाद गुरुजी कभी-कभी विश्वविद्यालय परिसर शाखा में जाने लगे। उसी वर्ष दिसंबर के अंतिम सप्ताह में सारनाथ में स्वयंसेवकों का कार्यक्रम रखा गया। वहां गुरुजी ने भगवान बुद्ध के धर्मोपदेश और सारनाथ से शिक्षा लेने वाले विषयों पर स्वयंसेवकों को मंत्रमुग्ध कर दिया। इस कार्यक्रम के बाद से गुरुजी नियमित रूप से शाखा में जाने लगे।[4] जब वे नागपुर आए तो 1934 में तुलसीबाग में चलने वाली संघ शाखा के कार्यवाह नियुक्त हुए। स्वयंसेवकों में विश्वविद्यालय के छात्रों द्वारा दिया गया 'गुरुजी' नाम प्रचलित हो गया था। डॉ. हेडगेवार भी उन्हें गुरुजी कहा करते थे। शुरुआत में ही उन्होंने स्वयंसेवकों को काफी प्रभावित किया; कुछ युवक कार्यकर्ता तो उनके भाषण में स्वयं को खो बैठे थे।[5] डॉ. हेडगेवार और गुरुजी के परस्पर संबंध दिनोंदिन प्रगाढ़ होते गए। गुरुजी संघ कार्य से एकरूप हो चुके थे। डॉ. हेडगेवार ने भी गुरुजी की क्षमताओं को पहचान लिया था। देश के दो प्रमुख केंद्रों बंबई और कलकत्ता में संघ कार्य के लिए उन्होंने गुरुजी को भेजा। नागपुर के संघ शिक्षा वर्ग में गुरुजी निरंतर सर्वाधिकारी नियुक्त होते रहे। कुछ समय बाद वे सरकार्यवाह बने। इन दायित्वों का गुरुजी द्वारा अत्यंत दक्षता और कुशलता से निर्वहन होता देखकर डॉ. हेडगेवार बहुत संतुष्ट थे।[6]

जहां सूर्यास्त, वहीं सूर्योदय

13 जनवरी, 1937 को गुरुजी संन्यास दीक्षा लेने सारगाछी आश्रम पहुंचे।[7] मुर्शिदाबाद जिले के सारगाछी में स्वामी विवेकानंद के गुरुभाई स्वामी अखंडानंद ने 1897 में रामकृष्ण आश्रम की स्थापना की थी। सारगाछी के पास ही प्लासी का वह ऐतिहासिक मैदान है, जहां 1757 में अंग्रेजों के साथ हुए युद्ध में नवाब सिराजुद्दौला की सेना को पराजय का सामना करना पड़ा था। इसके बाद से ही भारत में ब्रिटिश साम्राज्य की नींव पड़ी। अखंडानंद द्वारा स्थापित आश्रम में दीन-दुखियों की सेवा के साथ ही ब्रिटिश राज को उखाड़ फेंकने में लगे क्रांतिकारियों को भी शरण दी जाती थी। काशी हिंदू विश्वविद्यालय में प्राध्यापक हरिदास मुखर्जी (दीक्षित होकर स्वामी अमूर्तानंद और अमिताभ महाराज) क्रांतिकारियों के गुप्त

संगठन अनुशीलन समिति के सदस्य भी थे। वे सारगाछी गए और अखंडानंद के दर्शन किए। उन्होंने अखंडानंद से पूछा, 'बाबा आपने आश्रम के लिए यह अमंगल स्थान क्यों चुना, जहां भारत का भाग्य सूर्य अस्त हुआ था?' अखंडानंद ने जवाब दिया, 'जहां भारत का भाग्य सूर्य अस्त हुआ, वहीं उसका भाग्योदय करने वाला भी कोई आएगा।[8]

3 जुलाई, 1940 को गुरुजी को 'सरसंघचालक' घोषित किया गया।[9] ध्येय समर्पित, प्रतिभा और कर्तृत्व संपन्न, ऋषि तुल्य कर्ममय जीवन, शुचिमूर्त, प्रसन्न, शांत, धीर-गंभीर व्यक्तित्व![10] इकहरी देह, श्वेत धोती-कुर्ता, कंधों से नीचे तक झूलती घुंघराली केशराशि, मुख मुद्रा को आवृत्त करती मूंछें, लंबी दाढ़ी, कभी लुप्त न होने वाली मुस्कान और चश्मे के भीतर से झांकते चमकीले नेत्र; शिशु सा भोला भाव तथा प्राचीन ऋषि परंपरा के आध्यात्मिक व्यक्तित्व! वाणी में वीणा के तारों की हृदय स्पर्शी झंकार और शत्रु मर्दनी हुंकार का समन्वय; समुद्र सा गांभीर्य! व्यक्तित्व का हर पहलू आश्चर्यजनक; उत्तम वंशी वादक और मलखंभ के महारथी, अनुकूल-प्रतिकूल परिस्थितियों में समरूप धीरोदात्त और स्थितप्रज्ञ अति विशिष्ट व्यक्तित्व!

वह संघ की दृष्टि से संक्रमण वेला थी। डॉ. हेडगेवार और गुरुजी के संधि काल में दोनों का तापस और अजस्त्र स्रोत लेकर वीरव्रती स्वयंसेवकों ने जेल जाकर इंतजार करने की राह नहीं चुनी और न किसी समझौता वार्ता का हिस्सा बने। वे सशक्त राष्ट्र की ओर बढ़ चले; जहां उनकी आवश्यकता होती, वहां संपूर्ण समर्पण के साथ उपस्थित रहते और योगदान करते। तत्कालीन ब्रिटिश दस्तावेजों से प्रकट होता है कि अंग्रेजों को कांग्रेस से चिंता नहीं थी; वे शत्रु के रूप में संघ या सुभाषचंद्र बोस जैसे नेताओं को देखते थे। गुरुजी का कहना था, 'समर्थ हिंदू संगठन के द्वारा ही हिंदुस्थान का उद्धार हो सकेगा, ऐसी हमारी दृढ़ निष्ठा होने के कारण अपने ध्येय प्राप्ति के लिए निश्चित की गई दिशा और उद्देश्य के अनुसार तय कार्यक्रम करने का हमने निश्चय किया हुआ है।'[11]

गुरुजी के नेतृत्व में संघ

सरसंघचालक के रूप में गुरुजी ने सांस्कृतिक और आध्यात्मिक धारा प्रवाहित की। उनकी दृष्टि संगठन निर्माण को प्राथमिकता देने की रही। जिस समय उन्होंने संघ का नेतृत्व संभाला, वह राष्ट्रीय राजनीति में व्यापक परिवर्तन का दौर था। भारत विभाजन का दुःस्वप्न सच होता प्रतीत होने लगा था। पश्चिमी पंजाब और पूर्वी बंगाल के हिंदुओं-सिखों पर गहरा संकट मंडरा रहा था। गुरुजी ने संगठन को मजबूत बनाने की

रणनीति से काम शुरू किया। गुरुजी ने स्वयंसेवकों को आत्मचिंतन की दिशा में प्रेरित किया और राष्ट्र की स्थिति के लिए दूसरों पर दोषारोपण करने की मानसिकता को बदलने पर जोर दिया। उनका कहना था:

> 'परकीयों के हाथों हम पराजित हुए, उसका कारण हमारे संख्याबल की कमी नहीं थी और न ही हम पौरुष या पराक्रम में किसी से कम थे। यह भी नहीं कि हम मूर्ख या अज्ञानी थे। हमारी हार के लिए इनमें से कोई भी बात कारण नहीं बनी। लेकिन हम परस्पर झगड़ते रहे, आपस में शत्रुता मोल लेते रहे, एक-दूसरे पर प्रहार करते रहे। इस प्रकार हमारे समाज और राष्ट्र की एकता का विच्छिन्न होना स्वाभाविक ही था और यह छिन्न-भिन्न शक्ति परकीय आक्रमणों के सामने टिक नहीं पाई। इन्हीं बातों का अध्ययन करके डॉक्टरजी ने अपने समाज का संगठित जीवन खड़ा करने का निश्चय किया था।'[12]

डॉ. हेडगेवार ने अस्वस्थता गंभीर लगते ही 23-24 मार्च, 1940 को मध्य प्रांत के चंद्रपुर शिविर में स्वयंसेवकों के नाम लिखित संदेश भेजा था। पत्र में उन्होंने 3 वर्षों में विशिष्ट सीमा तक शाखाओं और स्वयंसेवकों को बढ़ाने का लक्ष्य रखा। गुरुजी ने डॉ. हेडगेवार द्वारा रखे हुए विषय को दृढ़ प्रतिज्ञ होकर आगे बढ़ाया। उन्होंने 1941 से देश में व्यापक दौरे शुरू कर कार्यकर्ताओं को जाग्रत करना शुरू कर दिया। वे विभिन्न उदाहरण प्रस्तुत कर स्वयंसेवकों का आह्वान करते, प्रचारक चाहिए... प्रचारक चाहिए! वे कहते, 'हमारे सामने कार्य विशाल है और समय कम। सवाल है मन की एक-सी क्रांति का। एक वर्ष के लिए अपने व्यक्तिगत जीवन के सारे दरवाजे बंद कर दीजिए... एक वर्ष के लिए संन्यासी हो जाइए।' गुरुजी कहते, 'आदमी जब अपने को भूलकर, पेट का ख्याल छोड़कर और दिल लगाकर काम करता है, तब काम होता है। हम सब निश्चय करें कि इतनी लगन से, संसार की व्यक्तिगत स्वार्थ की सभी बातें भूलकर कार्य करेंगे।' गुरुजी बौद्धिकों में श्लोक के माध्यम से समझाते, 'सामुद्रो हि तरंगः क्वचन समुद्रो न तारंग'; यानी, संघ के लिए हम हैं, हमारे लिए संघ नहीं है। डॉ. हेडगेवार द्वारा रखे गए लक्ष्य और गुरुजी द्वारा राष्ट्र निर्माण के प्रखर आह्वान से स्वयंसेवकों में उद्वेलन पैदा हो गया। राष्ट्र के लिए संघ कार्य को आगे बढ़ाने की इच्छा से प्रवृत्त होकर अनेक स्वयंसेवक प्रचारक के रूप में निकल पड़े। 1942-43 में लाहौर से 58, अमृतसर से 42 और दिल्ली से 80 प्रचारक निकले।[13]

स्वयंसेवकों को बलिदान देने का आह्वान

कांग्रेस की 1942 में 'अंग्रेजो भारत छोड़ो' घोषणा से पहले राष्ट्रीय स्वयंसेवक संघ में अंग्रेजों को 'भारत से भगाने' की बात की जाने लगी। इस आह्वान में बलिदान देने के भाव निहित थे और स्वयंसेवकों को आजादी के लक्ष्य को प्राप्त करने का संदेश दिया गया था। 27 अप्रेल, 1942 को गुरुजी ने प्रशिक्षण शिविर में उन लोगों की भर्त्सना की, जो स्वार्थ के वशीभूत होकर ब्रिटिश सरकार की सहायता कर रहे थे। इसके अगले दिन 28 अप्रेल को उन्होंने घोषणा की कि संघ अपने कर्तव्य के प्रति अडिग रहेगा, भले ही पूरा विश्व उसके विरुद्ध हो जाए। उन्होंने स्वयंसेवकों से आह्वान किया कि वे राष्ट्रहित में अपने प्राणों का बलिदान देने के लिए तैयार रहें।[14] उसी अवधि में जबलपुर में आयोजित संघ शिविर में वक्ताओं ने वक्तव्य दिया कि संघ का उद्देश्य अंग्रेजों को भारत से खदेड़ना है।[15]

कांग्रेस का दिशाहीन आंदोलन

उसी दौरान कांग्रेस ने भारत छोड़ो आंदोलन की घोषणा की। रातों रात सभी प्रमुख कांग्रेस नेता गिरफ्तार कर लिए गए। इसके बाद देश भर में ब्रिटिश राज के प्रति नेतृत्वहीन प्रतिक्रिया शुरू हुई। जनता में गुलामी के खिलाफ गुस्सा भरा हुआ था। गुरुजी ने प्रमुख कार्यकर्ताओं को पत्र लिखकर स्वयंसेवकों को सावधान किया। उन्होंने 19 अगस्त, 1942 को मधुकरराव भागवत को पत्र लिखा, 'संभव है कि हमें काम करते समय अनेक कठिनाइयों का सामना करना पड़ेगा क्योंकि जनता में अनेक विचारों का तूफान उठा है। लेकिन हमें अपना कार्य अपनी पद्धति और तंत्र से करना है।' इसी दिन भाऊराव कुलकर्णी को लिखा, 'हमें होने वाली घटनाओं के बीच अपना काम निर्लिप्त एवं सुरक्षित रखना है।[16]

नागपुर में बुलाई गई प्रांतीय कार्यकर्ताओं की बैठक में गुरुजी ने सभी से परामर्श के बाद भावावेश में नहीं उलझते हुए आंदोलन का आकलन करना तय किया। इसके लिए उन्होंने क्रांतिकारी डॉ. पांडुरंगराव खानखोजे* और बालासाहब देवरस को जयप्रकाश नारायण के पास भेजा, जो उस समय भूमिगत रहकर आंदोलन चला रहे थे। गुरुजी के मन में कुछ प्रश्न थे, जिनका समाधान वे जयप्रकाश से करवाना चाहते थे। ये प्रश्न थे:

---

*गदर पार्टी के संस्थापकों में से एक पांडुरंग सदाशिव खानखोजे भारत के स्वतंत्रता सेनानी, इतिहासकार और कृषि वैज्ञानिक थे। उन्हें मेक्सिकन हरित क्रांति का जनक कहा जाता है। उनका जन्म 7 नवंबर, 1883 को महाराष्ट्र के वर्धा में हुआ था। उच्च शिक्षा के लिए वे नागपुर गए। वे बाल गंगाधर तिलक के राष्ट्रवादी विचारों से बेहद प्रभावित थे। 1900 के शुरुआती दशक में भारत से बाहर जाने के लिए समुद्री यात्रा पर निकले खानखोजे अमेरिका जा पहुंचे। वहां उन्होंने 1913 में वॉशिंगटन स्टेट कॉलेज से स्नातक परीक्षा उत्तीर्ण की। 22 जनवरी, 1967 को नागपुर में उनका निधन हो गया।

1. 'करो या मरो' वाले आह्वान में 'मरो' का अर्थ तो स्पष्ट है, लेकिन 'करो' यानी क्या करो? क्या इसके आदेश कांग्रेस कार्यकारिणी ने दिए हैं?
2. आंदोलन का तात्कालिक और दीर्घकालीन उद्देश्य क्या है?
3. आंदोलन की रूपरेखा क्या और कैसी रहेगी?
4. आंदोलन कब तक चलेगा?
5. अपनी अनुमानित शक्ति कितनी है?
6. आंदोलन की सफलता के बाद आगे क्या करना है?
7. इसके असफल रहने पर आगे की रणनीति क्या रहेगी?

जयप्रकाश से मिलकर डॉ. खानखोजे और बाला साहब ने गुरुजी को जो जानकारी दी, वह काफी हैरान करने वाली थी। डॉ. खानखोजे का कहना था, 'जयप्रकाश एक भी प्रश्न का संतोषप्रद उत्तर नहीं दे सके। आंदोलन के नेतृत्वकर्ताओं की गिरफ्तारी के बाद पीछे वालों को क्या करना है और क्या नहीं करना है, इसके बारे में भी कोई निर्देश नहीं है।' आंदोलन की कमियां सामने आने के बाद भी आंदोलन के लक्ष्य के विषय में गुरुजी का मत भिन्न नहीं था। लेकिन उनकी चिंता यह थी कि व्यापक गतिविधियों के लिए पूरी संगठनात्मक तैयारी नहीं है। उन्होंने संघ के नेताओं से विमर्श करने के बाद तय किया:

> 'यह आंदोलन देश की स्वतंत्रता के लिए चलाया जा रहा है। अतः देश के नागरिक के रूप में स्वयंसेवक देश के किसी भी हिस्से में आंदोलन में शामिल हो सकते हैं। लेकिन एक संगठन के रूप में संघ राष्ट्रीय उद्देश्य के लिए काम करता रहेगा, अर्थात वह प्रत्यक्ष रूप से आंदोलन में भाग लिए बिना समाज को संगठित करेगा।'[17]

गुरुजी की गिरफ्तारी

गुरुजी ने दक्षिण भारत के प्रांतों में संघ कार्य को बढ़ाने की योजना तैयार की। इसके लिए उन्होंने बंबई और मध्य प्रांत से अंग्रेजी भाषा के जानकार प्रचारकों को दक्षिणी राज्यों में भेजना शुरू किया। केरल में दत्तोपंत ठेंगड़ी को भेजा गया; यादवराव जोशी कर्नाटक भेजे गए; शिवराम जोगलेकर पुणे से चेन्नई पहुंचे; शिवराम शंकर (दादा आप्टे) तमिलनाडु में और नरहरि पारखी आंध्र प्रदेश में सक्रिय हुए; अण्णा शेष मंगलूर और बाबू तैलंग तिरुअनंतपुरम पहुंचे। इसी क्रम में 21 सितंबर, 1942 को बंगलौर के शाखा कार्यक्रम से दूसरे कार्यक्रम के लिए जा रहे गुरुजी को मैसूर रियासत की पुलिस ने गिरफ्तार कर लिया और एक रात हिरासत में रखा। पुलिस को पता चला था कि वे

क्रांति का प्रचार करने आए हैं। मैसूर उच्च न्यायालय के अधिवक्ता के. वेंकटरंग आयंगर और साहित्यकार सीताराम शास्त्री ने हस्तक्षेप करके उन्हें रिहा करवाया।[18]

आंदोलन के मोर्चे पर स्वयंसेवक

कांग्रेस नेताओं की गिरफ्तारी के बाद विभिन्न क्षेत्रों में भारत छोड़ो आंदोलन की बागडोर संघ के कार्यकर्ताओं ने संभाली। दिल्ली के प्रांत प्रचारक वसंतराव ओक, बिहार के प्रथम संघचालक कृष्ण वल्लभप्रसाद नारायण सिंह (बबुआजी), विद्या भारती और राजस्थान शिक्षक संघ से आजीवन जुड़े जयदेव पाठक, विदर्भ क्षेत्र के प्रमुख संघ नेता डॉ. अण्णासाहब देशपांडे, पूर्वी उत्तर प्रदेश से जुड़े (बाद में प्रांत प्रचारक) माधवराव देवड़े, उज्जैन के दत्तात्रेय गंगाधर (भैयाजी) कस्तूरे, संघ गीतों के रचनाकार चंद्रकांत भारद्वाज सहित अनेक नेताओं ने आंदोलन से प्रत्यक्ष जुड़कर सक्रिय भूमिका निभाई और गिरफ्तार हुए। पटना में सचिवालय पर तिरंगा फहराने के कारण पुलिस की बर्बर कार्रवाई में शहीद सात आंदोलनकारियों में संघ के दो स्वयंसेवक थे।[19] पंजाब में फिरोजपुर जिला प्रचारक बाबूराव पालधीकर और सरगोधा जिला प्रचारक जगदीश अब्रोल को गिरफ्तार किया गया। अब्रोल के साथ एक अन्य कार्यकर्ता भैरों राम गिरफ्तार हुए।[20] महाराष्ट्र के रामटेक, आष्टी, चिमूर आदि क्षेत्रों में स्वयंसेवकों ने ब्रिटिश राज को सीधी चुनौती दी; इनमें से कई को फांसी की सजा सुनाई गई। रामटेक तहसील के कार्यवाह रमाकांत केशव देशपांडे (बालासाहब) पर सरकारी कचहरी पर तिरंगा फहराने के लिए 'एनहान्स्ड पेनाल्टी एक्ट' के तहत कठोर मुकदमा चला, जिसमें फांसी का प्रावधान था। ठोस साक्ष्यों और चश्मदीद गवाही के अभाव में उन्हें बरी किया गया।[21] उसी दौरान सिंध के सक्खर में हेमू कालाणी की गिरफ्तारी ने स्वयंसेवकों को उद्वेलित कर दिया। उन्होंने इसके विरोध में रेल की पटरियां उखाड़ दीं। बाद में कालाणी को फांसी दे दी गई।[22]

भूमिगत आंदोलनकारियों को शरण

भारत छोड़ो आंदोलन की घोषणा होते ही कांग्रेस नेताओं को गिरफ्तार कर लिए जाने से नेतृत्व का संकट खड़ा हो गया था। ऐसे में आवश्यक था कि राष्ट्रीय स्तर पर सक्रिय संघ ब्रिटिश सत्ता की नजर में आकर प्रतिबंधित होने से बचे। ब्रिटिश गुप्तचर विभाग के लिए ऐसा कोई भी ठोस प्रमाण जुटाना कठिन हो गया, जो आंदोलन में संघ की प्रत्यक्ष भूमिका सिद्ध कर सके। इसके बावजूद समय-समय पर प्रशिक्षण शिविरों और जनसभाओं में संघ नेताओं द्वारा ब्रिटिश विरोधी भाव व्यक्त किए जाने की सूचना सरकार को मिलती रही। आंदोलन के दौरान भूमिगत रहकर काम कर रहे अनेक

स्वतंत्रता सेनानियों ने वरिष्ठ संघ नेताओं के घर में शरण ली। नाना पाटील* को पं. दामोदर सातवलेकर ने अपने पास छिपाकर रखा। साने गुरुजी** बारी-बारी से भाऊसाहब देशमुख और बाबासाहब आप्टे के यहां ठहरे।[23] इसी तरह, नाना पाटील के सहयोगी किसनवीर सातारा जिले में वाई के संघचालक दत्तोपंत गोखले के घर में रहे। समाजवादी नेता अच्युत पटवर्धन भूमिगत अवस्था के दौरान स्वयंसेवकों के घरों में रहकर आंदोलन चलाते रहे। एक बार अरुणा आसफ अली ने दिल्ली प्रांत संघचालक लाला हंसराज गुप्ता के बाराखंबा रोड स्थित आवास में आश्रय लिया। उन्हें पुलिस की दृष्टि से बचाकर वहां से बाहर निकालने के लिए संघ के कार्यकर्ताओं ने घोड़ी पर बारात का आयोजन किया और इस बारात के साथ वे अरुणा आसफ अली को बाहर ले आए।[24] सोलापुर के कांग्रेस कार्यसमिति सदस्य गणेश बापूजी शिनकर ने बताया:

> '1942 के भारत छोड़ो आंदोलन में मैं सहभागी था। पूंजीपति और किसान ब्रिटिश सरकार से इतने भयभीत थे कि हमें कभी उनके घरों में आश्रय नहीं मिला। हम संघ कार्यकर्ताओं के घरों में छिपकर कार्य करते थे और वे अत्यंत हर्ष के साथ न केवल हमारी सहायता करते थे, बल्कि हमारी सभी आवश्यकताओं की पूर्ति भी करते थे। हम में से कोई बीमार पड़ जाता तो स्वयंसेवक चिकित्सक हमारा इलाज करते थे। संघ के जो स्वयंसेवक वकील थे, वे निडर होकर अदालतों में हमारी पैरवी किया करते थे। हमें यह कहने में कोई संकोच नहीं है कि इन स्वयंसेवकों की देशभक्ति और जीवन निष्ठा निर्विवाद थी।'[25]

---

*स्वतंत्रता सेनानी नाना पाटील का जन्म 3 अगस्त, 1900 को हुआ था। उनके दुस्साहसिक कारनामों की वजह से उन्हें 'क्रांति सिंह' कहा जाता था। ब्रिटिश सत्ता को सीधी चुनौती देते हुए उन्होंने 1940 में सातारा जिले में 'प्रति सरकार' के नाम से स्वतंत्र सरकार की स्थापना की थी। 6 दिसंबर, 1976 को उनका निधन हो गया। (रंगा हरि: गुरुजी गोलवलकर, जीवन चरित्र, श्री भारती प्रकाशन, नागपुर, 2012, पृष्ठ 118)

**पांडुरंग सदाशिव साने (24 दिसंबर, 1899-11 जून, 1950) यानी साने गुरुजी ने 1930 से 1947 के बीच आठ बार गिरफ्तारियां दीं; उन्हें छह साल सात महीने जेल में रखा गया। उन्होंने स्वतंत्रता आंदोलन में शामिल होने के लिए स्कूल की नौकरी से इस्तीफा दे दिया था।

संदर्भ सूची

1. रंगा हरि: गुरुजी गोलवलकर जीवनचरित्र, श्रीभारती प्रकाशन, नागपुर, 2012, पृष्ठ 1-2
2. वही, पृष्ठ 5
3. वही, पृष्ठ 6
4. वही, पृष्ठ 51-52
5. बच्छराज व्यास: श्रीगुरुजी समग्र, खंड 12, सुरुचि प्रकाशन, नई दिल्ली, युगाब्द 5106, पृष्ठ 74
6. श्री गुरुजी समग्र, खंड 12, सुरुचि प्रकाशन, नई दिल्ली, युगाब्द 5106, पृष्ठ 105
7. श्री गुरुजी समग्र, खंड 1, सुरुचि प्रकाशन, नई दिल्ली, युगाब्द 5106, पृष्ठ 18
8. वही, पृष्ठ 18
9. वही, पृष्ठ 18
10. मोहनराव भागवत: चित्रांजलि, माधव स्मृति न्यास, कर्णावती, 2006
11. श्री गुरुजी समग्र, खंड 3, सुरुचि प्रकाशन, नई दिल्ली, युगाब्द 5106, पृष्ठ 151
12. श्रीगुरुजी समग्र, खंड 1, सुरुचि प्रकाशन, नई दिल्ली, युगाब्द 5106, पृष्ठ 50
13. गोपाल शर्मा: महाव्रती, प्रभात प्रकाशन, दिल्ली, 2016, पृष्ठ 8-9
14. फाइल सं. 28/8/42 राजनीतिक-1, गृह विभाग, भारत सरकार, 1942
15. फाइल सं. 28/3/43 राजनीतिक-1, गृह विभाग, भारत सरकार, 1943
16. श्रीगुरुजी समग्र, खंड 8, सुरुचि प्रकाशन, नई दिल्ली, युगाब्द 5106, पृष्ठ 20
17. एच.एम. घोड़के: रिवॉल्यूशनरी नेशनलिज्म इन वेस्टर्न इंडिया, क्लासिक पब्लिशिंग कंपनी, मुंबई, 1990, पृष्ठ 173-174
18. रंगा हरि: गुरुजी गोलवलकर का जीवन चरित्र, श्री भारती प्रकाशन, नागपुर, 2012, पृष्ठ 121
19. रतन शारदा : संघ और स्वराज, प्रभात प्रकाशन, नई दिल्ली, 2019, पृष्ठ 65
20. चमनलाल: विभाजनकालीन भारत के साक्षी, खंड 2, संपादक-कृष्णानंद सागर, जागृति प्रकाशन, नोएडा, 2022, पृष्ठ 45
21. संजय विष्णु तांबट: राष्ट्र साधना, खंड 2, साप्ताहिक विवेक, मुंबई, 2001, पृष्ठ 55-56

22. डॉ. गोपाल प्रसादः नेशनल मूवमेंट एंड द आरएसएस, आईओएसआर जर्नल, खंड 6, संस्करण 6, 2018, पृष्ठ 76
23. अरविंद नीलकंदनः स्वराज्य, 19 अप्रेल, 2017
24. ना. बा. लेलेः राष्ट्रसाधना, खंड 2, साप्ताहिक विवेक, मुंबई, 2001, पृष्ठ 65
25. रंगा हरिः गुरुजी गोलवलकर का जीवन चरित्र, श्री भारती प्रकाशन, नागपुर, 2012, पृष्ठ 119

चिमूर क्रांति

चिमूर सिर्फ दहाड़ते खूंखार शेरों और तिरुपति बालाजी की छवि लिए विख्यात बालाजी मंदिर के लिए नहीं जाना जाता, यहां का क्रांतिदूत लोखंडी पुल काल प्रवाह के बावजूद अब भी शरीर में सनसनी पैदा करता है। 18 किलोमीटर पहले नाविपेट के शिवाजी चौक के बाद चिमूर तक थोड़ी-सी हवा चलते ही चौराहों पर लगे भगवा झंडे लहरने लगते हैं और बारिश के बाद मिट्टी से शहीदों के खून सनी भीनी गंध 80 साल बाद भी महसूस की जा सकती है। सूरज नहीं छिपने वाले ब्रिटिश साम्राज्य में नागपंचमी के दिन यहां के शेरदिल नौजवानों ने बलिदानों से क्रांति की गाथा लिखी थी। भारत में चिमूर पहला नगर था, जिसने अपने को स्वतंत्र घोषित किया। राष्ट्रसंत तुकड़ोजी महाराज* ने खंजरी बजाकर और भजन गाकर क्रांति का सूत्रपात किया। चिमूर कांग्रेस कमेटी द्वारा निकाले गए मोर्चे के साथ शुरू हुई इस क्रांति के महानायक राष्ट्रीय स्वयंसेवक संघ के एक युवा स्वयंसेवक बालाजी राघोबा रायपुरकर थे, जिनकी गूंज आज भी यहां के जर्रे-जर्रे से सुनाई देती है।

नाग पंचमी, 1942 के अवसर पर मध्य प्रांत (अब महाराष्ट्र) के चांदा (अब चंद्रपुर) जिले के चिमूर में हुई क्रांति भारतीय स्वाधीनता संग्राम में एक सुनहरा अध्याय

---

*तुकड़ोजी महाराज का मूल नाम माणिक बांडोजी इंगळे था। उनका जन्म 1909 में महाराष्ट्र के अमरावती जिले के यावली गांव में एक गरीब परिवार में हुआ था। वे महाराष्ट्र के गांवों में विकास कार्यों और सामाजिक सुधारों में शामिल थे। उनकी लिखी 'ग्रामगीता' ग्रामीण विकास के साधनों का वर्णन करती है। उन्होंने ब्रिटिश सत्ता की दमनकारी नीतियों का प्रबल विरोध किया और भारत छोड़ो आंदोलन में भाग लेने के कारण गिरफ्तार हुए। स्वतंत्रता के बाद उन्होंने एकीकृत ग्रामीण विकास के लिए कई कार्यक्रम शुरू किए और आचार्य विनोबा भावे के भूदान आंदोलन में भी भाग लिया। बंगाल अकाल (1945), चीन युद्ध (1962), पाकिस्तान युद्ध (1965), कोयना भूकंप (1962) जैसे संकटपूर्ण समय में उन्होंने सेवा कार्यों में भूमिका निभाई। राष्ट्रपति डॉ. राजेंद्र प्रसाद ने उन्हें 'राष्ट्रसंत' की उपाधि से सम्मानित किया। वे विश्व हिंदू परिषद के उपाध्यक्ष रहे। तुकड़ोजी का महात्मा गांधी से भी संपर्क था। पवनार में 4 मई, 1936 को गांधी की उपस्थिति में तुकड़ोजी के भजन होने के उल्लेख मिलते हैं। (जमनालाल बजाज की डायरी, खंड 4, सस्ता साहित्य मंडल, नई दिल्ली, 1972, पृष्ठ 33)

है। चिमूर क्रांति ने स्वाधीनता संग्राम में 'करो या मरो' की भूमिका और दिशा तय की। क्षेत्र के लोगों में स्वातंत्र्य चेतना बलवती हो उठी और चिमूर को स्वतंत्र घोषित कर दिया गया। 16 अगस्त, 1942 को क्रांतिकारियों ने भारतीय तिरंगा फहराया। ब्रिटिश सत्ता के बर्बर आतंक के बावजूद उन्होंने न तो गोलियों की परवाह की और न फांसी के फंदे से डरे। जहां सारा देश गुलामी में था; वहीं, लगातार तीन दिनों तक चिमूर स्वतंत्र रहा। इस क्रांति में संघ की विशेष भूमिका रही।[1] तत्कालीन ब्रिटिश दस्तावेजों के अनुसार चिमूर क्रांति एक महत्वपूर्ण घटना थी, जिसमें संघ और कांग्रेस के कार्यकर्ताओं ने मिलकर काम किया।[2]

चिमूर घने जंगलों से घिरा हुआ 6 हजार की आबादी वाला छोटा कस्बा था। केवल एक सड़क थी, जो तहसील मुख्यालय वरोरा से जोड़ती थी। एक यात्री बस प्रतिदिन दो बार चिमूर और वरोरा के बीच आवाजाही करती थी। चिमूर में तब एक पुलिस स्टेशन, एक सरकारी विश्राम गृह (डाक बंगला) और एक प्राथमिक विद्यालय था, जहां मराठी और उर्दू माध्यम की शिक्षा व्यवस्था थी। अधिकतर संभ्रांत परिवार थे, जो राजनीतिक रूप से जागरूक और सक्रिय थे। कांग्रेस, हिंदू महासभा और राष्ट्रीय स्वयंसेवक संघ की शाखाएं वहां स्थित थीं।[3] संघ की शाखा वहां 1927 में ही स्थापित हो गई थी।[4]

संघ से जुड़े 93 वर्षीय दत्तात्रेय गणेश पिंपळापुरे उस दिन जुलूस में बालाजी रायपुरकर के साथ चल रहे थे। उनके देखते-देखते ही रायपुरकर को गोली मारी गई थी। पिंपळापुरे बताते हैं कि वे संघ की शाखा में जाते थे। उस दिन वे स्कूल की ड्रेस में थे, लेकिन रायपुरकर ने संघ गणवेश की काली टोली लगा रखी थी। उन्होंने बताया कि गोंडपुरा (वर्तमान नेताजी वार्ड) में शाखा लगती थी। बाबूराव बेगड़े संघचालक और लक्ष्मणराव नाईक (दादा) सह संघचालक थे। शाखा में 40-45 स्वयंसेवक आते थे। ख्याति और बातचीत से बिल्कुल दूर रहने वाले स्पष्टवादी और कड़क पिंपळापुरे बड़ी मुश्किल से कुछ कहने को तैयार हुए। उम्र के इस दीर्घ पड़ाव पर वे लोगों से कम ही मिलते हैं, लेकिन प्रतिदिन घर के बाहर निकलकर अकेले संघ की प्रार्थना जरूर करते हैं। इन सबमें सहयोगी मृदुभाषी पत्नी सुमन दत्तात्रेय पिंपळापुरे* शक्ति के रूप में उनका पूरा साथ दे रही हैं।

---

*सुमन दत्तात्रेय पिंपळापुरे को आपातकाल में मीसा लगाकर गिरफ्तार किया गया; वे 19 महीने यरवड़ा-नासिक जेलों में रहीं। गिरफ्तारी के आठ महीने बाद यरवड़ा जेल में बंद तत्कालीन सरसंघचालक मधुकर दत्तात्रेय देवरस (बाला साहब) से सुमन को पता चला कि उनके पति दत्तात्रेय भी पिछले आठ महीनों से नासिक जेल में बंद हैं। सुमन के साथ उनकी ढाई वर्षीय पुत्री प्रांजलि भी 19 महीने जेल में रहीं। अन्य छोटे बच्चे संजू, साधना और श्रीपद किसी तरह अपनी व्यवस्था करके घर में रहे। सुमन बताती हैं कि जेल में संघ के वर्तमान सरसंघचालक मोहनराव भागवत के पिता मधुकरराव भागवत और माता मालती देवी भी जेल में बंद थे। दत्तात्रेय गणेश पिंपळापुरे 1948 में भी जेल में रहे।

दादा नाईक को गुरुजी के निर्देश

दादा नाईक के 80 वर्षीय पुत्र मधुसूदन लक्ष्मणराव नाइक चिमूर में रहते हैं। उन्होंने अपने पिता के संस्मरणों के आधार पर बताया:

> 'उद्धव कोरेकार के नेतृत्व में चिमूर के लोग किले पर एकत्र हुए। कांग्रेस के आह्वान पर अंग्रेजो भारत छोड़ो का नारा देते हुए जुलूस आगे बढ़ रहा था। बेगड़े बाड़े के सामने जुलूस को पुलिस ने रोका। सिपाहियों ने आंदोलनकारियों के हाथों से तिरंगे लेकर फाड़ दिए और उन्हीं के डंडों से उनके ऊपर टूट पड़े। इसमें बहुत सारे लोग जख्मी हुए और कुछ तो शहीद हो गए। उस दिन शाम को गुरुदेव सेवा मंडली में संत तुकड़ोजी महाराज का भजन हुआ। उन्होंने 'पत्थर सारे भक्त बनेंगे, भक्त बनेगी सेना' भजन गाया। इससे प्ररित होकर ब्रिटिश पुलिस के खिलाफ जनभावना तैयार हुई। स्वतंत्रता प्रेमी गोपाल कोरेकार, माधव कठाणे और अनेक कार्यकर्ता चिमूर की राष्ट्रीय स्वयंसेवक संघ की शाखा में एकत्रित हुए; उस दिन जो दिल दहला देने वाली घटना हुई ,उसके बारे में क्रोध प्रकट करने लगे। आखिर में यह तय हुआ कि अपने विभाग प्रमुख और सह संघचालक से आज्ञा लेकर मोर्चा निकाला जाएगा। वे सह संघचालक दादा नाईक से मिले और अपनी भावना बताई। दादा नाईक ने सभी को समझाया कि आंदोलन में प्रत्यक्ष रूप से संघ नहीं जुड़ सकता है। लेकिन स्वयंसेवक जिद पर अड़े रहे। अगले दिन दादा नाईक घोड़े पर सवार होकर नागपुर के लिए रवाना हुए और वहां गुरुजी से मिलकर स्वयंसेवकों की इच्छा प्रकट की। गुरुजी ने कहा कि जो स्वयंसेवक देश प्रेम से प्रेरित हैं, वे आंदोलन में संघ के प्रत्यक्ष शामिल नहीं होने के बावजूद मोर्चा निकाल सकते हैं। लेकिन उसके पहले आपको अपने संघ के पद दूसरों को सौंपने पड़ेंगे। आप देश प्रेम से प्रेरित हैं, इसलिए मैं आपको अनुमति देता हूं, लेकिन मेरी शर्त याद रखिएगा। गुरुजी से अनुमति मिलने के बाद दादा नाईक चिमूर लौट आए और अपने घर के बरामदे से बिगुल बजाकर सभी स्वयंसेवकों को आमंत्रित किया। उन्होंने सभी लोगों को गुरुजी से हुई बातचीत के बारे में बताया। इसके बाद दादा नाईक सहित अन्य जिम्मेदार कार्यकर्ताओं ने अपने दायित्वों को छोड़कर मोर्चा निकालने का निर्णय किया।'

आजाद हुआ चिमूर

चिमूर में जनक्रांति का शंखनाद हो गया। नेताओं ने जनसभाएं करके यह प्रचार शुरू कर दिया कि देश आजाद हो चुका है, अब ब्रिटिश सरकार का कोई भी आदेश मानने की आवश्यकता नहीं है। पहली बार हुई इस अनहोनी और साहस भरी घोषणा से स्थानीय ब्रिटिश अफसर हक्के-बक्के रह गए। पुलिस ने उसी दौरान गिरफ्तारियां करनी चाही, लेकिन पर्याप्त संख्या बल नहीं होने के कारण यह संभव नहीं हो सका। स्थानीय लोग पुलिस को जनसभाओं के आसपास भी नहीं आने दे रहे थे। उन्होंने चेतावनी दी कि अगर किसी को गिरफ्तार करने का प्रयास किया गया तो पुलिसकर्मियों को जान से हाथ धोना पड़ेगा।[5]

झाड़-झखूड़े शस्त्र बने, भक्त बनी सेना

इस क्रांति ज्वाला में क्षेत्र के प्रभावशाली संत तुकड़ोजी की भूमिका और भजनों का महत्वपूर्ण योगदान रहा। तुकड़ोजी संघ से जुड़े हुए थे। उनके 1940 के संघ शिक्षा वर्ग में भजन के कार्यक्रम में आने की पुष्टि होती है। इस अवसर पर डॉ. हेडगेवार भी उपस्थित रहने वाले थे, लेकिन ज्वर के कारण शामिल नहीं हो सके।[6] संयोग से 'अंग्रेजो भारत छोड़ो' की घोषणा के बाद तुकड़ोजी का चातुर्मास चांदा में होने जा रहा था और वे चिमूर में ही थे। चिमूर थाना प्रभारी भी उनके भक्त थे। उन्होंने तुकड़ोजी से एकांत में मिलकर सारी परिस्थिति बताई और निवेदन किया कि वे चिमूर के नेताओं तथा जनता को समझाएं। तुकड़ोजी ने स्पष्ट कह दिया कि वे इस विषय में हस्तक्षेप नहीं करेंगे और प्रशासन अपना कर्तव्य पूरा करने के लिए स्वतंत्र है। 14 अगस्त को तुकड़ोजी ने चिमूर की जनता को एकत्र करके भजन के माध्यम से ब्रिटिश साम्राज्य की भर्त्सना की। मराठी में गाए इस भजन का भावार्थ था:

अब काहे की धूम मचाते हो, दुखवा कर भारत सारे
झाड़-झखूड़े शस्त्र बनेंगे,भक्त बनेगी सेना
पत्थर सारे बांध बनेंगे, नाव लगेगी किनारे
आते हैं नाथ हमारे...!!

इस भजन ने जनता में ब्रिटिश विरोधी भावना को और प्रबल कर दिया। जिन लोगों के नाम से वारंट निकल चुका था, उन्होंने भजन के बाद तुकड़ोजी से पूछा कि उन्हें कौन-सा मार्ग अपनाना चाहिए। तुकड़ोजी ने कहा कि इस बात का निर्णय वे लोग स्वयं करें।[7]

पुलिस से टकराव

15 अगस्त को चिमूर की जनता जुलूस के रूप में थाने के सामने पहुंची। कुछ देर तक ब्रिटिश विरोधी नारे लगाने के बाद जुलूस पास के मोटर स्टैंड की तरफ बढ़ा। उद्देश्य था तहसील मुख्यालय वरोरा के लिए रवाना होने वाले यात्री वाहनों को रोकना ताकि उनका उपयोग वहां से पुलिस बल चिमूर भेजने के लिए नहीं किया जा सके। परिस्थिति की गंभीरता को भांपते हुए सब इंस्पेक्टर हरिराम पैदल ही वरोरा के लिए निकल पड़ा और सर्किल इंस्पेक्टर जरासंध के पास जाकर पूरी जानकारी देते हुए सहायता मांगी। जरासंध 16 अगस्त की सुबह चिमूर पहुंचा। वह अपने साथ चांदा के एसडीओ डुंगाजी, वरोरा के नायब तहसीलदार सुनवाणी, सेगांव थाना प्रभारी रमाशंकर, चांदा के हेड कांस्टेबल लिंगा और 9–10 कांस्टेबलों को लेकर आया। चालीस राउंड कारतूस सहित दो रायफलें भी साथ लाई गईं। डुंगाजी और सुनवाणी अपने चपरासियों सहित चिमूर की सीमा पर स्थित डाक बंगले में ठहरे तथा पुलिस बल आगे बढ़ा। सुबह 6 से 6.30 बजे के बीच का समय था। पुलिस ने तिरंगा जुलूस निकालने की तैयारी कर रहे आठ नेताओं को गिरफ्तार करके चिमूर थाने में बंद कर दिया।[8]

जब चिमूर के बड़े नेता गिरफ्तार हो गए तो गोपालराव कोरेकर, माधव कठाणे, बाबूलाल झिरे आदि स्वयंसेवकों ने मोर्चा संभाला।[9] इसके बाद जुलूस थाने के सामने पहुंचा और नारेबाजी शुरू कर दी। गिरफ्तार नेताओं में शामिल पांडुरंग मारुति सोनार (पांडुरंग पोतदार) ने जेल के अंदर से आवाज लगाई, 'सारी गड़बड़ी के लिए सर्किल इंस्पेक्टर जिम्मेदार है, उसे पकड़ो और उसके टुकड़े कर डालो।' इतने में जरासंध आगे बढ़ा और एक आंदोलनकारी माधो सोनार के हाथ से लाठी छीनकर भीड़ को पीछे धकेलने लगा। इसकी प्रतिक्रिया में आंदोलनकारियों ने भी लाठियां चलाईं। एक लाठी जरासंध के सिर पर लगी और वह पीछे हट गया। इसके बाद अन्य पुलिसकर्मी मोर्चा संभालने आए और आंदोलनकारियों को वहां से खदेड़ना शुरू किया। इस क्रम में सेगांव थाना प्रभारी रमाशंकर और दो-तीन कांस्टेबलों को भी चोटें आईं। उस समय सुबह के सात बज रहे थे।[10]

क्रांति का उग्र रूप

परिस्थिति नियंत्रण से बाहर होती देखकर जरासंध ने डाक बंगले से अधिकारियों को लाने के लिए गाड़ी भेजी। रास्ते में आंदोलनकारियों ने गाड़ी रोककर ड्राइवर से पूछताछ की। वह झूठ बोलकर वहां से निकलने में सफल रहा। फिर भी कुछ लोगों को आशंका हुई तो उन्होंने पीछा करना शुरू किया और गाड़ी पर लाठियों से वार किया, जिससे सारे शीशे चकनाचूर हो गए। ड्राइवर किसी तरह बचकर डाक बंगले पर पहुंचा

और एसडीओ डुंगाजी को सारी बात बताकर वहां से चले जाने को कहा। डुंगाजी ने अपने चपरासी सुखदेव पालवा को स्थिति पता करने के लिए रवाना किया। उसी दौरान वरोरा की तरफ एक गाड़ी निकली, जिसमें तुकड़ोजी महाराज बैठे हुए थे। आंदोलनकारी उस गाड़ी को भी नहीं जाने देना चाहते थे, लेकिन तुकड़ोजी ने आश्वासन दिया कि गाड़ी को वापसी में पुलिस बल लेकर नहीं आने दिया जाएगा।[11]

आंदोलनकारियों ने तुकड़ोजी से अनुरोध किया कि वे चिमूर में ही रहें। उन्होंने कहा, 'आप हमें छोड़कर मत जाइए। अंग्रेजों ने हमारे अनेक नेताओं को पकड़ लिया है। हमारा मार्गदर्शन कौन करेगा? हमें प्रेरणा कौन देगा? चिमूर आपके कहे अनुसार चल रहा है। जो होगा वह आपके रहने से ही होगा।' तुकड़ोजी गाड़ी से उतरे। उन्होंने समझाया, 'घबराने की कोई बात नहीं है। अब तुम्हीं नेता हो। मैं कहीं दूर नहीं जा रहा हूं। चांदा जाना जरूरी है। शांति से क्रांति करो, सब ठीक हो जाएगा। तुम्हारी विजय हो!' इतना कहने के बाद तुकड़ोजी ने अपने गले की माला से फूल तोड़कर आंदोलनकारियों पर फूल बरसाए और आशीर्वाद देकर वहां से रवाना हुए। रास्ते में वे डाक बंगले पर रुके और डुंगाजी तथा सुनवाणी को सलाह दी, 'हालात बदले हुए नजर आ रहे हैं। कहा नहीं जा सकता कि क्या होगा।' अधिकारियों का जवाब था, 'महाराज, हम हालात पर काबू पाने के लिए ही तो आए हैं। हम ठीक कर लेंगे।' इसके बाद तुकड़ोजी चांदा के लिए निकल गए।[12]

उधर, सुखदेव पालवा अपने दो सहयोगियों के साथ स्थिति के निरीक्षण के लिए निकला तो आक्रोशित आंदोलनकारियों का समूह डाक बंगले की ओर बढ़ता दिखाई दिया। उनके हाथों में लाठियां थीं और वे नारे लगाते आ रहे थे। पालवा ने तुरंत डाक बंगले लौटकर अधिकारियों को सूचना दी। लेकिन कोई भी निर्णय कर पाने से पहले आंदोलनकारी वहां पहुंच चुके थे। उनकी संख्या 200 से 400 के बीच थी। उन्होंने डाक बंगले के सामने खड़े होकर अधिकारियों से इस्तीफा मांगते हुए नारे लगाए। अधिकारियों ने डाक बंगले के सभी दरवाजों-खिड़कियों को भीतर से बंद करवा दिया। इसके बाद आंदोलनकारियों ने दरवाजे-खिड़की तोड़कर भीतर प्रवेश किया। वे दोनों अधिकारियों को पकड़कर डाक बंगले के पीछे ले गए और उन्हें लाठियों से बुरी तरह पीटा। इसके बाद उन्होंने डाक बंगले में रखी हुई हर चीज को तहस-नहस कर दिया और फिर आग लगा दी।[13]

डाक बंगले भेजी गई गाड़ी वापस नहीं लौटी तो जरासंध और हरिराम को आशंका हुई। वे तीन रायफलधारी कांस्टेबलों और चार लाठीधारी कांस्टेबलों के साथ रवाना हुए। काफी दूर तक उन्हें कोई विशेष गतिविधि दिखाई नहीं दी। नजदीक पहुंचने पर डाक बंगला जलता हुआ दिखाई दिया और वहां विशाल जनसमूह एकत्र था। इतने में

पालवा दौड़ता हुआ आया। उसके सिर से खून बह रहा था। उसने जरासंध को सारी बात बताई। थोड़ी देर बाद चौकीदार रामसुंदर ने भी आकर यही सूचना दोहराई। जरासंध और हरिराम ने आंदोलनकारियों को रास्ता खाली करने की चेतावनी दी। आंदोलनकारियों ने पुलिस को आगे बढ़ने का रास्ता दिया, लेकिन जैसे ही पुलिस आगे बढ़ी, उन्होंने चारों तरफ से घेराबंदी करके पत्थरबाजी शुरू कर दी। इस पर पुलिस की ओर से गोलीबारी की चेतावनी दी गई तो पत्थरबाजी और तेज हो गई। अंततः जरासंध ने गोली चलाने का आदेश दे दिया। इसके बाद भीड़ थोड़ी देर के लिए बिखरी और पुलिस को आगे निकलने का रास्ता मिल गया। लेकिन पुलिस के जाते ही आंदोलनकारी फिर से सड़क पर एकत्र हो गए। जरासंध डाक बंगले के भीतर जाकर देखना चाहता था, लेकिन हरिराम ने कहा कि अब भीतर जाना व्यर्थ है। जैसे ही वे डाक बंगले से कुछ आगे बढ़े, आंदोलनकारियों ने उन्हें फिर घेर लिया। इसके बाद फिर गोलियां चलाई गईं और दो-तीन आंदोलनकारी निशाने पर आए। पुलिस को थोड़ा रास्ता मिला, लेकिन कुछ ही दूर आगे आंदोलनकारियों ने फिर घेर लिया। इस बार वे इतने नजदीक आ गए कि पुलिस ने तीसरी बार गोलीबारी शुरू की। एक-दो आंदोलनकारियों को फिर गोली लगी। इसके बावजूद पुलिस के लिए आगे बढ़ना कठिन होता जा रहा था।[14]

लोखंडी पुल लहूलुहान

आंदोलनकारी एक लोहे के पुल के पास पहुंच चुके थे, जिसे स्थानीय लोग 'लोखंडी' कहते थे। आंदोलनकारियों ने पुलिस को पुल पार नहीं करने देने का इरादा बना लिया। दूसरी तरफ, पुलिस के कारतूस समाप्त होने की कगार पर थे। उसी दौरान सब इंस्पेक्टर हरिराम ने कांस्टेबल प्रधान प्रसाद को अग्रिम पंक्ति में खड़े आंदोलनकारी सखाराम सालेवर पर निशाना लगाने को कहा, लेकिन प्रधान की रायफल में गोली नहीं बची थी। वह भागकर पीछे की तरफ चला गया। सबसे आगे लाठीदारी कांस्टेबल ही रह गए। जान बचने की उम्मीद खत्म होती देखकर हरिराम ने अपनी सरकारी टोपी उतार फेंकी और 'महात्मा गांधी की जय' का नारा लगाया। कांस्टेबल प्रधान प्रसाद ने भी ऐसा ही किया। उन दोनों को आंदोलनकारियों ने पकड़कर पीटना शुरू कर दिया। एक आंदोलनकारी महादेव तेली ने हरिराम का बचाव करते हुए कहा कि उसे आत्मसमर्पण करने के कारण छोड़ दिया जाना चाहिए। एक अन्य दादू सिंह ने भी इसका समर्थन किया। इस बीच प्रधान प्रसाद की काफी पिटाई की जा चुकी थी। महादेव ने उसके प्रति भी सदाशयता दिखाई और अपने साथियों से कहा कि वह ब्राह्मण है, इसलिए उसे और नहीं पीटा जाए।[15]

उधर, जरासंध और कांस्टेबल कामता प्रसाद कुछ लाठीधारी कांस्टेबलों के साथ

लोखंडी पुल पार कर चुके थे। कामता प्रसाद के पास एक रायफल थी, जो उसने कांस्टेबल रहीम खान से छीन ली थी क्योंकि उसे लगा कि रहीम खान या तो भागने वाला है या फिर बेमन से गोलियां चला रहा है। आंदोलनकारियों ने जरासंध का पीछा शुरू किया। थोड़ी देर में सभी कांस्टेबल उसे छोड़कर भाग गए। जरासंध ने आखिरी बची गोली चलाई, जिससे सोलह वर्षीय बालाजी राघोबा रायपुरकर शहीद हो गए। इसके बाद जुलूस का नेतृत्व कर रहे गोपालराव कोरेकार ने अपने साथियों को ललकारते हुए एक कविता की पंक्तियां पढ़ीं:

ऐ जवां मर्दों, ये जिल्लत किसलिए सहते हो तुम
मर्द होकर ठोकरों की जद पे क्यों रहते हो तुम...[16]

इसके बाद आंदोलनकारियों में प्रतिशोध की भावना बलवती हो उठी। गोलियां समाप्त हो जाने के कारण जरासंध ने अपना चाकू निकाल लिया, जिसके वार से पतरू महार और सखाराम सालेवर घायल हो गए। लेकिन वह देर तक मुकाबला नहीं कर सका। आंदोलनकारियों ने उसे पकड़ लिया और लाठियों से पीटकर उसकी हत्या कर दी। लोखंडी पुल से कुछ सौ मीटर की दूरी पर उसकी लाश छोड़कर आंदोलनकारियों ने कांस्टेबलों की तलाश शुरू की। थोड़ी दूरी पर एक और पुल था, जो एक बड़े नाले पर बना हुआ था। उसी पुल के पास कामता प्रसाद सीताफल की झाड़ियों में छिपा हुआ था। वह भी मारा गया। दो अन्य कांस्टेबल भी पकड़ में आए, लेकिन उन्हें जिंदा छोड़ दिया गया। दोपहर में बालाजी रायपुरकर की शवयात्रा निकाली गई और डाक बंगले के पास नदी किनारे उनका अंतिम संस्कार हुआ। इसके बाद जरासंध और कामता प्रसाद की लाशों को खलिहान में लाकर भूसे के ढेर पर रखकर आग लगा दी गई।[17]

सेना का दमनचक्र

आक्रमणकारी पुलिसकर्मियों और अधिकारियों से मुकाबला करके चिमूर के क्रांतिकारियों ने ब्रिटिश सत्ता को सीधी चुनौती दी थी; इसकी प्रतिक्रिया हुई। उन हालात में सबसे पहले वरोरा से आने का एकमात्र रास्ता बंद करने की युक्ति लगाई गई। सड़क पर लगभग तीन किलोमीटर दूर तक बड़े पेड़ बिछा दिए गए और नाला पार करने के लिए बना पुल ध्वस्त कर दिया गया। चिमूर में हुई घटना की सूचना चांदा जिला मजिस्ट्रेट तक पहुंची। वह 17 अगस्त को 50 पुलिसकर्मियों के साथ चिमूर रवाना हुआ, लेकिन मार्ग बाधित मिला। वहां घटना की विस्तृत जानकारी मिलने पर मजिस्ट्रेट को लगा कि पुलिस बल कम पड़ेगा। वह लौट आया और उच्च अधिकारियों को सूचना

भेजी कि चिमूर के जंगलों में व्यापक सशस्त्र विद्रोह हो गया है। इसके बाद सेना भेजने का फैसला हुआ। 19 अगस्त को विशेष ट्रेन से 200 ब्रिटिश और 50 भारतीय सैनिक वरोरा पहुंचे।[18]

सेना अधिकारी ने चांदा मजिस्ट्रेट को चिमूर चलने के लिए कहा और चिमूर की जनता को गोलियों से भून डालने की बात कही। मजिस्ट्रेट ने इसकी अनुमति देने से इनकार कर दिया। इस पर सेना अधिकारी ने कहा कि सेना को मजिस्ट्रेट से अनुमति लेने की आवश्यकता नहीं है क्योंकि प्रांतीय सरकार का आदेश प्राप्त है। इस विषय पर मजिस्ट्रेट और सेना अधिकारी के बीच विवाद हो गया। मजिस्ट्रेट ने भारतीय दंड संहिता दिखाकर सिद्ध कर दिया कि गोली चलाने का आदेश देने का अधिकार केवल मजिस्ट्रेट को है। सेना अधिकारी ने भारतीय दंड संहिता के प्रति रोष प्रकट किया, लेकिन मजिस्ट्रेट ने अपना विवेक बनाए रखा और उस पर कायम रहा। उसने सेना अधिकारी से कहा, 'हम आपके साथ चिमूर चलते हैं। यदि वहां की परिस्थिति गोली चलाने की होगी तो जरूर चलाएंगे, लेकिन यदि मुझे गोली चलाने की आवश्यकता महसूस नहीं हुई तो गोली नहीं चलाई जाएगी। आपका काम शांति स्थापित करने में मुझे सहायता देना है।' सेना अधिकारी को मजिस्ट्रेट की बात माननी पड़ी।[19]

सेना के साथ मजिस्ट्रेट भी 50 पुलिसकर्मियों को लेकर रवाना हुआ। चिमूर पहुंचते ही सेना और पुलिस ने आक्रामक कार्रवाई शुरू की। महत्वपूर्ण लोगों के घरों में घुसकर तलाशी और मारपीट की गई। सभी पुरुषों को गिरफ्तार किया जाने लगा। उस एक दिन में ही 120 व्यक्ति गिरफ्तार हुए।[20] आने वाले दिनों में यह संख्या और बढ़ी। 15 फुट चौड़ी और 20 फुट लंबी कांजी हौस में 300 से अधिक लोगों को बंद कर दिया गया।[21] मजिस्ट्रेट ने चिमूर के लोगों से कहा कि सेना को उन लोगों ने ही अपनी सुरक्षा के लिए बुलवाया है, इसलिए सैनिकों के रहने-खाने का सारा प्रबंध उन्हें करना होगा। इसके बाद सेना ने एक सप्ताह तक चिमूर को आतंकित रखा। घरों में घुसकर बहुमूल्य सामान लूट लिए, अनाज के भंडार नष्ट कर दिए, रसोईघरों को शौचालय की तरह इस्तेमाल किया। महिलाओं के साथ छेड़छाड़ और बलात्कार की वीभत्स घटनाएं हुईं, इनमें अनेक छोटी बच्चियां, गर्भवती, नवप्रसूता और बूढ़ी महिलाएं थीं। 75 वर्षीय लक्ष्मीबाई, सीताबाई नाइक, राजूबाई भोपे, मंदाकिनी भोपे, रुक्मिणी नाइक, भागीरथी राचलबार, सुंदराबाई नेऊलकर आदि ने मजिस्ट्रेट से कहा, 'क्या आपके घर में मां-बहन नहीं हैं? इस अत्याचार को बंद करवाइए।'[22] कुछ अन्य महिलाओं ने भी समूह बनाकर प्रतिकार किया, लेकिन अधिकतर महिलाएं घर के पुरुषों की गिरफ्तारी के बाद अकेली पड़ गई थीं।[23]

जांच कमेटी की मांग

चिमूर की तरह पास के आष्टी और रामटेक में भी उसी दौरान आंदोलन का स्वरूप हिंसक हुआ था, लेकिन सेना या पुलिस द्वारा चिमूर की तरह बर्बरतापूर्ण कार्रवाई इन क्षेत्रों में नहीं हुई। चिमूर के क्रांतिकारियों और उनके परिवारों को विशेष रूप से सताया गया। ब्रिटिश सत्ता के इस दमनचक्र का राष्ट्रीय स्तर पर प्रतिकार शुरू हुआ। अनेक महत्वपूर्ण व्यक्तियों ने इस विषय में सीधी पहल की। 9 सितंबर, 1942 को संघ के साथ मिलकर हिंदू महासभा में सक्रिय नेता डॉ. बी.एस. मुंजे ने मध्य प्रांत के गवर्नर को पत्र लिखकर कहा कि वे प्रशासनिक अधिकारियों के साथ रामटेक, आष्टी और चिमूर का दौरा करना चाहते हैं। इसकी अनुमति मिली; संबंधित क्षेत्रों के उपायुक्त उनके साथ भेजे गए। डॉ. मुंजे के साथ प्रमुख कार्यकर्ता एम.एन. घटाटे भी रहे। 26 सितंबर को वे चिमूर पहुंचे और स्थानीय लोगों से जानकारी जुटाकर विस्तृत रिपोर्ट तैयार की। नागपुर की प्रतिष्ठित महिलाओं का एक दल भी चिमूर गया। इनमें रमाबाई तांबे, दुर्गावती वजालकर, विमलाबाई देशपांडे, द्वारकाबाई देवसकर और विमलाबाई अभयंकर शामिल थीं। उन्होंने बलात्कार पीड़िताओं और अन्य महिलाओं से बात करके सेना की बर्बरता पर रिपोर्ट तैयार की।[24]

डॉ. मुंजे ने गवर्नर को रिपोर्ट भेजकर जांच कमेटी गठित किए जाने की मांग की। नागपुर की महिलाओं ने भी अपनी रिपोर्ट केंद्रीय गृह विभाग को भेजी। भारत सरकार के अवर सचिव एस.जे.एल. ओलवर ने मध्य प्रांत सरकार के मुख्य सचिव टी.सी.एस. जयरत्नम को लिखा, 'यह रिपोर्ट हानि पहुंचाएगी। हमारा सुझाव है कि इसे रद्द करने की कार्रवाई की जाए।'[25] 16 अक्टूबर, 1942 को मध्य प्रांत सरकार ने एक प्रेस परिपत्र जारी करके कहा:

> सभी परिस्थितियों की समीक्षा करने और ब्रिटिश सेना की टुकड़ी का प्रभार संभाल रहे ब्रिटिश अफसरों के बयान लेने के बाद प्रांतीय सरकार न केवल इस बात से संतुष्ट है कि आरोप सिद्ध नहीं हुए हैं, बल्कि इस बात से भी कि यह मानने के लिए ठोस कारण हैं कि ये आरोप चिमूर में किए गए वीभत्स अपराधों से ध्यान हटाने के लिए लगाए गए हैं। इन आरोपों में कई विसंगतियां और व्यापक असंभावितता है। इसके अलावा ये आरोप शपथ और सत्यनिष्ठापूर्वक सत्यापन के साथ नहीं लगाए गए हैं, जबकि ऐसा करने के लिए प्रत्येक अवसर उपलब्ध था। ये आरोप इतने विलंब से लगाए गए हैं कि इनमें विश्वसनीयता नहीं रह जाती है। प्रांतीय सरकार को यह कहने में कोई संकोच नहीं है कि ब्रिटिश सैनिकों

> पर लगाए गए आरोप बहुत असंभावित, साक्ष्यविहीन और ज्ञात तथ्यों के विपरीत हैं। अतः प्रांतीय सरकार इन आरोपों की जांच के लिए कमेटी गठित करने से इनकार करती है, जिन्हें पुलिस और मजिस्ट्रेट द्वारा समुचित रूप से संज्ञान में लिया जा सकता है। ऐसा करना (कमेटी का गठन) पुलिस और सेना की मानहानि को न्योता देना होगा।[26]

जांच कमेटी के गठन से इनकार करने के लिए डॉ. मुंजे ने प्रांतीय सरकार की भर्त्सना की। उन्होंने कहा:

> सरकार का कहना है कि चिमूर में किए गए वीभत्स अपराधों से ध्यान हटाने के लिए ये आरोप लगाए गए हैं। क्या यह एक सुसंगत तर्क है? चिमूर से अधिक आष्टी में अधिकारियों की हत्या हुई और रामटेक में भी सरकारी भवनों में आगजनी की गई। सभी स्थानों पर बड़ी संख्या में स्थानीय नेताओं और प्रतिष्ठित व्यक्तियों को गिरफ्तार किया गया। उनमें से कुछ को फांसी और आजीवन कारावास दिए जाने की संभावना भी समान रूप से बनी हुई है। फिर रामटेक और आष्टी में भी बलात्कार तथा छेड़छाड़ के झूठे आरोप लगाने की चाल क्यों नहीं चली गई? बड़ी मासूमियत से सरकार ने कहा कि ये आरोप शपथ या सत्यनिष्ठा के साथ सत्यापित नहीं किए गए। क्या ऐसा अवसर उन्हें दिया गया था? ठीक इसी उद्देश्य से हम सुझाव दे रहे हैं कि जांच कमेटी बैठाई जाए, लेकिन दुर्भाग्यवश सरकार ने इससे इनकार कर दिया। साक्ष्य और बयान जुटाने के दौरान नागपुर, वर्धा और चांदा के डिप्टी कमिश्नर तथा दो स्थानों पर नागपुर संभाग के कमिश्नर भी हमारे साथ थे। हमारा यह मानना है कि न्यायिक जांच कमेटी बैठाने के लिए प्रथम दृष्टया मामला बन चुका है। भय के उस माहौल में समय पर आरोप नहीं लगाने के लिए हम महिलाओं को दोषी नहीं ठहरा सकते, विशेष रूप से जब उनके परिवार के पुरुषों को गिरफ्तार कर लिया गया हो। सारी जिम्मेदारी सरकार के अलावा और किसी की नहीं है। सरकार ने स्वीकार किया है कि चिमूर में बलात्कार और लूटपाट की प्रारंभिक शिकायतें चांदा के बार एसोसिएशन ने अपने 22 अगस्त के प्रस्ताव में सम्मिलित की थी, अर्थात घटनाक्रम के दो या तीन दिन बाद। लेकिन बार एसोसिएशन को सजगता और स्फूर्ति के लिए धन्यवाद देने के बजाए सरकार इन आरोपों को

> अफवाह बताकर नकारने में लगी हुई है। तथ्य यह है कि ऐसी भी महिलाएं हैं, जिनके पति को गिरफ्तार किया गया लेकिन उन्होंने छेड़छाड़ का आरोप नहीं लगाया। दूसरी तरफ, कई ऐसी महिलाओं ने आरोप लगाए हैं, जिनके संबंधियों में किसी को अभी तक गिरफ्तार नहीं किया गया है। आष्टी में भारतीय सैनिकों और चिमूर में ब्रिटिश सैनिकों की टुकड़ी भेजी गई थी। लेकिन ऐसा प्रतीत होता है कि प्रशासनिक अधिकारीगण चिमूर के सैनिकों पर इतना नियंत्रण नहीं रख सके, अन्यथा वहां ये घटनाएं नहीं होतीं क्योंकि आष्टी में ऐसा कुछ नहीं हुआ। इन परिस्थितियों में सरकार अपनी निर्दोषता और दायित्व निर्वहन के प्रति लोगों को आश्वस्त कर पाने की आशा कैसे रख सकती है?[27]

डॉ. मुंजे के इस वक्तव्य को प्रकाशित नहीं होने देने के लिए सरकारी तंत्र सक्रिय हो गया। प्रांतीय सरकार की ओर से गृह विभाग, दिल्ली को टेलीग्राम भेजा गया, 'डॉ. मुंजे ने चिमूर में कथित अत्याचारों के संदर्भ में प्रेस वक्तव्य जारी करने के इरादे प्रकट किए हैं। ...हम मध्य प्रांत में इसके प्रकाशन रोकने के लिए कदम उठा रहे हैं। अगर मुख्य प्रेस सलाहकार और अन्य प्रांतीय सरकारों को प्रकाशन रोकने के लिए आवश्यक कदम उठाने को कह दिया जाए तो कृपा होगी।' इसके बाद मुख्य प्रेस सलाहकार ने सभी प्रांतों और अजमेर-मेरवाड़ा, कूर्ग तथा दिल्ली के प्रेस सलाहकारों को निर्देश जारी किए।[28]

ब्रिटिश सरकार ने चिमूर में हुए अत्याचारों के विरुद्ध उठने वाली हर आवाज को दमन और दुष्प्रचार के जरिए दबाया। जांच कमेटी के गठन की स्वीकृति नहीं दी गई और न ही स्वतंत्र शोधकर्ताओं को तथ्य मुहैया करवाए गए। भारी जुर्माने और झूठे मुकदमों से क्रांतिकारियों का मनोबल तोड़ने का व्यापक अभियान चला। चिमूर क्रांति का सूत्रधार तुकड़ोजी महाराज को माना गया और उन्हें भारत रक्षा कानून के अंतर्गत गिरफ्तार कर लिया गया। उस भजन पर भी प्रतिबंध लगा दिया गया, जिसके माध्यम से उन्होंने जनता को प्रेरित किया था।[29] वे 28 अगस्त से 20 सितंबर तक नागपुर सेंट्रल जेल में रहे। 21 सितंबर को उन्हें रायपुर जेल में स्थानांतरित कर दिया गया। वहां वे सायंकालीन प्रार्थना करवाते थे। 2 दिसंबर, 1942 को वे रिहा हो गए, लेकिन उनके चांदा जिले में प्रवेश करने पर प्रतिबंध लगा दिया गया।[30]

चिमूर की जनता पर एक लाख रुपए का सामूहिक जुर्माना लगाया गया।[31] 21 क्रांतिकारियों को फांसी और 28 को आजीवन कारावास की सजा सुनाई गई। 35 क्रांतिकारियों को 5 वर्ष और 138 क्रांतिकारियों को 5 वर्ष से कम की विभिन्न अवधियों का कारावास मिला। संघ के प्रमुख कार्यकर्ता लक्ष्मण राजेश्वर नाईक (दादा), अनंत

मुरलीधर सिरास (अण्णा) सहित गोपालराव केशवराव कोरेकार, गणेश विठोबाजी अगड़े, माधव लक्ष्मणराव कठाणे, डोमा गणपति किटे, वारलुजी बालाजी चन्ने, सीताराम बापू चांदेकर, बदीराम दाजीबा जांभूलकर, दादा गणपति तन्नीरवार, केशव एकनाथ केडजडकर, पत्रू वारलु भुसारी, विनायक माधवराव भोपे (बाबूराव), सखाराम दाजीबा, दत्तू पैकू रामटेके, धनबा पैकू रामटेके, विठोबा सुतार, गणपति वारलुजी चन्ने, दादाजी रामजी किरीमकर, मणिराम धानु मडावी, गोविंद केशव कोरेकार और रामभाऊ नारायण ठेंगाड़े को फांसी की सजा हुई। केशव लक्ष्मणराव कठाणे, गोविंद दसरू काहालकर, लक्ष्मण दसरू काहालकर, वामन मोराती केकरे, बलिराम कबलू केलझरकर, झिटू चिंतू गजभे, सदाशिव रघुनाथ गारपगारी, पैकू मोहना गोंड, बालाजी फकीरा मडावी, मनीराम धानू मडावी, रामभाऊ नारायण ठेंगाड़े, धोंडया नागसू दिघोरे, रोडबा केवा धारणे, लांड्या केवा धारणे, धोंडू धवसा दिघोरे, गणपत बापू केलझरकर, बलिराम रामचंद्र अरड़े, दत्तसिंग अकाडसिंह नकोरिया, नूर मोहम्मद आकाशभाई, गजानन कृष्णाजी मराठा, लक्ष्मण बालाजी शास्त्रकार, मारोती रामा शैलोकार, गोविंद हरि सूर्यवंशी, भिवा डोमा सोनवाणे, शिवा विठोबा सोनवाणे, सदाशिव रामाजी हरणे, हरिचंद्र नारायण और नामदेव हरि खड़से को आजीवन कारावास दिया गया।[32]

तत्कालीन दस्तावेजों में गणपत बापु केळझरकर, पांडूरंग कृष्णाजी बोकारे, बाबुराव गणपति किटे, आनंदराव बालंगवार, मारोतराव रामाजी सेलोकर, उद्धव तुकारामजी कोरेकर, दामाजी जागोजी जुमडे, तुकाराम जागोबाजी वनकर, पांडुरंग मारोती लुथडे, दादुसिंग प्रितीसिंग झिरे, आबाजी मारोतीराव कावळे, तुकाराम बालाजी चन्ने, रामाजी कृष्णाजी जांभुळे, विश्वनाथ रोडबाजी डाहुले, जगन्नाथ रोडबाजी डाहुले, केशव मारोतराव कावळे, सिताराम लाखे, तातोबा गोविंदरावजी रामगुंडे, महादेव हरीची खडसे, पुंडलिक हरीची खडसे, नत्थु तानबाजी पालकर, दामोधर लक्ष्मणराव काळे, सरस्वतीबाई यादवराव जुमडे, महादेव रामजी मिसार, पांडूरंग कृष्णाजी जांभुळे, दत्तसिंग अकाडसिंगजी नकोरिया को कारावास की सजा का उल्लेख मिलता है।

पुलिस की गोली लगने से घायल बाबूलाल पंचमसिंह झीरे और श्रीराम गंगाराम बिंगेवार ने उसी शाम दम तोड़ दिया था। बाबूलाल और बालाजी रायपुरकर में गहरी मित्रता थी। छह महीने पहले ही बाबूलाल का विवाह हुआ था।[33] माना कटू झित्रु ने दो दिन तक संघर्ष किया; 18 अगस्त को उनकी मृत्यु हो गई। मणिराम धानु गोंड, पत्रु वारलु भुसारी, रामा तिमा बारापात्रे, उद्धव नारायण खेमस्कर और वारलु बालाजी चन्ने की जेल में मृत्यु हो गई।[34] स्वतंत्रता और स्वाभिमान के लिए प्राणाहुति देने वाले हुतात्माओं की जलाई हुई लौ अखंड प्रज्ज्वलित रही। देश के स्वतंत्र होने के बाद चिमूर क्रांति के शहीदों को श्रद्धांजलि देते हुए शहीद स्मारक का निर्माण किया गया।[35]

संदर्भ सूची

1. श्रीगुरुजी समग्र, खंड 9, प्रभात प्रकाशन, नई दिल्ली, युगाब्द 5106, पृष्ठ 7
2. ब्रिटिश गुप्तचर विभाग की रिपोर्ट/ फाइल सं. 28/8/42-राजनीतिक (I), गृह विभाग, भारत सरकार, 1942
3. 'इंडिया रैवेज्ड' (प्रतिबंधित दस्तावेज), फाइल सं. 37/1/43-राजनीतिक (I), गृह विभाग, भारत सरकार, 1943
4. टुवर्ड्स फ्रीडम 1943-44, खंड 3, संपादक - पार्थसारथी गुप्ता, ऑक्सफोर्ड यूनिवर्सिटी प्रेस, नई दिल्ली, 1997, पृष्ठ 2993
5. न्यायाधीश टी.डी. विकेंडन का निर्णय, 12 नवंबर, 1942/ फाइल सं. 3/80/42-राजनीतिक (I), गृह विभाग, भारत सरकार, 1942
6. भाऊराव देवरस: प्रेरणा पुरुष भाऊराव, दीनदयाल शोध संस्थान, नई दिल्ली, 1993, पृष्ठ 289
7. भगवतीप्रसाद मिश्र: भारतीय स्वातंत्र्य संग्राम में चंद्रपुर, रमा प्रकाशन, चंद्रपुर, 1986, पृष्ठ 258
8. न्यायाधीश टी.डी. विकेंडन का निर्णय, 12 नवंबर, 1942/ फाइल सं. 3/80/42-राजनीतिक (I), गृह विभाग, भारत सरकार, 1942
9. भगवतीप्रसाद मिश्र: भारतीय स्वातंत्र्य संग्राम में चंद्रपुर, रमा प्रकाशन, चंद्रपुर, 1986, पृष्ठ 258
10. न्यायाधीश टी.डी. विकेंडन का निर्णय, 12 नवंबर, 1942/ फाइल सं. 3/80/42-राजनीतिक (I), गृह विभाग, भारत सरकार, 1942
11. वही
12. मोहन पांडुरंग: चिमूरची वीरगाथा - शहीद वीर बालाजी रायपुरकर, पृष्ठ 81
13. न्यायाधीश टी.डी. विकेंडन का निर्णय, 12 नवंबर, 1942/ फाइल सं. 3/80/42-राजनीतिक (I), गृह विभाग, भारत सरकार, 1942
14. वही
15. वही
16. भगवतीप्रसाद मिश्र: भारतीय स्वातंत्र्य संग्राम में चंद्रपुर, रमा प्रकाशन, चंद्रपुर, 1986, पृष्ठ 259
17. न्यायाधीश टी.डी. विकेंडन का निर्णय, 12 नवंबर, 1942/ फाइल सं. 3/80/42-राजनीतिक (I), गृह विभाग, भारत सरकार, 1942

18. 'इंडिया रैवेज्ड' (प्रतिबंधित दस्तावेज), फाइल सं. 37/1/43-राजनीतिक (I), गृह विभाग, भारत सरकार, 1943
19. भगवतीप्रसाद मिश्र: भारतीय स्वातंत्र्य संग्राम में चंद्रपुर, रमा प्रकाशन, चंद्रपुर, 1986, पृष्ठ 260-261
20. 'इंडिया रैवेज्ड' (प्रतिबंधित दस्तावेज), फाइल सं. 37/1/43-राजनीतिक (I), गृह विभाग, भारत सरकार, 1943
21. भगवतीप्रसाद मिश्र: भारतीय स्वातंत्र्य संग्राम में चंद्रपुर, रमा प्रकाशन, चंद्रपुर, 1986, पृष्ठ 260-261
22. मोहन पांडुरंग: चिमूरची वीरगाथा-शहीद वीर बालाजी रायपुरकर, पृष्ठ 84
23. 'इंडिया रैवेज्ड' (प्रतिबंधित दस्तावेज), फाइल सं. 37/1/43-राजनीतिक (I), गृह विभाग, भारत सरकार, 1943
24. वही
25. फाइल सं. 3/54/42-राजनीतिक (I), गृह विभाग, भारत सरकार, 1942
26. मध्य प्रांत सरकार का प्रेस परिपत्र, 16 अक्टूबर, 1942/ फाइल सं. 3/54/42-राजनीतिक (I), गृह विभाग, भारत सरकार, 1942
27. फाइल सं. 3/54/42-राजनीतिक (I), गृह विभाग, भारत सरकार, 1942)
28. वही
29. भगवतीप्रसाद मिश्र: भारतीय स्वातंत्र्य संग्राम में चंद्रपुर, रमा प्रकाशन, चंद्रपुर, 1986, पृष्ठ 260
30. मोहन पांडुरंग: चिमूरची वीरगाथा - शहीद वीर बालाजी रायपुरकर, पृष्ठ 89-90
31. 'इंडिया रैवेज्ड' (प्रतिबंधित दस्तावेज), फाइल सं. 37/1/43-राजनीतिक (I), गृह विभाग, भारत सरकार, 1943
32. मोहन पांडुरंग: चिमूरची वीरगाथा - शहीद वीर बालाजी रायपुरकर, पृष्ठ 85
33. वही, पृष्ठ 82
34. वही, पृष्ठ 86
35. भगवतीप्रसाद मिश्र: भारतीय स्वातंत्र्य संग्राम में चंद्रपुर, रमा प्रकाशन, चंद्रपुर, 1986, पृष्ठ 260

जगतपति-देवीपद का बलिदान

बिहार का गया ज्ञान और मोक्ष की भूमि के रूप में पवित्र स्थान माना जाता रहा है। हर वर्ष लाखों लोग अपने पूर्वजों की मुक्ति की कामना लिए यहां पिंडदान करते हैं। इससे भी महत्वपूर्ण इस नगर में विद्यमान गहरे श्याम वर्ण की शिला है, जिस पर मौजूद विष्णु पद की पूजा की जाती है और यह नगर विष्णु नगरी की मान्यता रखता है। तीन ओर से छोटी और पथरीली पहाड़ियों से घिरे गया में मंगला गौरी शक्तिपीठ तो है ही; फल्गु नदी का पावन तट राजा दशरथ द्वारा किए गए पिंडदान की महिमा लिए हुए है।

संस्कृति से जुड़े इन आकर्षणों ने गया को अनंतकाल से श्रद्धा का केंद्र बनाए रखा और देश भर से लोग वहां जाते रहे। मुगलों-अंग्रेजों के शासन में भी गया के महत्व पर प्रभाव नहीं पड़ा, बल्कि महारानी अहिल्या बाई ने विष्णुपद मंदिर का पुनर्निमाण भी करवाया। इससे पहले मराठा पेशवा बालाजी राव वहां जाकर आए और 1835 में रामकृष्ण परमहंस के पिता खुदीराम चट्टोपाध्याय ने वहां जाकर दर्शन किए। स्वधर्म से जुड़ी इन भावनाओं ने स्वराज्य का भाव पैदा किया; यहां तक कि 1870 में भयंकर आंधी के कारण बोधगया बोधिवृक्ष भी गिर गया, लेकिन भारतीय भावनाओं को प्रभावित नहीं किया जा सका।

जतिन दा की शहादत ने बदला माहौल

क्रांतिकारी जतींद्रनाथ दास (जतिन दा) लाहौर सेंट्रल जेल में 63 दिनों की भूख हड़ताल के बाद 13 सितंबर, 1929 को शहीद हुए। उनके शव को कलकत्ता ले जाते समय रास्ते में गया स्टेशन पर श्रद्धांजलि देने के लिए 2 हजार से अधिक लोगों की भीड़ उपस्थित थी।[1] इस घटना ने स्वतंत्रता समर्थकों के मन में नया विश्वास भर दिया।

हालांकि महात्मा गांधी इससे पहले गया आते रहे थे और 1922 में कांग्रेस का राष्ट्रीय अधिवेशन भी हो चुका था। इसके बावजूद कि राजेंद्र प्रसाद जैसे त्यागी और कर्मठ नेता बिहार की अगुवाई करते थे, लेकिन उनके हिंदू समर्थक विचारों से लोग अनभिज्ञ नहीं थे। 1934 में गया सेंट्रल जेल में क्रांतिकारी बैकुंठ शुक्ल (15 मई,1907–14 मई, 1934) को फांसी दी गई तो उसने राष्ट्रीय भावनाओं को और उद्वेलित करने का काम किया। गया के लोगों में इस भावना ने काफी ताकत देने का काम किया कि भगत सिंह, सुखदेव, राजगुरु के खिलाफ गवाही देने वाले गद्दार साथी फणींद्रनाथ घोष की बैकुंठ ने खुखरी घोंपकर हत्या कर दी।[2] बैकुंठ क्रांतिकारी थे, लेकिन उनका संबंध गांधीवादी संस्थाओं से भी था; उसी तरह जैसे उनके चाचा योगेंद्र शुक्ल* को क्रांतिकारी भावनाओं के साथ हिंदू विचार प्रभावित करते थे।

गया बना संघ का प्रवेश द्वार

इसके बाद डॉ. बालकृष्ण शिवराम मुंजे ने गया का दौरा किया और हिंदुओं में एकजुटता की तलाश की। उसी दौरान राष्ट्रीय स्वयंसेवक संघ का भी बिहार में प्रवेश हुआ और प्रवेश द्वार बना... गया। 1938 में वाराणसी से गया आए डॉ. अंबादास बालाजी और डॉ. सद्गोपाल ने राम भैया की हवेली में शाखा शुरू की। गया के प्रतिष्ठित परिवार से जुड़े कृष्णवल्लभप्रसाद नारायण सिंह (बबुआजी**) की सक्रियता से संघ कार्य तेजी से बढ़ा। बबुआजी बिहार हिंदू महासभा के कार्यकारी अध्यक्ष थे। 1939 में हिंदू महासभा के कलकत्ता अधिवेशन में डॉ. हेडगेवार का उनसे परिचय हुआ। उनकी कर्मनिष्ठा से डॉ. हेडगेवार प्रभावित हुए और संघ कार्य के संबंध में उनसे चर्चा की। फरवरी, 1940 में डॉ. हेडगेवार स्वास्थ्य लाभ लेने के लिए बबुआजी के पास एक सप्ताह ठहरे। उसी दौरान बबुआजी ने अपनी कोठी में ही 10–12 अन्य

---

*योगेंद्र शुक्ल क्रांतिकारी दल हिंदुस्तान सोशलिस्ट रिपब्लिकन एसोसिएशन के संस्थापक सदस्य थे और उन्होंने भगत सिंह जैसे प्रमुख क्रांतिकारियों को प्रशिक्षण देने का कार्य किया था। वे वर्षों तक जेल में रहे। 8 नवंबर, 1942 को नई धोतियों की बनी रस्सी के सहारे हजारीबाग जेल की दीवार फांदकर फरार हुए जयप्रकाश नारायण, शालिग्राम, रामनंदन मिश्र, सूरज नारायण सिंह और गुलाबचंद्र गुप्त उर्फ गुलाली के साथ योगेंद्र शुक्ल भी थे। वे लोग पहले छाती के बल रेंगते हुए बढ़े; फिर हाथ और घुटनों के सहारे चले। दिवाली की उस रात जेल से भागने का माहौल बनाते समय पुलिस को धोखा देने के लिए सीताराम केसरी जैसे कांग्रेस कार्यकर्ता ढोल बजाकर नाच रहे थे और योगेंद्र शुक्ल गा रहे थे:

वह हिंदू जो जिंदा कांप रहा है, गूंज रही हैं तस्वीरें
उकताए हैं शायद कुछ कैदी और तोड़ रहे हैं जंजीरें!
(लक्ष्मीनारायण लाल: जयप्रकाश, मैकमिलन, नई दिल्ली, 1974, पृष्ठ 113)

**बबुआजी का जन्म 16 सितंबर, 1914 को नालंदा जिले के रामी बिगहा गांव में रायबहादुर ऐदल सिंह के घर हुआ था। उनके बाल्यकाल में परिवार नालंदा से गया जाकर रहने लगा। वे उन विरले संघ कार्यकर्ताओं में रहे, जिन्होंने पांच सरसंघचालकों के साथ काम किया। जब तक उनका शरीर सक्रिय रहा, वे संघ कार्य करते रहे। 1948 और 1977 में संघ पर प्रतिबंध के समय तथा 1992 में रामजन्मभूमि आंदोलन के दौरान भी वे जेल गए। नगर संघचालक से लेकर अखिल भारतीय कार्यकारिणी के सदस्य तक के दायित्व का उन्होंने निर्वाह किया। 18 दिसंबर, 2007 को 93 वर्ष की आयु में उनका देहांत हुआ। उनकी इच्छानुसार उनका अंतिम संस्कार गया में हुआ।

युवकों के साथ डॉ. हेडगेवार से संघ की प्रतिज्ञा ली। इसी के साथ डॉ. हेडगेवार ने बबुआजी को गया के संघचालक के रूप में नियुक्त कर दिया। बबुआजी की सक्रियता के कारण 1942 तक गया में ही संघ की तीन शाखाएं हो गईं। उसी वर्ष अकोला के प्रह्लाद महादेव दिवाकर (बापूराव) प्रथम प्रांत प्रचारक के रूप में बिहार भेजे गए। उसी दौरान नागपुर के मधुसूदन गोपालदेव मुंगेर जिला प्रचारक नियुक्त हुए। इसके बाद बिहार के विभिन्न जिलों में संघ विस्तार हुआ। 1942 में बिहार में 7-8 प्रचारक थे और लगभग 12 जिला शाखाएं थीं। जब महात्मा गांधी के आह्वान पर अंग्रेजो भारत छोड़ो आंदोलन शुरू हो गया तो बिहार के अनेक स्वयंसेवक व्यक्तिगत रूप से शामिल हुए।[3] उसी दौरान बबुआजी सहित कई स्वयंसेवक सत्याग्रह करके जेल गए। बबुआजी को भागलपुर जेल में रखा गया। उनके जेल से छूटने के बाद गुरुजी और वीर सावरकर उनके घर ठहरे थे। इससे पहले भी 1941 में बबुआजी ने प्रतिबंध तोड़कर गिरफ्तारी दी थी। उस समय भी गुरुजी उनसे जेल में मिलने गए।[4]

यह संयोग नहीं था कि भारत छोड़ो आंदोलन का असर बिहार के जिन जिलों में सर्वाधिक हुआ, उनमें गया शामिल था। इसके बड़े कारण के रूप में जिले में फैली संघ की शाखाओं की अनदेखी नहीं की जा सकती थी, जो बिहार के कई जिलों में महत्वपूर्ण स्थान रखती थीं। इसलिए पटना में आंदोलन के उग्र होते ही सीधा प्रभाव गया पर पड़ा। गया न केवल पटना के नजदीक पड़ता था, बल्कि सीधे सड़क मार्ग से जुड़ा हुआ था और लगातार ऐसे हजारों लोगों की आवाजाही थी, जो किसी-न-किसी रूप में स्वधर्म और स्वराज्य की भावना का प्रसार कर रहे थे। आश्चर्यजनक रूप से गया की महिलाओं का विशेष योगदान रहा; यह इस बात की पुष्टि भी करता है कि वहां का आंदोलन सिर्फ युवकों तक जुड़ा हुआ नहीं था, बल्कि परिवारों तक उसकी पहुंच थी, जो स्वयंसेवकों के चूल्हे तक प्रभाव बढ़ाने की प्रक्रिया का स्वाभाविक हिस्सा है। देखते-देखते गया में आंदोलन ने प्रचंड रूप ले लिया। सड़कों-पुलों को ध्वस्त करके मार्ग बाधित कर दिए गए। इसके बावजूद किसी तरह 16 अगस्त को सैन्य टुकड़ी गया से 40 किलोमीटर दूर रफीगंज तक पहुंची। उसी दिन अरवाल पुलिस स्टेशन (80 किलोमीटर) पर आंदोलनकारियों ने हमला किया और वहां रखे सारे दस्तावेज जलाकर राख कर दिए। घोसी, हुलासगंज और सहोबीघा में भी सरकारी कार्यालयों को निशाना बनाया गया। 17 अगस्त, 1942 को गया की महिलाओं ने सिविल कोर्ट का घेराव किया। टेलीग्राम और टेलीफोन की सभी लाइनें काट दी गईं। रेल की पटरियों को उखाड़ दिया गया और सेना की मौजूदगी के बावजूद चाकंद रेलवे स्टेशन को आग लगा दी गई। पसौली में गश्ती ट्रेन पर हमला किया गया, जिसके जवाब में पुलिस ने गोलियां चलाईं और इसमें 20 लोगों तक के मारे जाने की पुष्टि होती है। टिकारी में

कैदियों को जेल से छुड़ा लिया गया और वहां की स्थिति को संभालने के लिए सरकार को सेना भेजनी पड़ी। वारिसलीगंज में पुलिस स्टेशन, रेलवे स्टेशन और पोस्ट ऑफिस पर हमले हुए; निरंजनपुर, उसरी, काजीसराय, पकरी बरावां, हुलासगंज में भी इसी तरह की घटनाएं हुईं। अगले दिन 18 अगस्त को दाऊदनगर में राजस्व विभाग के गोदाम पर हमला हुआ। जवाबी कार्रवाई के लिए भेजी गई सैन्य टुकड़ी ने रास्ते में आंदोलनकारियों की भीड़ पर गोलीबारी की। कुरथा पुलिस स्टेशन के पास भी गोलियां चलीं और कई लोग घायल हुए। 20 अगस्त को गया सिविल कोर्ट के 150 कर्मचारियों ने इस्तीफा दे दिया। इमामगंज में पुलिस स्टेशन और पोस्ट ऑफिस पर तिरंगा फहरा दिया गया। 21 अगस्त को नबीनगर में शराब की दुकान लूट ली गई। पुलिस सब-इंस्पेक्टर ने वहां भी बलप्रयोग किया और कई लोग गोली लगने से घायल हो गए। लेकिन कुछ ही समय बाद सब-इंस्पेक्टर को जनता का आक्रोश झेलना पड़ा; उस पर लाठियों की बौछार कर दी गई। 22 अगस्त को नबीनगर पुलिस स्टेशन के सामने विशाल जनसमूह उमड़ा और वहां तिरंगा फहरा दिया गया। सब-इंस्पेक्टर ने अपनी बंदूक निकाली, लेकिन दो गोलियां चलाने के बाद ही उसकी बंदूक छीन ली गई। 23 अगस्त को कौआकोले पुलिस स्टेशन पर भी तिरंगा फहरा दिया गया। आने वाले दिनों में अतरी, गोह, नबीनगर, कुटुंबा, कुरथा, अरवाल, घोसी, गुरना, इमामगंज, डुमरिया, गोविंदपुर, कौआकोले, वारिसलीगंज और पकरी बरावां थाने खाली करवा दिए गए। 29 अगस्त को रफीगंज के पास की नियमित सड़क को ध्वस्त कर दिया गया। 30 अगस्त को वारिसलीगंज में व्यापक गिरफ्तारियां हुईं और पालमेरगंज में सेना नियुक्त कर दी गई। 6 सितंबर को पकरी बरावां में बड़ी संख्या में आंदोलनकारी गिरफ्तार किए गए और उन पर गोलीबारी की गई। इसके बाद भी आंदोलन की प्रबल धारा नहीं थमी। नेताओं की गिरफ्तारी के बाद छात्रों ने मोर्चा संभाल लिया और पुलिस के बल प्रयोग के सामने अडिग खड़े रहे।[5]

तिरंगे लेकर निकल पड़े छात्र

'अंग्रेजो भारत छोड़ो' और 'करो या मरो' की घोषणा होते ही बिहार के छात्रों ने विद्रोह की शुरुआत कर दी। यह बिहार का पहला छात्र आंदोलन भी था। 9 अगस्त को सुबह होते ही बिहार के सभी शिक्षण संस्थानों में एक साथ हड़ताल शुरू हो गई और ब्रिटिश विरोधी नारे लगाते छात्र सड़कों पर उतर गए। पटना से पूर्णिया तक, बेतिया से बेगूसराय तक, रोहतास से रांची तक क्रांति की लपटें फैलती चली गईं। पटना के छात्रों ने बिहार नेशनल (बी.एन.) कॉलेज से बांकीपुर जेल तक विशाल जुलूस निकाला। इसके प्रभाव को देखकर ब्रिटिश राज ने तुरंत छात्र आंदोलन को कुचलने की

तैयारी की। 10 अगस्त को बिहार विद्यापीठ में पुलिस तैनात कर दी गई। दूसरी तरफ, बी.एन. कॉलेज, पटना कॉलेज, साइंस कॉलेज, इंजीनियरिंग कॉलेज, राममोहन रॉय सेमिनरी, पटना कॉलेजिएट स्कूल, पी.एन. एंग्लो-संस्कृत स्कूल सहित अनेक संस्थानों के छात्रों ने तिरंगा फहराकर ब्रिटिश राज को सीधी चुनौती दी।[6] छात्र तिरंगा लिए घूम रहे थे और अन्य छात्रों से समर्थन मांग रहे थे। इनमें कांग्रेस-कांग्रेस सोशलिस्ट पार्टी, आर्य समाज से जुड़ी डीएवी स्कूल के छात्र और स्वयंसेवक भी शामिल थे। नालंदा कॉलेज और बिहारशरीफ टाउन स्कूल के सभी छात्रों ने हड़ताल कर दी। पटना मेडिकल कॉलेज के छात्रों की हड़ताल में वहां के नर्सिंग कर्मचारी, दरबान और सफाई कर्मचारी भी शामिल हो गए। मुजफ्फरपुर में जी.बी.बी कॉलेज, जिला स्कूल, मारवाड़ी स्कूल, तिरहुत टेक्नीकल इंस्टीट्यूट में तिरंगे फहराए गए और कोषागार के बाहर लगे यूनियन जैक को उतार फेंका गया।[7] दरभंगा और छपरा के छात्रों ने जुलूस निकालते समय पुलिस का समर्थन मांगा, *पुलिस हमारी भाई है..इससे नहीं लड़ाई है।* इसके बाद प्रशासनिक कर्मचारी भी आंदोलन से जुड़ते रहे। सोनपुर, महाराजगंज, गोपालगंज में पूर्ण हड़ताल रही। छपरा के जिला न्यायालय और रेलवे स्टेशन पर तिरंगे फहराए गए। सीवान का न्यायालय और कोषागार भी ऐसी ही राष्ट्रीय घटनाओं का गवाह बना।[8]

जिस घटना ने पूरे देश का ध्यान आकर्षित किया और लोगों के मन में क्रांति की भावना पैदा की, वह पटना से जुड़ी थी। जिन सात युवाओं ने पटना सचिवालय पर तिरंगा फहराते हुए बलिदान देकर देश में क्रांति की लहर पैदा की, उनमें दो स्वयंसेवक शामिल थे...जगतपति कुमार अंबष्ठ और देवीपद चौधरी*।[9] ये नौजवान गोली खाते गए, गिरते गए लेकिन तिरंगा लिए आगे बढ़ते रहे; जब तक कि ये सातों शहीद नहीं हो गए। जगतपति कुमार गया से 10 किलोमीटर दूर जमींदारी प्रथा वाले खरांटी गांव के रहने वाले थे। संघ का काम बढ़ने से गया के आस-पास के गांव के लोग भी संघ से प्रभावित हुए। खरांटी ने स्वतंत्रता के इतिहास में एक नया अध्याय लिखा। आइए, वहीं चलते हैं।

उपेक्षित स्मारक, ढहता घर

खरांटी आज भी अपने जगतपति को भूला नहीं है। बच्चे-बच्चे की जुबान पर नौजवान शहीद का नाम है, लेकिन शहीद स्मारक उपेक्षा का शिकार है और जन्मस्थल वाला घर ढहने की कगार पर है। जगतपति का कमरा गिरकर बिखर गया है, उसके

*बिहार के पहले संघचालक स्वतंत्रता सेनानी बबुआजी ने उनके संघ-संबंधों की पुष्टि की। स्वतंत्रता की 50वीं वर्षगांठ 1997 में इन शहीदों की स्मृति में श्रद्धांजलि सभा का आयोजन किया गया, जिसकी अध्यक्षता क्रांतिकारी वचनेश त्रिपाठी ने की। इस अवसर पर तत्कालीन क्षेत्रीय प्रचारक मोहनराव भागवत (वर्तमान सरसंघचालक) भी उपस्थित थे। कार्यक्रम में शहीदों के परिजन भी शामिल हुए।

नीचे वह खटिया भी दब गई, जिस पर उनका जन्म हुआ। खंडहर सांप-बिच्छुओं से भरा पड़ा है। जगतपति के दूर के रिश्तेदार शिशिरकुमार लाल बताते हैं कि स्मारक भी उनकी पुश्तैनी जमीन पर बनवाया गया, वह भी शहादत के लगभग 25 साल बाद। वर्ष में एक बार श्रद्धांजलि देने विद्यार्थी परिषद के कार्यकर्ता जुटते हैं। यही उपेक्षित स्थिति पटना सचिवालय के पास के शहीद स्मारक की है, जहां सात वीर सपूतों की तिरंगा फहराने के लिए आगे बढ़ते जाने और शहीद होने की मूर्तियां लगी हैं। स्मारक के फव्वारे खराब पड़े हैं, पार्क में सफाई की व्यवस्था भी नहीं रहती और साल में एक बार सफाई होती है। शहीद प्रतिमाओं को पहनाई हुईं सूखी मालाएं सरकारी उपेक्षा की दास्तान कहती हैं। जगतपति के रिश्ते में दौहित्र लगने वाले के.के. वर्मा को दुःख है कि सरकार ने आज तक शहीद को याद नहीं किया और न गांव की सुध ली। वे कहते हैं कि सरकार सहयोग करे तो शहीद का घर देने को तैयार हैं। परिवार के लोग भी देश भर में बिखर गए, कोई ध्यान नहीं रख सका।

जगतपति का जन्म 7 मार्च, 1923 को क्षेत्र के प्रमुख जमींदार परिवार में हुआ। वे सुखराज बहादुर और देवरानी कुंवर की तीन संतानों में सबसे छोटे थे। उनके सबसे बड़े भाई केदारनाथ सिन्हा थे; दूसरे स्थान पर सरजू प्रसाद सिन्हा थे, जो आगे चलकर राजस्थान और गोहाटी हाईकोर्ट के मुख्य न्यायाधीश तथा असम के कार्यवाहक राज्यपाल भी रहे। जगतपति की प्रारंभिक शिक्षा गांव के स्कूल हुई। 1932 में उच्च शिक्षा के लिए वे पटना गए। कॉलेजिएट स्कूल से 1938 में मैट्रिक की परीक्षा पास करने के बाद उन्होंने बी.एन. कॉलेज में दाखिला लिया। उपेक्षित और बदहाल नजर आने वाला 1889 का बना यह कॉलेज उस समय आजाद भारत का सपना देखने वाले छात्रों का गढ़ हुआ करता था।

शिशिर कुमार ने बतायाः

> '11 अगस्त,1942 को शहादत देने से पहले जगतपति के घर पर कोई बीमार था, लेकिन उन्होंने किसी दूसरे के हाथों दवा भिजवा दी और खुद जुलूस में चले गए। वे उस समय बी.एन. कॉलेज में पढ़ते थे। उनके आखिरी वक्त की गौरव गाथा कितने ही लोगों की जुबान पर है। सचिवालय पर तिरंगा फहराने जा रहे बी.एन. कॉलेज के छात्रों का नेतृत्व वे ही कर रहे थे। जब वे लोग सचिवालय की ओर बढ़े तो जगतपति के पैर में गोली लगी। उन्हें दूसरे साथी ने सहारा दिया, तो उन्होंने चिल्लाकर ब्रिटिश सिपाहियों से कहा, 'पैर में गोली क्या मारते हो, सीने पर मारो।' इसके बाद उनके सीने पर गोली मार दी गई।'

जगतपति की शहादत ने खरांटी का मान बढ़ाया, लेकिन वृद्ध हो रहे पिता को निःशक्त कर दिया। देश को आजाद देखने का सपना संजोए बलिदान देने वाले देशभक्तों के प्रति आजादी के बाद बनी सरकारों ने जिस तरह की उपेक्षापूर्ण दृष्टि रखी, उससे वे और टूट गए। पड़ोसी रामेश्वर पांडेय यह कहते हुए कुछ भावुक हो जाते हैं, 'शहीद पुत्र की याद में सुखराज बहादुर रोते-रोते अंधे हो गए। वे सरकारी उपेक्षा का आरोप लगाते रहे।'

देशसेवक पिता के शहीद पुत्र

जगतपति के साथ शहीद हुए दूसरे स्वयंसेवक देवीपद चौधरी थे। उनका जन्म असम के सिलहट जिले (अब बांग्लादेश) में स्थित जमालपुर में 1928 में हुआ था। उनके पिता देवेंद्रनाथ चौधरी पटना हाईस्कूल में बांग्ला के अध्यापक थे। उनकी माता का नाम प्रमुदिनी देवी था। अध्यापक पिता की राष्ट्रीय गतिविधियों में सक्रियता का देवीपद पर प्रभाव पड़ना शुरू हुआ। उनके चाचा राकेशचंद्र चौधरी, जयशंकर चौधरी और योगेंद्रचंद्र चौधरी भी स्वतंत्रता सेनानी थे।[10] अंग्रेजो भारत छोड़ो आंदोलन की घोषणा के साथ जब पटना में छात्रों ने ब्रिटिश राज के विरुद्ध आंदोलन का बिगुल फूंका तो मिलर हाई स्कूल में नवीं कक्षा के छात्र देवीपद भी स्वतंत्रता संग्राम में कूद पड़े। शहर में लगाए गए प्रतिबंधों को अनदेखा करके वे अन्य छात्रों के साथ सचिवालय पर तिरंगा फहराने चल दिए। पुलिस की गोली से शहीद हुए देवीपद के इस बलिदान के प्रति सम्मान व्यक्त करते हुए मिलर हाई स्कूल का नाम बदलकर 'देवीपद चौधरी शहीद स्मारक इंटर महाविद्यालय' कर दिया गया। बांग्ला भाषा में 'देशसेवक पिता और शहीद पुत्र' के नाम से प्रकाशित जीवनी के माध्यम से भी उन्हें श्रद्धांजलि अर्पित की गई।[11]

इतिहास में अमर तारीख

जगतपति कुमार और देवीपद चौधरी सहित सात देशभक्त छात्रों की शहादत से जुड़ी तारीख 11 अगस्त, 1942 बिहार के स्वतंत्रता आंदोलन के इतिहास में अमर हो चुकी है। उस दिन हाथों में तिरंगे संभाले हजारों देशभक्त छात्र ब्रिटिश विरोधी नारे लगाते हुए पटना सचिवालय की ओर बढ़े। इनमें प्रमुख रूप से बी.एन. कॉलेज के छात्र शामिल थे; रास्ते में अन्य शिक्षण संस्थानों के छात्र भी बड़ी संख्या में जुड़ते चले गए। वे निहत्थे थे और उनका उद्देश्य मुख्य सचिवालय भवन पर तिरंगा फहराना था। ब्रिटिश राज ने छात्रों के आंदोलन को हिंसा से कुचलने की तैयारी शुरू कर दी। उन्हें बलपूर्वक रोकने के लिए जिलाधिकारी डब्ल्यू. जी. आर्चर की कमान में पुलिस और ब्रिटिश सेना की गोरखा टुकड़ी सचिवालय के बाहर तैनात थी।[12]

दोपहर करीब 2 बजे एक बड़ा जुलूस पूर्वी द्वार पर पहुंचा। द्वार बंद होने के कारण छात्रों ने दीवार से कूदकर अंदर जाने की कोशिश की। कई छात्रों को रोक लिया गया, लेकिन कुछ छात्र अंदर जाने में सफल रहे। इसके लगभग 15 मिनट बाद अन्य प्रमुख ब्रिटिश अधिकारी वहां पहुंचे तो पूर्वी गेट पर तिरंगा फहराया जा चुका था।[13] उसी दौरान आई.जी. ने देखा कि लगभग 50 आंदोलनकारी तीन-चार झंडों के साथ दक्षिण की तरफ से मैदान में उतरे। कुछ सिपाहियों की मदद से उन्हें वापस लौटा दिया गया। आंदोलनकारी झंडा फहराने के संकल्प पर अडिग रहे। उन्हें डराने के लिए जिलाधिकारी ने छह युवकों को झंडे के साथ गिरफ्तार किया, लेकिन इसका कोई असर नहीं हुआ। इसके बाद पुलिस बल बढ़ाया जाने लगा। भीड़ को तितर-बितर करने के लिए घुड़सवार सिपाही रवाना किए गए। तेजी से दौड़े आ रहे घोड़ों से बचने का कोई रास्ता नहीं देखकर छात्रों ने उनकी तरफ पत्थर फेंकना शुरू कर दिया। इससे एक घोड़ा गिर गया और उस पर बैठा सिपाही घायल हो गया। इसी क्रम में आई.जी. को भी चोट आई। इसके बाद अधिकारियों द्वारा गोली चलाने का निर्णय किया गया। 13 राउंड गोलियां चलाई गईं, जिनसे सात छात्र* शहीद हो गए।[14]

इस पूरे घटनाक्रम के प्रत्यक्षदर्शी रहे आई.सी.एस. अधिकारी सी.वी. सोहनी ने छात्रों पर गोलियां चलाए जाने को अतिवादी कदम बताते हुए माना कि छात्रों के प्रदर्शन को ब्रिटिश राज की प्रतिष्ठा को चुनौती के रूप में देखे जाने के कारण यह कदम उठाया गया।[15]

---

1. राजेंद्रप्रसाद सिंह का जन्म बिहार के सारण जिले के सोनपुर विकास प्रखंड स्थित बनवारी चक गांव में हुआ था। उनके पिता का नाम शिवनारायण सिंह और माता का नाम जीरा देवी था। बचपन से ही राजेंद्र को देशभक्तिपूर्ण वातावरण मिला। उनके चचेरे भाई मानिक सिंह स्वतंत्रता संग्राम से जुड़े हुए थे। आंदोलन के समय राजेंद्र पटना हाई स्कूल में 11वीं के छात्र थे। शहादत के बाद उनके स्कूल का नाम बदलकर 'शहीद राजेंद्र प्रसाद उच्च विद्यालय' कर दिया गया।
2. रामानंद सिंह का जन्म पटना जिले के धनरुआ में 1924 में हुआ था। उनके पिता लक्ष्मण सिंह और माता अनतिया देवी थीं। आंदोलन के समय वे पुनपुन हाई स्कूल में 11वीं कक्षा में पढ़ रहे थे। उन्हें सीने, कनपटी और पीठ में तीन गोलियां लगीं। उनके स्कूल का नाम भी बदलकर 'शहीद रामानंद सिंह उच्च विद्यालय' किया गया।
3. रामगोविंद सिंह पटना जिले के दशरथा निवासी देवकीनंदन सिंह और रामकुंवर देवी के पुत्र थे। चाचा बाबूराम सिंह के देशभक्तिपूर्ण विचारों ने उनके किशोर मन पर गहरा प्रभाव डाला। शहादत के समय वे पुनपुन हाई स्कूल में 11वीं के छात्र थे। उन्हें सीने में तीन गोलियां लगीं और 17 वर्ष की उम्र में वे देश के लिए शहीद हो गए।
4. भागलपुर जिले के खड़हरा गांव में जन्मे सतीशप्रसाद झा आंदोलन के दौरान पटना के कॉलेजिएट स्कूल में 11वीं की पढ़ाई कर रहे थे। उनके पिता का नाम जगदीशचंद्र झा और माता का नाम त्रिपुरा देवी था। उनके गांव में 'अमर शहीद सतीश प्रोजेक्ट कन्या उच्च विद्यालय' की स्थापना की गई।
5. उमाकांत सिंह का जन्म सारन जिले के नरेंद्रपुर में 20 जनवरी, 1923 को हुआ था। उनके पिता रामकुमार सिंह और माता अमोला देवी थीं। राममोहन रॉय सेमिनरी, पटना में 11वीं कक्षा में पढ़ रहे उमाकांत पुलिस की गोली से घायल हुए और सदर अस्पताल में इलाज के दौरान उनकी मृत्यु हो गई। उनके पैतृक गांव में 'शहीद उमाकांत उच्च विद्यालय' बनाया गया।

संदर्भ सूची

1. के.के. दत्ता: हिस्ट्री ऑफ द फ्रीडम मूवमेंट इन बिहार, खंड 2, बिहार सरकार, 1957, पृष्ठ 39
2. फूलचंद जैन: स्वतंत्रता सेनानी ग्रंथमाला, खंड 4, कंसेप्ट पब्लिकेशन कंपनी, नई दिल्ली, 2007, पृष्ठ 55
3. रमेश जोशी: राष्ट्र साधना, खंड 2, संपादक-रमेश पतंगे, साप्ताहिक विवेक, मुंबई, 2001, पृष्ठ 94
4. श्री गुरुजी समग्र, खंड 12, सुरुचि प्रकाशन, नई दिल्ली, युगाब्द 5106, पृष्ठ 77
5. के.के. दत्ता: हिस्ट्री ऑफ द फ्रीडम स्ट्रगल इन बिहार, खंड 3, बिहार सरकार, 1957, पृष्ठ 101-102
6. वही, पृष्ठ 31
7. वही, पृष्ठ 33
8. वही, पृष्ठ 34
9. रतन शारदा : संघ और स्वराज, प्रभात प्रकाशन, नई दिल्ली, 2019, पृष्ठ 65
10. डॉ. मनीष रंजन: बिहार जनरल नॉलेज, प्रभात एग्जाम, नई दिल्ली, 2022, पृष्ठ 69
11. डॉ. नागेंद्र सिन्हा: अगस्त क्रांति के शहीद, सूर्य भारती प्रकाशन, नई दिल्ली, 2011, पृष्ठ 182
12. एस.आर. बक्शी और ऋतु चतुर्वेदी: बिहार थ्रू द एजेज, खंड 2, सरूप एंड सन्स, नई दिल्ली, 2007, पृष्ठ 364

14\. वही, पृष्ठ 364

14\. वही, पृष्ठ 366

15\. लक्ष्मीश्वर दयाल: स्टेट एंड द पीपुल, मित्तल पब्लिकेशंस, नई दिल्ली, 1998, पृष्ठ 181

संघ शिक्षा वर्ग पर प्रतिबंध

मुरलीधर दत्तात्रेय देवरस (भाऊराव) को उत्तर प्रदेश भेजे जाने के साथ ही संघ कार्य तेजी से बढ़ा और इसे ब्रिटिश राज ने चुनौती माना। संघ किसी राजनीतिक गतिविधि में सीधे तौर पर जुड़ा हुआ नहीं था; इसके बाद भी कार्यकर्ताओं के प्रयत्नों से फैल रही हिंदू चेतना और राष्ट्रीयता की भावना से ब्रिटिश राज अनभिज्ञ नहीं था। अफसरों ने संघ के कार्यकर्ताओं और कार्यक्रमों पर न केवल कड़ी दृष्टि रखनी शुरू की, बल्कि छापे भी मारे। काशी में संघ कार्य शुरू होने के लगभग 6 वर्षों बाद नागपुर के महाल नाका शाखा के मुख्य शिक्षक भाऊराव को लखनऊ भेजा गया*। वे मैट्रिक से आगे की पढ़ाई करने संघ की योजना से वहां आए।

1 जुलाई, 1937 को भाऊराव लखनऊ पहुंचे। नागपुर से रवाना होते समय डॉ. हेडगेवार ने उन्हें हिंदू महासभा से संबंधित एक वैद्य के नाम परिचय पत्र दिया था, जो लखनऊ के चौक में रहते थे। भाऊराव का उन वैद्य से परिचय तो हुआ, लेकिन उनसे भाऊराव को लखनऊ में संघ कार्य की शुरुआत करने में कोई सहायता नहीं मिली। भाऊराव का लखनऊ में अन्य किसी व्यक्ति से परिचय नहीं था। लखनऊ में रहकर पढ़ाई के साथ-साथ संघ का कार्य करने के लिए किसी से आर्थिक सहायता मिलने की कोई संभावना नहीं थी। उन्होंने लखनऊ विश्वविद्यालय से बी. कॉम और एल.एल.बी. में प्रवेश** प्राप्त किया तथा विश्वविद्यालय के छात्रावास में रहने की व्यवस्था की। लगभग उसी समय बापूराव मोघे काशी हिंदू विश्वविद्यालय से

---

*इसी योजना के अंतर्गत वसंतराव ओक दिल्ली, राजाभाऊ पातुरकर लाहौर, के.डी. जोशी सियालकोट और मोरेश्वर मुंजे रावलपिंडी अध्ययन और संघ कार्य के लिए गए। (भाऊराव देवरसः आत्मकथ्य, प्रेरणा पुरुष भाऊराव, संपादक-देवेंद्र स्वरूप, दीनदयाल शोध संस्थान, नई दिल्ली, 1993, पृष्ठ 283) भाऊराव लखनऊ के लिए और वसंतराव दिल्ली के लिए नागपुर से एक ही ट्रेन से चले थे। झांसी स्टेशन पर भाऊराव लखनऊ जाने वाली ट्रेन में बैठे और वसंतराव उसी ट्रेन से दिल्ली गए। (पु. के. चितलेः राष्ट्रसाधना, खंड 2, साप्ताहिक विवेक, मुंबई, 2001, पृष्ठ 112)

**उन दिनों लखनऊ विश्वविद्यालय में बी. कॉम और एल.एल.बी. दोनों की परीक्षाएं दो वर्ष बाद एक साथ देने की सुविधा थी।

बी.एस.सी. करने के बाद एम.एस.सी. करने लखनऊ आए थे। वे दोनों नागपुर से ही एक दूसरे को जानते थे। लखनऊ में वे साथ रहकर वहां संघ की शाखा प्रारंभ करने का प्रयत्न करने लगे।[1]

सुभाषचंद्र बोस को लखनऊ बुलवाया

भाऊराव का भाषण देने की अपेक्षा व्यक्तिगत संपर्क पर ही अधिक विश्वास था। संघ के काम के लिए किस व्यक्ति का कहां और कैसे उपयोग किया जा सकता है, इस बात को वे बारीकी से समझते थे। वे सदैव प्रतिभाशाली तथा कर्तव्यपरायण तरुणों की खोज में रहा करते थे। अपने स्नेही स्वभाव और प्रखर प्रतिभा के कारण वे विश्वविद्यालय के छात्रों में अत्यंत लोकप्रिय थे। बी.कॉम और एल.एल.बी. की परीक्षाओं में उत्कृष्ट प्रदर्शन के लिए उन्हें स्वर्ण पदक मिला।[2] उन्होंने विश्वविद्यालय छात्र संघ के अध्यक्ष पद का चुनाव लड़ा और उसमें विजयी हुए।[3] 1938 में सुभाषचंद्र बोस को लखनऊ विश्वविद्यालय में छात्रों के समक्ष बोलने के लिए बुलाया गया। भाऊराव के आग्रह पर ही बोस ने आना स्वीकार किया और उस कार्यक्रम की अध्यक्षता भाऊराव ने की।[4] भाऊराव के प्रयत्नों से ही 1938 में लखनऊ में संघ की पहली शाखा प्रारंभ हुई। सबसे पहले कुंड्री शाखा खुली। शीघ्र ही गणेशगंज की शाखा प्रारंभ हुई। थोड़े समय बाद आर्यनगर की प्रभात शाखा शुरू हुई। लखनऊ के अन्य मुहल्लों में भी धीरे-धीरे नई शाखाएं खुलने लगीं।[5]

क्रांतिकारियों से सीधा संपर्क

काकोरी कांड के महत्वपूर्ण क्रांतिकारी शचींद्रनाथ बख्शी* से भाऊराव देवरस लगातार संपर्क में रहे। भाई परमानंद, शचींद्रनाथ सान्याल, विजय कुमार सिन्हा, राजकुमार सिन्हा, सुखदेव राज, जयदेव कपूर, डॉ. भगवानदास माहौर, सदाशिवराव मलकापुरकर, रमेश गुप्त, लक्ष्मीकांत शुक्ल से किसी-न-किसी रूप में संपर्क-सहयोग बना रहा।[6] 1938-39 में भाऊराव की मुलाकात प्रसिद्ध क्रांतिकारी नेता शचींद्रनाथ सान्याल से हुई। भाऊराव के साथ बापूराव मोघे भी संघ कार्य में सक्रिय थे। मोघे के चाचा पूना में क्रांतिकारी रहे थे और गिरफ्तार होकर जेल गए। सान्याल चाहते थे कि भाऊराव और मोघे क्रांतिकारी दल में शामिल हो जाएं। लेकिन भाऊराव और मोघे की प्राथमिकता संघ कार्य के माध्यम से राष्ट्रीय एकता थी, इसलिए उनका क्रांतिकारी दल में जाना संभव नहीं हो सका।[7]

---

*शचींद्रनाथ बख्शी 1969 में वाराणसी दक्षिण विधानसभा क्षेत्र से जनसंघ के विधायक बने और मुख्यमंत्री रहे संपूर्णानंद तथा वरिष्ठ समाजवादी नेता राजनारायण से जुड़ी यह विधानसभा सीट पहली बार जनसंघ को मिली।

गोरखपुर कांग्रेस कार्यालय में नानाजी

1940 में चंडिकादास अमृतराव देशमुख (नानाजी) प्रचारक बनाकर गोरखपुर भेजे गए। वे गीताप्रेस के संपादक हनुमानप्रसाद पोद्दार से मिला करते थे। एक दिन पोद्दार से जुड़ी गोशाला में कई लोग एकत्रित थे। वहां कांग्रेस के प्रदेश अध्यक्ष बाबा राघवदास* भी थे। उन्होंने नानाजी की ओर इशारा करके पूछा, 'यह कौन लड़का है, कहां रहता है?' पोद्दार बोले, 'कहीं रहता नहीं है। बेचारा दो-चार दिन भूखा रहता है तो मेरे पास आता है, खाना खाता है। रोज कहते हैं आने के लिए, रोज आता नहीं।' बाबा राघवदास बोले, 'उसे मुझे दे दो।' उसके बाद नानाजी ने कांग्रेस के कार्यालय में रहना शुरू कर दिया।[8] यह जानना किसी के लिए भी आश्चर्यजनक हो सकता है कि नानाजी संघ के प्रचारक रहते हुए कांग्रेस के कार्यालय में रहे और राष्ट्रीय साहित्य के सर्वश्रेष्ठ प्रस्तोता पोद्दार के संपर्क में रहकर जनजागृति में लगे हुए थे।

आंदोलन करने की छूट

क्रांतिकारियों से जुड़े हुए मार्क्सवादी और हिंदू-मुस्लिम एकता को आजादी की अनिवार्य शर्त मानने वाले वचनेश त्रिपाठी स्वतंत्रता संग्राम के दौरान संघ से जुड़े। 1920 में हरदोई के संडीला में जन्मे वचनेश त्रिपाठी को आजादी के आंदोलन में कूदने की प्रेरणा एक बालिका के बलिदान** की कथा से मिली। 1935 में 15 वर्ष की उम्र में वे क्रांतिकारी देवनारायण भारतीय के संपर्क में आए और स्वतंत्रता संग्राम में सक्रिय हो गए। बालामऊ जंक्शन पुलिस चौकी में हुई हिंसा के लिए उन्हें जेल भेजा गया और फिर गिरफ्तारियों का सिलसिला चल पड़ा। क्रांतिकारी दल में काम करते हुए उन्होंने 1942 में भूमिगत पत्र 'चिनगारी' निकाला। उन्होंने क्रांति कथाओं को भी स्वर दिए। उसी दौरान उन्हें तत्कालीन विभाग प्रचारक दीनदयाल उपाध्याय ने संघ कार्य में जोड़ा। काकोरी कांड के नेता पं. रामप्रसाद बिस्मिल से जुड़े हुए निधिपाल सिंह एडवोकेट संघ में शामिल हुए। वे शाहजहांपुर के नगर कार्यवाह और जिला कार्यवाह रहे।[9]

वचनेश त्रिपाठी ने तत्कालीन अनुभवों को साझा किया, 'कई दूसरे राजनीतिक कार्यकर्ताओं को क्रांतिकारियों का महत्व समझ नहीं आता था। उसे समझने वाले

---

*बाबा राघवदास की स्वतंत्रता संग्राम में बड़ी भूमिका थी। उन्होंने जलियांवाला बाग कांड की स्मृति में गोरखपुर में 15 हजार लोगों का विशाल जुलूस निकाला था। 10 जुलाई, 1921 को उन्हें एक वर्ष के कारावास की सजा दी गई। जिस समय सजा सुनाई जा रही थी, कोर्ट के बाहर लगभग 30 हजार लोगों की भीड़ जमा थी। (सुभाषचंद्र कुशवाहा: चौरी चौरा-विद्रोह और स्वाधीनता आंदोलन, प्रभात प्रकाशन, नई दिल्ली, 2015, पृष्ठ 61)

**1857 के प्रथम स्वतंत्रता संग्राम में धुंधुपंत नाना साहब अंग्रेजों से टक्कर ले रहे थे। पराजय भांपकर उन्होंने भूमिगत होने का निश्चय किया। निकलते समय उनकी पुत्री मैना कानपुर के बिठूर स्थित महल में ही रह गईं। महल को ध्वस्त करने पहुंचे ब्रिटिश अफसरों ने उन्हें पकड़ लिया, यातनाएं दीं और फिर जिंदा जला दिया। बलिदान की इस कथा ने किशोर वचनेश त्रिपाठी को इतना प्रभावित किया कि वे आजादी की लड़ाई में कूद पड़े।

भाऊराव और बापू मोघे ही थे।'[10] त्रिपाठी भी संघ में सक्रिय रहते हुए क्रांतिकारी गतिविधियों से जुड़े रहे। उन्हें संघ का काम करते हुए यही लगता रहा कि भाऊराव, दीनदयाल और शालिग्राम राठौड़ (तत्कालीन जिला प्रचारक) जैसे लोग 1942 का आंदोलन दबा दिए जाने के कारण नया संगठन या नई क्रांतिकारी पार्टी अंग्रेजों की नजर बचाकर खड़ी कर रहे हैं।[11] स्वयंसेवकों को आंदोलन में भाग लेने की मनाही नहीं थी। उत्तर प्रदेश में संघ के एक कार्यकर्ता रमाकांत तिवारी आंदोलन में सक्रिय थे और भूमिगत होकर कार्य कर रहे थे। भाऊराव देवरस को यह पता था, लेकिन उन्होंने कोई आपत्ति नहीं की।[12]

संघ शिक्षा वर्ग पर छापा

1943 में भाऊराव देवरस ने काशी को अपनी कर्मस्थली बना लिया। लखनऊ में उन्होंने अनंतराव गोखले की नियुक्ति की। वे खुद भी समय-समय पर लखनऊ आते रहते थे।[13] संघ की शाखाओं में स्वयंसेवकों को राष्ट्रभक्ति के लिए तैयार करने को सुनाए जाने वाली गाथाओं के केंद्रबिंदु समर्पण और बलिदान ही थे। 1944 में प्रांत प्रचारक के रूप में भाऊराव रायबरेली आए तो उन्होंने छात्रों की एक सभा में प्रिंस ऑफ वेल्स नामक जहाजी बेड़े को नष्ट करने के लिए एक जापानी सैनिक द्वारा दी हुई आत्माहुति की कथा सुनाई।[14] वरिष्ठ पत्रकार बालेश्वर अग्रवाल ने 1945 के संस्मरणों में भाऊराव के कथन का उल्लेख किया है, 'संघ केवल दक्ष-आरम् (सावधान-विश्राम) करने के लिए नहीं बना है। यह सब लोकसंग्रह के साधन मात्र हैं। हमारा लक्ष्य है स्वदेश की परदासता से पूर्ण मुक्ति।'[15]

उस दौरान ब्रिटिश राज की कुदृष्टि संघ पर थी। 1945 में काशी के डी.ए.वी. कॉलेज में संघ शिक्षा वर्ग लगा तो वहां तलाशी ली गई। तलाशी में लकड़ी की छुरियां ही मिलीं, जो सांकेतिक शारीरिक अभ्यास के लिए थीं। इसलिए छापा मारने से भी पुलिस को कुछ प्राप्त नहीं हुआ। 1944-45-46 के तीनों वर्ष सरकारी अधिकारियों द्वारा संघ के शिक्षा वर्ग में कुछ-न-कुछ बाधाएं खड़ी की जाती रहीं।[16] भाऊराव के तत्कालीन सहयोगी (बाद में संघ के अखिल भारतीय बौद्धिक प्रमुख) बापूराव मोघे ने काशी संघ शिक्षा वर्ग और ब्रिटिश राज की कार्रवाई पर विस्तार से प्रकाश डाला है। उस दौरान लगातार संकेत मिल रहे थे कि ब्रिटिश सरकार वर्ग लगाने नहीं देगी और अगर लगा तो चलने नहीं देगी। भाऊराव भी इस संभावना को महसूस कर रहे थे। सभी शाखाओं को सूचना भेज दी गई थी कि स्वयंसेवकों के पास कोई आपत्तिजनक साहित्य या साधारण हथियार भी नहीं रहना चाहिए। कठिनाइयों को पार करते हुए वर्ग प्रारंभ किया जा सका। गुप्तचर विभाग ने वर्ग स्थान (डी.ए.वी. कॉलेज) के सामने एक

दुमंजिला मकान किराए पर लेकर 5-7 लोगों को नियुक्त कर रखा था। वहां से डी.ए.वी. कॉलेज की सारी गतिविधि दूरबीन से स्पष्ट देखी जा सकती थी। गुप्तचर विभाग के अधिकारी रोज सुबह कंपाउंड के अंदर भी जाते थे, लेकिन भाऊराव और उनके एक-दो सहयोगी उन्हें वहीं पेड़ के नीचे बैठाकर बातों में उलझाए रखा करते थे। जब भीतर हॉल में बौद्धिक कार्यक्रम चल रहा होता तो कुछ लोग बाहर आकर नहाना-धोना शुरू कर देते थे। पहले दिन नाम इत्यादि रजिस्टर में चढ़ाकर उसे वहां से हटा लिया गया था। गण प्रमुख, चर्चा प्रमुख आदि बिना कागज-कलम के अपना सब काम करते थे। कोई भी जानकारी पुलिस को प्राप्त नहीं हो सके, इस दृष्टि से वर्ग में सारी व्यवस्था नियोजित थी। इस प्रकार वर्ग 12-13 दिन चला। तब एक दिन सुबह पुलिस ने डी.ए.वी. कॉलेज को घेर लिया और काशी के उच्च पुलिस अधिकारी अपने सहयोगियों के साथ शिविर की तलाशी लेने के लिए आ धमके। सुबह से लेकर दोपहर दो बजे तक तलाशी चलती रही। प्रत्येक स्वयंसेवक के सामान की तलाशी ली गई। तकिए तक खोलकर देखे गए। लेकिन वहां न कोई गुप्त जानकारी मिली और न कोई आपत्तिजनक वस्तु। जिस कमरे में सामग्री भंडार था, उसमें कच्ची जमीन पर जंग खाया हुआ एक छोटा-सा छुरा पड़ा हुआ था। उससे संघ का कोई संबंध नहीं था। बस यही एकमात्र चीज उनको मिली।[17]

प्रशिक्षण रोकने के आदेश

पुलिस के तलाशी के लिए पहुंचते ही एक स्वयंसेवक कंपाउंड की ऊंची दीवार लांघकर नगर के संघचालक और प्रमुख अधिवक्ता गौरीनंदन उपाध्याय को सूचना देने के लिए चला गया था। तब तक पुलिस का डी.ए.वी. कॉलेज का घेरा पूरा नहीं हुआ था। थोड़ी देर में संघचालक पहुंचे और कानून की दृष्टि से पुलिस की अनुचित कार्रवाइयों को उन्होंने रोका। कोई भी आपत्तिजनक चीज नहीं मिलने के कारण पुलिस निराश होकर लौटी। इसके बावजूद सरकार ने संघ वर्ग का स्वरूप सैन्य प्रशिक्षण जैसा होने को आधार बनाकर इसे बंद करने का आदेश जारी किया। इस आदेश का स्पष्टीकरण यह दिया गया कि यहां एक व्यक्ति आज्ञा देता है और बाकी लोग पालन करते हैं तथा इसकी व्यायाम पद्धति भी सैन्य प्रशिक्षण ही मानी जानी चाहिए। अतः भारतीय रक्षा कानून के अंतर्गत 24 घंटे के अंदर वर्ग को निरस्त करने की आज्ञा दी गई। भाऊराव ने तय कर लिया कि वे आदेश नहीं मानेंगे और वर्ग चलता रहेगा। उन्होंने वर्ग में आए सभी स्वयंसेवकों का भोजन शहर में किसी एक स्थान पर बनवाने की व्यवस्था कर दी। भिन्न-भिन्न विभाग या प्रांत (बिहार तथा बंगाल) के लिए अलग-अलग मकान भी निश्चित कर दिए और गुप्तचर विभाग की निगरानी से बचाकर

स्वयंसेवकों को उनके निर्धारित स्थानों पर पहुंचाने की योजना भी तैयार कर ली।[18] सरकार को उम्मीद थी कि वर्ग समाप्त हो रहा है, इसलिए सभी लोग सीधे बनारस कैंट स्टेशन जाएंगे। कॉलेज से स्टेशन के रास्ते पर गुप्तचर विभाग के पहरे की कड़ी व्यवस्था की गई। दूसरी तरफ, स्वयंसेवकों को रिक्शों से निकालने की तैयारी की गई। उनके अलग-अलग दल बनाए गए और दल का एक नेता चुना गया। हर दल के साथ काशी के स्वयंसेवकों का एक रिक्शा रखा गया। स्वयंसेवक शाम के समय रिक्शों पर बैठकर निकले। कुछ दूर जाने के बाद वे स्टेशन का रास्ता छोड़कर शहर की तरफ मुड़ गए। गुप्तचर विभाग ने एक-एक दल का पीछा करने के लिए अलग-अलग गुप्तचर कर्मी नियुक्त किए थे। लेकिन वे अपनी उपस्थिति प्रकट नहीं कर सकते थे, इसलिए पंक्ति के आखिरी रिक्शे से कुछ पीछे रहते थे। उस आखिरी रिक्शे में काशी के स्वयंसेवक रहते थे और वे रिक्शे को जरा आराम से चलने के लिए कहते थे। जहां से स्वयंसेवकों को गली के अंदर जाना होता, वहां काशी का कोई स्वयंसेवक खड़ा रहता था। सामने के सब रिक्शे वहां से तुरंत गली में मुड़ जाते थे और काशी के स्वयंसेवक अपने रिक्शे को अपने मुहल्ले में ले जाते थे। इससे गुप्तचर विभाग के लोग काफी पीछे रह जाते थे और उन्हें पता ही नहीं चलता था कि आगे के रिक्शे कहां गए। इस प्रकार वर्ग के लगभग 350 स्वयंसेवक काशी नगर में अपने-अपने स्थानों पर पहुंच गए और गुप्तचर विभाग को कुछ भी पता नहीं चल पाया।[19] स्वयंसेवकों के लिए खाने-पीने की चीजें टोकरियों में सामान भरकर बेचने वालों के जरिए भिजवाई जाती थीं। बौद्धिक नहीं होते थे, लेकिन चर्चाएं अपने-अपने निवास में चलती थीं। चर्चा प्रमुख किसी स्थान पर एकत्र होते थे और वहां दिया हुआ विषय अपने-अपने स्थान पर चर्चा में लेते थे। स्वयंसेवक अंदर से हाफ पैंट, लेकिन ऊपर से यात्रियों के सामान्य वेश में काशी के भीड़ भरे घाटों पर आते और नावों में बैठकर गंगा पार चले जाते थे। वह इलाका काशी पुलिस के न्यायाधिकार क्षेत्र के बाहर था। वहां संघ के खेलकूद इत्यादि कार्यक्रम सुबह-शाम होते थे, प्रार्थना भी होती थी। वहां से लौटकर स्वयंसेवक फिर यात्रियों में मिलकर धीरे-धीरे अपने स्थान पर पहुंच जाते थे। सरकार को भी पता चल गया कि स्वयंसेवक गए नहीं हैं और उनका शिक्षा वर्ग चालू है। यह सरकारी आदेश का स्पष्ट उल्लंघन था, लेकिन सारा कार्यक्रम इस ढंग से चलाया जा रहा था कि कोई बाधा नहीं पहुंचाई जा सके। शिक्षा वर्ग के सर्वाधिकारी तेजनारायण एडवोकेट लखनऊ लौट गए और भाऊराव भी अपने स्थाई निवास, जो एक प्रकार से काशी संघ कार्यालय भी था, में जाकर रहने लगे। एक अन्य डॉ. बनर्जी अपने मकान पर चले गए। भाऊराव के निवास पर आने वालों की संख्या बहुत बढ़ा दी गई। थोड़ी-थोड़ी देर के बाद कुछ स्वयंसेवकों की टोलियां आती-जाती थीं और ऐसा दिन भर चलता था। स्वयंसेवक भी

काफी दिनों से पुलिस की यातनाओं और अवरोध की परिस्थिति में अच्छे से प्रशिक्षित हो गए थे। सूचनाएं कहीं भी 'लीक' नहीं होती थीं। वर्ग चलाने वाले अधिकारी किसी भीड़ में शामिल होकर भाऊराव से मिलने आते थे। ऊपर की मंजिल के कमरे में वर्ग चलाने वालों की बैठक होती थी, दूसरे दिन की सारी योजनाएं बनती थीं, समस्याओं पर विचार करके उपाय सुझाए जाते थे। इस दौरान पुलिस ने भाऊराव और वर्गाधिकारियों को गिरफ्तार करने की चेतावनी भी दी। इस प्रकार 12-13 दिन और वर्ग चलता रहा। इस वर्ग में दीनदयाल उपाध्याय भी उपस्थित थे। सरसंघचालक माधवराव सदाशिवराव गोलवलकर (गुरुजी) से मार्गदर्शन मांगा गया तो उन्होंने संदेश भेजा, 'मैं प्रसन्न हूं कि आप लोगों ने अपनी योजना से सारा काम किया, सरकार के आदेशों से नहीं। लेकिन इसको और आगे चलाने की आवश्यकता नहीं। अब वर्ग का समारोप करके स्वयंसेवकों को रवाना कर दिया जाए।'[20]

गुप्तचरों के साये में गुरुजी का दौरा

काशी संघ शिक्षा वर्ग समाप्त होने के बाद स्वयंसेवकों का उत्साह बढ़ाने के लिए गुरुजी ने उत्तर प्रदेश का दौरा किया। इस बार भाऊराव देवरस ने गुप्तचर विभाग को शुरुआत में ही चकमा देने की योजना बनाई। उन्होंने विशेष स्वयंसेवकों को पत्र द्वारा सूचना भेजकर कार्यक्रम की जानकारी दी। गुप्तचर विभाग ने पत्र की जानकारी के अनुसार व्यवस्था की, लेकिन कार्यक्रम देखकर उन्हें समझ में आ गया कि वे धोखा खा गए। फिर उन्होंने 10-12 लोगों का दल गुरुजी के प्रवास की निगरानी के लिए लगा दिया। इसी अवधि में इलाहाबाद में सरकारी कर्मचारियों के लिए एक क्लब भी खोला गया, जिसमें फुटबॉल, वॉलीबॉल आदि के आयोजन चलते थे। सरकार जल्दी ही समझ गई कि यह संघ द्वारा चलाया गया क्लब है, लेकिन वह किसी प्रकार की आपत्ति नहीं कर सकती थी। इलाहाबाद में गुरुजी का कार्यक्रम निश्चित हुआ तो क्लब के लोगों के लिए टाइप किए हुए निमंत्रण पत्र रज्जू भैया के हस्ताक्षर से जारी किए गए। कार्यक्रम के.पी. कॉलेज के हॉल में था। विभिन्न विभागों के लिए अलग-अलग द्वार निश्चित किए गए थे। शाखाओं के मुख्य शिक्षक और कार्यवाह वहां खड़े रहते थे। स्वयंसेवक की पहचान की पुष्टि हो जाने के बाद ही उसे अंदर जाने दिया जाता था। क्लब के लोगों के लिए एक अलग दरवाजा निश्चित किया गया था, जहां एक पदाधिकारी को निमंत्रण पत्रों की जांच करने के लिए खड़ा किया गया था। हॉल में ऊपर की गैलरी में दो-चार कार्यकर्ता खड़े किए गए थे, जो स्वयंसेवकों की गतिविधियों पर ध्यान रखते थे और सुनिश्चित करते थे कि कोई कुछ लिख नहीं रहा हो। जैसे ही गुरुजी वहां पहुंचे, उनका पीछा कर रहा गुप्तचर दल अपने मुख्य कार्यालय

गया और अपने मुख्य अधिकारी को सूचना दी। उस अधिकारी ने तुरंत अपने प्रमुख लोगों को इकट्ठा किया और विचार-विमर्श करके योजना तैयार की। क्लब वालों को दिए गए निमंत्रण पत्र की वैसी ही प्रतिलिपियां उन्होंने तैयार कर ली थीं और रज्जू भैया के जाली हस्ताक्षर बना लिए थे। अधिकारी ने कार्यालय के स्टेनो को भी गुरुजी के इलाहाबाद आगमन की सूचना देकर कहा, 'शाम को हम उनके बौद्धिक में जाने वाले हैं। अगर तुम चलना चाहते हो तो तुम्हारे लिए भी एक निमंत्रण-पत्र ले लेते हैं।' स्टेनो संघ का स्वयंसेवक था। उसने अपने अफसर की टेबल पर उन निमंत्रण पत्रों की प्रति पहले ही देख ली थी और इसलिए उसने कार्यक्रम में नहीं जाने का निश्चय कर लिया था। गुरुजी का बौद्धिक संपन्न हुआ और वे वहां से रवाना हो गए। बाद में बापूराव मोघे को उस स्टेनो से पता चला कि बौद्धिक में गुप्तचर विभाग के 7-8 व्यक्ति मुड़ी बाहों की शर्ट पहनकर पहुंचे थे और बाहों पर रबर से बंधी हुई नोटबुक लिए हुए थे। हाथ बांधने की मुद्रा में बैठकर अंगुलियों से नोटबुक के पन्ने पलटते हुए उन्होंने पूरा भाषण दर्ज कर लिया।[21] इसके बाद गुप्तचर अधिकारी हाथ मलते रह गए क्योंकि गुरुजी का दौरा सकुशल संपन्न हो चुका था।

संदर्भ सूची

1. पु. के. चितले: राष्ट्रसाधना, खंड 2, साप्ताहिक विवेक, मुंबई, 2001, पृष्ठ 112
2. वही, पृष्ठ 113
3. ना.बा. लेले: प्रेरणा पुरुष भाऊराव, संपादक-देवेंद्र स्वरूप, दीनदयाल शोध संस्थान, नई दिल्ली, 1993, पृष्ठ 137
4. विराट पुरुष नानाजी देशमुख, प्रभात प्रकाशन, नई दिल्ली, 2017, पृष्ठ 121
5. पु. के. चितले: राष्ट्रसाधना, खंड 2, साप्ताहिक विवेक, मुंबई, 2001, पृष्ठ 113
6. वचनेश त्रिपाठी: प्रेरणा पुरुष भाऊराव, संपादक-देवेंद्र स्वरूप, दीनदयाल शोध संस्थान, नई दिल्ली, 1993, पृष्ठ 191
7. वही, पृष्ठ 194
8. रमेश पतंगे: राष्ट्र साधना, खंड 2, साप्ताहिक विवेक, मुंबई, 2001 पृष्ठ 115
9. वचनेश त्रिपाठी: प्रेरणा पुरुष भाऊराव, संपादक-देवेंद्र स्वरूप, दीनदयाल शोध संस्थान, नई दिल्ली, 1993, पृष्ठ 163
10. विराट पुरुष नानाजी देशमुख, प्रभात प्रकाशन, नई दिल्ली, 2017, पृष्ठ 47
11. वचनेश त्रिपाठी: प्रेरणा पुरुष भाऊराव, संपादक-देवेंद्र स्वरूप, दीनदयाल शोध संस्थान, नई दिल्ली, 1993, पृष्ठ 191
12. रमाकांत तिवारी: प्रेरणा पुरुष भाऊराव, संपादक-देवेंद्र स्वरूप, दीनदयाल शोध संस्थान, नई दिल्ली, 1993, पृष्ठ 158
13. पु. के. चितले: राष्ट्रसाधना, खंड 2, साप्ताहिक विवेक, मुंबई, 2001, पृष्ठ 113
14. कौशल किशोर: प्रेरणा पुरुष भाऊराव, संपादक-देवेंद्र स्वरूप, दीनदयाल शोध संस्थान, नई दिल्ली, 1993, पृष्ठ 235
15. बालेश्वर अग्रवाल: प्रेरणा पुरुष भाऊराव, संपादक-देवेंद्र स्वरूप, दीनदयाल शोध संस्थान, नई दिल्ली, 1993, पृष्ठ 166
16. आचार्य गिरिराज किशोर: प्रेरणा पुरुष भाऊराव, संपादक-देवेंद्र स्वरूप, दीनदयाल शोध संस्थान, नई दिल्ली, 1993, पृष्ठ 235
17. बापूराव मोघे: प्रेरणा पुरुष भाऊराव, संपादक-देवेंद्र स्वरूप, दीनदयाल शोध संस्थान, नई दिल्ली, 1993, पृष्ठ 87-88
18. वही, पृष्ठ 88
19. वही, पृष्ठ 89
20. वही, पृष्ठ 90

अजमेर में आंदोलन का नेतृत्व

डॉ. केशव बलिराम हेडगेवार ने कलकत्ता से नागपुर लौटने के बाद भी क्रांतिकारी साथियों से संपर्क बनाए रखा। उन्होंने नागपुर में क्रांतिकारी गतिविधियों से जुड़े भाऊजी कावरे के साथ मिलकर नागपुर और बरार क्षेत्र में गतिविधियां बढ़ाने के लिए अनेक लोगों को जोड़ा। क्षेत्र के जमींदार उन्हें इस राष्ट्रीय उद्देश्य के लिए आर्थिक सहायता उपलब्ध करवाते रहते थे। अलग-अलग गांवों में भोज समारोह आयोजित करके गुप्त योजनाएं बनाने और उनके लिए सहायता जुटाने का काम होता था। कलकत्ता, गोआ, हैदराबाद आदि स्थानों से शस्त्रों की खरीद की जाती थी।

गंगाप्रसाद पांडे को भेजा अजमेर

1914 में प्रथम विश्वयुद्ध प्रारंभ होने पर इस योजना को व्यापक स्वरूप देने के प्रयास शुरू हुए। इसी दौरान डॉ. हेडगेवार ने बंगाल और पंजाब के क्रांतिकारियों से संपर्क करके वर्धा तथा नागपुर जिलों के लगभग बीस तरुणों का दल उत्तर की ओर भेजा। इस दल का नेतृत्व वर्धा के गंगाप्रसाद पांडे को सौंपा गया। गंगाप्रसाद ने अपने साथियों को राजपूताना की विभिन्न रियासतों में नियुक्त किया और अजमेर को संचालन का केंद्र बनाया। अजमेर के प्रसिद्ध नेता चांदकरण सारड़ा* से भी गंगाप्रसाद को सहायता मिली। डॉ. हेडगेवार नागपुर से ही आर्थिक प्रबंधन और मार्गदर्शन करते रहे।[1]

---

*चांदकरण सारड़ा का जन्म 25 जून, 1888 को ब्रिटिश शासित अजमेर-मेरवाड़ा में हुआ। 1906 में हुए बंग-भंग के विरुद्ध चले आंदोलन का अजमेर के डीएवी स्कूल में पढ़ रहे चांदकरण के किशोर मन पर प्रभाव पड़ा। आगरा से एम.ए. और एल.एल.बी. करने के बाद उन्होंने अजमेर लौटकर वकालत शुरू की और साथ ही कांग्रेस में सक्रिय हो गए। असहयोग आंदोलन शुरू होने पर उन्होंने वकालत छोड़ दी और डिग्रियां विश्वविद्यालय को लौटा दीं। ब्रिटिश सरकार ने उन पर राजद्रोह का आरोप लगाया और 6 महीने के कठोर कारावास की सजा दी। अखिल भारतीय देशी राज्य प्रजा परिषद के वे कई वर्षों तक महामंत्री रहे। विधवाओं की सहायता के लिए अजमेर-मेरवाड़ा में राजस्थान वनिता आश्रम की स्थापना की। 1917-18 में फैली प्लेग महामारी के दौरान सेवा समितियां स्थापित करके हजारों प्लेग पीड़ितों को बचाया। 1943 में खारी और बनास नदी में भीषण बाढ़ से तबाह क्षेत्रों में सारड़ा ने राहत कार्य चलाए और पीड़ित किसानों के लगान माफ करवाए। भारत विभाजन के बाद अजमेर आए शरणार्थियों के पुनर्वास में भी महत्वपूर्ण भूमिका निभाई।

अजमेर में कांग्रेस की शाखा 1887 में स्थापित हो गई थी।[2] लेकिन नियमित बैठकों, अधिवेशनों और क्रियाकलापों का रिकॉर्ड नहीं मिलता। अजमेर के युवक समय-समय पर अखिल भारतीय कांग्रेस के वार्षिक अधिवेशनों में जरूर शामिल होते रहे। 1905 के बनारस कांग्रेस अधिवेशन में अजमेर का प्रतिनिधित्व रहा, लेकिन बंगाल विभाजन की घटनाओं के बाद अजमेर के युवक क्रांतिकारी गतिविधियों की ओर उन्मुख होने लगे। 1907 में अरविंद घोष की ब्यावर यात्रा ने क्षेत्र में जोश उत्पन्न किया।[3]

दिसंबर, 1915 में औपचारिक रूप से कांग्रेस कमेटी का गठन हुआ, लेकिन सारड़ा ने 6 जुलाई, 1916 को अजमेर में होम रूल लीग कमेटी की स्थापना करके बालगंगाधर तिलक और एनी बेसेंट के आंदोलन को लोकप्रिय बनाया। 13 अप्रेल, 1919 को हुए जलियांवाला बाग नरसंहार की प्रतिक्रिया भी अजमेर में हुई। सारड़ा ने अजमेर शहीद फंड स्थापित करके 998 रुपए 3 आने की राशि एकत्र की।[4] इस माहौल के कारण अजमेर में संगठन विशेष के प्रति निष्ठा के बजाए राष्ट्रीयता का विचार हावी रहा। इसी सोच ने डॉ. हेडगेवार के भेजे हुए दल के लिए राह कुछ आसान बनाई।

सारड़ा परिवार पहले स्वामी विवेकानंद से भी जुड़ा हुआ था। राजस्थान में स्वदेश प्रेम की अविच्छिन्न परंपरा के बीच विवेकानंद खेतड़ी से चलकर अजमेर पहुंचे और अपने पूर्व परिचित हरविलास सारड़ा के घर दो-चार दिन ठहरकर ब्यावर चले गए। तब श्यामजी कृष्ण वर्मा* भी अजमेर में रहते थे। विवेकानंद के अजमेर रहने के समय वे कार्यवश बंबई चले गए थे। लौटने के बाद जब उन्होंने सुना कि विवेकानंद ब्यावर चले गए हैं तो वे ब्यावर जाकर विवेकानंद को लौटा लाए और उन्हें अपने घर में लगभग पंद्रह दिनों तक रखा। अजमेर से विवेकानंद अहमदाबाद चले गए।[5]

अर्जुनलाल सेठी पर यंत्रणाओं का कहर

राजपूताना में सशस्त्र आंदोलन के सूत्रधारों में रहे अर्जुनलाल सेठी से भी डॉ. हेडगेवार का संपर्क था। सेठी जयपुर रियासत के रहने वाले थे। 13 वर्ष की उम्र में वे बच्चों का स्कूल चलाने लगे। जैन गजट में उनके लेख छपते और 'जैन प्रदीप' नामक

*श्यामजी कृष्ण वर्मा (4 अक्टूबर 1857-31 मार्च 1930) मूल रूप से गुजरात के कच्छ जिले में स्थित मांडवी के रहने वाले थे। वे क्रांतिकारी गतिविधियों के माध्यम से भारत को स्वतंत्र करवाने के विचार के प्रबल समर्थकों में थे। दयानंद सरस्वती का उन पर गहरा प्रभाव था और वे आर्य समाज के प्रमुख कार्यकर्ता के रूप में सक्रिय थे। ऑक्सफोर्ड विश्वविद्यालय से शिक्षा प्राप्त करने के बाद उन्होंने कुछ समय तक भारत की एकाधिक रियासतों में दीवान के पद पर काम किया। बाद में वे लंदन चले गए और वकालत करते हुए राजनीतिक गतिविधियों में सक्रिय हुए। वहां रहते हुए उन्होंने 'इंडिया होम रूल सोसायटी' का गठन किया, जिसका उद्देश्य भारत में स्वराज की स्थापना करना था। उनकी देखरेख में चलने वाला 'इंडिया हाउस' नामक छात्रावास क्रांतिकारी विचार के भारतीय छात्रों के लिए विचार-विमर्श का प्रमुख केंद्र बना। उन्होंने 'इंडियन सोशलॉजिस्ट' समाचार पत्र भी शुरू किया। इन गतिविधियों के कारण इंग्लैंड की पुलिस ने उन्हें पकड़ने की तैयारी की तो वे 'इंडिया हाउस' का प्रभार विनायक दामोदर सावरकर को सौंपकर गुप्त तरीके से पेरिस चले गए। बाद में विश्व युद्ध शुरू होने पर उन्होंने जेनेवा को अपनी गतिविधियों का केंद्र बनाया, वहीं 73 वर्ष की आयु में उनका देहांत हुआ।

हस्तलिखित पत्रिका निकालते। उसी तरुणावस्था में उन्होंने सात साथियों की गुप्त समिति बनाई, जिसने भारत माता और जैन समाज की सेवा में प्राण न्योछावर करने का व्रत लिया। 1902 में सेठी ने बी.ए. की परीक्षा उत्तीर्ण की। उसी वर्ष उनके पिता का देहावसान हो गया और वे पिता की जगह चौमूं ठिकाने के कामदार बना दिए गए। उन्हीं दिनों ठिकाने में ब्रिटिश एजेंट (ए.जी.जी.) के आने पर भव्य स्वागत किया गया, जबकि एजेंट ने वहां के लोगों और सेठी गंवार बताया। सेठी के अनुसार, उनके सीने में ब्रिटिश हुकूमत के खिलाफ विद्रोह का यह पहला इंजेक्शन था।[6] इस घटना के बाद सेठी ने ठिकाने की नौकरी छोड़ दी। कुछ वर्षों तक मथुरा और सहारनपुर में स्कूल मैनेजर की नौकरी करने के बाद वे जयपुर लौट आए। वहां उन्होंने जैन शिक्षा प्रचारक समिति की स्थापना की और उसके अंतर्गत जैन वर्धमान विद्यालय, जैन वर्धमान पुस्तकालय तथा जैन बोर्डिंग का संचालन शुरू किया।

उसी दौरान बंग-भंग की प्रतिक्रिया में राष्ट्रीय स्तर पर क्रांतिकारी गतिविधियां तेज होने लगीं। राजस्थान की सांस्कृतिक विरासत के प्रति श्रद्धा के कारण बंगाल के क्रांतिकारी अजमेर की ओर आकर्षित हुए। उस समय वहां शस्त्र कानून लागू नहीं था, इसलिए आसानी से सस्ते मूल्यों पर हथियार उपलब्ध हो जाते थे।[7] राव गोपाल सिंह, अर्जुनलाल सेठी, दामोदरदास सेठी और केसरीसिंह बारहठ आदि ने क्रांतिकारी गतिविधियों का संचालन किया। उन्होंने गुप्त रूप से 'वीर भारत सभा' स्थापित की, जिसका क्रांतिकारी संगठनों से संबंध था।[8] सेठी ने वर्धमान विद्यालय को क्रांतिकारियों को प्रशिक्षण देने का केंद्र बना दिया। महाराष्ट्र और कश्मीर जैसे दूरदराज के क्षेत्रों से योग्य नौजवानों को लाकर स्वतंत्रता के आंदोलन के लिए तैयार किया जाने लगा। इस विद्यालय से अनेक युवा क्रांतिकारी निकले, जिनका उत्तर भारत के सशस्त्र स्वतंत्रता संग्राम में महत्वपूर्ण योगदान रहा। वहां के अध्यापकों में बंगाल की अनुशीलन समिति के सदस्य विष्णु दत्त भी थे। रासबिहारी बोस और शचीन्द्रनाथ सान्याल से सेठी का संपर्क कायम हो गया। किसी-न-किसी सूत्र के जरिए पूरे देश के क्रांतिकारी आपस में जुड़े हुए थे। राजपूताना सहित आसपास के क्षेत्रों के नेता सेठी ही थे।[9] उनके कारण जयपुर क्रांतिकारियों का ठिकाना बन गया। प्रतापसिंह बारहठ भी सेठी के विद्यालय में पढ़े। पढ़ने के दौरान वे विप्लवी आंदोलन से जुड़ गए। रासबिहारी बोस और सान्याल से जुड़ने के बाद वे जयपुर आते-जाते रहे। जयपुर की खूबसूरत पहाड़ियों से सटे प्रसिद्ध गलता कुंड में प्रताप सिंह घंटों तैरते। उसी दौरान यह योजना बनी कि राजपूताना के युवकों को दिल्ली लाकर वहां विप्लव संगठित किया जाए।[10] क्रांतिकारी गतिविधियों के कारण सेठी मार्च, 1914 में गिरफ्तार कर लिए गए, लेकिन गिरफ्तारी का आदेश 5 दिसंबर, 1914 को जयपुर महाराजा माधो सिंह द्वितीय ने जारी किया। इसमें लिखा था,

'हमारी राय में यह अच्छी तरह साबित होता है कि अर्जुनलाल सेठी राजनीतिक षडयंत्रों में संलग्न है। ऐसे व्यक्ति को खुला रखना खतरनाक है और इसलिए हम यह उचित समझते हैं कि वह कुछ समय तक हिरासत में रहे। अतः आदेश दिया जाता है कि अर्जुनलाल सेठी को 5 वर्ष या जब तक कोई अन्य आदेश नहीं दिया जाए, तब तक नजरबंद रखा जाए।'[11]

सेठी अनिश्चितकालीन कारावास काट रहे थे। महाराजा के आदेश के अनुसार सेठी को 5 दिसंबर, 1919 तक जेल से रिहा कर दिया जाना चाहिए था; लेकिन वे गिरफ्तारी के लगभग 6 वर्ष बाद 1920 में रिहा किए गए। उनके जयपुर प्रवेश पर पाबंदी लगी हुई थी। इसलिए उन्होंने जयपुर की जगह अजमेर को केंद्र बना लिया। वे फिर कांग्रेस में सक्रिय हुए। सविनय अवज्ञा आंदोलन में उन्हें फिर गिरफ्तार किया गया और लगभग एक वर्ष से अधिक वे जेल में रहे। 1921-22 में सागर जेल में रहने के दौरान सेठी को अमानुषिक यातनाएं दी गईं। उनके पुत्र ने महात्मा गांधी को सूचना दी, 'खबर मिली है कि मेरे पिता के साथ अमानुषिक व्यवहार किया जा रहा है। वे घातक निमोनिया रोग से पीड़ित हैं। बीमारी के बावजूद उनसे चक्की चलवाई गई। उन्हें अंडे खाने और शराब पीने के लिए मजबूर किया जा रहा है।' गांधी ने तीखी प्रतिक्रिया व्यक्त की। उन्होंने लिखा, 'कोई भी यह देख सकता है कि वे इतने कमजोर हैं कि उन्हें चक्की चलाने का काम नहीं दिया जा सकता। किसी रोगी को ब्रांडी या अंडे लेने को मजबूर करना धर्म के विरुद्ध अपराध है।'[12]

वर्धा में सेठी का इलाज

पुलिस की भीषण यातनाएं सहने के बाद सेठी जेल से रिहा हुए तो उनकी हालत बहुत बिगड़ चुकी थी। उसी दौरान 1923 में अजमेर में दंगे हुए। सेठी मुस्लिम दंगाइयों के हमले में घायल हुए।[13] उस समय सेठी के पुत्र प्रकाश जोधपुर में मरणासन्न थे। सेठी अपने पुत्र से मिलने जाने वाले थे, उसी बीच महात्मा गांधी के कहने पर पं. सुंदरलाल और भगवानदीन ने उन्हें किसी कार्यवश बंबई बुला लिया। सेठी के बंबई पहुंचते ही उन्हें पुत्र की मृत्यु का तार मिला। पुत्र की मृत्यु और तत्कालीन राजनीतिक वातावरण ने सेठी के मन पर घातक प्रभाव डाला और उनका मानसिक संतुलन बिगड़ गया।[14] सेठी की स्थिति का पता चलते ही डॉ. हेडगेवार ने अपने प्रमुख सहयोगी अप्पाजी जोशी को कहा कि सेठी को परिवार सहित वर्धा लाकर उनके इलाज आदि का प्रबंध करें। इस काम में 'राष्ट्रीय स्वयंसेवक मंडल' के सदस्य चिरंजीवलाल बड़जाते* ने प्रमुखता से आर्थिक भार वहन किया। सेठी ने काफी समय तक वहां रहकर स्वास्थ्य लाभ लिया।[15]

सेठी को तिलक और गांधी के बीच की कड़ी माना जाता था। 1922–23 में अजमेर–मेरवाड़ा प्रांतीय कांग्रेस की बागडोर उनके हाथों में थी। 1925 के कानपुर कांग्रेस अधिवेशन के लिए अजमेर से निर्वाचित होने वाले प्रतिनिधियों में उनके सहयोगियों को बहुमत मिला, लेकिन कांग्रेस कार्यसमिति ने अजमेर के चुनाव परिणाम को मान्यता नहीं दी। सेठी के नेतृत्व में उनके समर्थकों ने इस फैसले के खिलाफ अधिवेशन स्थल पर सत्याग्रह किया तो उन पर लाठियों से हमला हुआ। इस घटना के बाद गांधी अन्य वरिष्ठ नेताओं के साथ सेठी से मिलने आए। गांधी ने दुःख प्रकट करते हुए प्रायश्चित स्वरूप उपवास पर बैठने की इच्छा प्रकट की, लेकिन सेठी ने ऐसा नहीं करने का निवेदन किया। इस प्रकरण के बारे में सेठी ने स्वतंत्रता सेनानी अयोध्याप्रसाद गोयलीय को बताया, 'इस कांड से जनता बहुत क्षुब्ध हो गई थी और एक युवक तो मेरे पांव छूकर महात्मा गांधी की हत्या को उद्यत हो गया था। बड़ी मुश्किल से मैंने उसे रोका।'[16]

आगे चलकर पूर्ण स्वतंत्रता के विषय पर महात्मा गांधी और जवाहरलाल नेहरू के बीच मतभेद से एक नए दल के गठन का रास्ता तैयार होने लगा। 30 अगस्त, 1928 को 'इंडिपेंडेंस फॉर इंडिया लीग' की स्थापना करने का निर्णय हुआ। इसमें सुभाषचंद्र बोस, डॉ. जाकिर हुसैन और जवाहरलाल नेहरू की अस्थाई कमेटी बनाई गई, जिसे संगठन का विधान तैयार करना था। इन्होंने आठ प्रांतों के अस्थाई संयोजक भी बनाए। इनमें सेठी भी शामिल थे।[17] सेठी 1930 में प्रांतीय डिक्टेटर की हैसियत से जेल गए। 1931 में रिहाई के बाद ब्यावर में उनका भव्य स्वागत हुआ। सितंबर, 1931 में तेजाजी के मेले के अवसर पर ब्यावर में प्रथम राजपूताना किसान मजदूर सम्मेलन भी सेठी की अध्यक्षता में हुआ। 5 जुलाई, 1934 को गांधी अजमेर आए तो सेठी से मिलने उनके घर गए। उन्होंने सेठी से प्रांतीय राजनीति में फिर सक्रिय होने का आग्रह किया। 9 सितंबर, 1934 को वे राजपूताना और मध्य भारत प्रांतीय कांग्रेस कमेटी के प्रांतपति चुने गए। आगे जाकर कांग्रेस ने चुनाव रद्द कर दिया।[18]

सेठी ने ऐसे समय इस पथ पर पांव रखा, जब वंदेमातरम् बोलना भी अपराध समझा जाता था। लेकिन उन्हें भारत की पराधीनता ने बेचैन किया हुआ था। वे ब्रिटिश शासन को इस देश के लिए अभिशाप समझते थे और हर उचित तरीके से उसका अंत करना चाहते थे। सेठी का सारा जीवन त्याग, बलिदान, कष्ट और तपस्या का रहा। बड़ी से बड़ी विरोधी शक्ति भी उन्हें कर्मपथ से विचलित नहीं कर सकी। दधीचि का–सा त्याग और दृढ़ता लेकर वे जन्मे; उसी दृढ़ता में उन्होंने मृत्यु को गले लगाया।

---

*चिरंजीवलाल बड़जाते जमलालाल बजाज की बच्छराज जमनालाल फर्म के मुख्य मुनीम और वर्धा के सामाजिक कार्यकर्ता थे।

स्वयंसेवकों की गिरफ्तारी

1940 के बाद हिंदू संगठन और ब्रिटिश राज के विरुद्ध जन जागृति का नेतृत्व राष्ट्रीय स्वयंसेवक संघ ने किया। जुलाई, 1941 में गुरुजी ने चांदकरण सारड़ा के नाम पत्र देकर संघ के प्रचारक विश्वनाथ लिमये को अजमेर भेजा। लिमये ने सारड़ा, घीसूलाल वकील, जियालाल आदि के साथ मिलकर अगस्त, 1941 में चंद्रकुंड नामक स्थान पर संघ की शाखा स्थापित की। 1942 में अजमेर से लिमये के नेतृत्व में 11 युवकों को नेतृत्व प्रशिक्षण के लिए नागपुर भेजा गया। उन्होंने लौटकर जिले के विभिन्न स्थानों पर संघ की शाखाएं स्थापित कीं। 1942 में भारत छोड़ो आंदोलन के दौरान अजमेर कांग्रेस कमेटी के कार्यकर्ताओं के गिरफ्तार होने के बाद संघ ने आंदोलन का नेतृत्व किया। 1943 में ब्रिटिश सरकार द्वारा इस शाखा पर क्रांतिकारी संगठन होने का संदेह किया गया। संघ के कार्यकर्ताओं को गिरफ्तार किया गया, लेकिन साक्ष्य नहीं मिलने पर छोड़ दिया गया। 1945-46 में शाखा प्रमुखों को जयपुर, जोधपुर, उदयपुर, अलवर, भरतपुर में हिंदू संगठन आंदोलन के लिए भेजा गया था।[19] देश में सांप्रदायिक दंगों और ब्रिटिश राज की हिंदू विरोधी नीति का प्रतिकार करने के लिए हिंदू महासभा, आर्य समाज और राष्ट्रीय स्वयंसेवक संघ ने हिंदू तत्वों की रक्षा के लिए शुद्धि और संगठन चलाया।[20]

संदर्भ सूची

1. ना.ह. पालकर: डॉ. हेडगेवार चरित, लोकहित प्रकाशन, लखनऊ, 2020, पृष्ठ 75
2. अजमेर कमिश्नर रिकॉर्ड, 22-25 नवंबर, 1912
3. डॉ. लता अग्रवाल: अजमेर में जन प्रतिरोध, अभिनव प्रकाशन, अजमेर, 2013, पृष्ठ 126
4. चांदकरण सारड़ा पेपर्स, फाइल 87, 7 अगस्त, 1927
5. स्वामी गंभीरानंद: युगनायक विवेकानंद, खंड-1, रामकृष्ण मठ, नागपुर, 2004, पृष्ठ 279
6. अयोध्याप्रसाद गोयलीय: स्वाधीनता सेनानी अर्जुनलाल सेठी, राजस्थान प्रकाशन, जयपुर, 1989, पृष्ठ 53-54
7. एम.एम. गुप्ता: अजमेर-मेरवाड़ा डायरेक्ट्री, 1947, राजपूताना प्रेस, अजमेर, 1948, पृष्ठ 94
8. डॉ. लता अग्रवाल: अजमेर में जन प्रतिरोध, अभिनव प्रकाशन, अजमेर, 2013, पृष्ठ 109
9. शचींद्रनाथ सान्याल: बंदी जीवन, आत्माराम एंड संस, दिल्ली, 2012, पृष्ठ 378
10. वही, पृष्ठ 132
11. मिलापचंद डंडिया: राजस्थान में स्वतंत्रता संग्राम के अमर पुरोधा पं. अर्जुनलाल सेठी, राजस्थान स्वर्ण जयंती समारोह समिति, जयपुर, पृष्ठ 15
12. संपूर्ण गांधी वांगमय, खंड 22, प्रकाशन विभाग, सूचना और प्रसारण मंत्रालय, नई दिल्ली, 1967, पृष्ठ 324-325
13. रमेशचंद्र शास्त्री: राजस्थान में राष्ट्रीयता के जन्मदाता अर्जुनलाल सेठी, पृष्ठ 16
14. वही, पृष्ठ 17
15. ना.ह. पालकर: डॉ. हेडगेवार चरित, लोकहित प्रकाशन, लखनऊ, 2020, पृष्ठ 81
16. अयोध्याप्रसाद गोयलीय: स्वाधीनता सेनानी अर्जुनलाल सेठी, राजस्थान प्रकाशन, जयपुर, 1989, पृष्ठ 62-63
17. जवाहरलाल नेहरू वांगमय, खंड 3, सस्ता साहित्य मंडल, नई दिल्ली, पृष्ठ 66
18. रमेशचंद शास्त्री: राजस्थान में राष्ट्रीयता के जन्मदाता अर्जुनलाल सेठी, अर्जुनलाल सेठी राष्ट्रीय ग्रंथमाला, अजमेर, 1948, पृष्ठ 17
19. डॉ. लता अग्रवाल: अजमेर में जन प्रतिरोध, अभिनव प्रकाशन, अजमेर, 2013, पृष्ठ 123-124
20. वही, पृष्ठ 168

रियासतों में गिरफ्तारियां

रियासतों में शासन सुधारों के लिए चलाए गए आंदोलनों में भी संघ की भूमिका सामने आई। ऐसी कई रियासतें थीं, जहां कांग्रेस समर्थक सक्रिय नहीं थे या पूरी तरह आंदोलन चलाने में असमर्थ थे। इन हालात में संघ की शाखाओं के विस्तार के साथ स्थानीय देश और जनता से जुड़े आंदोलनों में स्वयंसेवकों की भूमिका अहम रही। ब्रिटिश राज ने संघ पर कड़ी दृष्टि रखी और अनेक जगह स्वयंसेवक गिरफ्तार भी किए गए।

शुरुआती दौर में संघ ने रियासतों में अलग-अलग नामों से कार्य शुरू किया। इंदौर में 'राम स्वयंसेवक संघ' बना। ग्वालियर में 'राणोजी स्वयंसेवक संघ' के नाम से काम शुरू हुआ। कोल्हापुर में संघ की शाखा प्रारंभ हुई तो 'राजाराम स्वयंसेवक संघ' नाम चुना गया। आगे चलकर 'राष्ट्रीय स्वयंसेवक संघ' का प्रयोग किया जाने लगा। इंदौर के संघचालक प्रसिद्ध कांग्रेस नेता भाई कोतवाल बने। उनके बाद स्वतंत्रता सेनानी, प्रजामंडल के नेता और बाद में पद्मभूषण से सम्मानित विनायकराव सरवटे ने संघचालक की जिम्मेदारी संभाली।[1] रियासतों के कार्य संघ के प्रमुख राष्ट्रीय केंद्रों से संचालित किए जाते थे। ग्वालियर की शाखा प्रारंभ में सीधे नागपुर से नियंत्रित होती थी; बाद में ग्वालियर समेत मध्य प्रदेश के चार जिले संघ कार्य क्षेत्र की दृष्टि से उत्तर प्रदेश प्रांत में सम्मिलित किए गए और पश्चिमी उत्तर प्रदेश के 12 जिलों को दिल्ली प्रांत से जोड़ा गया।[2]

भोपाल में 1941 में शाखा शुरू हुई। बाद में स्वतंत्रता का माहौल बनने लगा तो भोपाल नवाब के इरादे भारत के साथ मिलने के प्रतिकूल दिखाई दिए। भोपाल के भारत में विलय की मांग को लेकर स्वयंसेवकों ने आंदोलन किया और जेलों में गए।[3]

हैदराबाद निजाम की योजना स्वतंत्र राज्य की घोषणा करते हुए संयुक्त राष्ट्र संघ की मान्यता प्राप्त करके पाकिस्तान से संलग्न होने की थी। हैदराबाद में अल्पसंख्यक

मुसलमानों को रजाकारों के रूप में संगठित करके बहुसंख्यक हिंदुओं पर अत्याचार किए जाते रहे। वहां की असहाय जनता को बचाने के लिए पड़ोसी मध्य प्रांत के मुख्यमंत्री रविशंकर शुक्ल और गृह मंत्री द्वारिकाप्रसाद मिश्र ने गुरुजी का सहयोग मांगा। गुरुजी ने उन्हें विदर्भ प्रांत संघचालक बापूसाहब सोहनी से संपर्क करने के लिए कहा। इस संदर्भ में सोहनी ने अपने संस्मरणों में लिखा, 'रजाकारों के उपद्रव के समय वाशिम, मेहकर आदि भागों में प्रचार कार्य की विस्तृत योजना हम लोगों ने प्रारंभ की थी। हमारे प्रचार का उद्देश्य था जनता में आत्मविश्वास उत्पन्न करना, डर दूर करना और जन-धन की सुरक्षा के लिए सरकार के प्रति विश्वास का भाव जगाना। इस कार्य के लिए सरकार ने हमें अनेक सुविधाएं दी थीं।'[4]

क्रांतिकारी जयदेव पाठक

जयपुर रियासत की प्रमुख राजनीतिक संस्था जयपुर राज्य प्रजामंडल की समझौतापूर्ण नीति से स्वतंत्रता आंदोलन को और आघात पहुंचा। रियासत के प्रधानमंत्री मिर्जा इस्माइल, उद्योगपति घनश्यामदास बिड़ला और प्रजामंडल के अध्यक्ष हीरालाल शास्त्री ने मिलकर 1942 का आंदोलन नहीं चलने दिया। बिड़ला ने मिर्जा को लिखा, 'आप जयपुर में शांति कायम रखने में सफल हुए हैं। निश्चय ही शास्त्री इसमें आपकी सहायता कर रहे हैं। मैं उनके निरंतर संपर्क में हूं।'[5] इन हालात में प्रजामंडल के प्रमुख राष्ट्रवादी नेताओं ने अलग राह चुनी और 'आजाद मोर्चा' का गठन करके आंदोलन का शंखनाद कर दिया। उस दौरान जयपुर के महाराजा कॉलेज के छात्रों ने हड़ताल शुरू कर दी। इनमें जयदेव पाठक भी शामिल थे, जिनका सारा जीवन संघ के माध्यम से राष्ट्र को समर्पित रहा।

1942 के आंदोलन के दौरान आंदोलन जारी रखने के लिए उत्सुक युवकों ने व्यक्तिगत जीवन को भूलकर अपना पूरा समय आंदोलन को दे दिया; पाठक इनमें अग्रणी थे। सुबह चार बजे उठकर प्रभात फेरी निकालना, जुलूसों और सभाओं के बारे में किराए पर साइकिल लेकर सूचना प्रसारित करना, सभा समाप्ति पर सामान समेटकर जगह पर पहुंचाना... इन सब क्रियाकलापों के बाद रात्रि में जहां स्थान मिलता, वहीं सो जाते। दिन में कुछ मिल गया तो खा लेते, वरना कई-कई दिनों तक भूखे रहना उनके जीवन का हिस्सा बन चुका था। जयपुर राज और ब्रिटिश राज की मिलीभगत और दमनचक्र के चलते आंदोलन शिथिल पड़ने लगा तो पाठक के मन में क्रांतिकारी कार्य करने का विचार आया। उन्होंने अपने एक मित्र गोपाल के साथ मिलकर क्रांतिकारी कार्यों के लिए धन जुटाने के प्रयास किए। दोनों साथी जेब में एक-एक पिस्तौल और एक-एक छुरी लेकर शाम को ट्रेन से रवाना होकर गोविंदगढ़ पहुंचे। उस

समय रात के 7-8 ही बजे थे, ऐसे में पकड़े जाने के डर से वे चरखा संघ के कार्यालय में छिप गए। रात 12 बजे, जब सब लोग सो गए और दुकानें बंद थीं, वे एक दुकान पर डाका डालने पहुंचे। दरवाजे से सटी खाट पर एक व्यक्ति सोया हुआ था। पाठक इस घटना के बारे में लिखते हैं:

> 'मैंने कभी पिस्तौल नहीं चलाई थी और न छुरी का प्रयोग किया था; नितांत अनाड़ी था। दुकानदार चादर ओढ़े सोया हुआ था। गोपाल ने पिस्तौल के उल्टे हिस्से से उसके सिर पर चोट मारी, लेकिन नींद में डूबे दुकानदार ने चादर सिर पर ओढ़ ली। दुबारा फिर जब गोपाल ने जोर से सिर पर मारा तो वह खाट पर बैठ गया और चोर-चोर चिल्लाया। इतने में ही आसपास के घरों के लोग जाग गए। तब हम दोनों वहां से भाग छूटे। कई मीलों तक सुबह होने तक भागते रहे और सुबह स्टेशन से ट्रेन पकड़कर जयपुर आ गए।'[6]

आंदोलन की समाप्ति के बाद पाठक संघ में पूरी तरह सक्रिय हो गए। आगे चलकर वे राजस्थान शिक्षक संघ और विद्या भारती से जुड़े। जयपुर, सीकर, अजमेर और भरतपुर में विभाग प्रचारक के रूप में तथा विभिन्न संगठनों के माध्यम से राजस्थान में संघ कार्य को बढ़ाने में महत्वपूर्ण भूमिका निभाई। आदर्श और सादगी भरा उनका जीवन अनुकरणीय उदाहरण के रूप में याद किया जाता है।

चीफ सेक्रेटरी का नोटिस

मेवाड़ में तेजी से शाखाएं फैलीं। सुंदरसिंह भंडारी शनिवार-रविवार बारी-बारी से बाहर की शाखाओं को देखने जाते थे। उदयपुर से नाथद्वारा करीब 30 मील दूर था। वहां शाम को साइकिल से जाना और दूसरे दिन दोपहर तक लौट आने का क्रम बन गया था। कार्य विस्तार की खबर मेवाड़ सरकार के पास भी पहुंचती थी। इस बीच किसी उत्सव में वहां के सिटिंग हाईकोर्ट जज से भी कार्यकर्ताओं ने अध्यक्षता करवाई। हालांकि, कार्यकर्ताओं के विचारों को वे 'क्वैक' की ही संज्ञा दिया करते थे। 1943 में भंडारी को मेवाड़ आई.जी. ने बुलवाया। भंडारी ने लिखित सूचना भेजने का आग्रह किया। वह सूचना प्राप्त होने पर भंडारी उनसे मिले। उन्होंने सोसायटीज रजिस्ट्रेशन एक्ट का हवाला देते हुए संघ को रजिस्टर करने को कहा। भंडारी ने कहा कि या तो संस्था जब सरकार की सहायता चाहे या सात लोगों से अधिक सदस्य पंजीकृत किए जाएं, तब नियम आवश्यक होता है। समय आने पर भंडारी ने उनसे वैसा ही करने को

कहा। इस पर उन्होंने भंडारी को मेवाड़ के चीफ सेक्रेटरी से मिलने को कहा। भंडारी उनसे मिलने गए। वहां भी संघ को रजिस्टर कराने को कहा गया। भंडारी ने कहा कि हमारा न कोई रजिस्टर है और न ही सदस्यता। कुछ लोग आकर खेलते हैं। आखिर में चीफ सेक्रेटरी ने भंडारी को सलाह दी कि रजिस्ट्रेशन करवा लेना अच्छा रहेगा। एक्ट की प्रति और मेवाड़ के अधिकारियों से हुई बातचीत की सूचना भंडारी ने पत्र के माध्यम से गुरुजी को दी। गुरुजी ने उनको ग्वालियर बुलाकर सारी बात सुनी और अपने अंक में भरकर पूरा आशीर्वाद दिया।[7]

तेरा वैभव अमर रहे मां

1944 में बच्छराज व्यास* को प्रचारक बनाकर राजस्थान भेजा गया। उन्होंने सतत प्रवास कर संघ कार्य की नींव को मजबूत किया। संघ कार्य को बढ़ाना उनका उद्देश्य था; संघ की मूल भावना राष्ट्रीयता और राष्ट्र निर्माण की प्रेरणा ही थी। इसलिए उनके गीतों ने देशभक्ति की भावना का संचार किया। 'तेरा वैभव अमर रहे मां, हम दिन चार रहें न रहें'...जैसे गीतों की रचना उन्होंने की। एक बार वे राजस्थान संभाग प्रचारक के नाते भंडारी के साथ उदयपुर से जोधपुर जाने को निकले। कुंभलगढ़ के घाट में रेल पहाड़ों के बीच चक्करदार रास्ते से चलती है। बारिश के मौसम में झरने बह रहे थे। वहीं, रेलगाड़ी में उनकी कविता 'यह कल-कल छल-छल बहती' के स्वर फूट पड़े।[8]

कांग्रेस के निशाने पर संघ

राजपूताना की विभिन्न रियासतों में संघ का काम बढ़ना शुरू हुआ तो कांग्रेस के नेताओं की नाराजगी छिपी नहीं रही। स्वतंत्रता संग्राम के दौरान भी प्रजा मंडलों के जोर के साथ गांव-गांव में कांग्रेसी कार्यकर्ताओं का रौब था। भंडारी 1946 में बीकानेर गए हुए थे। उसके बाद वे शाखा कार्य विस्तार के लिए सरदारशहर गए। वहां एक कांग्रेसी नेता ने चिढ़कर सवाल किया, 'कैसे आए हो?' भंडारी ने सहज भाव से जवाब दिया, 'रेल से आया हूं।' इसके बाद बातचीत की कड़वाहट बदल गई।[9]

---

*भारतीय जनसंघ के पूर्व राष्ट्रीय अध्यक्ष रहे पं.बच्छराज व्यास का जन्म 24 सितंबर, 1916 को डीडवाना के कोट मोहल्ला में दाधीच वंशी श्यामलाल व्यास के यहां हुआ। उनके पिता नागपुर की एक फर्म में मुनीम थे। ऐसे में उनकी प्रारंभिक शिक्षा भी नागपुर में ही हुई। बच्छराज एक मेधावी छात्र थे। बी.ए. (ऑनर्स) और फिर एल.एल.बी. कर वे वकालत करने लगे। कॉलेज में उनकी मुलाकात सहपाठी बालासाहब देवरस से हुई। बाला साहब के जरिए उनकी भेंट डॉ. हेडगेवार से हुई। उनके प्रयासों से मारवाड़ियों के साथ ही गुजराती, सिंधी, उत्तर भारतीय तथा महाराष्ट्र से बाहर के मूल निवासी युवक बड़ी संख्या में शाखा आने लगे। गुरुजी का उन पर बहुत विश्वास था। 1948 के प्रतिबंध काल में नागपुर केंद्र को संभालते हुए उन्होंने देश भर के सत्याग्रह को गति दी। 1965 में उन्हें ग्वालियर अधिवेशन में जनसंघ का राष्ट्रीय अध्यक्ष बनाया गया। वे 1958 से 1962 तक महाराष्ट्र विधानपरिषद् के सदस्य रहे। 15 मार्च 1972 को उनका निधन हो गया।

दूसरी तरफ, स्वयंसेवकों के कांग्रेस नेताओं के प्रति व्यवहार को इस तथ्य से समझा जा सकता है कि 1942 में भंडारी ने निरंजननाथ आचार्य के साथ वकालत शुरू की, जो आगे जाकर कांग्रेस की ओर से विधानसभा अध्यक्ष बने।

संदर्भ सूची

1. उत्तम कानिटकर: संघ साधना, खंड 2, साप्ताहिक विवेक, मुंबई, 2001, पृष्ठ 91
2. पु. के. चितले: राष्ट्रसाधना, खंड 2, साप्ताहिक विवेक, मुंबई, 2001, पृष्ठ 106
3. उत्तम कानिटकर: संघ साधना, खंड 2, साप्ताहिक विवेक, मुंबई, 2001, पृष्ठ 91
4. रंगा हरि: गुरुजी गोलवलकर जीवन चरित्र, श्रीभारती प्रकाशन, नागपुर, 2012, पृष्ठ 138
5. घनश्यामदास बिड़ला का मिर्जा इस्माइल को पत्र, 11 सितंबर, 1942/ बी.एल. पानगड़िया: राजस्थान में स्वतंत्रता संग्राम, राजस्थान हिंदी ग्रंथ अकादमी, जयपुर, पृष्ठ 64
6. जयदेव पाठक: संगठन यात्रा, राजस्थान शिक्षक संघ, गीता भवन, जोधपुर, पृष्ठ 7
7. सुंदर सिंह भंडारी, संपादक: पूर्णिमा सेठी, अमर सत्य प्रकाशन दिल्ली, 2003, पृष्ठ 74-75
8. वही, पृष्ठ 75
9. वही, पृष्ठ 76

स्वयंसेवकों के बीच महात्मा

मार्च, 1946 में महात्मा गांधी ने अपने हर प्रवास में हरिजन बस्तियों में ठहरने का फैसला किया। उन्होंने बंबई जाने से पहले वल्लभभाई पटेल को पत्र लिखकर हरिजन बस्ती में रहने का प्रबंध करने को कहा। पटेल ने जवाब में लिखा, 'आपकी जो इच्छा होगी, वही किया जाएगा; लेकिन अभी तो बंबई में मुर्दा जलाने के लिए भी काफी जगह नहीं मिलती और आप जीवितों के रहने के लिए नया स्थान चाहते हैं।'[1] अन्य लोगों ने भी गांधी से हरिजन बस्तियों में होने वाली असुविधाओं की बात कही, लेकिन उनका निर्णय नहीं बदला। दिल्ली रहने के दौरान वे ज्यादातर घनश्यामदास बिड़ला के घर ठहरते थे। लेकिन 23 मार्च, 1946 को उन्होंने बिड़ला को लिखा कि कुछ कठिनाई के बावजूद वे हरिजन बस्ती में ठहरेंगे और इसके लिए प्रबंध करवा दिए जाएं।[2] 27 मार्च को गांधी ने अपने सचिव प्यारेलाल से बिड़ला को एक और पत्र लिखवाया। प्यारेलाल ने गांधी की इच्छा बताते हुए लिखा कि टेलीफोन और बिजली की व्यवस्था आसानी से हो सके तो की जाए। पीने और नहाने के लिए शुद्ध जल और एक टब का भी इंतजाम करने को कहा। गांधी ने दिल्ली में अपने प्रमुख सहयोगी बृजकृष्ण चांदीवाला को भी विस्तार से लिखकर दिल्ली के वाल्मीकि मंदिर में ठहरने के प्रबंध पर चर्चा की।[3]

वाल्मीकि मंदिर घनश्यामदास बिड़ला ने बनवाया था। मंदिर प्रांगण में एक तरफ हॉल और दूसरी तरफ एक बड़ा चबूतरा बना हुआ था। हॉल के पीछे तीन कमरे बने हुए थे। रसोई, स्नानगार और शौचालय की भी व्यवस्था थी।[4] कमरों के पीछे मैदान था, जहां संघ की शाखा लगती थी। गांधी के सचिव प्यारेलाल के अनुसार, स्वयंसेवक प्रतिदिन वहां व्यायाम, परेड और लाठी प्रशिक्षण के बाद भारत माता के भगवा ध्वज को प्रणाम करते थे।[5] घनश्यामदास के बड़े भाई जुगलकिशोर बिड़ला ने वह स्थान संघ को दिया था।[6] मंदिर में दर्शन के लिए कॉलोनी के ही कुछ हरिजन आते थे। वहां न

कोई पुजारी था और न ही कीर्तन आदि होते थे। खाली पड़े कमरे भी संघ कार्य के लिए उपलब्ध करवा दिए गए। शाखा में आने वाले कुछ स्वयंसेवक नियमित वहीं रहने लगे। वे सभी सरकारी कर्मचारी थे। वह स्थान दिल्ली में संघ कार्य का महत्वपूर्ण केंद्र बन गया। प्रांत प्रचारक वसंतराव ओक और अन्य संघ पदाधिकारियों का वहां नियमित आना-जाना था। कई बार प्रांतीय बैठकें भी वहीं होती थीं, जबकि संघ कार्यालय श्रद्धानंद बाजार में था।[7]

एक दिन गांधी के निकट सहयोगी बृजकृष्ण चांदीवाला, प्यारेलाल, सुशीला नैय्यर और कुछ अन्य लोग वहां पहुंचे तथा वहां उपस्थित संघ कार्यकर्ताओं को गांधी के आने की जानकारी दी। वहां रहने वालों में पहाड़गंज विभाग के प्रमुख कार्यकर्ता वासुदेव उप्पल भी थे, जो वाल्मीकि मंदिर मार्ग शाखा के मुख्य शिक्षक रहे थे; उस समय से लेकर नई जिम्मेदारी मिलने के बाद तक उन्होंने मंदिर प्रांगण में ही अपना निवास रखा। गांधी के आने की सूचना मिलने पर सभी संघ कार्यकर्ताओं ने सहर्ष सहमति दे दी और खुद कमरों के पीछे टेंट लगाकर रहने लगे।[8]

उस दौरान गांधी काफी समय से पुणे के पास उरूली गांव में रुके हुए थे। वे 1 अप्रेल को दिल्ली पहुंचे और उसी दिन से अपने सहयोगियों के साथ वाल्मीकि मंदिर में रहने लगे। सबसे बड़े कमरे में सभी के बिस्तर लगा दिए गए। वहीं शाम को गांधी की प्रार्थना सभा होने लगी। पहले दिन की सभा में स्टेफोर्ड क्रिप्स* भी मौजूद थे और मंच के ऊपर कुर्सी पर बैठे थे। गांधी ने कहा, 'मुझे ऐसा कोई भ्रम नहीं है कि मैं यहां रहकर हरिजनों के साथ उन्हीं के जैसा जीवन जी रहा हूं। बिड़ला ने मुझे और मेरे साथियों को जो सुख-सुविधाएं यहां उपलब्ध करवा दी हैं, उनके बारे में सोचने से मुझे अटपटा-सा लगता है। मैं प्रभु से वह दिन दिखाने की प्रार्थना करता हूं, जब सफाई और आरोग्य की दृष्टि से हरिजन बस्तियों की व्यवस्था ऐसी हो जाएगी कि मुझ जैसा आदमी भी वहां जाकर खुशी-खुशी रह सके।'[9]

गांधी कई महीनों तक वहां रहे। संघ के स्वयंसेवकों ने गांधी और उनके साथियों की सुविधा का पूरी तरह ध्यान रखा। मंदिर परिसर के पीछे मैदान में लगने वाली प्रातः शाखा में 60-70 स्वयंसेवक आते थे। उन्हें लगा कि शाखा के कार्यक्रमों से गांधी के कामों में व्यवधान पड़ता होगा, इसलिए शाखा का स्थान बदलना चाहिए। इसके बाद चबूतरे के दाएं बनी दीवार के बाहर की जगह को चुना गया। वहां काफी गंदगी थी और कंकड़-पत्थर भी बहुत थे। स्वयंसेवकों ने पूरी रात लगकर उस जगह को साफ और समतल किया। अगले दिन से शाखा वहीं लगने लगी। देर रात तक चलने वाली

*स्टेफोर्ड क्रिप्स ब्रिटिश लेबर राजनेता थे। उन्होंने 1931 में उपचुनाव जीतकर राजनीति में प्रवेश किया और कई बड़े पदों पर रहे।

बातचीत को लेकर भी ध्यान रखा गया। जब स्वयंसेवकों को पता चला कि गांधी से मिलने आए अब्दुल गफ्फार खां को चबूतरे पर सोने के दौरान शोर के कारण कठिनाई हुई तो उन्होंने रात को आवाज करना बंद कर दिया।[10]

उस दौरान गांधी की प्रार्थना सभाओं के बाधा रहित संचालन में भी संघ ने भूमिका निभाई। कुछ लोग गांधी के कामों में व्यवधान डालते रहते थे। यहां तक कि एक बार किसी ने सफाई कर्मचारी यूनियन के अध्यक्ष के नाम से गांधी को पत्र भेज दिया कि हरिजन बस्ती के लोग उन्हें अपने बीच नहीं रखना चाहते हैं। गांधी ने तय किया था कि अगर प्रार्थना सभा में कुरान की आयतें पढ़ने पर एक भी व्यक्ति ने आपत्ति की तो वे सभा समाप्त कर देंगे। कई दिनों तक लगातार यही होता रहा; प्रार्थना सभा में कुछ लोग व्यवधान डालने लगे। गांधी को इससे काफी निराशा होने लगी। इसका पता चलने पर संघ के एक नेता ने गांधी से मिलकर उन्हें आश्वस्त किया। उस शाम को प्रार्थना सभा में कुछ लोग फिर विरोध में खड़े हुए, लेकिन उन्हें शांति से समझा दिया गया कि असहमत होने के बावजूद असहमति जताने के अन्य बेहतर तरीके हो सकते हैं। विरोध के छिटपुट स्वरों के बाद प्रार्थना सभा सुचारू रूप से चलने लगी।[11]

गांधी-गोलवलकर मुलाकात

12 सितंबर, 1947 को गांधी और गुरुजी की मुलाकात हुई। दिनशॉ मेहता भी वहां उपस्थित थे। गांधी ने कहा कि उन्हें यह सूचना मिली है कि संघ के हाथ खून से सने हुए हैं। गोलवलकर ने उन्हें बताया कि यह सत्य नहीं है। संघ किसी का शत्रु नहीं है। वह मुसलमानों की हत्या किए जाने का समर्थन नहीं करता है। वह तो केवल अपनी सामर्थ्य भर हिंदू धर्म की रक्षा करना चाहता है। वह शांति का पक्षधर है। उन्होंने गांधी से कहा कि वे इस दृष्टिकोण को सार्वजनिक करें। गांधी ने उस दिन अपनी सांध्यकालीन प्रार्थना सभा में इस चर्चा का उल्लेख किया।[12] बाद में इसे 'हरिजन' में भी प्रकाशित किया गया।[13]

इस मुलाकात के बाद एक सुबह गांधी सैर करते हुए शाखा स्थान के पास पहुंचे और एक तरफ खड़े होकर देखने लगे। उस समय कुछ स्वयंसेवक अलग बैठे हुए थे और व्यायाम आदि नहीं कर रहे थे। वासुदेव उप्पल ने गांधी को देखा तो जाकर प्रणाम किया। गांधी ने उनसे पूछा कि स्वयंसेवक बैठे हुए क्यों हैं? उप्पल ने बताया कि वे अस्वस्थ या चोटिल होने के कारण आराम कर रहे हैं। गांधी ने जिज्ञासावश कुछ और प्रश्न पूछे। मुसलमानों को शामिल करने का सुझाव भी दिया। उप्पल ने कहा कि वे यह सुझाव नेताओं तक पहुंचाएंगे। गांधी ने अंत में स्वयंसेवकों को संबोधित करने की इच्छा प्रकट की। उप्पल ने यह संदेश भी ऊपर तक पहुंचाने की बात कही। इसके बाद गांधी

वहां से चले गए। उप्पल ने इस बातचीत की जानकारी उसी दिन वसंतराव ओक को दी। ओक इससे प्रसन्न हुए और अन्य शाखाओं के भी स्वयंसेवकों को बुलाकर गांधी के विचारों से लाभान्वित करवाने का सुझाव दिया। स्वयंसेवकों को यह सूचना भेज दी गई। उन्हें निर्देश दिया गया कि गांधी से कोई प्रश्न नहीं पूछें।[14]

संघ की शाखा में गांधी

16 सितंबर, 1947 को गांधी संघ के कार्यक्रम में पहुंचे।[15] वहां दिल्ली प्रांत के प्रमुख संघ कार्यकर्ताओं सहित 600 से अधिक स्वयंसेवक गणवेश में उपस्थित थे। ध्वज स्थान के पास गांधी के लिए मंच बनाया गया था। सामने स्वयंसेवक पंक्ति बनाकर खड़े थे। गांधी के साथ चांदीवाला, प्यारेलाल और कृष्णन नायर भी थे। ध्वजारोहण के बाद संघ की प्रार्थना हुई। गांधी भी स्वयंसेवकों के साथ दक्ष में खड़े हुए। इसके बाद उनसे मंच पर विराजमान होने का अनुरोध किया गया; उनके सभी साथी भी मंच पर बैठे। संघ का एक भी कार्यकर्ता मंच पर नहीं था। प्रांत प्रचारक ओक भी स्वयंसेवकों के साथ पंक्ति में थे।[16] गांधी ने कहा:

> 'कई वर्ष पहले मैं वर्धा में राष्ट्रीय स्वयंसेवक संघ के एक शिविर में गया था। उस समय इसके संस्थापक डॉ. हेडगेवार जीवित थे। स्वर्गीय जमनालाल बजाज मुझे शिविर में ले गए थे*। वहां मैं संघ के लोगों का कड़ा अनुशासन, सादगी और छुआछूत की पूर्ण समाप्ति देखकर अत्यंत प्रभावित हुआ था। तब से संघ काफी बढ़ गया है। मैं तो हमेशा से यह मानता आया हूं कि जो भी संस्था सेवा और आत्मत्याग के आदर्श से प्रेरित है, उसकी ताकत बढ़ती ही है। सच्चे रूप में उपयोगी होने के लिए त्याग भाव के साथ ध्येय की पवित्रता और सच्चे ज्ञान का संयोजन आवश्यक है। ऐसा त्याग, जिसमें इन दो चीजों का अभाव हो, समाज के लिए अनर्थकारी सिद्ध हुआ है।
>
> शुरू में जो प्रार्थना गाई गई, उसमें भारत माता, हिंदू संस्कृति और हिंदू धर्म की प्रशस्ति है। मैं यह दावा करता हूं कि मैं सनातनी हिंदू हूं। मैं

---

*संघ के दस्तावेज में 25 दिसंबर, 1934 को वर्धा के संघ शिविर में गांधी के आने और अगले दिन डॉ. हेडगेवार तथा अन्य कार्यकर्ताओं से अपने आश्रम में विस्तृत चर्चा करने के विवरण मिलते हैं। लेकिन जमनालाल बजाज की डायरी से पता चलता है कि दिसंबर, 1934 के आखिरी सप्ताह वे बंबई में थे; उस दौरान उनकी गांधी से कोई मुलाकात होने का जिक्र नहीं मिलता। आश्चर्यजनक रूप से गांधी वांगमय में भी 21 से 28 दिसंबर के बीच की गतिविधियों का उल्लेख नहीं है। 16 दिसंबर को गांधी के वर्धा में होने और 29 दिसंबर को सुबह दिल्ली पहुंचने का उल्लेख है। (संपूर्ण गांधी वांगमय, खंड 60, सूचना और प्रसारण विभाग, भारत सरकार, 1975, पृष्ठ 516)

'सनातन' का मूल अर्थ लेता हूं। हिंदू शब्द का सही-सही मूल क्या है, यह कोई नहीं जानता। यह नाम हमें दूसरों ने दिया और हमने उसे अपने स्वभाव के अनुसार अपना लिया। हिंदू धर्म ने दुनिया के सभी धर्मों की अच्छी बातें अपना ली हैं और इसलिए इस अर्थ में यह कोई वर्जनशील धर्म नहीं है। अतः इसका इस्लाम धर्म या उसके अनुयायियों के साथ ऐसा कोई झगड़ा नहीं हो सकता, जैसा कि आज दुर्भाग्यवश हो रहा है। जबसे हिंदू धर्म में अस्पृश्यता का जहर फैला, तब से इसका पतन आरंभ हुआ। एक चीज निश्चित है और मैं यह बात जोर देकर कहता आया हूं कि यदि अस्पृश्यता बनी रही तो हिंदू धर्म मिट जाएगा। उसी तरह, अगर हिंदू यह समझें कि हिंदुस्तान में हिंदुओं के सिवाय अन्य किसी के लिए कोई जगह नहीं है और यदि गैर हिंदू, खासकर मुसलमान यहां रहना चाहते हैं तो उन्हें हिंदुओं का गुलाम बनकर रहना होगा, तो वे हिंदू धर्म का नाश करेंगे। और इसी तरह यदि पाकिस्तान यह माने कि वहां सिर्फ मुसलमानों के ही लिए जगह है और गैर मुसलमानों को वहां गुलाम बनकर रहना होगा तो इससे हिंदुस्तान में इस्लाम का नामोनिशान मिट जाएगा। यह एक दुर्भाग्यपूर्ण सच्चाई है कि भारत के दो टुकड़े हो चुके हैं। अगर एक हिस्सा पागल बनकर शर्मनाक कार्य करे तो क्या दूसरा भी वैसा ही करे? बुराई का जवाब बुराई से देने में कोई लाभ नहीं है। धर्म ने हमें बुराई के बदले भलाई करना ही सिखाया है।

कुछ दिन पहले ही आपके गुरुजी से मेरी मुलाकात हुई थी। मैंने उन्हें बताया था कि कलकत्ता और दिल्ली में संघ के बारे में क्या-क्या शिकायतें मेरे पास आई थीं। गुरुजी ने मुझे आश्वासन दिया कि यद्यपि संघ के प्रत्येक सदस्य के उचित आचरण की जिम्मेदारी नहीं ले सकते, फिर भी संघ की नीति हिंदुओं और हिंदू धर्म की सेवा करना मात्र है; वह भी किसी दूसरे को नुकसान पहुंचाकर नहीं। संघ आक्रमण में विश्वास नहीं रखता। अहिंसा में उसका विश्वास नहीं है। वह आत्मरक्षा का कौशल सिखाता है। प्रतिशोध लेना उसने कभी नहीं सिखाया।

आज हिंदुस्तान की नाव बड़े तूफान से गुजर रही है, जो नेता हुकूमत की बागडोर लेकर बैठे हैं, वे भारत के सर्वश्रेष्ठ नेता हैं। कुछ लोग उनसे असंतुष्ट हैं। मैं उनसे कहूंगा कि वे यदि इनसे अच्छे व्यक्ति ला सकते हैं तो लाएं। मैं आज के नेताओं से सिफारिश करूंगा कि वे हुकूमत की

बागडोर उन्हें सौंप दें। आखिर सरदार तो बूढ़े हो गए हैं। जवाहरलाल उम्र के लिहाज से तो बूढ़े नहीं हैं, लेकिन काम के बोझ से बूढ़े-से दिखने लगे हैं। वे यथाशक्ति जनता की सेवा कर रहे हैं। लेकिन वे काम तो अपनी समझ के मुताबिक ही कर सकते हैं। अगर अधिकांश हिंदू किसी खास दिशा में जाना चाहें, भले ही वह दिशा गलत क्यों न हो, तो उन्हें वैसा करने से कोई रोक नहीं सकता। लेकिन किसी आदमी को उनके खिलाफ अपनी आवाज उठाने और उन्हें चेतावनी देने का अधिकार है। वही मैं आज कर रहा हूं।

मुझसे कहा जाता है कि आप मुसलमानों के दोस्त हैं और हिंदुओं तथा सिखों के दुश्मन। यह सत्य है कि मैं मुसलमानों का दोस्त हूं, जैसा कि मैं पारसियों और अन्य लोगों का हूं। ऐसा तो मैं बारह वर्ष की उम्र से ही हूं। लेकिन जो मुझे हिंदुओं और सिखों का दुश्मन कहते हैं, वे मुझे पहचानते नहीं। मैं किसी का भी दुश्मन नहीं हो सकता, हिंदुओं और सिखों का तो बिलकुल ही नहीं।

अगर पाकिस्तान बुराई ही करता रहा तो आखिर हिंदुस्तान और पाकिस्तान में लड़ाई होनी ही है। अगर मेरी चले तो न तो मैं फौज रखूं और न पुलिस। मगर ये सब हवाई बातें हैं। मैं शासन नहीं चलाता। पाकिस्तान वाले हिंदुओं और सिखों को क्यों नहीं मनाते कि यहीं रहो, अपना घर न छोड़ो? वे उन्हें हर तरह की सुरक्षा क्यों नहीं देते? इसी तरह, क्यों न आज भारतीय संघ एक-एक मुसलमान की सुरक्षा सुनिश्चित करे? दोनों आज पागल जैसे हो गए हैं। इसका परिणाम तो बर्बादी और तबाही ही होगी।

संघ एक सुसंगठित, अनुशासित संस्था है। उसकी शक्ति भारत के हित में या उसके खिलाफ प्रयोग की जा सकती है। संघ के खिलाफ जो आरोप लगाए जाते हैं, उनमें कोई सच्चाई है या नहीं, यह मैं नहीं जानता। यह संघ का काम है कि वह अपने सुसंगत कामों से इन आरोपों को झूठा साबित कर दे।"[17]

पापी कौन

भाषण के बाद गांधी ने स्वयंसेवकों से सवाल पूछने को कहा। एक स्वयंसेवक ने पूछा कि हिंदू धर्म में पापी को मारने की अनुमति है या नहीं? यदि नहीं तो फिर गीता

के दूसरे अध्याय में भगवान कृष्ण कौरवों का नाश करने के लिए जो उपदेश देते हैं, उसकी व्याख्या आप किस तरह करेंगे? गांधी ने कहा:

> 'अनुमति है भी और नहीं भी है। किसी को मारने का प्रश्न उठे, उससे पहले हमें अचूक तौर पर यह फैसला करना होगा कि पापी है कौन। दूसरे शब्दों में, हमें पहले अपने को बिल्कुल दोषरहित बनाना होगा। तभी हमें यह फैसला करने का अधिकार प्राप्त होगा। जो खुद पापी है, वह दूसरे पापी को सजा देने या उसके बारे में निर्णय करने का अधिकारी कैसे बन सकता है? जहां तक दूसरे प्रश्न का संबंध है, पापी को सजा देने के अधिकार की जो बात गीता में कही गई है, उसका प्रयोग तो केवल सही तरीके से गठित सरकार ही कर सकती है। अगर आप खुद ही फैसला करें और खुद ही सजा देने लगें तो सरदार और नेहरू दोनों विवश हो जाएंगे। दोनों देश के माने हुए सेवक हैं। उन्हें अपनी सेवा करने का अवसर दीजिए। कानून को अपने हाथ में लेकर आप उनके प्रयत्नों में बाधा मत डालिए।'[18]

संदर्भ सूची

1. संपूर्ण गांधी वांगमय, खंड 83, सूचना और प्रसारण मंत्रालय, भारत सरकार, 1993, पृष्ठ 339
2. वही, पृष्ठ 339
3. वही, पृष्ठ 372
4. वासुदेव उप्पल: विभाजनकालीन भारत के साक्षी, खंड 4, संपादक-कृष्णानंद सागर, जागृति प्रकाशन, नोएडा, 2022, पृष्ठ 81
5. प्यारेलाल: द लास्ट फेज, खंड 1, नवजीवन पब्लिशिंग हाउस, अहमदाबाद, 1956, पृष्ठ 171-172
6. विनोद कुमार बजाज: विभाजनकालीन भारत के साक्षी, खंड 4, संपादक-कृष्णानंद सागर, जागृति प्रकाशन, नोएडा, 2022, पृष्ठ 121
7. वासुदेव उप्पल: विभाजनकालीन भारत के साक्षी, खंड 4, संपादक-कृष्णानंद सागर, जागृति प्रकाशन, नोएडा, 2022, पृष्ठ 81-82
8. वही, पृष्ठ 87-88
9. संपूर्ण गांधी वांगमय, खंड 83, सूचना और प्रसारण मंत्रालय, भारत सरकार, 1993, पृष्ठ 398-399
10. वासुदेव उप्पल: विभाजनकालीन भारत के साक्षी, खंड 4, संपादक-कृष्णानंद सागर, जागृति प्रकाशन, नोएडा, 2022, पृष्ठ 88-89
11. प्यारेलाल: द लास्ट फेज, खंड 2, नवजीवन पब्लिशिंग हाउस, अहमदाबाद, 1958, पृष्ठ 95-96
12. संपूर्ण गांधी वांगमय, खंड 81, प्रकाशन विभाग, सूचना और प्रसारण मंत्रालय, भारत सरकार, पृष्ठ 199
13. हरिजन, 21 सितंबर, 1947
14. वासुदेव उप्पल: विभाजनकालीन भारत के साक्षी, खंड 4, संपादक-कृष्णानंद सागर, जागृति प्रकाशन, नोएडा, 2022, पृष्ठ 89-90
15. संपूर्ण गांधी वांगमय, खंड 89, सूचना और प्रसारण मंत्रालय, भारत सरकार, 1998, पृष्ठ 215
16. वासुदेव उप्पल: विभाजनकालीन भारत के साक्षी, खंड 4, संपादक-कृष्णानंद सागर, जागृति प्रकाशन, नोएडा, 2022, पृष्ठ 90
17. संपूर्ण गांधी वांगमय, खंड 89, सूचना और प्रसारण मंत्रालय, भारत सरकार, 1998, पृष्ठ 215-217
18. वही, पृष्ठ 217

भाग : छह

संघ का सर्वस्व समर्पण

भारत, पाकिस्तान और बांग्लादेश के पुनर्मिलन की संभावना तभी हो सकती है, जब हमारे लोग अपने मन में उस लक्ष्य की ज्योति को जलाए रखें; जब वे तक्षशिला, ननकाना साहिब, सिंधु, चटगांव और ढाकेश्वरी की पुकार को अनसुना नहीं करें; जब वे सदैव इस तथ्य को स्मरण रखें कि पाकिस्तान के लोगों में भी उन्हीं का रक्त बह रहा है और विभाजन अंततः अप्राकृतिक, अस्थाई तथा हानिकारक है। तभी अखंड भारत का स्वप्न साकार हो सकता है।

– हो.वे. शेषाद्रि

माउंटबेटन-नेहरू षड्यंत्र

21 जून, 1948 को लुइस अर्ल माउंटबेटन और एडविना एश्ले को विदा करते भारत के प्रधानमंत्री जवाहरलाल नेहरू के चेहरे पर छाई गहरी उदासी और भावुक हो रहे गवर्नर जनरल सी. राजगोपालाचारी को देखकर समझना मुश्किल था कि वे 190 वर्षों के भारतीय कटु अनुभवों का प्रतिनिधित्व कर रहे हों। यह भी आश्चर्यजनक था कि 22 मार्च, 1947 को माउंटबेटन नई दिल्ली के पालम हवाई अड्डे पर पहुंचे तो नेहरू और लियाकत अली खान ने हंसते हुए उनका स्वागत किया था। वह चैत्र कृष्ण अमावस्या का दिन था और अगले 15 महीनों में माउंटबेटन को भारत के सत्ता हस्तांतरण की कार्यवाही करनी थी। अगले दिन वर्ष प्रतिपदा भारत के ग्रहण भरे सुखद भविष्य का इंतजार कर रही थी। 145 दिनों की दुखांतिका ने माउंटबेटन को गवर्नर जनरल बनाए रखा और नेहरू-लियाकत को भारत-पाकिस्तान का प्रधानमंत्री बनवा दिया।

एक रहस्यमय सफर शुरू हुआ... जिसकी इबारत एक साल पहले शायद मलाया में लिखी गई, जहां नेहरू की मुलाकात पहली बार माउंटबेटन दंपती से हुई थी। इसके बाद नेहरू उनके साथ सिंगापुर गए थे। उस यात्रा के दौरान एडविना भीड़ के बीच गिर गईं और घिसटती रहीं, जब तक नेहरू ने उन्हें बचा नहीं लिया था।[1]

इसके बाद माउंटबेटन को ब्रिटिश राज की ओर से वायसराय बनने का अधिकृत प्रस्ताव दिया गया। 20 दिसंबर, 1946 को माउंटबेटन ने ब्रिटेन के प्रधानमंत्री क्लेमेंट एटली को पत्र लिखकर वायसराय पद के प्रस्ताव के लिए धन्यवाद देते हुए लिखा, 'मैं आपके काम तभी आ सकूंगा, जब मुझे भारतीय नेताओं द्वारा खुला आमंत्रण दिया जाए, भले ही वे किसी भी क्षमता में मुझे बुलाएं।'[2] हालात कुछ ऐसे ही बनते चले गए। ठीक तीन महीने बाद माउंटबेटन दंपती दिल्ली पहुंचे, जहां उन्हें एक वृद्ध होते अधीर विधुर का खुशनुमा आतिथ्य मिला; जिन्हें देश के सबसे सम्मानित नेता ने भारतीय

राजनीति में उत्तराधिकारी घोषित किया हुआ था। यह ऐसी रहस्य भरी दास्तान है, जिस पर भरोसा सबको है और उतना ही तथ्यों के सामने आने का इंतजार है। माउंटबेटन की पुत्री पामेला लिखती है, 'हमारे पंद्रह महीनों के भारत प्रवास के अंतिम दिनों में मेरी मां और नेहरू के बीच हुआ आकर्षण प्यार में बदल गया।'[3]

यह एक थके हुए नेतृत्वकर्ता की भी कहानी है। नेहरू ने आगे चलकर ब्रिटिश पत्रकार लियोनार्ड मोस्ले से साक्षात्कार के दौरान स्वीकार किया, 'हम लोग थक चुके थे... फिर से जेल जाने को तैयार नहीं थे।'[4] दूसरी ओर निराश महात्मा गांधी की छटपटाहट थी, जो रवींद्रनाथ टैगौर के शब्दों में 'हजारों पीड़ितों की झोंपड़ियों में घूमे दरिद्रनारायण की लंगोटी पहनकर। उन्होंने उनसे बातें की उन्हीं की जुबान में। सत्य मानो सजीव बनकर उनके पास आया। इसलिए भारत की जनता का दिया 'महात्मा' ही उनका सच्चा नाम है। हिंद की जनता से किसी और ने उनसे बढ़कर प्यार नहीं किया। प्रेम भारत के द्वार पर आया और उसका सुंदर स्वागत हुआ। गांधीजी के नाद से भारत फिर एक बार नवपल्लवित हुआ। जैसे भगवान बुद्ध के धम्म और जीवन उपदेश से हुआ।'[5] वही गांधी 1947 में आत्मसमर्पण की मुद्रा में थे। विभाजन के पूर्व हुई अखिल भारतीय कांग्रेस समिति की बैठक में उन्होंने कहा:

> 'अगर मेरे पास समय होता तो क्या मैं विभाजन का विरोध नहीं करता? लेकिन मैं वर्तमान कांग्रेस नेतृत्व को चुनौती देकर इसके प्रति लोगों का विश्वास नहीं तोड़ सकता, जब तक मैं उनसे यह कहने की स्थिति में न रहूं कि लीजिए, यह रहा वैकल्पिक नेतृत्व। मेरे पास ऐसा विकल्प खड़ा करने का समय नहीं है। इन हालात में वर्तमान नेतृत्व को कमजोर करना गलत होगा। इसलिए मुझे यह जहर पीना ही पड़ेगा।'[6]

इस दौरान इन 145 दिनों के कांटों भरे रास्ते और भूलभुलैया भरे गलियारे भारत को अंधेरी गली में लेते चले गए, जिसका अंत काफी बुरा था। इस दौरान भारत को सचमुच ऐसे समुद्र मंथन से गुजरना पड़ा, जिसमें अमृत का कलश तो मिला, लेकिन विष पीने के लिए भारत माता मजबूर थीं। वह अग्निपरीक्षा का दौर था... भारत और उसकी संतानों के लिए, जिसमें राष्ट्रीय स्वयंसेवक संघ को भी आग के बीच से गुजरना था।

चुनावी हार से बौखलाहट

राष्ट्रीयता की जगह सांप्रदायिकता और कट्टरता की नींव के पीछे राजनीतिक समीकरण निर्णायक बने। हालांकि, 1937 के प्रांतीय चुनावों में मुस्लिम लीग मुस्लिम

बाहुल्य निर्वाचन क्षेत्रों में भी बुरी तरह पिट गई; उसे 485 में से केवल 108 सीटों पर जीत मिली। सीमा प्रांत में तो उसका सफाया ही हो गया। वहां पर मुस्लिम लीग को एक भी सीट नहीं मिली। पंजाब में भी लीग का एक ही उम्मीदवार जीता। 70 प्रतिशत मुस्लिम आबादी वाले सिंध में निर्वाचित 60 सदस्यों में से 3 लीग के थे। बंगाल में मुसलमानों की कुल 117 में से 37 सीटें लीग को मिलीं।[7] इन चुनाव परिणामों ने दो प्रतिद्वंद्वी शक्तियों कांग्रेस और मुस्लिम लीग को आमने-सामने कर दिया; यह टकराव ही आगे चलकर विभाजन का कारण बना। लीग ने जहां अलगाववादी, राष्ट्र विरोधी और आक्रामक रुख अपनाया; वहीं दूसरी ओर, कांग्रेस इस मृगतृष्णा में फंस गई कि लीग की धमकी को शांत करने के लिए उसे तुष्ट किया जाए और उसकी मांगों को अधिकाधिक पूरा किया जाए।'[8]

जिन्ना की सांप्रदायिक अपील

द्वितीय विश्वयुद्ध की शुरुआत होने पर 3 सितंबर, 1939 को वायसराय लिनलिथगो ने घोषणा कर दी कि जर्मनी से युद्ध में भारत शामिल है। कांग्रेस ने इसका विरोध किया और बिना कोई विचार-विमर्श किए भारत को युद्ध में धकेलने पर आपत्ति प्रकट की। वायसराय की ओर से अनुकूल जवाब नहीं मिलने के बाद कांग्रेस की प्रांतीय सरकारों ने अक्टूबर में इस्तीफा देना शुरू कर दिया। मुस्लिम लीग ने इसे अपनी जीत के रूप में देखा। 6 दिसंबर को मोहम्मद अली जिन्ना ने एक वक्तव्य जारी करके देश भर के मुसलमानों से आह्वान किया कि वे 22 दिसंबर, शुक्रवार को कांग्रेस सरकारों के निष्क्रिय हो जाने का उत्सव मनाएं।[9] इसके बाद महात्मा गांधी ने 9 दिसंबर को वक्तव्य जारी करके जिन्ना से कहा कि वे मुसलमानों को कांग्रेस के खिलाफ उकसाने का काम नहीं करें।[10] उन्होंने 13 दिसंबर को मुस्लिम लीग द्वारा कांग्रेस मंत्रालयों पर लगाए गए आरोपों की जांच के लिए एक शाही आयोग गठित करने की मांग की। इन आरोपों में वंदे मातरम गाने की अनिवार्यता, कांग्रेस का ध्वज और उर्दू की जगह हिंदी को स्थापित किए जाने जैसे विषय शामिल थे। इन्हें मुसलमानों पर किए जा रहे अत्याचार के रूप में प्रस्तुत किया गया। जिन्ना का कहना था कि 22 दिसंबर को मनाए जाने वाले 'यौमे निजात' (मुक्ति दिवस) से मुसलमानों की राहत की स्वाभाविक अभिव्यक्ति होगी।[11]

बंगाल की सांप्रदायिकता में परोक्ष भूमिका

बंगाल में सांप्रदायिकता फैलाने में कांग्रेस की परोक्ष भूमिका कम जिम्मेदार नहीं थी। शरतचंद बोस के नेतृत्व में बंगाल विधानसभा में कांग्रेस सबसे बड़ी पार्टी बनकर उभरी। कृषक प्रजा पार्टी के नेता ए.के.फजलुल हक ने सदन में गठबंधन और सरकार

बनाने के लिए कांग्रेस से संपर्क किया; लेकिन कांग्रेस चुनावों के दौरान ही अनेक अनुसूचित जातियों के सदस्यों के साथ संप्रभु निर्वाचक मंडल का गठन कर चुकी थी। इसलिए स्वीकार्यता के बावजूद कांग्रेस की गठबंधन की सरकार नहीं बनाने के फैसले के कारण फजलुल हक ने मुस्लिम लीग के साथ गठबंधन कर लिया। एक साल बाद सुभाषचंद्र बोस की कांग्रेस अध्यक्षता के दौरान एक बार फिर प्रयास किया गया कि मुस्लिम लीग मंत्रिमंडल को हटाकर कांग्रेस-कृषक प्रजा पार्टी गठबंधन की सरकार बनाई जा सके। लेकिन मौलाना आजाद, नलिनी रंजन सरकार और घनश्यामदास विट्ठल के प्रभाव में आकर गांधी ने इस प्रयास को सहयोग नहीं दिया। इस तरह, 1937 और 1941 के बीच बंगाल की धरती पर सांप्रदायिकता की जड़ें अत्यधिक गहरी होती गईं।[12]

मुस्लिम राष्ट्र की मांग

भारत के भविष्य को रक्तरंजित और तहस-नहस करने की शैतानी सोच मार्च, 1940 में मुस्लिम लीग के लाहौर अधिवेशन से शुरू हुई। पश्चिम में पंजाब, सिंध, कश्मीर, बलूचिस्तान और सीमा प्रांत तथा पूर्व में बंगाल और असम को शेष भारत से अलग करके दो अलग-अलग स्वतंत्र मुस्लिम राष्ट्र बनाने की मांग उठाई गई। अधिकतर मुसलमान इस मांग के समर्थन में मुस्लिम लीग के झंडे तले एकजुट होने लगे। पाकिस्तान संबंधी प्रस्ताव पारित होने के बाद ब्रिटिश राज द्वारा भारत के मुसलमानों के लिए कई योजनाएं बनाई गईं। इसी क्रम में ब्रिटिश मंत्रिमंडल द्वारा स्टैफर्ड क्रिप्स के माध्यम से प्रस्ताव भेजा गया, जिसे क्रिप्स मिशन कहा गया। क्रिप्स मिशन का उद्देश्य बताया गया:

> 'स्पष्ट शब्दों में उन उपायों की चर्चा करना, जो ब्रिटिश सरकार भारत को शीघ्रातिशीघ्र स्वराज्य प्रदान करने के लिए करना चाहती है। इसका उद्देश्य एक नए भारतीय संयुक्त राज्य की स्थापना करना है, जो एक उपनिवेश के रूप में रहेगा और सम्राट के प्रति राजभक्ति के नियमों से उसी तरह बंधा रहेगा, जिस तरह ब्रिटेन तथा अन्य उपनिवेश बंधे हैं। वह प्रत्येक विषय में अन्य उपनिवेशों से निम्न श्रेणी का नहीं समझा जाएगा।'[13]

मुस्लिम लीग ने क्रिप्स प्रस्ताव को यह कहकर ठुकरा दिया कि इसमें विभाजन के संबंध में कोई स्पष्ट घोषणा नहीं हैं।[14]

राष्ट्रीय नेताओं का एक बड़ा वर्ग इस तरह के समझौतों के विरुद्ध मुखर था। यह महसूस किया जा रहा था कि मुस्लिम लीग की मांगों के आगे लचीला रवैया अपनाने से घातक स्थिति उत्पन्न होगी और कदम-कदम पर समझौते करने पड़ेंगे। सुभाषचंद्र बोस का कहना था:

> 'यह स्पष्ट है कि लीग के साथ समझौता करने के बाद गांधी और अन्य कांग्रेसी नेता अंग्रेजों के साथ समझौता करना चाहते हैं। अगर इसे रोकना है तो हमें तुरंत कदम उठाने होंगे। हिंदुस्तानी आज एक आजाद और अखंड हिंदुस्तान के लिए लड़ रहे हैं। अंग्रेजों के साथ समझौते का विचार भी हमें घृणित लगता है। इसका अर्थ गुलामी का बरकरार रहना होगा। किसी देश का बंटवारा करना उसे आर्थिक, सांस्कृतिक और राजनीतिक रूप से बर्बाद कर देना है। अपनी मातृभूमि के बंटवारे और पाकिस्तान की योजना का मैं पूरी ताकत से विरोध करता हूं। लीग अंग्रेजों से उस तरह कभी नहीं लड़ेगी, जिस तरह हम लड़ रहे हैं। वह सिर्फ यही चाहती है कि हिंदुस्तान का बंटवारा एक हिंदू राज्य और एक मुसलमान राज्य के रूप में हो जाए। फिर एक गुलाम हिंदुस्तान के स्थान पर चार गुलाम मुसलमान राज्य रहेंगे, जो अंग्रेजों के साथ रहेंगे और उनकी मदद करते रहेंगे। ब्रिटेन के साथ कोई भी समझौता नहीं होना चाहिए। हमारी पवित्र मातृभूमि के टुकड़े नहीं होने चाहिए।'[15]

जिन्ना स्वतंत्र मुस्लिम राष्ट्र से कम में मानने को तैयार नहीं थे। 25 दिसंबर, 1944 को वे बंबई में अपना 68वां जन्मदिन मनाकर गृह नगर कराची के लिए रवाना हो गए। वहां 27 दिसंबर को मुस्लिम चैंबर्स ऑफ कॉमर्स ने उनके स्वागत में समारोह का आयोजन किया। जिन्ना ने मुसलमान व्यापारी समुदाय से 'तैयार और सक्रिय' रहने की अपील की। उन्होंने कहा, 'किसी भी राष्ट्र का सबसे मजबूत स्तंभ उसकी आर्थिक स्थिति ही होती है। पाकिस्तान वाले इलाकों में आपके लिए संभावनाओं का विशाल मैदान पड़ा है, बशर्ते आप उसे ठीक से देखकर उसका पूरा इस्तेमाल कर पाएं।' जनवरी, 1945 के मध्य जिन्ना ने अहमदाबाद में गुजरात मुस्लिम एजुकेशनल कॉन्फ्रेंस को संबोधित किया, जिसमें भाग लेने के लिए पूरे उत्तर-पश्चिम से हजारों युवा मुसलमान आए थे। जिन्ना ने कहा, 'प्लेग की तरह सब लोग मुझसे बचकर चलते थे, लेकिन मैंने अपना हस्तक्षेप जारी रखा और अनिमंत्रित तथा अनचाहा होने के बावजूद हर जगह जाता रहा। आज हालात बदल चुके हैं।'[15]

अगस्त, 1945 में जिन्ना मुस्लिम लीग के लिए चुनावी चंदा जमा करने के उद्देश्य से कराची में थे। उन्होंने अपने भाषण में कांग्रेस पर आरोप लगाया कि वह हर हथकंडा अपनाकर मुसलमानों को एक 'अखिल भारतीय संघ' में फंसा देना चाहती है। जिन्ना ने चेतावनी दी, 'कांग्रेस चाहती है कि ब्रिटिश संगीनें उसका काम कर दें और इसलिए वह एक के बाद एक तरह-तरह के तरीके अपना रही है। कभी वह ब्रिटिश सरकार को रिझाती है तो कभी गालियां देती है, कभी घिघियाती है, कभी धमकियां देती है। लेकिन हम ऐसे किसी बंदोबस्त पर राजी नहीं हो सकते, जिसका मतलब हिंदुओं के लिए आजादी, 'हिंदू राज' की स्थापना और 'मुसलमानों के लिए गुलामी' हो।'[16]

'डायरेक्ट एक्शन' के बाद

मुस्लिम लीग अपनी मांग पर अडिग रही। गांधी के नेतृत्व में कांग्रेस ने जिन्ना के साथ समझौता करने के काफी प्रयास किए, लेकिन बात नहीं बनी। भारत का विभाजन अपरिहार्य होता जा रहा था। द्वितीय विश्वयुद्ध के बाद भारत को सत्ता हस्तांतरण करने के प्रस्ताव के साथ ब्रिटेन से कैबिनेट मिशन भेजा गया। जून, 1946 के अंतिम सप्ताह में जब कांग्रेस कार्यसमिति दिल्ली में कैबिनेट मिशन के प्रस्तावों पर विचार-विमर्श में व्यस्त थी, उस समय शहर के दूसरे हिस्से में मुस्लिम लीग की कार्यसमिति की बैठकें लगातार हो रही थीं और वहां कांग्रेस के निर्णय की प्रतीक्षा की जा रही थी। लीग के नेताओं को विश्वास था कि स्थिति उनके अनुकूल है और लीग को अकेले ही अंतरिम सरकार बनाने के लिए कहा जाएगा। 26 जून को मिशन ने इस आशय का वक्तव्य जारी किया कि मिली-जुली अंतरिम सरकार बनाना संभव नहीं है, इसलिए थोड़े दिन तक काम बंद कर देने के बाद अंतरिम सरकार के गठन के प्रयत्न फिर से शुरू किए जाएंगे और उस बीच संविधान-सभा के चुनाव होते रहेंगे। इसके बाद लीग की कौंसिल बैठक हुई और 29 जुलाई को उसने अपनी पूर्व में दी हुई स्वीकृति वापस ले ली। साथ ही, यह भी निश्चय किया कि पाकिस्तान के निर्माण के लिए 'डायरेक्ट एक्शन' शुरू किया जाए और मुसलमानों को आगामी संग्राम के लिए संगठित किया जाए। 16 अगस्त, 1946 का दिन 'डायरेक्ट एक्शन डे' घोषित कर दिया गया, जो भारत भर में विरोध दिवस के रूप में मनाया जाने वाला था। डायरेक्ट एक्शन का प्रस्ताव पारित होने पर जिन्ना ने तालियों की गड़गड़ाहट के बीच घोषणा की, 'आज से हम कानूनी तौर-तरीकों को अलविदा कहते हैं।'[17]

15 अगस्त, 1946 की शाम जवाहरलाल नेहरू ने जिन्ना के घर जाकर मुलाकात की। इस मुलाकात के बाद नेहरू ने वायसराय लॉर्ड वैवेल को जानकारी दी कि उन्होंने जिन्ना को भरोसा दिया है कि संविधान सभा में किसी प्रमुख सांप्रदायिक विषय पर

तब तक कोई कार्रवाई नहीं की जाएगी, जब तक दोनों पक्षों का बहुमत उस पर राजी नहीं हो। किसी भी विवादास्पद मुद्दे को संघीय अदालत के पास निर्णय के लिए भेजा जाएगा और भले ही प्रांतों के घटक समूहों का विचार कांग्रेस को पसंद नहीं है, लेकिन अगर प्रांतों की इच्छा हुई तो वह घटक समूह बनाने का विरोध नहीं करेगी। नेहरू ने जिन्ना के सामने 14 सदस्यीय मंत्रिपरिषद में मुस्लिम लीग के पांच सदस्य शामिल करने का प्रस्ताव रखा, लेकिन जिन्ना ने नेहरू के प्रस्ताव पर न केवल आपत्ति जताई, बल्कि उसके बाद अंतरिम सरकार में शामिल होने से इनकार भी कर दिया। नेहरू द्वारा वायसराय को दी गई जानकारी के अनुसार, जिन्ना का केवल एक ही प्रस्ताव था कि सारी कार्यवाही छह महीने के लिए टाल दी जानी चाहिए, लेकिन नेहरू और प्रतीक्षा करने के लिए तैयार नहीं थे।[18]

जिन्ना के दाहिने हाथ माने जाने वाले लियाकत अली खां ने एसोसिएटेड प्रेस ऑफ अमेरिका को बताया, 'डायरेक्ट एक्शन का अर्थ है अवैधानिक कार्य पद्धतियों का आश्रय लेना और जिन परिस्थितियों में हम रहते हैं, उनके अनुकूल वे पद्धतियां कोई भी रूप धारण कर सकती हैं।' सीमांत प्रांत के लीगी नेता सरदार अब्दुर्रब निश्तर का बयान चर्चा में आया कि पाकिस्तान खून बहाकर ही लिया जा सकता है और अगर मौका आया तो गैर मुस्लिमों का खून बहाना ही पड़ेगा क्योंकि मुसलमान अहिंसा को नहीं मानते। लीग ने अपने प्रस्ताव के अनुसार एक कार्रवाई समिति नियुक्त की। बंद कमरे में समिति की बैठकें हुईं और कार्रवाई का कार्यक्रम तैयार किया गया। लीगी अखबारों ने इस कार्यक्रम को विस्तारपूर्वक छापा। यह घोषणा की गई कि 10 करोड़ हिंदुस्तानी मुसलमान, जो बदकिस्मती से हिंदुओं और अंग्रेजों के गुलाम हो गए थे, रमजान के महीने में जिहाद शुरू करेंगे। एक पत्रिका में तलवार हाथ में लिए हुए जिन्ना की तस्वीर छपी, जिसके साथ में लिखा हुआ था, 'हम मुसलमानों के पास ताज रहा है और हमने हुकूमत की है। सब तैयार हो जाओ और अपनी तलवारें संभाल लो। ऐ काफिर! तुम्हारी कयामत दूर नहीं है और कत्लेआम आने वाला है।'[19]

कलकत्ता में डायरेक्ट एक्शन के लिए पहले से ही लंबी-चौड़ी तैयारियां की गई थीं। बंगाल के मुख्यमंत्री हुसैन शहीद सुहरावर्दी ने कानून और व्यवस्था विभाग के भी मंत्री होने के नाते महत्वपूर्ण स्थानों से हिंदू पुलिस अफसरों को व्यवस्थित रूप से हटाना शुरू कर दिया था। इस प्रकार 16 अगस्त को कलकत्ता के 24 में से 22 थाने मुसलमान अफसरों के अधीन थे और बाकी दो पर एंग्लो-इंडियन अफसरों का नियंत्रण था। प्रांतीय विधानसभा में विरोधी दल की चेतावनियों और विरोध के बावजूद बंगाल सरकार ने प्रांत में सरकारी छुट्टी घोषित कर दी थी। बड़ी संख्या में लाठियां, भाले, कुल्हाड़े, छुरियां और दूसरे घातक हथियार पहले से ही मुसलमानों को बांट दिए गए

थे। लीग के कार्यकर्ताओं और मुस्लिम गुंडों के लिए वाहनों का प्रबंध कर दिया गया था। निर्धारित तारीख से ठीक पहले मंत्रियों को सैकड़ों गैलन पेट्रोल दिलवाने की व्यवस्था की गई।[20]

शुक्रवार, 16 अगस्त, 1946... कलकत्ता की हवा में एक अजीब-सा ठहराव था। जूट मिलों में काम करने वाले मुसलमान मजदूरों का शहर में आगमन शुरू हो चुका था। वे 'डायरेक्ट एक्शन डे' मनाने के लिए ऑक्टरलूनी के नीडिल स्मारक पर होने वाली जनसभा की तरफ बढ़ रहे थे। इस सभा को सुहरावर्दी और लीग के अन्य नेता संबोधित करने वाले थे। सुबह साढ़े सात बजे जानकारी मिली कि हिंदुओं ने ताला और बेलगछिया पुलों के पास अवरोध खड़े कर दिए हैं ताकि मुसलमान शहर में कदम नहीं रख सकें, लेकिन कलकत्ता की कमान संभाल रहे ब्रिगेडियर जे.पी.सी. मेकिनले ने अपने फौजियों को आदेश दे रखा था कि उस दिन वे बैरकों में ही रहें। भारत का सबसे अधिक आबादी वाला और सांप्रदायिक दृष्टि से सर्वाधिक संवदेनशील शहर असुरक्षित पड़ा था। दोपहर के बाद स्मारक पर एकत्र मुसलमानों की विशाल भीड़ को संबोधित करते हुए सुहरावर्दी ने कहा कि कैबिनेट मिशन एक धोखा था और अब वे देखेंगे कि ब्रिटिश किस तरह नेहरू से बंगाल पर शासन करवा पाते हैं। सुहरावर्दी ने कहा कि डायरेक्ट एक्शन डे मुसलमानों की आजादी के संघर्ष में पहला कदम साबित होगा। सभा में आए मुसलमानों से कहा गया कि वे जल्दी अपने-अपने घर लौट जाएं और उनके लिए सभी इंतजाम कर दिए गए हैं ताकि पुलिस या सेना उनके रास्ते में रुकावट नहीं डालें।[21]

कलकत्ता में हिंदुओं का कत्लेआम

सभा खत्म होते ही मुसलमानों ने शहर के बाजारों का रुख किया और हिंदुओं की दुकानों-घरों में लूटपाट तथा आगजनी शुरू कर दी। कारों और ट्रामों को जला दिया गया, राहगीरों पर हमले किए गए, सवारियों का आना-जाना और आवश्यक सेवाओं का कार्य रोक दिया गया। रास्तों पर सिर्फ मुस्लिम गुंडे भरे हुए थे और वे पाकिस्तान के नारे लगाकर भीड़ को हिंसा के लिए उत्तेजित कर रहे थे।[22]

शाम सवा चार बजे फोर्ट विलियम स्थित मुख्यालय में 'रेड' कोडवर्ड प्रसारित किया गया, जिसका मतलब था कि पूरे कलकत्ता में वारदातें हो रही हैं। शाम को छह बजे दंगा प्रभावित इलाके में कर्फ्यू लगा दिया गया, लेकिन जब एरिया कमांडर ने उत्तरी बैरकों से सैनिकों को तैनाती का आदेश दिया तो उन्होंने रात आठ बजे देखा कि कॉलेज स्ट्रीट मार्केट धू-धू करके जल रहा है और कुछ बिना जले घरों तथा दुकानों को पूरी तरह लूट लिया गया है। एमहर्स्ट स्ट्रीट पर भीड़ द्वारा लूटमार की गई। अपर सर्कुलर

रोड पर सुलगता हुआ मलबा दिखाई दे रहा था। हैरिसन रोड पर डरे हुए निवासियों और घायलों की कराहें सुनी जा सकती थीं। कई लाशें देखकर लगता था कि उनकी मृत्यु अभी-अभी हुई है। रात को कलकत्ता के गवर्नर ने वायसराय को भेजी रिपोर्ट में लिखा, 'विशेष रूप से उत्तरी कलकत्ता के हिंदू व्यावसायियों में भय बना हुआ है। यह उत्पात निश्चित रूप से सांप्रदायिक ही है और इसे किसी भी तरह से ब्रिटिश विरोधी नहीं कहा जा सकता।'[23]

कुछ मोहल्लों में लगातार 40 घंटे तक लूटपाट और मारकाट होती रही। सड़कों पर जहां-तहां लाशें बिछ गईं और उनकी बदबू हवा में भरने लगी। लाशों को गटरों के ढक्कन खोलकर अंदर धकेल दिया गया। नतीजा यह हुआ कि गटरों का मार्ग रुक गया। गलियों में लाशों के ढेर लग गए और आवारा कुत्तों, गीदड़ों तथा गिद्धों की भयावह दावत होती रही। लाशें नदी में भी तैरती हुई देखी गईं। बच्चों को घरों की छतों से नीचे फेंक देने या जीवित जला देने और स्त्रियों का बलात्कार करके उनका अंगभंग करने और फिर मार दिए जाने की वीभत्स घटनाएं हुईं।[24]

वहां नियुक्त मेजर लिवरमोर के अनुसार 'कलकत्ता युद्ध के मैदान में बदल चुका था। एक तरफ भीड़ का तंत्र था और दूसरी तरफ सभ्यता तथा भद्रता। उस हिंसाग्रस्त क्षेत्र में अधिकतर गरीबों, कमजोर वर्ग के निरक्षरों की जान गई थी या वे लोग मर गए थे जो लुटेरों और चील-कौवों की तरह टूट पड़ने वाली भीड़ से जान-माल की सुरक्षा करने में सक्षम नहीं थे।'[25]

मारे गए लोगों की संख्या के बारे में कोई स्पष्ट जानकारी नहीं है। 19 अगस्त को मेजर लिवरमोर की टुकड़ी ने सिर्फ एक चौराहे से 150 लाशें हटाईं। एक कंपनी सेक्टर में 507 लाशें मिलीं, इनमें अधिकतर लाशें चार सौ वर्ग मीटर से भी छोटे एक मोहल्ले से थीं। सड़ती हुई लाशों के कारण महामारी फैलने का खतरा पैदा हो चुका था। बंगाल सरकार ने एक लाश ठिकाने लगाने के लिए सैनिकों को पांच रुपए देने की घोषणा की। जनरल टकर का अनुमान था कि मरने वालों की संख्या हजारों में होगी। गैर सरकारी सूत्रों के अनुसार 16 से 20 अगस्त के बीच लगभग 16 हजार लोग मारे गए। मार्गरेट बर्कवाइट की रिपोर्ट के अनुसार, इनसे भी कई गुना अधिक संख्या में लोग हुगली पार करके भागते देखे गए। कई दिन तक पुरुषों, महिलाओं, बच्चों और घरेलू जानवरों की भीड़ हावड़ा स्टेशन की तरफ जाती रही।[26] 13वें दिन भी नोआखाली जिले में रामगंज, लक्ष्मीपुर और सेनबाग थानों के लगभग 120 गांव गुंडों से घिरे हुए रहे, जिनमें 90 हजार की हिंदू आबादी थी। यही हाल तिपरा जिले में चांदपुर और फरीदगंज थानों में लगभग 40 हजार की हिंदू आबादी वाले लगभग 70 गांवों का हुआ।[27]

एसेंबली पर तैनात स्वयंसेवक

डायरेक्ट एक्शन की नृशंसता के लिए जिम्मेदार मुस्लिम लीग के साथ कांग्रेस ने तुरंत समझौता कर लिया। सिर्फ दो सप्ताह बाद केंद्रीय अंतरिम सरकार में कांग्रेस और लीग का संयुक्त शासन शुरू हो गया। लीग ने इसे कांग्रेस के समर्पण और अपनी शैतानी ताकत की जीत के रूप में देखा। उसका भारत और हिंदू विरोधी रवैया बना रहा। केंद्रीय सभा की कार्यवाही के पहले ही दिन जमकर हंगामा हुआ। मुस्लिम लीग मनमानी और गुंडागर्दी पर उतर आई। दूसरे दिन भी वही खेल चलाने की तैयारी थी। इसे रोकने के लिए दिल्ली प्रदेश कांग्रेस के वरिष्ठ नेता लाला देशबंधु गुप्ता कमला नगर स्थित संघ कार्यालय जाकर प्रांत प्रचारक वसंतराव ओक से मिले। दोनों की बातचीत के बाद अगली सुबह केंद्रीय सभा भवन के बाहर चारों तरफ सैकड़ों स्वयंसेवक तैनात कर दिए गए। इस तैयारी को देखकर लीग के अराजक तत्वों का हिम्मत नहीं हुई और सभा की कार्यवाही निर्बाध चली।[28]

संघ का सहयोगी स्वरूप

मुस्लिम लीग द्वारा सांप्रदायिक भावनाएं भड़काने का सिलसिला जारी रहा। मुसलमान वकीलों से कहा गया कि वे 'आघात सैनिक' बनकर निकल पड़ें और 'भावी संग्राम' के लिए आम लोगों को तैयार करें। मुस्लिम स्त्रियों को प्रारंभिक चिकित्सा सीखने का आदेश दिया गया। 'मुस्लिम लीग नेशनल गार्ड्स' नामक दल संगठित किया गया और सदस्यों को सेना की वर्दियां पहनाकर प्रशिक्षण दिया गया। उसी दौरान राष्ट्रीय स्वयंसेवक संघ ने भी मजबूर होकर सैन्य पद्धति पर आधारित कार्यक्रमों पर जोर दिया। दिसंबर, 1946 और जनवरी, 1947 के बीच मुस्लिम लीग नेशनल गार्ड्स ने लाहौर की सड़कों पर सैन्य मार्च किया और जुलूस निकाले। पंजाब प्रांतीय सरकार ने नेशनल गार्ड पर प्रतिबंध लगाया; उसी दौरान राष्ट्रीय स्वयंसेवक संघ को भी गैर कानूनी संगठन घोषित कर दिया गया। संघ ने सरकारी आदेश का सम्मान किया और अपने परिसर में पुलिस की तलाशी के दौरान सहयोग किया। लेकिन नेशनल गार्ड ने पुलिस को प्रवेश करने से रोकने की कोशिश की। मुस्लिम लीग के सात बड़े नेताओं ने विरोध किया; उन सभी को गिरफ्तार कर लिया गया। इसके बाद वहां की तलाशी हुई तो एक हजार से अधिक फौलादी टोपियों और वर्दियों सहित भड़काऊ सांप्रदायिक प्रचार साहित्य का ढेर बरामद हुआ।[29]

पंजाब के गैर मुसलमानों में आतंक

1946 के प्रांतीय चुनाव में पंजाब में किसी भी पार्टी को स्पष्ट बहुमत नहीं मिला था। कांग्रेस, यूनियनिस्ट पार्टी और शिरोमणि अकाली दल ने मलिक खिजर हयात

तिवाना के नेतृत्व में गठबंधन की सरकार बनाई। मुस्लिम लीग सबसे बड़ी पार्टी के रूप में उभरने के बावजूद सत्ता में नहीं आ सकी। मुस्लिम नेशनल गार्ड पर की गई कार्रवाई से लीग को बहाना मिला और उसने पंजाब में अवैधानिक तरीकों से आंदोलन शुरू कर दिया। असेंबली के 17 लीग सदस्यों सहित व्यापक गिरफ्तारियां हुईं। लीग का आतंक इस तरह फैला कि प्रांतीय राजधानी में ब्रिटिश सेना नियुक्त करनी पड़ी। संचार बाधित करने और कर भुगतान बंद करने जैसी योजनाएं लीग के आंदोलन में शामिल थीं। तुष्टिकरण का आलम यह था कि फरवरी के अंत में पंजाब सरकार ने लीग से समझौता कर लिया। लीग के नेताओं के खिलाफ मुकदमे वापस ले लिए गए। दो दिन बाद नेशनल गार्ड के साथ संघ से भी प्रतिबंध हटा लिया गया। इसके बाद के घटनाक्रम का उल्लेख महात्मा गांधी के सचिव रहे प्यारेलाल ने अपनी पुस्तक में किया है:

> 'मुस्लिम लीग ने कानून को खुलेआम चुनौती देना जारी रखा। इसी बीच लीग की गुंडागर्दी से निपटने में विफल रहने के कारण सरकार को समर्थन दे रहे हिंदू-सिख नेताओं का लीग समर्थकों से टकराव होने लगा। लीग यही चाहती थी। 2 मार्च को पंजाब के मुख्यमंत्री ने इस्तीफा दे दिया। लीग ने इस पर आतिशबाजी करके उत्सव मनाया। हालांकि मंत्रिमंडल को कार्यकारी सरकार के रूप में बने रहने के लिए कहा गया था। इसके बाद घटनाक्रम तेजी से घूमा। 3 मार्च को पंजाब के गवर्नर इवान जेंकिंस ने असेंबली में लीग के नेता इफ्तिखार हुसैन खान को सरकार बनाने के लिए आमंत्रित किया। बल प्रयोग करके पाकिस्तान लेने के इरादे प्रकट कर चुकी पार्टी द्वारा मंत्रिमंडल गठित किए जाने को लेकर पंजाब के गैर मुसलमान वर्ग में आतंक व्याप्त होने लगा।'[30]

मुस्लिम लीग को सत्ता में आने से रोकने के लिए संगठित प्रयास शुरू हुए। पंथिक अकाली पार्टी ने हरसंभव तरीके से लीग की सरकार बनाने से रोकने का प्रस्ताव पारित किया। 4 मार्च को लाहौर में हिंदू-सिखों ने मिलकर पाकिस्तान विरोधी दिवस का आयोजन किया। सरकारी प्रतिबंध के आदेश का उल्लंघन करते हुए छात्रों ने जुलूस निकाले। पुलिस ने छात्रों पर गोलियां चलाईं; इस घटना में कई छात्र मारे गए। 5 मार्च को मलिक खिजर हयात के नेतृत्व में चल रही कार्यकारी सरकार ने इस्तीफा दे दिया। दूसरी तरफ, मुस्लिम लीग आवश्यक समर्थन नहीं जुटा पा रही थी। इसके परिणामस्वरूप गवर्नर ने अपने अधिकार का प्रयोग करते हुए असेंबली स्थगित कर दी और प्रांत का शासन अपने हाथ में ले लिया। इसके बाद अमृतसर, रावलपिंडी, मुल्तान

जैसे प्रमुख शहरों से लेकर ग्रामीण क्षेत्रों और सीमा प्रांत के एबटाबाद जिले तक मुसलमानों की तरफ से दंगे भड़काए जाने का सिलसिला शुरू हो गया।[31]

इस हिंसक घटनाक्रम के बीच कांग्रेस की ओर से पंजाब के विभाजन की पहल कर दी गई। 6-8 मार्च, 1947 को दिल्ली में कांग्रेस कार्यसमिति की बैठक हुई। वहां पारित हुए प्रस्ताव में कहा गया:

> 'पंजाब की त्रासद घटनाओं से स्पष्ट हो गया है कि पंजाब में हिंसा और दबाव से समस्या का समाधान नहीं हो सकता और दबाव पर आधारित कोई भी व्यवस्था टिक नहीं सकती। इसलिए ऐसा रास्ता खोजने की जरूरत है, जिसमें जबरदस्ती के लिए कम से कम गुंजाइश हो। इसके लिए पंजाब को दो प्रांतों में बांटने की आवश्यकता होगी, ताकि मुस्लिम बाहुल्य हिस्से को गैर मुस्लिम बहुल हिस्से से अलग किया जा सके।'[32]

जिन्ना को सत्ता सौंपने को तैयार गांधी

गांधी ब्रिटेन की नवगठित लेबर सरकार से अनुरोध कर रहे थे कि कानूनी मामलों में वायसराय वेवेल की मदद के लिए एक विशेषज्ञ को भारत भेजा जाए। लेकिन ब्रिटेन के प्रधानमंत्री क्लेमेंट एटली ने भारत को एक नया वायसराय दिया। उन्होंने माउंटबेटन को चुना। यह तत्कालीन राजनीतिक परिस्थितियों को देखते हुए उठाया गया कदम था। माउंटबेटन का संबंध ब्रिटेन के शाही परिवार से था। उनकी नियुक्ति के पीछे यह धारणा थी कि इससे लेबर पार्टी द्वारा भारत के विषय में किए जाने वाले निर्णयों को विंस्टन चर्चिल सहित कंजर्वेटिव पार्टी का विरोध नहीं झेलना पड़ेगा। माना जाता है कि भारत आने से पहले माउंटबेटन ने चर्चिल से मुलाकात की थी और चर्चिल ने उन्हें यह सुनिश्चित करने को कहा कि भारत कॉमनवेल्थ में बना रहे। 22 मार्च, 1947 को माउंटबेटन ने भारत पहुंचते ही सबसे पहले गांधी और जिन्ना को मिलने के लिए बुलाया। गांधी उस समय बिहार के दंगा पीड़ित क्षेत्रों का दौरा कर रहे थे। वे 30 मार्च को पटना से निकले और 1 अप्रेल को दिल्ली पहुंचते ही माउंटबेटन से मिले। पहला दिन परिचय और औपचारिक बातों में बीता। अगले दिन गांधी उनसे फिर मिले। इस मुलाकात में गांधी ने पूर्व में प्रकट किए गए विचार को दोहराया कि अगर ब्रिटिश राज जाने से पहले भारत की सत्ता जिन्ना को सौंप दे तो उन्हें कोई आपत्ति नहीं होगी।[33]

वही जिन्ना जो मुसलमानों को लगातार हिंदुओं के खिलाफ भड़काने का काम कर रहे थे। जिनका कहना था, 'हमारा कोई दोस्त नहीं है; न अंग्रेज और न ही हिंदू। हम इस बारे में एकदम स्पष्ट हैं कि हमें दोनों से लड़ना है। अगर दोनों हमारे खिलाफ एक

हो जाते हैं तो भी हमें उनसे डरने की जरूरत नहीं है। हम लड़ेंगे और इंशाअल्लाह आखिर में जीत हासिल करेंगे।'[34] उन्हीं जिन्ना को गांधी भारत की सत्ता सौंपने के लिए तैयार थे। 31 मार्च से 4 अप्रेल के बीच माउंटबेटन और गांधी के बीच पांच मुलाकातों में दस घंटे से अधिक चर्चा हुई। गांधी ने प्रस्ताव रखा:

1. जिन्ना को मंत्रिमंडल रचने का विकल्प दिया जाए।
2. मंत्रिमंडल का चुनाव पूरी तरह जिन्ना के हाथों में छोड़ दिया जाए। उसके सदस्य सब मुसलमान हों या गैर-मुस्लिम हों अथवा भारतीय जनता के सब वर्गों और सब धर्मों के प्रतिनिधि हों।
3. जिन्ना यदि इस प्रस्ताव को मान लें, तो कांग्रेस उदारता और सच्चाई के साथ तब तक सहयोग देने का आश्वासन देगी, जब तक कि जिन्ना के मंत्रिमंडल के सारे कार्य समग्र भारतीय जनता के हित में होंगे।
4. कौन सी बात सारे भारत के हित में है या नहीं, इसके एकमात्र निर्णायक लॉर्ड माउंटबेटन अपनी निजी हैसियत में होंगे।
5. जिन्ना लीग की ओर से या उनके बनाए हुए मंत्रिमंडल में जिन दलों का प्रतिनिधित्व होगा उनकी ओर से यह विश्वास दिलाएंगे कि जहां तक उनका संबंध है, वे सारे भारत में शांति की रक्षा का पूरा प्रयत्न करेंगे।
6. नेशनल गार्ड्स या और किसी किस्म की खानगी सेना नहीं होगी।
7. इस योजना की चारदीवारी के भीतर जिन्ना सत्ता हस्तांतरित होने से पहले भी पाकिस्तान की योजना स्वीकृति के लिए पेश करने को पूर्ण स्वतंत्र रहेंगे, बशर्ते वे अपने अनुयायियों की बुद्धि को अपील करने में सफल हों न कि शस्त्रबलों को-वह शस्त्रबल जिसका वे इस हेतु के लिए सदा निषेध करते हैं। इस प्रकार इस मामले में किसी प्रांत या उसके किसी भाग पर कोई जबर्दस्ती नहीं होगी।
8. केंद्रीय धारा सभा में कांग्रेस का निर्णायक बहुमत है। परंतु कांग्रेस केवल लीग का कोई प्रस्ताव होने के कारण ही अपने बहुमत का लीग के खिलाफ उपयोग नहीं करेगी, बल्कि लीगी सरकार द्वारा पेश किए गए प्रत्येक प्रस्ताव का हृदय से समर्थन करेगी, बशर्ते कि वह सारे भारत के हित में हो। वह हित में है या नहीं, उसका निर्णय व्यक्ति के नाते, न कि ब्रिटिश सम्राट के प्रतिनिधि की हैसियत से, लॉर्ड माउंटबेटन करेंगे।
9. यदि जिन्ना इस प्रस्ताव को नामंजूर कर देते हैं तो यही प्रस्ताव उचित परिवर्तनों के साथ कांग्रेस के सामने रखा जाए।'[35]

भारतीय कम्युनिस्ट पार्टी भी पाकिस्तान की मांग का समर्थन कर रही थी। इस मांग को वैधता प्रदान करने के लिए रूस के विधान और स्टालिन के लेखों को आधार बनाया जा रहा था। स्टालिन का मानना था कि किसी भी राष्ट्र की भाषा, प्रदेश, आर्थिक जीवन और मनोवैज्ञानिक ढांचे से उसके एक सांस्कृतिक इकाई होने का पता चलना चाहिए। अन्य ऐतिहासिक तत्वों की भांति उसमें परिवर्तन होता है, उसका अपना इतिहास होता है और उसका आदि तथा अंत होता है। उसमें ये सभी गुण एक साथ होने चाहिए और यदि एक भी गुण कम रहे तो उसे राष्ट्र नहीं कहा जा सकता। स्टालिन की परिभाषा और पाकिस्तान की परिकल्पना में विरोधाभास था। डॉ. राजेंद्र प्रसाद की टिप्पणी उल्लेखनीय है:

> 'यदि हम कम्युनिस्टों की राष्ट्र की परिभाषा को कसौटी पर कसें तो हम देखते हैं कि भारत के सारे मुसलमान एक राष्ट्र नहीं कहे जा सकते हैं। वे सभी एक ही भाषा नहीं बोलते। सीमा प्रांत से लगे क्षेत्र के निवासी बलूची, सिंधी, पश्तो और पंजाबी बोलते हैं। ये भाषाएं एक-दूसरे से उतनी ही भिन्न हैं, जितनी वे हिंदी या बंगाली और गुजराती से भिन्न हैं। यह भी नहीं कहा जा सकता कि मुसलमानों का आर्थिक जीवन गैर मुसलमानों के आर्थिक जीवन से भिन्न है। जिस प्रदेश में वे रहते हैं, वहीं के गैर मुसलमानों के आर्थिक जीवन से उनका आर्थिक जीवन मिलता है जबकि अन्य प्रांत वाले मुसलमानों से भिन्न रहते हैं। स्टालिन ने धर्म को किसी राष्ट्र की नींव का आधार नहीं बताया है। उन्होंने इस बात का मजाक भी उड़ाया है कि यहूदी केवल अपने धर्म के कारण अलग राष्ट्र कहे जा सकते हैं।'[36]

माउंटबेटन का प्रभुत्व

नेहरू और माउंटबेटन की घनिष्ठता बढ़ती गई। दोनों के परिवार भी आपस में काफी जुड़ गए। नेहरू अपने साथी नेताओं को आश्वासन देते रहे कि अगर भारत के विभाजन का फैसला हो भी गया तो इस काम में कम-से-कम 10 वर्ष का समय लगेगा। लेकिन माउंटबेटन के लिए यह इतना लंबा चलने वाला विषय नहीं था। लियोनार्ड मोस्ले ने लिखा:

> 'माउंटबेटन को अगर कोई काम सौंपा जाए तो वे उसमें टालमटोल करना पसंद नहीं करते थे। दूसरे लोग हिचक महसूस कर सकते थे या फूंक-फूंककर कदम रखते। माउंटबेटन आसान रास्ता अपनाकर चीजों

का निपटारा करने में विश्वास रखते थे। भारत की समस्या को उन्होंने एक ऐसे विशेषज्ञ के रूप में सुलझाना शुरू किया, जिसे फैक्ट्री में समय की बर्बादी रोककर निर्धारित समय से पहले सामान तैयार करने के लिए बुलाया गया हो।'[37]

माउंटबेटन की पत्नी एडविना* सामाजिक कार्यों में सक्रिय थीं। उन्होंने शरणार्थियों के लिए अलग से राहत कार्य शुरू किए, जबकि इस काम के लिए पहले से एक संगठन चल रहा था। जब एडविना ने अपना संगठन बना लिया तो शरणार्थियों को मिलने वाली सरकारी सहायता उनके नए संगठन के माध्यम से दी जाने लगी। हालांकि यह संगठन सिर्फ फंड के वितरण तक सीमित था और जमीनी स्तर के कार्यों में सक्रिय नहीं था। यहां तक कि कांग्रेस केंद्रीय राहत समिति की सचिव सुचेता कृपलानी से एडविना ने कहा कि अगर फंड की जरूरत हो तो उनसे संपर्क करें। सुचेता ने एडविना का इस संबंध में पत्र गांधी को दिखाया तो वे मुस्कुराए और इसे नजरअंदाज करके अपना काम करने की सलाह दी। दूसरी तरफ, माउंटबेटन ने अपना प्रभुत्व स्थापित कर लिया। उनकी सलाह के बिना कोई भी महत्वपूर्ण निर्णय नहीं लिया जाता था। उन्होंने गांधी से साफ कह दिया, 'कांग्रेस आपके नहीं, मेरे साथ है।'[38]

उस दौरान उच्च पदों पर नई नियुक्तियां करके सांप्रदायिकता को और बढ़ावा दिया गया। नेहरू को उनसे कोई मतलब नहीं था या वे सहमत थे। लेकिन पटेल ने माउंटबेटन को पत्र लिखकर कड़ी आपत्ति की। 15 बड़े पदों पर की गई नियुक्तियों में 5 हिंदू, 9 मुसलमान और एक ब्रिटिश थे। यह स्थिति जारी रही। पटेल के अधिकारों का अतिक्रमण करके नेहरू प्रधानमंत्री के रूप में कदम उठाते रहे।[39] पटेल आहत होते रहे।

2 मई, 1947 को माउंटबेटन ने अपने स्टाफ प्रमुख हेस्टिंग्स लियोनेल इस्मे और निजी सचिव जॉर्ज एबेल को लंदन भेजा। वे माउंटबेटन की योजना के मसौदे के लिए स्वीकृति लेने गए थे। माउंटबेटन यह स्वीकृति 10 मई के पहले चाहते थे। 17 मई को देशी नरेशों और नेताओं के साथ उनकी अलग-अलग बैठकें होने वाली थीं, जहां वे अपनी योजना का खुलासा करना चाहते थे। उनका मानना था कि राजे-महाराजाओं पर दबाव बनाकर योजना स्वीकार करवाई जा सकती है। नेताओं के बारे में माउंटबेटन ने तय किया था कि अगर उन्होंने स्वीकृति नहीं दी और कोई विकल्प भी नहीं सुझाया

*माउंटबेटन की बेटी पामेला अपनी मां एडविना और जवाहरलाल नेहरू के बीच संबंधों की सीमा को जानने के लिए बेहद उत्सुक थीं। वे जानना चाहती थीं कि उन दोनों का संबंध शारीरिक तो नहीं था। जब पामेला ने उनके पत्र पढ़े तो वे पूरी तरह आश्वस्त हो गई थीं कि उनकी मां एडविना और नेहरू के बीच कोई भी शारीरिक संबंध नहीं रहे क्योंकि दोनों कभी अकेले मिले ही नहीं। वे दोनों हमेशा कर्मचारियों, पुलिस और दूसरे लोगों से घिरे रहते थे। पत्रों को पढ़ने के बाद पामेला ने अनुभव किया कि उनकी मां और नेहरू का संबंध आत्मीयता से परिपूर्ण था। वे दोनों एक-दूसरे का सम्मान करते थे। (पामेला माउंटबेटन: इंडिया रिमेम्बर्ड, पवेलियन बुक्स, लंदन, 2007, पृष्ठ 22)

तो योजना के अनुसार ही सत्ता हस्तांतरण करके वे (माउंटबेटन) भारत से चले जाएंगे। इस्मे और एबेल को लंदन भेजकर माउंटबेटन 6 मई को सपरिवार छुट्टियां मनाने शिमला चले गए। 8 मई को नेहरू भी वहां पहुंचे। उसी दौरान लंदन से सूचना आ गई कि माउंटबेटन की योजना को मामूली संशोधनों के साथ ब्रिटिश मंत्रिमंडल की स्वीकृति मिल गई है।[40] 10 मई को वी.के. कृष्ण मेनन भी शिमला पहुंच गए।[41]

उस रात भोजन के बाद नेहरू पोर्ट वाइन की चुस्कियों के बीच गपशप के लिए माउंटबेटन के अध्ययन कक्ष में पहुंचे। वहां उन दोनों के अलावा कोई और नहीं था। उसी समय माउंटबेटन ने अपनी गुप्त योजना नेहरू को बताने का फैसला किया। इस योजना के अंतर्गत प्रांतों को शुरुआती दौर में रियासतों के रूप में रखा जाना था। इसका सीधा अर्थ केंद्र सरकार की शक्तियों का सीमित हो जाना था। सत्ता के अनेक केंद्र बन जाने से गृह युद्ध और अनेक टुकड़ों में देश के विभाजित होने का स्पष्ट खतरा था। कश्मीर, भोपाल, हैदराबाद, त्रावणकोर सहित दर्जनों स्वतंत्र राष्ट्र खड़े हो जाते। बंगाल के भी अलग होने की संभावना थी और पंजाब के दो टुकड़े हो जाते। यह पूरी योजना 17 मई को सार्वजनिक की जाने वाली थी।[42]

माउंटबेटन ने नेहरू से कहा कि वे दोस्ती के नाते विभाजन संबंधित मतदान की योजना का मसविदा उन्हें पढ़ने के लिए दे सकते हैं। उन्होंने शर्त रखी कि नेहरू इस जानकारी का इस्तेमाल नहीं करेंगे और न ही अपने किसी सहयोगी को बताएंगे कि यह मसविदा उन्होंने देखा है। नेहरू ने यह शर्त स्वीकार कर ली।[43] अपने कमरे में जाकर उन्होंने योजना को पूरी तरह पढ़ा। इसके पहले तक उन्हें सिर्फ औपनिवेशिक दर्जे के साथ सत्ता हस्तांतरण की योजना के बारे में बताया गया था, जिस पर पटेल की भी सहमति मिल गई थी। 10 मई की सुबह तक इस विषय पर चर्चा हो रही थी और नेहरू ने औपनिवेशिक दर्जे की योजना को स्वीकृति दे दी थी। माउंटबेटन ने 17 मई को पटेल, जिन्ना, लियाकत और बलदेव सिंह के साथ होने जा रही बैठक के लिए नेहरू को आमंत्रित किया। लेकिन इस नई योजना के बारे में जानकर नेहरू उद्वेलित हो गए। वे भय और क्रोध से कांपते हुए कृष्ण मेनन के कमरे में पहुंचे।[44] माउंटबेटन की पुत्री पामेला, जो उस यात्रा में साथ थीं, ने अपनी डायरी में लिखा, 'नेहरू ने कृष्ण मेनन को सुबह तक जगाए रखकर मेरे पिता को 'विस्फोटक' पत्र (11 मई) लिखवाया; इसमें उन्होंने माउंटबेटन योजना के उन बिंदुओं को अस्वीकार कर दिया, जिन्हें वे अपने देश को बाल्कन राष्ट्रों की तरह विखंडित किया जाना मानते थे।'[45]

नेहरू की चिंता थी, 'अभी तक किया धरा सब बेकार चला जाएगा। कैबिनेट मिशन की योजना और उसके बाद के घटनाक्रम का कोई मतलब नहीं रहेगा। इससे तो विखंडन, टकराव, अव्यवस्था और भारत-ब्रिटेन के कटु संबंधों की एकदम नई तस्वीर

उभरती है। जब मेरी प्रतिक्रिया इतनी तीखी है तो समझा जा सकता है कि मेरे सहयोगी और दूसरे लोग क्या सोचेंगे, उन्हें कैसा लगेगा। यह तो विनाशकारी होगा।'[46] अगले दिन 11 मई को माउंटबेटन ने नेहरू से एकांत में बात की। उन्होंने स्वीकार किया कि जिन्ना को पाकिस्तान दिया जाएगा और पंजाब तथा बंगाल का विभाजन होगा, लेकिन इसके अलावा पूरे क्षेत्र की सत्ता केवल एक केंद्रीय सरकार के पास रहेगी।[47] माउंटबेटन ने नेहरू की प्रतिक्रिया की जानकारी इस्मे को दी और यह सुझाव रखा कि योजना का मसविदा दोबारा लिखना जरूरी हो गया है।[48] तेजी से घूमे घटनाक्रम को देखते हुए 17 मई को नेताओं के साथ होने वाली बैठक 2 जून के लिए स्थगित कर दी गई।[49]

14 मई को माउंटबेटन शिमला से दिल्ली लौटे। वहां उन्हें प्रधानमंत्री एटली का संदेश मिला। एटली ने माउंटबेटन से कहा कि वे परामर्श के लिए लंदन आ जाएं या फिर किसी योग्य ब्रिटिश अधिकारी को मौके पर परामर्श देने के लिए दिल्ली भेजना होगा। माउंटबेटन ने खुद लंदन जाना बेहतर समझा। जाने से पहले उन्होंने अपनी संशोधित योजना लियाकत अली खां को दिखाई और पूछा कि क्या मुस्लिम लीग पंजाब तथा बंगाल के विभाजन पर राजी हो जाएगी? लियाकत का जवाब था, 'हम इस पर कभी तैयार नहीं होंगे, लेकिन हो सकता है कि आप हमें होनी के सामने झुकने के लिए मजबूर कर दें।' माउंटबेटन ने कहा कि अगर ऐसा करना पड़ा तो खून-खराबा रोकने के लिए सभी पक्षों को सार्वजनिक रूप से सहमति व्यक्त करनी होगी, यह भी कहा कि वे इस विषय को जिन्ना के सामने रखना चाहते हैं। जिन्ना की प्रतिक्रिया नेहरू से भी अधिक नकारात्मक निकली। उनका कहना था:

> 'मुस्लिम लीग पंजाब और बंगाल के विभाजन पर तैयार नहीं हो सकती। इसे ऐतिहासिक, आर्थिक, भौगोलिक, राजनीतिक या नैतिक रूप से उचित नहीं ठहराया जा सकता। इन प्रांतों ने लगभग एक शताब्दी में यह जीवनपद्धति विकसित की है। केवल एक आधार जिस पर विभाजन को तर्कसंगत ठहराया जा रहा है, वह है हिंदू और सिख बहुल क्षेत्रों को बाकी प्रांत से अलग कर देना। इसके परिणाम इन दो प्रांतों के जनजीवन और सभी संबंधित समुदायों के लिए विनाशकारी होंगे। अगर आप आखिरकार यही फैसला करते हैं तो उस स्थिति में कलकत्ता को पूर्वी बंगाल से काटकर अलग नहीं किया जाना चाहिए, बुरी-से-बुरी हालत में भी उसे एक स्वतंत्र बंदरगाह तो बनाया ही जा सकता है।'[50]

18 मई को माउंटबेटन लंदन रवाना हो गए।[51] अगले दिन लंदन के प्रधानमंत्री

आवास 10, डाउनिंग स्ट्रीट पर माउंटबेटन ने एटली और उनके मंत्रियों को बताया, 'अब यह स्पष्ट हो चुका है कि अगर पाकिस्तान की मांग किसी-न-किसी रूप में नहीं मानी गई तो मुस्लिम लीग हथियार उठा लेगी।' अगले दिन 'रायटर्स' को दिए साक्षात्कार में जिन्ना ने पश्चिमी और पूर्वी पाकिस्तान को जोड़ने वाले 800 मील लंबे 'गलियारे' की मांग की। साथ ही, पाकिस्तान और ब्रिटेन के बीच 'लाभकारी' संबंधों का वादा किया और कहा कि भारत के साथ पारस्परिक मित्रता कायम रखी जाएगी। गलियारे की मांग पर कांग्रेस ने इतनी कड़ी नकारात्मक प्रतिक्रिया दी कि यह गंभीर मुद्दा नहीं बन सका। कलकत्ता को मुक्त बंदरगाह बनाने के विचार से भी कम ध्यान इस मांग पर दिया गया। इसके बाद जिन्ना ने मंत्रिपरिषद को भेजे गए एक तार में मांग उठाई कि बंगाल और पंजाब के विभाजन से पहले इन प्रांतों में जनमत संग्रह करवाया जाए। माउंटबेटन इस प्रस्ताव के विरुद्ध थे। उन्होंने कहा कि इससे केवल विलंब होगा। मंत्रिपरिषद उनकी राय से पूरी तरह सहमत हो गई और ब्रिटिश साम्राज्य विभाजन की तलवार चलाने के लिए पूरी तरह तैयार हो गया।[52] 23 मई, 1947 को ब्रिटिश मंत्रिमंडल ने योजना के मसौदे का सैद्धांतिक अनुमोदन करके माउंटबेटन को अधिकृत किया कि कैबिनेट मिशन योजना पर सहमति नहीं बन पाने की स्थिति में 2 जून को भारतीय नेताओं के साथ होने वाली बैठक में वे इस मसविदे को प्रस्तुत कर सकते हैं।[53]

31 मई को माउंटबेटन भारत लौटे।[54] पामेला माउंटबेटन अपने संस्मरण *इंडिया रिमेम्बर्ड* में लिखती हैं:

> 'लंदन में मेरे पिता की योजना के सभी संशोधनों को स्वीकृति मिल गई और एटली मंत्रिमंडल तथा विंस्टन के विपक्ष दोनों ने शीघ्रातिशीघ्र विधायी कार्यवाही करने पर सहमति दे दी। इससे मेरे पिता विजयी भाव से भारत लौटे और वे तुरंत वह कार्यवाही करने में सक्षम थे, जिससे भारत तथा पाकिस्तान को औपनिवेशिक राज्य बनाया जा सके। इसके बाद पहला काम था, भारतीय नेताओं से मिलकर इस पर सहमति प्राप्त करना (बेशक वे नेहरू की सहमति पहले ही ले चुके थे); दूसरी जरूरत देश और दुनिया के सामने इसकी घोषणा किए जाने की थी।'[55]

कांग्रेस की ओर से नेहरू और पटेल, मुस्लिम लीग की ओर से जिन्ना और लियाकत तथा सिखों के प्रतिनिधि के रूप में बलदेव सिंह 2 जून की बैठक के लिए आमंत्रित किए गए थे। बैठक से एक दिन पहले नेहरू ने माउंटबेटन को पत्र लिखकर कांग्रेस अध्यक्ष जे.बी. कृपलानी को भी बैठक में शामिल करने का अनुरोध किया।

उन्होंने पहले भी यह विषय उठाया था और माउंटबेटन ने जिन्ना के विरोध के कारण अपनी असमर्थता प्रकट की थी। लेकिन नेहरू के दुबारा अनुरोध पर माउंटबेटन ने जिन्ना से बात की और यह तय हुआ कि कृपलानी के आने पर लीग की ओर से भी एक प्रतिनिधि बढ़ेगा। इसके बाद अब्दुल रब निश्तर का नाम जुड़ा।[56]

2 जून, 1947 को सुबह 10 बजे बैठक हुई। माउंटबेटन के दाएं नेहरू बैठे; जिन्ना बाईं तरफ बैठे। उनके अलावा बाएं से दाएं लियाकत, निश्तर, बलदेव, कृपलानी और पटेल मौजूद थे।[57] माउंटबेटन ने बताया कि प्रधानमंत्री एटली ने ब्रिटिश सरकार के विभाजन संबंधी वक्तव्य को 3 जून तक गोपनीय रखने का सख्त निर्देश दिया है। उन्होंने सभी नेताओं से कहा कि वे इस सूचना को लीक नहीं होने दें। नेहरू और जिन्ना ने इस पर सहमति प्रकट की। इसके बाद वक्तव्य की प्रतियां सभी नेताओं को दी गईं।[58] उसी दोपहर 12.30 बजे गांधी ने माउंटबेटन से मुलाकात की। उनके लौटने के बाद माउंटबेटन ने भारत के राज्य सचिव विलियम फ्रेंकिस हेयर को टेलीग्राम भेजकर बताया, 'ईश्वर जरूर हमारे साथ है। मुझसे मिलने आए गांधी का मौन व्रत था, लेकिन उन्होंने मुझे व्यक्तिगत सम्मान के भाव से युक्त मैत्रीपूर्ण नोट लिखकर दिया।'[59]

3 जून को एक बार फिर उन्हीं सात नेताओं के साथ माउंटबेटन ने बैठक की। भारत को बांटने की योजना को सभी की स्वीकृति मिल गई। इसके बाद रेडियो के माध्यम से औपचारिक घोषणा करने का निर्णय हुआ। सबसे पहले माउंटबेटन ने संदेश प्रसारित किया:

> 'मुझे बहुत दुख के साथ कहना पड़ रहा है कि भारत की अखंडता को बनाए रखने में सक्षम कैबिनेट मिशन का किसी भी अन्य योजना पर सर्वसम्मति बनाना संभव नहीं हो सका, लेकिन किसी भी विशाल क्षेत्र पर जहां एक संप्रदाय की बहुलता हो, यह दबाव नहीं डाला जा सकता है कि वे अनिच्छापूर्वक एक ऐसी सरकार के शासन में रहें, जिसमें किसी दूसरे संप्रदाय का बहुमत हो। इसका एकमात्र विकल्प विभाजन ही है।'[60]

नेहरू ने भी जनता के नाम संदेश दिया। उन्होंने कहा, 'हमारा सर्वोच्च लक्ष्य 40 करोड़ भारतीयों का कल्याण होना चाहिए। हम अतीत की बातों को भुलाकर मैत्री और सहयोग की भावना के आधार पर इंग्लैंड के साथ नए सिरे से संबंध स्थापित करेंगे। इस अवसर पर मैं वायसराय लॉर्ड माउंटबेटन के परिश्रम की हार्दिक प्रशंसा करना चाहूंगा, जो वे हमारे इतिहास के संकटपूर्ण दौर में यहां आने के बाद से करते रहे हैं।'[61]

इन हालात में गांधी असमंजस में थे। उनके सचिव प्यारेलाल ने लिखा:

'गांधी ने कांग्रेस कार्यसमिति को बहुत समझाया कि उन्होंने वायसराय को जिस योजना की रूपरेखा दी थी उसे स्वीकार कर लिया जाए। वातावरण अकुलाहट बढ़ाने वाला था, मिजाज ऊंचे चढ़ गए थे, उग्र चर्चाएं होती थीं, विचार स्पष्ट नहीं थे, उत्तेजना फैली हुई थी। गांधी और बादशाह खान अंग्रेजों की छत्रछाया में किसी भी तरह के विभाजन के विरोधी थे। गांधी की दृष्टि में कांग्रेस पंजाब और बंगाल का विभाजन करने के लिए अंग्रेजों से कहे, यह हार स्वीकार करने के समान था। वे विभाजन के सारे तर्क के विरुद्ध थे। विभाजन से हमारी कठिनाइयां हल नहीं होंगी; इसके विपरीत जो पहले से मौजूद हैं वे और बढ़ जाएंगी तथा नई पैदा हो जाएंगी। परंतु न तो गांधी कांग्रेस कार्यकर्ताओं को समझा सके और न कांग्रेस कार्यकारिणी गांधी को समझा सकी। दूसरे दिन गांधी ने वायसराय को सूचना दे दी कि कांग्रेस कार्यकारिणी को अपने अनुकूल बनाने में उन्हें सफलता नहीं मिली है। उनका और उनके साथियों का मार्ग अलग-अलग होने का समय आ गया है।'[62]

उधर, माउंटबेटन ने गांधी से 6 जून, 1947 को हुई मुलाकात के बारे में लिखा:

'मुझे कृष्ण मेनन का अत्यावश्यक पत्र मिला, जिसमें मुझे चेतावनी दी गई थी कि गांधी बहुत नाखुश और भावुक मुद्रा में हैं तथा कुछ कांग्रेसी नेताओं को भय है कि कहीं वे योजना और उसे मंजूर करने की बात को आज शाम अपनी प्रार्थना सभा में ठुकरा न दें। मैंने तत्काल गांधी को प्रार्थना सभा से पहले किसी भी समय आकर मुझसे मिलने के लिए संदेश भेजा। वे शाम को 6 बजे पहुंचे, जबकि प्रार्थना सभा शाम को 7 बजे होनी थी। वे वास्तव में बहुत परेशान थे और बातचीत की शुरुआत में ही उन्होंने जता दिया कि वे बहुत दुखी हैं। मैंने तुरंत उत्तर दिया कि यद्यपि मैं इस बात को भली-भांति समझता हूं और उनके इस दुख को भी महसूस करता हूं कि जिस संयुक्त भारत के लिए उन्होंने जीवन भर काम किया, नई योजना से वह बिल्कुल नष्ट हो जाएगा, फिर भी उन्हें आशा है कि मैं उन्हें विश्वास दिला सकूंगा कि इस सबके बावजूद यह योजना ही एक मात्र संभव रास्ता है। मैंने उन्हें बताया कि यद्यपि कई

पत्रों ने इसे 'माउंटबेटन योजना' की संज्ञा दी है, वास्तव में इसे 'गांधी योजना' की संज्ञा दी जानी चाहिए थी क्योंकि उसकी सभी मुख्य-मुख्य बातें उन्हीं के द्वारा सुझाई गई थीं। मैंने उन सबको इस प्रकार गिनाया:

(क) गांधी ने मुझे सलाह दी थी कि मैं कैबिनेट मिशन योजना को या ऐसी किसी दूसरी योजना को जिससे भारत की एकता बनी रहे, सभी नेताओं से मंजूर करा लूं, बशर्ते कि इसमें जबर्दस्ती या हिंसा की बात न हो। मैंने उनकी सलाह के पहले भाग को मानने के लिए हर संभव प्रयत्न किया; लेकिन जब किसी भी समझौते पर स्वीकृति न हो सकी तो मैंने उनकी सलाह के दूसरे भाग पर अमल किया और ऐसी किसी भी योजना पर जोर नहीं दिया जिसमें जबर्दस्ती की जाए और जिसके फलस्वरूप हिंसा का खतरा हो।

(ख) गांधी ने मुझे सलाह दी कि मैं भारतीयों पर ही उनके अपने भविष्य के चुनाव की बात छोड़ दूं। इस प्रकार गांधी ने ही मुझे प्रांतों द्वारा चुनाव का विचार सुझाया और जो तरीका सुझाया गया है वह उनके सुझावों को अमल में लाने का सबसे सरल और न्यायसंगत तरीका है।

(ग) गांधी ने मुझसे कहा कि अंग्रेज भारत छोड़ दें और यथाशीघ्र सत्ता हस्तांतरित कर दें और यह काम इस वर्ष की समाप्ति से पहले ही किया जाए। मैंने उनसे कहा कि अमल में लाने के लिए उनके सभी विचारों में यह सबसे कठिन कार्य है और मुझे इस बात पर गर्व है कि मैंने इसका हल ढूंढ़ लिया है।

(घ) मैंने उनसे कहा कि मुझे पता चला है कि आरंभिक दिनों में वे औपनिवेशिक दर्जे के विरुद्ध नहीं थे। गांधी ने विनम्रतापूर्वक कहा कि वस्तुतः ऐसा ही था, और युद्ध के दौरान भी उन्होंने कहा था कि वे इसके विरुद्ध नहीं हैं और बाद में उन्होंने मुझे 16 दिसंबर, 1939 के 'हरिजन' का एक उद्धरण भेजा था, जिसमें लिखा था: 'इसी तरह एक मित्र से मैंने कहा था कि अगर औपनिवेशिक दर्जा दिया जाए तो मैं उसे स्वीकार कर लूंगा और आशा करूंगा कि उसमें भारत मेरे साथ होगा।'

बाद में मैंने इस बातचीत के बारे में कृष्ण मेनन और वी.पी. मेनन को बताया और उनसे कहा कि वे गांधी से बातचीत करते समय इसी आधार पर काम करें। दोनों ने बताया कि जिस तरीके को मैंने अपनाया है, वह अद्‌भुत रूप से सफल रहा है क्योंकि गांधी जब महसूस करते हैं कि

> मैंने उनकी सलाह पर ईमानदारी से अमल करने की कोशिश की है और जितना कि योजना के शब्दों को देखने में जाहिर होता था, उसकी अपेक्षा भारत के भविष्य को बनाने में उन्होंने कहीं अधिक महत्वपूर्ण भूमिका निभाई है।'[63]

14–15 जून को विभाजन की स्वीकृति पर औपचारिक मुहर लगाने के लिए अखिल भारतीय कांग्रेस कमेटी की बैठक हुई। वहां गांधी ने हल्की शिकायत की मुद्रा में कहा कि उन्हें विभाजन के बारे में सूचना नहीं दी गई थी। इस पर नेहरू ने थोड़े आवेश में आकर गांधी को टोका और कहा कि वे उन्हें पूरी जानकारी देते रहे हैं। गांधी ने एक बार फिर दोहराया कि उन्हें विभाजन की योजना के बारे में जानकारी नहीं थी। तब नेहरू ने पहले कही बात में थोड़ा बदलाव किया, 'नोआखाली इतनी दूर है कि उस योजना के बारे में विस्तार से नहीं बता सके होंगे, लेकिन विभाजन के बारे में मोटे तौर पर लिखा था।'[64]

बैठक के दौरान मौलाना अबुल कलाम आजाद के रवैए को लेकर राममनोहर लोहिया ने विशेष टिप्पणी की। उन्होंने लिखा कि जो मौलाना भारत की स्वतंत्रता और भावी मंत्रिमंडल की बातें किया करते थे, वे बैठक के दौरान पूरे दो दिनों तक कोने में एक कुर्सी पर बैठे लगातार सिगरेट का धुआं उड़ाते रहे और एक शब्द भी नहीं बोले।[65] विभाजन को स्वीकृति देने के संबंध में गोविंदवल्लभ पंत द्वारा रखे गए प्रस्ताव का अनुमोदन भी मौलाना आजाद ने ही किया। 157 सदस्यों ने इस प्रस्ताव का समर्थन किया; विरोध में 29 वोट पड़े। 32 सदस्यों ने मतदान में हिस्सा नहीं लिया।[66] उस अवसर की फोटो में नेहरू की आंखें शर्म से नीची हैं, लेकिन विभाजन के पक्ष में दृढ़ता से हाथ खड़ा किए दिखाई देते हैं।

संदर्भ सूची

1. पामेला माउंटबेटनः इंडिया रिमेम्बर्ड, पेवेलियन बुक्स, लंदन, 2007, पृष्ठ 21
2. वही, पृष्ठ 15
3. वही, पृष्ठ 21
4. लियोनार्ड मोस्लेः द लास्ट डेज ऑफ द ब्रिटिश राज, हारकर्ट ब्रेस एंड वर्ल्ड, न्यूयार्क, 1961, पृष्ठ 49
5. गांधी स्मृति (नई दिल्ली) के शिलालेख पर उत्कीर्ण
6. जे.बी. कृपलानीः गांधी-हिज लाइफ एंड थॉट, प्रकाशन विभाग, सूचना और प्रसारण मंत्रालय, भारत सरकार, 1970, पृष्ठ 288
7. वही, पृष्ठ 122
8. वही, पृष्ठ 133
9. सुशीला नैयरः महात्मा गांधी, खंड 7, नवजीवन पब्लिशिंग हाउस, अहमदाबाद, 1996, पृष्ठ 535
10. संपूर्ण गांधी वांगमय, खंड 71, प्रकाशन विभाग, सूचना और प्रसारण मंत्रालय, भारत सरकार, 1979, पृष्ठ 22-23
11. सुशीला नैयरः महात्मा गांधी, खंड 7, नवजीवन पब्लिशिंग हाउस, अहमदाबाद, 1996, पृष्ठ 536
12. शिशिर कुमार बोसः आजाद भारत और बोस बंधु, प्रभात प्रकाशन, नई दिल्ली, 2016, पृष्ठ 156-157
13. राजेंद्र प्रसादः खंडित भारत, प्रभात प्रकाशन, नई दिल्ली, 2014, पृष्ठ 433
14. वही, पृष्ठ 433-435
15. स्टेनली वोलपर्टः जिन्ना ऑफ पाकिस्तान, ऑक्सफोर्ड यूनिवर्सिटी प्रेस, न्यूयॉर्क, 1984, पृष्ठ 238-239
16. वही, पृष्ठ 248
17. प्यारेलालः महात्मा गांधी पूर्णाहुति, खंड 1, नवजीवन प्रकाशन, अहमदाबाद, 1965, पृष्ठ 322-323
18. स्टेनली वोलपर्टः जिन्ना ऑफ पाकिस्तान, ऑक्सफोर्ड यूनिवर्सिटी प्रेस, न्यूयॉर्क, 1984, पृष्ठ 284
19. प्यारेलालः महात्मा गांधी पूर्णाहुति, खंड 1, नवजीवन प्रकाशन, अहमदाबाद, 1965, पृष्ठ 323-324

20. वही, पृष्ठ 325
21. स्टेनली वोलपर्टः जिन्ना ऑफ पाकिस्तान, ऑक्सफोर्ड यूनिवर्सिटी प्रेस, न्यूयॉर्क, 1984, पृष्ठ 284-285
22. प्यारेलालः महात्मा गांधी पूर्णाहुति, खंड 1, नवजीवन प्रकाशन, अहमदाबाद, 1965, पृष्ठ 326
23. स्टेनली वोलपर्टः जिन्ना ऑफ पाकिस्तान, ऑक्सफोर्ड यूनिवर्सिटी प्रेस, न्यूयॉर्क, 1984, पृष्ठ 284-285
24. प्यारेलालः महात्मा गांधी पूर्णाहुति, खंड 1, नवजीवन प्रकाशन, अहमदाबाद, 1965, पृष्ठ 327
25. स्टेनली वोलपर्टः जिन्ना ऑफ पाकिस्तान, ऑक्सफोर्ड यूनिवर्सिटी प्रेस, न्यूयॉर्क, 1984, पृष्ठ 285
26. वही, पृष्ठ 285-286
27. प्यारेलालः महात्मा गांधी पूर्णाहुति, खंड 1, नवजीवन प्रकाशन, अहमदाबाद, 1965, पृष्ठ 374
28. रंगा हरिः गुरुजी गोलवलकर जीवनचरित्र, श्रीभारती प्रकाशन, नागपुर, 2012, पृष्ठ 128
29. प्यारेलालः महात्मा गांधी, खंड 10, भाग 2, नवजीवन पब्लिशिंग हाउस, अहमदाबाद, 1997, पृष्ठ 9
30. वही, पृष्ठ 10
31. प्यारेलालः महात्मा गांधी, खंड 10, भाग 2, नवजीवन पब्लिशिंग हाउस, अहमदाबाद, 1997, पृष्ठ 10-11
32. संपूर्ण गांधी वांगमय, खंड 87, सूचना और प्रसारण मंत्रालय, भारत सरकार, 1998, पृष्ठ 553
33. जे.बी. कृपलानीः माय टाइम्स, रूपा एंड कंपनी, नई दिल्ली, 2004, पृष्ठ 659
34. स्टेनली वोलपर्टः जिन्ना ऑफ पाकिस्तान, ऑक्सफोर्ड यूनिवर्सिटी प्रेस, न्यूयॉर्क, 1984, पृष्ठ 253
35. प्यारेलालः महात्मा गांधी पूर्णाहुति, खंड 3, नवजीवन प्रकाशन मंदिर, अहमदाबाद, 1972, पृष्ठ 102-103
36. राजेंद्र प्रसादः खंडित भारत, प्रभात प्रकाशन, नई दिल्ली, 2014, पृष्ठ 474
37. लियोनार्ड मोस्लेः द लास्ट डेज ऑफ द ब्रिटिश राज, हारकर्ट ब्रेस एंड वर्ल्ड, न्यूयार्क, 1961, पृष्ठ 54
38. जे.बी. कृपलानीः माई टाइम्स, रूप एंड कंपर्नीी, नई दिल्ली, 2004, पृष्ठ 658

39. वी. शंकरः सरदार पटेल-चुना हुआ पत्र व्यवहार (1945-1950), खंड 2, नवजीवन प्रकाशन मंदिर, अहमदाबाद, 2011, पृष्ठ 370
40. एम.जे. अकबरः नेहरू-द मेकिंग ऑफ इंडिया, वाइकिंग, लंदन, 1988, पृष्ठ 407
41. पामेला माउंटबेटनः इंडिया रिमेम्बर्ड, पवेलियन बुक्स, लंदन, 2007, पृष्ठ 92
42. एम.जे. अकबरः नेहरू-द मेकिंग ऑफ इंडिया, वाइकिंग, लंदन, 1988, पृष्ठ 407-408
43. स्टेनली वोलपर्टः जिन्ना ऑफ पाकिस्तान, ऑक्सफोर्ड यूनिवर्सिटी प्रेस, न्यूयॉर्क, 1984, पृष्ठ 32
44. एम.जे. अकबरः नेहरू-द मेकिंग ऑफ इंडिया, वाइकिंग, लंदन, 1988, पृष्ठ 409-410
45. पामेला माउंटबेटनः इंडिया रिमेम्बर्ड, पवेलियन बुक्स, लंदन, 2007, पृष्ठ 91-92
46. स्टेनली वोलपर्टः जिन्ना ऑफ पाकिस्तान, ऑक्सफोर्ड यूनिवर्सिटी प्रेस, न्यूयॉर्क, 1984, पृष्ठ 324-325
47. एम.जे. अकबरः नेहरू-द मेकिंग ऑफ इंडिया, वाइकिंग, लंदन, 1988, पृष्ठ 411
48. स्टेनली वोलपर्टः जिन्ना ऑफ पाकिस्तान, ऑक्सफोर्ड यूनिवर्सिटी प्रेस, न्यूयॉर्क, 1984, पृष्ठ 324-325
49. एम.जे. अकबरः नेहरू-द मेकिंग ऑफ इंडिया, वाइकिंग, लंदन, 1988, पृष्ठ 411
50. स्टेनली वोलपर्टः जिन्ना ऑफ पाकिस्तान, ऑक्सफोर्ड यूनिवर्सिटी प्रेस, न्यूयॉर्क, 1984, पृष्ठ 324-325
51. एम.जे. अकबरः नेहरू-द मेकिंग ऑफ इंडिया, वाइकिंग, लंदन, 1988, पृष्ठ 412
52. स्टेनली वोलपर्टः जिन्ना ऑफ पाकिस्तान, ऑक्सफोर्ड यूनिवर्सिटी प्रेस, न्यूयॉर्क, 1984, पृष्ठ 325
53. द ट्रांसफर ऑफ पॉवर 1942-47, खंड 11, संपादक-निकोलस मैनसर्घ, शाही स्टेशनरी कार्यालय, लंदन 1982, पृष्ठ xi
54. एम.जे. अकबरः नेहरू-द मेकिंग ऑफ इंडिया, वाइकिंग, लंदन, 1988, पृष्ठ 412
55. पामेला माउंटबेटनः इंडिया रिमेम्बर्ड, पेवेलियन बुक्स, लंदन, 2007, पृष्ठ 102
56. द ट्रांसफर ऑफ पॉवर 1942-47, खंड 11, संपादक-निकोलस मैनसर्घ, शाही स्टेशनरी कार्यालय, लंदन 1982, पृष्ठ 52-53
57. एम.जे. अकबरः नेहरू-द मेकिंग ऑफ इंडिया, वाइकिंग, लंदन, 1988, पृष्ठ 412
58. द ट्रांसफर ऑफ पॉवर 1942-47, खंड 11, संपादक-निकोलस मैनसर्घ, शाही स्टेशनरी कार्यालय, लंदन 1982, पृष्ठ 43-44

59. वही, पृष्ठ 53
60. वही, पृष्ठ 86-87
61. वही, पृष्ठ 96
62. प्यारेलाल: महात्मा गांधी पूर्णाहुति, खंड 3, नवजीवन प्रकाशन मंदिर, अहमदाबाद, 1972, पृष्ठ 107-108
63. संपूर्ण गांधी वांगमय: खंड 88, प्रकाशन विभाग, सूचना और प्रसारण मंत्रालय, भारत सरकार, 1998, पृष्ठ 449-50
64. राममनोहर लोहिया: भारत विभाजन के गुनहगार, लोकभारती प्रकाशन, इलाहाबाद, 2009, पृष्ठ 28
65. वही, पृष्ठ 27
66. एम.जे. अकबर: नेहरू-द मेकिंग ऑफ इंडिया, वाइकिंग, लंदन, 1988, पृष्ठ 414

सिंध में सहारा

स्वतंत्रता संग्राम के दौरान हिंदुओं का संगठन आवश्यक समझा जाने लगा। उस दौर में राष्ट्रीय स्वयंसेवक संघ का प्रभाव असर दिखा रहा था। देश भर में संघ की शाखाओं की आवश्यकता महसूस की जाने लगी। 1932 में हिंदू महासभा के दिल्ली अधिवेशन में राष्ट्रीय स्वयंसेवक संघ के कार्यों की सराहना करते हुए एक प्रस्ताव पारित हुआ, जिसमें संघ का अखिल भारतीय विस्तार किए जाने की आवश्यकता पर बल दिया गया।[1] उसी वर्ष भाई परमानंद और बाबाराव सावरकर के अनुरोध पर डॉ. केशव बलिराम हेडगेवार अप्रेल, 1932 में कराची में आयोजित 'अखिल भारतीय हिंदू युवा सम्मेलन' में सम्मिलित हुए और एक सप्ताह तक कराची प्रवास पर रहे। वहां उन्होंने अनेक व्यक्तियों से संघ के कार्यों पर चर्चा की और कुछ व्यक्तियों ने सकारात्मक प्रतिक्रिया भी दी। उनमें से एक डॉ. चौधरी थे, जो आर्य समाज से जुड़े हुए थे। उन्होंने आश्वासन दिया कि वे संघ का तेजी से विस्तार करेंगे।[2]

राजपाल पुरी की गिरफ्तारी

डॉ. हेडगेवार का कराची दौरा पंजाब और सिंध की जनता में राष्ट्रीयता के भाव जगाने का महत्वपूर्ण अवसर बना। आर्य समाज के अग्रणी नेतृत्वकर्ता के रूप में भाई परमानंद की लोकप्रियता और विगत वर्षों में सांप्रदायिक हिंसा की घटनाओं के दौरान संघ की हिंदुओं के संरक्षक की छवि का मिश्रित परिणाम यह हुआ कि पंजाब में संघ का तेजी से विस्तार होने लगा। हालांकि सिंध में गतिविधियां बढ़ाने में अपेक्षाकृत कुछ अधिक समय लगा। सिंध में आर्य समाज का गहरा प्रभाव रहा था। आर्य समाज के शुद्धि आंदोलन के अंतर्गत 1920 के दशक में सिंध के मुसलमानों ने बड़ी संख्या में हिंदू धर्म अपनाया था।[3] वहां संघ के प्रारंभिक दौर में अधिकतर स्वयंसेवक महाराष्ट्र और पंजाब के सरकारी कर्मचारी तथा अन्य व्यवसायों से जुड़े लोग थे।[4]

सिंध में संघ की सक्रियता का निर्णायक मोड़ तब आया, जब संघ से जुड़े आर्य समाज पृष्ठभूमि के राजपाल विशंभरनाथ पुरी ने वहां मोर्चा संभाला। पंजाब के सियालकोट के रहने वाले पुरी को सिंध के हैदराबाद स्थित नवलराम हीरानंद एकेडमी में संस्कृत पढ़ाने के लिए आमंत्रित किया गया था। उसके बाद से सिंध में संघ की पैठ गहरी होती गई। स्वयंसेवकों के बीच 'श्रीजी' के नाम से प्रसिद्ध पुरी ने अनेक युवाओं को तैयार किया, जिनमें 15 वर्षीय लालकृष्ण आडवाणी भी शामिल थे। पुरी की सफलता से प्रभावित होकर तत्कालीन सरसंघचालक माधवराव सदाशिवराव गोलवलकर (गुरुजी) ने उन्हें प्रांत प्रचारक का दायित्व सौंपा। 1942 में पुरी और कुछ स्वयंसेवकों को गिरफ्तार किया गया। जेल से छूटने के बाद उनकी लोकप्रियता और बढ़ गई।[5]

सिंध का पर्याय बना संघ

1941-42 के दौरान सिंध में मार्शल लॉ लागू होने के बावजूद निजी भवनों में संघ की शाखाएं लगती रहीं। वहां विशेष रूप से मुस्लिम लीग के द्वि-राष्ट्र सिद्धांत और उसके दूरगामी हानिकारक परिणामों से स्वयंसेवकों को अवगत करवाया जाता था। विभाजन की स्थिति में सिंध को पाकिस्तान में मिला दिए जाने की पूरी संभावना थी। संघ के वरिष्ठ कार्यकर्ता स्वयंसेवकों को संघ की अवधारणा इस प्रकार समझाते, 'कांग्रेस नेताओं को भरोसा है कि ब्रिटिश सरकार को ज्ञापन और याचिकाएं भेजने से भारत को आजादी मिल जाएगी। हम नहीं सोचते कि अंग्रेज इतनी आसानी से चले जाएंगे। इसी तरह, यदि कुछ देशभक्त हाथ में बंदूक लेकर अंग्रेजों का मुकाबला करें तो भी वे जाने वाले नहीं हैं।' इसके बावजूद संघ के नेता महात्मा गांधी और शहीद भगत सिंह दोनों के बारे में सम्मानपूर्वक बात करते थे।[6]

भारत विभाजन से पूर्व के दो-तीन वर्षों में संघ के कार्यकर्ताओं की संख्या में तेजी से बढ़ोत्तरी हुई। इसका विशेष प्रभाव उन क्षेत्रों में दिखा, जिनके पाकिस्तान में चले जाने का अंदेशा बना हुआ था। सिंध, सीमांत प्रांत, पंजाब के साथ दिल्ली में भी इस अवधि के दौरान संघ का प्रभाव बढ़ा।[7] विभाजन के बाद भारत आकर जनसंघ और भाजपा में सक्रिय रहे झमटमल वाधवानी के अनुसार, सिंध में 75 प्रचारक और 450 पूर्णकालिक कार्यकर्ता थे।[8] सिंध से जुड़े वरिष्ठ संघ नेता के.आर. मलकानी के अनुसार, '1942 तक संघ का विस्तार सिंध के कोने-कोने तक हो चुका था।'[9] गुजराती और सिंधी में विपुल लेखन कर चुके सिंधी मूल के जयंत रेलवानी ने अपने संस्मरणों में लिखा, 'आमतौर पर मान लिया जाता है कि सारे सिंधी संघ से जुड़े हुए हैं, यह सामान्यीकरण निराधार नहीं है। सिंध के प्रत्येक पुरुष का किसी शाखा से प्रत्यक्ष या परोक्ष संबंध रहा है।[10]

कांग्रेसी बने स्वयंसेवक

धार्मिक अल्पसंख्यक वर्ग के रूप में सिंध के हिंदुओं में संघ के प्रति आकर्षण बढ़ता गया। कांग्रेस के प्रति आजीवन समर्पित रहे नेताओं-कार्यकर्ताओं का भी मोहभंग होने लगा। जयंत रेलवानी के संस्मरण तत्कालीन परिदृश्य को समझने में सहायक हैं:

> 'मेरे पिता कांग्रेस के प्रबल समर्थक थे। वे दो बार जेल भी जा चुके थे। एक बार किसी अंग्रेज ने गांधी के बारे में कुछ कह दिया तो वे उसे पीटने को तैयार हो गए। उनके जमाने में संघ नहीं हुआ करता था। लेकिन जब मेरी उम्र 17 साल हो रही थी तो सिंध में संघ का आगमन हो चुका था। 1942 के दौरान पिताजी को महसूस होने लगा कि कांग्रेस ने हर तरह से लोगों को निराश किया है। वे चाहते थे कि मैं संघ से जुड़ जाऊं क्योंकि सिंध उसी दिशा में बढ़ रहा था।'[11]

इसी तरह, के.आर. मलकानी को संघ से जुड़ने का परामर्श उनके बड़े भाई नारायणदास मलकानी ने दिया था, जो खुद सिंध के प्रमुख कांग्रेस नेताओं में शामिल थे। उनका 1917 में महात्मा गांधी से संपर्क हुआ था। चंपारण सत्याग्रह के समय वे मुजफ्फरपुर के जी.बी.बी. कॉलेज में प्रोफेसर के पद पर कार्यरत थे और गांधी चंपारण जाने के दौरान उनके घर ठहरे थे। जब गांधी ने 1920 में गुजराती विद्यापीठ की स्थापना की तो मलकानी नौकरी से त्यागपत्र देकर विद्यापीठ से जुड़ गए। बाद में उन्होंने दिल्ली में हरिजन कॉलोनी के निर्माण में योगदान किया। इसके बाद वे सिंध में रचनात्मक कार्यक्रम संचालित करने लगे। सिंध के दो बार मुख्यमंत्री रहे अल्लाबख्श सूमरो को कांग्रेस के निकट लाने में मलकानी की भूमिका रही थी।[12] इसके बावजूद उन्होंने अपने छोटे भाई को सलाह दी, 'कांग्रेस युवाओं को आकर्षित नहीं कर सकती, लेकिन संघ करता है।'[13]

कांग्रेस नेताओं का उदासीन व्यवहार सिंध के लोगों के कांग्रेस से विमुख होने का मुख्य कारण बना। 1930 के दशक में सिंध के कांग्रेसजन नियमित रूप से शीर्ष नेतृत्व को सिंध के बिगड़ते हालात की जानकारी देते रहे थे, लेकिन कोई संतोषजनक पहल नहीं हुई। प्रांतीय कांग्रेस कमेटी के ताराचंद गजरा और सी.टी. वालेचा ने सिंध में कानून व्यवस्था धराशायी होने का विषय उठाते हुए एक नोट तैयार करके भेजा। इसका जवाब नहीं मिलने पर उन्होंने गांधी को पत्र लिखकर पीड़ा व्यक्त की, 'यह एक मूक वेदना की गाथा है, जो जनता या प्रशासन द्वारा आर्थिक सहायता के बिना पलायन करने को मजबूर लोगों के साथ बीत रही है। कहीं और ऐसा हुआ होता तो इन्हें अंतरराष्ट्रीय जनसमर्थन और सहानुभूति मिलती। हमें आशा है कि सिंध प्रांत में आपकी रुचि बढ़ेगी।'[14]

सिंध, नेहरू और संघ

जवाहरलाल नेहरू द्वारा पद्मजा नायडू को लिखे एक पत्र में कांग्रेस की उपेक्षापूर्ण दृष्टि परिलक्षित होती है। उन्होंने लिखा, 'मैं सिंध को नहीं जानता। मुझे इसके प्रति आकर्षण महसूस नहीं होता है।'[15] पद्मजा को ही एक अन्य पत्र नेहरू ने सिंध के नवाबशाह में रहते हुए लिखा, 'ऐसा लगता है कि इन लोगों में कला की कुछ समझ नहीं है। इनके धारीदार पजामों के रंग सिरदर्द पैदा करते हैं।'[16] यहां तक कि कांग्रेस में सिंध का प्रतिनिधित्व कर रहे नेता भी सिंध की संकटग्रस्त परिस्थितियों के प्रति उदासीन बने हुए थे। 1939 के मंजिलगाह दंगों के बारे में नारायणदास मलकानी ने कांग्रेस अध्यक्ष जे.बी. कृपलानी को पत्र लिखा तो उनका जवाब था, 'मेरे पास सिंध के बारे में कहने के लिए कुछ भी नहीं है। सिंध के प्रति मेरा कोई व्यक्तिगत दृष्टिकोण नहीं है। अगर होता भी तो किसी को यह पसंद नहीं आता। ...कांग्रेस कार्यकारिणी को लगता है कि सिंधियों को किसी भी विषय में परामर्श देना व्यर्थ है।'[17]

जैसे-जैसे विभाजन अपरिहार्य होता गया, पंजाब और आसपास के क्षेत्रों में लोगों का संघ से जुड़ाव बढ़ा। 1943 से 1947 तक गुरुजी हर साल सिंध प्रवास करते थे, जबकि उस समय कांग्रेस के बड़े नेताओं का सिंध जाना कम हो गया था। ब्रिटिश गुप्तचर विभाग की तत्कालीन रिपोर्ट उल्लेखनीय है:

> 1940 और 1944 के प्रतिबंध आदेशों के पालन का दिखावा करते हुए संघ के नेता लगातार इन प्रतिबंधों से बचने और कुछ हद तक उनकी अवमानना करने के उपाय निकालते रहे हैं। संघ के स्वयंसेवकों को निर्देश मिले हुए हैं कि वे सरकारी कर्मचारियों से मेलजोल बढ़ाएं, उन्हें संघ की सदस्यता लेने के लिए प्रेरित करें और उनसे आधिकारिक सूचनाएं निकालकर लाएं। 1941 में संघ के सदस्यों की संख्या 37,362 थी, जो 1946 के पूर्वार्ध में 1,00,402 पहुंच गई। नवंबर, 1946 में गोलवलकर ने पंजाब का दौरा करते हुए विभिन्न स्थानों पर कम-से-कम 25 हजार स्वयंसेवकों से संपर्क किया। अकेले लाहौर में ही 7,500 स्वयंसेवक एकत्रित हुए। लगभग 40 हजार हिंदू-सिख इन कार्यक्रमों में शामिल हुए। सब कुछ इतनी गोपनीयता के साथ हुआ कि कई स्थानों पर धारा 144 लगी होने के बावजूद विशाल जनसमूह उमड़ा।[18]

1946 में जवाहरलाल नेहरू सिंध के हैदराबाद गए। वहां उनकी आमसभा आयोजित हुई। भय था कि सभा में गड़बड़ हो सकती है। आखिरकार, वहां के कांग्रेस

नेता डॉ. चिमनदास और बाबा किशनदास संघ के कार्यकर्ताओं से मिले। इसके बाद नेहरू की सभा में बड़ी संख्या में स्वयंसेवक पहुंचे और सभा को भंग करने के लोगों के प्रयास विफल कर दिए गए।[19]

पाकिस्तान के निशाने पर स्वयंसेवक

भारत का हिस्सा रहते हुए भी राजनीतिक उपेक्षा झेल रहे सिंध के हिंदुओं-सिखों के लिए विभाजन के बाद सरकारी मदद की रही-सही उम्मीद भी मिटती गई। उनके मन में भय था और वे जल्दी भारत चले आना चाहते थे। संघ से उनका भावनात्मक जुड़ाव इस दौरान और गहरा हो गया। सिंध में संघ का कार्य शुरू हुए एक दशक भी पूरा नहीं हुआ था, लेकिन हर परिस्थिति में मजबूती से साथ खड़े होकर लोगों का विश्वास जीतने में संघ कार्यकर्ता सफल रहे थे। वहां गुरुजी की सभाओं में हजारों लोग एकत्रित होते थे। विभाजन के नौ दिन पहले तक गुरुजी ने सिंध का प्रवास करके वहां की स्थिति का स्वयं निरीक्षण किया था। उन्होंने स्वयंसेवकों को निर्देश दिया कि वे लोगों को सुरक्षा प्रदान करें और सुनिश्चित करें कि उनका पाकिस्तान से भारत में स्थानांतरण बिना किसी असुविधा के हो। 5 अगस्त, 1947 को हुए गुरुजी के इस दौरे में शामिल रहे एक स्थानीय कार्यकर्ता के अनुसार:

> 'गुरुजी कराची के सम्मेलन में मुझे स्वयंसेवक के रूप में साथ लेकर गए। वहां उन्होंने कहा कि सिंध में यह उनका अंतिम दौरा है, इसके बाद नया शासन आ जाएगा और नए संकट भी आएंगे। मैं उस दौरान कराची में ही रह गया। 14 अगस्त को मैंने देखा कि लॉर्ड माउंटबेटन अपनी गाड़ी में जिन्ना को लेकर जा रहे हैं। मैं शिकारपुर लौटा तो पाया कि हिंदुओं का पलायन शुरू हो गया है। स्कूल गया तो वह भी बंद था। मुझे समझ आ गया कि अब यहां और रहना संभव नहीं होगा।'[20]

भारत विभाजन के समय सिंध में मुस्लिम लीग की सरकार थी। जिस तरह सीमा प्रांत में भारत या पाकिस्तान में रहने के विकल्प को लेकर जनमत संग्रह की करवाने की बात कही जा रही थी, सिंध में ऐसा कोई प्रबंध नहीं था। वहां के लोगों के भाग्य का निर्णय करने का अधिकार मुस्लिम लीग को दे दिया गया। इन घटनाओं ने सिंध के सिखों-हिंदुओं को उद्वेलित कर रखा था। कांग्रेस के प्रति आक्रोश इतना बढ़ गया था कि स्थानीय प्रमुख नेता और कांग्रेस के राष्ट्रीय अध्यक्ष होने के बावजूद जे.बी. कृपलानी को सिंध यात्रा के दौरान काले झंडे दिखाते हुए वापस चले जाने को कहा गया।[21]

सिंध के हिंदू-सिख परिवारों को सुरक्षित भारत पहुंचाने का दायित्व संघ के स्वयंसेवकों ने अपनी जान संकट में डालकर निभाया। पाकिस्तान में अपना सब कुछ छोड़कर भागने को मजबूर कर दिए गए लाखों लोगों के पुनर्वास के लिए संघ ने विभिन्न क्षेत्रों में राहत अभियान चलाए। पाकिस्तान बनने के बाद भी संघ के लोग वहां रुके रहे। कुछ स्वयंसेवकों ने पाकिस्तान सरकार के विरुद्ध सशस्त्र अभियान छेड़ने की योजना पर काम शुरू किया। नंद बदलानी और 12 अन्य स्वयंसेवकों को पाकिस्तान को पुनः अखंड भारत में विलीन करने के प्रयास के आरोप में कराची जेल में रखा गया था। संघ का नेटवर्क वहां इतना मजबूत था कि जेल में बंद स्वयंसेवकों तक गुरुजी का पत्र पहुंच जाता था।[22]

नवनिर्मित पाकिस्तान के निशाने पर संघ था। उसी दौरान कराची की शिकारपुर कॉलोनी में एक बम विस्फोट हुआ। इस घटना को मोहम्मद अली जिन्ना सहित कई महत्वपूर्ण लोगों की हत्या की योजना से जोड़कर मुकदमा दर्ज किया गया। 20 स्वयंसेवक गिरफ्तार किए गए। पाकिस्तान सरकार के खोजी अभियान के बीच स्वयंसेवकों ने भूमिगत रहकर काम जारी रखा। राजपाल पुरी भेष बदलकर एयरपोर्ट के सुरक्षाकर्मियों को चकमा देकर निकलने में सफल रहे। उस दौरान सिंध के प्रमुख नेताओं में झमटमल वाधवानी रह गए थे। वे पाकिस्तान में रहकर शिकारपुर कॉलोनी केस के फरार अभियुक्तों की सहायता करते रहे।[23]

स्वयंसेवकों की रिहाई के लिए भारत और पाकिस्तान की सरकारों द्वारा कैदियों का हस्तांतरण ही एक मार्ग था। गुरुजी के प्रयासों से भारत सरकार का सहयोग मिला। फिरोजपुर की सीमा पर हस्तांतरण की तारीख भी निश्चित हो गई। लेकिन अंतिम समय में पाकिस्तान की ओर से अड़चन लगा दी गई। पाकिस्तान का कहना था कि दोनों देश बराबर संख्या में कैदी छोड़ेंगे। इसके पीछे गुत्थी यह थी कि भारत में तब केवल एक पाकिस्तानी नागरिक डॉ. कुरैशी को कैद रखा गया था। मोहम्मद अली जिन्ना के घनिष्ठ मित्र डॉ. कुरैशी की रिहाई के लिए पाकिस्तान सरकार काफी प्रयास कर रही थी। एक के बदले एक का नियम बनाकर पाकिस्तान ने सिर्फ संघचालक बैरिस्टर खानचंद गोपालदास को छोड़ने का फैसला किया। गुरुजी को इसकी जानकारी मिली तो उन्होंने तुरंत गृह मंत्रालय से संपर्क किया। गृह मंत्री सरदार पटेल की अनुपस्थिति में काकासाहब गाडगिल प्रभारी मंत्री की भूमिका में थे। गुरुजी ने उनसे बात की। इसके बाद पाकिस्तान सरकार को सूचना भेजी गई कि अगर सभी स्वयंसेवकों को नहीं छोड़ा गया तो भारत डॉ. कुरैशी को रिहा नहीं करेगा। हस्तांतरण की प्रक्रिया तत्काल के लिए टाल दी गई, लेकिन अंततः पाकिस्तान को शर्त माननी पड़ी और सभी स्वयंसेवक सकुशल भारत आ गए।[24]

संदर्भ सूची

1. वॉल्टर एंडरसन और श्रीधर दामले: द ब्रदरहुड इन सैफ्रन, विस्तार पब्लिकेशंस, नई दिल्ली, 1987, पृष्ठ 38
2. मानिकचंद वाजपेयी और श्रीधर पराड़कर: पार्टिशन डेज-द फियरी सागा ऑफ आरएसएस, सुरुचि पब्लिकेशंस, नई दिल्ली, 2002, पृष्ठ 462
3. मंजरी काटजू और योगेंद्र सिकंद: इकोनॉमिक एंड पॉलिटिकल वीकली, 20 अगस्त, 1994
4. रीता कोठारी: इकोनॉमिक एंड पॉलिटिकल वीकली, 8-21 जुलाई, 2006
5. आत्माराम कुलकर्णी: एडवेंट ऑफ आडवाणी, आदित्य प्रकाशन, मुंबई, 1995, पृष्ठ 17
6. लालकृष्ण आडवाणी: मेरा देश मेरा जीवन, प्रभात प्रकाशन, नई दिल्ली, 2008, पृष्ठ 32
7. वॉल्टर एंडरसन और श्रीधर दामले: द ब्रदरहुड इन सैफ्रन, विस्तार पब्लिकेशंस, नई दिल्ली, 1987, पृष्ठ 45
8. झमटमल वाधवानी के संस्मरण/ रीता कोठारी: इकोनॉमिक एंड पॉलिटिकल वीकली, 8 जुलाई, 2006
9. के.आर. मलकानी: द सिंध स्टोरी, सिंधी एकेडमी, दिल्ली, 1997, पृष्ठ 67
10. जयंत रेलवानी: शामने सिंधु नीर, लक्ष्मी पुस्तक भंडार, अहमदाबाद, 1996, पृष्ठ 87
11. जयंत रेलवानी के संस्मरण/ रीता कोठारी: इकोनॉमिक एंड पॉलिटिकल वीकली, 8-21 जुलाई, 2006
12. के.आर. मलकानी: द सिंध स्टोरी, सिंधी एकेडमी, दिल्ली,1997, पृष्ठ 75
13. झमटमल वाधवानी: द वॉइस ऑफ द नेशन, भारतीय सिंधु, मुंबई, 2004, पृष्ठ 1
14. ताराचंद गजरा: गांधी ऑन सिंध एंड सिंधीज, संपादक-मोतीलाल जटवाणी, सिंधी एकेडमी, दिल्ली, पृष्ठ 333
15. सुभद्रा आनंद: नेशनल इंटीग्रेशन ऑफ सिंधीज, विकास पब्लिशिंग हाउस, दिल्ली, 1996, पृष्ठ 55
16. के.आर. मलकानी: द सिंध स्टोरी, सिंधी एकेडमी, दिल्ली, 1997, पृष्ठ 76
17. एन.आर. मलकानी: निराली जिंदगी, 1973, पृष्ठ 106
18. फाइल सं. 28/5/46, गृह विभाग, भारत सरकार, 1946
19. ना.गं. वझे और माणिकचंद्र वाजपेयी: पहली अग्निपरीक्षा, अर्चना प्रकाशन,

भोपाल, 1993, पृष्ठ 26

20. लक्ष्मणदास मखीजा के संस्मरण/ रीता कोठारी: इकोनॉमिक एंड पॉलिटिकल वीकली, 8-21 जुलाई, 2006
21. जे.बी. कृपलानी: माय टाइम्स, रूपा एंड कंपनी, नई दिल्ली, 2004, पृष्ठ 703
22. श्रीगुरुजी समग्र, खंड 8, प्रभात प्रकाशन, नई दिल्ली, युगाब्द 5106, पृष्ठ 41
23. झमटमल वाधवानी के संस्मरण/ रीता कोठारी: इकोनॉमिक एंड पॉलिटिकल वीकली, 8-21 जुलाई, 2006
24. सी.पी. भिशीकर: गुरुजी-द पायनियर ऑफ अ न्यू एरा, साहित्य सिंधु प्रकाशन, बंगलौर, 1999, पृष्ठ 66-67

शठे शाठ्यं समाचरेत्

राष्ट्रीय स्वयंसेवक संघ की भूमिका बदलने लगी। यह परिवर्तन आया, जब मुस्लिम लीग की कुत्सित चाल पर कांग्रेस और ब्रिटिश राज की मुहर लगते ही सीमावर्ती क्षेत्रों में हिंदुओं के विरुद्ध व्यापक पैमाने पर नृशंस घटनाओं का दौर शुरू हो गया। देखते ही देखते अलग-अलग क्षेत्रों में सुनियोजित दंगे होने लगे। सबसे पहले रावलपिंडी के हिंदू-सिख परिवार भुक्तभोगी बने। कांग्रेस अध्यक्ष जे.बी. कृपलानी ने मई, 1947 में कश्मीर जाने के दौरान रावलपिंडी का दौरा किया और वहां के हालात देखे। उन्होंने लिखा:

> 'हमने हर हिंदू-सिख गांव को तबाह देखा। घरों को लूटकर जला दिया गया था। वहां के निवासियों में ज्यादातर भूतपूर्व सैनिक थे, जिन्होंने दो विश्व युद्धों में लड़ाई लड़ी थी। वे धनी किसान थे। उन्हें मारने और उनके घरों को जलाने के बाद मुस्लिम लुटेरे सामान लूट ले जाने के लिए गाड़ियों के साथ आए। सिखों-हिंदुओं ने अपने जीवन और अपनी महिलाओं के सम्मान के लिए मुकाबला किया, लेकिन लुटेरे उन पर हावी पड़ गए। एक घर, जहां हिंदू-सिख बच्चों को सुरक्षा के लिए रखा गया था, उसमें आग लगा दी गई। हमने परिसर में छोटे बच्चों की जली हुई हड्डियां देखीं। हमें बताया गया कि कैसे हिंदू-सिख महिलाओं ने अपने बच्चों के साथ कुल मिलाकर 125 की संख्या में एक गहरे कुएं में गिरकर आत्महत्या कर ली। घर के पुरुषों के मारे जाने के बाद उन्होंने अपने सम्मान की रक्षा के लिए प्राणों की आहुति दे दी।'[1]

इस स्वीकारोक्ति के बावजूद कांग्रेस नेतृत्व का ध्यान अंग्रेजों के जाने के बाद मिलने वाली सत्ता पर लगा हुआ था। इसी योजना के अंतर्गत कार्यवाही आगे बढ़ी। 30 मई को नेहरू ने पंजाब के गवर्नर इवान जेंकिंस से मुलाकात की। वहां हुई बातचीत के बारे में अगले दिन जेंकिंस ने माउंटबेटन को लिखा, 'नेहरू का कहना था कि भारत के लोगों को अपने झगड़े खुद सुलझाने चाहिए, अगर अभी संभव नहीं हो तो अंग्रेजों के जाने के बाद। उन्होंने माना कि पंजाब में गृह युद्ध हो सकता है, लेकिन वे सोचते हैं कि यह ज्यादा लंबा नहीं चलेगा।'[2]

भारत के राष्ट्रीय हितों पर चौतरफा प्रहार हो रहा था। उस दौरान हिंदू महासभा के पास संगठन नहीं था, उसकी तस्वीर भी धुंधली हो चुकी थी। इसलिए युवा पीढ़ी तेजी से राष्ट्रीय स्वयंसेवक संघ को अपनाने लगी। उसे लगता था कि यही संस्था भारत को विभाजन के अभिशाप से बचाते हुए स्वतंत्रता का मार्ग प्रशस्त कर सकती है। संघ कार्य की दृष्टि से उस समय अंबाला विभाग को छोड़कर सारा पंजाब, सीमा प्रांत और जम्मू कश्मीर एक क्षेत्र के अंतर्गत आते थे। माधवराव मुले इस क्षेत्र के लिए नागपुर से भेजे गए प्रमुख प्रचारक थे। 1942 तक कुछ बड़े नगरों को छोड़कर यह सारा क्षेत्र संघ कार्य की दृष्टि से अछूता ही था। 1942 के संघ शिक्षा वर्ग के बाद पहली बार पंजाब के कुछ उच्च शिक्षा प्राप्त उत्साही युवक पूरा समय लगाकर संघ कार्य का विस्तार करने के लिए आगे आए। सीमा प्रांत में देवप्रकाश शास्त्री, मुल्तान विभाग में लेखराज शर्मा, रावलपिंडी विभाग में डॉ. हरबंस लाल, लाहौर विभाग में भाई महावीर और अमृतसर विभाग में राम सिंह नियुक्त किए गए। जम्मू-कश्मीर राज्य का दायित्व बलराज मधोक को सौंपा गया।[3]

स्वयंसेवक बने सहारा

पंजाब में संघ का तेजी से विस्तार हुआ। प्रांत प्रचारक माधवराव मुले के संपर्कों और सक्रियता से 1946 तक पंजाब में संघ के 3,200 नियमित और 8 हजार अस्थायी स्वयंसेवक बन गए थे।[4] हिंदुओं-सिखों पर हो रहे अमानुषिक अत्याचारों का प्रतिकार करने के लिए संघ आगे आया। मुले ने लाहौर में संघ कार्यकर्ताओं की बैठक ली। वहां यह चिंता प्रकट की गई कि जो रावलपिंडी में हुआ है, वही आगे चलकर स्यालकोट, लाहौर आदि जगहों पर भी होने लगेगा। बैठक के अंत में मुले ने 20 स्वयंसेवकों को चुनकर उन्हें शाखा कार्य से मुक्त कर दिया और सांप्रदायिक तत्वों से मुकाबला करने को नियुक्त किया। उसी दौरान गुप्तचर विभाग, शस्त्र-संग्रह विभाग, वाहन विभाग, प्रतिरक्षा विभाग, मेडिकल विभाग, शवदाह विभाग, धन संग्रह विभाग बनाए गए।[5]

दूसरी तरफ, मुस्लिम कट्टरपंथियों की बर्बरता बढ़ती गई। संघ की चिंता सही साबित होने लगी। रावलपिंडी के बाद अमृतसर, फिर लाहौर... देखते ही देखते पूरा

प्रांत सुलगने लगा। रावलपिंडी के हजारों हिंदू-सिख परिवारों ने लाहौर में शरण ली; अन्य हजारों परिवार दिल्ली, हरिद्वार और दूसरे निकटवर्ती स्थानों में चले गए। इन घटनाओं की वीभत्सता को जानबूझकर छिपाया गया। यहां तक कि महात्मा गांधी ने जवाहरलाल नेहरू को लिखा:

> 'पंजाब की दुखद घटनाओं के बारे में जो कुछ बता सकते हो, वह बताओ। अखबारों में जो कुछ छपने दिया जाता है, उसके सिवाय मुझे कुछ नहीं मालूम और अखबारों पर मुझे बिल्कुल विश्वास नहीं है। न ही मुझे सच्चाई पर पर्दा डालने की नीति पसंद है। आश्चर्य की बात है कि यह देश लगभग वही तरीके अपना रहा है, जिनकी वह ब्रिटिश शासन के दौरान आलोचना करता था।'[6]

कट्टर इस्लामिक सोच रखने वालों के लिए पाकिस्तान का बनना अहम था। उस समय लाखों हिंदू शरणार्थियों के लिए पहली चुनौती जिंदगी को फिर से पटरी पर लाना था। बहुत-से लोगों ने परिवार की महिलाओं और बच्चों को अपने हाथों से मार डाला। उन्हें डर था कि उनका अपहरण कर धर्म परिवर्तन कर दिया जाएगा। कट्टरता और नृशंसता के इस भयावह माहौल में हिंदुओं की रक्षा के लिए संघ के स्वयंसेवक देवदूत की तरह उपस्थित रहे।[7] मोहल्लों में रात भर पहरा देने से लेकर शरणार्थियों के लिए राहत शिविर लगाने और महिलाओं-बच्चों को सुरक्षित स्थानों पर पहुंचाने तक वे रक्षक की भूमिका में बने रहे। उस वीभत्स दौर में स्वयंसेवक और सहारा पर्यायवाची हो गए। संघ के कार्यालय और शाखा स्थान शरणार्थियों के लिए सुरक्षित गढ़ बने हुए थे, जहां उन्हें किसी प्रकार का खतरा नहीं था। मुसलमानों के आतंक से भयभीत परिवार अपनों के अंतिम संस्कार के लिए भी बाहर निकलने से घबराते थे; यह भूमिका भी स्वयंसेवकों ने निभाई। हालात ये थे कि ममदौत में सभी हिंदुओं को मार दिए जाने की अफवाह फैलने पर लोगों ने फिरोजपुर के जिला अधिकारी से बात की तो उन्होंने सैन्य बल की कमी के कारण संघ कार्यालय से मदद मांगने का सुझाव दिया।[8] अविभाजित भारत में पंजाब विश्वविद्यालय के प्रोफेसर रहे अमरनाथ बाली ने विभाजन के दौरान सीमावर्ती क्षेत्रों की स्थिति का प्रत्यक्षदर्शी विवरण अपनी पुस्तक 'नाउ इट कैन बी टोल्ड' में दिया है। वे लिखते हैं:

> 'अहिंसा की नीति और भगवान पर भरोसा रखने की सलाह भुक्तभोगियों की नजर में एक आदर्श सलाह थी, जो केवल दूर बैठे-बैठे दी जा सकती

थी। ऐसी कठिन घड़ी में उनकी रक्षा के लिए निस्वार्थ हिंदू युवकों के संगठन 'राष्ट्रीय स्वयंसेवक संघ' के अलावा कोई नहीं आया। उन्होंने प्रांत के हर नगर के हर मुहल्ले में हिंदू-सिख महिलाओं-बच्चों को निकालने का बीड़ा उठाया और उन्हें संकटपूर्ण क्षेत्रों से सुरक्षित स्थानों पर पहुंचाया। उनके लिए भोजन, चिकित्सा और कपड़ों का प्रबंध किया, संस्थानों की रक्षा के लिए दलों का गठन किया, विभिन्न नगरों में अग्निशामक दल बनाए, विस्थापितों के लिए वाहनों का प्रबंध किया, ट्रेनों पर सुरक्षा दल तैनात किए, हिंदुओं-सिखों की बस्तियों में दिन-रात पहरा दिया और लोगों को आत्मरक्षा का पाठ पढ़ाया। जब विभाजन की पूर्व संध्या पर स्थिति गंभीर हो गई, कानून व्यवस्था भंग हो गई या कहा जाए कि उसका उपयोग हिंदुओं-सिखों के दमन के लिए किया जाने लगा; तब राष्ट्रीय स्वयंसेवक संघ के लोगों ने आग्नेयास्त्रों को भी चलाने में अपनी अद्‌भुत क्षमता दिखाई। यह 'शठे शाठ्यं समाचरेत' का पालन था। इन युवकों ने पीड़ित हिंदू-सिख परिवारों का शुरू से अंत तक साथ दिया। वे सबसे पहले उनके पास पहुंचे और सबसे बाद में पश्चिमी पंजाब छोड़ा। मैं पंजाब के कितने ही प्रसिद्ध कांग्रेसी नेताओं को जानता हूं, जिन्होंने अपने परिजनों की रक्षा के लिए संघ की सहायता ली। संघ ने सहायता की किसी भी पुकार को अनसुना नहीं किया। ऐसे मौके भी आए, जब संघ के लोगों ने मुस्लिम महिलाओं-बच्चों को लाहौर में मुस्लिम लीग के शरणार्थी केंद्रों तक सुरक्षित पहुंचाया।"[9]

स्वर्ण मंदिर और संघ कार्यालय का संपर्क

भारत विभाजन के पहले महीनों तक चले हिंदू-सिख विरोधी दंगों ने अमृतसर की आत्मा को जख्मी कर दिया। उस दौरान स्वयंसेवकों ने अपनी जान पर खेलकर लोगों की रक्षा की। अमृतसर में संघ की गतिविधियां तेजी से बढ़ी थीं। 1946 तक नगर के प्रत्येक मोहल्ले में शाखा शुरू हो चुकी थी। उपशाखाओं की संख्या 150 से अधिक हो चुकी थी। इन शाखाओं से 5 हजार से अधिक स्वयंसेवक जुड़े हुए थे।[10] अमृतसर में सैकड़ों अखाड़े भी थे। बहुत-से स्वयंसेवक इन अखाड़ों से ही संघ में आए। उन दिनों पहलवान दारा सिंह भी स्वयंसेवकों के साथ अखाड़े में कुश्ती करते थे।[11] संघ की बढ़ती सक्रियता देखकर मुस्लिम लीग ने भी अमृतसर में गतिविधियां बढ़ा दीं। उसने अपना प्रादेशिक केंद्र लाहौर से हटाकर अमृतसर को बना लिया। अमृतसर मुस्लिम नेशनल गार्ड का भी प्रभावशाली केंद्र बना हुआ था। इसके अलावा खाकसार

और अहरार नामक मुस्लिम संगठन भी प्रभावी थे। ये सभी मिलकर मुसलमानों को आक्रामक बनाने के लिए शस्त्र उपलब्ध करवाते थे और उन्हें प्रशिक्षण देते थे।[12]

1947 में पंजाब के अन्य हिस्सों की तरह अमृतसर में भी हिंदू-सिख विरोधी दंगे शुरू हो गए। कर्फ्यू के बावजूद मुसलमान झुंड बनाकर निकलते थे और हिंदुओं-सिखों पर हमले करते थे। छुरेबाजी तो आम बात हो गई थी। उस दौरान संघ कार्यालय शहर की चारदीवारी से बाहर था। टेलीफोन का भी अधिक प्रचलन नहीं था। इसके लिए शहर के मध्य में रहने वाले सेठ जगतबंधु के कारखाने में लगे फोन का सहारा लिया गया। वहां एक स्वयंसेवक मंगतराम को नियुक्त कर दिया गया। शहर की हर सूचना कारखाने में पहुंचती और वहां से संघ कार्यालय भेजी जाती। इसी तरह संघ कार्यालय से आने वाली सूचनाएं मंगतराम के माध्यम से शहर में उचित स्थान तक पहुंचती थी। इसी तरह दरबार साहब (स्वर्ण मंदिर) और संघ कार्यालय के बीच सूचनाओं का आदान-प्रदान होता रहता था।[13]

जान की बाजी लगाकर स्वयंसेवक दंगाइयों से मुकाबला करने के लिए बम का भी इस्तेमाल करते थे। इनका निर्माण वे खुद करते थे। इस काम में इस्तेमाल होने वाली विस्फोटक सामग्री मजीठ मंडी की एक किराना दुकान से खरीदी जाती थी। बम बनाने के दौरान एक स्वयंसेवक तीर्थराम अरोड़ा की मृत्यु हो गई।[14] इसी तरह, आबादी गोकुल क्षेत्र में बम बनाने के दौरान एक बम स्वयंसेवक सीताराम बग्गा के हाथ में फट गया। उनका बायां हाथ उड़ गया और दायां भी काफी जख्मी हो गया। एक आंख की रोशनी पूरी तरह चली गई और दूसरी को भी नुकसान हुआ। बग्गा का दूसरा हाथ भी काटना पड़ा। वे दो महीने सर्जिकल वार्ड और एक महीने आंखों के वार्ड में रहे। बग्गा के पास बैठे एक अन्य स्वयंसेवक कुंदनलाल अरोड़ा के हाथ और पैर सहित काफी शरीर जल गया।[15]

अमृतसर में लगभग 6 महीने तक बनी युद्ध की स्थिति में संघ के स्वयंसेवक हिंदुओं-सिखों की रक्षा करते रहे। उन्होंने मुस्लिम लीग द्वारा प्रायोजित हिंसा का उत्तर हथियारों से दिया। कई बार स्वयंसेवकों ने गोपनीयता के साथ वेश बदलकर अपनी योजनाओं को अंजाम तक पहुंचाया। कई स्वयंसेवकों को अपने प्राण गंवाने पड़े, लेकिन वे कर्तव्य से पीछे नहीं हटे।[16]

स्वयंसेवकों को लाइन में खड़ा करके गोलियां मारीं

लाहौर को पाकिस्तान से मिलाने के लिए लगातार षडयंत्र चल रहा था। 1941 की जनगणना के दौरान भी लाहौर में मुसलमानों की जनसंख्या को बढ़ाकर बताने के प्रयास किए गए। हिंदुओं-सिखों के कड़े विरोध के कारण यह चाल विफल हो गई।

लेकिन बाद में पंजाब में बनी गठबंधन सरकार ने लाहौर नगरपालिका में मुसलमानों को अधिक स्थानों पर आरक्षण दे दिया। नगरपालिका अध्यक्ष के चुनाव में हिंदू प्रत्याशी और मुस्लिम प्रत्याशी को बराबर वोट मिले, लेकिन कांग्रेस के मंत्री ने एक हिंदू को सरकार की ओर से मनोनीत करके उसका वोट मुस्लिम प्रत्याशी को दिलवा दिया।[17] इसके बाद लाहौर पर मुस्लिम लीग का शिकंजा बढ़ता ही गया और हिंदुओं-सिखों की आवाज दबाई जाने लगी। 1947 में पाकिस्तान के अस्तित्व में आने से ठीक पहले शुरू हुए हिंदू-सिख विरोधी दंगे इसी षडयंत्र के परिणाम के रूप में सामने आए।

जैसे-जैसे मुस्लिम लीग की सांप्रदायिकता जोर पकड़ती गई और विभाजन अपरिहार्य होता गया; लाहौर तथा उसके आसपास के क्षेत्रों में रहने वाले हिंदू-सिख संघ को संबल के रूप में देखने लगे। उस दौरान पंजाब में लाहौर संघ की गतिविधियों का प्रमुख केंद्र बनता गया। 1942 में लाहौर से 58 प्रचारक विभिन्न संघ विभागों में भेजे गए। इनमें बलराज मधोक (श्रीनगर), भाई महावीर (जालंधर), डॉ. हरबंस लाल (रावलपिंडी), ठाकुर रामसिंह (कांगड़ा) आदि प्रमुख थे।[18] लगातार बढ़ती संगठन शक्ति के कारण संघ ने युवाओं को आकर्षित किया। सांप्रदायिक हिंसा की घटनाओं के दौरान संघ की सुरक्षात्मक भूमिका ने उन परिवारों में भी विश्वास जगाया, जो संतुलन और तुष्टिकरण की नीति के कारण कांग्रेस से विमुख तथा राजनीति से निराश होते जा रहे थे। उनका संघ के प्रति विश्वास विभाजन के नजदीक आने के साथ-साथ निर्भरता में बदल गया। उन्हें सिर्फ स्वयंसेवकों से उम्मीद थी।

उस दौरान पूरे पश्चिमी पंजाब में संगठित तरीके से और सरकारी मशीनरी का इस्तेमाल करके हिंदुओं-सिखों को प्रताड़ित किया जा रहा था। प्रशासन से लेकर न्यायपालिका तक व्यापक मुस्लिम प्रतिनिधित्व के कारण मुस्लिम लीग के हाथों की कठपुतली बने हुए थे। इनमें 85 प्रतिशत मुसलमान थे। हिंदुओं-सिखों पर अत्याचार करने वालों को असामाजिक तत्व बताकर मामले को हल्का करने की कोशिश की जा रही थी, जबकि वे वर्दी वाले गुंडे थे और निश्चित रणनीति के साथ काम कर रहे थे। पश्चिमी पंजाब में हिंदुओं-सिखों का सबसे वीभत्स नरसंहार लाहौर संभाग के शेखपुरा में हुआ। इसे पुलिस और बलूच सैनिकों ने अंजाम दिया। इस नरसंहार के 4 दिन पहले ही हिंदू-सिख परिवार शेखपुरा छोड़कर जा रहे थे, लेकिन पुलिस और सेना की वर्दी में चारों तरफ रास्ता रोककर खड़े गुंडों ने उन्हें जाने नहीं दिया। उस समय तक वहां कोई दंगा भी नहीं हुआ था, लेकिन कर्फ्यू लगा दिया गया। यह ऐसा ही था, जैसे शिकार को जाल से बाहर नहीं निकलने दिया जा रहा हो।[19]

पंजाब प्रांत के संघचालक रायबहादुर बद्रीदास लाहौर के ही रहने वाले थे। उनकी

अध्यक्षता में संघ ने पंजाब रिलीफ कमेटी का गठन किया। अन्य संस्थाओं के लोगों ने भी इसी कमेटी से जुड़कर राहत कार्यों में भागीदारी की। सीमा प्रांत के हजारा जिले में हिंदुओं-सिखों पर हिंसक हमले हुए। गांवों को लूट कर आग लगा दी गई, महिलाओं के साथ बलात्कार हुए। हरिपुर तहसील में कई महिलाओं ने अपनी अस्मिता की रक्षा के लिए कुओं में कूदकर जान दे दी। किसी तरह बचकर निकले लोगों ने रावलपिंडी के पास वाह नामक स्थान पर शरण ली। उनकी सहायता के लिए भी पंजाब रिलीफ कमेटी ही आगे आई।[20] लाहौर के प्रतिष्ठित शिक्षाविद डॉ. गोकुलचंद नारंग ने अपनी कोठी रिलीफ कमेटी के काम के लिए सौंप दी। संघ के राहत कार्य विभिन्न केंद्रों से संचालित होते थे। जब मुस्लिम बहुल दाल मंडी में हिंदुओं-सिखों पर हमले शुरू हुए तो सभी हिंदू-सिख दयाल सिंह कॉलेज में एकत्र हुए। संघ के राहत शिविर का कार्यालय इसी कॉलेज के छात्रावास में था। छात्रावास में संघ की शाखा भी लगती थी, जिसके मुख्य शिक्षक डॉ. कृष्णकुमार महाजन थे। मुसलमानों की भीड़ ने कॉलेज को चारों तरफ से घेर लिया। जब महाजन को इसका पता चला तो वे अपने 12 सहयोगियों के साथ कॉलेज से हिंदुओं को राहत शिविर तक लाने के लिए एक ट्रक लेकर रवाना हुए। रास्ते में बलूच सैनिकों ने उन्हें रोका और सभी को पंक्ति में खड़ा करके गोली मारना शुरू किया। देखते ही देखते वहां लाशें बिछने लगीं। महाजन के आगे हट्टे-कट्टे स्वयंसेवक सरदार प्रद्युम्न सिंह खड़े थे। जब उन्हें गोली लगी तो वे अपने दोनों हाथ फैलाकर पीछे की ओर गिरे, जिससे महाजन और उनके पीछे खड़े छोटे कद के जगत सिंह उनके नीचे दब गए और उन्हें गोली नहीं लगी। बलूच सैनिक सभी को मरा हुआ समझकर वहां से चले गए।[21]

मुसलमानों की गुप्त योजनाओं की जानकारी लेने के लिए कई स्वयंसेवक मुस्लिम पहचान बनाकर रहते थे। वे मुसलमानों जैसे नाम रखते, वैसी ही पोशाक पहनते, कुरान की प्रमुख आयतें भी याद करते।[22] बालासाहब देवरस और माधवराव मुले को भी लाहौर दौरे में मुस्लिम पोशाक पहननी पड़ी।[23]

एक दिन लाहौर में संघ कार्यकर्ताओं को जानकारी मिली कि जिस मकान में कांग्रेस नेताओं की बैठक होगी, वहां मुसलमान हमला करने वाले हैं। स्वयंसेवक मोटरसाइकिल और जीप से तुरंत वहां पहुंचे तथा कांग्रेस नेताओं को वहां से निकाला। थोड़ी देर एक स्कूल में रुकने के बाद स्वयंसेवकों ने कांग्रेस नेताओं को सुरक्षित रायबहादुर बद्रीदास के घर पहुंचा दिया।[24]

लाहौर के पत्तोकी के रहने वाले स्वयंसेवक राम लुभाया की वहीं के मुसलमानों ने हत्या कर दी। इसके पहले भी उन पर जानलेवा हमला हुआ था। जुलाई, 1947 में पंजाब के संगरूर जिले के मस्तवाना साहब में संघ शिक्षा वर्ग लगा। सभी स्वयंसेवक

खुले मैदान में सोते थे। एक बार रात को उस मैदान में बम फेंका गया, लेकिन स्वयंसेवक बाल-बाल बच गए। राम लुभाया उस वर्ग में दंड शिक्षक थे।[25]

भारत से जुड़वाया गुरदासपुर

पंजाब के गुरदासपुर जिले को पाकिस्तान में मिलाने के लिए मुस्लिम लीग ने षडयंत्रपूर्वक वहां की मुस्लिम आबादी को बढ़ाकर बताया। इससे कागज पर गुरदासपुर जिला मुस्लिम बहुल हो गया। संघ के पास इस रिकॉर्ड के अवैध होने की सूचना थी। स्वयंसेवकों को तथ्यात्मक दस्तावेज तैयार करने का काम सौंपा गया। उन्होंने राशन इंस्पेक्टर बनकर प्रत्येक गांव का दौरा किया और हिंदुओं तथा मुसलमानों की वास्तविक जनसंख्या का रिकॉर्ड तैयार किया। यह रिकॉर्ड भारत-पाकिस्तान की सीमा निर्धारित करने के लिए गठित आयोग के सदस्य लाहौर के जस्टिस मेहरचंद महाजन को भेजा गया। इस सच्चाई के बाद गुरदासपुर जिला पाकिस्तान में जाने से बच गया।[26]

संघ पर पटेल-नेहरू में मतभेद

उस दौरान संघ को लेकर पटेल और नेहरू के दृष्टिकोण में भारी अंतर था। मणि बेन की डायरी से 22 जनवरी, 1947 को संघ के प्रतिनिधियों की पटेल से मुलाकात का जिक्र मिलता है। नेहरू के मतभेद सिर्फ संघ तक सीमित नहीं थे। ये राष्ट्रीय दृष्टिकोण के प्रति अलग सोच की शक्ल लिए हुए थे। नेहरू न केवल हैदराबाद के निजाम को हटाए जाने के इशारे तक को खतरनाक मानते थे, बल्कि विदेशी सरकारों की नजरों में नीचे गिराने वाला विषय मानते थे।[27] पटेल चाहते थे कि पाकिस्तान को साफ चेतावनी दी जाए कि अगर वहां से विस्थापितों का आना जारी रहा तो समान संख्या में मुसलमानों को पश्चिम बंगाल से पाकिस्तान भेजा जाएगा। नेहरू ने 27 अक्टूबर, 1948 को पटेल को पत्र लिखकर इस पर विरोध जताया। नेहरू का तर्क था कि पश्चिम बंगाल से मुसलमानों को पूर्व बंगाल में भेजने का सुझाव विनाशकारी है। इसी पत्र में नेहरू ने संघ का विषय उठाया और प्रमुख रूप से इंग्लैंड के लोगों की चिंता प्रकट की। नेहरू ने लिखा, 'इंग्लैंड के लोगों में व्यापक रूप से माना जाता है कि संघ के लोग फासिस्ट और सांप्रदायिक हैं। इसलिए उनके विषय, उनके संबंध में जो भी कदम उठाएंगे, उस पर इसी दृष्टिकोण से सोचा जाएगा।' उन्होंने महात्मा गांधी की गुरुजी से हुई दो-तीन मुलाकातों का जिक्र भी पटेल से किया। नेहरू ने लिखा कि गांधी पहली मुलाकात में गुरुजी से आंशिक प्रभावित थे, लेकिन बाद में संघ के विरुद्ध राय प्रकट की और उसे अविश्वसनीय माना। नेहरू ने खुद को भी गांधी से सहमत बताया।[28]

संदर्भ सूची

1. जे.बी. कृपलानीः माय टाइम्स, रूपा एंड कंपनी, नई दिल्ली, 2004, पृष्ठ 649
2. द ट्रांसफर ऑफ पॉवर 1942-47, खंड 11, संपादक-निकोलस मैनसर्घ, शाही स्टेशनरी कार्यालय, लंदन 1982, पृष्ठ 25
3. बलराज मधोकः जिंदगी का सफर, खंड 1, हिंदू वर्ल्ड पब्लिकेशन, नई दिल्ली, 1994, पृष्ठ 60-61
4. पश्चिमी पंजाब के पुलिस अधीक्षक की रिपोर्ट/ अ नोट ऑफ द सिख प्लान, लाहौर, 1948, पृष्ठ 3
5. कृष्णानंद सागरः विभाजनकालीन भारत के साक्षी, खंड 1, जागृति प्रकाशन, नोएडा, 2020, पृष्ठ 52-53
6. संपूर्ण गांधी वांगमय, खंड 87, सूचना और प्रसारण मंत्रालय, भारत सरकार, 1998, पृष्ठ 137
7. उर्वशी बुटालियाः बीबीसी न्यूज, 4 अगस्त 2017
8. राजकुमार चावलाः विभाजनकालीन भारत के साक्षी, खंड 3, संपादक-कृष्णानंद सागर, जागृति प्रकाशन, नोएडा, 2022, पृष्ठ 345
9. ए. एन. बालीः नाउ इट कैन बी टोल्ड, आकाशवाणी प्रकाशन, जालंधर, 1949, पृष्ठ 138-139
10. माणिकचंद्र वाजपेयी और श्रीधर पराडकरः ज्योति जला निज प्राण की, सुरुचि प्रकाशन, नई दिल्ली, 2020, पृष्ठ 293
11. ठाकुर राम सिंहः विभाजनकालीन भारत के साक्षी, खंड 3, संपादक-कृष्णानंद सागर, जागृति प्रकाशन,नोएडा, 2022, पृष्ठ 467
12. माणिकचंद्र वाजपेयी और श्रीधर पराडकरः ज्योति जला निज प्राण की, सुरुचि प्रकाशन, नई दिल्ली, 2020, पृष्ठ 293
13. ठाकुर राम सिंहः विभाजनकालीन भारत के साक्षी, खंड 3, संपादक-कृष्णानंद सागर, जागृति प्रकाशन, नोएडा, 2022, पृष्ठ 471
14. सीताराम बग्गाः विभाजनकालीन भारत के साक्षी, खंड 4, संपादक-कृष्णानंद सागर, जागृति प्रकाशन, नोएडा, 2022, पृष्ठ 310
15. वही, पृष्ठ 312-313
16. ठाकुर राम सिंहः विभाजनकालीन भारत के साक्षी, खंड 3, संपादक-कृष्णानंद

सागर, जागृति प्रकाशन, नोएडा, 2022, पृष्ठ 474-75

17. माणिकचंद्र वाजपेयी और श्रीधर पराडकर: ज्योति जला निज प्राण की, सुरुचि प्रकाशन, नई दिल्ली, 2020, पृष्ठ 55
18. ठाकुर राम सिंह: विभाजनकालीन भारत के साक्षी, खंड 3, संपादक-कृष्णानंद सागर, जागृति प्रकाशन, नोएडा, 2022, पृष्ठ 461
19. ए.एन. बाली: नाउ इट कैन बी टोल्ड, आकाशवाणी प्रकाशन, जालंधर, 1949, पृष्ठ 19-20
20. ठाकुर राम सिंह: विभाजनकालीन भारत के साक्षी, खंड 3, संपादक-कृष्णानंद सागर, जागृति प्रकाशन, नोएडा, 2022, पृष्ठ 469-470
21. कृष्णानंद सागर: विभाजनकालीन भारत के साक्षी, खंड 1, जागृति प्रकाशन, नोएडा, 2020, पृष्ठ 88-89
22. राम लुभाया: विभाजनकालीन भारत के साक्षी, खंड 3, संपादक-कृष्णानंद सागर, जागृति प्रकाशन, नोएडा, 2022, पृष्ठ 446
23. जोगेंद्रनाथ मेंहदीरत्ता: विभाजनकालीन भारत के साक्षी, खंड 3, संपादक-कृष्णानंद सागर, जागृति प्रकाशन, नोएडा, 2022, पृष्ठ 275
24. रामचंद्र महाजन: विभाजनकालीन भारत के साक्षी, खंड 3, संपादक-कृष्णानंद सागर, जागृति प्रकाशन, नोएडा, 2022, पृष्ठ 399-400
25. रामकुमार लोहिया: विभाजनकालीन भारत के साक्षी, खंड 3, संपादक-कृष्णानंद सागर, जागृति प्रकाशन, नोएडा, 2022, पृष्ठ 392-393
26. ठाकुर राम सिंह: विभाजनकालीन भारत के साक्षी, खंड 3, संपादक-कृष्णानंद सागर, जागृति प्रकाशन, नोएडा, 2022, पृष्ठ 476-477
27. वी. शंकर: सरदार पटेल-चुना हुआ पत्र व्यवहार (1945-1950), खंड 2, नवजीवन प्रकाशन मंदिर, अहमदाबाद, 2011, पृष्ठ 349
28. वही, पृष्ठ 351

संघ-सेना ने बचाया कश्मीर

जम्मू-कश्मीर राज्य की ब्रिटिश शासन से स्वतंत्रता और भारत के अभिन्न अंग के रूप में उसकी यात्रा अनूठे साहसपूर्ण राष्ट्रीय आंदोलन की पृष्ठभूमि लिए हुए है। यह जागरूक जनप्रतिनिधियों के रूप में राष्ट्रीय स्वयंसेवक संघ के कार्यकर्ताओं के समर्पण, संघर्ष और बलिदान की गाथाओं के साथ भारतीय सेना के अद्‌भुत पराक्रम और अदम्य निष्ठा से जुड़े अविस्मरणीय अध्याय को समेटे है। सुदूरवर्ती पहाड़ी क्षेत्र में धर्म परिवर्तन करके मुस्लिम बहुल बना दिए गए कश्मीर में न राष्ट्रीय क्रांतिकारी आंदोलन हुए और न ही देशी राज्य होने से कांग्रेस की कोई इकाई खोली गई; यहां तक कि महात्मा गांधी भी पहली बार 1947 में श्रीनगर गए। संघ के कार्यकर्ताओं ने ही स्थानीय देशभक्त जनता के सहयोग से स्वतंत्रता से अखंडता तक का नागरिक दायित्व संभाला। तत्कालीन सरसंघचालक माधवराव सदाशिवराव गोलवलकर (गुरुजी) के मार्गदर्शन, पंडित प्रेमनाथ डोगरा के जन नेतृत्व, बलराज मधोक की संगठन क्षमता और महाराजा हरि सिंह के हिंदू होने के कारण ही यह स्वर्ग-सा सुंदर क्षेत्र भारत का अविभाज्य अंग बना हुआ है।

भारत की ब्रिटिश सत्ता हस्तांतरण नीति की घोषणा के साथ कश्मीर के लिए समस्याएं शुरू हुईं, जिसने देश को धार्मिक आधार पर दो राष्ट्रों में विभाजित करने का प्रावधान किया। इससे मुस्लिम बहुल पाकिस्तान अविभाजित भारत की पश्चिमी और पूर्वी सीमाओं पर भारतीय मुख्य भूमि से बना था। पाकिस्तान उन दिनों से कश्मीर की स्थिति पर नजर रखता था और वहां कब्जा करने के लिए उसने चौतरफा हमला शुरू कर दिया था। महाराजा ने दिल्ली में विलय का प्रस्ताव भेजा और गुरुजी ने जम्मू-कश्मीर के संघ कार्यकर्ताओं को राज्य की सुरक्षा के लिए अपने खून की आखिरी बूंद बहाने का निर्देश दिया। पाकिस्तान प्रायोजित कबाइलियों के आक्रमण के दौरान संघ के स्वयंसेवकों ने कश्मीर को भारत से जोड़े रखने के संकल्प पर दृढ़ रहते हुए सशस्त्र बलों के साथ मिलकर राज्य की रक्षा की और किसी भी बलिदान से पीछे नहीं हटे।

राष्ट्रीय मुख्यधारा से दूर

भारतीय स्वतंत्रता संग्राम के दौरान जम्मू कश्मीर राष्ट्रीय मुख्यधारा से कटा रहा। हालांकि रियासतों में हस्तक्षेप नहीं करने की कांग्रेस की नीति के बावजूद देश भर की रियासतों में विभिन्न संगठनों के माध्यम से उत्तरदायी शासन की मांग उठाई जाती रही और कांग्रेस इन आंदोलनों को परोक्ष समर्थन देती थी; लेकिन कश्मीर में ऐसा नहीं हुआ। 1920 के दशक तक वहां राजनीतिक गतिविधियां नगण्य रहीं। उस दौरान डोगरा वंश के महाराजा हरि सिंह का शासन था। 1930 के दशक के साथ कश्मीर का राजनीतिक परिदृश्य नाटकीय रूप से बदला। महाराजा के शासन के खिलाफ असंतोष प्रकट किया जाने लगा, अनेक संगठन खड़े हो गए; सुनियोजित आंदोलनों का सिलसिला चल पड़ा। लेकिन इन सबके बावजूद अन्य रियासतों की तरह कश्मीर का संघर्ष राष्ट्रीय भावना लिए हुए नहीं था और न ही इसके पीछे समानता तथा सहयोग की अवधारणा थी। यह संघर्ष सिर्फ वहां बहुमत रखने वाले मुसलमानों का था और उनका एकमात्र उद्देश्य महाराजा को अपदस्थ करना था।

शेख अब्दुल्ला की राजनीति

कश्मीर की राजनीति के बदलते इस्लामिक स्वरूप का एक प्रमुख कारण मुस्लिम युवा वर्ग का सक्रिय होना था। यह रियासत के बाहर से शिक्षा प्राप्त करके लौटे युवाओं द्वारा संगठित रूप से कश्मीरी मुसलमानों के लिए आवाज उठाए जाने का परिणाम था। इन युवाओं में एक प्रमुख नाम शेख मोहम्मद अब्दुल्ला का था। शेख के परदादा पंडित रघुराम कौल ब्राह्मण थे, जो 1766 में धर्म परिवर्तन करके हिंदू से मुस्लिम हो गए थे।[1]

किशोरावस्था से ही शेख के मन में यह भावना घर कर चुकी थी कि कश्मीर में मुसलमान बहुसंख्यक होते हुए भी आर्थिक और राजनीतिक रूप से पिछड़े हुए हैं तथा इसके लिए हिंदू राजा का शासन जिम्मेदार है। खुद सेना में नियुक्त नहीं हो पाने या स्कॉलरशिप नहीं मिलने के लिए वे सांप्रदायिक पक्षपात की भावना को जिम्मेदार मानते थे। विज्ञान से स्नातकोत्तर की पढ़ाई कर रहे छात्रों को दी जाने वाली स्कॉलरशिप नहीं मिलने को उन्होंने धार्मिक आधार पर भेदभाव बताया। उन्होंने रियासत के शिक्षा मंत्री आगा सैय्यद हुसैन रिजवी से इस बारे में बात की, जो खुद मुसलमान थे। शेख का कहना था, 'आपको यह पद मुसलमानों का प्रतिनिधित्व करने के लिए दिया गया है। उनके अधिकारों की आपको रक्षा करनी चाहिए। ...(अन्यथा) अपनी जगह किसी गंगा राम या जमुना दास को आने दें, मैं खुद उनसे निपट लूंगा।'[2]

सच्चाई इससे अलग थी। हरि सिंह के शासन में अनेक प्रमुख पदों पर मुसलमान थे। जम्मू कश्मीर में पहला हाईकोर्ट स्थापित हुआ तो नियुक्त न्यायाधीशों में आगा सैय्यद हुसैन

भी थे; आगे चलकर उन्हें गृह और न्यायिक मंत्रालय सौंपा गया। हैदराबाद निजाम द्वारा हरि सिंह की प्रशासनिक सहायता के लिए भेजे गए नवाब खुसरो जंग वर्षों तक सैन्य सचिव रहे। रियासत के अनेक सैन्य अफसरों को हरि सिंह ने अपना एडीसी रखा हुआ था; इनमें हिंदू और मुसलमान दोनों शामिल थे। नूर मोहम्मद खान महाराजा के खास कर्मचारियों में से थे। मशहूर जौहरी होने के साथ गलीचे बनाने में कुशल गुलाम अहमद को हरि सिंह ने अपना कला सलाहकार बनाया था। सरदार अब्दुल रहमान एफेंदी, जो अफगानिस्तान के शाह के संबंधी थे और जिन्हें अपदस्थ करके देश निकाला दे दिया गया था, अपनी पत्नी के साथ श्रीनगर में बस गए थे। एफेंदी और हरि सिंह के बीच घनिष्ठ मित्रता थी और उनकी पत्नियां भी सहेली बन गई थीं।[3]

अलीगढ़ मुस्लिम विश्वविद्यालय से पढ़ाई पूरी करके कश्मीर लौटे शेख अब्दुल्ला ने मुसलमानों को महाराजा के खिलाफ एकजुट करने के प्रयास शुरू किए। 21 जून, 1931 को श्रीनगर स्थित खानकाह-ए-मौला दरगाह पर बड़ी संख्या में कश्मीरी मुसलमान एकत्र हुए। उन्होंने कुरान पर हाथ रखकर शपथ ली कि अपने मुल्क के प्रति अपनी प्रतिबद्धता से कभी नहीं डगमगाएंगे। इसके बाद नारेबाजी के बीच कश्मीरी मुसलमानों का प्रतिनिधित्व करने के लिए मौलाना मोहम्मद यूसुफ शाह, अहमदुल्ला हमदानी, आगा सैय्यद हुसैन जलाली, ख्वाजा गुलाम अहमद अशाई, मुंशी शहाबुद्दीन, ख्वाजा सदुद्दीन और शेख अब्दुल्ला को चुन लिया गया। शेख ने इसे 'कश्मीर के स्वतंत्रता संग्राम का विधिवत उद्घाटन' माना। उन्होंने मुसलमानों से आह्वान किया:

ऐ खुदा दे जोर-ए-दस्त-ओ-बाजु-ए-हैदर हमें
फिर उलटना है सफ-ए-कुफ्र-ओ-दर-ए-खैबर हमें!

(खुदा हमें हैदर (हैदर अली) की तरह बाहुबल प्रदान करे, जिससे हम एक बार फिर काफिरों को धराशायी करके खैबर दर्रे से प्रवेश कर सकें।)[4]

इसी सभा में अब्दुल कादिर नामक एक गैर-कश्मीरी मुसलमान ने अपने भाषण में कहा, 'मुसलमान भाइयो, वक्त आ गया है कि हम अपनी पूरी ताकत के साथ पलटवार करें। अर्जी देने और चिट्ठी लिखने से कुछ नहीं होगा, न ही इनसे कुरान के अपमान का मामला सुलझने वाला है। उठो और जुल्मी से बदला लो।' इसके बाद उसने राजमहल की ओर इशारा करते हुए कहा, 'इस इमारत को मिट्टी में मिला दो।' पुलिस ने इस आपत्तिजनक भाषण पर तुरंत कार्रवाई करते हुए कादिर को गिरफ्तार कर लिया। इसके बाद मुसलमान नेताओं को विरोध का मुद्दा मिल गया। कादिर को पीड़ित और प्रशासन को अत्याचारी बताया जाने लगा। शेख अब्दुल्ला और अन्य लोग कादिर का बयान कैमरे पर रिकॉर्ड किए जाने का भी विरोध करने लगे। अदालत के सामने इतनी भीड़ जुटने लगी कि मुकदमा जेल के भीतर ही चलाए जाने का फैसला हुआ। 13 जुलाई, 1931 को जेल

के बाहर मुसलमानों की भीड़ जमा हुई। वे भीतर जाने का प्रयास करने लगे तो पुलिस ने उन्हें रोका। इसके बाद मुसलमानों ने पत्थरबाजी शुरू कर दी। हालात अनियंत्रित होते देखकर पुलिस ने गोलीबारी की, जिससे 22 मुसलमानों की मौत हो गई।[5]

इस घटना के बाद से कश्मीर के मुसलमानों का महाराजा विरोधी आंदोलन उग्र रूप लेता गया और इसका नेतृत्व कर रहे शेख अब्दुल्ला को 'शेर-ए-कश्मीर' के रूप में राष्ट्रीय नेताओं तक का समर्थन मिलने लगा। जब सारा देश स्वतंत्रता आंदोलन में हर तरह से सहयोग कर रहा था; कश्मीर में शेख अब्दुल्ला के नेतृत्व में सांप्रदायिकता के विषबीज बोए जा रहे थे। शेख को इस कार्य में जवाहरलाल नेहरू का काफी सहयोग मिला, जो खुद भी कश्मीर के दत्तात्रेय कौल ब्राह्मण थे और जिनका परिवार 1716 में कश्मीर से दिल्ली के मुगल दरबार में चला गया था*।[6]

अलगाववाद की विषबेल

1932 में शेख अब्दुल्ला ने ऑल जम्मू एंड कश्मीर मुस्लिम कांफ्रेंस का गठन किया, जो कश्मीरी मुसलमानों के प्रमुख राजनीतिक मंच के रूप में उभरा। बहुमिश्रित जनसंख्या के कारण कश्मीर की स्थिति जटिल होती गई। घाटी क्षेत्र में सबसे अधिक आबादी सुन्नी मुसलमानों की थी; थोड़े-से शिया, सिख और कश्मीरी पंडित भी थे। जम्मू क्षेत्र में अधिकांश आबादी डोगरा हिंदुओं की थी। मुस्लिमों की संख्या भी काफी थी, विशेषकर मुजफ्फराबाद से मीरपुर तक के पश्चिमी इलाके में, जहां पंजाबी मुसलमानों का बाहुल्य था। वहीं, गिलगित, स्कार्दू और कारगिल में शिया मुसलमान तथा लद्दाख में लामा बौद्ध बहुतायत में थे।[7] सांप्रदायिक भावना से ओतप्रोत आंदोलन के कारण गैर मुसलमान असुरक्षित महसूस करने लगे थे। विशेष रूप से घाटी क्षेत्र में शेख अब्दुल्ला की पार्टी का गहरा प्रभाव होने से अल्पसंख्यकों में भय बना हुआ था। मुस्लिम नेताओं और मौलवियों के आपत्तिजनक भाषणों तथा उनसे प्रेरित विभिन्न सांप्रदायिक घटनाओं ने इस भय को और बढ़ाने का काम किया।

हिंदू विरोधी भावना का आतंक

10 जनवरी, 1932 को मीरपुर के पास एक गांव में राजस्व वसूलने आए अधिकारियों के दल पर सांप्रदायिक तत्वों ने हमला करके उन्हें भागने पर मजबूर कर दिया। 15 जनवरी,

---

*जवाहरलाल नेहरू ने अपनी आत्मकथा में मुगल बादशाह फर्रुखसियर के कश्मीर जाने और वहां के विद्वान राज कौल को दिल्ली आमंत्रित करने की बात लिखी, लेकिन फर्रुखसियर के कश्मीर जाने की कहीं पुष्टि नहीं होती। पूर्व केंद्रीय मंत्री सैफुद्दीन सोज ने 2018 में प्रकाशित अपनी पुस्तक 'कश्मीर-ग्लिम्सेज ऑफ हिस्ट्री' में यहां तक दावा किया है कि औरंगजेब के बाद कोई भी मुगल शासक कश्मीर नहीं गया। इसका खंडन करने वाले लोग भी कोई ऐतिहासिक प्रमाण प्रस्तुत करने के बजाए उसी कहानी को दोहराते हैं, जो नेहरू परिवार के संस्मरणों में मिलती है।

शुक्रवार के दिन मीरपुर, कोटली, सेरी और राजौरी की मस्जिदों में भड़काऊ भाषण दिए गए। उसी दिन राजौरी के पास दरहोल गांव में एक ब्राह्मण पटवारी की हत्या कर दी गई। अगले शुक्रवार को फिर मस्जिदों में भारी भीड़ जुटी और फिर से हिंसा शुरू हो गई। कोटली तहसील के माणक तहली में एक मुसलमान को गिरफ्तार करने की कोशिश कर रहे पुलिसकर्मियों की पिटाई की गई। उसी दिन लगभग 10 मील के दायरे में हिंदुओं की संपत्ति की लूटपाट और आगजनी की घटनाएं हुईं। ऐसी सांप्रदायिक घटनाएं जम्मू के विभिन्न हिस्सों में भी फैलती गई। राजौरी तहसील में 300 गांवों को लूट लिया गया और 70 गांवों को उजाड़ दिया गया। कोटली और सेरी तहसीलों में लगभग हर गांव तबाह हो गया। सेरी कस्बा भी पूरी तरह नष्ट कर दिया गया। सौ से अधिक हिंदुओं का बलपूर्वक धर्म परिवर्तन करवाया गया और कई सिखों के सिर मुंडवा दिए गए। बाकी बचे हुए लोग अपना घरबार छोड़कर पलायन कर गए।[8]

संघ का कश्मीर प्रवेश

इस आतंकपूर्ण माहौल का मुकाबला तो दूर, राष्ट्रीयता की बात करना और हिंदुओं का बचाव भी मुश्किल हो गया। ऐसे में हिंदुओं का एकजुट रहना बहुत बड़ी जरूरत बन गई। इसकी शुरुआत 1940 में जाकर हुई, जब जम्मू कश्मीर में राष्ट्रीय स्वयंसेवक संघ की पहली शाखा बलराज मधोक ने शुरू की। उस दौरान वे लाहौर कॉलेज में पढ़ाई कर रहे थे। सियालकोट के जगदीश अबरोल ने भी महत्वपूर्ण भूमिका निभाई। संघ कार्य को विस्तृत रूप देने के लिए 1941 में गुरुजी जम्मू गए। स्वयंसेवकों और समाज के अन्य लोगों का एक बड़ा सार्वजनिक कार्यक्रम रखा गया। वहां गुरुजी ने जम्मू कश्मीर

---

*जम्मू कश्मीर के भारत में पूर्ण विलय के पक्षधर पं. प्रेमनाथ डोगरा का जन्म 23 अक्टूबर, 1894 को जम्मू के समेलपुर गांव में पं. अनंत राय के घर हुआ था। शिक्षा पूरी करने के बाद शासन में अनेक उच्च पदों पर काम करते हुए वे 1931 में मुजफ्फराबाद के वजीरे वजारत (जिला मंत्री) बने। उस समय शेख अब्दुल्ला का 'कश्मीर छोड़ो' आंदोलन गति पर था। प्रेमनाथ ने उस आंदोलन को बिना बल प्रयोग किए अपनी कूटनीति से शांत कर दिया। लेकिन शासन बल प्रयोग चाहता था, इसलिए उन्हें नौकरी से निकाल दिया गया। इसके बाद प्रेमनाथ जनसेवा में जुट गए। 1940 में वे पहली बार प्रजा सभा के सदस्य चुने गए। भारत की स्वतंत्रता के बाद शेख अब्दुल्ला के नेतृत्व में कश्मीर की पृथक पहचान रखने के प्रयास शुरू हुए; मुस्लिम बहुल घाटी क्षेत्र में भारतीय तिरंगे के स्थान पर शेख अब्दुल्ला के लाल रंग और हल निशान वाले झंडे फहराए जाने लगे। इसकी प्रतिक्रिया में प्रेमनाथ के नेतृत्व में प्रजा परिषद का गठन हुआ और 'एक देश में एक प्रधान, एक विधान, एक निशान' के नारे के साथ आंदोलन छेड़ दिया गया। आंदोलन के दौरान प्रेमनाथ तीन बार जेल गए, उनकी सरकारी पेंशन भी बंद कर दी गई; लेकिन प्रेमनाथ झुके नहीं। देश के संविधान के लिए जब मसौदा तैयार हो रहा था तो इस राज्य का नाम केवल कश्मीर रखा गया और राजभाषा कश्मीरी चुनी गई। प्रेमनाथ ने इस विषय को लेकर राष्ट्रीय स्तर के कानूनविदों और नेताओं से संपर्क किया, जिनमें एन.सी. चटर्जी, शिब्बनलाल सक्सेना और अन्य कई शामिल थे। इनके हस्तक्षेप से देश के संविधान में जम्मू और कश्मीर का नाम रखा गया। भारतीय जनसंघ के अध्यक्ष डॉ. श्यामाप्रसाद मुखर्जी को कश्मीर आंदोलन के कारण गिरफ्तार किया गया था और 23 जून, 1953 को श्रीनगर की जेल में उनकी संदेहास्पद मृत्यु हो गई। उस समय प्रेमनाथ भी जेल में ही थे। कुछ समय बाद प्रजा परिषद का जनसंघ में विलय हो गया और प्रेमनाथ एक वर्ष तक जनसंघ के राष्ट्रीय अध्यक्ष रहे। 1957 में वे जम्मू नगर से प्रदेश की विधानसभा के सदस्य चुने गए और इसके बाद हर चुनाव में विजयी हुए। उन्होंने कई वर्षों तक जम्मू कश्मीर में विपक्ष की बागडोर संभाले रखी। 1965 में पहली बार लालबहादुर शास्त्री के प्रधानमंत्रित्व काल में 26 जनवरी को जम्मू कश्मीर प्रदेश में कांग्रेस अस्तित्व में आई। जम्मू कश्मीर में जनमत संग्रह के बारे में प्रेमनाथ का कहना था कि विलय पत्र में इसका उल्लेख नहीं है, इसलिए उसका भारत में विलय निर्विवाद है। 21 मार्च, 1972 को उनका देहावसान हुआ।

संघचालक के रूप में प्रेमनाथ डोगरा* के नाम की घोषणा की।[9] डिप्टी कमिश्नर के पद से समय से पूर्व अवकाश मिल जाने के बाद वे सार्वजनिक जीवन में प्रविष्ट हुए और अवकाश प्राप्त कर्मचारियों की ओर से राज्य विधानसभा के सदस्य चुने गए, जिसे उस समय 'प्रजा सभा' कहा जाता था। डोगरा के पास नगर के मध्य में एक बड़ा बंगला था और जीवन निर्वाह की कोई समस्या नहीं थी। वे निःसंतान थे, अतः पारिवारिक बंधन और दायित्व भी विशेष नहीं थे। उनके प्रखर व्यक्तित्व के कारण संघ को जम्मू क्षेत्र में जड़ जमाने में सबसे अधिक सहायता मिली।[10]

कश्मीर में तब एक भावनात्मक और राजनीतिक परिवर्तन भी हो चुका था। शेख अब्दुल्ला ने जवाहरलाल नेहरू की सलाह पर 'मुस्लिम कांफ्रेंस' का नाम बदलकर 'नेशनल कांफ्रेंस' नाम दिया। इस परिवर्तन के पीछे का मुख्य उद्देश्य कांग्रेस और भारतीय प्रेस का समर्थन प्राप्त करना था, जो उसे मिल गया। जहां तक उसकी मूल नीतियों और दृष्टिकोण का संबंध था, उसमें कोई परिवर्तन नहीं हुआ। कश्मीर घाटी में 90 प्रतिशत से अधिक जनसंख्या मुस्लिम होने के कारण जनता के हाथों में शासन आने का मतलब ही शेख अब्दुल्ला और मुसलमानों के हाथ में शासन आना था। यदि संस्था का नाम बदलने से और उसमें कुछ गैर मुस्लिम शामिल कर लेने से उस उद्देश्य की प्राप्ति सुगम हो सके तो यह उनके लिए घाटे का सौदा नहीं था। शेख अब्दुल्ला का यह तर्क कश्मीर के अधिकतर मुसलमानों के गले उतर चुका था। राष्ट्रीय स्तर पर मिलने वाले मान-सम्मान, समाचार पत्रों में उनके नित्य छपने वाले फोटो और वक्तव्य तथा शेष भारत से मिलने वाली अन्य प्रकार की सहायता ने नेशनल कांफ्रेंस और शेख अब्दुल्ला की स्थिति कश्मीर में और अधिक दृढ़ बना दी। महाराजा हरि सिंह की सरकार का रवैया भी उनके प्रति कुछ नरम हो गया। शेख अब्दुल्ला को पूरी कश्मीर घाटी में सभाएं करने और भाषण करने की छूट थी। वे हर सभा से पहले कुरान की आयतों का पाठ करते और मुसलमानों की मजहबी भावनाएं जगाते थे। भाषण के बीच में भी थोड़े-थोड़े समय के बाद कलमा पढ़ते और पढ़वाते। इस प्रकार मजहब के आधार पर नेतृत्व खड़ा करना आसान रहा। शेष भारत में उस समय कांग्रेस के लोग जेलों में थे, लेकिन कश्मीर राज्य में ऐसी गिरफ्तारियां नहीं हुई थीं; इसका भी शेख अब्दुल्ला को लाभ मिला। इसी काल में कश्मीर की राजनीति पर कम्युनिस्टों का प्रभाव भी बढ़ने लगा। कम्युनिस्ट पार्टी उस समय ब्रिटिश सरकार की विशेष कृपापात्र थी, क्योंकि वह युद्ध के प्रयत्नों में सरकार को पूरा सहयोग दे रही थी। यह ब्रिटेन और सोवियत रूस के जर्मनी के विरोध युद्ध में एकजुट होने का परिणाम था। कम्युनिस्ट साहित्य का घाटी में खूब प्रचार था। 'सोवियत रूस के मित्र' (फ्रेंड्स ऑफ द सोवियत यूनियन) नाम से कम्युनिस्ट जगह-जगह अपने अड्डे बना रहे थे। श्रीनगर के गुलाम मोहम्मद सादिक, मीर कासिम और डी.पी.धर इस सोवियत रूस समर्थक गुट के

प्रमुख थे। शेख अब्दुल्ला भी कम्युनिस्ट शैली के प्रगतिवादी नारे लगाने लगे। अपनी मूल सांप्रदायिक भावना और दृष्टिकोण 'प्रगतिवाद' का यह आवरण उनके लिए अपने आलोचकों की आंखों में धूल डालने की दृष्टि से लाभकारी सिद्ध हो रहा था।[11]

गहरी होती संघ की जड़

1946 के मध्य तक श्रीनगर में लगभग एक हजार स्वयंसेवक बन चुके थे। जब रविवार को वे गणवेश में इकट्ठे होते थे तो उनमें आत्मविश्वास और उत्साह का संचार होता था; सामान्य हिंदू जनता भी इससे अछूती नहीं रहती थी। कश्मीर में संघ एक शक्ति बन चुका था, जिसकी कोई उपेक्षा नहीं कर सकता था। लेकिन संघ का प्रभाव मुख्यतः नई पीढ़ी पर था। पुरानी पीढ़ी के कश्मीरी हिंदू अपने पुराने संस्कारों से बंधे हुए थे। हालांकि, उस समय के प्रमुख नेता शिवनारायण फोतेदार, जनार्दन टेंग आदि संघ को संकट का साथी समझने लगे और इसलिए इसके प्रति सद्भाव प्रकट करते थे। लेकिन इनमें से अधिकतर केवल सुविधा के साथी थे। उनका स्वभाव कुटिल था और वे सुविधानुसार हर चलती गाड़ी पर बैठने को तैयार रहते थे। वे एक ही समय महाराजा के साथ भी थे और शेख अब्दुल्ला के साथ भी। जवाहरलाल नेहरू के प्रति उनकी इसलिए आस्था थी कि वे भी कश्मीरी पंडित थे और शेख अब्दुल्ला पर इसलिए कि वे भी कश्मीरी थे और कभी सत्ता में आ सकते थे। इसलिए उनसे संघ नेताओं को भी कोई आशा नहीं थी। लेकिन संघ के संस्कारों का नई पीढ़ी पर जो प्रभाव पड़ रहा था, उससे वे चकित थे।[12]

1946 में गुरुजी ने श्रीनगर और जम्मू में दौरा किया। श्रीनगर में आयोजित विशाल सभा में एक हजार से अधिक स्वयंसेवक और अनेक सम्मानित नागरिक उपस्थित थे। गुरुजी के इस दौरे के परिणामस्वरूप अनेक प्रतिष्ठित लोग संघ में शामिल हुए। बारामूला, पहलगाम, उरी, अनंतनाग और मुजफ्फराबाद में भी संघ मजबूत होने लगा।[13]

कश्मीर छोड़ो आंदोलन

19 फरवरी, 1946 को ब्रिटिश प्रधानमंत्री ने अपने मंत्रिमंडल के कुछ सदस्यों का प्रतिनिधिमंडल भारत भेजने की घोषणा की। इसे 'कैबिनेट मिशन' का नाम दिया गया। यह मिशन मार्च, 1946 में भारत पहुंचा और कांग्रेस तथा मुस्लिम लीग के नेताओं से बातचीत शुरू की। कई बैठकों के बाद जब दोनों दलों के बीच सहमति स्थापित नहीं की जा सकी तो मिशन ने 16 मई को अपनी सिफारिशों की घोषणा कर दी। इनमें भारत को तीन प्रांतीय समूहों में विभाजित करने और मजहबी आधार पर चुनी गई संविधान सभा द्वारा संविधान तैयार करवाने जैसे विषय शामिल थे।[14] इस घटनाचक्र का कश्मीर पर विशेष प्रभाव पड़ना तय था। भारत विभाजन की किसी भी योजना में यह राज्य अछूता नहीं रह सकता था। लेकिन इस निर्णायक मोड़ पर कश्मीर की जनता और महाराजा द्वारा

कोई निश्चित फैसला किए जाने से पहले ही शेख अब्दुल्ला ने एक नई चाल चल दी। 15 मई, 1946 को उन्होंने 'कश्मीर छोड़ो' आंदोलन की घोषणा करते हुए रियासत के मुसलमानों से आह्वान किया कि वे डोगरा वंश के विरुद्ध आखिरी लड़ाई के लिए तैयार हो जाएं। उन्होंने हरि सिंह के शासन से पूर्ण स्वतंत्रता को इस आंदोलन का उद्देश्य घोषित किया।[15] इस आंदोलन के शुरू होने से पहले हरि सिंह ने रियासत में लोकप्रिय शासन स्थापित करने की दिशा में कदम उठाए थे। 1944 में उन्होंने आंशिक रूप से चुनी हुई प्रजा सभा के माध्यम से द्वितंत्रात्मक प्रणाली को आजमाया, लेकिन इससे नेशनल कांफ्रेंस को तसल्ली नहीं हुई। वह सत्ता में पूरी भागीदारी चाहती थी।[16] इसके लिए निर्णायक आंदोलन शेख अब्दुल्ला ने तब छेड़ा, जब भारत की आजादी का प्रस्ताव आ चुका था और उस परिस्थिति में राजशाही स्वत: समाप्त होने जा रही थी।

संघर्ष और सांप्रदायिकता

भारत विभाजन के दौरान जम्मू कश्मीर के महाराजा हरि सिंह के निर्णय के कारण उनकी रियासत औपचारिक रूप से स्वतंत्र बनी रही, लेकिन वहां बड़ी संख्या में पाकिस्तान समर्थकों की मौजूदगी और भारत सरकार की अस्पष्ट नीति से संघर्ष और सांप्रदायिकता की जमीन तैयार होती चली गई। पाकिस्तान से लगे सीमावर्ती गांवों में हुए हिंसाचार में लाखों की संख्या में निष्कासित किए गए हिंदू जान बचाकर भारत आए, लेकिन इन बेघर लोगों को कश्मीर में रखे जाने पर नेशनल कांफ्रेंस के नेता शेख अब्दुल्ला ने आपत्ति जताई। इसके बाद भारत सरकार ने विस्थापितों को देश के अन्य हिस्सों में बसाने की कार्यवाही शुरू की। उस अनिश्चिततापूर्ण माहौल में संघ ने जम्मू कश्मीर को जोड़े रखने में महत्वपूर्ण भूमिका निभाई। 14 अगस्त, 1947 की रात को जब भारत में ब्रिटिश राज औपचारिक रूप से समाप्त होने जा रहा था, जम्मू कश्मीर के सरकारी कार्यालयों पर अलगाववादी तत्वों ने पाकिस्तानी झंडे लगा दिए थे। स्वयंसेवकों ने रातों रात उन्हें हटाकर वहां भारतीय ध्वज फहराए।[17]

हरि सिंह की दुविधा

भौगोलिक दृष्टि से भारत के साथ जुड़ने के लिए उपयुक्त रियासतों के विलय की प्रक्रिया स्वतंत्रता से पहले शुरू हो गई थी। 15 अगस्त तक जूनागढ़ और काठियावाड़ की दो छोटी मुस्लिम रियासतों को छोड़कर अन्य रियासतों ने भारत में विलय की स्वीकृति दे दी थी। हैदराबाद के निजाम को दिए गए विलय प्रस्ताव की समय-सीमा दो महीने के लिए बढ़ा दी गई थी। लेकिन इस प्रक्रिया में जम्मू कश्मीर को लेकर कुछ नहीं किया गया।[18] माउंटबेटन ने हरि सिंह से पुरानी दोस्ती के नाते व्यक्तिगत मुलाकात जरूर की

थी, लेकिन उस दौरान हुई चर्चा ने हरि सिंह की दुविधा को बढ़ाने का काम किया। माउंटबेटन दोहरी बात कर रहे थे। एक तरफ उनका कहना था कि पाकिस्तान में विलय करने पर भारत की ओर से कड़ी प्रतिक्रिया होगी; वहीं, वे यह भी सुझाव दे रहे थे कि जनसंख्या को ध्यान में रखकर जनता की इच्छा पूरी करना आवश्यक है। चार दिन तक चली चर्चा में हरि सिंह की उलझनें बढ़ गईं। जब माउंटबेटन ने अपने प्रवास के अंतिम दिन एक बार फिर मुलाकात करनी चाही तो हरि सिंह ने संदेश भिजवा दिया कि तबीयत खराब होने के कारण उनका बिस्तर से उठना संभव नहीं है।[19]

हरि सिंह ने एक स्वतंत्र रियासत के शासक की तरह व्यवहार किया। उन्होंने पाकिस्तान के साथ यथास्थिति समझौता किया, जिसके अंतर्गत पाकिस्तान की सड़कों से होते हुए पेट्रोल सप्लाई की सुविधा मुहैया कराई जानी थी। दुनिया के साथ कश्मीर को जोड़ने वाले प्रमुख सड़क मार्ग भी पाकिस्तान होकर ही जाते थे। हरि सिंह को पता था कि समय उनके हाथ से निकलता जा रहा है। उनके खिलाफ विद्रोह का झंडा सबसे पहले पुंछ के दक्षिणी इलाके के मुसलमान किसानों ने उठाया। इस विद्रोह को कुचलने के लिए हरि सिंह ने सेना भेजी। सितंबर और अक्टूबर की शुरुआत में पाकिस्तान के मुसलमान पुंछ की सीमा पार करके सेना के खिलाफ अपने धर्म भाइयों की मदद के लिए आ पहुंचे। अक्टूबर के मध्य तक पाकिस्तान ने कश्मीर जाने वाली सभी तरह की आपूर्तियां रोक दीं। इसी के बाद भारत सरकार ने कश्मीर की स्थिति में हस्तक्षेप का फैसला किया।[20]

संघ ने किया सचेत

कश्मीर को लेकर चली आ रही कुटिल चालों के बीच वहां की हिंदू जनता का भविष्य डांवाडोल था। इसी दौरान संघ को यह पुख्ता सूचना मिली कि पाकिस्तान सीमावर्ती क्षेत्र के कबाइली लड़ाकों के साथ कश्मीर पर आक्रमण करने वाला है। यह गुप्त जानकारी निकालने में हरीश भनोट* की प्रमुख भूमिका थी। उस दौरान भनोट एबटाबाद में पहचान बदलकर संघ कार्य का संचालन कर रहे थे। पाकिस्तान में शामिल होने के बाद वह सारा क्षेत्र हिंदू विहीन बना दिया गया था; सैनिक केंद्र होने के कारण एबटाबाद में कुछ हिंदू बचे रह गए। माधवराव मुले के निर्देश पर भनोट वहां रुके रहे और खुद को बोई का नवाब बताकर मुसलमान की तरह रहने लगे। उनके साथी कार्यकर्ता भी मुस्लिम पहचान

---

*हरीश भनोट का जन्म 20 मार्च, 1924 को पश्चिमी पंजाब के लाहौर जिले में हुआ था। उनके पिता पं. पृथ्वीनाथ भनोट लाहौर में लेखा अधिकारी थे। उनकी शिक्षा-दीक्षा लाहौर में ही हुई। 1943 में वे संघ के संपर्क में आए। कुछ ही समय बाद उन्हें एक शाखा के कार्यवाह का दायित्व सौंप दिया गया। आगे चलकर वे विभाग कार्यवाह बनाए गए। जिला प्रचारक के नाते उनकी नियुक्ति सीमा प्रांत के हजारा जिले में हुई। 5 सितंबर 1986 को मुंबई से न्यूयॉर्क जा रहे विमान को हाईजैक करने वाले आतंकवादियों से मुकाबला करते हुए गोलियों का शिकार हुई एयर होस्टेस नीरजा भनोट उनकी पुत्री थीं। (हरीश भनोट: विभाजनकालीन भारत के साक्षी, खंड 4, संपादक-कृष्णानंद सागर, जागृति प्रकाशन, नोएडा, 2022, पृष्ठ 434-435)

अपनाकर सक्रिय रहे। इनमें से एक डॉ. मंगल सेन ने 14 अक्टूबर, 1947 को भनोट से मुलाकात की और कश्मीर पर पाकिस्तान के आक्रमण की योजना के बारे में बताया। इसके बाद भनोट ने पाकिस्तान के प्रमुख सैन्य अधिकारियों से सूचना निकालने के प्रयास शुरू किए। वे नवाब के वेश में रावलपिंडी के सर्किट हाउस तक पहुंच गए, जहां कश्मीर को लेकर उच्च स्तरीय बैठक होने वाली थी। मोहम्मद अली जिन्ना भी वहां उपस्थित थे। वहां से लौटने के बाद भनोट अपने उच्च स्तरीय संपर्कों के जरिए पाकिस्तान के आक्रमण की विस्तृत जानकारी निकालने में सफल रहे। उन्हें पता चला कि 22 अक्टूबर की रात सादे कपड़ों में पाकिस्तानी सैनिक निजी बसों और ट्रकों में कश्मीर के लिए रवाना होंगे। योजना यह थी कि एबटाबाद से हमला शुरू होगा और रियासत में घुसने के बाद किशनगंगा तथा दोमेल के पुलों पर कब्जा कर लिया जाएगा। यह सूचना मिलने के बाद भनोट और उनके साथियों ने हमेशा के लिए एबटाबाद छोड़ने का फैसला किया। उन्होंने सभी महत्वपूर्ण दस्तावेज फाड़कर जला दिए और श्रीनगर के लिए रवाना हो गए। रास्ते में मंगल सेन उरी में रुककर हिंदुओं को पाकिस्तानी हमले से सचेत करने लगे; भनोट श्रीनगर की तरफ बढ़े। 16 अक्टूबर को श्रीनगर स्थित संघ कार्यालय पहुंचकर भनोट ने बलराज मधोक को सारी बात बताई। 17 अक्टूबर को मधोक और भनोट रियासत के सेनापति ब्रिगेडियर राजेंद्र सिंह के पास पहुंचे। हमले की जानकारी मिलने से चिंतित राजेंद्र सिंह ने बताया कि रियासत के पास सैनिक बहुत कम हैं और उनमें भी अधिकतर मुसलमान हैं, जिनकी निष्ठा संदिग्ध हो चुकी है। रियासत की युद्ध सामग्री रावलपिंडी डिपो से आती थी, लेकिन पाकिस्तान बनने के बाद यह आपूर्ति बंद कर दी गई थी। पेट्रोल की भी यही स्थिति थी। रियासत का तोपखाना भी द्वितीय विश्व युद्ध के समय बाहर भेज दिया गया था, जो वापस नहीं आया। इन परिस्थितियों में पाकिस्तान से मुकाबला करना रियासती सेना के लिए आसान नहीं होने वाला था। भनोट और मधोक ने सुझाव दिया कि अगर रियासती सेना के मुस्लिम सैनिकों की निष्ठा संदिग्ध है तो उन्हें निःशस्त्र कर दिया जाए और दोमेल, कोहाला तथा मुजफ्फराबाद के पुलों को नष्ट कर दिया जाए, ताकि पाकिस्तानी आक्रमणकारी रियासत में प्रवेश नहीं कर सकें। राजेंद्र सिंह ने कहा कि इन विषयों में अंतिम निर्णय महाराजा ही करेंगे।[21]

गुरुजी-हरिसिंह मुलाकात

उस संशय भरे माहौल में गुरुजी ने सीधी पहल की। वे 17 अक्टूबर, 1947 को श्रीनगर पहुंचे। अगले दिन उनकी महाराजा हरि सिंह से मुलाकात हुई। गुरुजी ने महाराजा को कश्मीर का भारत में विलय करने के लिए प्रेरित किया और उन्हें आश्वासन दिया कि कश्मीर की सुरक्षा स्वयंसेवक करेंगे। महाराजा से मुलाकात के बाद गुरुजी ने बलराज

मधोक से चर्चा की, जो उस समय श्रीनगर में रहकर संघ कार्य को विस्तार दे रहे थे। गुरुजी ने मधोक से कहा कि वे महाराजा के संपर्क में रहें और पाकिस्तान की ओर से आक्रमण होने की स्थिति में रियासत और जनता की रक्षा करने के लिए तैयारी रखें।[22]

पंजाब और जम्मू-कश्मीर के प्रांत प्रचारक रहे मुले ने इस तथ्य का विस्तृत विवरण दिया है। मुले के अनुसार:

> 'केंद्रीय गृह मंत्री सरदार पटेल ने जम्मू कश्मीर के प्रधानमंत्री मेहरचंद महाजन से कहा था कि वे महाराजा हरि सिंह को भारत में विलय के लिए तैयार करें। मेहरचंद ने गुरुजी को संदेश दिया कि वे महाराजा से मिलें और उन्हें तैयार करें। मेहरचंद ने गुरुजी और महाराजा के बीच बैठक की व्यवस्था की थी। गुरुजी 17 अक्टूबर, 1947 को दिल्ली से हवाई मार्ग से श्रीनगर पहुंचे। बैठक 18 अक्टूबर की सुबह हुई। बैठक के दौरान राजकुमार कर्ण सिंह अपने प्लास्टर वाले पैर के साथ बिस्तर पर लेटे हुए मौजूद थे। महाराजा का तर्क था, 'मेरा राज्य पूरी तरह से पाकिस्तान पर निर्भर है। सभी मार्ग सियालकोट और रावलपिंडी से होकर गुजरते हैं। लाहौर मेरा एयरपोर्ट है। मेरे भारत के साथ संबंध कैसे हो सकते हैं?' गुरुजी ने उन्हें समझाया, 'आप एक हिंदू राजा हैं। पाकिस्तान में शामिल होने से आपकी हिंदू प्रजा को गंभीर कठिनाइयों से जूझना पड़ेगा। यह सही है कि भारत के साथ कोई सड़क, रेल या हवाई संपर्क नहीं है, लेकिन इसे जल्दी ठीक किया जा सकता है। भारत में शामिल होना आपके और जम्मू-कश्मीर राज्य दोनों के हित में है।' मेहरचंद ने भी गुरुजी का समर्थन करते हुए महाराजा को परामर्श दिया कि भारत में शामिल होना चाहिए। बैठक के अंत में महाराजा ने गुरुजी को एक 'तोसा' (पश्मीना शॉल) भेंट किया और भारत में शामिल होने के लिए अपनी तत्परता से अवगत करवाया।'[23]

कबाइली आक्रमण और नेहरू की उदासीनता

इसी बीच, 22 अक्टूबर, 1947 को पाकिस्तान ने बड़ी संख्या में कबाइली लड़ाके भेजकर कश्मीर पर हमला कर दिया*। राइफलों, मशीनगनों और मोर्टारों से लैस कबाइलियों ने मुजफ्फराबाद, डोमेल और बारामूला पर कब्जा कर लिया। रियासत के कुछ मुस्लिम सैनिकों ने भी उनका साथ दिया। इन कट्टर आक्रमणकारियों ने अनेक लोगों

*कश्मीर पर आक्रमण के लिए पाकिस्तान की अंतरराष्ट्रीय स्तर पर आलोचना हुई। शुरुआत में पाकिस्तान इस हमले में अपनी भूमिका से इनकार करता रहा। बाद में ठोस सबूत पाए जाने पर उसने संयुक्त राष्ट्र संघ में इसे स्वीकार किया।

की हत्या और जमकर लूटपाट की। बारामूला में एक मठ और अस्पताल को जला दिया। बारामूला पर कब्जे के बाद यह साफ हो गया कि पाकिस्तान का लक्ष्य श्रीनगर पर कब्जा करना है।[24] जम्मू क्षेत्र के 95 गांवों का कबाइलियों ने विध्वंस कर दिया। भिंबर को लूटकर तबाही मचा दी और आसपास के कई कस्बों पर कब्जा कर लिया। पुंछ और मीरपुर के काफी बड़े हिस्से पर आक्रमणकारियों का अधिकार हो गया। उस दौरान कश्मीर रियासत द्वारा भारत सरकार से हथियारों की सहायता मांगी गई, लेकिन रियासती मंत्री वल्लभभाई पटेल और रक्षा मंत्री बलदेव सिंह की स्वीकृति मिल जाने के बावजूद प्रधानमंत्री जवाहरलाल नेहरू के निर्देश के कारण हथियार नहीं भेजे गए। 24 अक्टूबर की रात नेहरू को एबटाबाद–मानसरा मार्ग के पास एक अन्य हमले की सूचना मिली। उन्हें बताया गया कि पाकिस्तान की सीमा से लगे हुए मुजफ्फराबाद को 100 से अधिक वाहनों में आए हथियारबंद आदमियों ने लूट लिया और जिला मजिस्ट्रेट सहित बहुत–से लोगों की हत्या कर दी। वे आक्रमणकारी झेलम घाटी की सड़क से श्रीनगर की तरफ बढ़ रहे थे। उसी रात पहली बार कश्मीर रियासत की ओर से भारत में विलय और सैन्य सहायता के लिए अनुरोध किया गया। 25 अक्टूबर की सुबह रक्षा समिति में इस विषय पर विचार किया गया, लेकिन सेना भेजने को लेकर कोई निर्णय नहीं हुआ। 26 अक्टूबर की सुबह फिर चर्चा हुई। उस समय तक स्थिति और खराब हो चुकी थी। कई अन्य कस्बों में लूटमार की गई थी और पूरे कश्मीर में बिजली की आपूर्ति करने वाले महोबा के बिजलीघर को नष्ट कर दिया गया। आक्रमणकारी घाटी में प्रवेश करने वाले थे। कश्मीर का भाग्य अधर में था।[25]

स्वयंसेवकों का सामूहिक बलिदान

नेहरू के कारण असमंजस भरे भीषण हालात में 23 अक्टूबर से ही श्रीनगर की सुरक्षा की जिम्मेदारी संघ के स्वयंसेवक संभाले हुए थे। महाराजा हरि सिंह, रियासती सेना प्रमुख ब्रिगेडियर कश्मीर सिंह और बलराज मधोक के संपर्कों के कारण संघ कार्यालय से राज्य सरकार का संपर्क बना हुआ था। स्वयंसेवकों को राइफल चलाने के साथ सैन्य प्रशिक्षण दिया गया और हथियार उपलब्ध करवाकर श्रीनगर में विभिन्न स्थानों पर पहरा देने को लगाया गया। महाराजा के महल में भी स्वयंसेवकों को बंदूक चलाना सिखाया गया।[26]

कबाइलियों से मुकाबला करने के लिए 24 मोर्चे बनाए गए। इनमें आठ मोर्चे रियासती सैनिकों के और 16 मोर्चे स्वयंसेवकों के थे। सेना के प्रत्येक मोर्चे के आगे स्वयंसेवकों के दो मोर्चे होते थे।[27] संघ को सूचना मिली कि पाकिस्तानी आक्रमणकारियों ने पलंधरी को घेर लिया है। मीरपुर जिला प्रचारक केदारनाथ साहनी के नेतृत्व में संघ का एक प्रतिनिधि मंडल इस विषय को लेकर रियासत के सैन्य अधिकारियों से मिला।

अधिकारियों ने सैन्य बल की कमी के कारण असमर्थता व्यक्त की। संघ के कार्यकर्ताओं ने कहा कि इस बचाव कार्य में स्वयंसेवक सेना के साथ रहेंगे। इसके बाद लेफ्टिनेंट ईश्वरी सिंह के नेतृत्व में कुछ सैनिक भेजने की स्वीकृति दे दी गई। साथ में पुलिस इंस्पेक्टर हरि सिंह, उनके सिपाही और 100 स्वयंसेवक भी पलंधरी की ओर बढ़े। लेकिन कोटली के तहसीलदार ने विश्वासघात किया। उसने संघ और सेना की योजना के बारे में कबाइलियों तक सूचना पहुंचा दी। घात लगाए बैठे कबाइलियों ने मौका पाते ही मशीनगनों से गोलियों की बौछार कर दी। मोर्टार भी दागे जा रहे थे। कई स्वयंसेवक और सैनिक घटनास्थल पर ही शहीद हो गए। बख्शी दुर्गादास, चुन्नीलाल, सत्यपाल, निहालचंद, सत्यपाल, खेमराज, जगजीत सिंह, मास्टर मनोहरलाल, दुर्गादास आदि स्वयंसेवकों को बंदी बना लिया गया। इन सभी को कबाइलियों के सरदार दिलेर खां के सामने लाया गया। उसने स्वयंसेवकों से मुसलमान बनने को कहा। स्वयंसेवकों ने दृढ़तापूर्वक उत्तर दिया कि वे हिंदू हैं और हिंदू के रूप में ही मरेंगे। इसके बाद दिलेर खां ने सबकी हत्या करने का आदेश दे दिया।[28]

मीरपुर जिले के कोटली नगर को भी कबाइलियों ने घेर रखा था। गोलीबारी लगातार चल रही थी। लेकिन सेना और स्वयंसेवकों की मोर्चाबंदी के कारण उनका आगे बढ़ना मुश्किल हो रहा था। कश्मीरी सैनिकों के पास युद्ध सामग्री सीमित थी। वह समाप्त होने लगी। कुछ दिनों में ही वह पूरी तरह खत्म हो जाती। मोर्चे के प्रमुख कर्नल बलदेव सिंह ने जम्मू मुख्यालय वायरलेस संदेश भेजकर गोला-बारूद और चिकित्सा सामग्री की मांग की। संदेश में कहा गया कि जिस स्थान पर 'के.एफ.टी.' चिह्न दिखे, वहीं सामग्री गिराई जाए। किसी तरह यह संदेश शत्रु के पास भी पहुंच गया। नतीजा यह हुआ कि जिस प्रकार सैनिकों ने बड़े-बड़े अक्षरों में सनातन धर्म सभा के सामने के मैदान पर 'के.एफ.टी.' लिखा, उसी प्रकार का चिह्न शत्रु ने भी इस स्थान से एक किलोमीटर दूर पेग गांव की तलहटी में बना दिया। सामग्री लेकर विमान पहुंचा। एक ही तरह के दो चिह्नों की दुविधा के कारण सामग्री से भरी पेटियां दोनों स्थानों के बीच में गिरा दी गईं। दुर्भाग्य से पेटियां शत्रु वाले स्थान के पास जा गिरीं।

सैनिक सम्मान के साथ अंत्येष्टि

कोटली की सुरक्षा कर रही टुकड़ी को उन पेटियों की तुरंत आवश्यकता थी। देर करने पर कबाइली उन्हें उठा ले जा सकते थे। रक्षा में तैनात सैनिक वैसे ही कम थे और स्वयंसेवकों की मदद से मोर्चा संभाल रहे थे। उनकी संख्या और कम करने का खतरा नहीं उठाया जा सकता था। कर्नल बलदेवसिंह पठानिया और अन्य सैन्य अधिकारी कोटली संघ कार्यालय पहुंचे। वहां नगर कार्यवाह वेदप्रकाश चड्ढा अपने साथी कार्यकर्ताओं से

चर्चा कर रहे थे। कर्नल ने समस्या उन्हें समस्या बताई। चड्ढा ने तुरंत सूचना भिजवाई। थोड़ी देर में वहां कई स्वयंसेवक पहुंच गए। वे सभी मोर्चे पर जाना चाहते थे। उनमें शारीरिक दृष्टि से सबसे मजबूत स्वयंसेवकों को चुना गया। सैन्य अधिकारियों ने उन्हें कोहनी के बल चलकर पेटियों तक पहुंचने का अभ्यास करवाया। वे धीरे-धीरे पेटियों की ओर बढ़ने लगे। चड्ढा स्वयं उनका नेतृत्व कर रहे थे। सैन्य टुकड़ी गोली वर्षा करके स्वयंसेवकों को रक्षा कवच प्रदान कर रही थी और शत्रु को पेटियों की ओर बढ़ने से रोक रही थी। दूसरी तरफ से भी लगातार मोर्टार दागे जा रहे थे। स्वयंसेवक आगे बढ़ते रहे। इसी बीच चड्ढा ने दूरी का अनुमान लगाने के लिए सर उठाया, इतने में सनसनाती आई गोली उनके आर-पार हो गई। खून का फव्वारा फूट पड़ा। लेकिन वे रुके नहीं। खून तेजी से बह रहा था। वे आखिरकार पेटियों के पास पहुंच गए, लेकिन तब तक उनका शरीर शिथिल पड़ गया। वे वीरगति को प्राप्त हो गए।[29]

चड्ढा के बलिदान ने स्वयंसेवकों के संकल्प को और दृढ़ बना दिया। वे पेटियों तक पहुंचे और एक-एक पेटी उठाकर आगे सरकाते हुए लौटते गए। इसी क्रम में एक अन्य 22 वर्षीय स्वयंसेवक सोमराज कोहली को गोली लगी। वे कोटली में अपने मामा के पास रहते थे। जब उनका पेटियां लाने वालों में चयन हुआ तो मामा ने उन्हें रोकने के लिए एक कमरे में बंद कर दिया था। लेकिन सोमराज ने वहां रखी कुल्हाड़ी से दरवाजे को तोड़ डाला और बाहर निकलकर अभियान पर जा रही टोली में शामिल हो गए। वे बारी-बारी से दो पेटियां लाने में सफल भी हो गए, लेकिन तीसरी पेटी लाने के दौरान शत्रु की गोली उनके कान में लगकर आर-पार हो गई। साथी स्वयंसेवक उन्हें उठाकर वापस लाए और उपचार किया, लेकिन उन्हें बचाया नहीं जा सका। अभियान पूरा होने तक चार अन्य स्वयंसेवक धर्मवीर गुप्ता, कालाराम जरगर, अमृतलाल सरसावां और सूरजप्रकाश शहीद हो गए। इन सभी छह शहीद स्वयंसेवकों की सैनिक सम्मान के साथ शवयात्रा निकाली गई। कोटली में देशभक्ति गीतों के बीच उन्हें अंतिम विदाई दी गई। उनके सम्मान में नगर के सभी लोगों सहित सैनिक अपनी बंदूकें उल्टी पकड़कर पंक्तिबद्ध खड़े थे। शवयात्रा बलिया मोहल्ले के मैदान में पहुंची। शहीद स्वयंसेवकों की चिता को मुखाग्नि दी गई। सैनिकों ने गोलियां दागकर उन्हें सलामी दी और भारत माता की जय के नारों से आकाश गूंज उठा।[30]

श्रीनगर हवाई पट्टी की तैयारी

भारतीय सेना के 25 अक्टूबर को श्रीनगर में आने की सूचना आई। श्रीनगर की हवाई पट्टी छोटी थी। उसे सिर्फ महाराजा के विमान के उतरने लायक बनाया गया था। भारतीय वायु सेना के विमान वहां नहीं उतर सकते थे। इसलिए सोमनाथ ओगरा, मखनलाल एमा,

देवकी प्रसाद, जानकीनाथ, अमरनाथ, ओंकारनाथ, अवतार कृष्ण काव आदि कई स्वयंसेवकों ने 26 अक्टूबर को पूरे दिन हवाई पट्टी के रास्ते से पत्थरों को हटाकर उसे चौड़ा कर दिया। 27 अक्टूबर को सेना के विमानों को वहां उतरने में परेशानी नहीं हुई।[31] पहले दिन सिर्फ छह डकोता विमान उपलब्ध कराए गए। 28 अक्टूबर के बाद से 50 डकोता विमान उपलब्ध कराए गए।[32] जब सेना को मोर्चे पर भेजा गया तो संघ कार्यालय के पास से गुजरते सैनिकों का स्वयंसेवकों ने स्वागत किया।

मेजर सोमनाथ-कौशिक धर की शहादत

श्रीनगर एयरफील्ड से दो मील से भी कम दूरी पर स्थित बड़गाम में कबाइलियों की गतिविधि देखे जाने की जानकारी मिली। कौशिक धर नामक 12 वर्षीय स्वयंसेवक ने एक भारतीय सैनिक टुकड़ी को जाते समय लाल झंडा दिखाकर रोका और बड़गाम में आतंकवादियों के एकत्रित होने तथा हवाई अड्डे को खतरा होने की सूचना दी।[33] 3 नवंबर की सुबह भारतीय सेना की ओर से कुमाऊं बटालियन की तीन टुकड़ियां बड़गाम क्षेत्र में भेजी गईं। इनमें से दो टुकड़ियों का नेतृत्व मेजर सोमनाथ शर्मा* कर रहे थे।[34] कौशिक को ब्रिगेडियर कश्मीर सिंह अपने साथ लेकर बड़गांव पहुंचे।[35] तलाशी के दौरान सेना को एक नाले में छिपे हुए शरणार्थियों के अलावा कुछ भी संदिग्ध नहीं दिखा। गांव में शांति थी और वहां के लोग आराम से दैनिक कार्यों के लिए जा रहे थे। सेना को लौटने का आदेश दिया गया, लेकिन जब दो टुकड़ियां रवाना हो गईं तो मेजर शर्मा को वहां एक घंटे के लिए और रुकने को कहा गया। इसके तुरंत बाद नाले में छिपे लोग, जिन्हें शरणार्थी समझा जा रहा था, अलग-अलग दिशाओं में फैलकर मेजर शर्मा की अकेली बची टुकड़ी को घेरने लगे। स्थानीय कश्मीरियों का वेश धारण किए इन कबाइलियों ने अपने ढीले कपड़ों के नीचे हथियार छिपा रखे थे। इससे पहले कि भारतीय सैनिक कुछ समझ पाते, अचानक एक मोर्टार उन पर दागा गया और उसके तुरंत बाद बहुत नजदीक से हल्की मशीनगन से गोलीबारी हुई। कुछ ही समय में मेजर शर्मा लगभग 700 कबाइलियों का सामना कर रहे थे। उस समय उनके बाएं हाथ में चोट के कारण प्लास्टर चढ़ा हुआ था, लेकिन उन्होंने दुश्मन का मुकाबला करना नहीं छोड़ा। गोलियों की बौछार के बीच वे अलग-अलग दिशाओं में मोर्चा संभाले सैनिकों के पास जाकर उन्हें निर्देश देते रहे। इसी दौरान एक मोर्टार उनके पास आकर गिरा और वे वीरगति को प्राप्त हो गए।[36] इस लड़ाई में किशोर स्वयंसेवक कौशिक धर भी गोलियों के शिकार हो गए।[37]

---

*मेजर सोमनाथ शर्मा आर्मी मेडिकल कोर के मेजर जनरल अमरनाथ शर्मा के पुत्र थे। पूर्व थलसेनाध्यक्ष जनरल विश्वनाथ शर्मा और भारतीय सेना के पूर्व मुख्य अभियंता लेफ्टिनेंट जनरल सुरेंद्रनाथ शर्मा उनके छोटे भाई हैं। मेजर सोमनाथ शर्मा परमवीर चक्र से सम्मानित किए जाने वाले पहले शहीद थे।

कश्मीर को स्वतंत्र रखने का षडयंत्र

जम्मू कश्मीर को भारत का हिस्सा बनाए रखने की बात न शेख अब्दुल्ला ने की और न ही जवाहरलाल नेहरू ने की। यहां तक कि पाकिस्तानी-कबाइली आक्रमण के बाद कश्मीर घाटी पाकिस्तान ने जीतनी शुरू कर दी। सब जानते थे कि कश्मीर घाटी में मुसलमानों के नेता शेख अब्दुल्ला हैं और वे स्वतंत्र कश्मीर चाहते हैं। इसके लिए हरि सिंह को पत्नी सहित जबरन कश्मीर छोड़ने को बाध्य किया गया; उनके पुत्र कर्ण सिंह को मोहरा बनाया गया, जिनके पास कोई राजनीतिक अनुभव नहीं होने के बावजूद राजनीतिक महत्वाकांक्षाएं हिलोरें ले रही थीं। भारत सरकार ने सेना भेजना स्वीकार किया; वह भी हरि सिंह के विलय प्रस्ताव के बाद। लेकिन नेहरू ने यह शर्त जोड़ दी कि जम्मू कश्मीर का फैसला वहां जनमत संग्रह के द्वारा होगा। उनका कहना था:

> 'यह याद रखना चाहिए कि कश्मीर की लड़ाई एक लोकप्रिय नेता के नेतृत्व में कश्मीर के लोगों की हमलावर के विरुद्ध लड़ाई है। हमारे सैनिक वहां युद्ध में सहायता देने के लिए गए हैं और जैसे ही कश्मीर आक्रमणकारियों से मुक्त हो जाएगा, हमारे सैनिकों को वहां रहने की कोई आवश्यकता नहीं रह जाएगी। ...हमने घोषणा की है कि कश्मीर के भाग्य का अंतिम निर्णय वहां के लोगों के हाथ में रहेगा। हमने यह प्रतिज्ञा न केवल कश्मीर के लोगों से, बल्कि सारे संसार से कर रखी है और महाराजा ने इसका समर्थन किया है। हम इससे पीछे नहीं हटेंगे और न ही हट सकते हैं। हम इसके लिए तैयार हैं कि जब कश्मीर में शांति और व्यवस्था और कानून स्थापित हो जाए तो संयुक्त राष्ट्र जैसे अंतरराष्ट्रीय संगठन के निरीक्षण में जनमत किया जाए। हम चाहते हैं कि जनता को न्यायोचित ढंग से मत देने का अवसर मिले और हम उसके निर्णय को स्वीकार करेंगे। इससे अधिक न्यायपूर्ण और उचित प्रस्ताव की मैं कल्पना नहीं कर सकता।'[38]

संघ से नाराज नेहरू

उपप्रधानमंत्री सरदार पटेल ने नेहरू को 8 जनवरी, 1948 को लिखे पत्र में जानकारी दी कि राष्ट्रीय स्वयंसेवक संघ के कुछ लोग राज्य द्वारा नागरिक सेना में भर्ती हो गए थे। लेकिन वे सैनिक अनुशासन के अंतर्गत थे और उन्होंने राज्य की सीमा पर लड़ाइयों में हिस्सा लिया।[39] नेहरू कश्मीर में संघ की गतिविधियों को लेकर लगातार नाराज चल रहे थे। उन्होंने संघ को लेकर पटेल से पत्र व्यवहार जारी रखा। नेहरू पंजाब के हिंदुओं को

भी संघ के समान ही संशय की दृष्टि से ही देखते थे। उनका मानना था कि पंजाब के हिंदुओं-संघ और शेख अब्दुल्ला के बीच बड़ी खाई है। 30 दिसंबर, 1947 को पटेल को लिखे पत्र में नेहरू ने इस बात पर प्रसन्नता व्यक्त की, 'मुस्लिम कांफ्रेंस आजाद कश्मीर आंदोलन के साथ संघर्ष में उतर गई है।'[40]

पटेल की दूरदर्शिता

शेख अब्दुल्ला ने भी कभी हिंदुओं और संघ के प्रति वैमनस्यता नहीं छिपाई और जो भाषा वे बोल रहे थे; वही नेहरू की भी थी। शेख अब्दुल्ला ने पटेल को पत्र लिखकर हिंदू अधिकारियों द्वारा संघ को मुफ्त हथियार और गोला-बारूद बांटने का विषय उठाया।[41] पटेल ने शेख अब्दुल्ला को लिखा, 'मुझे तो पूरा विश्वास हो गया है कि जब तक आप जवाहरलाल की सूचनानुसार भिन्न दृष्टिकोण अपनाने का मार्ग नहीं देख पाते, तब तक ध्येय सिद्ध नहीं होगा।'[42] शेख अब्दुल्ला की तुष्टिकरण की नीति और नेहरू के लचीले रवैए से दुखी होकर पटेल ने नेहरू को यहां तक लिखा, 'कश्मीर में जनमत संग्रह अवास्तविक और अमानवीय है। यह निश्चित रूप से खतरनाक साबित होगा। यदि जनमत संग्रह की बात बन गई तो गैर मुसलमान जनता घबराने लगेगी और संभव है कि उन्हें पलायन की समस्या का सामना करना पड़े।'[43]

स्वतंत्रता, विभाजन और अखंड भारत

15 अगस्त, 1947 को एक तरफ देश में स्वतंत्रता के दीपक जलाए जा रहे थे और उसी दिन लाहौर के शाहीलाल सहित अन्य निर्वासित व्यक्तियों ने गांधी को पत्र में लिखा:

> सोमवार से लाहौर शहर में भयंकर हत्याकांड हो रहा है। रावलपिंडी से भी ज्यादा। रास्तों पर सैकड़ों लाशें पड़ी हैं। अनारकली और दूसरे व्यापारी मोहल्लों को जला दिया गया है। अधिकांश शहर बुरी तरह जल रहे हैं। हिंदू मोहल्लों के पानी के नलों को काट दिया गया है। फंसे हुए हिंदू भाग निकलने का प्रयत्न करने लगे तो पुलिस और फौज वालों ने गोलियों से उन्हें छेद डाला। तीन सौ से अधिक हिंदुओं को जिंदा जला दिया गया। हिंदुओं को खाने-पीने को नहीं मिल रहा है। वे संपूर्ण विनाश के खतरे में हैं। तुरंत कुछ कीजिए। लाहौर में आपकी उपस्थिति की आवश्यकता है।'[44]

लेकिन गांधी नोआखाली में थे।

हिंदू बहुल क्षेत्र खुलना विभाजन के बाद पूर्वी पाकिस्तान में चला गया। वहां के लोगों ने 15 अगस्त, 1947 को तिरंगा झंडा फहराया था। वे उस समय तक भारत में रखे जाने को लेकर आश्वस्त थे, लेकिन बाद में उन्हें बताया गया कि वे पाकिस्तान के नागरिक बन गए हैं। 18 अगस्त को खुलना के कांग्रेस कार्यकर्ताओं ने कलकत्ता में महात्मा गांधी से मुलाकात की और पूछा कि झंडे के संबंध में क्या किया जाना चाहिए? वह सोमवार था और गांधी मौन व्रत में थे। उन्होंने लिखकर जवाब दिया, 'इस बारे में दो राय नहीं हो सकती। झंडा उतार ही दिया जाना चाहिए। बिना किसी आपत्ति के और हो सके तो राजी-खुशी से पाकिस्तान का झंडा फहराया जाना चाहिए। निर्णय तो निर्णय है, चाहे अच्छा हो या बुरा।'[45]

भारत की संपूर्ण स्वतंत्रता की जगह भारत विभाजन ने जितनी क्षति पहुंचाई, वह गुलामी के दौर से कम दर्दनाक नहीं थी। ब्रिटिश राज, कांग्रेस नेतृत्व और मुस्लिम लीग का भारत की धरती पर यह कभी भुला नहीं सकने वाला अपराध था। विभाजन ऐसा कलंक था, जिसके सामने तात्कालिक स्वतंत्रता लांछित हो गई। कालचक्र ने लोकमान्य तिलक और महात्मा गांधी के पुण्य प्रतापी नेतृत्व के कारण कांग्रेस को देश का प्रतिनिधि संगठन बना दिया; लेकिन उसका नेतृत्व स्वतंत्रता आंदोलन के दौरान उम्र के ढलान और थकी-बीमार मानसिकता के कारण साम्राज्यवादी शक्ति के पाप में भागीदार बनने को सहर्ष तैयार हो गया। देश कभी इस तथ्य की समीक्षा जरूर करेगा कि लाखों भारतीयों के कत्लेआम के बीच कुछ नेता सत्ता हस्तांतरण और शपथ ग्रहण की खुशियों में मग्न थे। देश भर खासकर सीमावर्ती क्षेत्रों में मची मारकाट और चीत्कार के बीच दिल्ली में 'जय हिंद' के स्वर भी पीड़ा से भरे थे। यह कितना आश्चर्यजनक था कि आगे हिंदू-मुस्लिम दंगे न हों, इसलिए देश का विभाजन किया गया और विभाजन से वही और अधिक मात्रा में हुआ, जिसे कभी देश नहीं भूल सकता। इस दौर में संघ के स्वयंसेवकों के बलिदानों ने हिंदुओं को बचाया... सेना का सहयोग किया और भारत के उस भाग को एकजुट रखने में सफलता प्राप्त की, जो हिंदू बहुल थे। देश की एकता और अखंडता के प्रति एकांतिक और अव्यभिचारिक निष्ठा की अखंड ज्योति जलाए रखी।

गुरुजी का संदेश

गुरुजी अनपेक्षित घटनाओं से दुखी थे। उनके लिए यह स्थिति विशेष दुखदायी थी कि उन हालात के लिए समाज के ही अनेक व्यक्ति जिम्मेदार थे। इसके बाद भी 15 अगस्त, 1947 को गुरुजी ने लिखा, 'अपने को राजनीतिक शत्रुता से मुक्त रखकर, हम दृढ़ता से उत्तम समाज का, जो अपने पूर्व गौरव के अनुरूप होगा, निर्माण कर सकते हैं।'[46]

संदर्भ सूची

1. शेख मोहम्मद अब्दुल्ला: द ब्लेजिंग चिनार, गुलशन बुक्स, श्रीनगर, 2016, पृष्ठ 24
2. वही, पृष्ठ 35
3. कर्ण सिंह: आत्मकथा, राजकमल प्रकाशन, नई दिल्ली, 2000, पृष्ठ 49-50
4. शेख मोहम्मद अब्दुल्ला: द ब्लेजिंग चिनार, गुलशन बुक्स, श्रीनगर, 2016, पृष्ठ 75
5. वही, 78-79
6. कृष्णा नेहरू हठी सिंह और एल्डेन हैच: वी नेहरूज, होल्ट राइनहार्ट और विंस्टन, न्यूयॉर्क, 1967, पृष्ठ 15
7. कर्ण सिंह: आत्मकथा, राजकमल प्रकाशन, नई दिल्ली, 2000, पृष्ठ 83
8. इयान कोपलैंड: पेसिफिक अफेयर्स, खंड 54, सं. 2, यूनिवर्सिटी ऑफ ब्रिटिश कोलंबिया, 1981, पृष्ठ 243
9. स.वा. आगाशे: राष्ट्र साधना: संपादक-रमेश पतंगे, खंड 1, साप्ताहिक विवेक, मुंबई, पृष्ठ 136
10. बलराज मधोक: जिंदगी का सफर, खंड 1, हिंदू वर्ल्ड पब्लिकेशन, नई दिल्ली, 1994, पृष्ठ 62
11. वही, पृष्ठ 69-70
12. वही, पृष्ठ 72
13. स.वा. आगाशे: राष्ट्र साधना: संपादक-रमेश पतंगे, खंड 1, साप्ताहिक विवेक, मुंबई, पृष्ठ 136
14. माइकल एडवर्ड्स: ब्रिटिश इंडिया 1772-1947, रूपा एंड कंपनी, नई दिल्ली, 1960, पृष्ठ 162
15. वसीम अहमद सोफी: ऑटोनोमी ऑफ ए स्टेट इन ए फेडरेशन, स्प्रिंगर नेचर, सिंगापुर, पृष्ठ 71
16. कर्ण सिंह: आत्मकथा, राजकमल प्रकाशन, नई दिल्ली, 2000, पृष्ठ 70
17. स.वा. आगाशे: राष्ट्र साधना: संपादक-रमेश पतंगे, खंड 1, साप्ताहिक विवेक, मुंबई, पृष्ठ 137
18. वी.पी. मेनन: द स्टोरी ऑफ द इंटीग्रेशन ऑफ द इंडियन स्टेट्स, ओरिएंट लॉन्गमैंस, बंबई, 1956, पृष्ठ 120
19. वही, पृष्ठ 394
20. स्टेनली वोलपर्ट: जिन्ना, ऑक्सफोर्ड प्रेस, न्यूयॉर्क, 1984, पृष्ठ 347-348

21. हरीश भनोट: विभाजनकालीन भारत के साक्षी, खंड 4, संपादक-कृष्णानंद सागर, जागृति प्रकाशन, नोएडा, 2022, पृष्ठ 444-445
22. स.वा. आगाशे: राष्ट्र साधना: संपादक-रमेश पतंगे, खंड 1, साप्ताहिक विवेक, मुंबई, पृष्ठ 137
23. संदीप बमजई: डेकन क्रॉनिकल, 23 मई, 2018
24. बिग्रेडियर सतीश के. इस्सार: जनरल एस. एम. श्रीगणेश, विजन बुक्स, नई दिल्ली, 2009, पृष्ठ 144
25. जवाहरलाल नेहरू के भाषण, खंड 1, प्रकाशन विभाग, सूचना और प्रसारण मंत्रालय, भारत सरकार, 2002, पृष्ठ 12
26. राममूर्ति बब्बर: विभाजनकालीन भारत के साक्षी, खंड 3, संपादक-कृष्णानंद सागर, जागृति प्रकाशन, नोएडा, 2022, पृष्ठ 427
27. मंगतराम गुप्ता: विभाजनकालीन भारत के साक्षी, खंड 3, संपादक-कृष्णानंद सागर, जागृति प्रकाशन, नोएडा, 2022, पृष्ठ 247
28. माणिकचंद्र वाजपेयी और श्रीधर पराडकर: ज्योति जला निज प्राण की, सुरुचि प्रकाशन, नई दिल्ली, 2020, पृष्ठ 258-259
29. वही, पृष्ठ 261
30. वही, पृष्ठ 261-262
31. सोमनाथ ओगरा: विभाजनकालीन भारत के साक्षी, खंड 4, संपादक-कृष्णानंद सागर, जागृति प्रकाशन, नोएडा, 2022, पृष्ठ 371-372
32. बिग्रेडियर सतीश के. इस्सार: जनरल एस. एम. श्रीगणेश, विजन बुक्स, नई दिल्ली, 2009, पृष्ठ 145
33. स.वा. आगाशे: राष्ट्र साधना: संपादक-रमेश पतंगे, खंड 1, साप्ताहिक विवेक, मुंबई, पृष्ठ 138
34. बिग्रेडियर सतीश के. इस्सार: जनरल एस. एम. श्रीगणेश, विजन बुक्स, नई दिल्ली, 2009, पृष्ठ 148
35. स.वा. आगाशे: राष्ट्र साधना: संपादक-रमेश पतंगे, खंड 1, साप्ताहिक विवेक, मुंबई, पृष्ठ 138
36. बिग्रेडियर सतीश के. इस्सार: जनरल एस. एम. श्रीगणेश, विजन बुक्स, नई दिल्ली, 2009, पृष्ठ 148-149
37. स.वा. आगाशे: राष्ट्र साधना: संपादक-रमेश पतंगे, खंड 1, साप्ताहिक विवेक, मुंबई, पृष्ठ 138
38. जवाहरलाल नेहरू के भाषण, खंड 1, प्रकाशन विभाग, सूचना और प्रसारण मंत्रालय,

भारत सरकार, 2002, पृष्ठ 14

39. वी. शंकर: सरदार पटेल-चुना हुआ पत्र व्यवहार (1945-1950), नवजीवन प्रकाशन मंदिर, अहमदाबाद, 2011, पृष्ठ 296
40. वही, पृष्ठ 291
41. वही, पृष्ठ 335
42. वही, पृष्ठ 345
43. वही, पृष्ठ 376
44. बापू के पत्र सरदार वल्लभभाई पटेल के नाम, खंड 2, संपादिका-मणिबहन पटेल, नवजीवन प्रकाशन मंदिर, अहमदाबाद, 1952, पृष्ठ 400
45. निर्मल कुमार बोस: माय डेज विद गांधी, निशान प्रकाशन, कलकत्ता, 1953, पृष्ठ 267-268
46. श्री गुरुजी समग्र, खंड 8, सुरुचि प्रकाशन, नई दिल्ली, युगाब्द 5106, पृष्ठ 38

गोवा मुक्ति का अविस्मरणीय अध्याय

महाभारत में गोवा का उल्लेख गोपराष्ट्र यानी गोपालकों के देश के रूप में मिलता है। दक्षिणी कोंकण क्षेत्र का उल्लेख गोवा राष्ट्र के रूप में पाया जाता है। संस्कृत के कुछ अन्य पुराने स्रोतों में गोवा को गोपकपुरी और गोपकपट्टन कहा गया है, जिनका संदर्भ हरिवंशम् और स्कंद पुराण में भी मिलता है। गोवा को बाद में कहीं-कहीं गोवांचल भी कहा गया है। अन्य नामों में गोवे, गोवापुरी, गोपकापाटन और गोमंत प्रमुख हैं। एक हजार साल पहले गोवा 'कोंकण काशी' के नाम से जाना जाता था।

लेकिन गोवा पर विदेशी कब्जे के साथ ही न केवल पहचान खत्म हुई, बल्कि विदेशियों का आतंक भी बढ़ता गया। भारत के विभाजन की त्रासदी के साथ यह पीड़ा और बढ़ती गई। गोवा में हिंदुओं की बहुलता थी और 1510 से लगातार पुर्तगाली शासन के अत्याचार सहने पड़ रहे थे। 1947 में कांग्रेस ने शासन संभाला, लेकिन सिवाय बातों के गोवा पर कोई ध्यान नहीं दिया। दूसरी ओर, पुर्तगाल ने जून, 1951 में अपने संविधान में संशोधन करते हुए विदेशी उपनिवेशों को प्रांत के रूप में व्याख्यायित किया। इसके बाद 1955 में अमेरिका ने भी गोवा को पुर्तगाली प्रांत के रूप में मान्यता दे दी। गोवा को नाटो द्वारा सैन्य छावनी के रूप में इस्तेमाल किए जाने की प्रबल संभावना महसूस की जाने लगी।[1] इससे भारत के लिए खतरा और बढ़ गया। इसके बावजूद तत्कालीन केंद्र सरकार लचीला रवैया अपनाए हुए थी। प्रधानमंत्री जवाहरलाल नेहरू का कहना था, 'सबसे पहली बात, सिर्फ शांतिपूर्ण तरीकों का सहारा लिया जाना चाहिए। अगर किसी को लगता है कि गोवा के मामले में किसी अन्य तरह के उपाय अपनाए जाने चाहिए तो वह अपनी सोच रखने के लिए स्वतंत्र है, लेकिन ऐसे व्यक्ति से मैं कोई चर्चा या बहस नहीं करूंगा क्योंकि हम अशांतिपूर्ण तरीकों को सिरे से खारिज करते हैं।'[2] इन हालात में गोवा की मुक्ति के लिए जन संघर्ष की जमीन तैयार होने लगी।

नेहरू द्वारा गोवा में सशस्त्र हस्तक्षेप करने से इनकार किए जाने पर समाजवादी नेता डॉ. राममनोहर लोहिया के नेतृत्व में गोवा मुक्ति की आवाज उठी। इसके साथ ही,

राष्ट्रीय स्वयंसेवक संघ ने कड़ी प्रतिक्रिया व्यक्त की। 'सर्वदलीय मुक्ति आंदोलन' को संघ ने पूर्ण समर्थन दिया। इससे भी आगे बढ़ते हुए संघ के स्वयंसेवकों ने 'आजाद गोमांतक दल' बनाकर गोवा की मुक्ति के लिए अपनी सारी शक्ति झोंक दी।[3] 'कर्नाटक केसरी' के नाम से विख्यात संघ के वरिष्ठ प्रचारक और जनसंघ नेता जगन्नाथराव जोशी के नेतृत्व में कार्यकर्ताओं ने सत्याग्रह शुरू करने के लिए 25 जून, 1955 को बड़ी संख्या में गोवा में प्रवेश किया।[4] शांतिपूर्वक सत्याग्रह कर रहे इन आंदोलनकारियों पर गोवा की पुर्तगाली पुलिस ने जमकर लाठीचार्ज किया और गालियां चलाईं। मथुरा शाखा के एक स्वयंसेवक अमीरचंद गुप्त की पुलिस द्वारा की गई गोलीबारी में शहादत हो गई।[5] बिना अनुमति प्रवेश करने के आरोप में जोशी को गिरफ्तार करके अगुआडा किले की जेल में भीषण अत्याचार किया गया; इसके बाद उन्हें 10 वर्ष के कारावास की सजा सुनाई गई।[6] उसी तरह, गोवा की राजधानी पणजी के सचिवालय में 1955 में पहली बार तिरंगा झंडा फहराने पर एक स्वयंसेवक को लिस्बन (पुर्तगाल) की जेल में 16 वर्ष तक का कठोर कारावास भुगतना पड़ा।[7]

15 अगस्त, 1955 को संघ के दिल्ली प्रांत प्रचारक वसंतराव ओक ने विशाल सत्याग्रही जत्थे का नेतृत्व किया। गोवा पुलिस ने बिना कोई चेतावनी दिए गोलियों की बौछार कर दी। तीन-चार गोलियां खाने के बाद भी ओक ने तिरंगा नहीं छोड़ा। जब वे गिर गए तो तुरंत सागर (मध्यप्रदेश) की महिला सत्याग्रही सहोदरा देवी ने तिरंगा अपने हाथों में थाम लिया। उनके भी बाएं हाथ पर गोली लगी थी, लेकिन उन्होंने दाएं हाथ से तिरंगा उठाए रखा। जब वे एक और गोली लगने से अचेत होकर गिर पड़ीं तो उज्जैन के जिला संघ प्रचारक राजाभाऊ महाकाल ने भारत माता की जय के नारे के साथ तिरंगा संभाल लिया। गोवा पुलिस की गोलीवर्षा के कारण राजाभाऊ नीचे गिर गए। तिरंगे को एक अन्य सत्याग्रही स्वयंसेवक ने पकड़ा और सत्याग्रहियों को आगे बढ़ने के लिए कहा। राजाभाऊ खून से लथपथ होते हुए भी अपनी आखिरी सांस तक भारत माता की जय के नारे लगाते रहे।[8] उस दिन पुलिस की गोली से 31 सत्याग्रही शहीद और 44 गंभीर रूप से घायल हुए।[9]

गोवा की आत्मा आजादी के लिए तड़प रही थी। पुर्तगाली पुलिस की बर्बर कार्रवाई के बावजूद गोवा की आबादी का बहुमत आजादी की मांग पर अडिग था। 15 अगस्त की नृशंस घटना के दिन गोवा में मौजूद सात विदेशी पत्रकारों ने सर्वे करके रिपोर्ट दी कि गोवा के ज्यादातर निवासी भारत के साथ विलय के पक्षधर हैं। इस संघर्ष के साथ अन्य देशों के दृष्टिकोण में भी बदलाव आने लगा। नवंबर, 1955 में सोवियत संघ की कम्युनिस्ट पार्टी के सचिव निकिता ख्रुश्चेव ने अपने कलकत्ता दौरे में गोवा पर कब्जा बनाए रखने के लिए पुर्तगाल की भर्त्सना की। उसी दौरान सीलोन के प्रधानमंत्री

एस.डब्ल्यू.आर.डी. भंडारनायके ने वक्तव्य दिया कि वे गोवा को पुर्तगाल के प्रांत नहीं, बल्कि एक उपनिवेश के ही रूप में देखते हैं।[10]

उस दौरान गोवा के राजनीतिक बंदियों पर हो रहे अमानवीय अत्याचारों से संघ चिंतित था। उन हालात पर प्रतिक्रिया व्यक्त करते हुए 20 मई, 1956 को भारतीय जनसंघ के तत्कालीन महामंत्री दीनदयाल उपाध्याय ने कहा:

> 'जगन्नाथराव जोशी, नानासाहब गोरे, त्रिदीब चौधरी आदि बंदियों को दिन में अधिकतर कोठरियों में बंद रखा जाता है। उन्हें प्रतिदिन स्नान नहीं करने दिया जाता। उन्हें भेजे गए समाचार-पत्र और व्यक्तिगत पत्र सरकार द्वारा जब्त कर लिए जाते हैं। यहां तक कि पुर्तगाली सरकार द्वारा उनको भेजी वेदांत विषयक पुस्तकों को भी उनके लिए हानिकारक कहकर उन्हें नहीं दिया जाता। इस विषय में भारत सरकार अपना दायित्व निभाने में असफल रही है।'[11]

गोवा की जनता में जागृति और स्वयंसेवकों के निरंतर आंदोलनों के कारण नेहरू सरकार पर दबाव बढ़ता गया। पुर्तगाल से आग्रह की भाषा में बात करने का दांव लगातार उलटा पड़ने से भी नीति में परिवर्तन की जरूरत महसूस की जाने लगी। यहां तक कि 1960 में संयुक्त राष्ट्र में मुद्दा उठाए जाने पर पुर्तगाल ने अपने उपनिवेशों के बारे में जानकारी उपलब्ध करवाने से इनकार कर दिया। 18 नवंबर, 1961 को भारतीय पोत एस.एस. साबरमती पर पुर्तगालियों ने हमला किया, जिसमें भारतीय सेना के मुख्य अभियंता घायल हो गए। इसके बाद सरकार ने सैन्य कार्रवाई का निर्णय लिया।[12] लेकिन इसमें भी पूरा एक महीना लगा दिया गया।

18 दिसंबर की रात ऑपरेशन विजय शुरू हुआ। भारत के सर्वश्रेष्ठ योद्धा के रूप में व्याख्यायित ब्रिगेडियर सगत सिंह के नेतृत्व में 24 घंटे से अधिक चले इस ऑपरेशन में गोवा को मुक्त करवा लिया गया। आश्चर्यजनक यह था कि सैनिकों के लिए यह एक पूर्ण ऑपरेशन था; अफसरों और सैनिकों के लिए वीरता पुरस्कारों की सिफारिश की गई, लेकिन रक्षा मंत्री वी.के. कृष्ण मेनन ने फैसला सुनाया कि यह एक पुलिस कार्रवाई है और कोई पुरस्कार नहीं दिया जा सकता।[13]

संदर्भ सूची

1. द ऑस्ट्रेलियन क्वार्टरली, मार्च, 1962, खंड, 34, सं 1, पृष्ठ 83
2. इंडियन अफेयर्स रिकॉर्ड, अक्टूबर, 1955, खंड 1, सं. 9, पृष्ठ 8
3. नरेंद्र सहगलः भारतवर्ष की सर्वांगीण स्वतंत्रता, प्रभात प्रकाशन, नई दिल्ली, 2018, पृष्ठ 222
4. दीनदयाल उपाध्याय संपूर्ण वांगमय, खंड 4, संपादक–डॉ. महेशचंद्र शर्मा, प्रभात प्रकाशन, नई दिल्ली, 2016, पृष्ठ 90
5. नरेंद्र सहगलः भारतवर्ष की सर्वांगीण स्वतंत्रता, प्रभात प्रकाशन, नई दिल्ली, 2018, पृष्ठ 222
6. दीनदयाल उपाध्याय संपूर्ण वांगमय, खंड 4, संपादक–डॉ. महेशचंद्र शर्मा, प्रभात प्रकाशन, नई दिल्ली, 2016, पृष्ठ 90
7. नरेंद्र सहगलः भारतवर्ष की सर्वांगीण स्वतंत्रता, प्रभात प्रकाशन, नई दिल्ली, 2018, पृष्ठ 222
8. वही, पृष्ठ 223
9. लैंड एंड पीपुल, खंड 7, संपादक–एस.सी. भट्ट और गोपाल के. भार्गव, कलपाज पब्लिकेशन, नई दिल्ली, 2006, पृष्ठ 259
10. वही, पृष्ठ 259–260
11. दीनदयाल उपाध्याय संपूर्ण वांगमय, खंड 4, संपादक–डॉ. महेशचंद्र शर्मा, प्रभात प्रकाशन, नई दिल्ली, 2016, पृष्ठ 90
12. मेजर जनरल वी.के. सिंहः भारतीय सेना में नेतृत्व, सेज पब्लिकेशन, नई दिल्ली, 2016, पृष्ठ 303
13. वही, पृष्ठ 311

परिशिष्ट

संदर्भ सूची

अजमेर कमिश्नर रिकॉर्ड, 22-25 नवंबर, 1912

अब्दुल गफ्फार खान: मेरा जीवन मेरा संघर्ष, नई किताब, दिल्ली, 2013

अमरेंद्र राय: बंग साहित्ये स्वदेश प्रेम ओ भाषा नीति, प्रथम संस्करण

अयोध्याप्रसाद गोयलीय: स्वाधीनता सेनानी अर्जुनलाल सेठी, राजस्थान प्रकाशन, जयपुर, 1989

अरविंद नीलकंदन: स्वराज्य, 19 अप्रेल, 2017

अलबरूनी'ज इंडिया, संपादक-डॉ. एडवर्ड सी. सचाऊ, खंड 2, लो प्राइस पब्लिकेशंस, नई दिल्ली, 2017

अशोक कुमार पांडेय: कश्मीरनामा, राजपाल एंड संस, नई दिल्ली, 2019

अशोक मेहता और अच्युत पटवर्धन: द कम्युनल ट्रायंगल इन इंडिया, किताबिस्तान, इलाहाबाद, 1942

आत्माराम कुलकर्णी: द एडवेंट ऑफ आडवाणी, आदित्य प्रकाशन, मुंबई, 1995

आनंद कौल: कश्मीरी पंडित, उत्पल पब्लिकेशन, दिल्ली, 1991

आर. बॉसवर्थ स्मिथ: लाइफ ऑफ लॉर्ड लॉरेन्स, खंड 2, स्मिथ एल्डर एंड कंपनी, लंदन, 1883

आर.सी. मजूमदार: द हिस्ट्री एंड कल्चर ऑफ द इंडियन पीपुल, खंड 11, भारतीय विद्या भवन, बंबई, 1969

आर्य समाज पर निजाम सरकार का श्वेत पत्र, द्वितीय संस्करण, अनुलग्नक 8

ऑर्गेनाइजर, 5 दिसंबर, 2016

इयान कोपलैंड: पेसिफिक अफेयर्स, खंड 54, सं. 2, यूनिवर्सिटी ऑफ ब्रिटिश कोलंबिया, 1981

इंडियन अफेयर्स रिकॉर्ड, अक्टूबर, 1955, खंड 1, सं. 9

'इंडिया रैवेज्ड' (प्रतिबंधित दस्तावेज), फाइल सं. 37/1/43-राजनीतिक (I), गृह विभाग, भारत सरकार, 1943

ई.एम.एस. नंबूदिरिपाद: भारत का स्वाधीनता संग्राम, ग्रंथ शिल्पी, नई दिल्ली, 2010

उर्वशी बुटालिया: बीबीसी न्यूज, 4 अगस्त 2017

ऋग्वेद

ए.आई.सी.सी. फाइल नं. 463, 1934, नेहरू स्मारक संग्रहालय और पुस्तकालय, नई दिल्ली

ए.एन. बाली: नाउ इट कैन बी टोल्ड, आकाशवाणी प्रकाशन, जालंधर, 1949

एकनाथ रानडे: केंद्र दर्शन, विवेकानंद केंद्र प्रकाशन विभाग, जोधपुर, 2010

एच.एम. घोड़के: रिवॉल्यूशनरी नेशनलिज्म इन वेस्टर्न इंडिया, क्लासिक पब्लिशिंग कंपनी, मुंबई, 1990

एच.वी. शेषाद्रि: डॉ. हेडगेवार-द इपॉक मेकर अ बायोग्राफी, साहित्य सिंधु प्रकाशन, अहमदाबाद, 1981

एन.आर. मलकानी: निराली जिंदगी, 1973

एम.आर. जयकर: द स्टोरी ऑफ माय लाइफ, खंड 1, एशिया पब्लिशिंग हाउस, मुंबई, 1958

एम.एम. गुप्ता: अजमेर-मेरवाड़ा डायरेक्ट्री, 1947, राजपूताना प्रेस, अजमेर, 1948

एम.के. गांधी: रेमिनिसेंसेज एंड एनिक्डॉट्स ऑफ लोकमान्य तिलक, खंड 1, केसरी प्रेस, पूना, 1924

एम.जे. अकबर: नेहरू-द मेकिंग ऑफ इंडिया, वाइकिंग, लंदन, 1988

एस.आर. बक्शी और ऋतु चतुर्वेदी: बिहार थ्रू द एजेज, खंड 2, सरूप एंड सन्स, नई दिल्ली, 2007

कथाएं क्रांतिवीर की, संपादक-विश्वास सावरकर, राजधानी ग्रंथागार, दिल्ली, 1994

कमलापति त्रिपाठी: बापू और भारत, सरस्वती मंदिर, बनारस, 1948

कर्ण सिंह: आत्मकथा, राजकमल प्रकाशन, नई दिल्ली, 2000

कुलदीप कुमार: इंडिका, सम्यक प्रकाशन, नई दिल्ली, 2019

कृष्णा नेहरू हठी सिंह और एल्डेन हैच: वी नेहरूज, होल्ट राइनहार्ट और विंस्टन, न्यूयॉर्क, 1967

के.एम. मुंशी: द अर्ली आर्यन्स इन गुजरात, बॉम्बे यूनिवर्सिटी, 1941

के.के. चौधरी: महाराष्ट्र एंड इंडियन फ्रीडम स्ट्रगल, जनसंपर्क निदेशालय, बंबई, 1985

के.के. दत्ता: हिस्ट्री ऑफ द फ्रीडम मूवमेंट इन बिहार, खंड 2, बिहार सरकार पटना, 1957

के.के. दत्ता: हिस्ट्री ऑफ द फ्रीडम मूवमेंट इन बिहार, खंड 3, बिहार सरकार पटना, 1957

के.आर. मलकानी: द सिंध स्टोरी, सिंधी एकेडमी, दिल्ली, 1997

कॉन्फ्लिक्ट इन अ ग्लोबलाइजिंग वर्ल्ड, रॉयल वान गॉर्शम, नीदरलैंड्स, 2002

खुशवंत सिंह: सिखों का इतिहास (1469-1839), किताबघर प्रकाशन, नई दिल्ली, 2014

गंगाधर गाडगिल: दुर्दम्य, भारतीय ज्ञानपीठ, नई दिल्ली, 2003
गांधी ऑन सिंध एंड सिंधीज, संपादक-मोतीलाल जटवाणी, सिंधी एकेडमी, दिल्ली
गुलबदन बेगम: हुमायूंनामा, नागरी प्रचारिणी सभा, काशी, 2000
गोपाल शर्मा: महाव्रती, प्रभात प्रकाशन, दिल्ली, 2016
गोपाल शर्मा: कारसेवा से कारसेवा तक, राजस्थान पत्रिका प्रकाशन, जयपुर, 1993
घनश्यामदास बिड़ला: गांधीजी की छत्रछाया में, सस्ता साहित्य मंडल, नई दिल्ली, 1955
चं.प. भिशीकर: केशव-संघ निर्माता, सुरुचि प्रकाशन, नई दिल्ली, 1991
चं.प. भिशीकर: संघ वृक्ष के बीज डॉ. केशवराव हेडगेवार, ज्ञान गंगा प्रकाशन, जयपुर
चार्ल्स बॉल: द हिस्ट्री ऑफ द इंडियन म्यूटिनी, खंड 1, द लंदन प्रिंटिंग एंड पब्लिशिंग कंपनी, न्यूयॉर्क, 1858
चांद फांसी अंक, नवंबर, 1928, राधाकृष्ण प्रकाशन, नई दिल्ली, 1997
चांदकरण सारड़ा पेपर्स, फाइल 87, 7 अगस्त, 1927
जनगणना रिपोर्ट 1931, खंड 13, भाग 1
जमनालाल बजाज की डायरी, खंड 4, सस्ता साहित्य मंडल, नई दिल्ली, 1972
जयदेव पाठक: संगठन यात्रा, राजस्थान शिक्षक संघ, गीता भवन, जोधपुर
जयंत रेलवानी: शामने सिंधु नीर, लक्ष्मी पुस्तक भंडार, अहमदाबाद, 1996
जवाहरलाल नेहरू: हिंदुस्तान की कहानी, सस्ता साहित्य मंडल, नई दिल्ली, 2001
जवाहरलाल नेहरू के भाषण, खंड 1, प्रकाशन विभाग, सूचना और प्रसारण मंत्रालय, भारत सरकार, 2002
जवाहरलाल नेहरू वांगमय, खंड 3, सस्ता साहित्य मंडल, नई दिल्ली, 2009
जवाहरलाल नेहरू वांगमय, खंड 4, सस्ता साहित्य मंडल, नई दिल्ली, 2009
जवाहरलाल नेहरू वांगमय, खंड 7, सस्ता साहित्य मंडल, नई दिल्ली, 2009
जवाहरलाल नेहरू वांगमय, खंड 8, सस्ता साहित्य मंडल, नई दिल्ली, 2009
जहांगीर: जहांगीरनामा, नागरी प्रचारिणी सभा, काशी, 1957
जी.वी. केटकर: रेमिनिसेंसेज एंड एनिकडॉट्स ऑफ लोकमान्य तिलक, खंड 1, केसरी प्रेस, पूना, 1924
जे.बी. कृपलानी: गांधी-हिज लाइफ एंड थॉट, प्रकाशन विभाग, सूचना और प्रसारण मंत्रालय, भारत सरकार, 1970
जे.बी. कृपलानी: माई टाइम्स, रूपा एंड कंपनी, नई दिल्ली, 2004
जेम्स टॉड: ट्रैवल्स इन वेस्टर्न इंडिया, डब्ल्यू.एच. एंड कंपनी, लंदन, 1839
जेंद अवेस्ता
जैमिनी मोहन घोष: संन्यासी एंड फकीर रेडर्स इन बंगाल, बंगाल सचिवालय, कलकत्ता, 1930
जॉर्ज ट्रेवेल्यन: द कॉम्पिटिशन वाला, मैकमिलन एंड कंपनी, लंदन, 1895
झमटमल वाधवानी: द वॉइस ऑफ द नेशन, भारतीय सिंधु, मुंबई, 2004
टाइम्स ऑफ इंडिया, 14 मई, 1937
टुवर्ड्स फ्रीडम 1943-44, खंड 3, संपादक-पार्थसारथी गुप्ता, ऑक्सफोर्ड यूनिवर्सिटी प्रेस, नई दिल्ली, 1997
डब्ल्यू.एच. मोरलैंड: अकबर से औरंगजेब तक, ग्रंथ शिल्पी, नई दिल्ली 1997
डब्ल्यू.ई. बेगली और जेड.ए. देसाई: ताजमहल द इलुमाइंड टॉम्ब, यूनिवर्सिटी ऑफ वॉशिंगटन प्रेस, लंदन, 1989
डी.आर. गोयल: राष्ट्रीय स्वयंसेवक संघ, राधाकृष्ण प्रकाशन, नई दिल्ली, 2000
डॉ. अमूल्यरत्न घोष: मॉडर्न रिव्यू, मार्च 1941
डॉ. गोपाल प्रसाद: नेशनल मूवमेंट एंड द आरएसएस, आईओएसआर जर्नल, खंड 6, संस्करण 6, 2018
डॉ. नागेंद्र सिन्हा: अगस्त क्रांति के शहीद, सूर्य भारती प्रकाशन, नई दिल्ली, 2011
डॉ. पुरुषोत्तम दामोदर चंद्रात्रे: कथाएं क्रांतिवीर की, राजधानी ग्रंथागार, दिल्ली, 1994
डॉ. बी. पट्टाभि सीतारामय्या: कांग्रेस का इतिहास, खंड 1, सस्ता साहित्य मंडल, नई दिल्ली, 2009
डॉ. बी. पट्टाभि सीतारामय्या: कांग्रेस का इतिहास, खंड 2, सस्ता साहित्य मंडल, नई दिल्ली, 2009
डॉ. बी. पट्टाभि सीतारामय्या: हिस्ट्री ऑफ द इंडियन नेशनल कांग्रेस, खंड 1, एस. चांद एंड कंपनी, दिल्ली, 1969
डॉ. बी. पट्टाभि सीतारामय्या: हिस्ट्री ऑफ द इंडियन नेशनल कांग्रेस, खंड 2, एस. चांद एंड कंपनी, दिल्ली, 1969
डॉ. बृजकिशोर शर्मा: पीजेंट्स मूवमेंट्स इन राजस्थान, पॉइंटर पब्लिशर्स, जयपुर, 1990
डॉ. मनीष रंजन: बिहार जनरल नॉलेज, प्रभात एग्जाम, नई दिल्ली, 2022
डॉ. रमेशचंद्र मजूमदार: भूमिका, प्राचीन भारत, मोतीलाल बनारसी दास, दिल्ली, 2002
डॉ. लता अग्रवाल: अजमेर में जन प्रतिरोध, अभिनव प्रकाशन, अजमेर, 2013
डॉ. वि.रा. करंदीकर: तीन सरसंघचालक, स्नेहल प्रकाशन, पुणे, 2001
डॉ. हरि देसाई: एशियन वॉइस, 18 सितम्बर

डॉ. हेडगेवार पत्ररूप व्यक्ति दर्शन, अर्चना प्रकाशन, इंदौर, 1989
डॉ. हेडगेवार प्रेरक जीवन प्रसंग, संपादक-वचनेश त्रिपाठी, लोकहित प्रकाशन, लखनऊ, 1988
तं.रा. अनंतरमण: दिल्ली लौह स्तंभ, सस्ता साहित्य मंडल, नई दिल्ली, 2013
ताराचंद: हिस्ट्री ऑफ द फ्रीडम मूवमेंट इन इंडिया, खंड 2, पब्लिकेशन डिवीजन, नई दिल्ली, 1965
थॉमस वेबर: ऑन द सॉल्ट मार्च, रूपा पब्लिकेशंस, नई दिल्ली, 2009
द.न. गोखले: कथाएं क्रांतिवीर की, राजधानी ग्रंथागार, दिल्ली, 1994
द इंडियन एनुअल रजिस्टर जनवरी-जून, 1936, खंड 1
द ऑस्ट्रेलियन क्वार्टरली, मार्च, 1962, खंड, 34, सं 1
द कंप्लीट वर्क्स ऑफ श्री अरविंद, खंड 36, श्री अरविंद आश्रम प्रकाशन विभाग, पांडिचेरी, 2006
द कैंब्रिज हिस्ट्री ऑफ इंडिया, खंड 3, संपादक: वोलसेली हेग, कैंब्रिज यूनिवर्सिटी प्रेस, 1928
द गजट ऑफ महाराष्ट्र स्टेट, नागपुर डिविजन
द बॉम्बे क्रॉनिकल,16 मई, 1936
द ट्रांसफर ऑफ पॉवर 1942-47, खंड 11, संपादक-निकोलस मैनसर्घ, शाही स्टेशनरी कार्यालय, लंदन 1982
द हिंदू, 21 अप्रेल,1936
दत्तोपंत ठेंगड़ी: नेशनल परसुइट, साहित्य सिंधु प्रकाशन, बंगलोर, 1992
दादा धर्माधिकारी: समग्र सर्वोदय दर्शन, सर्व सेवा संघ प्रकाशन, वाराणसी, 2003
दीनदयाल उपाध्याय संपूर्ण वांगमय, खंड 4, संपादक-डॉ. महेशचंद्र शर्मा, प्रभात प्रकाशन, नई दिल्ली, 2016
धनंजय कीर: लोकमान्य तिलक, पॉपुलर प्रकाशन, मुंबई, 2016
धनंजय कीर: स्वातंत्र्यवीर सावरकर, श्री बड़ा बाजार कुमारसभा पुस्तकालय, कोलकाता, 2009
नलिनीकिशोर गुह: बंगाल की विप्लवकथा, संवाद प्रकाशन, मेरठ, 2014
नवजीवन, 23 अक्टूबर, 1921
नवजीवन, 25 सितंबर, 1921
ना.गं. वझे और माणिकचंद्र वाजपेयी: पहली अग्निपरीक्षा, अर्चना प्रकाशन, भोपाल, 1993
ना. बा. लेले: राष्ट्रसाधना, खंड 2, साप्ताहिक विवेक, मुंबई, 2001
ना.ह. पालकर: डॉ. हेडगेवार चरित, लोकहित प्रकाशन, लखनऊ, 2020
निगेल कॉलेट: द बुचर ऑफ अमृतसर, रूपा एंड कंपनी, नई दिल्ली, 2005
निर्मल कुमार बोस: माय डेज विद गांधी, निशान प्रकाशन, कलकत्ता, 1953
नेताजी संपूर्ण वांगमय, खंड 1, प्रकाशन विभाग, सूचना और प्रसारण मंत्रालय, भारत सरकार, 2009
नेताजी संपूर्ण वांगमय, खंड 2, प्रकाशन विभाग, सूचना और प्रसारण मंत्रालय, भारत सरकार, 2009
नेताजी संपूर्ण वांगमय, खंड 3, प्रकाशन विभाग, सूचना और प्रसारण मंत्रालय, भारत सरकार, 1988
नेताजी संपूर्ण वांगमय, खंड 5, प्रकाशन विभाग, सूचना और प्रसारण मंत्रालय, भारत सरकार, 1985
नेताजी संपूर्ण वांगमय, खंड 9, प्रकाशन विभाग, सूचना और प्रसारण मंत्रालय, भारत सरकार, 1998
नेताजी संपूर्ण वांगमय, खंड 7, प्रकाशन विभाग, सूचना और प्रसारण मंत्रालय, भारत सरकार, 1998
नेताजी संपूर्ण वांगमय, खंड 10, प्रकाशन विभाग, सूचना और प्रसारण मंत्रालय, भारत सरकार, 1998
नेताजी संपूर्ण वांगमय, खंड 12, प्रकाशन विभाग, सूचना और प्रसारण मंत्रालय, भारत सरकार, 2011
नेहरू म्यूजियम लाइब्रेरी, नई दिल्ली
प्यारेलाल: द लास्ट फेज, खंड 1, नवजीवन पब्लिशिंग हाउस, अहमदाबाद, 1956
प्यारेलाल: द लास्ट फेज, खंड 2, नवजीवन पब्लिशिंग हाउस, अहमदाबाद, 1958
प्यारेलाल: महात्मा गांधी पूर्णाहुति, खंड 3, नवजीवन प्रकाशन मंदिर, अहमदाबाद, 1972
प्यारेलाल: महात्मा गांधी, खंड 10, भाग 2, नवजीवन पब्लिशिंग हाउस, अहमदाबाद, 1997
पश्चिमी पंजाब के पुलिस अधीक्षक की रिपोर्ट/ अ नोट ऑफ द सिख प्लान, लाहौर, 1948
पामेला माउंटबेटन: इंडिया रिमेम्बर्ड, पेवेलियन बुक्स, लंदन, 2007
पी.वी. काते: मराठवाड़ा अंडर द निजाम्स, मित्तल पब्लिकेशंस, दिल्ली, 1987
पं. कुबेरनाथ सुकुल: वाराणसी वैभव, बिहार राष्ट्रभाषा परिषद, 2008
प्रेरणा पुरुष भाऊराव, संपादक-देवेंद्र स्वरूप, दीनदयाल शोध संस्थान, नई दिल्ली, 1993
प्रोसीडिंग्स ऑफ द फर्स्ट इंडियन नेशनल कांग्रेस, स्वदेश मित्र प्रेस, मद्रास, 1905
फाइल सं. 241-XII राजनीतिक, गृह विभाग, भारत सरकार, 1921
फाइल सं. 28/3/43, राजनीतिक (I), गृह विभाग, भारत सरकार, 1943
फाइल सं. 28/5/46, राजनीतिक (I), गृह विभाग, भारत सरकार, 1946

फाइल सं. 28/8/42, राजनीतिक (I), गृह विभाग, भारत सरकार, 1942
फाइल सं. 3/54/42, राजनीतिक (I), गृह विभाग, भारत सरकार, 1942
फाइल सं. 3/80/42, राजनीतिक (I), गृह विभाग, भारत सरकार, 1942
फाइल सं. 32/12/36, राजनीतिक (I), गृह विभाग, भारत सरकार, 1936
फाइल सं. 37/1/43, राजनीतिक (I), गृह विभाग, भारत सरकार, 1943
फाइल सं. 42/3/39, राजनीतिक (I), गृह विभाग, भारत सरकार, 1939
फाइल सं. 68-160 राजनीतिक (ए), गृह विभाग, भारत सरकार, 1915
फूलचंद जैन: स्वतंत्रता सेनानी ग्रंथमाला, खंड 4, कंसेप्ट पब्लिकेशन कंपनी, नई दिल्ली, 2007
फोर्स अखबार, 1919, दैनिक समाचार (1909-2009), 2009
बलराज मधोक: जिंदगी का सफर, खंड 1, हिंदू वर्ल्ड पब्लिकेशन, नई दिल्ली, 1994
बशाबी फ्रेजर: बंगाल पार्टिशन स्टोरीज, एंथम प्रेस, लंदन, 2008
बापू के पत्र सरदार वल्लभभाई पटेल के नाम, खंड 2, संपादिका-मणिबहन पटेल, नवजीवन प्रकाशन मंदिर, अहमदाबाद, 1952
बाबर: बाबरनामा, साहित्य अकादमी, नई दिल्ली, 2018
बाल गंगाधर तिलक: मराठा, 9 जून, 1908
बायोग्राफी ऑफ बाबाराव सावरकर, https://savarkar.org/ वेबसाइट
बी.आर. अंबेडकर: पाकिस्तान ऑर पार्टिशन ऑफ इंडिया, ठैकर एंड कंपनी, बंबई, 1945
बी.एल. ग्रोवर: अ डॉक्यूमेंट्री स्टडी ऑफ ब्रिटिश पॉलिसी टुवर्ड्स इंडियन नेशनलिज्म, नेशनल पब्लिकेशंस, नई दिल्ली, 1967
बी.एल. पानगड़िया: राजस्थान में स्वतंत्रता संग्राम, राजस्थान हिंदी ग्रंथ अकादमी, जयपुर
बी. सूर्यनारायण राव: अ हिस्ट्री ऑफ विजयनगर, एशियन एजुकेशनल सर्विसेज, मद्रास, 1905
ब्रिग्रेडियर सतीश के. इस्सार: जनरल एस. एम. श्रीगणेश, विजन बुक्स, नई दिल्ली, 2009
बंकिम चंद्र: आनंदमठ, मनोज पब्लिकेशंस, दिल्ली, 2005
भगवतीप्रसाद मिश्र: भारतीय स्वातंत्र्य संग्राम में चंद्रपुर, रमा प्रकाशन, चंद्रपुर, 1986
मन्मथनाथ गुप्त: भारतीय क्रांतिकारी आंदोलन का इतिहास, आत्माराम एंड संस, दिल्ली, 2011
मनोहर मलगांवकर: द मेन हु किल्ड गांधी, रोली बुक्स, नई दिल्ली, 2008
महादेव देसाई: गांधीजी के साथ पच्चीस वर्ष, खंड 1, सर्व सेवा संघ प्रकाशन, वाराणसी, 2008
महादेव देसाई: गांधीजी के साथ पच्चीस वर्ष, खंड 4, सर्व सेवा संघ प्रकाशन, वाराणसी, 2008
महादेव देसाई: गांधीजी के साथ पच्चीस वर्ष, खंड 8, सर्व सेवा संघ प्रकाशन, वाराणसी, 2008
महाराष्ट्र, 15 जून, 1921
महाश्वेता देवी: झांसी की रानी, राधाकृष्ण प्रकाशन, नई दिल्ली, 2013
माइकल एडवर्ड्स: ब्रिटिश इंडिया 1772-1947, रूपा एंड कंपनी, नई दिल्ली, 1960
माणिकचंद्र वाजपेयी और श्रीधर पराडकर: ज्योति जला निज प्राण की, सुरुचि प्रकाशन, नई दिल्ली, 2020
माणिकचंद वाजपेयी और श्रीधर पराडकर: पार्टिशन डेज-द फियरी सागा ऑफ आरएसएस, सुरुचि पब्लिकेशंस, नई दिल्ली, 2002
मिलापचंद डंडिया: राजस्थान में स्वतंत्रता संग्राम के अमर पुरोधा पं. अर्जुनलाल सेठी, राजस्थान स्वर्ण जयंती समारोह समिति, जयपुर
मेजर जनरल वी.के. सिंह: भारतीय सेना में नेतृत्व, सेज पब्लिकेशन, नई दिल्ली, 2016
मोरारजी देसाई: मेरा जीवन वृत्तांत, नवजीवन प्रकाशन मंदिर, अहमदाबाद, 1972
मोहन पांडुरंग: चिमूरची वीरगाथा-शहीद वीर बालाजी रायपुरकर
मोहनदास करमचंद गांधी: सत्य के प्रयोग अथवा आत्मकथा, सस्ता साहित्य मंडल प्रकाशन, नई दिल्ली, 2000
मोहनराव भागवत: चित्रांजलि, माधव स्मृति न्यास, कर्णावती, 2006
मोहम्मद शुएब खान: ताजमहल, दरसगाह मुगल शहंशाह बहादुर शाह जफर, नई दिल्ली, 2012
मौलाना अबुल कलाम आजाद: इंडिया विन्स फ्रीडम, ओरियंट ब्लैक स्वान, नई दिल्ली
मौलाना सैय्यद सुलेमान नद्वी: अरब और भारत के संबंध, हिंदुस्तान एकेडमी, इलाहाबाद, 1929
मंगतराम गुप्ता: विभाजनकालीन भारत के साक्षी, खंड 3, संपादक-कृष्णानंद सागर, जागृति प्रकाशन, नोएडा, 2022
मंजरी काटजू और योगेंद्र सिकंद: इकोनॉमिक एंड पॉलिटिकल वीकली, 20 अगस्त, 1994
यदुनाथ सरकार: अ हिस्ट्री ऑफ जयपुर, ओरिएंट ब्लैक स्वान, नई दिल्ली, 2009
यदुनाथ सरकार: औरंगजेब, हिंदी ग्रंथ भालाकर प्राइवेट लिमिटेड, बंबई, 1970
यशपाल: सिंहावलोकन, लोकभारती प्रकाशन, इलाहाबाद, 2007
यशवंतराव चव्हाण: कृष्णाकांठ, रोहन प्रकाशन, 2012
यादवराव कंदकुर्तीकर: तीर्थस्थान कंदकुर्ती, श्रीनाथ प्रिंट्स, नई दिल्ली, 2021
यंग इंडिया, 17 नवंबर, 1927

यंग इंडिया, 5 जनवरी, 1928
रतन शारदा: संघ और स्वराज, प्रभात प्रकाशन, नई दिल्ली, 2019
रमेशचंद्र शास्त्री: राजस्थान में राष्ट्रीयता के जन्मदाता अर्जुनलाल सेठी, 1948
राकेश सिन्हा: आधुनिक भारत के निर्माता डॉ. केशव बलिराम हेडगेवार, प्रकाशन विभाग, भारत सरकार, 2018
राजा भाई नेने और नरेन्द्र मोदी: सेतुबंध, प्रभात प्रकाशन, नई दिल्ली, 2021
राजेंद्र प्रसाद: आत्मकथा, सस्ता साहित्य मंडल, नई दिल्ली, 2002
राजेंद्र प्रसाद: खंडित भारत, प्रभात प्रकाशन, नई दिल्ली, 2014
राममनोहर लोहिया: भारत विभाजन के गुनहगार, लोकभारती प्रकाशन, इलाहाबाद, 2009
राष्ट्र साधना, खंड 1, संपादक-रमेश पतंगे, साप्ताहिक विवेक, मुंबई, 2001
राष्ट्र साधना, खंड 2, संपादक-रमेश पतंगे, साप्ताहिक विवेक, मुंबई, 2001
रीता कोठारी: इकोनॉमिक एंड पॉलिटिकल वीकली, 8-21 जुलाई, 2006
रोमिला थापर: सोमनाथ, ग्रंथ शिल्पी, नई दिल्ली, 2004
रंगा हरि: गुरुजी गोलवलकर जीवनचरित्र, श्रीभारती प्रकाशन, नागपुर, 2012
रॉबर्ट मोंटगोमेरी मार्टिन: द इंडियन एंपायर-2, द लंदन प्रिंटिंग एंड पब्लिशिंग कंपनी, लंदन
लक्ष्मीनिवास झुंझुनवाला: विश्व धर्म सम्मेलन, 1893, प्रभात प्रकाशन, नई दिल्ली, 2015
लक्ष्मीश्वर दयाल: स्टेट एंड द पीपुल, मित्तल पब्लिकेशंस, नई दिल्ली, 1998
लाजपत राय: यंग इंडिया, बी.एच. ह्यूश्क, न्यू फोर्ड, 1917
लालकृष्ण आडवाणी: मेरा देश मेरा जीवन, प्रभात प्रकाशन, नई दिल्ली, 2008
लियोनार्ड मोस्ले: द लास्ट डेज ऑफ द ब्रिटिश राज, हारकर्ट ब्रेस एंड वर्ल्ड, न्यूयार्क, 1961
लुई फिशर: गांधी की कहानी, सस्ता साहित्य मंडल, नई दिल्ली
लैंड एंड पीपुल, खंड 7, संपादक-एस.सी. भट्ट और गोपाल के. भार्गव, कलपाज पब्लिकेशन, नई दिल्ली, 2006
वसीम अहमद सोफी: ऑटोनोमी ऑफ ए स्टेट इन ए फेडरेशन, स्प्रिंगर नेचर, सिंगापुर
वासुदेव शरण अग्रवाल: भारत सावित्री, सस्ता साहित्य मंडल, नई दिल्ली, 2011
विनय सीतापति: आधा शेर, ऑक्सफोर्ड यूनिवर्सिटी प्रेस, नई दिल्ली, 2016
विनायक दामोदर सावरकर: 1857 का स्वातंत्र्य समर, प्रभात प्रकाशन, नई दिल्ली, 2020
विनायक दामोदर सावरकर: छह स्वर्णिम पृष्ठ, प्रभात प्रकाशन, नई दिल्ली, 2009
विभाजनकालीन भारत के साक्षी, खंड 1, जागृति प्रकाशन, नोएडा, 2020
विभाजनकालीन भारत के साक्षी, खंड 2, जागृति प्रकाशन, नोएडा, 2020
विभाजनकालीन भारत के साक्षी, खंड 3, जागृति प्रकाशन, नोएडा, 2020
विभाजनकालीन भारत के साक्षी, खंड 4, जागृति प्रकाशन, नोएडा, 2020
विराट पुरुष नानाजी देशमुख, प्रभात प्रकाशन, नई दिल्ली, 2017
विलियम डैलरिंपल: आखिरी मुगल, ब्लूम्सबरी, नई दिल्ली, 2015
विलियम वेडरबर्न: एलेन ऑक्टेवियन ह्यूम-फादर ऑफ द इंडियन नेशनल कांग्रेस, टी. फिशर अनविन, लंदन, 1913
विश्वनाथ मुखर्जी: वंदेमातरम् का इतिहास, हिंद पॉकेट बुक्स, गुड़गांव, 1979
विषय बिंदु, शरद प्रकाशन, आगरा, संवत 2069
वी.एस. नॉयपाल: भारत-एक आहत सभ्यता, प्रभात प्रकाशन, नई दिल्ली, 2006
वी.एस. शिंदे: आउटलुक, 13 अगस्त, 2018
वी.के. बावा: द लास्ट निजाम, सेंटर फॉर डेक्कन स्टडीज, हैदराबाद, 2010
वी.पी. मेनन: द स्टोरी ऑफ द इंटीग्रेशन ऑफ द इंडियन स्टेट्स, ओरिएंट लॉन्गमैंस, बंबई, 1956
वी. शंकर: सरदार पटेल-चुना हुआ पत्र व्यवहार (1945-1950), खंड 2, नवजीवन प्रकाशन मंदिर, अहमदाबाद, 2011
वॉल्टर एंडरसन: इकोनॉमिक एंड पॉलिटिकल वीकली, 11 मार्च, 1972
वॉल्टर एंडरसन और श्रीधर दामले: द ब्रदरहुड इन सैफ्रन, विस्तार पब्लिकेशंस, नई दिल्ली, 1987
श्यामलदास: वीर विनोद, खंड 1, महाराणा मेवाड़ हिस्टोरिकल पब्लिकेशन ट्रस्ट, उदयपुर, 2007
श्यामलदास: वीर विनोद, खंड 2, महाराणा मेवाड़ हिस्टोरिकल पब्लिकेशन ट्रस्ट, उदयपुर, 2007
शचींद्रनाथ सान्याल: बंदी जीवन, शहीद ग्रंथ माला, आत्माराम एंड संस, नई दिल्ली, 2012
शिशिर कुमार बोस: आजाद भारत और बोस बंधु, प्रभात प्रकाशन, नई दिल्ली, 2016
शेख अबुल फजल: अकबरनामा, खंड 1, राधा पब्लिकेशन, नई दिल्ली, 2016
शेख मोहम्मद अब्दुल्ला: द ब्लेजिंग चिनार, गुलशन बुक्स, श्रीनगर, 2016
स्टेनली वोलपर्ट: जिन्ना ऑफ पाकिस्तान, ऑक्सफोर्ड यूनिवर्सिटी प्रेस, न्यूयॉर्क, 1984

स्वातंत्र्यवीर सावरकर 125वीं जयंती वर्ष पूर्ति स्मरणिका, खंड 1, श्री बड़ाबाजार कुमार सभा पुस्तकालय, कोलकाता, 2009
स्वातंत्र्यवीर सावरकर 125वीं जयंती वर्ष पूर्ति स्मरणिका, खंड 2, श्री बड़ाबाजार कुमार सभा पुस्तकालय, कोलकाता, 2009
स्वामी गंभीरानंद: युगनायक विवेकानंद, खंड 1, रामकृष्ण मठ, नागपुर, 2004
स्वामी गंभीरानंद: युगनायक विवेकानंद, खंड 3, रामकृष्ण मठ, नागपुर, 2005
स्वामी श्रद्धानंद: इनसाइड कांग्रेस, फोनिक्स पब्लिकेशंस, बंबई, 1946
सत्यम: भगत सिंह और उनके साथियों के संपूर्ण दस्तावेज, राहुल फाउंडेशन, 2017
सत्यव्रत घोष: रिमेंबरिंग अवर रिवॉल्यूशनरीज, मार्क्सिस्ट स्टडी फोरम
सावरकर समग्र, खंड 9, प्रभात प्रकाशन, नई दिल्ली, 2014
सिविल डिसोबेडिएंस मूवमेंट, खंड 12 (अक्टूबर 1930–दिसंबर 1941), संपादक–के.के. चौधरी, महाराष्ट्र सरकार, 1995
सी.पी. भिशीकर: गुरुजी–द पायनियर ऑफ अ न्यू एरा, साहित्य सिंधु प्रकाशन, बंगलौर, 1999
सीताराम बग्गा: विभाजनकालीन भारत के साक्षी, खंड 4, संपादक–कृष्णानंद सागर, जागृति प्रकाशन, नोएडा, 2022
सुखबीर सिवाच और साक्षी दलाल: इंडियन एक्सप्रेस वेब, 18 जुलाई, 2010
सुभद्रा आनंद: नेशनल इंटीग्रेशन ऑफ सिंधीज, विकास पब्लिशिंग हाउस, दिल्ली, 1996
सुभाषचंद्र कुशवाहा: चौरी चौरा विद्रोह की महागाथा, प्रभात प्रकाशन, नई दिल्ली, 2015
सुरेंद्रनाथ बनर्जी: अ नेशन इन मेकिंग, ऑक्सफोर्ड यूनिवर्सिटी प्रेस, मद्रास, 1927
सुरेंद्रनाथ सेन: अट्ठारह सौ सत्तावन, प्रकाशन विभाग, सूचना और प्रसारण मंत्रालय, नई दिल्ली, 2005
सुशीला नैयर: महात्मा गांधी, खंड 7, नवजीवन पब्लिशिंग हाउस, अहमदाबाद, 1996
सुंदर सिंह भंडारी, संपादक: पूर्णिमा सेठी, अमर सत्य प्रकाशन दिल्ली, 2003
सेलेक्टेड राइटिंग्स ऑफ एलन ऑक्टेवियन ह्यूम, खंड 1, ऑक्सफोर्ड यूनिवर्सिटी प्रेस, नई दिल्ली, 2004
सेलेक्टेड वर्क्स ऑफ मोतीलाल नेहरू, खंड 4, विकास पब्लिशिंग हाउस, नई दिल्ली, 1986
सोमनाथ ओगरा: विभाजनकालीन भारत के साक्षी, खंड 4, संपादक–कृष्णानंद सागर, जागृति प्रकाशन, नोएडा, 2022
संजय विष्णु तांबट: राष्ट्र साधना, खंड 2, साप्ताहिक विवेक, मुंबई, 2001
संदीप बमजई: डेकन क्रॉनिकल, 23 मई, 2018
संपूर्ण गांधी वांगमय, खंड 12, प्रकाशन विभाग, सूचना और प्रसारण मंत्रालय, भारत सरकार, 1965
संपूर्ण गांधी वांगमय, खंड 18, प्रकाशन विभाग, सूचना और प्रसारण मंत्रालय, भारत सरकार, 1966
संपूर्ण गांधी वांगमय, खंड 22, प्रकाशन विभाग, सूचना और प्रसारण मंत्रालय, भारत सरकार, 1967
संपूर्ण गांधी वांगमय, खंड 35, प्रकाशन विभाग, सूचना और प्रसारण मंत्रालय, भारत सरकार, 1970
संपूर्ण गांधी वांगमय, खंड 43, प्रकाशन विभाग, सूचना और प्रसारण मंत्रालय भारत सरकार, 1971
संपूर्ण गांधी वांगमय, खंड 55, प्रकाशन विभाग, सूचना और प्रसारण मंत्रालय भारत सरकार, 1973
संपूर्ण गांधी वांगमय, खंड 62, प्रकाशन विभाग, सूचना और प्रसारण मंत्रालय, भारत सरकार, 1973
संपूर्ण गांधी वांगमय, खंड 66, प्रकाशन विभाग, सूचना और प्रसारण मंत्रालय, भारत सरकार, 1977
संपूर्ण गांधी वांगमय, खंड 67, प्रकाशन विभाग, सूचना और प्रसारण मंत्रालय, भारत सरकार, 1977
संपूर्ण गांधी वांगमय: खंड 68, प्रकाशन विभाग, सूचना और प्रसारण मंत्रालय, भारत सरकार, 1977
संपूर्ण गांधी वांगमय, खंड 69, प्रकाशन विभाग, सूचना और प्रसारण मंत्रालय, भारत सरकार, 1978
संपूर्ण गांधी वांगमय, खंड 71, प्रकाशन विभाग, सूचना और प्रसारण मंत्रालय, भारत सरकार, 1978
संपूर्ण गांधी वांगमय, खंड 81, प्रकाशन विभाग, सूचना और प्रसारण मंत्रालय, भारत सरकार, 1993
संपूर्ण गांधी वांगमय, खंड 83, प्रकाशन विभाग, सूचना और प्रसारण मंत्रालय, भारत सरकार, 1993
संपूर्ण गांधी वांगमय, खंड 87, प्रकाशन विभाग, सूचना और प्रसारण मंत्रालय, भारत सरकार, 1993
संपूर्ण गांधी वांगमय, खंड 88, प्रकाशन विभाग, सूचना और प्रसारण मंत्रालय, भारत सरकार, 1993
संपूर्ण गांधी वांगमय, खंड 89, प्रकाशन विभाग, सूचना और प्रसारण मंत्रालय, भारत सरकार, 1993
हमारे बालासाहब देवरस, संपादक–रामबहादुर राय और राजीव गुप्ता, प्रभात प्रकाशन, दिल्ली, 2017
हरिजन, 21 सितंबर, 1947
हरिशंकर श्रीवास्तव: हुमायूं, वाणी प्रकाशन, नई दिल्ली, 2015
हरीश भनोट: विभाजनकालीन भारत के साक्षी, खंड 4, संपादक–कृष्णानंद सागर, जागृति प्रकाशन, नोएडा, 2022
हरीशदत्त शर्मा: डॉ. हेडगेवार, डायमंड बुक्स, नई दिल्ली, 2005
हिस्टोरिकल इंडिया वेबसाइट
हिंदुइज्म रिकंसिडर्ड, संपादक–जी.डी. सोंथीमर और एच. कुलके, मनोहर पब्लिशर्स, नई दिल्ली, 1995
हिंदुस्तान टाइम्स, 10 जून, 1939
हिंदू पंच, बलिदान अंक, संपादक– कमलादत्त पांडेय, राष्ट्रीय पुस्तक न्यास, नई दिल्ली, 1996

हिंदू महासभा 1936-38, रॉयल कोर्ट फाइल, राष्ट्रीय अभिलेखागार, नई दिल्ली
हुएनसांग की भारत यात्रा: अनुवाद-ठाकुर प्रसाद शर्मा, खंडेलवाल पब्लिशर्स, जयपुर 2019
हेनरी डब्ल्यू. नेविन्सन: द न्यू स्पिरिट इन इंडिया, हैपर एंड ब्रदर्स, लंदन, 1908
हो.वे. शेषाद्रि: और देश बंट गया, सुरुचि प्रकाशन, नई दिल्ली
त्रैलोक्यनाथ चक्रवर्ती: जेल में तीस वर्ष, संवाद प्रकाशन, मेरठ, 2018
श्री अरविंद: भारत का पुनर्जन्म, द मद्रास इंस्टीट्यूट ऑफ रिसर्च, नई दिल्ली, 2007
श्रीगुरुजी समग, खंड 1, सुरुचि प्रकाशन, नई दिल्ली, युगाब्द 5106
श्रीगुरुजी समग्र, खंड 3, सुरुचि प्रकाशन, नई दिल्ली, युगाब्द 5106
श्रीगुरुजी समग्र: खंड 8, सुरुचि प्रकाशन, नई दिल्ली, युगाब्द 5106
श्रीगुरुजी समग्र, खंड 8, प्रभात प्रकाशन, नई दिल्ली, युगाब्द 5106
श्रीगुरुजी समग्र, खंड 9, प्रभात प्रकाशन, नई दिल्ली, युगाब्द 5106
श्री गुरुजी समग्र, खंड 11, सुरुचि प्रकाशन, नई दिल्ली, युगाब्द 5106
श्रीगुरुजी समग्र, खंड 12, सुरुचि प्रकाशन, नई दिल्ली, युगाब्द 5106
श्री गुरुजी समग्र, खंड 12, सुरुचि प्रकाशन, नई दिल्ली, युगाब्द 5106
श्रीमद्भगवत गीता
open.ac.uk